中国后妃传

主　编　冯瑞珍
编　委　冯瑞珍　程丽娜　廖甜添　于海荣　赵飞宇　刘长孜　范喜茹

中国人事出版社

图书在版编目（CIP）数据

中国后妃传/冯瑞珍主编. —北京：中国人事出版社，2011
公务员读史系列
ISBN 978-7-5129-0069-1

Ⅰ. ①中… Ⅱ. ①冯… Ⅲ. ①后妃-列传-中国-古代 Ⅳ. ①K828.5

中国版本图书馆 CIP 数据核字（2011）第 055212 号

中国人事出版社出版发行
（北京市惠新东街 1 号 邮政编码：100029）
出 版 人：张梦欣
*
北京北苑印刷有限责任公司印刷装订 新华书店经销
787 毫米×1092 毫米 16 开本 27.5 印张 615 千字
2011 年 4 月第 1 版 2011 年 4 月第 1 次印刷
定价：48.00 元
读者服务部电话：010-84643933/64929211/64921644
发行部电话：010-64961894
出版社网址：**http：//www.renshipublish.com**

序言

有男人的地方一定有女人。

有帝王的地方一定有后妃。

自从母系氏族社会为父系氏族社会替代以来，女人之对于男人，便处于从属地位，贵为后妃者也无例外。自三皇五帝乃至夏、商、周莫不如此。

自秦嬴政统一六国称始皇帝以来，中国进入了漫长的封建社会，秦分天下为三十六郡，由中央集权管理，书同文，车同轨，统一度量衡，统一法规，统一户籍管理，等等。实开一统天下之先河，有万世永传之气概。

秦始皇对于后宫制度的建立，却没有为后世留下一个完整统一的模式。反倒是《周礼》和《礼记》中有关后妃设置、功能、序位的记叙，为后世留下了效法的楷模，秦、汉、唐、宋乃至明、清，都基本采纳而予以增减。各朝各代虽不尽相同，各有其特色，只是越往后发展得越完备罢了。

据《礼记》和《周礼》所言，周朝后妃的序位是：天子有后，有夫人，有世妇，有嫔，有妻，有妾。天子内廷后妃的等级建制是与天子外廷的官僚机构相对应的。天子在外廷立六官、三公、九卿、二十七大夫、八十一元士，以达外和而国治的目的。天子在内廷也立六官、三夫人、九嫔、二十七世妇、八十一御妻，以听天下之内治，以明章妇顺，使天下内和而家理。

在家国一统的传统社会，天子后妃作为天子的配偶，“正位宫闱，同体天王”，在君主政治中有一席之地。她们的职责是母仪天下，听天下之内治，以配合天子的外治。

秦皇嫡妻称皇后，妾称夫人。夫人之下还有美人、良人、八子、七子、长使、少使等。史称秦朝后官，“宫备七国、爵列八品”。秦始皇每攻破诸侯，便在咸阳北阪上仿造其宫殿，将俘获的诸侯、美人及钟鼓声乐充实其中。那些亡了国的妃嫔、公主们“辞楼下殿，辇来于秦，朝歌夜弦，为秦宫人”。其后宫妇女之多，以致其洗胭脂的水将渭水都染成了红色。可惜秦朝后宫虽人数众多，却除了秦始皇的母亲赵太后外，无一青史留名。

西汉踵秦之后，除嫡妻皇后为女主外，掖廷妃嫔增至十四等。昭仪一，婕妤二，娙娥三，傛华四，美人五，八子六，充依七，七子八，良人九，长使十，少使十一，五官十二，顺常十三，无涓、共和、娱灵、保林、良使、夜者等十四。这些人或者有爵有位，或者有品有秩。除非事迹特别昭著者，一般史籍不作记载。王莽新政以恢复周礼相标榜，故他的后宫之制完全采纳了《周礼》和《礼记》的说法。

东汉认为前朝的妇制莫理，故尽行旧制，后宫称号唯皇后、贵人。另外又置美人、宫人、采女三等，但无爵秩。光武帝刘秀先妻阴丽华，后来出于政治需要又与郭圣通联姻，二人俱为贵人。在立谁为皇后的问题上，由于阴丽华的推辞，郭圣通便成了皇后。汉明帝的马皇后、汉和帝的邓皇后是东汉一代名后，她们也都是由贵人升任皇后的。

魏晋南北朝的后宫名号序位屡有增减，既有“以朴素自居，后宫备位，其数多阙”的陈霸先，也有“外行其志，内逞其欲，溪堑难满，采择无厌”，以致后宫名号序位不能详录的北周宣帝刘密。

隋文帝取代北周，思革前弊，因而后宫唯皇后当室，旁无私宠。不设三妃，防其上逼。自嫔以下，置六十人。至独孤皇后死后，始置三贵人、九嫔、二十七世妇、八十一御女。隋炀帝即位后，“后妃嫔御元蔆妇职，唯端容丽饰，陪从宴游而已”。而且，隋炀帝参详典故，别出心裁，给贵妃、九嫔、世妇、御女各取名号，定有品秩。贵妃有贵妃、淑妃、德妃，是为三夫人，第一品；九嫔有顺仪、顺容、顺华、修仪、修容、修华、充仪、充容、充华，第二品；世妇有婕妤十二人，第三品；美人、才人有十五人，第四品；此外御女有宝林、御女、采女等。

唐承隋制而略有改动。至唐开元时，皇后之下设惠、丽、华三妃，六仪、美人、才人等。武则天便是由才人而昭仪，渐次升迁。当她害死女儿，嫁祸于王皇后时，高宗便欲提升她的号位“宸妃”，遭侍中韩援等人的反对，说

"妃嫔有固定的数目，现在别立号位，是不可以的"。武则天没有做成妃，又进一步诬陷皇后，于是高宗干脆废掉王皇后，改立武则天，跨越了妃这一等级。

宋朝建立以后，后妃名位序号始因五代之制，后渐于隋、唐。

明朝除皇后外，还有皇贵妃、贵妃、嫔、贵人、才人、选侍、淑女等级别。

元、清二朝各以周边民族入主中原，故在一定程度上保留了原来的习俗。清自康熙以后，逐步建立了等级分明的后妃序位，除皇贵妃、贵妃、嫔、贵人外，还有常在和答应。

后宫里这些有名号的女性，相应也有主位和使用宫女的权力。皇后是皇帝的正妻，拥有主位的妃嫔们则是皇帝的有名分的妾，是宫中地位较高的少部分人。她们或多或少地影响着皇帝的政治观点和权力运用。虽然屡有后宫不干政的古训，但绝对没影响的情况是绝不可能有的，特别是那些受到宠信的后妃们。因此，无论正史和野史，总会留下她们的印记。朱东润先生说过："传记"既是文学又是历史。人物传记就兼有二者之特质。

本书以正史为主、参以最新的史料和史学观点，对于后世社会发展有较大影响的后妃们逐一加以叙说，以飨读者。

目录

西汉

东汉

地位，她没有在后宫掀起太大风浪，却将整个朝廷的政治搞得混乱不堪。

明

先秦

一笑倾天下
——周幽王后褒姒

褒姒，周幽王的宠后，生卒年不详。褒人所献，姓姒，故称为褒姒。她甚得周幽王宠爱，生下儿子取名伯服。褒姒生性不爱笑，幽王为取悦褒姒，举烽火召集诸侯，诸侯匆忙赶至，却发觉并非敌国侵犯，只好狼狈退走。后来，褒姒勾结权臣，废申后和太子宜臼。申后之父联络犬戎入寇，周幽王举烽火示警，诸侯以为又是骗局而无一前往，致使幽王被犬戎所弑，褒姒亦被劫掳。

关于褒姒的身世，故事十分离奇。相传公元前八百多年前，夏桀当朝，一天，有两条神龙来到皇宫，口流涎水，自称为“褒城二君”。夏桀赶忙命人拿来金盆，取龙的涎水藏于箱内，然后存入内府。沧桑巨变，改朝换代，转眼已是周厉王在位，有人发现内府箱中发出金色的光芒，厉王命一个宫女打开观看，这时突然有一条小虫钻出，转眼又不见了。这名宫女当时十二岁，从此以后，她的肚子日渐长大，厉王以为她无夫而孕，降罪下来，将其关在禁宫。谁料四十年后，宣王即位，这名宫女竟然产下了一个女婴。

周宣王见此怪事以为不吉，认为宫女妖言惑众，是国难之兆，于是命人将宫女斩于清水河边，女婴扔入河中。

这个女婴并没有沉入河中被淹死，包裹着她的草席顺水漂流，途中飞来百鸟，聚在婴儿上方舞动翅膀，用羽翼给她遮住毒辣的太阳，并不停地鸣叫，叼着草席拖到了河岸边。这时正有一名男子经过，他将女婴抱回家抚养成人，就是后来的褒姒。

公元前782年，宣王驾崩，幽王即位。幽王姓姬，名宫涅，是贪财暴虐的周厉王之孙，他和祖父一样以昏庸残暴著称。周幽王登基后，立申伯之女为王后，立长子宜臼为太子，封申伯为申侯。幽王即位时，周王朝的政局已经不稳，又加上连年自然灾害，地震、旱灾频繁发生，生产遭到严重破坏，人民流离失所，国家处于风雨飘摇之中。可是昏聩的幽王完全不将政事放在心上，他不但不采取措施整顿朝政，反而重用贪财好利的佞臣虢石父，大兴赋税，盘剥人民，使政治更加黑暗。同时，幽王自己也沉湎于声色之中，只知道淫乐享受。

这时，褒国作为西周的诸侯国，因受秦岭的阻隔，政令不甚畅通，加之蜀国乘隙不断扩张，渐渐受控于蜀国，不能正常向周王室纳贡。周幽王便决定出兵讨伐褒国。褒国国君无力抗衡，于是便向幽王奉上大量的珠宝和美女以求宽恕。这时的褒姒已经长成了一位亭亭玉立的绝美少女，她也被选中送到幽王的王宫中。褒姒入宫后，因为她出众的美貌很快得到幽王的宠爱和信任。幽王为了取悦褒姒，想尽各种方法，穷奢极欲，向全国各地征收财物，人民不堪重负，苦不堪言。

幽王得褒姒，自此朝夕不离左右，常常数十日不理朝政，更将申后丢在一旁，置之不理。不久，褒姒生下一子，取名伯服。幽王视之如珍宝，溺爱无比。申后见褒姒受到专宠，如今又为幽王生下儿子，已经严重威胁到了自己的地位，于是她暗中派人杀掉了褒姒的养父母。

褒姒虽然容貌漂亮，但性情孤僻，不喜言笑。当她得知自己的养父母被害后，更加郁郁寡欢。公元前777年，为了博取褒姒的欢心，幽王不听大臣劝谏，废掉申后，立褒姒为王后，又废太子宜臼为庶人，立褒姒之子伯服为太子。宜臼被废后，恐幽王还要加害，只好逃往外公申侯的封地。

褒姒成为一国之后，理应高兴，但是她仍然终年不见一笑。幽王十分惋惜地说："你有如此美貌，若是能多笑笑，一定更加妩媚动人。"褒姒说："贱妾生来就不喜笑。"幽王便决定一定要设法博褒姒一笑。他命人表演歌舞，褒姒却说："这连撕扯缯帛之声也不如!"幽王听罢反而高兴地说："王后要是喜欢听裂帛之声，怎么不早说呢?"于是命人搬来百匹缯帛，命力大的宫女撕扯给褒姒听，但褒姒仍然不露一丝笑容。幽王无奈，只好贴出榜文，昭告天下，如有能博褒姒一笑者，重赏千金。

告示一出，全国各地之人争相入宫。有人说笑话，有人做鬼脸，也有滑稽表演，但都无法使褒姒笑起来。这时佞臣虢石父上前献计说："早年西戎强大，先王恐怕他们乘虚而入，便在骊山下设置烽火台数十座，又置大鼓数十架，每逢敌寇入侵，便放起狼烟，直冲霄汉。各国诸侯看到信号便会发兵前来救驾。如今数年，天下无事，烽火都已经熄灭了。大王若要博王后一笑，可以邀王后同游骊山，再趁夜燃起烽烟，诸侯见此必然派来援兵，等到了国都，发现没有敌寇，空跑一趟，王后见了，必然一笑。"昏庸的幽王听后大喜，他带着褒姒一起来到骊山，白天观赏美景，饮酒作乐；到了夜里，幽王便下令把烽火全部点燃。霎时间，狼烟四起，火光冲天。远近诸侯突然发现骊山燃起烽烟，以为镐京有敌寇来犯，纷纷领兵疾驰而来。谁知到了国都竟然没有犬戎的一兵一卒，只见幽王和褒姒在城头对饮。幽王见诸侯率军前来，传旨道："烽火台久未使用，我恐怕群臣忘了用途，特意演练一次，各位诸侯跋涉远来，可以回去休息了。"诸侯闻言方知被戏弄，只得满腹怨气地撤兵回国。褒姒见幽王竟然将国家大事视为儿戏，千军万马，招之即来，挥之即去，顿觉十分可笑，于是终于笑起来。幽王见褒姒真的笑了，当即大喜，真的赏赐给虢石父一千两金子。这就是著名的"烽火戏诸侯"的故事。幽王的叔父郑桓公得知此事后大惊，连忙进谏道："先王设烽火台，意在防范外敌，如今大王随意举火戏耍诸侯，实在是有失信用。一旦有外敌入侵，诸侯不再相信，该当如何是好?"幽王竟然笑道："如今天下太平，哪还用得着烽火台啊！叔父过虑了。"于是此后幽王便经常点燃烽火戏弄诸侯作乐。

废太子宜臼逃到申国之后，申后的父亲申侯便召集手下的谋士商议对策，大家都认为幽王无道，终有一天也要对申侯下毒手，不如提早准备，最终申侯决定联系西戎，共同进攻镐京。这时，幽王派人去申国索要废太子，申侯自然不肯将外孙交出。幽王大怒，便决定与诸侯在太室（今中岳嵩山）会盟，起兵讨伐申国。申侯得到消息，便于公元前771年，提前联合犬戎，举兵进攻国都镐京。周幽王接到犬戎入侵的军报，慌忙下令点燃烽火，召集各国诸侯前来救援。谁知诸侯以为天子又在与褒姒嬉戏，因此都按兵不动。于是，申侯和犬戎一路畅通无阻，很快攻入镐京。幽王只好带着褒姒、伯服仓皇从后宰门逃往骊山。途中，郑桓公前来护卫幽王，最终寡不敌众，死于乱箭之下。幽王、褒姒和伯服三人早已被吓得瘫软在车中。犬戎兵截住幽王的车马，将他就地杀死，又砍杀了太子伯服，掳走了褒姒。西周王朝从武王灭商起，共十二王，历时三百五十一年，就此宣告结束。有诗人愤怒地指责褒姒："赫赫宗周，褒姒灭之"（《诗经·小雅·正月》）。西周的灭亡纵然与这个不爱笑的女子有着莫大的关系，然而在周幽王昏聩的统治下，天下对于周王室早已经离心离德，西周的灭亡实属必然。褒姒不过是"红颜祸国论"的又一个牺牲品。

越女不归空落泪

——吴王夫差妃西施

西施，姓施，名夷光，春秋时美女。家居苎萝村（今绍兴诸暨），幼随母浣纱江边。

越王勾践自吴归，用文种“遗之美好，以劳其志”之术，得西施于苎萝山下，进献吴王夫差。于是吴王沉溺于声色，荒于国政，终为越国所破。

吴亡后，一说西施归老于家，一说被沉于江，一说随范蠡而去。

春秋之际，吴越两国经常交战。公元前494年，吴越发生第二次战争，以越国战败告终。越国被吴国打败后，越王勾践只好暂时忍辱退居会稽，对吴称臣。勾践在吴国受尽奇耻大辱，回国后卧薪尝胆，立誓报仇雪恨。当他得知“吴王淫而好色，宰佞以曳心”（《吴越春秋》），便决定采纳大臣文种所献“美人计”。他派贤臣范蠡在越国境内搜寻一位聪明、漂亮又热心救国的姑娘，准备将她献给吴王，使他“惑乱沉湎，不领政事”，从而放松对勾践的警惕，让越国赢得东山再起的机会。

范蠡奉命在越国各地寻找绝色佳人。一日，他来到苎萝村，发现一位妙龄少女正在江边浣纱。范蠡见此女子虽然是村野中人，衣饰朴素无华，但仍然掩盖不住她美丽的容貌。这位姑娘就是西施。范蠡当即认定她就是可以救国的女子，于是便将西施带回王宫。

越王勾践对西施十分满意，他还专门为西施建造了一座装潢华丽的美人宫，并派人对西施进行各种各样的训教，包括礼仪、歌舞、谈吐等各个方面，以便日后能够迷惑吴王。经过三年的培养，西施终于由一个单纯质朴的乡间女子变成了举手投足都透露着无限风情的绝代佳人。再加上西施生来聪慧，经过教导，习得了察言观色和机敏巧辩的本领，已经足已承担迷惑吴王、助越复国的重担。于是越王勾践又命范蠡贿赂了吴国宰相，将西施等一批美女送入吴王宫中。

相传西施在去吴国的路上，乘船经过大云，眼看着离自己的国都越来越远，而吴国的边境则越来越近，西施不禁悲从中来，泪水涟涟，她的眼泪点点滴滴都落在河水中。第二年，西施经过的河岸两旁竟然长出了无数雪白的芦苇，那大片大片随风摇摆的芦花正是西施泪花洒落所化成。

西施入吴后果然不负众望。她那无双的美貌和优美的歌舞立时将吴王迷得神魂颠倒。夫差特意令人为西施修建了一座华丽的馆娃宫供她居住。吴王夫差得到西施后，便开始沉溺在歌舞和酒色之中，不理朝政。西施终日陪着夫差在宫中游乐，或在琼台上抚琴幽唱，或在瑶池边饮酒赏月，夜夜歌舞升平，丝竹不断。为了让西施表演“响屐舞”，夫差在皇宫御花园的长廊中，专门命人将廊底挖空，放进大缸，在上面铺上木板，并取名“响屐廊”。西施脚穿木屐，衣裙上佩戴着金玉制成的小铃铛，在廊间翩翩起舞，脚下的木屐踏在木板上，发出有节奏的“铿铿”回声和裙上铃铛清脆的“叮当”声，相互交织，十分悦耳，别有一番迷人的风味。相传在西施初遇范蠡之时，两人便互生情愫，但为了复国大业，他们只好忍辱负重，牺牲自己的幸福。到了吴王王宫后，常年去国离乡，委曲求全，让西施落下了心口疼的毛病。她常常按着胸口，微蹙双眉，忧郁的神态更加惹人怜爱，吴王夫差见了反而更加宠爱西施。病西施的美名从此流传到民间，还引出了“东施效颦”的笑话。

本是一代枭雄的吴王夫差，在西施绝世的美色和高明的计谋下，逐渐失去了辨别是非的能力，更忘记了争霸天下的野心。西施还利用夫差刚愎自用和多疑的性情，多次离间吴国君臣的关系，令夫差日益亲奸佞、远贤臣，最后终于将唯一能与越国抗衡的大将伍子胥赐死，让吴国失去了军事上的支柱。终于吴国的宫廷被西施所乱，朝政荒废，民不聊生，百姓怨声载道。而此时的越国，经过几年的休养生息，国力逐渐恢复，日益强大起来。越王勾践见吴国已乱，便抓住时机，发兵一举打败了吴国。待到城破之时，夫差悔之晚矣，只能在越王的车驾前横剑自杀。偌大的吴国，终于败亡在一个弱女子的手中。

关于西施的结局有很多种说法。一说西施完成了自己的使命后，回到老家，从此隐居起来；另一种说法是，吴灭后西施无法接受感情的矛盾和心理的折磨，自己投江而死；汉代赵晔所撰《吴越春秋》里还有记载：“吴亡后，越浮西施于江，令随鸱夷以终。”心狠手辣的越王唯恐西施再祸乱自己的天下，便索性将她处死，装进鸱夷（皮袋）里，沉入江中。流传最广的一种说法是，西施、范蠡有情在先，吴灭后，范蠡功高震主，他知道越王勾践是个“可与共患难，不可与共乐”的君主，于是功成身退，带着西施隐居江湖，从此不再参与朝政。《越绝书》载：“吴亡后，西施复归范蠡，同泛五湖而去。”

为了躲避越王的追剿，他们经常更换住处，每到一地，便深受当地人的欢迎。相传他俩曾在“胭脂汇”附近住下，范蠡弃政从商，西施采桑养蚕。西施心灵手巧，范蠡淡泊名利，他们本无意于富贵，反而因为经营得法而收入颇丰。两人从此过上了幸福的生活。经年累月，范蠡渐渐积累了上万的资财，成为远近闻名的大富商，人们称之为陶朱公。

美丽的心灵

——齐宣王后钟无盐

钟无盐的故事最早见于西汉刘向的《列女传》中的《辩通传》。

钟无盐，复姓钟离，名春，战国时齐宣王之后，河北省无盐县人，人称“无盐”，是中国历史上有名的四大丑女之一。她生得高额深眼，长腰粗腿，肥颈秃头，鸡胸驼背，皮肤黝黑。由于貌丑，到四十岁还没出嫁。但钟离春天生聪慧，才智过人，是位有才干、有见识，文武双全的女政治家。后自荐于齐宣王，被礼遇，封为王后。在她尽心竭力的辅佐下，齐国国力大增，一度成为“千乘之国”。

战国时期，诸侯争霸，中原大乱。当时的齐国国君正是宣王，他好色无能，喜欢饮酒作乐，而且性情暴躁，喜欢听奸佞小人的吹捧奉承，搞得朝中政治腐败，国事昏暗，齐国岌岌可危。

一天，齐宣王在宫里设摆宴席，款待各地选送来的美女。酒酣之际，齐宣王正被美女们簇拥着，忽听说有一个丑女要闯宫求见。齐宣王十分好奇，便宣召这名女子上殿觐见。无盐见到齐宣王后，不卑不亢地说道：“民女倾慕大王美德，自愿留在宫中，侍奉大王，听从差遣!”

齐宣王的后宫佳丽比比皆是，朝中更不缺乏文臣武将，他见无盐丑陋不堪，竟然要自不量力地自荐入宫辅佐自己，禁不住哈哈大笑。

钟离春并没有因为齐宣王的嘲笑而退缩，她提出要打一个哑谜让宣王猜。只见她斜着眼睛向上翻了翻，又咧开嘴露出参差不齐的牙齿，然后举起一只粗壮的手，另一只手拍了拍自己的膝盖。钟离春这样的行为让齐宣王和身边的美女们都忍俊不禁。宣王摇头说不明白哑谜的意思。

钟离春镇定自若地解释道：“我翻眼睛，是提醒大王敌国就快要打来了，情势危急；露牙齿，是告诉大王朝中有大臣不称职，老百姓们对他们恨得咬牙切齿，请大王不要任用在各国游说的邹衍等人，应该亲近孟夫子。”接着又说，“大王好色是要不得的，应该娶我以证实大王好德不好色。”

齐宣王起初并没有重视这位貌丑无比的女子，听罢钟离春的这番话，发现她竟然对朝政大事有这样的真知灼见，于是命她继续说下去。

钟离春接着又侃侃而谈，列出齐国面临的四大危难：“如今秦、楚环伺齐国，虎视眈眈，而齐王你竟然内政不修，忠奸不辨，太子不立，众子不教，反而整日嬉戏，沉溺于声色犬马，这是齐国的第一个危难；大王兴建高台，高耸入云，还镶嵌黄金珠玉，用彩缎丝绢装饰，玩物丧志，利令智昏，这是齐国的第二个危难；现在朝中贤良纷纷引退山林，奸佞小人侍奉在大王左右，进谏者不得通入，民生疾苦难以听闻，这是齐国的第三个危难；大王花天酒地，夜以继日，四处征选美女乐工，充斥后宫，对外不修诸侯之礼，对内不秉国家之治，这是齐国的第四个危难。齐国现在已是危机四伏，大王如再不悬崖勒马，不久定会城破国亡!”

钟离春的铮铮谏言给了齐宣王当头一棒。听罢钟离春的这番论断，宣王翻然悔悟。他当即命人拆除高台，将美女、伶人遣送宫外，斥退朝中奸佞，决心开始励精图治。

此后，无盐运用自己渊博的知识和高明的兵法，多次指挥齐国军队击退了敌国的进攻。齐宣王在钟无盐的辅佐下，开始专心政务，经过外修内治，齐国的势力日益强大起来，为日后成为战国七雄之首奠定了强大的经济和军事基础。

在战火纷飞的年代，无数英雄淹没在烽烟中、黄土下。钟无盐，独以她无上的智慧和德行在史书中留下了自己的名字。时光划破粗陋的外壳，最终呈现的是一颗玲珑剔透的心灵。

秦

一个阴谋的积极参与者

——秦始皇之母赵姬

公元前221年，在位已二十六年的秦王嬴政统一天下，改称始皇帝。公元前209年胡亥即位为秦二世。三年后赵高杀二世，立始皇帝长子扶苏之子子婴为秦王，去帝号。子婴在位四十六日后，沛公军至霸上，子婴白马素车以降，秦朝遂告灭亡。轰轰烈烈开两千多年封建社会之先河的秦朝，却在短短的十五年内夭折，实是历史上的悲哀。

秦朝究竟为什么夭亡，自有众多评说，不在本文研讨范围之内，反倒是因为其历史太短暂，后宫制度建设不完备，未为后世留下能着笔的后妃，后妃中佼佼者几无一人。

唐人杜牧有篇著名的《阿房宫赋》，对秦王朝所建阿房宫极尽铺陈之能事，辞藻华丽，气势宏伟，多有神来之笔，如："六王毕，四海一。蜀山兀，阿房出。覆压三百余里。隔离天日。骊山北构而西折，直走咸阳。二川溶溶，流入宫墙。五步一楼，十步一阁；廊腰缦回，檐牙高啄；各抱地势，钩心斗角。盘盘焉，囷囷焉，蜂房水涡，矗不知其几千万落。长桥卧波，未云何龙？复道行空，不霁何虹？高低冥迷，不知西东。歌台暖响，春光融融；舞殿冷袖，风雨凄凄。一日之内，一宫之间，而气候不齐。"其中对于妃嫔宫人之描写，更令人叹为观止："妃嫔媵嫱，王子皇孙，辞楼下殿，辇来于秦。朝歌夜弦，为秦宫人。明星荧荧，开妆镜也；绿云扰扰，梳晓鬟也；渭流涨腻，弃脂水也；烟斜雾横，焚椒兰也；雷霆乍惊，宫车过也；辘辘远听，杳不知其所之也。一肌一容，尽态极妍，缦立远视，而望幸焉；有不得见者，三十六年。"

对于《阿房宫赋》中的描述，有人认为只不过是文人夸大其词，不足为信，直至1974年被惊叹为世界第八大奇迹的地下兵马俑的发现，才打破了对《阿房宫赋》否定的看法。死后所用，尚且如此磅礴雄伟，威武壮观，生时所享，定然会有过之而无不及。

然而翻遍史料，却没有秦始皇所立皇后、妃嫔的记载。二世胡亥被赵高玩弄于股掌之中，是个鹿马不分的糊涂虫，不必去提，只有短短的四十六日的子婴更不必提及了。是史料尚未挖掘出来，抑或另有隐情？依笔者观点，似乎与秦始皇生母留下的恶劣影响不无关系。

秦始皇生母姓氏生年已不可考，只知是赵国邯郸人，因之史称赵姬，又有说其娘家姓薛而称为薛姬。姬，古时对妇人的美称、通称也。出嫁后，亦因其夫异人改名子楚，而尊称为子楚夫人。

《史记·秦始皇本纪》："秦始皇者，秦庄襄王之子也。庄襄王为秦质于赵，见吕不韦姬，悦而取之，生始皇，以秦昭王四十八年（公元前259年）生于邯郸。及生，名为政，姓赵氏。年十三岁，庄襄王死，政代立为秦王。"

《史记·吕不韦列传》："吕不韦者，阳翟大贾人也。往来贩贱卖贵，家累千金。

秦昭王四十年（公元前267年），太子死，其四十二年（公元前265年），以其次子安国君为太子。安国君有子二十余人。安国君甚爱姬，立以为正夫人，号曰华阳夫人。华阳夫人无子。安国君中男名子楚，子楚母曰夏姬，毋爱。子楚为秦质子于赵。秦数攻赵，赵不甚礼子楚。

子楚，秦者庶孽孙，质于诸侯，车乘进用不饶，居处困，不得意。吕不韦贾邯郸，见而怜之，曰：'此奇货可居'。"

《史记·吕不韦列传》："……吕不韦取邯郸诸姬绝好善舞者与居，知有身。子楚从不韦饮，见而说之，因起为寿，请之。吕不韦怒，念业已破家为子楚，欲以钓奇，乃遂献其姬。"

这里涉及秦始皇、庄襄王、子楚、吕不韦、赵姬等人，"为秦质子于赵""奇货可居"。"破家为子楚""知有身……欲以钓奇，乃遂献其姬""姬自匿有身，至大期时，生子政"等事。细究这些人和事，一场曲折跌宕，阴谋与爱情、权势与金钱、投机与投资、官与商的错综复杂的故事情节便展现在读者面前，本为风尘女子的赵姬恰恰被卷入其中，并成为不可或缺的人物，在历史上打下深深的印记。

吕不韦，本是战国后期卫国濮阳的商人，深得贱买贵卖的诀窍，已积累了千金。但对这种财富增长速度和方式已不满足，他曾问其父，用金钱收买和操纵一国之君能获利多少？惊得其父无法回答。

秦昭王四十二年（公元前265年），秦昭王为了缓解赵国方面的军事压力，腾出手对付他国，便假意示好，将太子安国君的一个儿子，自己的一个名叫子楚的十四岁孙子送到赵国做人质。子楚从此被软禁在邯郸。因为秦国屡屡言而无信，又因为子楚在诸公子中地位低下，为赵国瞧不起，所供不丰，处处受制，处境十分困难。

恰恰这一年吕不韦也到邯郸经商，于酒肆茶楼中打听到了这件事的来龙去脉。他分析，安国君将来继承王位是必然的，但子楚不是安国君的嫡出长子，继承安国君位的概率很小，不被重视，所以才安排到赵国做人质。但也正因为如此，自己才有机会接近他。如果帮助子楚取得安国君的继承权，成为他的嫡嗣，安国君继承王位后，子楚也就会顺理成章地成为太子，进而成为秦王……吕不韦为自己的冷静分析和远大理想兴奋不已，认为子楚"奇货可居"，决定豪赌一把。遂成为商人投机政治的千古第一人。

吕不韦买通赵国守卫，找到子楚。开门见山地对他说："我可以让你富贵起来！"子楚见其不过是一略富的普通商人，哪肯相信，于是反唇相讥："你先让自己富贵起来吧！"吕不韦也不发怒，反而笑道："你不懂啊！我的富贵是要由你的富贵来决定的。"子楚听出话外有音，便移尊就教。吕不韦认真地为他分析秦国的政治形势："昭王已经老了，安国君身为太子即将继位，安国君有子二十多人，你只不过是普普通通的其中之一罢了，绝无资格胜出。安国君宠爱的正妃华阳夫人却偏偏无子，如果让你拜在华阳夫人膝下为子，必然深受安国君的喜爱。那时在继承权问题上，你的兄弟们便没有资格和你争了。”子楚被吕不韦为他安排的谋取秦王的路线图深深打动了，但以他的资质和能力，感到困难重重，无从着手。吕不韦则大包大揽地对他说：“没关系，事情全由我来安排，我虽不富有，愿倾全力让你达到目的。”子楚感激得要哭出来了，忙信誓旦旦地表示：“如果我得到了秦国，一定和恩公您共同分享。”

得此承诺，吕不韦便有条不紊地开始实施其计划。

首先，针对子楚处境窘迫、人气不旺、社会影响面小的现状，倾其所有，毅然拿出自己积蓄的一半约五百金为子楚进行重新包装，让他乘肥马，衣轻裘，广交宾客，以增加子楚的影响力，又把剩下的一半全买了奇珍异宝等供人赏玩之物西进秦国。

吕不韦本来是个没有政治背景的商人，没身份结交权贵，便施展迂回外交手段，先找到华阳夫人的姐姐，求她把所携的奇珍异宝尽献给华阳夫人，又乘机大造子楚是如何如何的贤良聪慧，所结交的诸侯和宾客遍及天下，口碑是如何如何之好的舆论。更进一步描述出一幅子楚日夜思念华阳夫人，屡屡焚香向上天祷告，祈求保佑太子殿下和华阳夫人的动人图画。直说得地涌金莲、天花乱坠。吕不韦更进一步为华阳夫人的姐姐分析将来的发展方向：“古人云：以色事人者，色衰而爱弛。现在华阳夫人虽然很得太子殿下的宠爱，却不曾生育，不如早早在庶出众子中找一个又贤又孝的过继成自己的儿子，而嫡子是有继承权的。这样一来，太子在位时，华阳夫人受到宠爱，太子百年之后，凭借儿子继承王位的关系，谁又敢对华阳夫人不尊重呢？不然的话，立了别的女人所生的儿子为嗣为王，那时的华阳夫人又会被谁放在眼里呢？不仅华阳夫人地位不保，作为她姐姐的夫人你，如果想继续保持荣华富贵，也怕是白日做梦了。”吕不韦以他多年经商所练就的三寸不烂之舌，说得华阳夫人的姐姐怦然心动，后背直冒凉气。

吕不韦见时机成熟，马上把所居奇货放到了桌上，说：“子楚虽然贤智，但也有自知之明，知道自己只不过是太子殿下的一个普通儿子罢了，生母又不被宠幸，不管怎样选，他也不会被立为嫡子，所以竭诚愿意依附于华阳夫人。华阳夫人此时能拉他一把，收归膝下，立为嫡子，不仅子楚结草衔环，感恩图报，便是华阳夫人在秦国也将永远立于不败之地了。这将必然是个双赢的结果。那时，作为国母的姐姐，夫人您的好处还少得了吗?”华阳夫人的姐姐十分佩服吕不韦的分析，亦十分赞同他的观点。

华阳夫人的姐姐马上跑到妹妹那里，竹筒倒豆地把吕不韦的观点和盘托出，又以亲情关系再三劝导。真是一言惊醒梦中人，沉迷于宠爱中的华阳夫人吓出了一身冷汗，深以为吕不韦之一言，足以开自己万世之利。不趁现在受宠时经营自己的下半生而更待何时？心意已决，马上寻找机会实施。在一次晚宴上，华阳夫人先是频频向安国君敬酒，又撒娇又献媚，在安国君醉酒求欢时，却故意娥眉紧蹙，依偎在安国君怀里抽抽搭搭地哭了起来。太子安国君被她如此变幻不定的态度闹得如堕五里雾中，一时不知所措，便再三问其原委。华阳夫人见安国君已然心乱，才梨花带雨地边哭边说：“我有幸被您收到后宫，宠爱有加，令我感激涕零，虽粉身碎骨也难以为报。但我身后无子，一旦您撒手离我而去，叫我依靠何人?”安国君本非远见卓识之人，此时更被怀中哭成泪人的爱妃弄得没了主意，忙问如何才好？华阳夫人马上巧舌如簧，信誓旦旦地介绍子楚是如何如何的孝敬，如何如何地为安国君和自己向上天祈祷，等等。并郑重请求允许将子楚收归膝下立为嫡嗣。安国君本无主见，为讨美人欢心立刻答应。又招来内侍，命刻玉为符、交付华阳夫人收好，表示永无反悔之意。华阳夫人这才破涕为笑，加倍承欢。

第二天，安国君和华阳夫人立刻派人到赵国，向子楚示以立为嫡嗣之意，并聘请吕不韦为师傅教而导之，又分别对二人厚加赏赐。从此，秦公子子楚的大名便在诸侯间日盛一日。吕不韦政治投机收到了第一笔利息。

吕不韦见第一步计划已实现，马上开展第二步的工作。

吕不韦于邯郸风尘女子中，专找身世孤零却又面容姣好、能歌善舞、善解人意者数人。几经测试筛选，最后选中了本篇的主人公——赵姬。赵姬乃当红女子，正值妙龄，更受过悉心调教，歌舞管弦，无一不精。赵姬自结识了吕不韦，见他谈吐不俗，挥金如土，知风尘难恋，红颜不久，已有依老终生之意。吕不韦见其虽非国色，亦可乱人心扉，更兼思想单纯，可以调教。便不惜重金，收归身边。花前月下，枕席之间，吕不韦不搞卿卿我我，却大谈生意经，直把只知承欢卖笑的风尘女子变成了自己生意上的女搭档，方才放下心来。当得知赵姬已珠胎暗结之后，即请子楚公子进府饮酒，命赵姬歌舞以助兴。

子楚本是个贵族府第长大的花花公子，正值年轻气盛，内心空虚，哪经得起赵姬的趋身迎奉，刻意百般挑逗。直被弄得血脉贲张，不能自持。乃于酒酣耳热之际，借举酒为师傅吕不韦祝寿之机，乞求将赵姬赠给自己。吕不韦见子楚上钩，先是佯装生气，斥责子楚不该横刀夺爱、令自己膝下无欢，后又假意经不住子楚的再三恳求，说："为了你，我已破去千金家产，只要你不忘恩负义，我再舍弃一个女子又算什么呢？"赵姬立时心有灵犀地告诫子楚，受人滴水之恩，当涌泉相报。子楚见有活动余地，忙不迭地表示愿意尊赵姬为夫人，以后永远唯吕不韦之命是听。

此时，赵姬如果是个深爱子楚的纯情好女子，就应该告诉子楚一切。但她不是，反而刻意隐瞒已有身孕的事实，装作终有所归的样子，和子楚双双拜谢而去。直到生下后来成为秦始皇的嬴政，子楚尚一直被蒙在鼓里。虽然其主要是因为吕不韦的精心策划，但和赵姬原有的贪婪本性也不无关系。至于发展到身为太后尚且淫乱后宫，弄得吕不韦无法收拾，以至身败名裂，为吕不韦所始料不及。如果说吕不韦是以金钱投机，赵姬则是以姿色投机。吕不韦所施美人计较之吴越之间的美人计更为"高明"而卑鄙。但赵姬比之有爱国热忱的西施，却所逊多多了。

一年后，赵姬生下儿子，随其姓，取名政，名正言顺地当上了子楚夫人。秦昭王五十年（公元前257年），秦认为形势有利，派王龁带兵围攻邯郸。赵国则以杀人质子楚威胁秦国退兵。吕不韦与子楚分析形势后认为，既然派兵攻赵，就是不在乎人质是否被杀。要想活，只有自救。于是二人不惜以六百重金买通赵国的监守，偷偷逃至秦军中。从此，结束了人质的生活，回到了秦国。子楚夫人母子则仍羁留在邯郸，托庇于某豪门方得以存活。

由于赵国的有效抵抗，秦军用了六年时间也没有攻下邯郸。直到昭王病死才撤兵。安国君即位秦王，立华阳夫人为王后，正式定子楚为太子。赵国见机忙把子楚夫人母子送到秦国以示修好。

谁料到安国君即位秦王只一年就死了，谥号孝文王。子楚以太子身份即位，成为秦庄襄王，尊生母为夏太后，义母为华阳太后，升夫人赵姬为王后，立子嬴政为太子，拜吕不韦为丞相，封文信侯、食河南洛阳十万户。至此，吕不韦的投资计划全部实现了，子楚、吕不韦、赵姬三人各遂所愿，可谓皆大欢喜。

三年后，即公元前246年，秦庄襄王死，太子嬴政即位，尊吕不韦为相国，称“仲父”，尊母为太后。吕不韦和赵姬的投资进一步得到了最大值的回报。

在连年战争的战国时代，地广人稀，十万户侯是何等的气势，且贵为相国，权倾朝野，炙手可热，既被尊为“仲父”，便可不经秦王同意而发号施令。放眼天下，只有春秋时代帮助齐桓公完成霸业的管仲可以相比。如果吕不韦和赵姬此时能收敛野心，安心辅佐幼小秦王嬴政，就此发展下去，历史便不像今天这般写了。但是，二人的私欲是无止境的。以姿色投资的赵姬虽然贵为太后了，仍在如狼似虎之年，儿子十三岁就贵为秦王，相好吕不韦位居相国，与自己共同代幼年的秦王执掌国政，事实上掌握着国家大权，任何事情没有自己首肯就实现不了，任何法令没加有自己的太后玉玺就是一纸空文。放眼天下，见再也无人能管束自己，便肆无忌惮、为所欲为起来。

吕不韦是商人出身，经营有道。在按自己的意图治理秦国的同时，广植私人势力。广置府第，佣家童万人。仿魏之信陵君、楚之春申君、赵之平原君、齐之孟尝君，召食客三千人，为自己造势。又著书立说，投机文坛，作传流万代之想。命食客人人著其所见所闻，编辑为八览，六论，十二纪，名曰《吕氏春秋》，洋洋洒洒共二十余万言。自以为说尽天地万物古今之事。更命人在都城咸阳的城门上高悬千金，立下告示说：无论诸侯游士宾客，能增损一字者，便可得此千金。这便是成语“一字千金”的来历。试想，在吕不韦权倾朝野的时代，谁肯为区区千金丢掉身家性命呢？以此悬赏来沽名钓誉，吕不韦太有自知之明了。

以赵姬的出身、资质和品位，自然干不出什么高雅的事情，不外乎屡宣召吕不韦进宫以行淫乐罢了。也许是因为年事渐高，吕不韦再也无法满足这位太后的淫欲。唯太后不知自爱，为逞私欲，屡屡召见。吕不韦倍感身心疲惫。又见小秦王已长成人，渐明事理，不久自当亲政。自己与其虽有血缘关系，毕竟不可告人，一旦丑事败露，下场不堪设想。一向善于谋划的吕不韦此时也不禁害怕起来，方知养虎为患的道理。思来想去，听门客说市场有个叫嫪毐的泼皮无赖，身材甚为雄伟，强壮更异于常人。吕不韦暗中访查，果如所言。乃以扰乱治安为名，缚绑回来，晓以利害，诱以名利，求其代为服侍太后。直说得嫪毐跃跃欲试。又暗到太后宫中，将嫪毐说成人间至宝，可遇而不可求。太后闻言，欣喜若狂，忙与吕不韦定计，令将嫪毐假扮成太监，连夜送进宫来。吕不韦虽知李代桃僵之计已售，却装出恋恋不舍的样子，连连叮嘱太后，不可得了新人而忘了旧人。按捺住心中喜悦，回到府内，将嫪毐拔去胡须，施以粉黛，叮嘱再三，方用宝马香车，暗暗送入宫中。太后身边左右早已等待多时，虽不满太后与相国所行之事，但惮于二人之淫威，也只得接车而去。

太后得到嫪毐，兴奋不已。嫪毐欲以其身做晋升之阶，自是勤奋异常。太后食髓知味，从此不作他想，再也不宣召吕不韦进宫，每日只和嫪毐花天酒地，日夜纵淫，以至有了身孕。寡妇养子，岂不令人齿冷？遂召吕不韦入宫，谋设巧计，推托卜者所言，太后当避居异地，否则于秦王不利。秦王年少，思想单纯，哪知此中原委，忙命人于雍城原大郑宫妥加修缮，交由太后暂时居住。母子二人洒泪而别，嫪毐以侍从身份相随。秦王嬴政尚觉母爱至深。

太后自迁宫以后，不再躲避，公然和嫪毐同宿同眠。更以其太后权力，封嫪毐为长信侯，食邑山阳，不久又加食太原郡。奇珍异宝，赏赐不断。最为可笑的是，偌大的太后，竟然对嫪毐言听计从，俨然一副夫唱妇随的模样。嫪毐此时是小人得志，飞扬跋扈，肆无忌惮，广召门客仆童，大修府第，交结朝臣，直欲挟太后而役百官，公然和吕不韦分庭抗礼。趋炎附势之徒，纷纷改投嫪毐。朝野上下，淫风四起。三年中，太后因嫪毐而连生二子。

世上没有不透风的墙，秦王虽有所耳闻，却因尚未掌权，无力查证。直至二十二岁独立执政这年（始皇九年，公元前238年），便首先追查嫪毐淫乱后宫之事。假托问候太后起居，招来太后近侍。严刑之下，愚忠者尚不敢冥顽，识时务者早就开口。纷纷将相国如何引嫪毐入宫，太后与嫪毐如何日夜宣淫，太后如何因有身孕而迁宫，何时生有二子，此时藏匿何处，以及嫪毐如何结党营私，淫乱朝政等事一一如实讲述出来。嬴政闻言，须发上指，眦目尽裂。昔周幽王宠褒姒失信天下烽火戏诸侯，商纣王为妲己建酒池肉林鹿台自焚，陈灵公君臣争夏姬株林迭戏，均为天下齿冷。如今丑闻就发生在自己生母身上，竟有嫪毐淫太后连生孽子之事，是可忍孰不可忍？不灭此淫贼，枉为世人。立时派兵奔雍宫捕杀嫪毐及其孽子。

嫪毐早有预感，知己之所为，必为嬴政不容，不如以己子取而代之，方能永久。太后竟然表示同意，并且亲将己之太后玉玺交给嫪毐，令其便宜行事。嫪毐召集党羽、门客、仆童，调集地方军队，正欲起兵，王者之师已至，乃仓促迎战。乌合之众，皆趋炎附势之徒，如何能抵挡问罪之师，自作鸟兽散。秦王嬴政将嫪毐枭首示众，并车裂其身以泄愤。夷其三族。迁其舍人及封地之四千余户至蜀。杀太后所生二子，将太后软禁在雍。免去吕不韦相国之职。

吕不韦回到封地洛阳后，虎倒余威尚在。诸侯、宾客、使者前去探望、请教者络绎不绝。秦王嬴政担心他复出作乱，就写信去斥责他说："你对秦国有何功劳，竟敢让秦封你在洛阳为君，享用十万户？你对秦国有何功劳，竟敢号称'仲父'？你和你的家人滚到四川去吧。"吕不韦自知罪孽深重，稍有不慎，便会被夷灭九族，不如自尽，可获全尸，乃饮鸩而死。嬴政见吕不韦和嫪毐已死，余人不足为虑，才将迁蜀之人放还回来。

秦王嬴政对太后尚未息怒，经人劝谏，避免在诸侯间遭到不孝的指责，以国事为重，才将太后迎回咸阳。但始终心存芥蒂，难以释怀，虽然也定期问安起居，终貌合神离，略尽人事而已。

太后从此郁郁寡欢，于始皇十九年（公元前228年）死去。谥为帝太后，与庄襄王合葬茝阳。

至此，秦国及秦王嬴政才从吕不韦和赵姬的一连串的阴谋中解脱出来。

赵姬被吕不韦从风尘女子中选中，得以参与"奇货可居"的政治投资阴谋，享尽了荣华富贵，却没有获得真正的爱情，也没有享受到真正的天伦之乐，没有为秦始皇挑选皇后成婚，反而以自己的淫荡给成长中的秦始皇投下了阴暗的影子，造成了他对女人的扭曲心理。

秦始皇在此后的年代里，连年征战，虽能“奋六世之余烈，振长策而御宇内，吞二周而亡诸侯，履至尊而制六合，执敲扑而鞭笞天下，威震四海”，却无法医治母后留给自己的心理创伤。虽然建有阿房宫，妃嫔美女如云，虽然也生有子嗣扶苏、胡亥，以其鄙视女人的扭曲心理，从不给任何一个女人以显赫的后宫地位。始皇三十七年（公元前 210 年）十月，始皇出巡。十一月，行至云梦，望祀虞舜于九嶷山。浮江下观籍柯，渡海渚。过丹阳，至钱塘。临浙江，水波恶，乃西百二十里从狭中渡。上会稽，祭大禹。望于南海，立石刻以颂秦德。文中有这样一段话：饰省宣义，有子而嫁，倍死不贞。防隔内外，禁止淫泆，男女洁诚。夫为寄豭，杀之无罪，男秉义程。妻为逃嫁，子不得母，咸化廉清。

其主要意思是说：寡妇如果有了男孩子再嫁，就是不贞，死有余辜。男女要内外有别，彼此真诚纯洁相待，禁止淫逸放纵。丈夫如果像公猪一样跑到别人家里奸淫，将他杀了也属无罪。妻子如果逃跑另嫁，子女再不得认她为母亲。我这样直言不讳地宣布禁令，是为了男女关系都能廉明清正。

秦始皇如此明确严厉地禁止男女淫乱行为，绝不是无的放矢。他的一生都生活在淫荡女人的阴影里——生母未嫁即与吕不韦淫乱，既为太后又淫乱后宫，自己的生父究竟是谁？始终搞不清楚。养祖母也是个以姿色取宠的女人，和祖父、父亲的关系不明不白。身为集三皇五帝于一身的始皇帝如何不恼怒？却又无法公然宣泄，只好刻石为铭，暗暗以“公猪”“不配做母亲”“死有余辜”等隐语表达其对吕不韦、赵姬、嫪毐等人永远的愤怒。

作为封建社会第一位太后的赵姬，所留给后人的恶劣影响，谁人能评说得清楚？

西 汉

一个能保江山的女人

——汉高祖皇后吕雉

朝代更迭，巍巍汉朝，取代了赫赫秦朝。一代开国皇帝汉高祖刘邦的正妻吕雉吕后，便活跃在历史舞台。如果说赵姬留给人的印象是淫荡，那么，吕后便是意志和权谋的化身。在我国第一部纪传体历史专著《史记》中，汉太史令司马迁给吕雉以显赫的地位，为其专辟《吕太后本纪》一章，使其享有与帝王相等的待遇，成就了吕雉封建历史女性第一人的地位，不能不引起后人极大的关注。

吕雉和刘邦的结合颇有传奇色彩。

刘邦（公元前256—前195年），沛县（今属江苏）丰邑中阳里人，字季。父曰太公，母曰刘媪。刘邦相貌堂堂，隆准而龙颜，美须髯。不喜农耕生产及治家，好交结，喜酒色。大度，不拘小节。乐善好施，借还均随意为之，颇有人缘。及壮，中试入选为吏，任泗水亭长。虽无品位，却因此得以结交县中大小官吏，为后来的起事作了必要的准备。刘邦常因公事出入咸阳城，遥见秦皇帝之威仪，暗叹：大丈夫生当如此！

吕雉一家本单父（今山东单县）人，吕父与沛县令有旧交，因避仇携家前往投奔。沛县中头面人物听说县令有贵客，纷纷前去道贺。萧何为吏平日主县中诸事，此时便为县令接待宾客。见来客太多，便说，持贺礼不足一千钱者，请坐堂下。刘邦亦往，本不持一文，因平日与萧何诸吏相熟好嬉戏，此时便称以万钱为贺。吕公闻之大惊，忙到门前迎接，引入上座。萧何介绍说，刘季平日好说大话，很少成事。吕公好相人，见刘邦相貌不俗，便不以为然，竟留刘邦喝酒至宴罢，并不顾吕媪反对，力主将女儿吕雉嫁给刘邦。吕媪说："你平日总说此女非贵人不嫁，沛县令为儿求亲都不允，今日为何如此？"吕公说："这就不是你们女人所能知道的了。"成婚后，吕雉为刘邦生下一男一女，就是后来的孝惠帝和鲁元公主。吕雉（公元前241—前180年）字娥姁，颇聪慧。居单父时，家用颇丰，及迁沛，渐中落。对吕公所订婚事，慨然允诺，相信父亲眼光不会错。虽小刘邦十五岁，却能孝敬公婆，抚儿育女，勤俭持家，和睦邻里。对丈夫交友不加干涉，嘘寒问暖，迎来送往，恪尽礼仪，颇受萧何、曹参、樊哙等人称道，更从夫学会了如何知人善任，为以后的安邦定国奠定了基础。

一日正午，吕雉带二子在田间锄草，有一过路老人求水，吕雉以所携饭食相待。老人见吕雉大度，为其相面后说：“夫人将来必是天下大贵之人。”又为其子相面后说：“夫人就是因为他才显贵啊。”道谢后离去。刘邦后至，听言即起身追上老人，求为一相，老人熟视后说：“夫人及子皆贵，君更贵不可言。请恕我不能明言。”此或许是老人饭后感谢暖人之辞，却坚定了夫妇二人将来要成大事的决心。秦朝法律严酷，百姓往往无端获罪。一次，刘邦为县里押送一批犯人去骊山服苦役，因同情他们的遭遇，一路管束甚为不严，以致逃跑很多。刘邦暗想，到了骊山人也跑完了，自己去是白白送死，与其送死，不如大家一起逃了吧。行至丰县西部沼泽中，见地势隐蔽，适于藏匿，就把大家召在一起，边休息饮酒边说：“大家既然不想去送死，就都跑了吧，我从此隐姓埋名，藏起来就是了。”说完即解开绑束在众人身上的绳索，放大家离去。众人见他为大家不顾及自己，很是感动，一些热血青年纷纷表示，我们愿永远追随您，至死不渝。从此，刘邦有了自己的嫡系亲随。饮后，刘邦率众人穿行在泽中小路上，忽有前导来报告：“前面有一条大白花蛇盘在路中央，很是吓人，是否改道前进？”刘邦生气地说：“我们壮士走路，难道还怕什么蛇？”遂走到众人前面，仗酒挥剑斩蛇。后有人附会出赤帝子杀白帝子的故事，刘邦听后也不解释，只微微一笑，众人对他更加敬畏。

由于尚未正式起义，刘邦带众人常藏匿在邙山和砀山一带。吕雉带着一些家属为给他们送衣送粮，常常去找他们，往往一找便能找到。刘邦不知妻子心细，反认为有其他原因，吕雉也不说破，反戏之曰：“你是赤帝子，头上常有云气。”说者无心，闻者有意，一传十，十传百，投奔刘邦的人更多了。

秦二世元年（公元前209年）秋，陈胜、吴广率戍卒九百人在蕲县（今安徽宿县东南刘家集一带）揭竿而起，天下云集响应，赢粮而影从，至陈而王，号为“张楚”。各郡县多有杀其地方长官而归附者。沛县令为自保，欲以沛应之。萧何、曹参等人认为沛令不足以成事，劝召刘邦来商议。刘邦率一百余人随樊哙来到，沛令又后悔了，下令关闭城门而拒绝刘邦、樊哙一行入城，甚至想将萧何、曹参等人也杀掉。萧、曹等人只好连夜投奔刘邦。城中父老见县令如此反复无常，索性率子弟杀出城门迎接刘邦，求他接管县城。刘邦怕大家后悔，便再三要求推举他人。萧、曹等人本是文职人员，遇事考虑过多，未免患得患失。畏于秦朝法律，怕万一起事不成而被株连九族，平日就知道刘邦好大喜功，不怕事而敢于担当，便一致推举刘邦为县令，领导大家起义。普通百姓早因种种传闻对刘邦迷信崇拜不已，亦一致赞同。刘邦推托再三，才答应下来。众人齐欢呼雀跃，齐呼：“刘邦，沛公。”刘邦此后便以沛公相称。沛公下令，在县衙院中，祭拜黄帝、蚩尤，以血衅旗鼓，宣布起义。为应赤帝子斩白帝子之事，所用旗帜均选红色。一时红旗招展，鞭炮齐鸣，人心大快。起义队伍很快就发展到两三千人。此间，吕雉显示了女人中少有的胆识，不仅不拖后腿，反而动员吕氏子弟积极参加，更为他们披红戴花，以鼓舞士气。

从此，吕雉留在家中敬老抚幼，刘邦则率义军四处转战。

当时，天下义军众多，除与暴秦斗争，尚互相争权夺势，相互吞并。三年后，即公元前207年左右，只剩下刘邦、项羽两支主要起义队伍。这时，义军所奉楚怀王命刘邦、项羽相约为兄弟，能先攻进咸阳平定关中者可以南面称王。由于刘邦得到的进军路线险阻较少，一路较顺，先入咸阳，至秦王子婴素衣白马而降，秦亡。项羽得到的进军路线困难重重，一路夺关斩将，后至。刘邦本欲称王，后采纳张良建议，还军霸上，以待项羽，遂有鸿门之宴。项羽不遵楚怀王之约，自立为西楚霸王，改楚怀王为义帝，封各路诸侯为王，更立刘邦为汉王，王巴、蜀、汉中之地，都南郑。自此，有汉纪元年，时公元前206年也。

转年，刘邦以项羽放杀义帝为由，出兵讨伐项羽，不敌，败逃经过沛县，想携带家眷走，兵荒马乱中，只找到儿子和女儿，妻子吕雉和老父太公却被项羽追兵捉去了。此后楚、汉屡屡相争，不分胜负。汉纪四年（公元前203年），楚、汉俱临广武对阵，相守数月，久决不下。楚军粮荒，项羽筑高台，将太公推到上面，对刘邦说："我也不着急下来，我要在上面慢慢地煮太公吃。"刘邦不慌不忙地说："我与你俱北面受命怀王，相约为兄弟，我父即你父。如果一定煮你父，希望也能分我一杯羹。"项羽气得真想杀了太公，经项伯劝说才作罢。又对垒多日，项羽知无法取胜，才同意与刘邦讲和，中分天下，割鸿沟以西者为汉，鸿沟以东者为楚，归还刘邦父母妻子。

吕雉在楚营被羁押三年，幸得项羽宠妾虞姬相护，未受大苦。虞姬屡劝其降楚，共事项羽。吕雉义不改节，赢得项羽和虞姬敬重。及回到汉营，与丈夫、儿女相见，自是苦尽甘来。转年，刘邦与项羽决胜垓下，项羽被迫乌江自刎。正月，刘邦被尊为皇帝，称高祖，吕雉遂为后，定都洛阳。汉纪九年（公元前198年），未央宫成，刘邦大宴诸侯、群臣，置酒未央前殿，他手捧玉杯对已被尊为太上皇的老父亲说："以前您老说我不能置产业，不如老二努力，现在看看谁挣下的多？"众人大笑，三呼万岁。

吕雉在与刘邦结婚后，没有要求他钻营眼前的蝇头微利，而是鼓励他成大事，甚至不惜冒杀头的危险起义造反。如今大事已成，刘邦当上了皇帝，自己成了吕后，到手的权力绝不允许丧失，摘得的果实绝不允许别人染指。

吕雉首先是帮助刘邦巩固政权，许自己造反却容不得别人反叛，要将一切不稳定因素消灭在萌芽状态。

刘邦手下有许多能征善战的著名将领，楚汉相争时，刘邦为了调动他们的积极性，往往把他们封为王。刘邦得了天下后，怕他们功高震主，尾大不掉，便降封为侯。在社会大改组、大分化、大动荡刚刚结束的时候，这种做法极容易引起他们的不满，产生逆反心理。

如大将韩信，曾被封为齐王，及刘邦称帝，以其熟悉楚地风俗，改封为楚王，都下邳。天下大定后，刘邦疑其谋反，降为淮阴侯，留在都城洛阳加以监视。韩信自是十分颓丧和愤懑，由消极反抗的称病闭门不出，到真要准备谋反。汉高祖十年（公元前197年），代相陈豨自立为代王，公开打出反叛旗号。韩信即与其秘密联络，准备趁刘邦不在都城的时机，假传圣旨，赦免一切监狱里的犯人和奴隶，组成起义队伍，奇袭吕后和太子，夺取政权，自己取而代之。哪知不遂人愿，韩信府中有一家人得罪韩信，韩信将其绑起来准备杀掉，此人之弟为救兄，连夜向吕后告发了韩信。吕雉大惊，急与相国萧何合谋，命人诈称从平叛前线回来的信使，报告陈豨已兵败身死，令文武百官上朝祝贺。韩信听说后惊慌不知所措，又欲托病告假。吕雉早就料到韩信会故技重演，即派萧何前去游说："你虽然贵体欠安，但此事是大事，在此关键时刻，带病上朝拜贺，正可表你一片忠心。”韩信尚不知阴谋已败露，闻言亦觉是个掩饰自己的好机会，遂与萧何一同上朝。一入朝门，韩信便被伏兵拿下，吕雉历数其罪状后，立即处决，同时夷其三族，快刀斩乱麻地解决了问题。

又如梁王彭越，由于托病不肯发兵征讨陈豨，被刘邦怒贬为庶人，流放到蜀青衣（今四川临邛西南）。途中，恰与吕后相遇，彭越便向吕后陈诉冤情，希望允许他回到昌邑老家去做个平民百姓。吕雉佯为许诺，将其带至刘邦驻地。吕雉先向刘邦说：“彭越屡有战功，为梁王六年，具有相当实力，一旦真想谋反，振臂一呼，后果不堪设想。与其遗祸将来，不如现在斩草除根。”刘邦认为很有道理，便交由吕雉全权处置。吕雉乃命人诬告彭越谋反，立刻将其处死，并做成肉酱，遍赐诸侯王，以儆效尤。并夷其三族。吕雉的所作所为，对稳定政局确实起了一定作用，但也令很多人心寒。正所谓“狡兔死，走狗烹”。

吕后对到手的胜利果实更不允许别人染指。

刘邦为汉王时，得定陶戚姬，生赵隐王如意，遂称夫人。

刘邦早在败逃沛县找到吕后所生子刘盈之后不久，即立吕雉所生刘盈为太子。但是戚夫人想让刘邦立自己所生赵王刘如意为太子。立谁为太子，谁将来就是皇帝，其母就是皇太后，身居万万人之上，何等尊贵显赫。戚夫人倚仗受刘邦宠幸，常侍随左右的关系，大吹枕边风，更常常假意啼哭，以泪洗面，企图以哀兵胜。吕雉因为经常留守洛阳宫中，与刘邦相见稀少，形势对吕雉极为不利。更兼刘邦认为刘盈文弱，缺少豪气，不像自己，也有改立之意。刘盈的太子地位岌岌可危。几次商议改立，都因众大臣据理力阻而未果，直到吕后用张良计，刘盈的太子地位才得以稳固。

张良熟读兵书，好出奇计，见解颇受刘邦赏识。张良视刘邦有知遇之恩，亦忠心辅佐。吕雉为太子问计张良，张良说：“立谁为太子，是个爱谁不爱谁的问题，骨肉亲情，语言表达不清楚，用言语争辩毫无效果，只有倚仗个人实力，谁的实力强，谁就是当然的太子。”吕雉觉得很有道理，便请他进一步谋划。张良说：“皇上屡请不到的，普天之下只有四个人。这四个人认为皇上好瞧不起人，所以逃到山中，义不为汉臣。现在这四人虽然已经老了，皇上依然很看重他们。如果太子能把这四人请来，尊为座上贵客，时时陪伴出入朝廷，皇上见了，必另眼看待太子。”吕雉又问：“如何才能请到这四人？”张良说：“不要吝惜金银珠宝、玉器、绫罗绸缎，只要派最好的说客，用最恭谦的言辞，坐最华丽的车子，执最隆重的礼仪，不怕请不到。”吕雉知人善任，派吕泽去办这件事，果然将四人请到了。

汉纪十二年（公元前 195 年），病中的刘邦又想另立太子。在一次酒宴上，见太子身后四人俱八十有余，须眉皆白，仙风道骨，衣冠甚伟，便问是何人。四人上前各言姓名，曰东园公、角里先生、绮里季、夏黄公。刘邦大惊，说：“我请了你们商山四皓（《史记·留侯世家》中记载的秦末时人，为避秦乱隐于商山）几年都请不到，你们总是躲着我，为什么却和我儿在一起？”四人说：“陛下轻视读书人，常骂他们，我们不想受侮辱，所以总躲着你。知太子为人仁孝，尊敬读书人，天下无不愿为太子效力，所以我们来了。”刘邦听后讪讪道：“那么，请你们以后好好调教呵护太子吧。”刘邦告诉戚姬：“有此商山四皓辅佐，太子已经形成自己的势力，再也不能更换了。吕后真是个做领袖的人物。”并要戚姬为其伴舞，刘邦高歌曰："鸿鹄高飞，一举千里。羽翮已就，横绝四海。横绝四海，当可奈何！虽有矰缴，尚安所施?"戚姬此后，虽然常常欷歔流涕，却再也无用了。同年四月，刘邦因伤病去世。

刘邦一死，刘盈即位为帝，史称孝惠帝，改元，尊母为太后。大权一到手，吕雉就开始迫害其夙敌戚夫人及其子赵王。先将戚夫人囚禁在永巷，再设计将赵王毒死，剪除其左右以后，又将戚夫人手足断去，眼睛剜去，耳朵割去，饮以哑药，让她有痛苦而无法说，将她全身涂满白灰，让她吃住在厕所里，令后宫人全来参观，说这是她饲养的"人彘"。宫人无不骇然。吕雉的儿子孝惠帝一见，吓出病来，深惧宫廷斗争之厉害，派人对她说："我有病，再也无法为您治理天下了。"遂不理朝政，每日饮酒淫乐，七年后颓废致死。戚姬与吕雉的斗争，以吕雉的彻底胜利告终。戚姬全面失败了，败得很惨，不仅丢了儿子的性命，自己的性命也赔进去了。吕雉在刘邦死后对戚姬的残酷报复，反映出其人性的残忍，而对赵王如意的毒害，对亲子孝惠帝的恐吓，则说明吕后并非以儿子及儿辈利益为重，而是以自己的权势地位为重。为了自己的利益，什么手段都可以使出来。

及孝惠帝死，吕雉泣而无泪。时留侯张良已死，留侯子张辟强年十五，聪明过人，为侍中，见状对丞相说："太后只有孝惠一子，如今见其死却哭而不悲，您知道其中原因吗?"丞相说："你如何解释呢?"辟强说："孝惠帝没有年长的大孩子可以即位，太后是怕你们一班大臣发难，在考虑如何对付你们。如果你们出面请求拜吕台、吕产、吕禄为将，掌管南北诸军，余下诸吕皆安排为宫中管事。这样，太后可以心安，你们也可以免祸。"丞相认为他说得有理，遂按他的意见向太后建议，吕雉果然安下心认真哭起来。九月，小太子即位为帝，吕雉随高祖称谓改称高后。因小皇帝太小，不能主政，由高后称制。是年史称高后元年（公元前 187 年）。孝惠皇后本宣平侯张敖之女，母即鲁元公主，与孝惠帝刘盈本是外甥女与亲娘舅的关系，本不应结婚，但是吕雉为了不使大权外落，采取亲上加亲的办法，强把他们二人结合在一起。刘盈对此十分冷淡，却又拗不过刚毅、固执的母后。孝惠皇后婚后无子，在吕雉授意下，却谎称有身孕，取其他美人所生子佯称为自己所生，立为太子，杀其母，焚尸灭迹，自以为得计。及小太子即位为帝，年龄稍大些以后，偶然的机会，听人说起自己本不是孝惠皇后的亲生儿子，是强行占有的，生母已被害死，心中大怒，放出口风说："孝惠太后怎能这样的强占我身杀死我母？等我长大以后一定要把这一切变过来。"这话传到吕雉耳朵里，吕雉心想：与其将来为祸作乱，不如现在斩草除根。于是将其囚禁在永巷之中，不使与外界音信往来，对外却宣称少皇帝病入膏肓，已然胡言乱语，不可救药，应择贤另立。刘邦死后，大权当然地落到吕雉手中，孝惠帝刘盈不肯治理朝政，文武百官只能对吕雉唯命是听。刘邦在位时，吕雉便经常参与朝政，辅佐高祖定天下，诛杀大臣，消除不稳定因素，往往计由所出。如今既然见不到少帝，也只好按吕雉说的办了。于是，吕雉宣布将少帝废去，暗中将其杀掉，改立孝惠帝另一后宫子、常山王刘义为帝，更名为弘。不称元年，一切政令仍由高后吕雉主持。

刘邦在位时用田肯所献计，非亲子弟不封王。长男刘肥，孝惠之兄，异母，封为齐王。戚夫人之子如意封为赵王，薄夫人之子刘恒封为代王，诸姬子刘恢封为梁王，刘友封为淮阳王，刘长封为淮南王，刘建封为燕王。刘邦之弟刘交封为楚王，刘邦之兄已死，封其子刘濞为吴王。非刘氏者只有功臣番君吴芮之子吴臣封为长沙王。吕后有兄二人皆为将，长兄吕侯已死，封其子吕台为郦侯，子吕产为交侯；次兄吕释之封为建成侯。吕氏中虽然为刘氏打江山屡立战功者亦不得封王。吕雉为娘家人愤愤不平，但是终究拗不过丈夫刘邦。刘邦死后，孝惠帝刘盈即位，却不肯致力朝政，一切任由太后所为。吕雉遂渐渐萌生为吕氏争王的念头。及孝惠帝刘盈一死，少帝即位，高后称制，政令皆由所出。吕雉遂将封诸吕为王的念头转化成实际行动，她先问计右丞相王陵，王陵说："高帝曾杀白马与臣等共盟誓曰：非刘氏而王，天下共击之。如今想封吕氏为王，违反了与先帝的盟约，我不敢赞同。"吕雉听了很不高兴，又问左丞相陈平和绛侯周勃，他们说："高祖平定天下，所以封自己的子弟为王；如今高后主政，要封昆弟及诸吕为王，亦合情合理，没什么可以不可以。"吕雉听了很高兴。散朝后，王陵指责陈平和周勃说："当初与高帝歃血为盟时，你们没在吗？如今高帝死了，高后做了女主，想让诸吕称王，你们就背叛盟约，如此曲意逢迎，看你们将来拿什么脸面见高祖于地下？"陈平、周勃也不恼，笑着对王陵说："当面据理力争，我们不如你，但是论到保持国家安定团结，保全刘氏骨血，你就不如我们了。"王陵弄不明白他们的闷葫芦里卖的什么药，只得悻悻离去。

笔者认为，陈平、周勃的话不无道理。在以男性为主的社会里，以男尊女卑的观点看，刘氏子弟封王是名正言顺，吕氏子弟封王是大逆不道。历来史学家多持此论，司马迁在其《史记》里，便对吕雉封王诸吕一事大惊小怪，大书特书。但是若以男女平等观点看，刘氏子弟可以封王，吕氏子弟一样可以封王，只要是为江山立下卓著功勋者。但实际上，不是论功劳而是论姓氏血缘，刘邦与戚夫人所生的如意，年方九岁便被封为赵王，而吕雉之长兄战死沙场也未被封王，次兄吕释之也只被封为建成侯。吕雉所愤愤不平者，正是在此。陈平、周勃在吕雉大权在握的情况下，如果和她硬顶，以吕雉的脾气性格，很可能采取极端措施。那时，不仅诸吕依然得以封王，而且会使诸多大臣遭贬、刘氏子弟遭难。其结果必然造成朝政混乱，社会动荡，致使江山不保。而顺从吕雉的心意，这一切便可化险为夷，至多因为诸吕封王增加些朝政开支罢了。史实证明了陈平、周勃二人的判断是正确的。吕雉首先采用明升暗降的形式，免了王陵的右丞相之职，然后才逐步展开对诸吕封侯封王的工作。吕雉做的第一步是封侯诸吕，是与封刘邦在位时的功臣一并进行的。这样一来，便分散了注意力，减少了阻力，消除了对立面。第二步才是封王诸吕，封王诸吕时，吕雉先将孝惠帝诸后宫子未封王者一一封王，然后再授意诸大臣，由大臣出面请求封诸吕为王。刘氏子弟既已为王，又有诸大臣举荐，诸吕封王便水到渠成了。如此一来，朝廷上下，人人三呼万岁，一派歌舞升平，丝毫未引起政局动荡。

吕雉不仅政治手腕高明，政治头脑亦十分清醒，只封了三个吕姓王，多数封为侯。而且严格要求，不使其居官自傲，以免产生恶劣影响。为非作歹者一旦查出，绝不姑息。如高后六年（公元前 182 年）十月，吕雉察觉吕王吕嘉居处骄恣，便立即废之，转封肃王吕台之弟吕产为吕王。

吕雉分封诸吕或王或侯，绝无取代刘氏天下之意，只是欲刘、吕共享天下。也正因为如此，才未过多树敌，使分封诸吕得以顺利进行。吕雉另一刘、吕共享天下的手段便是结亲。令刘氏子弟娶吕氏女为妃为后，企图以亲上加亲所形成的血缘关系，巩固吕氏在刘氏政权中的地位。但凡对吕姓妻女不满、不加宠爱的，吕雉亦横加干涉。例如，赵王刘友，虽娶诸吕女为后，却不爱，而喜她妃。高后七年（公元前 181 年）正月，吕女向吕雉告状，吕雉即将赵王刘友招来，软禁至刘友绝食饿死。如此偏护娘家人的做法，实在令世人不敢效仿。

高后八年（公元前180年），吕雉渐渐感到身体越来越不行了，知不久于人世，开始安排后事。令赵王吕禄为上将军，领导北军，吕王吕产掌管南军。并告诫他们说："高帝平定天下以后，与大臣相约：非刘氏王者，天下共击之。如今吕姓封了王，诸大臣虽然愤愤不平，碍于我的威望，却也不敢公然反对。我死以后，皇帝年小，诸大臣很可能向吕氏发难。所以，你们不要为我送葬，要用重兵守住皇宫，不要被别人所制约。"七月十八日，吕雉病逝，遗诏赐诸侯王各千金，将相列侯郎吏皆以秩赐金。大赦天下。以吕王吕产为相国，以赵王吕禄女为帝后。

吕雉既死，其处心积虑的保吕计划没过多久也就破产了。刘氏诸王在诸多高祖老臣的协助下，用了不到两个月的时间，很快就消灭了诸吕在朝廷中的势力，只有极少数人企图顽抗被消灭，大多数人认清形势投降了。只有少数人流血的事实，在客观上证明了吕雉的分封诸吕一事，玩得并不过分，既没有伤了大汉的元气，更没有动了大汉的根基，只要不是站在刘氏的立场上，是不应过多予以指责的。事后，大臣们商量说："少帝及梁、淮阳、常山诸王，都不是孝惠帝的亲生子，而是吕后以计夺他人之子，杀其母，将其养育于后宫，便算作孝惠帝的儿子。她又将诸吕女或立为后，或为诸王妃，以加强吕氏的力量。如今既已消灭诸吕，而不将其所立之帝废掉，等到少帝长大主政，我们就一个也剩不下了。不如择贤另立。"几经选择，最后决定立高祖刘邦的中子，孝惠帝的二弟，代王刘恒为帝。史称孝文皇帝。立他为帝的理由之一是：刘恒的母亲薄夫人为人恭谨善良，将来不会像吕后一样为所欲为。吕雉做梦也没有想到自己会成了前车之鉴。

刘邦在位时，吕雉帮助他消灭了异姓王，平定了多起叛乱，稳定了政权。孝惠帝即位后，吕雉以太后身份执掌大权，孝惠帝之后，又以高后身份主政，直至病死，前后共十六七年。此间，吕雉如朕亲临，以女主身份治理天下。她既没有大兴徭役，也没有发动战争，而是继续重用萧何、陈平、王陵、周勃等一班开国老臣，延续刘邦在位时的既定政策，除秦苛政，约法令，施德惠。对内推行"黄老"的无为而治，轻赋税，重农桑，使百姓得以安居乐业。对外施行安抚政策，以绥边境。例如，北方的匈奴单于曾派人来说："我新近死了后，你正巧丧夫，我们不如结婚吧！"这本是非常不礼貌的挑衅行为，有辱汉朝尊颜，没有战略眼光的人可能会勃然大怒，马上兴师问罪，吕雉却巧妙地予以化解了，她派人对单于说："我已年老珠黄，自己都看不上自己了。现送你香车宝马两副，供你和将来的漂亮妻子游玩时用吧。"相比之下，单于亦觉有失风度，于是又派人向吕雉谢罪，边界一时因此得以相安无事，为汉朝培养国力，赢得了宝贵时间及和平环境。她对于朝廷内部，只是玩弄分封于股掌间，或封或撤，或迁或徙，时刻变换，刘、吕诸人无法推测，均终日惶惶，无暇为非作歹。在长达几百年的战国时代，争当王侯的观念已深入人心，陈胜、吴广一般平民百姓都可以说出"帝王将相宁有种乎"的话语。刚刚实行中央集权制的秦、汉，如何能平息人们争当王侯的欲望，还平民百姓一个和平环境，实是历史赋予的崭新课题，吕雉的所作所为，或许是很好的解决办法。汉·太史令司马迁在《史记·外戚世家》中指出："及孝惠帝崩，天下初定未久，继嗣不明，于是贵外家，王诸吕以为辅，而以吕禄女为少帝后，欲连固根本牢甚，然无益也。"他认为吕雉的出发点是好的，发展吕氏势力，是为了巩固刘氏既得政权，只不过没有收到预期效果罢了。站在百姓角度上看，谁人封王，谁人封侯，和百姓都没有多少关系，乐得他们上层人物去忙乱，百姓们自己却得以休养生息。如此种种，客观上为以后的文景之治先行打下了基础。当然，吕雉的乱搞刘、吕配，也为后世带来极坏影响，以致后世史学界有脏唐、乱汉之说。也有人只究一点，不及其余，以其对戚姬的残忍，将其定位于十大毒妇之首。对吕雉的是非功过，如何为其打分，如何给其定位，实在值得仔细研究。

太史公曰："孝惠皇帝，高后之时，黎民得离战国之苦，君臣俱欲休息乎无为，故惠帝垂拱高后女主称制，政不出户，天下晏然。刑罚罕用，罪人是希。民务稼穑，衣食滋殖。"谨录其言，供读者参考。

《史记·吕太后本纪》的【索隐述赞】亦可供读者参阅。其文曰：

高祖犹微，吕氏作妃。及正轩掖，潜用福威。志怀安忍，性挟猜疑。置鸩齐悼，残彘戚姬。孝惠崩殒，其哭不悲。诸吕用事，天下示私。大臣菹醢，支孽芟夷。祸盈斯验，苍狗为菑。

传奇皇后

——汉武帝皇后卫子夫

汉武帝即位以后，对内改制，对外征伐，使西汉成为当时世界上强盛的国家之一。汉武帝以其文治武功奠定了他在中国历史上的地位，被誉为“冠于百王”“千古雄主”的千古一帝。汉武帝治国上雄才大略，在生活上却荒淫好色，喜新厌旧。陈阿娇和卫子夫不幸做了他的皇后，都不得善终。

卫子夫作为汉武帝皇后的一生是具有传奇性的一生。

汉武帝建元二年（公元前139年），三月初八，这天是上巳节。长安官民纷纷拥至城外东流水畔，举行一年一度的袚祭（袚，通“祓”。古时一种除灾求福的祭祀。《西京杂记》卷三：“正月上辰，出池边盥濯，食蓬饵，以袚妖邪。”）仪式，除灾驱邪。这天，汉武帝也驾临霸上，祭奠鬼神，祈求祛祸降福。熏香沐浴过后，他乘兴又游览了郊外春色，在回未央宫的路上，路过姐姐平阳公主的家，便进去休息聚谈一会儿。汉武帝母王太后入宫后生了三个女儿，大女儿就是平阳公主。平阳公主原为阳信长公主，后因与开国功臣曹参的曾孙平阳侯曹寿婚配，所以称平阳公主。

汉武帝即位后，他的第一位皇后也就是武帝幼年时戏言要藏于金屋的陈阿娇，陈阿娇无子，所以平阳公主就特别选拔了十余位娇艳如花的良家女子养在家中，教她们琴棋书画、歌舞以及应对进退，准备让汉武帝选取为妃。这天，皇帝突然御驾亲临，平阳公主倍感荣幸，喜出望外，忙置办酒席，热情款待。平阳公主又将这些美女装饰打扮起来，来侍奉汉武帝。但汉武帝看后，觉得都不满意，没有一个入眼，便只顾低头饮酒。平阳公主看在眼里，急在心头，就又换了几名公主府的歌伎在武帝面前架起琴瑟，婉转弹唱，有的则翩翩起舞，以助酒兴。武帝边饮酒边观看歌伎们的歌舞。突然，他眼睛豁然一亮，目光停留在一名容貌清丽、情态十分可爱的歌伎身上。汉武帝看惯了浓妆艳抹的女人，而这个歌伎就像是一杯清茶，让武帝倍感清爽，让他眼里放出了光芒。堂堂天子，顿时为之倾倒，目不转睛地盯着她看。平阳公主见状，心中暗喜。

“那个女子是谁？”武帝指点着那女子问平阳公主。

“她姓卫，字子夫，平阳人氏。”平阳公主答道。

平阳（今山西临汾西南）属河东郡，是曹寿的封地。卫子夫出身卑贱，她的母亲是平阳侯曹寿家的婢女。生了三男三女，长子卫长君，次子卫青，三子卫步广；长女卫君孺，次女卫少儿，三女卫子夫。卫子夫生得漂亮，而且身段窈窕，平阳公主让人教她歌舞，成了公主府的一名歌伎。卫子夫不仅色艺双全，而且熟悉宫廷礼仪。武帝不因卫子夫出身微贱而轻蔑她，并倾倒于她清丽的容貌、动听的歌声、优美的舞姿下。

武帝越看越爱，心痒难挠，便借口起身更衣，平阳公主会意，忙唤卫子夫随驾进去侍候。过了一会儿，方见武帝兴冲冲走出来，后面跟着的卫子夫，云鬓散乱，双颊绯红。平阳公主见这情形心里雪亮，知道武帝临幸了卫子夫。

武帝车驾要回宫了，平阳公主就奏请让卫子夫入宫侍奉皇上。武帝大为高兴，满口答应了，还对公主大加赏赐。临行前，卫子夫重新梳洗打扮一番，拜别公主。卫子夫上车时，公主拍着她的背说："好好去吧，望善自珍重，此去定然受到宠爱，一旦荣宠尊贵之后，别忘了我啊！"

卫子夫随武帝进了庄严、豪华的皇宫。看情形似乎一帆风顺，可是人生道路总是曲折的，卫子夫一入宫，首先就遇到了皇后陈阿娇。汉武帝带卫子夫回到皇宫，满怀欣喜，希望同新得的美人继续寻欢作乐，谁知一进宫门便遇着皇后陈阿娇这位"丧门神"，将他一场好梦冲散。

同汉武帝青梅竹马一起长大的陈阿娇，是太皇太后的外孙女儿，成年后做了太子妃，继而又正位中宫。她的母亲馆陶长公主又辅立武帝有功，武帝母子对她们感恩戴德。加上这层特殊关系，娇艳无比的陈阿娇皇后就有"咳唾落九天，随风生珠玉"的威势，连武帝也要让她三分。陈皇后的好妒后宫是有名的，其他美人很少敢同皇帝接近。那天，她见武帝一早出宫游幸，直到天黑了还不回来，等得有些心烦意乱，便出宫迎候。谁知皇帝竟情意绵绵地携了个美人一同回来，不由恼怒万分。当场便竖起柳眉，圆睁杏眼，生气地掉头就走。武帝对她爱极生怕，心下惶恐，连忙撇开卫子夫，命一宫廷女官随便安顿一下，自己急忙到皇后的宫里赔不是去了。这以后，他碍着皇后，不敢再召幸卫子夫。

卫子夫满怀希望进宫，竟是年半岁余不得再见君王面。武帝也是健忘而寡情的人，把卫子夫带进宫后，和卫子夫久不见面，也早就把她忘了个精光。入宫一年多来，卫子夫一直没能得到汉武帝的宠幸。在一年清冷的皇宫生活中，卫子夫真真切切地体会到了从云端跌落谷底的痛苦。当初在平阳公主家的那一天，她真以为自己要飞上枝头当凤凰了，可又总不敢相信自己有这么好的运气能被皇帝看上。而今平阳公主送她到皇宫前说的那句话："好好去吧，望善自珍重，此去定然受到宠爱，一旦荣宠尊贵之后，别忘了我啊！"仿佛还在耳边，当日听起来是满心的欢喜，如今回想一下，真是想得太容易了，而这一肚子苦水在深宫内又向谁去倒呢？卫子夫的满怀热情化作一腔凄凉。真是幽幽深宫，长夜难尽。

人生多变，几乎时时都有命运之神的巨手，从中拨弄。但看也看不见，摸也摸不着，逃也逃不掉，躲也躲不过。这巨手忽然又让卫子夫的人生来了个转机。当她在皇宫待得心灰意冷时，命运之神把幸运之手又伸向了她。

卫子夫进宫一年后，适逢遣散不中用的宫女，一些陷于绝望的宫女，都盼望自己在释放之列。卫子夫想到未来，与其困在宫里面，年华逐渐老去，不如仍回到平阳公主家，仍当一个歌女，还有可能觅得夫婿，终身有靠。所以，心灰意冷的卫子夫自动请求把她遣散出宫。想着进宫那天平阳公主的叮嘱，想着一年来的凄苦生活，当她随着出宫的宫女们觐见皇帝，听候裁决的时候，她拜倒御阶前，忍不住流下眼泪。汉武帝从遣散出宫的宫人名单中忽然读到了卫子夫的名字，又看着拜倒御阶前哭得如梨花带雨的卫子夫，不由心头一动，霎时间想起前情，这不是当初曾万般恩爱过的美人儿吗？卫子夫虽然桃花依旧、人面还在，只是略略消瘦了一些。娇滴滴、掩面悲泣的卫子夫让武帝顿起怜爱之心，觉得这一年来对不住她，忙用好言好语安慰她一番，又把她留在身边侍奉。

当天傍晚，就有小黄门奉命宣召卫子夫。武帝在一座僻静的宫院同心上人相会。这一夜，两人重温旧梦，再立鸳盟，分外缠绵恩爱。这以后，武帝对卫子夫宠爱有加，借口政事繁忙，不再常去陈皇后的住处了。

风声很快传入皇后耳中，陈阿娇哪里肯容忍卫子夫受宠，便怒气冲冲地去找武帝。武帝早就想好了应对之词，便解释说："御妻多年不曾生育，朕百年后谁来继承皇统？不得不另幸卫氏，求育麟儿。"

陈皇后冷笑一声，说："卫氏一个歌伎哪有这福分？"

武帝一听，勃然变色，怒道："卫氏早已有孕在身！"说罢，撇下皇后拂袖而去。

皇后陈阿娇一听卫子夫已经怀孕，生怕武帝求子心切，越发宠幸卫氏，立即命小太监去请母亲进宫商量对策。这时的馆陶公主已由皇帝加了封号，服从窦太后的姓，尊称为窦太主了（阿娇为武帝姑姑的女儿。《汉书·东方朔传》中记载，馆陶公主为汉武帝姑、汉文帝女，号窦太主）。母女二人别无良策，只能一面去请皇太后做主，一面派人持重金遍访名医，为陈皇后医治不育之症。

皇太后王氏听了陈阿娇母女的哭诉，十分生气。一天早上，趁武帝进宫请安之机，皇太后责问儿子说："皇后并无过失，何故疏远她？"武帝解释说：为育麟儿，只得另幸卫氏，但皇后本性奇妒，屡屡拦阻生事。他还向太后说明，事关国运，皇后一味生妒是没有道理的。皇太后想想也对，便不再说什么，只是嘱咐武帝：不要忘了窦太主当年辅立之恩，不要贪恋美色过于冷淡了皇后。

武帝得到皇太后的支持，加之他盼望皇子心切，对怀了身孕的卫子夫恩爱愈深，还加强了对她的保护，他的眼里只有卫子夫了。卫子夫遇宠之后，尊崇愈隆。不久，她在宫中的气焰便盖过了陈皇后。皇后陈阿娇气得寝食不安，同母亲窦太主一起，日夜筹划，想陷害卫子夫，但是几次都被汉武帝护住，使卫子夫得以幸免。这样一来，便激怒了武帝。你恨之越切，他偏爱之越深，武帝干脆就不再驾临中宫了。

陈皇后母女害卫子夫不成，便想在卫子夫的弟弟卫青身上出气。卫青原是平阳公主府中公主的骑奴。凡公主坐车外出，身材高大健壮的卫青便骑着骏马跟在车后护卫。卫子夫得皇帝宠幸后，卫青也被推荐到上林苑的建章宫当差。一天，卫青正在上林苑打杂，突然有七八名武士气势汹汹赶来，见了他，一拥而上将他捆住。卫青大声呼救。其中一名领头的人拔出佩剑，正想下手杀害卫青，又有一帮人马赶到，为首的是建章宫骑郎、卫青的好友公孙敖，他是闻讯后特赶来相救的。两起人马打了一阵，最后公孙敖仗着人多势众，狠命夺回了卫青，一面火速请人奏报武帝。

武帝闻报大惊，传公孙敖上殿。公孙敖奏道："小臣认得那一帮人马全系窦太主府中卫士。"武帝又气又恨，干脆请卫青上殿，加以慰勉，晋封卫青为建章宫总管，官拜侍中之职，并可随驾侍候左右，成为武帝的近臣。过了几天，汉武帝对卫子夫一家兄弟姐妹也大行封赏，不久汉武帝又加封卫子夫为夫人，提升卫青为太中大夫。

皇后陈阿娇本想杀了卫青出出气，谁知弄巧成拙，反使卫子夫一家荣贵无比，气得陈阿娇母女呼天抢地。汉武帝因此对皇后陈阿娇也更添反感，夫妻之间虽近在咫尺却如隔天涯一般。从此以后，陈皇后虽然对卫子夫恨之入骨，但却不敢公然挑衅了。卫青则在宫中一再得武帝重用，先为太中大夫，次为车骑将军，后又赐爵关内侯。

元光五年（公元前130年）秋七月，一天早上，汉武帝正想出巡，忽然狂风大作，竟将未央殿前一棵小树连根拔起。武帝惊恐万状，令内侍们到处巡查，疑心有妖人作祟。

大概过了两个时辰，只见卫士们押着一个女巫来到殿前跪下，说是在陈皇后的中宫搜捕到的。汉武帝大怒，以为皇后暗使女巫作法阴谋陷害自己，当即亲自严办审讯。

原来皇后陈阿娇见卫子夫日益得宠，自己不甘受冷落，想方设法要使汉武帝回心转意。女巫楚服通过宫中内线获知了皇后的心思，入宫求见，谎称自己能设坛祈祷，促使皇帝重念旧情，陈阿娇信以为真，许以重金。楚服便带领一班女徒，每天悄悄溜进中宫，喃喃念动咒语。但是，一个多月下来不见应验。也是陈阿娇命该倒霉，偏偏这天刮了一阵狂风，引起汉武帝疑心，大搜宫院，楚服躲避不及，便被抓获。

事情败露之后，陈皇后虽然未犯谋逆弑君的大罪，却也大大触怒了武帝。汉武帝因皇后屡屡同卫子夫作对，早已对她心怀怨恨，只是苦于没有把柄，如今正好借这一事端惩治皇后，便下令将楚服及其女徒们一一斩首示众，连同皇后宫中的三百多名宫女、太监全部杀头。至此陈皇后才知道大祸临头。

过了几天，一道诏书下来，认为皇后为巫术迷惑，不配再当皇后，收去了陈阿娇的皇后册书和玺绶，将她赶出中宫，幽闭长门。可怜金枝玉叶的陈阿娇，同汉武帝恩爱数年，落得幽居冷宫最终病死的凄苦下场。

与陈阿娇形成鲜明对比的是，汉武帝对卫子夫的恩宠与日俱隆。在这些年，卫子夫接连生了三个公主，但就是没有生儿子。虽然贵为夫人，但无子的她地位仍然是不稳固的，为此，她真是忧心忡忡。好在她又第四次怀孕，到汉武帝元朔元年（公元前128年）终于生下了一个皇子，取名刘据。二十九岁的汉武帝壮年得子，不胜快慰，在宫中大摆酒宴三天庆贺，还仿照古礼，立祠作文以志纪念。卫子夫的这一贡献乐坏了汉武帝，母以子贵，卫子夫生下刘据不久，武帝便加封她为皇后，入主后宫。这一年是陈皇后被废的第三年，可见中宫虚位以待，单等卫子夫生下皇子便荣登宝座。在卫子夫生下皇子的同时，弟弟卫青也横扫进犯匈奴，打了大胜仗，对汉武帝和卫子夫来说，这真可说是双喜临门。武帝对卫子夫的荣宠也达到了顶峰。

当上了皇后的卫子夫在很长一段时间内，没有任何美女能动摇她的地位，一方面，她的儿子刘据在长大后被立为太子，刘据七岁那年，武帝下诏，定他为继承人。另一方面，卫子夫当了皇后以后，卫氏家族亦受到汉武帝的恩赏，特别是卫子夫的弟弟卫青、外甥霍去病既有真实本领，又因为“外戚”的缘故而有了建功立业的机会，通过流血奋战，在对匈奴的作战中，立下了不朽的功勋，成为西汉历史上赫赫有名的将军。汉武帝任卫青为大司马、大将军，为汉代武职中最高的长官，封长平侯。卫青的三个儿子还在襁褓之中，就都被封为列侯。卫后的姐姐卫少儿的儿子霍去病也因军功卓著，被封为冠军侯，做到大司马骠骑将军。卫子夫的姐夫公孙贺官至丞相。连霍去病同父异母弟霍光也被封为郎官。卫氏满门将相侯，“卫氏支属侯者五人”。当时武帝的姐姐平阳公主新寡，寡居的平阳公主就下嫁给了自己昔日的马夫卫青。这样，武帝娶卫青的姐姐，卫青娶武帝的姐姐，真是亲上加亲。卫氏家族真可谓一荣俱荣，权倾朝野，地位显赫一时，无人能动摇。任何人都不会想到一个女奴的女儿，一个歌伎，竟手转乾坤，在西汉王朝中，建立起如此庞大广泛而且炙手可热的势力。如果有传奇性事迹的话，这正是典型的传奇性事迹。当时民间就有歌谣曰："生男勿喜，生女勿怒，独不见卫子夫霸天下！"常言说得好：盛极则衰。

容貌是妃嫔们的本钱，但人无千年好，花无百日红，年老则色衰，美貌绝伦的皇后卫子夫随着岁月的流逝，一天一天地容颜凋谢，不复当年。色衰则爱弛，人老珠黄的卫皇后渐渐被冷落深宫，卫皇后尊宠程度也在逐渐下降。对她曾经百般宠爱的汉武帝则另求新欢，汉武帝的色心没有因为年纪老迈而稍减，在他周围总是美女如云，王夫人、李夫人、尹婕妤、钩弋夫人……一个个争幸夺宠。

但这还不能威胁到卫子夫皇后的地位。卫子夫在后宫复杂的环境中，做了三十八年的皇后，她并不独霸后宫、恃宠而骄，而是处处小心，谨小慎微，以恭谨谦和赢得汉武帝的恩宠，赢得了大臣和后宫的尊敬。首先，卫子夫谦逊的德行，是从自身做起的。卫皇后对卫氏子弟的管教格外严格。如弟弟卫青的四个儿子都不成器，卫皇后流着眼泪向武帝报告，请求武帝削夺卫氏子弟的封赏。武帝就说："我知道，皇后不用担忧。"太子刘据为人比较宽厚，对武帝的残酷做法往往反其道而行之，经常平反冤狱，虽然得到百姓的口碑，但是武帝用的那些酷吏都不喜欢太子。所以，群臣中宽厚长者都归附太子，而那些残酷用法的人都诋毁太子，于是太子誉少而毁多。卫皇后担心儿子这样做会违背武帝的意思，得罪武帝，经常把儿子叫来劝诫："作为太子，你要经常揣摩父亲的心思，理解父亲的意图，按照父亲的要求去做，而不能擅自做主，做一些与父亲的想法不一致的事，比如平反冤狱。这本是你父亲制造的冤狱，你却给予平反，不是否定你的父亲吗？"然而，武帝听说后，虽然不喜欢太子的"仁政"，但是认为太子的做法正确。这事也显示了卫皇后自己为人处世谦虚谨慎的态度。在后来的日子里，虽然卫子夫年老色衰，汉武帝移情别恋，但是因为卫后小心谨慎，所以汉武帝对卫后还是很尊重和信任的。武帝每次出行，都把后宫事务托付给她。

太子刘据，是汉武帝的长子，汉武帝二十九岁才有儿子，一开始非常喜欢刘据。除了专门派人辅导他学习《谷梁春秋》《公羊春秋》外，还为他建了一座苑囿，称为博望苑，让他学习接待宾客。太子每次去见母亲卫皇后，总会多待些时间，这是很正常的事。汉武帝身旁有个宦官叫苏文，喜欢挑拨是非，竟然挑拨起汉武帝、皇后与太子之间的关系。他向武帝打了小报告，说："太子一天到晚在皇后宫里，与宫里的女人们鬼混！"武帝不听这些话，反而增加太子东宫侍女二百人。太子知道这是苏文胡说，心里对其不满。苏文还不肯善罢甘休，又与小宦官常融、王弼等，经常伺机寻找太子的过失，一旦寻到就添油加醋地向武帝报告，甚至把黑的说成白的，把白的说成黑的。卫后对此也是非常痛恨，让太子禀报武帝杀了这些人。太子心地善良，说："我没有过失，不怕苏文他们！皇上明察秋毫，不会听信谗言恶语，不必担忧。"武帝有次生病，派常融去召太子，常融就此大做文章，回报说："太子得知武帝生病，根本不把皇上放在眼里、挂在心上，而是脸上有喜色。"武帝听了，心中暗暗不乐。太子即刻来见，武帝看到太子的脸上带着泪痕，但是为了让父亲高兴，又强装笑脸，强打精神。武帝就问常融，到底是怎么回事，常融支支吾吾回答不出。武帝知道是常融从中作梗，就把常融杀了。

但是随着皇太子刘据的成熟，武帝越来越不满意这个儿子了。因为武帝雄才大略，反应灵敏，好大喜功。而皇太子刘据遗传了母亲卫子夫敦厚的性格，秉性慈仁、温厚恭谨。

父子性格、志趣相悖，随着皇太子渐渐长大，武帝对太子越瞧越不顺眼，嫌他的继承人性格太仁厚软弱，不够精悍，能力也一般，缺少他那种气魄，一点儿也不像自己。再者，武帝晚年屡兴大狱，用法严酷，对武帝的昏聩多疑、滥杀无辜，皇太子刘据深感不安。刘据常挺身而出为之平反，所以颇得人心。皇太子刘据日渐失宠，他的母后也日遭冷落。在武帝晚年，卫皇后、太子他们常常感到不安，甚至觉得有性命之忧。武帝虽然嫌太子的才能不如自己，但又认为，太子完全有资格做一个守成的君主。汉武帝知道卫皇后和太子的忧虑后，为了不让卫后和太子担心，就叫卫青传话，说："汉家立国未久，朝仪法制尚不完备，加之四方夷狄侵扰，朕若不变更制度，则后世无法；若不事征伐，则天下不宁，故为此不得不穷兵劳民。但若太子即位后仍效法于朕，则将重蹈秦亡之覆辙。所喜太子敦厚仁孝，一定能安天下。寻一个守成的贤德之君，没有比太子更好的啦！我听闻皇后与太子心中不安，有这事吗？有的话，你可以把我的意思传达给他们，让他们明白我的心意。"武帝的这个看法，极富政治家的眼光。卫皇后知道后，感激得热泪盈眶，马上脱去头上的簪饰去向武帝请罪，表现得非常谦恭。

可是武帝的妃嫔赵婕妤、王夫人、李姬、李夫人在卫皇后之后接连给武帝生了好几个儿子。到汉武帝非常宠幸的著名的钩弋夫人生了汉武帝非常喜爱的刘弗陵后，卫子夫的后宫统治地位开始崩溃了。刘弗陵在母亲怀胎十四个月后才降临人世，武帝认为上古时代帝尧也是十四个月才降生的，觉得这个儿子先天特异，而且刘弗陵生得聪明英武，年方五六岁，就长得又高又壮，容貌身材均酷似武帝，所以特别受到武帝的宠爱。武帝常对人说："此儿像我。"有心让他继承帝位。这种危机使卫皇后母子产生恐惧，而且千万支暗箭，正射向他们，灾祸可能随时爆发。终于，一场灾难落到了失宠的卫氏母子身上。事情是这样的：

征和元年（公元前92年）冬日，六十五岁的汉武帝同他宠爱的钩弋夫人一起住在长安城外上林苑的建章宫。这天，他躺在寝殿内休息，朦胧中好像看见一个带剑的男子走进龙华门，真奔自己而来。他猛地坐起身子，高呼："有刺客，快拿下！"侍候左右的宫女和卫士们根本没看见什么人，大家面面相觑，不知所措。武帝怒极，喝令左右严加搜查。于是，号称"千门万户"的建章宫被里外堵住，武士们从玉堂殿搜到奇华殿，又从神明台找到太液池，都不见刺客的踪影。武帝大发雷霆，亲手杀死了几个门官，又下诏兴师动兵，大搜上林苑，甚至关闭长安各座城门，挨家挨户搜查。但折腾了十几天，仍然一无所获。

晚年的汉武帝由于纵欲无度，身子日渐衰弱，但他又想长生不老，永享富贵权势，便信任方士，遍求不死之药，结果花去大量钱财，却使自己由于服食大量丹药神志不清。他的行为也搞得宫中和民间盛行巫术，到处乌烟瘴气，武帝自己也变得十分迷信，终日疑神疑鬼。

自征和元年大搜长安城之后，武帝仍是疑心未除，总怀疑有人想谋害他。其实，这时的汉武帝已是染病在身，耳目昏聩。又因迷信鬼神，终日心惊肉跳，神不守舍。元旦过后，他不耐烦住在未央宫，不管卫皇后和太子的劝说，想去长安远郊的离宫休养。但这时，忽然生出一场巫蛊祸事，竟将位居中宫多年的卫皇后和皇太子以及武帝的两个女儿活活逼死。

汉朝人很相信巫术，汉武帝期间发生多次“巫蛊”事件，对当时的政治、社会都产生了巨大影响。所谓“巫蛊”就是利用人们的迷信，将象征真人的木质偶人埋到地下，通过巫师祈求神鬼，帮助施行巫蛊者加害所要憎恶诅咒的人。汉朝皇宫内最忌讳“巫蛊”，武帝对巫术、巫蛊也很敏感。武帝一朝因为巫蛊事件而多次构成大狱，许多人受牵连而死。前面说的陈皇后只是因为和巫术事件有关就引火烧身，还使得卫子夫因此得宠。然而，这次“巫蛊”的罪名却被人强加到了太子和皇后卫子夫的身上，使卫子夫家破人亡，惨遭灭顶之灾。

这还有个公孙事件为导火索。太仆公孙敬声是卫皇后的姐夫——丞相公孙贺的儿子，他倚仗姨母的权势，骄淫不法，挪用军款，被人告发，下狱论罪。公孙贺为了营救儿子，向武帝保证，要捕捉侠盗朱安世，将功补过，替公孙敬声抵罪。后来，朱安世虽然被抓，但他为了报复，故意反咬一口，还诬陷公孙敬声和阳石公主私通，串联诸邑公主及卫青的儿子卫伉一起，在武帝养病居住的甘泉宫埋下木人，用巫术诅咒武帝。武帝怒极，以为建章宫的“刺客”一定与这件案子有关，于是，他大发淫威，将案子交由廷尉杜周办理。杜周是西汉政府有名的酷吏，案情向四下蔓延，卫家亲属，几乎牵连进去一半。公孙贺、公孙敬声，囚死监狱，公孙家所有男女，全部屠戮；卫青的儿子卫伉，绑赴刑场，斩首；连武帝跟卫子夫的两位亲生女儿阳石公主和诸邑公主也被迫双双自杀。卫皇后的苦苦哀求也没任何作用。这一案子还牵连朝中多名大臣，闹得人人自危。公孙父子获罪一事，使得卫皇后更加惶恐不安。

在公孙事件中，卫子夫的女儿、姐姐、姐夫、侄儿，都死于非命。然而这只是一个开端，惨烈的剧变还在后面。江充紧接着对卫家又作了一次最沉重也是最后的一击。

江充是赵国邯郸人（今河北省邯郸县）。他的妹妹嫁给赵王刘彭祖的儿子刘丹，他因妹妹的裙带关系，成为刘彭祖的重要宾客。可是到了后来，刘丹疑心这位舅哥把自己不可告人的一些罪行，向赵王打了小报告，郎舅之间翻了脸。刘丹仗着他是法定的王太子，大发淫威，派人逮捕江充。江充逃跑了，刘丹就把江充的父亲和哥哥抓来，一律斩首。江充逃到首都长安，遂向武帝控告刘丹说：他不但跟亲姐姐通奸，而且跟赵王的姬妾通奸，还交结豪强劣绅，抢劫小民。武帝知道后立即逮捕刘丹下狱。调查属实后剥夺了刘丹王太子的地位。同时武帝对江充的谈吐和态度，大为满意，就授予一个官位不高但权力很大的官职——直指绣衣使者给他，专门奉皇帝之命，督察京师一带，缉捕奸党，察举不法。江充不避权贵，敢作敢为，谁都不怕，很得汉武帝的赏识。

征和二年（公元前91年）的一天，皇太子派一个使臣去甘泉宫，向武帝请示一件事。使臣乘车，奔驰在驰道上。这是枉法的。只有皇帝可以在驰道上行走，臣子走驰道，是犯上，大逆不道。碰巧，这事让江充瞧见了，他立即下令逮捕那个使臣，投入监狱，车马没收。

皇太子听说后，大惊，马上派人去找江充求情。太子托那人转告江充说：“请江君不要声张。我不是爱那套车马，是不愿让皇上知道，免得说我平常不教导身边的人，让皇上生气。唯请江君宽恕。”恳请江充法外施恩，但是江充并不接受太子的致歉，还把这事上奏武帝。武帝龙颜大悦，认为他守法不阿，大为奖赏，还赞说：“为臣者，就应当这样。”在武帝的称赞下，江充的野心开始膨胀。同时，太子与江充也有了明显的嫌隙。

太子刘据为人忠厚，平时遇有冤狱，往往代为平反，颇得民心。而江充是武帝时代的酷吏，处事方式与太子不同，对太子早就心怀不轨。江充害怕武帝年老死去，太子继位，会对自己不利。江充认为：你让鱼死，我就先让网破。他想先下手为强，除掉太子，免贻后患。这时，武帝已快七十岁了，衰老多病且多疑。武帝和秦始皇一样，迷恋人世间的荣华富贵，妄想长生不老。但无情的事实打破了他的幻想，随着年龄的增大，武帝越来越恐惧死亡。利用武帝这个弱点，他周围一些心怀奸恶之人就乘机制造事端，挑拨他与太子、大臣之间的关系。这年夏天六月，江充利用武帝在甘泉宫患病的机会，上疏说：武帝染疾乃巫蛊为祟。

武帝于生死之事本来就很迷信，听江充一说，便信以为真，下令江充查办巫蛊一案。江充等一帮人掘地找木偶，抓了一些夜晚斋戒祭祀的人，严刑逼供，要他们承认是在诅咒皇上。有些人屈打成招，江充又逼他们说出同伙。最后，有好几万人被指控为巫蛊诅咒，斩首示众。

江充原想通过诬告方式把太子牵连进去，不料想，事与愿违，没人胆敢指控皇太子。事不得已，江充只得亲自出马了。他煞有介事地奏告武帝："臣看皇宫之中弥漫着巫蛊之气。"想把祸水引入宫中，再设法引到皇太子身上。

武帝后宫佳丽成群，得宠的却寥寥无几。那些未得宠和失宠的妃嫔不免怨恨武帝。对此，武帝是清楚的。故江充说皇宫中有巫蛊之气，武帝便信以为真，下令江充到他的后宫中查处，还命安道侯韩说、御史章赣、宦官苏文等协助江充。江充首先查办那些被武帝冷落的不幸女子，贵为皇后的卫氏也不得不接受江充的盘查。接着，江充派人到太子的宫殿中东刨西掘，找木偶。太子十分恼火，待要发作，又恐武帝降罪，不敢违旨。这帮人挖了整整一天，把一座东宫里里外外搅得昏天黑地。当夜，江充及其亲信安道侯韩说、御史章赣等人率领武士们气势汹汹跑来，说在东宫内已掘得木人多处，木人上都写有诬蔑天子之词。太子又惊又怕，不明白这些木人是什么时候埋入地下的？看着江充等人得意扬扬的脸色，又想起以前与江充的嫌隙，太子忽而大悟，想一定是这些人拿着事先准备好的木偶故意来构祸陷害自己。

卫皇后、太子万分惊恐，认为一旦江充把这事上奏武帝，早已失宠的母子俩难免一死。形势异常危急，太子唯恐进一步陷害，就急忙找师傅石德商议对策。石德说："江充奸贼扬言木偶是在太子宫中挖出来的，您有口难辩。依臣之见，不如矫诏逮捕制造冤假错案的江充，查究他的阴谋，戳穿江充一伙制造动乱的真相。如今皇上卧病甘泉宫，谢绝探视，生死不明，而奸臣如此猖獗，您难道忘了赵高诈杀公子扶苏而立胡亥之事吗？"

太子为人仁慈恭谨，但被逼到这般地步，也唯有铤而走险了。他派人把计谋告诉母后卫氏，卫氏也觉得只能这样做了。下令把皇后的车马拉出来，运载了箭兵；打开武库，取出武器，征发皇后的卫士，由皇太子指挥缉捕江充、韩说、章赣一帮奸贼。太子的人马到了韩说府，矫武帝之诏逮捕他。韩说看出破绽，拒捕，被杀。章赣也怀疑有诈，拒捕受伤，逃往甘泉宫给武帝报信去了。江充没有逃脱，被逮住。怒不可遏的太子下令处死了江充。

事态没有按照石德的计划发展，太子图一时痛快杀了江充，可是江充被杀，查证江充诬告一事就落空了，太子的冤案难以澄清，又落了个杀人灭口的罪名。万般无奈，为了活命，太子只好举兵造反，夺取帝位了。武帝一开始不相信，派人去召太子。但是派出的使者不敢去，就回报武帝说，太子真的造反了。

太子的士兵还冲进了丞相府，丞相刘屈牦连丞相大印都未来得及拿，仓皇而逃。宦官苏文也跳上驿站的一辆马车，直奔武帝的甘泉宫，奏报太子发兵叛乱。

正在甘泉宫养病的武帝听说太子起兵，顿时龙颜大怒责问："刘丞相在干什么？"丞相刘屈牦说："为保密，没敢发兵。"武帝更生气了："事态已到了这般地步，还有什么秘密可言？丞相缺少周公那种作风，周公不是诛灭了作乱的兄弟管叔、蔡叔吗？"武帝于是赐诏刘丞相："搒斩反贼，戴罪立功。以牛车为循，毋与叛贼短兵相接，用弓皆射杀。坚闭城门，毋令反贼逃出。"武帝抱病移镇长安城西的建章宫，征发长安一带的军队，由丞相刘屈牦统率，镇压叛乱。

太子兵力单薄，乃赦免长安城中的囚徒，把他们武装起来，征发长水、宣曲两支少数民族骑兵，与丞相刘屈牦指挥的军队大战于长安城中。太子起兵后，因长安城中盛传太子与卫皇后起兵造反而失去人心，护北军使者任安接受了太子的符节却没有出兵，双方血战五日，太子寡不敌众，兵败，逃跑。二十天后，走投无路的太子自杀。

汉武帝在镇压了太子后，立刻下诏废皇后卫子夫，收回皇后的印玺。卫皇后在悲痛中绝望自杀。卫皇后就这样含冤而死，曾几何时，对她百般宠爱的武帝，如弃敝帚一样撇开了她。她死后，被装进一个又薄又小的棺材里，埋在长安城南郊。

卫子夫温柔敦厚，心地仁慈，在宫中小心翼翼，无论性格和品德，都无可指责，可是她在传奇性地登上皇后宝座后，却又以意外的悲剧作为结局，悲惨地死去，而且死后都不能与武帝合葬。然而，在中国历代皇后中，卫子夫却是一个极有分量的皇后，卫子夫身为有"千古雄主"之美誉的汉武帝的皇后，使她的弟弟卫青、外甥霍去病得到了施展才能的机会，从而为西汉在反击匈奴的战争中赢得了主动地位。从客观上讲，卫子夫作为卫青和霍去病两大天才统帅的晋升之阶，卫子夫对汉朝是有功劳的，卫氏一门对汉朝的巩固是作出过贡献的。固然，汉武帝对卫氏一门的恩赏有过分之处，但总的来说，卫氏一门对汉朝的巩固、社会稳定、经济发展起到了不小的积极作用。

卫子夫传奇的一生使人不得不想起命运的力量。呜呼，历史的洪流就像一座大搅拌器，而一个人——包括最尊贵的皇帝、皇后——不过是这大搅拌器中的一颗沙粒，身不由己地随着环境转动，一生都不知道碰到些什么，也不知道终点将是哪里。

一身归朔漠

——呼韩邪单于阏氏王昭君

王昭君，名嫱，南郡秭归（今湖北省兴山县）人。西晋时因为避司马昭的讳，改称她为“明君”，后来又称其为“明妃”。她与西施、貂蝉、杨贵妃一起并称为中国古代的四大美女。“昭君出塞”，为汉与匈奴之间结束战争，加强彼此的友好关系作出了重要的贡献。

关于王昭君，史书里曾有记载，可惜笔墨并不多。但是民间却流传着她的许多故事。其实自古“和亲”的人不少，在昭君之前就有细君公主和乌孙公主。可是唯独昭君出塞的故事代代相传，妇孺皆知。上至帝王将相，达官显贵，下至文人墨客，黎民百姓，都曾为其感动感叹不已。

十六岁的王昭君于汉元帝时以“良家子”（不是医、巫、商贾、百工出身）被选入宫。当时从全国各地挑选入宫的美女数以千计，皇帝没办法一一见面。所以一般都是由画工为她们画了像，送到皇帝那里听候挑选。宫女们为了能让画工把自己画得美一些，都争相给他送礼。可是王昭君并没有像其他人一样贿赂画工毛延寿。毛延寿就故意把她画得很平庸，而且还在她的面颊上点上了一颗所谓的“丧夫落泪痣”。于是昭君“入宫数岁，不得见御，积悲怨”，满腔幽怨，无限感伤地写下了有名的《五更哀怨曲》：

一更天，最心伤，
爹娘爱我如珍宝，在家和乐世难寻；
如今样样有，珍珠绮罗新，
羊羔美酒享不尽，忆起家园泪满襟。
二更里，细思量，
忍抛亲思三千里，爹娘年迈靠何人？
宫中无音讯，日夜想昭君，
朝思暮想心不定，只望进京见朝廷。
三更里，夜半天，
黄昏月夜苦忧煎，帐底孤单不成眠；
相思情无已，薄命断姻缘，
春夏秋冬人虚度，痴心一片亦堪怜。
四更里，苦难当，
凄凄惨惨泪汪汪，妾身命苦人断肠；
可恨毛延寿，画笔欺君王，

未蒙召幸作凤凰，冷落宫中受凄凉。
五更里，梦难成，
深宫内院冷清清，良宵一夜虚抛掷，
父母空想女，女亦倍思亲，
命里如此可奈何，自叹人生皆有定。

汉宣帝时，匈奴内部因为争夺权力，五个单于分立并攻战不休。宣帝五凤四年（公元前54年），呼韩邪单于被他的哥哥郅支单于打败，南迁至长城外的光禄塞下。

呼韩邪单于为了得到汉朝的支持，来到长安朝见汉宣帝。汉宣帝送给他许多粮食，还派一万骑兵护送他到了漠南。后来呼韩邪单于在西汉的支持下控制了匈奴全境。

汉宣帝去世，元帝刘奭即位。竟宁元年（公元前33年），呼韩邪单于携带大批贡品第三次来到长安，提出“愿为汉家婿”的请求。汉元帝欣然应允，并下令从宫女中挑选。宫女们虽然在后宫中也是不见天日，可是谁都不愿意嫁到遥远的匈奴过居无定所的塞外生活。而王昭君却自愿请求前往。于是汉元帝赐诏说：“呼韩邪单于不忘恩德，乡慕礼义，复修朝贺之礼，愿保塞传之无穷，边陲长无兵革之事。其改元为竟宁，赐单于待诏掖庭王嫱为阏氏。”

在饯行的宴会上，王昭君才被召去面见汉元帝和呼韩邪单于。她明艳照人，有如出水芙蓉，汉宫也为之生色，在座嘉宾都惊为天人。汉元帝大惊，他没想到自己的后宫之中还有这么美丽的女子。可是事已至此，悔之晚矣。

汉元帝回到后宫后，越想越生气。他命人将昭君的画像拿出来看，画中人与她本人简直有着天壤之别。所以元帝一怒之下就杀了画工毛延寿。对于这件事，唐代的著名诗人李商隐就在七言绝句《王昭君》中吟道：“毛延寿画欲通神，忍为黄金不顾人。马上琵琶行万里，汉宫长有隔生春。”

王安石《明妃曲》曾云：“明妃初出汉宫时，泪湿春风鬓角垂。低徊顾影无颜色，尚得君王不自持。归来却怪丹青手，入眼平生未曾有。意态由来画不成，当时枉杀毛延寿。一去心知更不归，可怜着尽汉宫衣。寄声欲问塞南事，只有年年鸿雁飞。家人万里传消息，好在毡城莫相忆。君不见咫尺长门闭阿娇，人生失意无南北！”清人曾赋诗道：“曾闻汉主斩画师，何由画师定妍媸？宫中多少如花女，不嫁单于君不知。”其实历朝历代后宫中像王昭君那样被冷落的宫女实在是太多了。

传说王昭君行于大漠途中，满目荒凉，真是“马后桃花马前雪，教人如何不回首”，不由得“片片红颜落，双双泪眼生”。因而她在马上抱着琵琶弹起了《出塞曲》。“千载琵琶作胡语，分明怨恨曲中论”，曲哀人艳，甚至天边飞过的大雁也不禁为之动容失神，竟然忘记拍打翅膀而跌落在地上。这就是“沉鱼落雁”中“落雁”的由来。后人用“沉鱼落雁”形容美貌至极的女子。

回望长安已经了无踪影，王昭君吟道：

秋木萋萋，其叶萎黄，
有鸟处山，集于芭桑。
养育毛羽，形容生光，
既得行云，上游曲房。

离宫绝旷，身体摧藏，
志念没沉，不得颉颃。
虽得委禽，心有徊惶，
我独伊何，来往变常。
翩翩之燕，远集西羌，
高山峨峨，河水泱泱。
父兮母兮，进阻且长，
呜呼哀哉！忧心恻伤。

不过有人传说这并非王昭君自己所作，而是后人假托昭君而制。

由于路途遥远，王昭君历时近一年才到达匈奴。呼韩邪单于对她宠爱有加，封其为“宁胡阏氏”（阏氏，音为“嫣支”，意思就是“王后”），象征她将给匈奴带来安宁和兴旺。昭君出塞之后，匈奴与汉朝团结和睦，“边城晏闭，牛马布野，三世无犬吠之警，黎庶忘干戈之役”。边境的烽烟熄灭了半个多世纪，这为汉族和匈奴人民的休养生息和经济发展提供了有利条件。因此，后世很多人都认为她的功绩并不亚于汉朝名将霍去病。

除此之外，王昭君曾多次劝说单于取汉室之长，补匈奴之短，应明廷纲，清君侧，修明法度，多行善政，招贤纳士，奖励功臣，以得民心。同时，她还毫无保留地传授给匈奴管理草原、种植桑麻、繁殖六畜和纺纱织布的技术工艺，因此受到了匈奴人民的尊敬与爱戴。

其实王昭君身处离家千里、环境恶劣的塞外，她多么渴望能回到故乡与亲人们团聚啊，可是她内心深处的忧伤又与何人说呢？白居易《王昭君》诗中曾写道：“满面胡沙满鬓风，眉梢残黛脸销红。愁苦辛勤憔悴尽，如今却似图画中”“汉使却回凭寄语，黄金何日赎娥眉？君王若问妾颜色，莫道不如宫里时。”

王昭君和呼韩邪单于有一个儿子，名叫伊屠智牙师，就是后来匈奴的右日逐王。公元前31年，呼韩邪单于去世。王昭君以大局为重，按照匈奴“父死，妻其后母”的风俗，改嫁给呼韩邪单于的长子复株累单于。后来她又生下了两个女儿，大女儿“须卜居次”，小女儿“当于居次”（居次意为公主）。公元前20年，复株累单于去世，王昭君从此寡居。一年之后，她也离开了这个人世。史书记载，汉代一共有十三位公主和亲远嫁，其中除了解忧公主在晚年得以还乡外，其余的都只能默默在边疆塞外备受煎熬，直至死去。

后来王昭君被葬在了大黑河的南岸，依傍着大青山和黄河。其实传说中的昭君墓共有十几座，可见塞外人民对王昭君的仰慕之情，只可惜“青冢犹记来时路，平沙无处可招魂”。在这十几座昭君墓中，坐落在呼和浩特市南郊的那座影响最大，它也是现在内蒙古自治区重要的文物古迹。该墓高三十三米，占地二十多亩，是一座人工筑造的大土丘，上有土阶可登。墓前有平台，平台上有一个亭子，旁边立有碑碣。其墓碑上刻着：“一身归朔漠，数代靖兵戎。若以功名论，几与卫霍同。”据说入秋以后塞外草色枯黄，唯独昭君墓上草色青葱一片，所以后人又称之为“青冢”。“呼和浩特”的蒙古语意思是“青色的城”，大概就是因“青冢”而得名。而“青冢拥黛”也成了呼和浩特市的八景之一。

历代文人墨客的诗句中也留下了不少青冢的痕迹。比如，李白的“死留青冢使人嗟”，杜甫的“一去紫台连朔漠，独留青冢向黄昏”，白居易的“不见青冢上，行人为浇酒”，杜牧的“青冢前头陇水流，燕支山下暮云秋”等。清人胡凤丹还搜集了历代关于王昭君的史料、笔记及诗词共计四百多篇，合辑成《青冢志》一书。可见昭君墓不仅唐宋之前就已经存在了，而且还遐迩闻名。直到两千多年后的今天，我们还能通过这些诗句，感受到那凄婉神秘的气息。

著名历史学家翦伯赞在《内蒙访古》中曾说道：“在大青山脚下，只有一个古迹是永远不会废弃的，那就是被称为青冢的昭君墓。因为在内蒙人民的心中，王昭君已经不是一个人物，而是一个象征，一个民族团结的象征，昭君墓也不是一个坟墓，而是一座民族友好的历史纪念塔。”除此之外，翦伯赞还写有《游昭君墓》六首，对王昭君进行了热情的赞颂，我们暂列其中两首：

（一）

旗亭历历路茫茫，风雪关山道路长。
莫道娥眉无志气，不将颜色媚君王。

（二）

汉武雄图载史篇，长城万里通烽烟。
何如一曲琵琶好，鸣镝无声五十年。

1963年10月，前国家副主席董必武参观昭君墓时曾写下一首七绝，对王昭君的历史功绩作了肯定：“昭君自有千秋在，胡汉和亲识见高。词客各抒胸臆懑，舞文弄墨总徒劳。”周恩来总理也曾称赞王昭君是发展中华民族大家庭团结最有贡献的人物。

王昭君的故事成了许多文学作品的素材。据有关统计，古往今来，反映王昭君的诗歌共有七百余首，与之有关的小说、戏剧、民间故事更是数不胜数。古代有李白、杜甫、白居易、李商隐、王安石、马致远等，近现代的有郭沫若、曹禺、翦伯赞、老舍等，在学术界也多次出现王昭君研究和争论的热潮。

香溪桃花鱼的传说也与王昭君有关。据说王昭君离家之时，与家乡亲人难舍难分，不觉泪如雨下。那泪珠洒落溪中，与水面漂浮的桃花落英共同化成了美丽的桃花鱼。长江三峡绵延数百里，唯独香溪在每年桃花盛开之时会出现这种形似桃花、晶莹透明的鱼。不过这种桃花鱼也会在桃花凋零之际消失。清人林鸣莺曾有诗云：“花开溪鱼生，鱼戏花影乱。花下捕鱼人，莫作桃花看”。这种桃花鱼是香溪特有的稀有鱼类，学名叫“桃花水母”。

“群山万壑赴荆门，生长明妃尚有村。”昭君故里位于湖北省兴山县西香溪河畔的宝坪村，其中有昭君宅、楠木井、梳妆台等古迹供游人参观。通往梳妆台的台阶正好十六级，表示昭君在这里生长了十六载。至今秭归县还并排矗立着两块石碑，一块为“楚大夫屈原故里”，另一块为“汉昭君王嫱故里”。宋朝范成大曾称赞说：“绝代昭君村，擎世屈原宅。”他把王昭君和屈原并举，可以看出对她的高度评价。

秋凉团扇女

——汉成帝妃班婕妤

团扇，团扇，
美人并来遮面。
玉颜憔悴三年，
谁复商量管弦?
弦管，弦管，
春草昭阳路断。

唐代王建的这首词将团扇与美人凄楚悲凉的人生境况交融在一起，哀怨动人。在历代文人骚客的笔下，团扇几乎成为红颜薄命、佳人失势的象征。团扇出现在西汉时期，又称绢宫扇、合欢扇，是当时妃嫔、仕女的饰品。为什么一个作为饰品的小小团扇会被赋予这样的象征意呢？这还须从汉代的班婕妤说起。

班婕妤，西汉女文学家，名不详，楼烦（今山西省宁武县附近）人，是东汉著名的史学家班固的祖姑。婕妤并非班氏的名字，而是汉代后宫妃嫔的称号。史载她少有才学，工于诗赋，汉成帝时被选入宫，初为少使，不久定为婕妤，后人一直沿用这个称谓，以致其真实名字无从可考，故下文我们以班婕妤称之。

在两汉，班氏一门是非常显赫的家族，文武勋功，德行学问，财富威信，都极一时之盛。在西汉，班氏祖辈历任朝廷要职，班婕妤是越骑校尉班况的女儿。班况在汉武帝出击匈奴的后期，带兵遣将，驰骋疆场，出生入死，建立过不少功劳，也深受当时官员和百姓爱戴。班家历代虽多为武职，却也书香不断。班氏家境优越，班婕妤的三个兄弟班伯、班斿、班稺，都十分好学，且受教于名师，学识渊博。在这样的家庭氛围中，班婕妤从小喜爱读书，兴趣广泛，其父将其视为掌上明珠。班婕妤幼时嗜书如命，她的涉猎范围非常之广，《女师》等箴戒之篇莫不诵及，诗经辞赋无不烂熟于胸，就是典籍子书，她也都十分通晓。不仅如此，班婕妤还写得一手好赋，提笔成篇，情采华茂，委婉动人。广读博览，加上天赋资质，班婕妤的学识远非当时一般人可及。当然，班氏在家中接受最多的还是恪守“妇德”的教诲，儒家思想在她幼小的心灵上打下了深深的烙印，影响到她后来的一生。

一个偶然的机会打破了班婕妤平静的生活。汉成帝刘骜生性好色，在东宫时就整日猎艳图欢。皇后许氏是汉元帝在他为太子时为他选定的。许氏色艺俱佳，很受刘骜宠幸。建始元年（公元前32年）成帝即位后，许后花容渐渐瘦损，云鬓也渐渐稀落，成帝素性好色，对许后日渐冷落。成帝为了满足自己的淫欲，他一登上帝位，不惜离散天下骨肉，就在全国各地搜罗三千佳丽以充后宫，年轻貌美的班婕妤便是其中之一。

离开了父母亲人，只身来到高墙蔽日、与世隔绝的皇宫禁苑，班女倍感孤单凄凉，她常常独自凭栏远望，思念家中的亲人，眷恋自由自在的生活。由于长期受儒家思想的熏陶，班女并不怎么怨天尤人，她以一颗恬淡隐忍之心，默默地等待着命运的安排。刚进宫时，班女的宫号只是个“少使”（汉代宫中的妃嫔分为14级，少使是其中的第11级），但她并不介意于此，也不像其他宫女那样为邀恩博宠而整日浓妆艳抹、搔首弄姿、钩心斗角，她作赋弹琴，读书诵诗，过着循规蹈矩、闲适平淡的生活。但是班婕妤毕竟生得聪明伶俐，秀色可餐，而且有才学，工于诗赋，其光彩很难被埋没。这样一位沉稳持重、又才华横溢的妙龄女子，在她进宫后不久就深深吸引了看惯了奴颜媚态的成帝。

班婕妤在赵飞燕入宫前，汉成帝对她最为宠幸。汉成帝为她的美艳及气质所吸引，天天同她在一起，不离她的左右。班婕妤的文学造诣极高，尤其熟悉史事，常常能引经据典，出口成章，妙手成文，从而开导汉成帝内心的积郁，使得汉成帝既开心，又长见识，悟到了很多从政及做人做事的道理。班婕妤又擅长音律，既写词又谱曲，她写的词和谱的曲有感而发，有的放矢，常使汉成帝在丝竹声中，进入忘我的境界。所以对汉成帝而言，班婕妤不只是她的侍妾，也是他的良师益友。她多方面的才情，使汉成帝把她放在朋友的地位上无人可及。不久，她便宠倾后宫，被册封为婕妤（妃嫔中的第2级），住进了富丽堂皇的“增成舍”（汉代后宫被分为八个区，“增成舍”是其中专供高级妃嫔居住的殿区），班婕妤一家也随之贵显。班况此时已致仕还第，家有黄金千斤，富贵莫比；班婕妤的几个兄弟也都加官晋爵，被委以朝廷要职。

初入“增成舍”，成帝对班婕妤恩爱有加，真是情意缠绵，如胶似漆。为了显示厚爱，成帝还经常携她到离宫别馆游玩、栖宿。不久，班婕妤便暗结珠胎，并在别馆产下了一个男婴。正当班婕妤为得子而欣慰之时，很快不幸却降临在她的头上，孩子几个月后便夭折了。后来她虽然承宠时间很长，却再也没有生育。失子的痛苦无情地折磨着班婕妤，使她体会到了人世间生离死别的痛苦，从而她对恩宠荣耀也日渐淡泊，更加安于过着依则古礼的生活。不过，庄重自持、拘泥于礼法，时间久了也埋下了成帝对她渐渐失去热情的隐患。

班婕妤在后宫中的贤德有口皆碑。汉朝时期，皇帝在宫苑巡游，常乘坐一种豪华的车子，帷幕是绫罗做的，坐垫是锦褥做的，两个人在前面拖着走，称为“辇”；皇后、妃嫔所乘坐的车子，仅有一人牵挽。汉成帝为了能够与班婕妤形影不离，就特意令人制作了一辆较大的辇车，可以两个人坐，以便同车出游。与皇上同车共辇，这本是众妃嫔求之不得的一件风光差事，然而，班婕妤却婉辞谢绝。她说：“妾观古时的图画，凡圣贤之君，出行都有名臣在侧，没听说与妇女同游的。只有夏、商、周三代的末主夏桀、商纣、周幽王，身边才前呼后拥着宠姬爱妾，最后他们只落得亡国毁身。今陛下欲与妾同车，几与三代末主相似，妾不敢奉命！”一席话入情入理，成帝听后不禁为之动容，同辇出游的主意只好暂时作罢，还把已经制作好的车子毁掉，同时称赞班婕妤贤惠。王太后听到班婕妤的话，对班婕妤的深明大义极为赞许，当众极口称赞说：“古有樊姬，今有班婕妤！”把她奉为典型。樊姬是春秋时代楚庄王的夫人，楚庄王刚即位的时候，喜欢打猎，贪图娱乐，不务正业，樊姬苦苦相劝，但效果不大。于是樊姬不再吃禽兽的肉，楚庄王终于感动，改过自新，不再出猎，勤于政事。后来又由于樊姬的推荐，楚庄王重用贤人孙叔敖为令尹宰相，三年而称霸天下，成为“春秋五霸”之一。

可是，在宫廷的争宠上，班婕妤的所为无疑是一种失败的做法。对贪玩好色的成帝来说，我们可想而知，在那个阳光明媚的后苑，当听到班婕妤一席义正词严的话语后，春风满怀的汉成帝是如何的失望。这种失望可以是敬畏，却再也不可能是对这个女人的热情。

王太后把班婕妤比作樊姬，使班婕妤的地位在后宫更加突出。班婕妤更是自励，加强在“妇德”“妇容”“妇才”“妇工”等各方面的修养，希望对汉成帝产生更大的影响，使他成为一个有道的明君。但对班婕妤没了热情的汉成帝对班婕妤这些有益的做法却根本不感兴趣了。班婕妤身边有个侍女，名叫李平，正当妙龄，长得有闭月羞花之貌，沉鱼落雁之容，而且十分伶俐。为了使成帝能够体味自己的一片苦心，并唤起昔日旧情，班婕妤便亲手将李平装扮一番，送她到成帝那里去。成帝见李平年轻貌美，又善解人意，非常宠信李平。谁承想，从此，李平平步青云，比班婕妤还得宠。成帝认为她出身微贱，和武帝的卫皇后经历相似，就赐姓卫，李平很快就由卑贱的侍女一跃而为地位高贵的卫婕妤。见异思迁的成帝，早将班婕妤对他的温情抛到九霄云外。昔日门前车马喧闹的“增成舍”，此时变得冷冷清清。班婕妤则依然被撇在冷清的“增成舍”，自怨自伤。

俗话说：“福无双至，祸不单行”。鸿嘉三年（公元前 18 年），正当班婕妤失意苦闷之际，一场飞来横祸又给她以沉重打击。

成帝在一次微服巡行中，游至阳阿公主府中。见到一个舞女，长得倾城倾国，无限娇羞，面带一种若即若离的情状，令人不觉怦然心动。就是许后、班婕妤，在她们最妙龄的时代，也难比拟一二。成帝便向公主讨要此女。这个女子就是能再度挑起汉成帝的热情、历史上极为有名的赵飞燕。体轻如燕、能歌善舞的赵飞燕得宠，骄妒恣肆，贵倾后宫。后来赵飞燕又引进妹妹赵合德，两姐妹轮流侍寝，连夕承欢，从此后宫粉黛，俱不值成帝一顾，只好自悲命薄，暗地伤心。自成帝得了赵飞燕姐妹之后，与之行坐不离。而成帝往日最心爱的那位班婕妤则随着时光的流逝，一天天红颜消退，玉容渐老，所以班婕妤在赵飞燕到来后更被成帝冷落了，几乎再见不到成帝的面。

赵飞燕、赵合德姐妹在宫中，凭着她们倾国姿色和良苦心计，成帝对她们的宠爱后宫无人可及，姐妹俩灼焰熏天。赵氏姐妹自恃有皇上的宠爱，开始处心积虑地攫取更大的权势。尤其是赵飞燕，她窥伺皇后的位子已久，千方百计要搞垮在位的许皇后。她见许氏外戚与在朝掌权的王氏外戚积怨很深，就想利用他们的矛盾来废掉许皇后。许皇后有一位胞姐，名叫许谒。她看到许后因为倍遭成帝冷落没有子嗣而垂泪伤心后，便让许后去请巫祝设坛祈禳，以求得子。此事为赵飞燕知道了。赵飞燕听到这个消息后，对成帝说许后在宫中设坛祈禳诅咒后宫已有身孕的王美人和成帝的舅舅王凤，成帝大怒。王太后听说后也大发雷霆，让人严查此事。结果许谒被诛，许皇后被废黜昭台宫中。为了尽可能地打击潜在的对手，赵飞燕还把莫须有的罪名加到了班婕妤身上，糊涂的汉成帝色令智昏，居然听信谗言，对班婕妤产生种种误解，致使班婕妤身陷囹圄。

既遭冷遇，又蒙无端陷害，班婕妤感到无比冤屈和愤慨，在成帝审讯自己的大殿上，她从容奏道：“妾闻‘死生有命，富贵在天’，修身正行尚且不能获福，作奸犯恶还能有什么指望，倘若神明有知，就不会听信犯上诬惑的诅咒；假如神鬼根本无知，就是诅咒了又有什么用？妾断不会干这种勾当！也更不屑做这种勾当！”成帝听了深以为然，他见班婕妤形容憔悴，全无昔日风采，又念及以前的恩爱，不免动了恻隐之心，于是就命班婕妤退居后宫，不予追究，并赐给她黄金千斤以示君恩无边。班婕妤终于逃过了一场劫难，又重新回到了“增成舍”。

班婕妤通过努力，虽得免罪不究，却清楚现在宫中已是赵飞燕姐妹的天下。因为这时许皇后被废，成帝立赵飞燕为皇后，而她的妹妹合德也成为炙手可热的人物，被封为昭仪，居昭阳宫。该宫全用黄金、白玉、明珠、翠羽装饰。成帝终日迷恋赵氏姐妹，不理朝政，朝中大权俱落入外戚王凤、王音手中，西汉政治更加黑暗。而得势的赵氏姐妹并不就此满足，为了保住自己的既有权势，她们不择手段地迫害异己。许多妃嫔和宫中新生的婴儿都不能幸免于难。面对赵家姐妹咄咄逼人的气势，班婕妤深感自身难保，为了避免再遭陷害，她决计要离开这政治斗争的旋涡，因为她再也经不起赵飞燕姐妹没完没了的诽谤、嫉妒、排挤、陷害的折腾了。若不想个保全方法，将来难免一死。为避免今后的是是非非，她觉得不如好自为之，急流勇退，明哲保身，因而左思右想，最终写了一本奏章，递呈成帝，自请前往长信宫侍奉王太后。虽然这决定是班婕妤经历了这次打击后心灰意冷的无奈之举，但也不能不说是班婕妤的高明过人之处，聪明的班婕妤非常有自知之明，她无力战胜倍加得宠的赵飞燕姐妹，很可能被赵氏姐妹再次陷害。她把自己置于王太后的羽翼之下，就再也不怕赵飞燕姐妹的陷害了。班婕妤的奏疏很快便被汉成帝恩准了。就这样，班婕妤怀着凄凉酸楚的心情，告别了伴她经历过荣辱宠贬的“增成舍”。

班婕妤在成帝恩准的即日移居长信宫内，悄然隐退在淡柳丽花之中。每天天刚蒙蒙亮，长信宫门打开，她便开始一个台阶一个台阶地扫地，生活刻板而单调。听到远处昭阳宫里传来欢乐的喧哗声，而自己只有与身影为伴，她觉得自己仿佛秋天被弃的扇子，孤寂中无人问津。每次想到飞过的乌鸦身上或许还带有昭阳殿的日影，不免触景伤情。她就在诗中自比秋扇，感叹道：

新裂齐纨素，鲜洁如霜雪。
裁为合欢扇，团团似明月。
出入君怀袖，动摇微风发。
常恐秋节至，凉飙夺炎热。
弃捐箧笥中，恩情中道绝。

用洁白的细绢剪裁的团扇，天热时与主人形影相随。凉秋时节，则被弃置箱中。从诗中我们可以看出，班婕妤退居长信宫后，常常孤身独处，抑郁寡欢，她自比秋后的团扇，再也得不到汉成帝的宠爱了。但这首小诗，词采清新、情致哀怨，而表现的却委婉含蓄，有一种怨而不怒的气度。

班婕妤在长信宫回顾入宫以来的荣辱浮沉，百感交集，她深信自己的一言一行都合于礼法，不悖“妇德”，但上天又为何这般不公平呢？她觉得冤屈，也感到无奈。惆怅至极，她只能作赋伤悼自己的坎坷遭遇。班婕妤就作了一首赋，从入宫受宠写起，一直写到顾影自怜，自己爱惜自己，而摒绝繁华，效法古代贞女烈妇，甘愿幽居长信宫中，孤灯孑影，房寒风冷。赋中还写她想起旧日与汉成帝的恩爱之情，不觉珠泪涕零，令人肝肠寸断。一个接一个的白昼，一个接一个的夜晚，无情地把她的花样年华吞掉了。最后她写到只希望百年之后能够埋骨故乡的松柏树下。这首赋饱含无限的凄怆情怀，使人不忍卒读。赋的字里行间无不流露出班婕妤倍遭冷遇的失意彷徨和对命运不公的满腔幽怨，同时也反映了她“惟人生甘一世，忽一过分若浮”的宿命论思想。

心如槁木的班婕妤在长信宫除了陪侍王太后烧香礼佛之外，闲暇时就涂涂写写，作诗赋以自伤悼，借以度过光阴，因此，班婕妤就为文坛留下了许多诗篇。这样，班婕妤又在长信宫中挨过了十几个年头。绥和二年（公元前 7 年）三月，汉成帝驾崩于未央宫。为了使这位生前享尽荣华富贵的君王在阴间依然有人服侍，许多宫中女子被打发到陵园充作供奉。班婕妤主动要求到成帝陵守墓以终其生。伴着冢形碑影，她又孤独地生活了五年，这位有才有德而又命运坎坷的女子便在孤寂中离开了人世。时年约四十岁，葬于延陵。

汉代宫廷中的美女数目，扩张到四万有余，创造中国历史上宫女人数最多的纪录，不但空前，而且绝后。班婕妤算得上一个出类拔萃的才女，但宫廷女子的作用本来就是讨皇帝的欢心，是否有才倒不重要。才女固然有些许妙文传世，然而总是有点让那些皇帝敬而远之。会作诗的班婕妤，终是敌不过会飞舞的赵飞燕。班婕妤堪称古代妇德的楷模，但从某种意义上说，她又未尝不是为此所累。她把忠臣的一套全搬到闺房里来了，一心想辅佐成帝成盖世明主。但君心怎同吾心？

但班婕妤去世后却成了历代文人骚客笔下歌咏的对象。唐代诗人皇甫冉这首哀婉凄切的五言绝句，道出了班婕妤这位怀才不遇的宫中女子的满腔幽怨。

花枝出建章，
风管发昭阳。
借间承思者，
双娥几许长？

唐代诗人李益《宫怨》诗曰：

露湿晴花宫殿香，
月明歌吹在昭阳。
似将海水添宫漏，
共滴长门一夜长。

王昌龄《长信秋词》云：

奉帚平明金殿开，
且将团扇暂徘徊。
玉颜不及寒鸦色，
犹带昭阳日影来。

这三首诗皆生动地描绘了班婕妤在宫中的失意苦闷心境。后人以“秋凉团扇”作为女子失宠的典故，而小小的团扇也几乎成为文人笔下红颜薄命、佳人失宠的象征，这皆因班婕妤所作团扇诗之故，也是团扇又称“班女扇”的缘由。

翩翩舞后

——汉成帝皇后赵飞燕

赵飞燕是汉成帝刘骜的第二任皇后，她是中国历史上和杨玉环齐名的大美人。有个成语叫“环肥燕瘦”，肥“环”指的是杨玉环，瘦“燕”就是指赵飞燕。赵飞燕和她的妹妹赵合德生在江南水乡姑苏。赵飞燕原名宜主，只因体态窈窕婀娜，加上舞技曼妙绝伦，临风起舞，给人一种翩翩欲飞的感觉，就有了一个“飞燕”的雅号。久而久之，大家反倒忘记了她本来的名字，而把她叫做赵飞燕。她的妹妹赵合德，生得体态丰腴，玉肌滑肤，虽然和她风姿迥异，美艳妩媚却不相上下，后来也到了成帝的身边，得到的宠幸比姐姐有过之而无不及。

赵飞燕出生于当时社会底层的官奴。也就是官家的奴隶。在汉代的官府里，有许许多多被称为官奴的男女供官吏们驱使，他们大都是因为触犯了王法而被籍没入官的，地位十分低下，毫无人身自由，就连他们的子女也是世袭的官奴。

说到这里，大家不禁感到好奇，赵飞燕如此卑微低贱的出身，怎么会摇身一变，成为大汉帝国的皇后，享受母仪天下的无上尊荣？这还要慢慢说起。

赵飞燕的父亲名叫赵临。赵临夫妇婚后不久，就生下一个女婴。守着呱呱啼哭的婴儿，夫妇俩没有丝毫的喜悦之情，因为他们认为：官奴的命运如此悲惨，上天为何让这孩子生在我家，遭受人间无尽的苦难！左思右想，万般无奈之下，赵临夫妇决定将新生的女婴扔掉，让她听天由命，自生自灭。这一天，在夜幕的遮掩下，赵临偷偷将包裹好的婴孩带出村子，丢在了荒郊野外。

孩子丢掉以后，赵临的心头总像压上了一块大石头。耳边不时回荡起孩子悲惨凄厉的啼哭，这哭声让他心神不宁，夜不成寐。三天之后，怀着一颗负疚的心，赵临又悄悄来到丢弃孩子的地方。让他大为震惊的是，孩子居然还活着，他听村里的老人说，大难不死，必有后福，心想这孩子或许还真有什么福分呢。于是，赵临连忙把一息尚存的婴孩抱回了家，并开始精心地加以抚育。后来，母亲又给飞燕生了个妹妹，就是合德，和飞燕一样，也是个美人胚子，小小年纪就长得如花似玉、楚楚动人。

在汉代，官奴的子女便是国家的财产，他们的命运就像风中的飘蓬，水里的浮萍，去留沉浮全由官府主宰，年少的飞燕也是如此。起初，她在长安宫里做了几年婢女，后来辗转周折，被遣送到了阳阿公主府。阳阿公主见飞燕不但容貌俏丽，体态轻盈，人也十分乖巧伶俐，心中甚是喜爱，就让人教她演习歌舞，充作府中的舞伎。飞燕资质过人，不到几年，便唱歌如莺语，跳舞似燕行，技艺远在他人之上。一天，阳阿公主在府中观赏舞伎们的表演，一眼看到飞燕舞技绝伦，心中大喜，当下赐名叫飞燕。这一下，她顿时声名鹊起，长安城里，男女老少都知道阳阿公主府里出了个色艺双绝的赵飞燕。此时，连赵飞燕自己也不知道，她的命运正迎来巨大转机。

当时正值西汉后期，在位的乃是汉成帝刘骜。这个成帝，既没有开疆拓域的雄心，也缺乏治国安邦的高才，是个地地道道的昏君，他统治的时期，西汉王朝正面临着深刻的社会危机：贵族豪强大肆兼并土地，广大失去土地的农民，背井离乡，颠沛流离。而朝廷内部，更是乱象横生：外戚擅权，把持朝纲；朝臣结党互相倾轧。地方上，吏治十分腐败，横征暴敛，弄得家家鸡犬不宁，怨声载道。而昏庸无道的成帝对这一切视而不见。为了满足自己的穷奢极欲，连年大兴土木，营建宫殿，广储美女娇娃。俗话说玩物丧志，成帝留恋于声色犬马之间，哪里还有心思料理国事，时常不登朝堂，偷偷与富平侯张放等一班佞臣微服出游，或近游都市，或远历郊野，斗鸡走狗，寻欢作乐，最令人啼笑皆非的是，为了免遭廷臣议论，他竟自称是张放的家人，号曰张公子。

一次，在游玩之时，一个大臣为了讨好成帝，就对他说：听说阳阿公主家有个舞伎飞燕，舞技超群，而且美貌绝伦。成帝听后，心痒难挨，马上决定造访公主府。皇帝的突然驾临，弄得公主府上下一片忙乱。不久，公主便在府中安排好了盛宴，为成帝接驾。席上虽有美味佳肴，琼浆玉液，但是成帝醉翁之意不在酒，若见不到臣下所说的美女飞燕，哪里能够安心。公主见他东张西望，心神不宁，顿时猜透了七八分，于是便对身边的侍女轻声嘀咕了两句。一会儿工夫，但听得一阵环佩金玉之声，一位绝色佳人款款而来，只见她面如桃花，目似秋水，体态轻盈。歌舞起处，似花枝轻颤，如燕子点水，一曲未尽，便有万种风情，妙不可言。唐代诗仙李白在他的《清平调》中曾这样赞叹飞燕之美，曰：

一枝红艳露凝香，
云雨巫山枉断肠。
借问汉宫谁得似，
可怜飞燕倚新妆。

赵飞燕那勾魂摄魄的眼神、清丽动人的歌喉、婀娜曼妙的舞姿，一下子就让成帝倾倒了。席间，成帝不知不觉竟看呆了，马上便要带这女子一同回宫。公主虽有几分不舍，但碍于情面，只得做个顺水人情，将舞伎献给了成帝。不消说，芙蓉帐里，帝泽如春。翡翠衾中，妾情似水。两情依依，恩爱无限。第二天，成帝迫不及待地封赵飞燕为婕妤。

赵飞燕能歌善舞，通音律，晓诗书，妖娆媚艳，是一个地地道道的天生尤物，成帝对她是倍极娇宠。据说，赵飞燕册封为皇后以后，移居建筑豪华的东宫，汉成帝特地赐给她一把古琴。每当月白风清之夜，赵飞燕抚琴而歌，宫苑一片宁谧，只有皇后的琴韵歌声回荡在花丛林梢。汉成帝每每为之尘虑顿消。心想：两人倘若置身水上舟中，自当别有一番风味。于是立刻命人在太液池中起瀛洲台，做千人舟。

竣工之时，已是金风涤暑，玉露生凉的季节。汉成帝与赵飞燕双双登上瀛洲台，遥见帝京繁华，俯视宫苑景物，笑看云霓，兴寄烟霞，十分畅快。从台上下来泛舟太液池中，相对饮酒谈心，酒兴来时，赵飞燕颤巍巍地站起身来，高歌《归风送远》之曲，汉成帝以玉管击节，侍郎冯无方吹笙相和。舟在湖中，忽然一阵风来，赵飞燕衣袂随风飘舞，大有御风而去之势。汉成帝一时情急，连忙命冯无方拉住皇后裙角，只听得“刺啦”一声，薄如蝉翼的云水裙被扯下了一片，真是有惊无险。赵飞燕趁势跌入汉成帝怀中撒娇：“要不是你命人拉住我，我岂不成了仙女了嘛！”汉成帝又命宫女手托水晶盘，令赵飞燕于盘上歌舞助兴，赵飞燕的舞技前无古人后无来者，给汉成帝带来全新的享受，成帝对她更加迷恋了。

自此以后，宫中佳丽都将裙后留一缺口以为时髦，名为“留仙裙”，走动起来，一双玉腿隐约可见。人们都以为是赵飞燕为了吸引皇帝视线的巧妙构思，又哪里知道是无意之间成就的美事呢？直至今日妇女的裙后开衩，仍然是汉宫服饰流传下来的式样与习惯！

但是，宫廷生活并非是香格里拉一样的人间乐园，相反，它尔虞我诈，杀机四伏，到处是险滩暗礁，稍不留神，就会死无葬身之地。赵飞燕初沾成帝雨露，就被封为婕妤，后宫哪里肯服，议论纷纷，都认为她只不过是个惯于蛊惑圣心的货色，难登大雅之堂。飞燕见此，只好一味地谨言慎行，对皇后很恭谨地执婢子礼，从而消除了皇后的戒心，待之如姐妹；又刻意低声下气地与宫中粉黛结好，也逐渐松弛了后宫佳丽对她的敌意。

虽蒙皇上宠幸，却还要在别人面前委曲求全，赵飞燕的心中自然不是滋味。虽蒙成帝的格外恩宠，飞燕的心头却总笼罩着些愁云：自己出身微贱，难免要被那些出自名门望族的妃嫔所轻视，加之在后宫势单力孤，实在难与众多对手相抗衡。思虑再三，飞燕决计要将妹妹合德引为己援。

以后的日子里，飞燕常借机往成帝的耳朵里大送“枕边风”，极言其妹如何之美，比自己有过之而无不及，直说得成帝满心欢喜，恨不能马上一见。于是，一道旨意很快传了下去，将赵合德召进了宫里。合德入得宫来，果然不同凡响，只见她明眸皓齿，粉面酥胸，光彩照人，宛如天仙一般。成帝一见，喜不自胜，当即下旨，册封飞燕妹妹为婕妤位在众婕妤之上，仅次于皇后。一时间，赵氏二女同时受宠于后宫，荣耀非常。

赵合德虽然比不上其姐的蛊惑手段，但是她丰满的身躯，状若含苞待放的蓓蕾；酷似粉雕玉琢，相比飞燕的纤腰细肢，完全是另一种风情，恰好形成了对汉成帝一层强烈的补偿心理。在与赵飞燕日日夜夜缠绵得昏天黑地时，情不自禁地就会想到赵合德，总觉他心中的需求，又能从另外一个角度，得到充分的满足。还是在赵合德与汉成帝度过第一个不眠之夜后，汉成帝就在欢畅无比中，把赵合德叫做“温柔乡”。说“我当终老是乡，不愿效武帝之求白云乡了”。

两姐妹轮流承欢侍宴，不但后宫莺莺燕燕被抛诸九霄云外，就连原先宠爱有加的许皇后与班婕妤，也被冷落一旁。于是两人为了利害而结合在一起，与赵氏姐妹展开一场白热化的争宠斗争。由卑贱的宫婢一跃而为尊贵莫比的婕妤，赵家姐妹可谓志得意满，然而，随着地位的提高，她们的权力欲望也越来越强。尤其是赵飞燕，她窥视皇后的宝座已久，把在位的许皇后以及班婕妤等人视为眼中钉、肉中刺，处心积虑地要搞垮她们。

原来，在成帝时期，外戚争权夺势的斗争十分激烈，其中，以许氏外戚与在朝掌权的王氏外戚的矛盾最为突出。几经较量，许氏外戚已呈明显颓势，更为糟糕的是，许后此时已人老珠黄，失去了皇帝的欢心，只能在宫中如履薄冰地过时光。赵飞燕看准了这一有利时机，终于有一天她开始发难，告发许皇后之姐许谒，说她设坛诅咒已怀孕的王美人以及王凤，并牵连到班婕妤。

当时，成帝已过而立之年，却苦于膝下无子，皇统无继。飞燕的告发正好触动了他的心病，加上王氏外戚的挑唆，盛怒之下，成帝下令将许谒处死，许皇后则被废入冷宫；班婕妤也蒙受了极大的屈辱，避往长信宫。这样，飞燕利用外戚间的矛盾，巧施计谋，终于扫清了通往皇后宝座的两大障碍。

飞燕一心要做皇后，成帝也有了立她为后的念头，没想到，这事到太后王政君那里却碰了个大钉子。原来，太后十分看重皇后的出身门第。她对飞燕出身官奴一事很是在意，极力反对立飞燕为后。任凭成帝百般求情，太后就是置之不理，使得成帝进退维谷、左右为难。尤其令成帝恼怒的是，一些大臣也竭力阻挠立后之事。大臣刘辅上疏成帝，指责他“触情纵欲，竟令卑贱之女，以母仪天下，惑莫大焉？”成帝勃然大怒，将刘辅下狱问罪。幸有众臣相救，刘辅才免于一死。自此，群臣无敢反对者。

正当成帝踌躇之际，一个名叫淳于长的佞臣跑来为他谋划。这淳于长是太后的外甥，官拜卫尉。他见成帝在太后面前碰了钉子，感到这是一个巴结成帝的好机会。于是，他便经常到太后那里为成帝游说，他一会儿夸奖成帝如何孝顺，飞燕如何贤惠，一会儿又言国家不可一日无后。如此再三，一年的时间过去了，凭着三寸不烂之舌，淳于长终于说动了太后。不久，飞燕被册封为皇后，戴上了她渴望已久的凤冠，合德也晋封为昭仪，后宫成为赵家姐妹的天下。

飞燕当上皇后以后，与其妹合德双艳并峙，专宠后宫。许多妃嫔根本难见君王，只能暗地独自哀叹命薄，这正是：

泪尽罗巾梦不成，
夜深前殿按歌声。
红颜未老恩先断，
斜倚熏笼坐到明。

但是随着时光的流逝，飞燕姐妹又开始担忧起来。在宗法制盛行的汉代，母以子贵，对于后宫中的妃嫔来说，则更是如此，一旦生有子嗣，便可保证一生的荣华富贵；否则，随时都有失宠甚至被打入冷宫之虞。由于生理上的原因，飞燕姐妹虽然长期侍奉，都始终未能生下一男半女，与此相反，成帝偶尔临幸的其他妃嫔宫女，不少人都怀孕、生子，对此，飞燕姐妹又惊又怕。为了保住自己的既得利益，她们决定铤而走险，由飞燕幕后操纵，合德前台动手，姐妹俩合力铲除潜在的对手，疯狂地摧残怀孕的宫人，杀害成帝的子嗣。她们姐妹的行径流传到民间，因此有了“燕飞来，啄皇孙”的童谣。

这一年，后宫中一个曹氏宫女怀孕了。原来，成帝曾偷偷与她幽会过几次，遂致珠胎暗结。这年十月，曹氏分娩，生下了一个男孩。这事不知怎么传到了合德的耳朵里。合德闻知，立即指使手下人田客去除掉曹氏母子。田客秉承主子旨意，派人用药毒杀了曹氏。为了杀人灭口，合德又将服侍过曹氏的六个宫女抓了起来，威胁她们说：“你等虽没有罪过，但也必须去死。”于是，在合德的淫威之下，六个无辜的宫婢也被迫自尽。

不久，合德又打听到曹氏所生男孩的下落，就派一个名叫李南的宫官，将婴儿抱走。这个出世未久的婴儿最终也未能逃脱合德的毒手。成帝得知此事后，十分气恼，但却慑于赵家姐妹的骄悍，只好不了了之。

第二年，后宫中的许美人又生下了一男孩，成帝见自己终于有后，心中十分欢喜，当下便把此事告诉了合德。想不到这一下可捅了“马蜂窝”。只见合德柳眉竖起，怒形于色，指着成帝质问道：“陛下常骗臣妾说是从中宫姐姐那里来，既然是来自中宫，许美人的孩子又是哪里来的？难道陛下要另立许美人为后不成？”说罢，又哭又闹，从床上滚到地下，用头撞门边的柱子，并大放悲声：“今天就打发我走好了！”饭菜送上来，她也不睬一眼。

面对合德突如其来的举动，成帝一时弄愣了，呆在那里站了半晌，虽然十分生气，却只是说：“好心告诉你，没想到你却这般难受，你这人真不能与你说事。”由于一时烦闷，成帝干脆也罢了膳食，只是坐在那里陪着。

合德见成帝有点儿服软，便乘机撒泼道：“陛下曾说不辜负我们姐妹。如今许美人生了孩子，陛下有负于我们，该怎么办?”成帝道：“我原是依着前约，不立许美人，使天下无出赵氏之上，你尽可放心好了。”

果然，不出多久，成帝下令向许美人索要婴孩，将小儿装入苇筐之中，送到合德居处，由合德与成帝私下观看。之后，他们又把苇筐封好，送出宫中偷偷埋掉。合德这两次伤天害理的举动，致使成帝从此绝嗣，只能在皇族中另择皇储。

公元前8年，诸王来朝，围绕着立储问题，众藩王之间自有一番明争暗斗，其中，争夺的中心人物是中山王刘兴以及定陶王刘欣。刘欣自幼丧父，跟随祖母长大，承袭王爵。其祖母很有智谋，她见成帝中年无子，想把孙儿过继过去，便与刘欣一同赴京。

到京后，祖孙二人除了结交朝中权贵外，还向飞燕皇后大行其贿，求其代为美言。飞燕得了财宝，欢喜自不必言，又念自己年长无子，正需找个依靠，便一口应承下来，此后，飞燕常在成帝面前为刘欣说情，盛赞其贤。果然，第二年，成帝立刘欣做了太子。

自己权宠后宫，又有太子以为后援，飞燕姐妹可谓盛极一时。

然而世事难料，不知不觉，成帝对姐妹二人的宠爱不再那么平均，渐渐地疏远了飞燕，而专宠合德一人。并专门为合德建造奢华的宫殿，供二人栖息玩乐。据说有一次，汉成帝无意间从门窗隙缝中窥见了赵合德洗澡，赵合德宽衣解带，玉骨冰肌，一览无余。赵合德顾影自怜，楚楚动人，关窗锁户，轻擦细拭，这一幕活色生香的旖旎画面，让成帝神魂颠倒，不能自持，后人有诗为证：

宽褪罗衣玉色鲜，
兰汤莫遣湿双莲；
那能不称檀奴意，
自抚凝脂亦可怜。
玉骨生凉粉汗轻，
冰绡拂拭雪肌明；
锁窗严密无窥处，
时听香罗蘸水声。

又有词为证：

水清如镜，偷得佳人一个影，

反复回旋，飞舞盘中体欲仙。
几何着色，妙在娇憨无气力，
红沾罗衫，一树挑花露半含。
兰汤初整，未识檀郎可睡醒，
为怕偷看，不敢轻将裙带宽。
还移莲步，低唤小环来守户，
如若来时，咳一声儿使我知。
果然潜到，咳嗽声中微带笑，
已在眼前，揭破窗儿偷眼看。
忙将裙系，未曾由他窥妙处，
一缕水纱，遮处何曾真个遮。

所以这次为赵合德修建宫殿，成帝特地嘱咐臣仆用蓝田玉镶嵌了一个大浴缸，注入豆蔻之汤，更显水光潋滟。另外，再用白玉、黄金配以翠玉、明珠做成一张特大的合欢床，悬挂着粉红纱帐，帐顶装饰万年之蛤所产的夜明珠，发出璀璨的光辉，照耀得长夜如昼。自此，合德浴罢，一身轻敷露华之粉，通体皆香，轻扭腰肢，款款上得香床，与早就等在那里的汉成帝合欢。

赵飞燕听到了风声，也如法炮制地想要吸引她的皇帝丈夫。但须知赵飞燕体态轻盈，适合翩翩起舞而有飘飘欲仙之感；而赵合德体腴饱满，最宜斜卧横陈。姐妹各有所长，岂可反其道而行之。据说，赵飞燕入浴的场面使得汉成帝倒尽了胃口。这真是来得容易去得快，汉成帝的情欲快速地从赵飞燕身上撤出，转移到了赵合德的身上。

从此，飞燕青灯孤烛，衾寒枕冷，冷冷清清地品尝孤独寂寞的漫漫长夜。她不甘心芳华虚度，更不愿就此结束了她绚烂的生活方式，于是开始诱使心腹太监，把一些年轻力壮的美男子，暗地里引进宫来。

人一旦做了坏事，就像是双脚陷入沼泽湿地，愈陷愈深，不能自拔。初时还躲躲闪闪，日子久了，原先的罪恶感反而逐渐冲淡，而日益变本加厉，终于肆无忌惮。由于汉成帝长久不曾宠幸东宫，赵飞燕竟明目张胆地与别的男子寻欢作乐。赵合德知道此事后，曾经声泪俱下地劝告姐姐，无奈赵飞燕已经走火入魔，哪里听得进去，仍然日复一日地胡闹下去。

俗话说纸里包不住火，终于有一天还是闹出乱子来了。那天，汉成帝前往王太后处请安，并陪侍母后午膳，饭后有些疲累，想就近到飞燕宫中歇息片刻。午后，宫女们正在廊下打盹儿，未及通报。飞燕听到动静，只得仓皇出迎，但见青丝散乱，衣衫不整，满脸春情。汉成帝以为她是午睡方浓而被惊醒，并未十分在意，不料忽听得寝宫内有一声郁闷的男子咳嗽声，刹那间恍然大悟，不禁拂袖而起，哼的一声愤然离去。

虽然朝廷大权都在舅舅手中，然而处理后妃间的事情，汉成帝仍然具有无上的权威。此刻被皇后戴了绿帽子，实在忍无可忍。何况贵为天子，竟不能禁制自己的妻子红杏出墙，还有什么面目治理万民。于是一言不发、一脸怒色地来到昭阳宫。合德聪明伶俐，心细如丝，立刻明白了原委，急忙跪在地下自责道："臣妾孤寒，无强近之爱，一旦得备后庭驱使之列，不意独承幸御，立于众人之上，恃宠邀爱，众谤来集，加以不识忌讳，冒触威怒，臣妾愿赐速死，以宽圣怀。”说罢泪流满面，叩头不已。

面对这个梨花带雨的宝贝疙瘩，成帝的怒火已不知不觉被她的汪汪泪水浇熄了一半。但还是愤愤不平地说：“不关你的事，只是你姐姐闹得太不像话，我一定要杀了她，方泄我心头之恨。”

一听到“杀”字出口，赵合德心中一惊，但是很快地冷静下来，说她们姐妹的情感深厚，姐姐若死，妹妹亦不独生。再说明自己得以位列后宫，侍奉皇上，完全是靠姐姐的引荐，最后说到为了皇家的威严与声誉，岂可大肆张扬。姐姐固然是罪有应得，如果累及皇上的圣德，就太不划算了。

成帝认为合德言之有理，便答应对飞燕的事不再追究，只是派人在飞燕宫中夜搜，捉住了几名美俊壮硕的男子，神不知鬼不觉地斩首了事。糊涂的成帝以为就此可保无事，但是天下美俊壮硕的男子多的是，杀了一批，不久赵飞燕便又找来一批。甚至白昼掩窗行事，淫声浪语溢于户外，宫廷之中，尽人皆知；朝堂之上，也窃窃私议，只有成帝被蒙在鼓里。

光禄大夫刘向看到赵皇后如此秽乱宫廷，实在忍无可忍，但又不便明白指出，只好费了许多工夫，引经据典，搜罗昔时贤后贞妇兴国保家之事，写成了一本名叫《列女传》的小册子，呈献给成帝作为讽劝，力斥孽嬖为乱亡之征兆，以盼望朝廷有所警悟。成帝嗟叹再三，频频予以嘉勉，但就是不讲实质性的话，也终究未因此做出实际的行动。

飞燕正处在生理的旺盛期，加之一种报复心理，纵欲已到了疯狂与变态的程度。成帝已将她置诸脑后，然而合德却放心不下，整日胆战心惊。为了挽救姐姐，她声泪俱下地进行了一次恳谈。她忆及幼时的家贫，三餐不继，如何与邻家少女一起做草鞋，如何把草鞋卖掉换回大米，如何路遇大风雨，如何无柴可烧，在饥寒交迫下，夜长不能寐，相拥而泣。谈到今天的富贵，是别人可望而不可即的，现在你竟自毁如此，倘若再犯了过错，成帝再怒，事情就会不可挽救！那时身首异处，岂不贻笑天下。今天，妹妹还能救姐姐，但实在是没有把握，倘若妹妹死了，姐姐还依靠谁呢？

一席话说得声情并茂，姐妹两人忍不住抱头痛哭。声音哑了，泪也干了，仍然要面对现实。大错已经铸成，如何才能挽回，赵飞燕说道：“愧悔无及，奈何！奈何！皇上爱汝一身，唯望妹妹救我，就像过去我推荐妹妹一样。”

为了姐妹之情，合德明知覆水难收，但是她必须打起精神，凭恃自己的美貌与智慧，加上圣眷正隆这一最大的优势，一次次地想尽了各种可行的办法，以期弥补皇上与姐姐之间的裂缝。出于男人天生的自尊和排他性，盛怒之下汉成帝产生过要杀了赵飞燕的想法。但在汉成帝的内心里觉得，比起那些飞扬跋扈的权臣与居心叵测的外戚，赵飞燕的乖异心理是微不足道的。一段时间后，他慢慢地想起赵飞燕也曾是自己心爱过的女人，因此一丝怜悯的情意油然在心中升起。

这时恰好遇到赵飞燕二十四岁生日，东宫里有一个庆祝仪式，在合德的连哄带骗下，汉成帝终于暂时忘记前嫌，来到东宫。酒过三巡，赵飞燕忽然悲从心中来，泣不成声。汉成帝非常讶异，问道：“又有什么委屈吗？”意思是说我已经不咎既往，还有什么好怨恨的呢？

赵飞燕赶紧跪下来，痛心疾首地道："妾过去在许皇后身边的时候，陛下驾临，妾站在皇后身后，陛下总是频频地注视我。皇后知道陛下的意思，叫妾特地来侍奉皇上。想不到竟承更衣之幸，体血还污了御服，妾欲为陛下洗去，陛下不肯，说要留作纪念。不数日，就被封为婕妤，又被封为皇后，当时陛下的齿痕还在妾的颈项之间，今日思之，不觉感泣。"

这一段说辞，是事前设计好的，无非是想以旧日的感情来打动皇帝的心，收到重拾旧欢的效果。果然，汉成帝念及旧日的恩爱欢愉，不禁为之恻然，大有不胜今昔之感！赵合德眼看苦心设计的温柔陷阱，已经牢牢地套住皇帝，于是借故先行离去，这一夕成帝与赵飞燕开怀畅饮，直至夜阑人静，双双携手进入内寝。虽然赵飞燕使出浑身解数，竭力迎合与讨好，无奈情感已有裂痕，汉成帝终感不是滋味。赵飞燕看透了皇帝的心思，心想：这也许是最后一次获得宠幸了。于是瞒着妹妹，私自做主，竟假装怀孕，并上表成帝，希望以此来找回成帝对自己的旧爱。汉成帝自从十九岁嗣位以来，时光荏苒，倏忽间已经年逾不惑，还无子嗣。如今听说皇后有了身孕，着实大为兴奋，喜滋滋地批了一道圣旨，对赵飞燕表达了无限爱怜之意，叫她好好保重。

其实，他哪里知道，一桩骗局正在宫中进行，被收买的太医在宫中进进出出，煞有介事。赵飞燕本打算在民间找一个婴儿进行偷天换日的勾当，可宫禁森严，谈何容易。眼看十月临盆之期已到，东宫上下急得像热锅上的蚂蚁，实在无法再搪塞下去，才不得不由太医上奏，说是"圣嗣不育，一生下来便夭折了。"

汉成帝日夕盼望的喜讯成了泡影，失望之余也懒得再去东宫，他受到的打击太多了。赵合德最终明白了是怎么一回事，对姐姐的这一行为感到又气愤又害怕。赵合德找到她，狠狠地骂了一顿，并指出，此事一旦被拆穿，以前毒害成帝子嗣的事情也可能被揭发出来，如此你我姐妹必将大祸临头。赵飞燕听得大惊失色，懊悔交加，从此收敛行迹，过起了一种自我流放式的幽居生活，不再红杏出墙，也不再贪恋荣华富贵了。

其实，这时候成帝的日子也不好过，他的内心是痛苦的，他本有亲政的能力，却无法动摇已经形成的王氏外戚势力。先是元帝皇后王政君的兄长王凤以"大司马大将军领尚书事"的名义辅政，王凤死后又由他的弟弟王音自代，这时成帝已经三十，在位十一年。另外还有那可恶的"五侯"，飞扬跋扈，不可一世。

此外还有更大的威胁潜伏在水下。王太后还有一位早死的兄长王曼不曾封侯。他的儿子王莽矫揉造作，沽名钓誉，将自己伪装成勤勉博学、谦恭下士的人，居然也浪得虚名。汉成帝在太后暗示下又糊里糊涂封他为新都侯，为他日后篡夺汉室江山种下了祸根。

事实上，赵飞燕姐妹在宫中的胡作非为，王氏权臣未尝不知道，只是故意睁只眼闭只眼，让她们加速刘氏政权的灭亡。成帝内心太苦，权力又夺不回来，就纵情声色来掩盖自己内心的悲哀。汉成帝荒淫无度，身体状况日见不济。赵合德正值女性的鼎盛时期，生理需求却越加强烈，因此不得不以春药来刺激皇上的欲念，终于酿成了可怕的后果。

公元前7年春天，汉成帝在一个暖洋洋的春夜里，因为纵欲过度，一度昏迷。等到早晨起身披衣，忽然一阵天旋地转，两手一垂，龙袍落地，一头栽倒，停止了呼吸。

成帝死得如此突然，以致连传唤太医的时间都没有，自然引起许多怀疑和揣测。王太后谕令王莽会同丞相、御史查究皇帝起居发病状况，赵合德方寸大乱，羞愧不已，饮药自杀，算是保全了最后一点儿尊严。赵飞燕也被打入冷宫，过着孤苦伶仃的日子。

后来，王莽当政，以太皇太后王政君的名义，宣布赵飞燕虐杀皇子，灭绝皇家后嗣的罪行，把赵飞燕废为庶人，并发送去看守成帝的陵园。一度骄奢成性的赵飞燕，觉得无颜见人，就在成帝的寝陵旁自杀了。

纵观赵飞燕的一生，卑贱过，尊贵过，得宠过，失落过。荣辱浮沉，让多少后人为之浩叹。

东汉

六宫垂范

——东汉光武帝皇后阴丽华

阴丽华（公元4—64年），南阳新野（今河南省新野县）人，东汉光武帝刘秀的第二任皇后。历朝历代皇帝的婚姻很少有幸福美满的，可是刘秀和阴丽华却是其中的特例。

阴丽华相传是辅佐齐桓公“九合诸侯，一匡天下”的管仲的后代。管仲的七世孙管修，从齐国迁居到了楚国，被封为阴大夫，所以之后他们就开始以“阴”为姓。阴丽华以其美丽非常，而在南阳远近闻名。

刘秀，字文叔，是汉高祖刘邦的九世孙。他出生的那一年，刘家的稻谷大丰收，甚至出现了一茎九穗的罕见情况。所以父亲刘钦特地为儿子起名为“秀”（“秀”古代有谷物吐穗开花之意）。不过刘秀九岁那年，父亲去世了。他从此就和哥哥刘演、刘仲一起寄居在叔叔刘良家里。刘秀渐渐长大了，对阴丽华的美丽贤惠也早有耳闻，所以他曾定下自己的两大人生目标：“仕宦当作执金吾，娶妻当得阴丽华。”（“执金吾”就是天子出行时的先导官，他每次都走在仪仗队的最前面，看上去非常威风。）

这个理想对于当时还只是一介布衣的刘秀来说，似乎有些不太可能。王莽当时已于公元8年篡位称帝，刘氏早已失去了原有的权势与地位，而且刘秀一家在南阳的声望也远远比不上阴家。很多豪门贵族的青年曾向阴家求亲，都被无情地拒绝了，更何况是家境衰败的刘秀，所以很多人都笑话他异想天开，简直是癞蛤蟆想吃天鹅肉。

王莽改制因为条件不成熟，再加上急于求成，反而造成经济萧条，民不聊生，义军四起。刘秀和哥哥刘演一起，也趁机利用宗室的力量起兵，并与绿林军联合。为了顺应人心，他们还以“反莽复汉”为口号，推立汉宗室刘玄为帝。绿林军一路战无不胜，中原地区很快就被他们占据了。

可是刘玄却觉得刘演的威望越来越高，已经对自己造成了威胁。于是他就趁着刘秀领兵在外的机会，找了个莫须有的罪名把刘演杀了。刘秀知道自己势单力薄，无力与之抗衡，不得已只好主动回到宛城谢罪。此时和他一起并肩作战的阴氏兄弟，觉得刘秀以后肯定会出人头地，所以他们说服了家人，将阴丽华嫁给了刘秀。刘秀强忍住悲痛，没有为哥哥举办葬礼，反而和阴丽华举行了热闹的婚礼。这一年，刘秀二十八岁，阴丽华十九岁。

此外，他还装出一副纨绔子弟的模样，天天花天酒地。他忍辱负重做的这一切，终于使得刘玄渐渐对他放松了警惕。

刘秀白天在外面强装笑脸，可是晚上却经常躲在被子里为哥哥暗暗流泪。阴丽华一直陪伴在丈夫身旁抚慰他。她知道刘玄毫无能力，于是就劝丈夫到河北发展。为了不成为刘秀的牵绊，新婚才三个月的阴丽华自己回了娘家。刘秀果然没有辜负妻子的希望，带兵渡过黄河后很快就赢得了河北百姓的爱戴和拥护。可是当时邯郸有个术士名叫王郎，他假称自己是汉成帝的儿子刘子舆，自立为王，也有一定的势力。而真定王刘扬拥有十多万的军队，却不肯归附刘秀。刘秀派同为宗室的刘植前去游说刘扬，希望能够与其联合。刘扬其实还是很钦佩刘秀的才干的，所以最后他提出了一个条件，那就是自己的外甥女郭圣通必须要嫁给刘秀。刘秀为了形势的考虑只好同意。他得到刘扬的军队后实力大增，王郎很快被消灭。刘秀的军队也声名远扬，很多人都主动前来投靠。此时刘玄被赤眉军击败，不久被缢杀。公元25年，刘秀建立了东汉，改元建武，定都洛阳。他不仅实现了“娶妻当得阴丽华”的愿望，而且还当上了比“执金吾”大得多的天子。

刘秀称帝后，马上派侍中傅俊前往南阳迎回阴丽华，打算立其为皇后。可是阴丽华考虑到此时郭圣通已为刘秀生下了长子刘强，而且郭家门第显赫，刘扬的手中还握有十万军队，所以她就拒绝了，反而劝丈夫立郭圣通为后。

在阴丽华的一再坚持下，建武二年（公元26年）六月，无奈的刘秀只得册立郭圣通为皇后，刘强为太子，而阴丽华只当了一个小小的贵人。出于礼仪，她每次见到郭圣通都要向她跪拜请安。刘秀看到心里更是五味杂陈，说不出的难受。为了弥补自己对阴丽华的亏欠，他曾提出要把她的兄弟们全都封为侯爵。可是阴丽华却再一次拒绝了，说这样不合礼制。刘秀对此也无可奈何。

此时东汉刚刚建立，天下还没有完全平定，所以刘秀经常要带兵征战。每当离开洛阳的时候，他都要带着阴丽华。建武四年（公元28年），阴丽华在跟随丈夫征讨彭宠的时候，于军帐中生下了他们的第一个孩子——后来的汉明帝刘庄。后来她又陆续为刘秀生下了四个儿子：刘苍、刘荆、刘衡、刘京。

郭圣通知道当初是因为阴丽华的谦让，自己才当上了皇后。可是现在刘秀对阴丽华的格外宠爱，让她心里很不是滋味。

俗话说“天子娶九女，诸侯纳三妇”，历朝历代的皇帝基本上都是六宫粉黛、佳丽三千。可是刘秀却对此不感兴趣，他把西汉以来多达十五级的后宫等级缩减为五级，除了郭皇后和阴贵人，其他就只是“美人”“宫人”和“采女”。这后三级的姬妾人数也很少，而且刘秀也极少留宿在她们那里。其中只有许美人生下了一个儿子刘英——这是刘秀唯一一个不是由郭圣通和阴丽华生育的孩子。这在历代皇帝中简直可以算是绝无仅有的。

建武九年（公元33年），一群强盗闯进了阴丽华的娘家。阴家由于没有护卫士兵的保护，他们不仅抢走了全部金银财宝，还杀死了阴丽华的母亲邓氏和弟弟阴䜣。阴丽华小时候父亲就去世了，现在又失去了母亲。这突如其来的打击对阴丽华来说无异于晴天霹雳。她悲痛欲绝，整日以泪洗面。刘秀为了抚慰妻子，他立刻招来大司空并颁布了一道诏书曰：“吾微贱之时，娶于阴氏，因将兵征伐，遂各别离。幸得安全，俱脱虎口。以贵人有母仪之美，宜立为后，而固辞弗敢当，列于媵妾。朕嘉其义让，许封诸弟。未及爵士，而遭患逢祸，母子同命，愍伤于怀。《小雅》曰：‘将恐将惧，惟予与汝。将安将乐。汝转弃予。’风人之戒，可不慎乎？其追爵谥贵人父陆为宣恩哀侯，弟䜣为宣义恭侯，以弟就嗣哀侯后。及尸柩在堂，使太中大夫拜授印绶，如在国列侯礼。魂而有灵，嘉其宠荣！”刘秀追封阴丽华的父亲阴陆为“宣恩哀侯”，弟弟阴䜣为“宣义恭侯”。让阴丽华的另一个弟弟阴就继承“宣恩哀侯”的爵位。虽然阴陆和阴䜣已经死了，但是太中大夫也要在他们的灵柩面前按照列侯的礼仪为他们举行典礼。

郭圣通看到这道诏书心里就更不舒服了，她不禁感到一阵悲哀。自己身为皇后，年龄比阴丽华小，相貌也不差，可是在丈夫的眼中，她永远也比不上阴丽华。于是裂痕、矛盾慢慢就产生了。

太子刘强对军事特别热衷，可是刘秀却不喜欢他这样。因为以前他都是身不由己地卷入战争之中，看到了战争给人民带来的许多灾难，所以他经常责备年轻气盛的太子，不希望他以后走上穷兵黩武的道路。皇上教导皇子本来是件很正常的事情，可是心神不宁的郭圣通却感到了更大的危机。

恰好这时又出了一件事。建武十四年（公元 38 年），光武帝开始在全国范围内进行田地和人口的普查，同时要求各地的豪门大族限制奴婢和田宅的数量，战乱中贱买的奴婢必须一律无偿释放。刘秀却在各地呈交上来的普查统计文件里，偶然发现了一张小纸条，上面写着：“颍川弘农可问，河南南阳不可问。”他下令追查此事，可是大臣们都不肯说实话。最后还是阴丽华的大儿子，当时年仅十岁的刘庄一语惊醒了梦中人。他对父亲说：“这张纸条是在提醒办事的官员们不要管洛阳和南阳。因为洛阳是首都，高官贵族基本都聚集于此，而南阳是父皇的故乡，那里有不少皇亲国戚，所以即使这两个地方的奴婢数量和田宅的规模超过了标准也不要过问。”刘秀这才恍然大悟，立即下令从严查办。没想到儿子小小年纪却有如此准确的分析判断，所以他对刘庄赞不绝口。可是这也引发了郭圣通的大爆发，多年来的委屈怨恨一齐涌上心头，再也控制不住地与刘秀大吵大闹起来。阴丽华为了缓和矛盾，只好暂时移居到洛阳以外的其他宫室中。

可是此时的郭圣通已经完全失去了理智，越来越不讲理，老是找理由和丈夫吵架。后来她甚至还把怒火撒在了后宫其他姬妾身上，态度极其恶劣。因此后宫所有人对郭皇后都是噤若寒蝉，生怕一不小心点燃了她这颗“炸药”。

忍无可忍的光武帝在建武十七年（公元 41 年）颁下了一道废郭圣通改立阴丽华的诏书：“皇后怀执怨怼，数违教令，不能抚循他子，训长异室。宫闱之内，若见鹰鹯。既无《关雎》之德，而有吕、霍之风，岂可托以幼孤，恭承明祀。今遣大司徒涉、宗正吉持节，其上皇后玺绶。阴贵人乡里良家，归自微贱。‘自我不见，于今三年。’宜奉宗庙，为天下母。主者详案旧典，时上尊号。异常之事，非国休福，不得上寿称庆。”阴丽华终于当上了本就该属于她的皇后。

郭圣通这下子成了秋后的蚂蚱，垂头丧气地再也蹦跶不起来了。她认为等待着自己的肯定是凄凉的冷宫甚至是自裁。可是就在她惴惴不安之时，刘秀又下了一道诏书。这次诏书的内容却完全出乎她的意料，诏书上说：刘强可以继续当他的太子，郭圣通的二儿子刘辅升为中山王，封地比原来的标准额外再增加一郡。郭圣通由皇后改称为“中山王太后”，以后和刘辅一起生活。郭圣通成了中国古代历史上唯一一个没有被打入冷宫，反而得到优待得以善终的废后。

在阴丽华的提议下，刘秀又下达了好几道出人意料的诏书。郭圣通的哥哥郭况被封为阳安侯，得到了比郭圣通当皇后时还要多的封地与赏赐。郭况的儿子郭璜迎娶了阴丽华的女儿淯阳公主。而郭圣通的堂兄弟郭竟、郭匡也被封侯。因为郭圣通的叔父郭梁早逝没有儿子，刘秀甚至还把郭梁的女婿陈茂也封了侯。

可是即使这样，太子刘强仍然忐忑不安，在忧虑中度日如年。最后他竟然上表主动请求让出太子之位。开始刘秀和阴丽华都不同意，认为太子身为长子又没有什么重大的过失，不能随意废立。可是刘强再三上表请求，执意要把太子之位让给刘庄。刘秀不得已才在建武十九年（公元43年）改封刘强为东海王，将原来的东海王刘庄册立为太子。

为了表明自己的歉意，刘秀后来又改封刘辅为“沛王”（沛地比中山更加富庶），郭圣通为“沛太后”，同时升郭况为大鸿胪。而且刘秀还经常赏赐郭况金银珠宝，以至于其成了洛阳首富，他的家也被人们称为“金穴”。

建武二十六年（公元50年），郭圣通的母亲“郭主”去世了。刘秀用最高的礼仪为她举行了隆重的葬礼，而且还率领所有文武百官一起出席。同时刘秀还派人将郭圣通父亲郭昌的灵柩迎回洛阳与“郭主”合葬，并追封郭昌为“昌阳安思侯”。

后来刘强前往封国东海时，刘秀将其封地再次扩大，特意加入了鲁郡（那里有壮观华丽的灵光殿）。这样刘强实际上就拥有了两个封国，领地合计共二十九个县。不仅如此，光武帝还下诏将刘强的车马仪仗和宫室器物等都升至皇帝一样的标准。刘强再三推辞，不愿接受鲁郡。他害怕自己如此越制，同父异母的弟弟刘庄会有意见。可是刘秀却断然拒绝了儿子的请求。

其实刘秀做的这一切与其说是为了安慰郭圣通和原太子刘强，还不如说是让阴丽华安心。阴丽华觉得自己和儿子取代了郭圣通和刘强原来的地位，心里一直都很不安，所以她要求丈夫尽可能多的弥补他们。

郭圣通得知这些事情后，非常后悔自己以前的所作所为，身体也越来越差。最后她在内疚自责中离开了这个世界。刘秀和阴丽华以封国太后的礼制把她葬在了北芒。

建武中元元年（公元56年），刘秀带着所有的儿子到泰山封禅。刘秀和阴丽华都发现刘强越来越忧郁，而且身体也大不如以前了，不论他们怎么宽慰都没有什么效果。于是同年十月司空带着刘秀的一道诏书去了高祖刘邦的祭庙。诏书曰：“高皇帝与群臣约，非刘氏不王。吕太后贼害三赵，专王吕氏，赖社稷之灵，禄、产伏诛，天命几坠，危朝更安。吕太后不宜配食高庙存，同祧至尊。薄太后母德慈仁，孝文皇帝贤明临国，子孙赖福，延祚至今。其上薄太后尊号曰高皇后，配食地神。迁吕太后庙主于园，四时上祭。”刘秀和阴丽华希望刘强明白：即使是刘秀去世了，阴丽华也绝对不会重演西汉吕后的历史的。

建武中元二年（公元57年）二月，刘秀病逝。太子刘庄即位，是为汉明帝。阴丽华一直教导儿子要友爱兄弟，所以刘庄对刘强这个哥哥一直很好。可是刘庄的同胞兄弟刘荆却以郭况的名义写了一封信给刘强，鼓动他造反。刘强一见之下大惊失色，赶忙将信呈给了明帝。明帝查明原因后惩处了刘荆，并没有怪罪刘强。可是刘强却因为受惊过度而一病不起。阴丽华和明帝都非常着急，还特意派了宫中最好的太医去为他治病。可是心病难医，刘强还是去世了。临终前他曾写下一道奏章："臣蒙恩得备籓辅，特受二国，宫室礼乐，事事殊异，巍巍无量，讫无报称。而自修不谨，连年被疾，为朝廷忧念。皇太后、陛下哀怜臣强，感动发中，数遣使者太医令丞方伎道术，络绎不绝。臣伏惟厚恩，不知所言。臣内自省视，气力羸劣，日夜浸困，终不复望见阙庭，奉承帷幄，辜负重恩，衔恨黄泉。身既夭命孤弱，复为皇太后、陛下忧虑，诚悲诚惭。息政，小人也，猥当袭臣后，必非所以全利之也。诚愿还东海郡。天恩愍哀，以臣无男之故，处臣三女小国侯，此臣宿昔常计。今天下新罹大忧，惟陛下加供养皇太后，数进御餐。臣强困劣，言不能尽意。愿并谢诸王，不意永不复相见也。"

阴丽华和明帝刘庄都非常伤心，他们为刘强举办了隆重的葬礼，还一直把他的灵柩送到了葬地。其实阴丽华不仅十分关爱刘强，而且对郭圣通的其他几个儿子都非常好，尤其是郭圣通最宠爱的小儿子刘焉。阴丽华疼爱刘焉甚至超过了自己的亲生儿女，一直不舍得让他前往封国。直到明帝即位三年之后，她才让早就已经成年的刘焉离开了洛阳。而且她还允许刘焉随时可以回洛阳，不必请示明帝。（按照汉室的规矩：皇帝如果不召，亲王不仅不能随意离开封国，而且更不能随意进京。）

永平七年（公元64年）正月，阴丽华去世，时年六十岁。同年二月，明帝将母亲和父亲合葬在原陵。这对"在天愿为比翼鸟，在地愿作连理枝"的恩爱夫妻终于又在另一个世界相会了。

永平十七年（公元74年）的正月，明帝刘庄在去拜谒原陵的前夕曾经做了一个梦。他梦见父母亲恩爱地在原陵散步，他们就像还活着一样。明帝从梦中醒来后非常伤心，难过得再也睡不着了。第二天，他就带领文武百官到原陵祭奠。看到母亲的镜子、梳妆匣等遗物，刘庄不禁泪流满面。左右侍从也被明帝的孝心所感动而流下了眼泪。后来明帝还下诏命人在原陵种下了二十八棵青翠的柏树，以此象征"云台二十八将"来守护父母的平安。

阴丽华是中国历史上唯一一个自愿把皇后之位让给别人的女人，后来她当皇后期间"恭俭，少嗜玩，不喜笑谑。性仁孝，多矜慈"，什么事都是以身作则，垂范六宫。这使刘秀可以专心于政事，开启了"光武中兴"的时代。虽然后来东汉的其他皇后不是都能像阴丽华那样可以善待其他妃嫔，但是确实没有发生类似西汉残害其他皇子的情况。按理说，阴丽华也可以含笑于九泉了。

一个操劳致死的人

——汉和帝皇后邓绥

汉代历史上，有一位不能不大书特书的皇后，那就是邓绥。

邓绥貌美而不骄人，位高而不傲人，谦谦待人，宽厚为怀，知书达理，远离奢华，处后宫而不干政，辅幼子而日夜辛勤，临朝听政十六载，不为外戚捞半分。今日看来，仍可让追名逐利者汗颜万分。

《后汉书·邓皇后纪》云：

和熹邓皇后讳绥，太傅禹之孙也。父训，护羌校尉。母阴氏，光烈皇后从弟女也。

后年五岁，太傅夫人爱之，自为剪发。夫人年高目冥，误伤后额。忍痛不言。左右见者怪而问之，后曰："非不痛也，夫人哀怜为断发，难伤老人之意，故忍之耳。"

六岁，能史书；十二，通《诗》《论语》。诸兄每读经传，辄下意难问，志在典籍，不问居家之事。

母常非之曰："汝不习女工，以供衣服，乃更务学，宁当举博士耶?"

后重违母言，昼修妇业，暮诵经典。家人号曰"诸生"。

父训异之，事无大小，辄与详议。

永元四年（公元92年），当以入选。会训卒。后昼夜号泣，终三年不食盐、菜，憔悴毁容，亲人不识之。

后尝梦扪天，荡荡正青，若有钟乳状，乃仰嗽饮之。以讯诸占梦，言："尧梦攀天而上。汤梦及天而咶之。斯皆圣王之前占，吉不可言"。又：相者见后惊曰："此成汤之发也"。家人窃喜，而不敢宣。后叔父陔言："常闻：活千人者，子孙有封。兄训为谒者，使修石臼河，可岁活数千人。天道可信，家必蒙福。"

太傅禹叹曰："吾将百万之众，未尝妄杀一人，其后世必有兴者"。

七年，后复与诸家子俱入选入宫。后长七尺二寸，姿色姝丽，绝异于众，左右皆惊。

八年冬，入掖庭，为贵人，时年十六。

……

从《后汉书·邓皇后纪》开始所记述的情形来看，邓绥生长在一个不普通的家庭，有个不同于一般女孩子的童年，显示了不同于一般人的爱好和个性，从小就不是一个普通的人。

邓绥是东汉时期南阳新野（今河南省新野县南）人，祖父名禹，官至太傅，仅次于太师，曾率百万之众，自称不曾妄杀一人。父亲名训，曾为河堤谒者，主管修疏了石臼河，免除了两岸数千居民多年的水灾之苦，最后官至护羌校尉，为主管少数民族事务的长官。母亲阴氏，是光武帝刘秀时皇后阴丽华弟弟的女儿。

一般来讲，这种历代为官宦的大家族，由于长期的婚姻优化选择积累的结果，基因的优势是很强的。邓绥从小就身体发育良好，苗条秀丽，靓发如漆，光亮鉴人，更兼智力超常，好读诗书，过目不忘，且能举一反三，理解力惊人。又性格恭顺，善解人意，从不恃宠骄人，深得众人喜爱。

祖母见其头发过于长，怕影响她的行动，便唤她前来，亲自为她剪发。不料年老眼花，剪刀碰伤了她的额头，以致流出点血来。一般的孩子此时定会又哭又闹，不肯继续剪发了。谁知小邓绥竟然只是皱皱眉头，身子动也不动，任由祖母继续为她修剪头发。老太太身边侍从使女事后问她疼不疼，为什么动也不动？邓绥自然而然地说："老奶奶为我剪发是疼爱我，年老眼花，难免有误，我如果喊疼，不仅于伤口无补，反而伤了奶奶的怜爱我之心。与其伤两个人，不如只伤我一个人。再说，伤口也不太疼，忍一忍也就过去了。"五岁的孩子能说出这番话来，怎能不让人吃惊、叹息？邓绥六岁时，已经学习认字写字，能够看懂周太史所留下来的大篆字书。十二岁时，不仅将《诗经》《论语》学习完，还经常向各位兄长提出许多典籍方面的问题去请教，有时所提问题过于晦涩，兄长们也张嘴结舌答不上来。

古时，男子是必须读书的，有时为了方便和节约，几家联合聘请一位博学大儒教授子弟，大户人家往往叔伯兄弟们就够一屋子人了。邓绥常常去旁听，比正式的学生还用心，那些稀奇古怪的问题反映出她善于积极地思索。母亲却认为女孩子不必读书，应该学习女工，缝纫、烹调不会是不可以的。邓绥不肯拂母亲的意愿，又不情愿放下书本，只好白日学习女工，晚上读书写字。

父亲邓训见女儿如此喜爱读书，亦十分惊奇，不过不是像她母亲那样去阻止，而是循循善诱，去引导，去开发。常常拿一些书里书外的事情和小邓绥一起分析研究，寻找解决的最好办法。虽然小邓绥没有经过真正意义上的历练，但是也从中增长了不少才干，为她的将来积累了一笔不小的智力财富。

邓绥有时做梦上天，天青青的，有钟乳状的云头下垂，她用双手都可以触摸得到，仰脸甚至可以吮吸到那甘甜的乳浆，但是每每刚想多吸几口就醒了。类似的梦还有好几次。她把梦境告诉给母亲，母亲也解释不了，就去请教宫廷里的占梦大师。古时，宫廷中往往养一些奇能异士，以供帝王的各种不时之需，这种人通称为"待诏"。占梦待诏听到后亦感到十分惊奇，就援引古代的传说进行解释："昔日尧帝式微时，曾经梦中顺着高山向上不断攀登，竟然到了天上，后来果然位居极顶。成汤的开国君主文王，也曾经梦到过上天舔咕钟乳的情景。这都是他们成为圣王的前兆，吉祥得不可言表。小姐能有这种梦，将来一定是贵不可言。"如何解释一个人的梦境？

西方有位大师名叫弗洛伊德，写了一本名为《梦的解析》的书，提出自己的观点。

我国历史上有很多占卜的书，如甲骨卜、易卜、杂占、象占、梦占、星占等。其中梦占被人最为看重，所谓"众占非一，而梦为大"。一本托名周公所著的《周公解梦书》现在仍然广为流传。

笔者没有研究过梦占，对此没法发表自己的看法，只是知道，不要盲从别人的观点，轻率的肯定和否定都会影响自己的正确判断，要认真研究后，再慢慢下结论也不迟。盲目地相信别人，人云亦云，不是科学的态度。

邓绥的家人听了占梦待诏的解释后，十分兴奋，认为祖辈积德，该是回报的时候了。为谨慎起见，又请人为邓绥相面。相者认为邓绥相貌端庄，眉分五彩，声如鸣凤，乃大富大贵之相，涉及天机，不敢说出，恐遭天谴。邓绥家人听后亦暗自欢喜。

永元四年（公元92年），邓绥十三岁了，按律被选进宫为秀女，等候皇帝的挑选和幸临。不料，邓绥的父亲病逝，按汉朝以孝治天下的服丧制度，邓绥要在家守孝三年后才能入宫。

十三岁的邓绥在现代人眼里看来，还是个孩子，绝对不应该谈婚论嫁，但那时是封建社会，早婚早育被认为是早生贵子早享福，没有科学的婚恋观和优生优育的指导理论。

小邓绥失去了理解和支持她的慈父，又将面对未知的后宫命运，司马相如的《长门赋》她是读过的，她的将来如何呢？尽管她聪明绝顶，仍不能想象的到，心烦意乱至极，唯有每天以泪洗面而已。三年里，她不吃盐，不吃菜，想以此苦行，悼念自己的父亲，想以此酷刑，摧残自己的身体，以免除进宫的命运。但是，家人的看护，使她没能摧残了自己。生理的发展规律是不能违背的，她出落得更加苗条秀丽、娇艳婀娜。

三年很快过去了，邓绥经复检合格，梳妆打扮一番后，就被送进宫中。

邓绥进了后宫，并不能马上和皇帝见面，就犹如被关进了美女仓库，等待皇帝的挑选和消费。名为秀女，生活条件、居住环境都和宫女一样。

这一年是永元七年（公元95年），十岁就登基的和帝刘肇已经十七岁了，他本来已经有多位妃嫔，但仍然想扩充后宫，以满足自己的淫乐。

关关雎鸠，在河之洲。
窈窕淑女，君子好逑。
参差荇菜，左右流之。
窈窕淑女，寤寐求之。
求之不得，寤寐思服。
悠哉悠哉，辗转反侧。

刘肇是皇帝，他用不着“寤寐求之”，也无须“辗转反侧”，睡不着觉。一道选秀女的圣旨，就把天下的“窈窕淑女”一车一车地送过来了，以供他尽情挑选。这就是皇帝与平民的不同。

秀女进宫，首先要经过宫中礼仪的培训，举止、进退、应对乃至饮食、起居都要合乎皇家规范。邓绥虽然出身大户人家，自己又知书懂礼，也不能例外，也要参加例行的培训。此间，和帝刘肇已经立阴氏为皇后了。

终于，和帝刘肇在巡幸后宫时见到了邓绥，才看一眼，就被邓绥的美貌和气质惊呆了。只见邓绥身高七尺二寸，约1.71米的高挑身材，凹凸有致的动人曲线，淡雅脱俗的装束，光亮如瀑布般的长发，宛如满月的珠圆玉润、光艳照人的肌肤，特别是那清澈深不见底的双眼，充满了聪明、睿智、高雅，又显得如秋天里的湖水，宁静中有着春天的激情、夏天的火热，一双会说话的弯眉毛，眉梢轻轻一动，就把和帝吸引住了，再也离不开。尤其是答对应制，文雅合意，嗓音清亮，又带有一种吸引人的磁性，进退合乎礼仪，端庄中更有一种难以抗拒的魅力。“淑女，淑女”，和帝情不自禁地喃喃自语，认为找到了《诗经》里真正的淑女，淑女中的淑女。

和帝刘肇当下就册封邓绥为贵人，居嘉德宫。古玩、珠宝、礼器等赏赐不断，远非其他贵人可以相比。

“嫁汉、嫁汉，穿衣吃饭”。女子能够嫁给一代君王，是做女人的最高理想。此时的邓绥，已经不再对未知充满期待和愿景，她知道，未知的路就在自己脚下，路要自己走，机会要自己把握，往日熟读的典籍，一篇篇又出现在自己眼前，她暗下决心：机不可失，时不再来，我要母仪天下，要实现自己的夙愿。况且，刘肇乃风度翩翩一代帝王，如日初升，有婿如此，夫复何求？

两情相悦，均有相见恨晚之慨叹。刘肇整日留恋在嘉德宫中，与邓贵人如胶似漆，再难割舍。邓绥正求之不得，自是巧言令色，婉转娥眉，柔顺承幸。她年幼时就善解人意的特点此时完全发挥出来了。和帝刘肇问一，贵人邓绥能答十。刘肇眼睛一动，邓绥就知道该干什么了，而且马上能够让和帝有个意想不到的惊喜。

对于和帝刘肇在嘉德宫流连忘返的情景，邓绥有着十分清醒的认识，她知道，和帝不是她一人的和帝，首先是阴皇后的，其次才是她们大家的；自己这样受宠，必然引起别人的嫉妒和不满，如果不设法消除，必有积愤爆发的一天。所以，邓绥从不恃宠而骄，而是谦恭待人，尤其是对待阴皇后，无论人前人后，从不说皇后的一句坏话，更不抢阴皇后的风头。和帝的赏赐她也在制度允许的条件下，尽量分给她人。一人向隅，满堂无欢。众人都高兴了，对邓贵人自是交口称赞。舆论和口碑都对邓绥极为有利。和帝对邓贵人宠爱有加，处处想照顾她，不使她受到半点委屈。

有一次，邓绥身体不适，需要卧床休息。和帝为使邓绥高兴，特地恩准邓绥的家人侍奉陪伴，而且不限时日。后宫是皇帝一人的后宫，后妃的亲人及亲戚们是不能在宫中自由停留的，稍稍觐见一下，就要尽快出宫，更不能留下过夜。邓绥知道和帝的恩准是破例的，为不引起别人的嫉妒和攀比，不使皇帝将来不好收场，就婉转地要求收回成命。当和帝刘肇了解到邓绥的苦心时，亦深受感动，多少贵人妃嫔，只知索取，索要无度，从无一人能设身处地为身为皇帝的他着想过，从此更将邓绥引以为红颜知己。

阴皇后被册封以后，自以为从此春风得意，一帆风顺了，谁知短短几个月，就杀出个邓贵人，把皇帝的心夺去了。皇帝三天两头往嘉德宫跑，再也不留恋自己的长秋宫。是可忍，孰不可忍，阴皇后有心要教训一下邓贵人。但是，邓绥处处小心谨慎，不给阴皇后留下一点儿可乘之机。

例如，为杜“专宠”的口实，邓绥常常举荐其他贵人陪王伴驾。为杜“媚主”的口实，凡是公共场合，邓绥往往薄施粉黛，素面朝天。谁知，越是如此，在花团锦簇的众多佳丽面前，越显得她“清水出芙蓉，天然去雕饰”，别有一种出尘的风韵。

又例如，按规矩，皇后是正妻，众妃嫔是小妾。妻大妾小，不是平等的关系。因此，邓绥在妻妾成群的时候，从不比皇后站得更靠近皇帝，皇后坐着，她绝不坐下，而是侍立一旁。更不抢皇后的话头，皇帝问话，她总是在皇后回答完了之后才说出自己的意思。谁知，这种恭谦的态度，彬彬有礼的举止，充满智慧的回答，更显得她知书懂礼，如鹤立鸡群，分外脱俗出众。

和帝刘肇是年轻人，喜欢热热闹闹，见受宠的邓绥处处维护皇后的尊严，遵守妻妾的规矩，不给他制造一点儿麻烦，反而能起到表率作用，更加欣赏邓绥的为人，真后悔没有立邓绥为皇后，而是早早把皇后的桂冠给了阴氏。

阴皇后见打击不了邓绥，也排挤不了邓绥，反而使和帝更加尊重和喜爱邓绥，实在心有不甘。而且自己现在毫无有身孕的征兆，以后若是没有子嗣，皇后的地位必将不保。与其将来受冷落，何不趁现在有权有势，搏上一搏。她在几个心术不正的亲戚们的唆使下，一面暗中使用施蛊害人的毒计，一面寻找各种借口，以减少邓绥接近和帝的机会。

身为皇后却与贵人争宠，已落下乘；进而使用毒计，更为不该。

有一天，和帝生病，阴皇后以需要静养为由，禁止邓绥等贵妃前去探视。

邓绥心智过人，见此情景，知道皇后是在防范自己，而且自己心上只有和帝一人，和帝如有不测，自己也了无生机。因此准备了毒药，想在万一的时候，以身相殉。同时日夜祈祷上苍降福于和帝，使和帝早日康复。

世上没有不透风的墙，阴皇后的所作所为，邓贵人的一贯表现，众人皆看在眼中、记在心里，只是没机会说出来罢了。

和帝在病榻上见周围冷冷清清，爱妃一个也看不见，特别是心有灵犀的邓贵人也不来看望，十分不理解，就问身边的贴心近侍。

对于近侍来说，皇帝和众后妃是主，他们是奴，奴才是不能干预主子的事的；所以，他什么都知道，却什么也不能说。如今见和帝询问，他再不如实禀告就是不忠，就要犯罪，所以就竹筒倒豆子，根据所见所闻，把阴皇后如何嫉妒、如何限制、如何设下蛊咒以及邓贵人如何祈祷上天，愿以身相殉的事情一五一十地全说了出来。

和帝早对阴皇后有所怀疑，闻听后不由不信，为谨慎起见，仍派常侍张慎等人深入调查。回报果有其事。和帝勃然大怒，病也全没了。本来，年轻人得病，得的快好得也快。和帝离开病榻，立刻下诏宣布阴氏的罪状，将她废黜。

阴氏害人不成反害己，此时再三要求和帝饶恕自己已然无用，终于在忧郁中结束了年轻的生命。都说红颜薄命，有时命薄是红颜自己找的，如果她不是嫉妒得失去了理智，怎能遭到如此下场？

国不可一日无主，后宫却可以长期无后，经过阴氏之鉴，和帝对册封皇后一事分外慎重，经过长期的观察考验，最后确定邓绥为最佳人选。无后的日子里，许多妃嫔纷纷想尽办法表现自己，希望引起和帝的看重，唯邓绥安之如素，淡泊名利，安分守己。除了悉心接待侍奉和帝之外，就是研读诗书，批阅典籍，偶尔也做些女工，分赏宫女。邓绥越是如此，越显得仪态大方，与其他追名逐利之徒相比，竟有天壤之别。

和帝授意大臣举荐，邓绥却不肯就位，逊谢再三，才答应下来。和帝大喜，马上择吉日举行册封大典，祭告天地列祖列宗，以示隆重。

二十二岁的邓绥，头戴展翅凤冠，身披鸾凤霞帔，从和帝手中跪接了皇后玉玺之后，终于能和皇帝并坐在一起，接受群臣及妃嫔的贺拜。

邓绥即位皇后，并没有得意忘形，而是更加和蔼待人，谨慎处世。

对于妃嫔的贺拜恭维，她都能谦恭作答，以姐妹相称，并回赠不菲礼物，以示尊宠。在她的带领下，后宫一团和气，和帝在后宫能最大限度地放松自己，再也没有后顾之忧。

于是对邓绥十分满意。

和帝想按惯例，大封邓绥的亲人，以示恩宠。但是，邓绥鉴于外戚往往尾大不掉、专权夺势、削弱皇权的历史教训，委婉再三推谢。和帝见邓绥如此识得大体，更是喜出望外，但心下不忍，只答应以后再议。那些想借邓绥攀龙附凤的家人们，却有些失望了。

后宫不能干政，不是绝对不能，而是不能绕过皇帝，一切要由皇帝决定，要从皇帝口中说出。一个声音说话，才能避免矛盾，政通人和。邓绥鉴于王莽之乱以后，国家的国力尚未完全恢复，宜以节俭为主。地方百官为求升官发财，想方设法搜刮民脂民膏求购奇珍异宝，以邀天眷。君主如果不好喜此物，就可以为百姓和地方造福。和帝见邓皇后说得有理，就下旨地方，只许进贡一些纸笔之类的文具，其他一概不准，违者治罪。此举确实使当时朝政耳目为之一新，既避免了皇帝玩物丧志，又使百姓亦因之受益。

邓绥皇后正年轻，和帝刘肇亦在英年，二人本应在内外朝政上大有作为，谁知天不遂人愿，刘肇二十七岁时，暴病不起，没有来得及留下遗诏，就撒手人寰。朝政一片空白。

谁来继承皇位，持续大统？历史的重任当然地落在了皇后邓绥身上。别看她只有二十五岁，却老练稳重，考虑全面，皇宫内外威信甚高，深得诸大臣及诸皇亲国戚的支持。

是时，邓绥无子，宫中其他妃嫔产出者大多夭折，无人可以继承大统。幸亏刘肇告诉过她，为确保好养活，在民间他有两个孩子寄养着。民俗：贫贱的猪狗好养活。邓绥下懿旨，将这两个孩子接回宫中。一看，大的刘胜，年八岁，为刘肇与一宫女所生，但是身体病弱，不能即位。小的刘隆，身体健壮，但是只有半岁，尚在襁褓之中。何去何从？邓绥毅然决定将小刘隆收为己养，让他即位，自己逊位为皇太后。将半岁的孩子抚养成人，培养成一代明君，要付出多少艰辛？邓绥不是不知道，但是为了刘氏江山，再大的困难也要克服，再沉重的担子也要担下来。

于是，在朝臣的支持下，邓绥皇后发布懿旨，尊刘隆为帝，改年号为延平，自己为皇太后，临朝代殇帝刘隆摄政。并敕封刘胜为平原王，大赦天下。

为议政便利，特许朝中肱股之臣，得入禁中。

为有可靠之人帮助自己，邓皇太后将自己的哥哥邓骘封为上蔡侯、车骑将军，入住宫中，总理朝政。又敕封弟弟邓悝、邓弘、邓阊为侯，辅助其兄管理朝政。

为使内命准确外传，又收宦官郑众、蔡伦等人为亲信。蔡伦在以后发明造纸术，安帝元年被封为龙亭侯。

为减轻百姓负担，邓皇太后"诏减太官、导官、尚方、内署诸服御、珍膳、靡丽难成之物，自非供陵庙，稻粱米不得导择，朝夕一肉饭而已。旧太官、汤官经用岁且二万万，自是裁数千万。及郡国所贡，皆减其过半，悉斥卖上林鹰犬，离宫、别馆储峙米糒、薪炭，悉令省之。丁卯，诏免掖庭宫人及宗室没人者皆为庶民。"

邓绥正大刀阔斧地进行改革，以期长治久安，不料殇帝刘隆半年后就夭折了，又出现了皇权危机。

平原王刘胜身体确实不壮，"有痼疾"，但是无大碍，又是和帝的亲子，理应即位为帝。但邓绥考虑第一次没有立他，恐其以后报复，就决意另立他人。她与长兄邓骘从皇室宗族家谱——玉牒中仔细挑选排查，最后认定帝兄清河王刘庆的儿子刘祜最为合适。年纪只有十三岁，也适于早期培养教育，遂立为安帝。

《资治通鉴》是这样记述这段历史的：

“八月，辛卯，帝崩。癸丑，殡于崇德前殿。太后与兄车骑将军骘、虎贲中郎将悝等定策禁中，其夜，使骘持节以王青盖车迎清河王子祜，斋于殿中。皇太后御崇德殿，百官皆吉服陪位，引拜祜为长安侯。

“乃下诏，以祜为孝和皇帝嗣，又作策命。有司读策毕，太尉奉上玺绶，即皇帝位。太后犹临朝。”

由此可以看出，邓绥处理事情是迅速果断的，几乎是连夜进行。而且也可以看出，她处理事情忙而不乱，有条有理：迎祜，封侯，立嗣，策命，宣命，奉玺，即位；她坐镇，百官陪位。一切均按章法行事，无可挑剔。

邓绥大事不糊涂，小事也清楚。有事为证：

和帝崩，殇帝即位，太后临朝。“是时新遭大忧，法禁未设，宫中亡大珠一箧；太后念欲考问，必有不辜，乃亲阅宫人，观察颜色，即时首服。”那时，珍珠没有人工养殖的，全产自天然。一小箱子大粒珍珠，价值不菲。邓绥利用心理学原理，通过察言观色，令罪犯自动自首伏法，避免了无辜人等受到牵连。

再如：“和帝幸人吉成，御者共枉吉成巫蛊事，下掖庭考问，证词明白。太后以吉成先帝左右，待之有恩，平日尚无恶言，今反若此，不合人情。更自呼见核实，果御者所为。莫不叹服，以为圣明”。已经有了口供的案子，邓绥认为于理不合，幸人吉成没有理由对先帝刘肇不满而下巫蛊。经过核查，吉成果然是无辜的，是御者与吉成有矛盾，有意栽赃陷害。

又如：邓绥曾巡视洛阳监狱，令囚犯排队从自己眼前走过，凡鸣冤者皆一一询问，务使无人受冤含屈。有一死囚过太后时，没有喊冤，只是过后又回头看了一眼。心细如发的邓绥觉得有异，就唤近前来，再三相询。原来，此人是被太守屈打成招，因受到太守恐吓，不敢再申冤。

邓绥经查证属实，即刻将洛阳太守斩首示众，又对此人好言抚慰，厚赏放归。

邓绥办事也不全是一帆风顺。在立刘祜为帝的事情上，就受有挫折。

周章等人是属于拥立刘胜的，以不立亲子而立旁枝、人心不附为理由，密谋关闭宫门，诛杀邓骘兄弟及郑众、蔡伦，劫尚书，废太后于南宫，封刘祜为远国王而迎立平原王刘胜。

刘胜虽然是和帝的亲子，有即位的优先权，但是，有痼疾也是事实。邓绥身为太后，择优挑选刘祜而立，所立也是刘氏子弟，且刘祜父清河王刘庆与和帝刘肇亲情深厚，关系很不一般。因此，也不能说邓绥的做法是错的。

天下是刘氏的天下，谁继承大统的问题，刘氏宗室之间尚无纷争，做大臣的就要插手此事，岂不自不量力？刚由太常擢升为三公不久的司空周章，见支持者寥寥无几，且已泄密，无颜再面对皇太后，不得不以自杀谢罪了事。

邓绥在和帝在世的时候，多次谢绝对自己族人的封赏，其兄邓骘终其位不过是虎贲中郎将。现在迫于形势，起用自己的亲戚们，为防患于万一，又下诏告司隶校尉、河南尹、南阳太守曰：“每览前代，外戚宾客浊乱奉公，为民患苦，咎在司法怠懈，不辄行其罚故也。今车骑将军邓骘等虽怀敬顺之志，而宗门广大，姻戚不少，宾客奸猾，多干禁宪，其明加检敕，勿相容护。”

官场之中，往往官官相护，以相互维持，获得最大利益。封建王朝，无一例外。封建社会是中央集权制的社会，皇亲国戚，属于中央权力集团的外围部分，其权其势，不是一般官吏能招惹得了的。

邓绥能够事先防范，知道他们在自己眼皮底下不敢惹是生非，怕就怕他们在外地胡作非为。所以事先诏告外地的司法官员，要求他们能够“明加检敕，勿相容护”。实属难能可贵。自是，凡亲属犯罪，无所假贷。社会空气净化不少。邓家人正在权势顶峰尚且自律如此，其他过势外戚何敢嚣张？百姓实受其惠。邓绥为国为民，不怕亲人误解，敢于大公无私，令今人也不得不肃然起敬。

邓绥身为皇太后代为摄政十六年，所作所为甚多，谨扼要简述，以飨读者。

倡导儒学注重人才储备

延平元年（公元106年）十二月乙酉，尚书郎南阳樊准以儒风浸衰，上疏曰：臣闻人君不可以不学。光武皇帝受命中兴，东西诛战，不遑启处，然犹投戈讲艺，息马论道。孝明皇帝庶政万机，无不简心，而垂情古典，游意经艺，每飨射礼毕，正坐自讲，诸儒并听，四方欣欣。又多徵名儒，布在廊庙，每宴会则论难衎衎，共求政化，期门、羽林介胄之士，悉通《孝经》，化自圣躬，流及蛮荒，是以论者每称盛时，咸言永平。今学者益少，远方尤甚，博士倚席不讲，儒者竞论浮丽，忘蹇蹇之忠，习諓諓之辞。愚以为宜下明诏，博求幽隐，宠进儒雅，以俟圣上讲习之就期。

太后深纳其言，诏：“公、卿、中二千石各举隐士、大儒，务取高行，以劝后进，妙简博士，必得其人。”

这里樊准指的圣上是半岁的殇帝。邓绥现在就为才半岁的殇帝准备讲习用的老师，不能不是一个超前的举措。而且为公、卿等人下达了举荐指标和举荐标准，是个硬性任务，实在是了不起。上有所好，下必甚焉。一时，儒雅之士，纷纷露面，竞相与地方政权合作，出谋划策，改良政治。儒者之所以学，不外乎以求实现其齐家治国平天下的理想，现在就有这个机会如何不珍惜？固儒者趋之若鹜的心态就不难理解了。《资治通鉴·孝安皇帝上》这样记叙道：

邓绥在位，颇能推进贤士，荐何熙、李郃等列于朝廷，又辟弘农杨震、巴郡陈禅等置之幕府，天下称之。震孤贫好学，明欧阳《尚书》，通达博览，诸儒为之语曰：“关西孔子杨伯起”。教授二十余年，不答州郡礼命，众人谓之晚暮，而震志愈笃。骘闻而辟之，时震年已五十余，累迁荆州刺史、东莱太守。当之郡，道经昌邑，故所举荆州茂才王密为昌邑令，夜怀金五十以遗震。震曰：“故人知君，君不知故人，何也？”

密曰：“暮夜无知者。”震曰：“天知，地知，我知，子知，何谓无知者？”

密愧而出。后转涿州太守。性公廉，子孙常蔬食、步行。旧故或欲令为开产业，震不肯，曰：“使后世称为清白吏子孙，以此遗之，不亦厚乎！”

杨震的故事，现在还被视为拒腐的榜样，畅为美谈。而杨震之所以被邓骘举荐，只是邓绥皇太后的那道诏令的一个结果而已。

邓绥自闺中就好学，入宫后更当何如?《后汉书·邓绥皇后纪》里是这样记叙的：

“太后自入宫掖，从曹大家受经书，兼天文算数，昼省王政，夜则诵读，而患其谬误，惧乖典章，乃博选诸儒刘珍及博士议郎四府掾史五十余人诣东观雠校传记。事毕奏御赐葛布各有差。又诏中官近臣于东观受读经传，以教授宫人左右习诵，朝夕济济。”

曹大家是《汉书》作者班固的妹妹，名昭，十四岁嫁与曹寿为妻，曹寿早死，故称她为“曹大家”。曹大家博学，才识颇高，曾受和帝之命继班固之后续写了《汉书》中的“八表”和《天文志》。邓绥能向曹大家屈尊就教，已属难能可贵，而雠校典章传记，诏人习诵，则说明了她既有求学认真的态度，又有推己及人，助人上进的精神。

元初六年（公元119年），邓绥又兴办了一所最高级别的贵族学校。

《资治通鉴·孝安皇帝中》这样记叙：

是岁，太和征和帝弟济北王寿、河间王开子男女五岁以上四十余人，及邓氏近亲子孙三十余人，并为开邸第，教学经书，躬自监试。

诏从兄河南尹豹、越骑校尉康等曰：“末世贵戚食禄之家，温衣美饭，乘坚驱良，而面墙术学，不识臧否，斯故祸败所从来也。”

五岁以上就入学受教，不能不说是早期教育，从娃娃抓起，确是邓绥的一片苦心。她对于近亲语重心长的一段话，今日看来，对于富家子弟仍有警示作用。“人无远虑，必有近忧”。“君子之泽，三世而斩”。纨绔子弟往往在家境破败以后，才知道后悔，才知道“祸败所从来也”。

邓绥在位时的另一鲜明政绩就是厉行节约。如《后汉书》所载：“是时，方国贡献，競求珍丽之物，自后即位，悉令禁绝，岁时但供纸墨而已。”

邓绥身为太后之后，又推行了一系列的节约举措，《后汉书》中记录很多，给予了充分的肯定。

“常以鬼神难征，淫祀无福，乃诏有司，罢诸祠官不合典礼者。

“又诏除建武以来诸犯妖恶及马、窦家属所被禁锢者皆复之为平人。

“减太官、导官、尚方、内者服御珍膳靡丽难成之物。自非供陵庙，不得导择，朝夕一肉饭而已。

“旧太官、汤官经用岁且二万万。太后敕止曰：杀省珍费。自是裁数千万，及郡国所供皆减其过半。

“悉斥卖上林鹰犬。

“其蜀、汉扣器九带佩刀并不复调。

“止画工三十九种。

“又：御府、尚方、织室锦、绣、冰、纨、绮、縠、金、银、珠、玉、犀、象、玳瑁、雕镂玩弄之物皆绝不作。

“离宫、别馆储峙米、糒、薪、炭悉令省之。

“及殇帝崩，太后定策立安帝，犹临朝政。以连年大忧，百姓苦役。殇帝方中秘藏及诸工作事事减约，十分居一。

“诏曰：凡供荐新味，多非其节，或郁养强热，或穿掘萌芽。味无所至而夭折生长。

岂所以顺时育物乎？《传》曰：非其时不食。自今当奉祠陵庙及给御者皆须时乃上。凡所省二十三种。

“自太后临朝，水旱十载，四夷外侵，盗贼内起，每闻人饥，或达旦不寐，而躬自减彻，以救灾厄。故岁还丰穰。”

凡此种种，无不说明邓绥在封建王朝家天下的理念时代，能厉行节约到如此程度，实在是难能可贵。

邓绥为后二十年，临朝执政十六年，难道没有一点点纰漏？有。

她最大的一个纰漏和许多英主所犯的错误一样，就是过分相信自己，而不注重培养接班人。

殇帝在位仅半年就夭折了，乃立十三岁的刘祜为安帝。邓绥仍以皇太后身份摄政。安帝年幼，没有执政经验，邓绥代为执政本无可厚非，但是在安帝成年以后，却迟迟不将权力交出，就与理不合了。安帝没有能力可以培养，没有经验可以扶上马，送一程。如能这样，岂不是皆大欢喜，千载美名扬？

邓绥自以为一心为刘氏天下尽力，事事躬亲，处处着力，终于劳累成疾，一病不起，死时年仅四十一岁。

邓绥一死，安帝刘祜始执掌大权，自是方得以长舒久集心中的闷气。邓氏家族马上就遭殃了，偌大家族很快就被弄得七零八落。后来刘祜自己也觉得太过分了，收了手，邓氏家族才得以苟延残喘。

刘祜之所为与身边有奸佞小人不无关系，但是如果适时移交政权，也不会给奸佞小人以可乘之机。

邓绥不许家族之人以势恃人，却也没料到因为自己的缘故被整得惨不忍睹，如果她地下有知的话，该作何感想。

三 国

母仪天下的弹唱女子

——魏武帝曹操之妻卞夫人

汉末大乱，天下三分。群雄逐鹿之际，一代枭雄曹操脱颖而出。曹操不但以雄才大略、足智多谋著称，他的好色也闻名于世，史载的妻妾就有十几位，分别是丁夫人、卞夫人、刘夫人、环夫人、杜夫人、秦夫人、尹夫人、王昭仪、孙姬、李姬、周姬、刘姬、宋姬、赵姬和陈妾等。谈到曹操众多的姬妾，卞夫人可谓首屈一指。

卞氏，容貌标致，端庄娴雅，青年时在谯地做歌舞艺伎，二十岁时被曹操纳为妾侍；父卞远，母早亡，有一弟名秉；祖父卞广，祖母周氏。

卞氏并非曹操元配。曹操弱冠娶发妻丁氏，因其不能生育，又娶刘氏，生曹家长子曹昂及清河公主。后刘氏夫人早亡，曹操即命丁夫人代为抚养两个孩子，丁夫人亦尽心尽力，特别对曹昂疼爱有加，视如己出。当曹昂随曹操征张绣阵亡时，丁夫人整天以泪洗面，捶胸顿足，痛不欲生，并时常对曹操哭诉，埋怨："把我儿子害死了，你一点儿都不知道要顾惜！"曹操一时恼怒，遂将丁夫人送回娘家，让她自己平静一段时间。此时还是侍妾的卞氏便经常劝解曹操，请他一定要亲自去丁氏娘家把她接回来，操亦顾念旧情。于是一年后（或三个月后），曹操专程来到丁氏娘家，准备把她接回去。丁氏此时正坐在织布机前，依然失魂落魄，对前来探望的曹操不闻不问。曹操抚着丁夫人的背问道："愿意跟我一同乘车回家吗？"丁氏并不作答。曹操虽然觉得十分难堪，但想起卞氏言辞深切的请求，只好捺着性子，多次走到门外又返回来劝慰，丁氏仍旧不加理睬。曹操无奈，在临走之前叹道："难道真的不顾念夫妻情义了吗？"于是告诉丈人不必让丁氏为他守节，可以给她另找一户好人家了。但以曹操此时的势力（已被献帝封为司空），丁氏的父母怎敢让其改嫁，丁氏最终老死家中。曹操对于这位发妻还是有一定情义的，他曾在临死前叹道："我前后所做之事从未有愧于心，可假使死后有灵，见到子休（曹昂），他问到母亲，我该怎样回答他呢？"（这是后话）

曹操从丁氏家中回来之后便将卞氏立为正室。这个卞氏，即魏武帝的卞皇后，也是后来的卞皇太后。卞氏祖籍琅邪开阳（今山东省临沂地区），于汉延熹三年（公元160年）十二月己巳日出生在齐郡白亭。

卞氏可以说是出身卑微，卞家人几代都是做倡优为生。在汉代这个极度重视家世出身的王朝中，卞氏一族显然处于社会地位非常低下的阶层。虽然门第低微，但卞氏却从出生起便显得不同凡响。据说卞氏出生的时候，产房中发出无数道金灿灿的光芒，卞氏的父亲卞敬侯对此惊讶不已，便赶快找卜者问卦，巫师占卜之后大喜道："这是大吉之兆！你这个女儿的前途将不可限量！"但是卞氏在二十岁以前并没有因为这样的预言而立即变得荣耀尊崇起来，她仍然难逃继承家族相传的卑贱职业，成了一名歌舞伎，跟随着世代以卖艺为生的父母四处飘零，最终来到了谯地（今安徽省亳县）。此时正值东汉末年，政局动荡不安，宦官与外戚交替当权，朝令夕改，民不聊生。当时的曹操曾一度被任命为东郡太守，后因受从妹夫宋奇牵连，公元 178 年在任顿丘县令期间被"从坐免官"，称病返回老家谯县，整日闲在家中读书放猎，自娱自乐，以期韬光养晦，等候时机。期间曹操终于遇到在谯地卖艺的卞氏，曹操酷爱音律，卞氏的色艺俱佳，德才兼备，令曹操倾心不已。于是时年二十五岁的曹操将二十岁才色过人的卞氏纳为第三房小妾。

说起来曹操的出身与卞氏一样不算高贵，虽然出生在官宦世家，但他的父亲曹嵩本姓夏侯，后来因曹嵩拜为中常侍大长秋曹腾的养子，于是改姓曹。这一出身使曹操也时常受到他人的鄙视，但英雄莫问出处，他始终不拘于这样的家世，胸怀天下，踌躇满志。这也是曹操能不计较卞氏歌伎出身、将她娶进家门的原因之一。曹操的青年和壮年时期仕途颇多波折，动荡不定，残酷的征战沙场与政治争斗接连不断，而卞氏就一直追随在丈夫身边，照料他的生活，和他患难与共。

东汉中平四年（公元 187 年）前，卞氏暂时离开在洛阳任北部尉的曹操，回到曹操的家乡谯地待产，并在当年冬天以侍妾的身份产下了日后的魏文帝曹丕。公元 189 年卞氏随曹操迁至都城洛阳。当年夏，东汉政局突变，董卓率军开进洛阳，拥立汉献帝，开始挟天子以令诸侯。董卓得势后，不臣之心日益明显，对于年幼的献帝毫不放在眼里，赞拜不名，入朝不趋，剑履上殿，飞扬跋扈，不可一世。第二年，他又派部下鸩杀少帝（弘农王），绞死唐妃，甚至睡在皇帝的御床上，谋朝篡位之意表露无遗。董卓的行为激起了朝野上下的一致不满。

渤海太守袁绍与司徒王允密谋，试图设法除掉董卓，但面对大权在握的董卓一时也无计可施。于是王司徒以庆贺生日为名在家中设宴，召集朝中大臣商议对策。酒过三巡，王允突然掩面痛哭道："眼下董卓专权，看来不久就要亡国了啊。当年高祖刘邦诛秦灭楚，天下一统，谁知今日，我大汉江山就要毁于董贼手中！"群臣听了也纷纷落泪。这时，任骁骑校尉的曹操却突然一边鼓掌大笑，一边高声道："各位大人就算日夜痛哭，还能把董卓哭死吗？"王允见状大怒，怒斥道："国难当头，你为何不思报国，反而大笑？"曹操答道："我只笑满朝文武竟无一人一计能杀董贼！我虽不才，愿取董卓首级悬于朝门之外，以谢天下！"王允顿时肃然起敬道："孟德有何高见？愿闻其详！"曹操说："我近来一直在讨好董卓，为的就是找机会除掉他。听说司徒您有一口七宝刀，不知是否愿意借给在下？待我前去相府刺杀董贼，那么曹操虽死无憾！"王允闻听此计，当即亲自为曹操斟酒，并献出宝刀，曹操慨然受命。

第二天，曹操带着七宝刀来到董卓府上，见董卓正坐在小阁床上，吕布在一旁侍立。董卓询问曹操为何迟来，曹操说道："我的坐骑脚力太弱，因此耽搁了行程。"董卓闻言立即让吕布去为曹操挑选一匹新到的西凉好马，吕布领命而出。这时，董卓因身材胖大，久坐不适，倒身休息，面向床里躺下。曹操见时机难得，当下抽出宝刀就要行刺董卓。谁知董卓从床上的穿衣镜中看到曹操拔刀，便问："曹公要做什么？"此时吕布已经牵着选好的马匹回到小阁外。曹操见势不妙，沉着地双手举刀跪地道："我得到一口宝刀，特意来献给恩相。"董卓接过宝刀，一看大喜，命吕布收起，随即带曹操出阁看马。曹操趁机要求试骑一下。董卓并未起疑，命人备好鞍辔。曹操上马出了相府，向东南一路逃去。

吕布见曹操策马远去，提醒董卓曹操刚才的行动似乎有行刺的嫌疑，董卓这才醒悟。这时董卓的女婿李儒来了，听罢说道："曹操现在一人独居，他的妻小都不在京城。如果现在差人请他，他如果不加怀疑就来，便是真的献刀；如果他托词不来，则肯定是行刺，应当逮捕审讯。"董卓依计行事，派人去传曹操。过了很久差人才回来禀报："曹操根本不曾回过寓所。他对守城门的军卒说丞相差他有紧急公事，已经乘马出东门很久了。"董卓听了大怒，下令全国画影图形，悬赏缉拿曹操。

得知曹操逃离洛阳后，曹氏一家上下大乱。随后不久又传来消息，说曹操已死。曹操留在洛阳的旧部人心惶惶，都想收拾行装离开曹家。这时，二十八岁的卞氏挺身而出，将人们召集起来说道："曹将军是生是死，事关重大！你们怎么可以在主将下落不明的情形下，仅凭几句谣言就要背信弃义？如果这是有人别有用心编造出来的谎言，你们因此而离开曹将军，日后他平安返回，还有什么面目再相见呢？还请诸位三思而行啊！"众人听后都哑口无言，纷纷决定继续留在曹府效力，听从卞氏的差遣。卞氏以自己的沉着冷静和远见卓识为夫君在乱世成功地保留了一支人马，以致半年后董卓火烧洛阳之际，曹氏因当年留下的众多部将得以保全了大部分家眷和财物，而当时曹操正在陈留广招兵士，并于当年十二月起兵讨伐董卓。这件事对曹操日后的事业起到了极大的辅助作用。在混乱动荡的局势下，卞氏以一介女流之身处变不惊，临危不惧，力排众议地为曹操留下了这批老部下，树立了曹操的声威，为他日后的势力大增打下了坚实的基础。安定的后方阵营使曹操毫无后顾之忧地施展他的雄才大略。历史证明了曹操确实是乱世中的一代枭雄，成就了统一北方的大业，而这一切，卞氏夫人在背后所起的巨大作用是绝不能忽视的。

公元216年，曹操被汉献帝封为魏王，公元219年立卞夫人为王后。

作为女人，卞氏夫人虽然妻凭夫贵，但她从来没有想过用自己的想法去干涉夫君。退而言之，尽管曹操也绝不会受妻子的摆布支使，但卞氏谦恭礼让的性情，始终没有因身份地位的荣升而变化，她还是一如既往地辅助丈夫、教育儿女、善待姬妾。

曹操元配丁夫人固执骄傲，早年曾对卞氏恶言相向，常常欺辱卞氏母子。卞氏在扶正后，却不念旧恶，常命人给丁夫人馈赠东西。还趁曹操不在时，把丁氏接回府来，并且仍旧让她坐在上座，自己则在侧座作陪；凡事都以礼相待，一如先前。丁氏羞愧难当，便恳求卞夫人："我是被废之人，怎能这样对我啊！"后曹操一直对丁夫人被废之事心怀愧疚，在丁氏去世时，卞夫人请求曹操让她负责丧葬事宜，隆重地将丁夫人葬在都城许昌的南面。卞夫人除了对丁夫人十分敬重，对其他姬妾和儿女也能友善相待。曹操儿女众多，姬妾中早逝者不少，很多年幼的孩子失去了生母。曹操知道卞夫人一向豁达善良，便将这些孩子都托付她代为抚养。卞夫人对这些孩子的身世、生母毫不介意，竭尽心力地抚养教育，使得曹操颇感安慰；加之卞夫人自己也养育了四个出类拔萃的儿子，难怪曹操不计出身，始终对她另眼相看。

卞夫人一向懂得分寸，对曹操奉行的事情百依百顺。曹操推崇节俭，他的姬妾都不得穿用锦缎绣品，家中的幔帐如有细小的损坏也不更换，缝补一下继续使用，被褥之类只求取暖，从不在意做工。征战而来的奢侈品，也都分给出生入死的功臣们。卞氏也夫唱妇随，自己的衣服不用精美的文绣衣料，不佩戴奢侈的珠玉饰品，居室内的家具不用彩漆绘画，全部素黑一色。

曹操对卞夫人十分宠爱，一次他得到了几副精美的耳环，特意带回王府，让卞夫人首先挑选。卞氏的选择出乎意料——她拿了其中一副中等档次的。曹操很奇怪，问她原因。卞氏从容地回答："如果选最好的那是贪心；如果选最差的则是虚伪；所以我择其中者。"经过卞氏的以身作则，曹魏初创时期，后宫一度朴素节俭成风。

卞夫人虽然处处自律，节俭朴素，对亲人的照顾却仍如常人一般。

卞夫人的弟弟卞秉，早年一直跟随曹操南征北战，可谓军功卓著。但是在曹操主持政事的建安年间，卞秉却官运不佳，许多功劳不如他的将领都被封侯了，他却只当了个兵部司马。卞夫人终于忍不住向曹操提出异议。曹操答道："他是我的小舅子，所以不能封给他太大的官位。"卞夫人明白曹操是想以此来表示自己的公正，也不便再提起给弟弟加官晋爵之事。但是看到弟弟由于官卑职小而生活拮据，卞氏很是于心不忍，说道："既然不能授予和军功相符的官职，就赐给他些财物吧。"曹操坚决不同意，说："你暗地里送给他一些，也就够了，但要我公开赏赐，那可不行！"卞氏一向聪慧过人，看到曹操已然是这种态度，她心里虽然委屈，也不好真的暗地给弟弟送去财物，这件事于是不了了之。因此，直到曹操去世，卞秉的官职都没有再得到晋升，财产也极少，很多战功不及他的人都比他富裕很多。

卞夫人的善良也为人称赞。在她跟随曹操出征的时候，每当遇年迈的老人，卞夫人总是拉着她（他）们的手关切地问长问短，并且慷慨地送给他们很多绢帛衣物，还经常流着眼泪动情地说："可惜我的父母没能活到您这样的年纪啊。"

曹植的好朋友杨修，为了曹植与兄长曹丕争权，常常出些主意。曹操对此早有觉察，曾严令其："不得私交诸儿。"可是杨修仍然一意孤行，最终被杀。卞氏给杨修的母亲袁氏写了一封言辞恳切的信："闻之心肝涂地，惊愕断绝，悼痛酷楚，情不自胜。夫人多容，即见垂恕。故送衣服一笼、文绢百匹、官锦百斤、私所乘香车一乘、牛一头……"除表示哀悼、赠物慰问之外，卞夫人还说了杨修在两个儿子争夺储君之位过程中的种种行迹，如今落此下场，确是咎由自取，来宽慰袁氏，反映了卞氏的宽厚为人及恻隐之心。

多年跟随曹操转战各处，使卞氏也深谙政治之道，她常常以超乎寻常的冷静置身于宫廷斗争之外。曹操自封魏王之后，他的儿子们展开了争夺王储之位的斗争，其中尤其以曹丕与曹植之间的权力争斗最为激烈。而在整个过程中，卞夫人虽然心中有所偏爱，却始终能保持沉默，没有随意发表任何言辞。

最终，曹操在儿子中选定了时任五官中郎将的曹丕做自己的继承人，称魏王太子。

曹丕成为魏王太子，很快有人向卞夫人禀报。

卞夫人淡然地回答："曹丕是长子，理当成为继承人。而我这个做母亲的，能够在教导儿子的时候不出过错就已经足够了。我们母子没有什么特别的功劳，哪有什么值得庆贺的呢?”

曹操听到这样的回答大喜，更加认可卞氏的德行，认为她具有母仪天下的风范，称赞道：“生气的时候能不变仪态，高兴的时候能不失礼节，这真是太难得了！”

建安二一四年七月，魏王曹操颁布诏书：“夫人卞氏，抚养诸子，有母仪之德。今进位王后，太子诸侯陪位，群卿上寿，减国内死罪一等。”

出身卑微的卞氏，终于正式成为万人之上的魏王王后。这一年，她五十八岁。

公元220年曹操卒，十月汉献帝禅位于曹丕（魏文帝），曹丕尊卞王后为皇太后。

曹丕对于母亲一向尊敬有加，凡事都尊重母亲的意见。卞太后非常清楚自己的影响，她极力鼓励曹丕能施政有为，并且一直给他做表率。一次，她最疼爱的小儿子曹植被官吏奏闻犯法，魏文帝曹丕一时不知如何处置，于是差遣卞太后的甥侄卞兰向她汇报了曹植犯罪的原委和众朝臣的议案。卞太后并没有因为自己的亲情而偏袒曹植，为儿子求情，她很冷静地告诉卞兰：“没想到他竟干出这样的事来！你回去禀告文帝，不要因为我而破坏了国家的法律。”事后，卞太后见到曹丕，也自觉地避而不谈曹植的案子。卞后这种大义灭亲的操行也常被后人称道。

当然，自古以来皇室内部权力的纷争都很难分清孰是孰非，《世说新语》中的《文学》记载了“七步诗”的故事，妇孺皆知：曹丕要曹植在七步之内作诗一首，作不出来就要“行大法”。曹植脱口成章：“煮豆持作羹，漉菽以为汁。萁在釜下燃，豆在釜中泣。本是同根生，相煎何太急?”以萁豆相煎，比喻骨肉相残，悲愤交加。这一事件使身为皇帝的曹丕更加嫉恨他，只是顾及母亲卞太后，才放他一条生路。曹丕与曹植同是卞太后的儿子，只是一朝生在帝王家，便已身不由己了。《世说新语》还有记载：“魏武帝崩，文帝悉取武帝宫人自侍。及帝病困，卞后出看疾。太后入户，见直侍并是昔日所爱幸者。太后问：‘何时来邪?’云：‘正伏魄时过。’因不复前而叹曰：‘狗鼠不食汝余，死故应尔！’至山陵，亦竟不临。”讲的是，曹操刚刚去世，他生前的姬妾就被曹丕所收，卞太后发现后，激愤难当，直到死也不再去了。卞太后聪明一世，可谓巾帼英雄，如今垂垂老矣，面对儿子做出忤逆之事，竟束手无策，其时的伤心与感慨可想而知。

公元230年五月卞氏卒，明帝尊为太皇太后，七月，与曹操合葬于邺城西郊高陵。

卞氏的一生可谓富有传奇色彩，从一个普通的女歌伎到为人做妾，到尽心尽力地辅佐丈夫成就大业，到晚年被册封为王后，自己的儿子称帝后又被尊为皇太后，她的一生起伏跌宕，一波三折。遥想当年，让一代枭雄曹孟德一见倾心的弹唱女子，跟随夫君在乱世之中颠沛流离，历经磨砺，终于褪去鄙陋的外衣，放射出高贵美丽的光芒。而对于曹操，卞氏何尝不是慧眼识英雄？在最艰难的岁月里，矢志不渝地相信他、支持他，最终成就了一番惊天动地的大业。一言以蔽之，曹操和卞氏夫人的结合，真可以称得上是天造地设的一对了。

曾是惊鸿照影来

——魏文帝曹丕皇后甄氏

在三国里面，最美丽最传奇的女子应该算是甄氏吧。她是魏文帝曹丕的妻子，明帝曹叡的亲生母亲，冀州中山无极人（今河北省定县），系汉太保甄邯（大儒孔光之婿）之后。甄家世代担任二千石的大官，她的父亲甄逸，官上蔡令。甄氏出生于东汉灵帝光和五年（公元182年）十二月丁酉，是甄家最小的女儿，可以算得上是汉代的名门闺秀了。可是甄氏的闺名却不得而知，《魏书》一一列举了她的三个哥哥四个姐姐（甄豫、甄俨、甄尧、甄姜、甄脱、甄道、甄荣），唯独没有提到她的名字。后世有人以甄宓来称呼她，不过这应该是附会上去的。因为“宓”（“宓”古义同“伏”）是洛水之神的名字，洛神相传是伏羲的女儿。曹植的《洛神赋》让人们把甄氏与同样美丽的洛神联系到一起，她才有了“甄宓”这个名字。

甄氏的出生笼罩着浓重的传奇色彩。她的母亲张氏在怀孕时常常梦见一个仙人，手里拿着玉如意，站在她的身边。后来张氏临产之时，又看到那个仙人进屋来，把一件玉衣盖在自己的身上，这个时候甄氏就呱呱坠地了。不仅如此，著名的相士刘良看了她的面相之后还曾经说：“此女之贵，乃不可言。”甄氏三岁的时候，父亲甄逸就去世了。不过由于甄氏出生于世代书香门第，她从小就受到了良好的教育。八岁时，她们家门外有表演立骑马戏的，几个姐姐都上阁楼观看，唯独她不去，姐姐们问她：“咱们家门外就有表演马戏的，大家都争相去看，你怎么不去呢？”她却反问姐姐说：“这哪里是女子应该看的？”她九岁时就非常喜欢看书写字了，还经常用哥哥的笔墨纸砚，于是哥哥就逗她说：“你一个女孩子应当学习女工，干什么要读书写字呢，难不成你还想做个女学士吗？”可她却机智地反驳了哥哥，说：“古代贤明的人，没有不学习前世成败得失作为借鉴的。不读书，怎么知道这些呢？”她不认为女子就只用学习女工，而不去读书识字，而且还懂得“观今宜鉴古，无古不成今”的道理。在甄氏十多岁的时候，又遇到了汉末乱世，战乱和灾荒不断，大多数人都吃不饱饭，因为甄家比较富有，就趁机收买储存了很多宝物。甄氏觉得这样做并不好，于是就劝母亲张氏说：“当今天下大乱，我们留着这些宝贝不仅没有用，反而会招来祸患，还不如把它们拿出来分给邻里乡亲，广施恩惠。”全家人都觉得她说得很有道理，于是就把粮食等东西拿出来赈济了乡邻。甄氏小小年纪就表现出了非凡的智慧和远见，很有些政治头脑，这是当时很多男子都做不到的。如果她生为男儿，说不准三国的历史上还会多一个逐鹿中原的英雄豪杰。在她十四岁时，二哥甄俨去世了，甄氏非常悲伤。不过她敬重寡嫂，对侄儿也很好。母亲张氏性情严厉，她还屡次劝母亲说：“二哥不幸这么早就去世了，嫂子年纪轻轻就守节，还有一个儿子。我们应该当嫂子是自家人，对待她要像爱护自己的女儿一样，这样才像幸福的一家人呢！”张氏听了女儿的话，竟然流下了眼泪。后来她慢慢地改变了对儿媳妇的态度，还让甄氏和寡媳住在一起，她们好得形影不离，一家人也相处得非常和睦。

其实甄氏不仅系出名门、禀赋过人，而且她的美丽在当时也是有口皆碑、声名远扬的，号称“北有甄氏，南有二乔”，算得上是北方最倾城倾国的女子了。正因为如此，袁绍的二儿子袁熙就娶了甄氏为妻。后来袁熙出镇幽州，甄氏并没有跟着丈夫一起去，而是独自留在邺城侍奉婆婆刘夫人，她孝敬贤惠，婆媳关系非常融洽，因此特别受宠爱。

建安五年（公元200年），官渡之战爆发，曹操大败袁绍。建安九年（公元204年），曹军乘胜追击，又攻破了袁绍的大本营邺城，从此打破了甄氏平静的生活。曹丕对甄氏的美丽早有耳闻，于是不顾曹操的禁令，抢先一步进了袁府。当时甄氏害怕极了，正把头伏在婆婆刘氏的膝上哭。曹丕对刘夫人说：“您不必惊慌失措，让新媳妇把头抬起来。”虽然甄氏蓬头垢面、泪流满面，可依旧掩饰不住沉鱼落雁之姿，反而显得更加楚楚可怜。曹丕惊为天人，一见不能自已。于是他就赶快上前对刘氏打了包票：“我是曹丞相的儿子，愿意保全你们全家，你们就不要再忧虑了。”婆婆刘氏明白曹丕的心思。她对甄氏说这下不用担心自己的性命了。曹操到了袁府后，曹丕就急切地对父亲说：“儿子这一生没有什么别的要求，只要这个人能在我身边，我这辈子也就心满意足了！希望父亲看在我虽成年，但是没有人陪伴的分上，成全了我吧！”甄氏出拜，曹操看到后不禁赞叹道：“真吾儿妇也。”于是同意让曹丕迎娶甄氏为妻。罗贯中的《三国演义》中第三十三回就讲述了这个曹丕乘乱纳甄氏的故事。不过以曹操的家世来说，应该不会随便让一个已经结过婚的女人做儿子明媒正娶的妻子。这其中很大的一部分原因应该是曹氏父子早就听说过甄氏的贤德聪慧吧，而且通过与甄家联姻，还可以取得其家族及有关势力的支持，所以他们这才冲破世俗娶甄氏做了曹家的媳妇。

可是《世说新语·惑溺》曾记载：“曹公之屠邺也，令疾召甄。左右白：‘五官中郎将已将去。’公曰：‘今年破贼，正为奴。’”据说曹操原本是想自己纳甄氏的，甚至认为攻下邺城，也正是为了她，没料到让儿子曹丕抢了先。笔者认为《世说新语》只是小说家之言，曹操一世枭雄，不会真的只是为了甄氏而攻打邺城，但是破城之后，他对甄氏的美丽又早有耳闻，想纳甄氏为妾也不是没有可能的。

据传甄氏入宫后，宫里就常有一条绿蛇出没，但从来也不伤人。每天早晨甄氏梳妆打扮的时候，绿蛇就盘成发髻的形状。于是她就模仿蛇的形状，绾发为髻，每天都有不同的花样，号曰“灵蛇髻”。宫女们觉得很好看，就纷纷效仿，却总是不能像甄氏梳得那么好。甄氏虽然非常受曹丕宠爱，可是她越受宠越是谦逊；她劝勉后宫中受宠的姬妾，还安慰那些不受宠的姬妾。她不仅不嫉妒其他妃子，还常常劝曹丕说：“以前黄帝有那么多子孙，都是因为他有很多妻妾，所以才有这样的福分。”她希望文帝能广求天下的好女子，这样可以为皇室多添一些子嗣。曹丕也觉得甄氏甚是贤惠。其实历代后宫中的明争暗斗都是很激烈的，甄氏能做到这一点真是非常难得，也更能看出她非同一般的心胸。有一次，曹丕因为不再喜欢他的一个妻妾任氏了，就打算把她赶走。可甄氏知道后劝曹丕说：“任氏是名门之后，她的贤德、美貌都是我们赶不上的，为什么要赶她走呢？”曹丕却说：“任氏的脾气比较急躁，而且老是顶撞我，所以我要赶走她。”甄氏哭着再三请求道：“我很受您的宠爱这是尽人皆知的，现在您要赶任氏走，大家一定会说是因为我的缘故。希望您能慎重地重新考虑这件事。”曹丕虽然最后没有听她的，还是赶走了任氏，但是甄氏的贤德让大家都很敬重和钦佩。

甄氏在嫁给曹丕的第二年，就生下曹叡，后来又生了东乡公主。曹叡一出生太祖就非常喜欢他，常常让他陪在自己左右。甄氏也很得曹操及婆婆卞夫人的喜爱。卞夫人身体不太好，甄氏总是细心伺候婆婆。曹操征讨关中时，卞夫人也随军前往，在途中身体不太舒服，甄氏听说后急得寝食难安，昼夜泣涕。后来又听说卞夫人病好了，可她却不相信，说：“夫人在家老毛病犯的时候，恢复总是需要很长时间，这次这么快病就好了？”她还以为是人们在安慰她，反而更加担心了。直到后来她收到卞夫人的回信，说自己的病已经好了，甄氏这才高兴起来。大军回到邺城，甄氏拜见婆婆，心情很复杂，悲喜交加，忍不住流下了眼泪，把周围的人都感动了。卞夫人看到媳妇这样，她也哭了，并对甄氏说：“你以为我上次生病是老毛病犯了吗？我只是有些不舒服，十几天就好了，你看看我现在脸色不是很好吗？”甄氏的真心打动了婆婆，所以卞夫人感叹地说：“她真是一个孝顺的媳妇啊！”几年后曹操东征，曹丕、卞夫人和甄氏的两个儿女都跟着去了，可是甄氏因为有病而留在邺城。一年后他们回来，卞夫人看到甄氏不仅没有憔悴反而脸色很好，就奇怪地问她说：“你和两个孩子分别了那么久，怎么一点儿也不担心憔悴啊？”甄氏笑着答道：“他们跟着婆婆您我还有什么不放心的呢？”

曹丕还是太子时经常宴请一些文人墨客。有一次，酒酣作欢之际，他竟然让甄氏出来拜见大家，大概他也是忍不住想炫耀一下甄氏的美貌吧。众人依照礼仪，都低下头来不敢正视甄氏。唯独大胆的刘桢，不知道是不是因为酒喝多了，居然眼睛一眨不眨地盯着甄氏看。因为事情做得有些过火，曹操知道这件事后很不高兴，盛怒之下要判刘桢的死罪，可后来又觉得他是个不错的人才，杀了实在有些可惜，于是就改罚他去做苦工推碾子。过了几天曹操去看望他，问这碾子的石头怎么样。刘桢一语双关地回答说：“这石头坚贞得很，怎么打磨也改变不了它原本的纹理。”曹操听后哈哈大笑，下令赦免了他并官复原职。让刘桢冒着杀头危险死盯着不放的甄氏，那该是拥有怎样的美丽啊！

因为历史上的这件事，后来蒲松龄的《聊斋志异·甄后》还演绎出一篇甄氏与刘桢来生转世的故事：一个名叫刘仲堪的洛阳书生是刘桢的转世，已经成为洛神的甄氏为了报答他当年因为自己而获罪的痴情，于是下凡与他幽会。

因为甄氏的关系，甄家与曹魏皇室有了密切的联系。曹操最宠爱的儿子曹冲十三岁时就因病死了，曹操非常伤心难过，还担心爱子泉下寂寞，于是便为他选了一位冥妻。这位被选中的早夭少女，据说也是甄家的女儿。明帝曹叡去世后，齐王曹芳即位，甄氏哥哥甄俨的孙女还当上了他的皇后。

不过大家对甄氏的评价也并非都是溢美之词。比如曹丕娶甄氏为妻后，孔融给曹操写了一封信，在信中他写道：“武王伐纣，将妲己赐给了周公。”孔融这样说让曹操很是好奇，还以为是书传所记，于是便问他：“这是哪本书中记载的呀？”可孔融却回答说：“以今天的情况推测，大概那时也应该是这样的吧。”最后孔融因为自己的敢说话，丢了性命。不过甄氏被孔融比作了祸国殃民的妲己，可真是有些冤枉。

也许是她的美丽太夺目了，大家都没有注意到她还是一个才华横溢的女子。其实甄氏不仅美丽贤德，而且她的文学素养也相当高，文采出众，她的文笔也绝不逊于当时赫赫有名的建安七子。留有《甄皇后诗选》。《古诗源》还收录了她所作的《塘上行》。

《塘上行》

蒲生我池中，其叶何离离。
傍能行仁义，莫若妾自知。
众口铄黄金，使君生别离。
念君去我时，独愁常苦悲。
想见君颜色，感结伤心脾。
念君常苦悲，夜夜不能寐。
莫以豪贤故，弃捐素所爱？
莫以鱼肉贱，弃捐葱与薤？
莫以麻枲贱，弃捐菅与蒯？
出亦复何苦，入亦复何愁。
边地多悲风，树木何修修！
从君致独乐，延年寿千秋。

虽然也有人说《塘上行》是曹操所作，但是笔者认为从文章风格来看，幽怨哀伤、细腻温婉，显露出女性多愁善感的心灵状态。而且诗的内容也是写了一个女子被人诬陷，遭到丈夫的抛弃，因为思念丈夫，伤心难过得夜不能寐。这一切都与甄氏的悲惨遭遇暗中相合，所以应该不是魏武帝之作。我宁愿相信《乐府解题》所说的：“诸集录皆言其词文帝甄后所作，叹以谗诉见弃，犹幸得新好，不遗故恶焉。”

“为人莫作妇人身，百年苦乐由他人。”“人生若只如初见，何事西风悲画扇？等闲变却故人心，却道故人心易变。骊山语罢清宵半，夜雨霖铃终不怨。何如薄幸锦衣儿，比翼连枝当日愿。”白居易的这两句诗和纳兰性德的这首词真可以算得上是甄氏悲惨命运的逼真写照。在三国这样的乱世，一个弱女子根本无法决定自己的命运。即使上天给了甄氏令人羡慕的容貌、不俗的才情，而且还有“贵不可及”之相，不过她终究还是没能逃脱色衰失宠的宿命，哀怨悲惨的一生让人欷歔不已。

曹操死后，曹丕南征，把甄氏自己单独留在邺城。甄氏名为太子妃，但是却没有太子妃的待遇。曹丕在和曹植争夺太子之位时，甄氏并没有全力帮助丈夫，不支持他迫害曹植、曹彰等几个弟弟的做法，还劝丈夫要顾念手足兄弟之情，想尽力调和他们兄弟之间的矛盾。但曹丕很不高兴，觉得妻子是胳膊肘往外拐。可见此时甄氏已不得曹丕欢心了。而后来当上皇后的郭贵嫔就一直在为他出谋划策。曹丕建立魏朝后并没有册立甄氏为后，甚至也没有封她任何名号。后来退位的汉献帝（山阳公）又把自己的两个女儿献给了曹丕。郭贵嫔、李贵人、阴贵人也都一并受到了文帝的喜爱和宠幸。而作为正室的甄氏却越来越失意，她从幸福的顶峰突然跌到谷底，心理一下子很难平衡，自然免不了有些许怨言。而且郭贵嫔为了谋夺皇后的宝座，在曹丕面前老是说甄氏的坏话。她甚至还勾结奸臣，在一个木偶上刻上曹丕的生辰八字，偷偷埋在甄氏居住的院子里，诬陷她埋木偶诅咒文帝。曹丕派人核实，果然挖出了那个木偶。于是他一气之下，遣使赐死了甄氏，并把她葬在了邺城。

《魏书·方技传》曾记载：周宣曾经为曹丕解梦。曹丕说："我昨天梦到一股青气从地下冒出来，一直通到天上，这到底预示着什么啊?"周宣回答说："天下应当有贵女子含冤而死。"而这时，曹丕已经派人去赐死甄氏了，听到周宣的话，他有些后悔，于是马上派人去追回诏书。可是一切已经来不及了，等到使者赶到时，甄氏一代英华，早已香销玉殒。

可是其他史书却记载：曹丕和郭贵嫔逼死甄氏后，不仅不按照礼仪安葬她，甚至还"披发覆面，以糠塞口"。甄氏这样一个美丽聪慧、善良贤德的女子，没想到死后还受到如此不公平的待遇，连个凄美的死都没有得到。据说他们这样做是害怕甄氏的冤魂索命，因而采取这样残忍的手段，以起到"辟邪"的作用。

其实邺城真是和甄氏有着剪不断理还乱的缘分，她虽然没有出生在那儿，但是她一生中的绝大部分时间都是在那里度过的。在邺城与袁熙结婚，后来又在邺城遇见曹丕，成了曹丕的妻子，最后还葬在了邺城。

甄氏死后，郭贵嫔终于如愿以偿地做了皇后，不过因为她没有儿子，甄氏的儿子曹叡就交给她抚养。可是关于太子之位曹丕一直没有定下来。有一次，曹叡跟着曹丕到外面狩猎，看到一头母鹿还有一头小鹿。曹丕射死了母鹿，叫曹叡去射小鹿。结果曹叡没有听他的话，并且说："您已经杀了母鹿，我不忍心再杀它的孩子了。"说着他竟哭了起来。曹丕不禁想起了曹叡的生母甄氏，心里觉得很内疚，于是就立曹叡为太子。曹叡因为自己的聪明机敏，不仅没有因为生母的失宠而受冷落，反而当上了太子。

曹丕驾崩后，曹叡即位，他就是历史上的魏明帝。不久，明帝就用皇后的礼仪待遇重新安葬了母亲甄氏，并追封她为文昭皇后（昭者，光明之至，盛久而不昧者也）。三公又启奏明帝说：自古周人的始祖后稷，特意建立宗庙以祭祀他的母亲姜嫄。现在文昭皇后的贤德至化，按照古制、依照周礼，应该为甄氏别立寝庙。曹叡自然很赞成这个提议。据传在刚开始建造宗庙的时候，人们曾经在那里挖出一块玉玺，方一寸九分，上面写着"天子羡思慈亲"几个大字，明帝很有感触，于是就以太牢告庙，诏告天下甄氏的美德。后来他在梦中还见到了母亲，于是按照亲疏高下大封甄氏家族，赏赐金银成千上万，难以计数。曹叡追封甄氏的父亲甄逸，谥号为敬侯，由甄逸的孙子甄像继承了祖父的爵位。甄氏的母亲张氏去世，明帝还在文武百官的陪同下穿着孝服去参加了外祖母的葬礼。太和四年（公元 230 年）十一月，因为甄氏原来的陵墓过于低矮，曹叡就派甄氏的侄儿甄像兼任太尉，持节赶往邺城。十二月，甄氏改葬在朝阳陵，甄像的官职也升为散骑常侍。青龙二年（公元 234 年）春，曹叡又追谥甄氏的哥哥甄俨为安城乡穆侯。同年夏天，吴国攻打扬州。曹叡以甄像为伏波将军，持节监督诸将东征。甄像回来后，又做了射声校尉。青龙三年（公元 235 年）甄像去世，追赠卫将军，改封魏昌县，谥号为贞侯，由他的儿子甄畅继承爵位。后来又封甄畅的弟弟温、韡、艳皆为列侯，封甄俨的妻子刘氏为东乡君，追封甄逸的妻子张氏为安喜君。太和六年（公元 232 年），明帝爱女曹淑去世，追封为平原懿公主。曹叡将她与甄氏去世的重孙黄某合葬，还追封黄某为黄列侯。被封爵封侯的不仅包括甄氏的父母兄弟等直系亲属，还有他们的子女及妻子。其实按照以前的旧例，女子是不能封爵的，更何况是小孩子。曹叡如此大规模地为甄氏封爵，恐怕在中国历史上也是少有的。

其实一开始曹叡并不知道生母含冤而死的惨状，可是纸终究还是包不住火。后来曹叡从庶母李夫人那里听说到这些事，于是就去诘问郭太后，可郭太后却说："是先帝赐你母亲死的，和我有什么关系？何况你作为儿子，干什么要向死去的父亲讨债报仇，还要为了以前的母亲逼死现在的母后呢？"曹叡听到这些话就更生气了，以后凡是郭太后的饮食用度他都故意削减，气得她有口难言，到最后郁郁而死。最后在安葬郭太后时，曹叡虽然表面上按照皇太后的礼仪待遇，实际上同样也令人将她"披发覆面，以糠塞口"，为母亲报了仇。这个心狠手辣的郭太后，死后一如甄氏遭遇的情景，这也应该算是她的报应吧。

曹植的《洛神赋》将甄氏与洛神紧紧联系在一起。据传，洛神是伏羲的女儿，在洛水中溺水而死，死后就成了洛水之神。而曹植笔下的洛神实际上就是自己的嫂子甄氏。官渡之战曹操打败了袁绍，在战乱中，曹植在洛水的神祠偶然遇到藏身在那里的袁绍儿媳甄氏，他惊其艳丽，于是就送给她一匹白马帮助她返回邺城。甄氏也回赠给曹植一块玉佩，以感谢他解救自己于危难之时。他们暗暗相恋了，而甄氏却被迫嫁给了曹植的哥哥曹丕。实际上曹植从一开始深得曹操欢心，到后来渐渐失宠，这和甄氏有很多相似之处。一个失意的曹植，再加上一个失意的甄氏，留给后人很大的想象空间，在中国历史上也留下了一段凄美的爱情传奇。

曹植在自序中写道："黄初三年，余朝京师，还济洛川。古人有言，斯水之神，名曰宓妃。感宋玉对楚王说神女之事，遂作斯赋。"其实在刘宋以前，还没有关于洛神是甄氏的猜测。后来唐代李善为《洛神赋》作了一段注释，说明了《洛神赋》的创作背景，也是最早把洛神与甄氏联系在一起的。李善的注引并没有出处依据，这可能只是由这段自序引发的联想吧。李善说：曹植曾经求甄逸之女甄氏为妻，曹操没有同意，反而将她许配给了曹丕。曹植心中十分不平。后来曹植到京师朝见文帝曹丕，曹丕就把甄氏用过的那个玉缕金带枕给曹植看，曹植看到后很是伤心。这个时候，甄氏已经被赐死了，不过曹丕不久也后悔了。于是他让太子曹叡陪着曹植一起吃饭，后来还把这个枕头赐给了曹植。曹植带着玉缕金带枕返回自己的封地时，经过洛水不禁睹物思人，非常思念甄氏。在梦中恍恍惚惚好像看到了她，她还对曹植说：我本来是想嫁给你的，可是不能如愿。这个枕头是我在家所用，出嫁时也一直带在身边，现在我把它送给你。这个枕头可以代替我一直陪伴着你。我被郭皇后用米糠塞住了嘴，而且也披头散发的，不想让你看到我这副悲惨的模样。话刚说完，她就不见了。曹植当时悲喜交集，于是便写下了这篇震烁千古的《感甄赋》。后来甄氏的儿子魏明帝曹叡见到后，把名字改为《洛神赋》。

不过近年来学者们自《魏志》诸篇纪传中考得甄氏生于汉光和五年（公元 182 年），曹植生于初平三年（公元 192 年），比甄氏整整小了十岁。曹丕纳甄氏为妻时曹植年仅十三岁，很难想象他们叔嫂间会产生感情。不过曹植笔下的洛神应当是有所依据的，洛神的美丽和多情，应该会有甄氏的影子吧。

《洛神赋》中曹植这样描述洛神的美貌：

翩若惊鸿，婉若游龙，荣耀秋菊，华茂春松。仿佛兮若轻云之蔽月，飘飖兮若流风之回雪。远而望之，皎若太阳升朝霞；迫而察之，灼若芙蓉出渌波。秾纤得衷，修短合度。肩若削成，腰如约素。延颈秀项，皓质呈露。芳泽无加，铅华弗御。云髻峨峨，修眉联娟。丹唇外朗，皓齿内鲜。明眸善睐，辅靥承权。瑰姿艳逸，仪静体闲。

从抽象到具体，使人如闻其声，如睹其形，如获其神。这些文字让人禁不住浮想联翩，那该是一种怎样极致的美丽！

西晋

恃宠任性

——晋武帝皇后杨艳

晋武帝杨皇后（公元238—274年），名艳，字琼芝，弘农华阴（今陕西省华阴县东）人。其祖先四代都为三公，是显赫的名门望族。她的父亲杨文宗，曾在曹魏时任通事郎。可惜杨艳的母亲赵氏在生下她后不久就去世了，父亲后来又另外娶了一个老婆。因此杨艳从小就被寄养在她的舅舅赵俊家里。不过舅母是一个心地非常善良的女子，她对小杨艳疼爱备至，甚至用自己的乳汁喂养小杨艳，而请别人来哺育自己的孩子。

杨艳从小就聪明伶俐，知书达理，而且写得一手好字。有一次，好几个相士为她看相，都说她是必当“极贵”的后妃之相。就这样，小杨艳在舅舅、舅母的呵护下渐渐长大了，出落得十分美丽。司马昭听说后，就为自己的长子司马炎聘杨艳为妻。华阴杨氏按门第来说，可以算得上是纯粹的士族高门了。司马昭此举与之前司马师娶东汉名儒蔡邕的外孙女羊氏为妻、司马昭娶曹魏名儒王肃的长女王氏为妻一样，都是司马氏通过联姻来提高自己的声望的方法。

虽然他们是“父母之命，媒妁之言”的包办婚姻，但是杨艳嫁给司马炎后，很受他的宠爱，一共为他生下了三个儿子和三个女儿，也就是毗陵悼王司马轨、晋惠帝司马衷、秦献王司马柬、平阳公主、新丰公主和阳平公主。司马炎“长发委地，姿容甚伟”，杨艳“少聪慧、善书，资质美丽”。他们绝对可以算得上是郎才女貌，遗传基因应该还是很不错的，可是没想到生于魏甘露四年（公元259年）的二儿子司马衷却傻乎乎的。因为他们的长子司马轨刚刚两岁就夭折了，所以这个傻儿子就成了实际上的嫡长子。

由于天生愚钝，司马衷到了七八岁，还大字认识不了几个。虽然司马炎请了很多博学的老师反复耐心地教导他，但他还是一点儿也不开窍。有一次，司马衷去华林园游玩，突然听到一阵蛤蟆的叫声，他就问随从们说：“它们是官蛤蟆还是私蛤蟆啊?”随从们被逗得捧腹哈哈大笑，还胡乱敷衍他说：“在皇宫庭院里叫的，是官蛤蟆；在私家稻田里叫的，就是私蛤蟆喽。”还有一次，司马衷听随从们说起民间遇到了罕见的饥荒，没有粮食吃，饿死了许多老百姓。他觉得很不可思议，于是就问：“那些老百姓怎么那么笨啊？没有粮食吃，为什么不吃肉粥呢?”

泰始元年（公元265年）十二月，司马炎篡魏建晋，是为晋武帝。登基后他册立元配夫人杨艳为皇后。杨艳做了皇后之后，并没有忘记舅氏。她恳求武帝册封她的舅舅赵俊一家，以此来报答他们对自己的养育之恩。晋武帝爱屋及乌立刻就满足了杨艳的要求，甚至连赵俊的哥哥赵虞也授予了官职。

赵虞有一个女儿名叫赵粲，长得也是国色天香、楚楚动人。杨艳经常让赵粲到宫里小住来陪伴自己。这样日久生情，司马炎就渐渐喜欢上了赵粲。可是没想到杨艳却一点儿也不嫉妒，反而劝武帝纳赵粲为贵嫔，并赐号为夫人。其实杨艳是多么聪明的一个人啊，她这样做当然有自己的用意。她知道司马炎做了皇帝，后宫免不了粉黛三千，自己不可能一辈子集三千宠爱于一身，如果迟早会被别人夺了宠，还不如让自己的亲戚进宫承泽，这样她还多了一个帮手。

其实武帝在登基之后就应该册立太子。可是对于立太子一事，武帝却始终都很犹豫。因为他总是担心司马衷天性愚钝，难以担任治理国家的重任。其实司马炎不止有杨艳皇后生的那三个儿子，算起来他一共有二十六个儿子呢，真可以说是儿孙满堂了。而他这些儿子中也并不乏聪慧能干之辈，比如之后“八王之乱”中的三王：楚王司马玮、长沙王司马允、成都王司马颖等。到底是立长子还是另选他人，武帝一直都拿不定主意。

一天晚上，司马炎与皇后杨艳悄悄商议起立太子这件事。武帝把自己犹豫不决的原因说给杨艳听。可杨艳却反驳他说：“衷儿虽然不聪明，但却忠厚纯良，如果能够找人好好教导他，一定会有长进的。而且按照老祖宗‘立嫡以长不以贤’的宗法制度，他都应该是太子。怎么能因此破坏从古到今的规矩呢?”不仅如此，她害怕自己的力量不够，还暗中让赵粲从旁帮忙。于是有一次赵粲趁着武帝观赏歌舞的高兴劲儿劝他说：“衷儿现在年纪还小，毕竟还是个孩子啊！历朝历代有很多贤明的人都是大器晚成的。陛下您大可不必担心衷儿。而且您如果一直拖着不册立太子，对江山社稷的稳定也有不好的影响啊。”司马炎渐渐动心了。再加上还有一层潜在的原因，就是司马炎也是长子，但是他从小就不受父亲的喜爱，最后还是继承了王位。终于司马炎在泰始三年（公元267年）正月，正式下诏册立司马衷为皇太子。

如果说杨艳皇后在立太子一事上已犯了大错，那么她在为傻儿子选太子妃的事情上更是大错特错。这可以算是西晋迅速灭亡的一个不可忽视的原因吧。

泰始七年（公元271年），太子司马衷已经十三岁了，到了该选太子妃的年龄。原来司马炎看中的是太子老师卫瓘家的女儿。无巧不成书，此时正好贾充将被派到西北边疆去抵抗河西的鲜卑人，他不想去。荀勖就为贾充出了个主意，让他把女儿嫁给太子，这样就可以因为太子大婚而留在朝中了。于是贾充的妻子郭槐为了丈夫，而且为了能让女儿以后能当上皇后，不惜血本地给杨艳皇后和她的亲信送了很多的礼物和珠宝。杨艳自然很高兴，于是就极力劝说武帝为司马衷迎娶贾充的女儿贾南风为太子妃。她对司马炎说：“贾南风既有才又有德，她的父亲贾充又曾为司马氏立下了大功，我们应该以德相报。”但是即使如此，司马炎也很不情愿，因为他知道“卫公女有五可，贾公女有五不可”，这五可五不可分别是：卫家的人贤惠，而且生子多，他们家的女儿都身材高挑，皮肤白皙，长相也秀丽端庄；而贾家的人多喜欢妒忌，子孙不繁盛，他们家的女儿长得都很丑，皮肤黑而且身材矮小。可杨艳却反驳说：“听说贾家的女儿很有才德。选太子妃应该重德不重色，这也是前人对我们的训诫啊。如果陛下因为自己对贾家的成见，而错失了一个好媳妇，那该怎么办啊?”司马炎沉默了。杨艳看他有些动心，就又提议说：“陛下，依臣妾看还是征询一下大臣们的意见，看看到底选谁家的女儿好。您看这个办法怎么样?”武帝这才同意了皇后的建议。其实到底谁能赢得大臣们的拥护与推荐，杨艳心里早就有数了。贾充在朝中位高权重，肯定是赞成选择贾南风的人多。武帝后来趁着一次宴会的机会，和大臣们讨论起关于太子妃人选的事。正好中书监荀勖、侍中冯紞等都在座。当时他们正受贾充之托谋划此事，自然在武帝面前极力夸赞贾南风贤淑有才德，如果得以纳入东宫，必能辅佐太子之类的话，把她捧上了天。

武帝也被他们吹得晕乎乎的，觉得既然这么多大臣都认为贾南风好，那她应该也差不到哪儿去，可能是自己的判断出了问题吧（也许是出于别的考虑）。他这才改变了原先的主意，于泰始八年（公元272年）二月，正式册封贾南风为太子妃。

晋武帝因为专宠杨艳皇后，即位后很长时间只选了大文学家左思的妹妹左棻入宫。左棻和她的哥哥一样很有文学才华，是一个才女。晋武帝因为爱慕左棻的文采，便封她为贵嫔。不过左棻的相貌实在很平常，武帝也不免感到有些遗憾。

于是泰始九年（公元273年）七月，司马炎下诏挑选名门淑女以充后宫，开始了大规模的选美。他在选美期间，禁止民间的嫁娶活动，凡是公卿以下的女儿都在候选之列。如果有隐匿不报的一律以大不敬之罪论处。所以当时一些名门大族的女儿，都不梳妆打扮，还故意穿着破衣服来糟蹋自己的容貌。她们害怕被武帝看中，成为宫里没有自由的“金丝雀”。

司马炎还把这个挑选美女的任务交给了杨艳皇后，这让她一下子就感到了危机。杨艳心里虽然很妒忌，不想让其他女子夺了自己的宠，但是她一点儿也没有表现出来。可是在选美的时候，她只是挑选一些身材高挑、皮肤白皙的，而那些美艳的女子反而没有入选。卞藩的女儿卞氏长得非常漂亮，她进来的时候，晋武帝竟然都看呆了。他禁不住用扇子掩住嘴对杨艳说：“这个女子不错。”可是杨艳却说：“卞氏是魏室的姻亲，已经做了三代的皇后了。现在如果选中她，怎么能让她屈以卑位，只是当一个小小的妃子呢？陛下您还是算了吧。”武帝碰了个软钉子，没有办法只好作罢。就这样，司马炎觉得好的，杨艳老是觉得不好。终于他再也忍耐不住了，大发脾气地说：“到底是我选妃子还是你选妃子啊?!”之后他就开始亲自挑选。凡是选中的女子就在她们的胳膊上系上一条暗红色的纱巾作为记号。在这次选美中，镇东大将军胡奋的女儿胡芳入选。武帝特别宠爱她，册立她为贵嫔，待遇仅次于皇后。

其实无论朝廷上下还是百姓平民，大家对司马衷智力低下这件事都是心照不宣，只不过没人敢说出来罢了。不过一些忠诚耿直的大臣还是担心皇位由傻太子司马衷继承后，国家将陷入一发不可收拾的境地。这其中就有老臣卫瓘。他一直想启奏武帝更立太子，可是又苦于没有合适的机会。后来恰巧武帝在宫里的凌云台上宴请朝中的文武百官。酒过三巡，卫瓘就假装喝得酩酊大醉，踉踉跄跄地走到武帝司马炎面前跪下，用手轻轻地抚摩着龙床，嘴里还含含糊糊地反复念叨：“这个座位太可惜了啊!”司马炎当然明白卫瓘的意思，不过他也故意装糊涂地说：“爱卿，你真是喝醉了呀!”从此以后，卫瓘便再也不提废太子这件事了。其实不只卫瓘，侍中和峤也曾比较委婉地劝武帝说：“太子司马衷有淳古之风，而季世多伪，恐怕他不能料理陛下家事。”

司马炎自己心里也不踏实，想要考考太子。于是他就把太子东宫的大小官吏全部招来设宴款待，然后用大信封密封了考题，派人送给太子决断处理，并让使臣就在外面立等回复。想看看在没有他人帮忙的情况下太子处理政务的实际能力。太子妃贾南风一听就急了，知道如果让傻太子自己回答，肯定要砸锅。于是她赶忙找别人代答，那人引经据典，倒是洋洋洒洒地写了好几大篇。贾南风以为大功告成，正待要把答案呈给司马炎之时，宫里有个名叫张泓的小太监制止了他们。他对贾南风说：“太子不喜欢学习是大家都知道的事情。这个答案引用了不少古文典故，艰涩难懂，皇上一看就会知道不是太子自己写的。大怒之下说不准还会追究代笔的人，太子也免不了会受到责罚。”贾南风一听觉得很有道理，于是就对张泓说：“那就劳烦你代为写一份答案吧，如果答好了，日后保证你一辈子荣华富贵享受不尽。”张泓虽然只是个小太监，但他还是有些才华的，不一会儿就写完了。贾南风还让太子自己照葫芦画瓢地抄写了一遍，派一直等候的使臣呈送给武帝。武帝看了，觉得这个答复虽然不是很有文采，但是案件处理得当，条理也还算清晰，太子也不像别人说的那样是个扶不起来的阿斗。于是他龙颜大悦，还得意扬扬地把这份答卷拿给卫瓘看。卫瓘是太子的老师，他自然知道司马衷到底是什么水平，他一看就明白这个不是太子自己所答，可是上面的字迹确实是太子的。他也不好再说什么，只能局促不安地小声回答说：“恭喜陛下，太子果然进益了。”

其实司马衷能够保住皇太子的位子，不仅仰仗了自己的母亲杨艳和太子妃贾南风，而且和他的儿子司马遹也有很大关系。司马遹是才人谢玖所生，和他的白痴父亲完全不同，从小就特别聪明伶俐。武帝很是喜欢这个孙子，经常把他带在身边。在司马遹五岁的时候，有一天夜里，宫中突然失火，火光冲天。司马炎登上城楼观望火势，司马遹看到爷爷站在明亮的地方，就拉着他的衣袖，往黑暗的地方走。武帝很是奇怪，问他怎么了。小司马遹回答说：“晚上宫里突然着火，您不应该站在亮的地方让别人看到您。如果是刺客放的火怎么办？这样很容易有危险的。”年仅五岁的小孩子能有这样的见地，让司马炎大为叹赏。还有一回，司马遹六七岁时，陪着武帝到太牢（古代宫廷的祭祀部门）养猪的地方去视察。他看到很多头猪挤在一起，于是就对武帝说：“这些猪已经长得又肥又壮了，为什么不杀了它们拿来犒赏将士，还留在这里浪费粮食呢？”司马炎觉得很有道理，立即就下令将猪宰杀了分给臣下。从此后，司马炎在文武大臣面前常说司马遹很像自己的祖父司马懿，甚至说这个孙子一定能振兴司马氏的家业。武帝打消了废黜司马衷的念头，在一定程度上是将希望寄托在了这个聪明的皇孙身上。

可惜自古红颜多薄命。也许是武帝广纳后宫，冷落了皇后的缘故吧，杨艳竟然抑郁成疾，从此一病不起。司马炎心急如焚，先后征召了许多名医前来为她诊治，可是还是回天乏术。眼看着自己的病情越来越严重，杨艳开始担心了，她害怕自己死后受宠的胡贵嫔被立为皇后。如果是这样，胡贵嫔不但会危及杨家现在显赫的地位，而且可能也会对傻太子司马衷不利。于是杨艳在弥留之际，枕着晋武帝的腿，含泪请求他说：“臣妾的叔父杨骏有一个女儿，名叫杨芷，小名叫男胤，人长得美丽动人，性格也很温婉贤惠。臣妾现在只有一个愿望，希望她能在我死后代替我侍奉陛下，这样臣妾在九泉之下也会感谢陛下的恩典的！”司马炎只好含泪答应了爱妻的请求。泰始十年（公元274年）杨艳在明光殿含笑闭上了双眼，年仅三十七岁，谥号武元皇后。左贵嫔还为杨艳皇后写了几千字的悼文，字里行间，情深义重。武帝看了以后很是感动，重赏了左棻。

及元杨皇后崩，芬（棻）献诔曰：

惟泰始十年秋七月丙寅，晋元皇后杨氏崩，呜呼哀哉！昔有莘适殷，姜姒归周，宣德中闱，徽音永流。樊卫二姬，匡齐翼楚；马邓两妃，亦毗汉主。峨峨元后，光嫔晋宇。伉俪圣皇，比踪往古。遭命不永，背阳即阴。六宫号咷，四海恸心。嗟余鄙妾，衔恩特深。追慕三良，甘心自沈。何用存思？不忘德音。何用纪述？托辞翰林。乃作诔曰：

赫赫元后，出自有杨。奕世朱轮，耀彼华阳。惟岳降神，显兹祯祥。笃生英媛，休有烈光。含灵握文，异于庶姜。和畅春日，操厉秋霜。疾彼攸遂，敦此义方。率由四教，匪怠匪荒。行周六亲，徽音显扬。显扬伊何？京室是臧。乃娉乃纳，聿嫔圣皇。正位闺阃，惟德是将。鸣珮有节，发言有章。仰观列图，俯览篇籍。顾问女史，咨询竹帛。思媚皇姑，虔恭朝夕。允厘中馈，执事有恪。

于礼斯劳，于敬斯勤。虽曰齐圣，迈德日新。日新伊何，克广弘仁。终温且惠，帝妹是亲。经纬六宫，罔不弥纶。群妾惟仰，譬彼北辰。亦既青阳，鸣鸠告时，躬执桑曲，率导媵姬。修成蚕蔟，分茧理丝。女工是察，祭服是治。祗奉宗庙，永言孝思。于彼六行，靡不蹈之。皇英佐舜，涂山翼禹。惟卫惟樊，二霸是辅。明明我后，异世同矩。亦能有乱，谋及天府。内敷阴教，外毗阳化。绸缪庶正，密勿夙夜。恩从风翔，泽随雨播。中外禔福，遐迩咏歌。

天祚贞吉，克昌克繁。则百斯庆，育圣育贤。教逾妊姒，训迈姜嫄。堂堂太子，惟国之元。济济南阳，为屏为藩。本支菴蔼，四海荫焉。微斯皇妣，孰兹克臻。曰乾盖聪，曰圣允诚。积善之堂，五福所并。宜享高年，匪陨匪倾。如彭之齿，如聃之龄。云胡不造，于兹祸殃。寝疾弥留，寤寐不康。巫咸骋术，和鹊奏方。祈祷无应，尝药无良。形神将离，载昏载荒。奄忽崩殂，湮精灭光。哀哀太子，南阳繁昌。攀援不寐，擗踊摧伤。呜呼哀哉！阖宫号咷，宇内震惊。奔者填衢，赴者塞庭，哀恸雷骇，流泪雨零。歔欷不已，若丧所生。

惟帝与后，契阔在昔。比翼白屋，双飞紫阁。悼后伤后，早即窀穸。言斯既及，涕泗陨落。追惟我后，实聪实哲。通于性命，达于俭节。送终之礼，比素上世。襚无珍宝，唅无明月。潜辉梓宫，永背昭晰。臣妾哀号，同此断绝。庭宇遏密，幽室增阴。空设帏帐，虚置衣衾。人亦有言，神道难寻。悠悠精爽，岂浮岂沈。丰奠日陈，冀魂之临。孰云元后，不闻其音。

乃议景行，景行已溢。乃考龟筮，龟筮袭吉。爰定宅兆，克成玄室。魂之往矣，于以令日。仲秋之晨，启明始出。星陈夙驾，灵舆结驷。其舆伊何？金根玉箱。其驷伊何？二骆双黄。习习容车，朱服丹章。隐隐輀轩，弁绖缌裳。华毂曜野，素盖被原。方相仡仡，旌旐翻翻。挽童引歌，白骥鸣辕。观者夹涂，士女涕涟。千乘万骑，迄彼峻山。峻山峨峨，曾阜重阿。弘高显敞，据洛背河。左瞻皇姑，右睇帝家。推存揆亡，明神所嘉。诸姑姊妹，娣姒以媵御。追送尘轨，号咷衢路。王侯卿士，云会星布。群官庶僚，缟盖无数。咨嗟通夜，东方云曙。百祇奉迎，我后安厝。中外俱临，同哀并慕。涕如连云，泪如湛露。扃闼既闭，窈窈冥冥。有夜无昼，曷用其明。不封不树，山坂同形。

昔后之崩，大火西流。寒往暑过，今亦孟秋。自我衔恤，倏忽一周。衣服将变，痛心若抽。逼彼礼制，惟以增忧。去此素衣，结恋灵丘。有始有终，天地之经。自非三光，谁能不零。存播令德，没图丹青。先哲之志，以此为荣。温温元后，实宣慈焉。抚育群生，恩惠滋焉。遗爱不已，永见思焉。悬名日月，垂万春焉。呜呼庶妾，感四时焉。言思言慕，涕涟洏焉。

在杨艳死后的第二年，也就是咸宁二年（公元276年）十月，武帝依照她的遗嘱，册立杨艳的堂妹杨芷为皇后。不过她们虽然先后都同为晋武帝的皇后，可是杨艳和杨芷这对堂姐妹却命运大相径庭，所以史称“二杨继宠，福极灾生”。

太康二年（公元281年）三月，武帝平定东吴，统一了全国。这时杨艳皇后已去世好几年，司马炎这次再没有了约束，一下子就挑选了孙皓后宫中的美女共五千多人，使自己后宫总人数猛增到了近万人。因为美女太多，武帝还别出心裁地乘着羊车在后宫中自由地游历，羊车停在哪里，武帝就在哪儿过夜。一个聪明的宫女把羊喜欢吃的竹叶插在门前，还把盐水洒在地上，以此来吸引羊车。后来这一举动引得其他宫女都纷纷效仿，竟成了宫中的一大景观。据说当时京都洛阳的竹子和食盐的价格都因此而暴涨。

太熙元年（公元290年）四月，五十五岁的晋武帝司马炎病逝于含章殿。这时已经三十二岁的太子司马衷即位，改元永熙，是为晋惠帝。他同时立贾南风为皇后，尊杨芷皇后为皇太后。

其实司马炎临死前，还是对傻太子司马衷很不放心，命汝南王司马亮与杨骏共同辅佐太子。可是司马炎不会想到，自己把辛苦打下的江山交给了傻太子继承，晋王朝很快便陷入一场深刻的政治危机之中，引发了“八王之乱”，西晋灭亡，刚刚统一的国家从此又陷入了三百多年的分裂割据局面。

附：

武悼皇后杨芷

武悼皇后杨芷（公元258—291年），字季兰，小名男胤，是杨艳皇后的堂妹。因为杨艳的遗嘱，咸宁二年（公元276年）十月，十八岁的杨芷被武帝司马炎继立为皇后。她资质美丽，母仪天下，深得武帝的宠爱。作为皇后，她不仅美映椒房，深得后宫妃子们的敬重，而且还曾“率内外夫人命妇躬桑于西郊”，赢得朝廷内外的一片赞誉。

杨芷皇后只生了渤海殇王司马恢一个孩子，可惜他在很小的时候就夭折了。

杨芷的父亲杨骏，字文长，是华阴的名门望族，世代皆贵显。虽然他“素无美望”，尚书褚契、郭奕也曾上疏晋武帝说：“（杨）骏小器，不可以任社稷之重。”但是武帝不仅不予理睬，反而将他“超居重位”。杨骏依靠皇帝岳父的身份平步青云，官至太尉、太子太傅、车骑将军，还被封为“临晋侯”。武帝末年，他更是权倾朝野，与两个弟弟杨珧、杨济一起“势倾天下”，号称“三杨”。

有一次，武帝司马炎得知太子妃贾南风因为妒忌，残害了一个怀上太子骨肉的宫女。他大发雷霆，决定废掉太子妃。可善良的杨芷却出言相劝，后来她又好心屡次告诫贾妃。

贾南风保住了太子妃的位置，但不知道是杨芷皇后帮了自己，反而怀疑是她向武帝告的密，因而对杨芷十分怨恨。

司马炎病重时，曾任命杨骏为太尉、都督中外诸军、录尚书事。临终时他还诏命汝南王司马亮与杨骏共同辅佐太子司马衷。可是杨骏伪造了诏书，朝中大权实际上就落到了他一个人的手中。太子妃贾南风野心也很大，她想独揽大权，而杨骏就成了她实现目标的一个障碍。于是她就诬陷杨骏谋反作乱。永平元年（公元291年），贾后指使楚王司马玮与东安王司马繇称诏诛杀了杨骏。“诛骏亲党，皆夷三族，死者数千人”，包括杨珧、杨济等五位在京城的杨氏大臣都被诛杀殆尽。杨芷知道父亲的危险境遇后，曾把“救太傅者有赏”几个大字写在锦帛上，绑在箭上射出城外，希望能找到救父亲的人。不料贾后却知道了，反而说杨芷是杨骏的同谋，把她贬为庶人。杨芷为救母亲庞氏，堂堂太后不惜自称小妾，写信给贾后希望她能放过自己的母亲。可是凶残的贾后还是处死了庞氏。后来她又把杨芷禁锢在阴冷的金墉城中，撤走所有的随从，把杨芷活活饿死，终年三十四岁。

十五年后，到晋怀帝永嘉元年（公元307年）的时候，杨芷太后被追复尊号，别立宗庙。东晋成帝咸康七年（公元341年），经朝臣廷议，杨芷一家的冤情才终于被彻底洗清。

才德出众

——晋武帝贵嫔左棻

左贵嫔（？—公元300年），名棻，字兰芝，齐国临淄（今山东省淄博市）人。她自幼丧母，和父亲还有哥哥相依为命。父亲左雍（一说字彦雍）起初只做过低级文书之类的小官，后来因为有才能而升为殿中侍御史。不过即使是这样，他们家还是只算得上是寒门。她的哥哥左思是西晋著名的文学家，他精心构思了十年，终于写成了洛阳纸贵的《三都赋》。可能是受到了父亲和兄长的影响，左棻从小也勤奋好学，长于写作。司马炎听说了左棻的才名，于是就在泰始八年（公元272年）下令将她召入宫中，拜为修仪。泰始十年（公元274年）又晋封她为贵嫔。

可是左棻因为相貌平平，身体又不好，始终得不到晋武帝的宠爱。不过她却因为才德出众而受到了礼遇。司马炎每次到华林园去游玩，就会去左棻那里和她谈论文学。她辞对清华，左右莫不称美。而且凡是有奇特的宝物进贡，司马炎一定会下诏让左棻作赋颂歌咏，她也因此屡获恩赐。晋武帝的女儿万年公主去世时，武帝痛悼不已，曾下诏让左棻为其写诔文。左棻名为贵嫔，可实际上却成了一个宫廷御用文人。

不过就算左棻长得国色天香，可能也很难得到专宠。因为晋武帝后宫的美女实在太多了，他只好乘着羊车四处去转悠，羊车停在哪儿，就在哪里过夜。后来宫女、妃嫔们都用竹枝插户，盐汁洒地来吸引拉车之羊，可见竞争之激烈。

左棻入宫后，左雍也举家搬到了京师洛阳。虽然左思兄妹都住在洛阳，但是左棻却被紧锁在深宫之中，没有机会和亲人相见。只能和哥哥互相赠答诗文，以此来寄托这咫尺天涯的思念之情。左思在妹妹入宫两年之时，曾写下了两首感人肺腑的《悼离赠妹诗》：

其一

郁郁岱青，海渎所经。
阴精神灵，为祥为祯。
峨峨令妹，应期挺生。
如兰之秀，如芝之荣。
总角岐嶷，龆龀夙成。
比德古烈，异世同声。

厥德伊何，塞渊其虑。
厥声伊何，日新其誉。
幽思泉涌，乃诗乃赋。

飞翰云浮，摛藻星布。
光曜邦族，名驰时路。
翼翼群媛，是瞻是慕。

匪惟见慕，善诱善导。
斟酌诸姬，言成典诰。
匪惟辞章，多才多巧。
黼黻文绣，几微要妙。
积德弥高，用心弥奥。
伊我之暗，晞妹之曜。

惟我惟妹，寔惟同生。
早丧先妣，恩百常情。
女子有行，实远父兄。
骨肉之恩，固有归宁。
何悟离拆，隔以天庭。
自我不见，于今二龄。

岂唯二龄，相见未克。
虽同京宇，殊邈异国。
越鸟巢南，胡马仰北。
自然之恋，禽兽罔革。
仰瞻参商，沉忧内塞。
何以抒怀，告情翰墨。

其二

穆穆令妹，有德有言。
才丽汉班，明朗楚樊。
默识若记，下笔成篇。
行显中闺，名播八蕃。

以兰之芳，以膏之明。
永去骨肉，内充紫庭。
至情至念，惟父惟兄。
悲其生离，泣下交颈。

桓山之鸟，四子同巢。
将飞将散，悲鸣忉忉。
惟彼禽鸟，犹有号咷。

况我同生，载忧载劳。

将离将别，置酒中堂。
衔杯不饮，涕洟纵横。
会日何短，隔日何长。
仰瞻曜灵，爱此寸光。

何以为赠，勉以列图。
何以为诫，申以诗书。
去去在近，上下欷歔。
含辞满胸，郁愤不舒。

燕燕之诗，伫立以泣。
送尔涉涂，涕泗交集。
云往雨绝，瞻望弗及。
延伫中衢，愊忆呜咽。

既乖既离，驰情仿佛。
何寝不梦，何行不想。
静言永念，形留神往。
忧思成疚，结在精爽。

其思伊何，发言流泪。
其疚伊何，寤寐惊悸。
咏尔文辞，玩尔手笔。
执书当面，聊以永日。

左棻看到哥哥的诗后，不禁潸然泪下。她也写下一首《感离诗》和一首《离思赋》赠给哥哥，感叹自己远离亲友、幽居深宫的不幸命运，情深而婉，凄楚动人。

感离诗

自我去膝下。倏忽踰再期。
邈邈浸弥远。拜奉将何时。
披省所赐告。寻玩悼离词。

仿佛想容仪。欷歔不自持。
何时当奉面。娱目于书诗。
何以诉辛苦。告情于文辞。

离思赋

生蓬户之侧陋兮，不闲习于文符。不见图画之妙像兮，不闻先哲之典谟。既愚陋而寡识兮，谬忝厕于紫庐。非草苗之所处兮，恒怵惕以忧惧。怀思慕之忉怛兮，兼始终之万虑。嗟隐忧之沈积兮，独郁结而靡诉。意惨愦而无聊兮，思缠绵以增慕。夜耿耿而不寐兮，魂憧憧而至曙。风骚骚而四起兮，霜皑皑而依庭。日晻暧而无光兮，气憭栗以冽清。怀愁戚之多感兮，患涕泪之自零。

昔伯瑜之婉娈兮，每彩衣以娱亲。悼今日之乖隔兮，奄与家为参辰。岂相去之云远兮，曾不盈乎数寻。何宫禁之清切兮，欲瞻睹而莫因。仰行云以歔欷兮，涕流射而沾巾。惟屈原之哀感兮，嗟悲伤于离别。彼城阙之作诗兮，亦以日而喻月。况骨肉之相于兮，永缅邈而两绝。长含哀而抱戚兮，仰苍天而泣血。

乱曰：骨肉至亲，化为他人，永长辞兮。惨怆愁悲，梦想魂归，见所思兮。惊寤号咷，心不自聊，泣涟洏兮。援笔舒情，涕泪增零，诉斯诗兮。

钱钟书先生给了左棻的这首《离思赋》以很高的评价："宫怨诗赋多写待临望幸之怀，如司马相如《长门赋》、唐玄宗江妃《楼东赋》等，其尤著者。左棻不以侍至尊为荣，而以隔'至亲'为恨，可谓有志。"（《管锥篇》第1103页）

左棻曾奉诏为杨艳皇后写过诔文（详见"晋武帝皇后杨艳篇"）咸宁二年（公元276年）武帝纳杨芷为后。左棻受诏作颂，其辞曰：

峨峨华狱，峻极泰清。
巨灵导流，河渎是经。
惟渎之神，惟岳之灵。
钟于杨族，载育盛明。
穆穆我后，应期挺生。
含聪履喆，岐嶷夙成。
如兰之茂，如玉之荣。
越在幼冲，休有令名。
飞声八极，翕习紫庭。
超妊邈姒，比德皇英。
京室是嘉，备礼致娉。
令月吉辰，百僚奉迎。
周生归韩，诗人是咏。
我后戾止，车服晖映，
登位太微，明德日盛。
群黎欣戴，函夏同庆。

翼翼圣皇，睿喆孔纯。
愍兹狂戾，阐惠播仁。
蠲衅涤秽，与时惟新。
沛然洪赦，恩诏遐震。
后之践阼，囹圄虚陈。
万国齐欢，六合同欣。

坤神抃舞，天人载悦。
兴瑞降祥，表精日月。
和气烟煴，三光朗烈。
既获嘉时，寻播甘雪。
玄云晻蔼，灵液霏霏，
既储既积，待阳而晞。
日燕晛沾濡，柔润中畿。
长享丰年，福禄永绥。

除此之外，左棻还作有《啄木诗》等咏物诗。

啄木诗

南山有鸟，自名啄木。饥则啄树，
暮则巢宿。无干于人，唯志所欲。
此盖禽兽，性清者荣，性浊者辱。

明代的钟惺在《名媛诗归》中给了左棻很高的评价："（啄木诗）咏物诗说性情妙矣！却又以明达语与物理印证，唯杜工部诗独擅其美，不知原本实在此。"

永康元年（公元300年），左棻因病凄凉地死去了，终于离开了这个囚禁了她二十八年的皇宫。她一生写了大量的诗赋，据传她有《左九嫔集》共四卷，可惜大都已经散失了。现在只存有诗、赋、颂、赞、诔等二十多篇，大多是应诏咏物之作。

其实像左棻这样"一入侯门深似海"的女子实在是数不胜数，"敲剥天下之骨髓，离散天下之子女，以奉一人之淫乐"的皇帝和封建制度才是她们不幸的真正根源。

一 代 悍 后

——晋惠帝皇后贾南风

贾南风，平阳襄陵（今山西省襄汾县）人，生于三国魏高贵乡公甘露元年（公元256年），卒于晋惠帝永康元年（公元300年），是西晋第二个皇帝晋惠帝的皇后。

贾南风长得身材矮胖，相貌黑丑，史书上形容她“丑而短黑”“短形青黑色，眉后有疵”。然而就是这样一个丑陋的女子，却能在错综复杂的西晋王朝中，运用谋略和政治手腕，有计划、有步骤地将国家的最高权力据为己有，这无疑是个值得后人研究的不一般的女人。

贾南风的父亲贾充，字公闾。西晋初期，历任司空、车骑将军、尚书令、太尉等职，在司马氏篡权夺位、建立晋朝的过程中起了很大作用。而且最为关键的是，当初司马炎被立为太子，很大程度上得力于贾充。所以武帝很是宠信他，称为“晋之元勋”。

其实贾充本来娶的是魏中书令李丰的女儿李氏，她漂亮贤惠，“淑美有方行”。可是因为李丰犯了法，被司马师所杀，家属都因此而流放到边远偏僻的地方，李氏也不例外。后来贾充没有耐得住寂寞，又继娶了城阳太守郭配的女儿郭槐为妻。

算起来贾充一共有四个孩子。前妻李氏生了两个女儿，大的名叫贾荃，后来当上了齐王司马攸的王妃，小的名叫贾浚，也嫁入了名门。后妻郭槐也生了两个女儿，大的就是贾南风，小的名叫贾午，也就是那个有名的“韩寿偷香”故事的女主角。

不过郭槐和李氏可完全不同，简直就是一个天上一个地下。郭槐生性好妒，以至于朝野闻名。贾充很害怕这个老婆。不过可能他也没想到晋武帝司马炎登基后，会颁布诏令大赦天下。李氏因此就从边地回到了洛阳，住在母亲家里。也许是司马炎对李氏的贤淑貌美早有耳闻吧，于是便下诏让贾充夫妻破镜重圆，还特别允许他置李氏、郭槐左右两个夫人，不分妻妾，地位平等。贾充的母亲柳氏，很喜欢原来的这个儿媳，也叮嘱儿子尽快迎回李氏。可是郭槐知道后却坚决不同意，还生气地大吵大闹说：“我才是真正的正室夫人，那个李氏只不过是一个戴罪的奴婢，怎么能和我享受同等的待遇？”贾充可以说是个不折不扣的“妻管严”，他一直就很怕自己的老婆。所以他只好上疏辞谢说自己没有什么大功，“不敢当两夫人盛礼”。司马炎开始还以为是贾充的自我谦虚，哪里知道是他家中的母老虎发威。出于无奈，贾充只好偷偷地将李氏安顿在洛阳的永年里，但却不敢来往。贾荃、贾浚屡次哀求父亲去看望她们的生母，希望李氏能够重新回到贾家，有一次甚至磕头磕得都流血了，可是贾充还是不敢答应。

其实贾南风原本还是有两个兄弟的，可都是因为母亲郭槐近于神经过敏的嫉妒而先后夭折了。贾充的长子贾黎民三岁的时候，乳母抱着孩子在家门口玩耍，正好遇见贾充从外面回来。小孩子见到父亲，高兴地伸着手让他抱，贾充“就而拊之”。没想到郭槐远远地看到，以为贾充和乳母有私情。于是她勃然大怒地从乳母手中抢下孩子，不分青红皂白就把乳母活活打死了。孩子受到了惊吓，不久就生病死了。后来贾充又有了一个儿子。有一次乳母抱着孩子时，贾充疼爱地用手抚摩了一下儿子的小脑袋。郭槐又妒性大发，捕风捉影地怀疑这个乳母也有问题，把她又杀了。小儿子也因为思念乳母而死，贾充从此就再也没有儿子了。这就是历史上“郭女绝嗣”的故事。

贾南风从小生长在这样的家庭，自然受到了潜移默化的影响。她不仅像父亲那样擅长权谋之争，而且还继承了母亲的悍妒。

鲜卑部落酋长秃发树机侵扰边境，烽烟连绵，战火不绝。司马炎根据侍中任恺等人的建议，任命贾充都督秦、凉二州军事，率大军荡平叛乱。贾充不想去离家千里之外的边关，所以迟迟不肯动身，但皇命又难以违抗。正在犹豫之际，亲信荀勖给他出谋划策说：“我有一个既不抗旨，又可以留在京师的万全之策。现在武帝正在为太子司马衷选妃，如果你能把自己的女儿嫁给太子，自然就能留在京师了。”贾充大喜，连忙派人去处理此事。那个郭槐虽然为人吝啬，但是在女儿选太子妃的问题上却很大方，不惜一掷千金，拿出大量钱财珠宝贿赂皇后杨艳。其实她是有自己的目的的，女儿以后当上皇后，自然比李氏的女儿贾荃还要高贵许多。母凭女贵，那个李氏怎么能比得上自己。

其实武帝司马炎本来想立卫瓘的女儿做太子妃，可是架不住朝中亲贾派对贾家女儿的吹捧，加上杨皇后坚持要选贾南风，武帝也只好同意。于是泰始八年（公元 272 年）二月，武帝正式册封贾南风为太子妃。当时贾南风十五岁，比太子大两岁。

不过武帝立贾南风为太子妃，也有着巩固太子地位的考虑。虽然司马炎的弟弟齐王司马攸的能力和威望远远高于自己的傻儿子司马衷。可是武帝在册立太子时，出于私心仍然选择了“不慧”的司马衷。贾充的大女儿贾荃已经当上了司马攸的王妃，武帝担心贾充因为姻亲的关系倒向齐王司马攸一边，将来不利于太子继承皇位和国家的巩固。所以贾南风被立为太子妃，确实有着重要的政治背景。

贾南风被立为太子妃后，郭槐忍不住想去李氏的住处炫耀一下。可是贾充劝阻她说：“夫人何必自苦呢，李氏很有才气，足敌夫人，还是不要去了吧。”可是郭槐早就被乐晕了，哪里听得进去，还是左拥右簇地“盛威仪”而去，俨然有炫耀之意。可是到了李氏的住处，李氏却不慌不忙的只是穿着便服出来迎接。郭槐见她举止端庄，不由得肃然起敬，腿一软竟然向李氏屈膝下拜。李氏也从容答礼，将郭槐引入正厅，谈吐间不卑不亢。郭槐只觉得自惭形秽，勉强坐了一小会儿，就起身告辞了。郭槐回去后想到李氏真是很有才华，果真和贾充说的一样，如果贾充再去看李氏，一定会被她迷住的。面对如此劲敌，郭槐不敢掉以轻心，于是干脆就来个未雨绸缪。每次贾充外出时，郭槐都要派自己的亲信暗中盯他的梢，随时注意他的动向。不仅如此，还要求贾充傍晚的时候必须回家。堂堂权臣，这么受老婆的制约，历史上可是少有的。

贾南风和她的母亲一样，虽然相貌丑陋，但却“妒忌多权诈”。太子害怕她，嫔御很少有进御的。贾南风与司马衷只有几个女儿，并没有生下皇子。不过早在太子司马衷纳太子妃之前，武帝曾经让后宫的才人谢玖到东宫“侍寝”。后来谢才人知道自己怀了孕，好妒的贾南风肯定容不下她，因此就请求返回武帝的后宫，生下了司马遹，也就是后来的愍怀太子。以致过了三四年，司马衷还不知道自己早有了一个儿子。

其实贾南风也曾经历过一场被废的危机。有一次，她听说司马衷偶尔宠幸的一个宫女怀了孕，便手拿画戟，一下子就击中那个宫女的腹部，活生生地把已经成形的胎儿剖了下来，顿时一片血肉模糊，境况惨不忍睹。晋武帝知道了这件事，十分震怒，打算废掉贾妃，把她禁锢在洛阳西北角的金墉城中。可是杨芷皇后却劝武帝说："贾充是西晋的大功臣，我们不能忘了他的功劳。而且贾妃只是年少不懂事，正是爱忌妒的时候，我们不能因为小事而废掉她。"司马炎对这件事也就不了了之了。谁知他们对贾南风的心慈手软，使杨骏、汝南王司马亮、楚王司马玮、老臣卫瓘、太子司马遹都先后死于她的手里。

后来皇后杨芷出于好心地告诫了贾南风几次，让她注意自己的行为举止。可贾南风反而认为是杨芷在武帝面前搬弄是非，因此非但对她没有丝毫的感激之情，反而越来越怨恨杨芷，这也为以后她对杨氏家族的赶尽杀绝埋下了祸根。

贾充虽然与齐王司马攸、太子司马衷都是姻亲，可是他自己还有出于政治上的考虑。齐王饱读经史，在朝中名望很高。与之相比他更倾向于昏聩愚笨的司马衷，这样他就可以掌握更大的权力。因此他和荀勖等人向武帝建议，要齐王前往封国，以免后患。司马炎对弟弟也心存顾忌，于是就同意了他们的提议。齐王司马攸自然不愿意去，心里很是愤懑，以致忧郁成疾。可是武帝仍一个劲儿催他上路，结果他几天之后就在路上吐血而亡。齐王一死，就为傻太子司马衷即位除掉了很大的一个威胁和障碍。

武帝司马炎对太子的执政能力也很怀疑，有一次他把太子东宫的官吏全部请来喝酒聚会，而把考题密封在大信封内，派人送给太子，要求立刻写出答案呈上来。贾南风急得像热锅上的蚂蚁，知道自己的丈夫蠢笨如牛，怎么能应付得了。如果太子的位子保不住了，以后自己还怎么有机会做一人之下、万人之上的国母呢。于是她赶紧找人替太子作答，最后还是给事张泓助了她一臂之力，才终于保住了司马衷的太子地位。

太熙元年（公元 290 年）四月，晋武帝去世，太子司马衷即位，是为晋惠帝。贾南风做了十八年的太子妃，终于被册立为皇后。

司马衷做太子时，侍中和峤曾委婉地对武帝说："太子朴诚，颇有古风，但末世多伪，质朴如太子，恐不能了陛下家事。"贾南风知道后，心里很是记恨。司马衷即位后，有一次贾后藏在屏风后，惠帝照着贾后教他的话问和峤："你常说我不了家事，现在怎么样？"和峤说："臣以前曾对先帝有此言，如臣言无效，便是国家有幸了。"惠帝只能哑口无言了。

《故事琼林》中有这样的结语：郭女绝夫之嗣，此女中之妒者；贾女偷韩寿之香，此女中之淫者。郭女是指郭槐，贾女是指贾午。这母女二人一妒一淫，而贾南风则是两者都兼而有之。

太医程据高大英俊，很得贾后的欢心，他经常利用看病之便出入宫禁与贾后私通，以至于"乱彰内外"。贾后的族兄贾模屡次向贾后谈论避祸就福的道理，贾后反而以为贾模诋毁自己，渐渐就疏远了他，贾模最后忧虑愤怨而死。

据说，当时洛阳城南有一个小吏，长得很英俊，不过家里却很贫寒。可是这位小吏失踪了十几天后，衣着华丽，就像变了一个人。有人问他这些衣服是从哪里来的，他却不肯说实话。恰好贾后有个远房亲戚家里被盗，于是大家都怀疑这个小吏。小吏被抓起来，不得已才老实招供说：我有一天遇到个穿戴不俗的老妇人，她上下打量了我一番，说她家中有人得了重病，算命先生说是到城南找一个青年便可以驱邪，请我帮一下忙，事后必当重金酬谢。我听她说得恳切就答应了。谁知道那个老妇人七拐八拐地把我带到一个偏僻的地方，我们上了一辆四周围有布幔的车，她把我藏在一个盛放衣物的箱子里。大约走了十里。过了六七个门槛，才来到一个地方。我从箱子里一出来就看见许多壮丽精致的楼台殿阁，于是就吃惊地问这是什么地方。老妇人回答说，这里是天上。她带我走进一间华丽的屋子，马上有人过来伺候我沐浴熏香，给我换上华美的衣服，给我吃了许多我见都没有见过的美味佳肴，最后把我带到一间卧室内。只见屋里有一个妇人，三十五六岁的样子，身材矮胖，皮肤青黑，眉间有一颗大痣。临别时，她还送给我许多华丽的衣服和珠宝，不让我告诉他人，说是如果告诉他人必遭天谴。贾后的那个远房亲戚听到小吏的叙述，心里明白这个三十多岁的女人不是别人，正是贾后。参与庭审的尉部官吏也都心领神会，最后只好草草收场。大概贾后常以这种方法载男子入宫，不中意而死者甚多。唯独这个小吏可能是得到了贾后的特别厚爱，才侥幸没有被杀灭口，也算是很幸运了。

蒲松龄的《聊斋志异》里有一个“天宫”的故事，情节几乎就和这个一模一样，贾后应该就是这个故事的原型吧。

贾谧就是那个偷香的韩寿与贾午所生的儿子，原姓韩。因为他的外祖父贾充没有儿子，他才过继给贾家，所以改姓为贾。贾谧机灵漂亮，还很有才气，又是贾南风的亲外甥，自然很得贾后的宠爱，权倾朝野。虽然他骄横奢侈，却“好学，有才思”，喜欢延揽文人。郭彰和石崇、陆机、陆云（陆机的弟弟）、潘岳、挚虞、左思、刘舆、刘琨（刘舆的弟弟）等人，都依附贾谧，号称二十四友。

贾谧与太子年纪相仿，仗着自己的姨妈是皇后，根本不把太子放在眼里。有一次，他在和太子下围棋时，为了争棋路，贾谧竟对太子口出恶语，没有一点儿臣子的谦卑。当时，太子司马遹的叔叔成都王司马颖也在，看见贾谧如此没有尊卑之分，便当面叱责他。贾谧心怀怨恨，很快就入宫向姨妈贾南风告了司马颖一状。贾后自然偏向侄子，立刻下诏派司马颖出镇邺城，将其赶出了京都。

因为司马遹对贾南风颇为畏惧，所以他对贾南风的生母郭槐很好，郭槐生病时，他不分昼夜地亲侍汤药，郭槐颇为感动，屡次劝贾南风要善待太子，临终都不忘交代。郭槐还曾经想把贾午的女儿立为司马遹的太子妃，太子也有此意，但贾午和贾后都不同意。贾后另给太子聘了王衍难看的小女儿，而把王衍漂亮的长女嫁给了贾谧。太子嘴上没说，可是心里却很是怨恨贾后。

晋武帝临死时，曾诏令汝南王司马亮（司马懿之子）与杨骏共同辅政。杨骏别造诏书，独揽了全部政权。孟观、李肇一向自视才高，可杨骏对他们不是视而不见，就是傲慢无礼。孟观、李肇对此很是怨恨。而此时已经当上皇后的贾南风野心不断膨胀，不满杨骏专权。于是她暗中谋划诛杀杨骏，废黜杨太后。

不过贾南风觉得自己毕竟势单力薄，最好的方法是联合诸王。于是她在元康元年（公元291年）三月将这一计谋告知了楚王司马玮，取得了他的合作。楚王司马玮假借朝见天子返回了京师。与此同时，孟观、李肇受命启奏晋惠帝，说杨骏意图谋反。于是惠帝深夜下达诏书，宣布京师全城戒严，命令楚王司马玮会同东安公司马繇率领殿中禁军四百人讨伐杨骏，包围了他的府第。太后杨芷一看大势不好，急忙用丝帛写成书信，绑在箭上射到城外，上面写着："救太傅者有赏。"杨骏仓皇逃到马厩里，可还是没能躲过一劫。孟观、李肇又收捕了杨珧、杨济以及其他杨氏党羽，全部斩首，并诛三族，死者数千人。贾后害怕武帝委任杨骏为顾命大臣的遗诏落入他人手中，予人口实，还特意命李肇等人将杨骏的所有私人信件付之一炬。可怜的杨芷不仅没有救成父亲反而落了个同谋犯的罪名，被废为庶人，幽禁在金墉城里。贾后觉得这样还不够，决定斩草除根杀死杨芷的母亲庞氏。临刑前杨芷抱着庞氏大哭，跪在地上并割下一绺头发，自称为妾，请求贾后饶了自己的母亲，可贾南风的铁石心肠哪里会被打动。处死庞氏后不久，杨芷也被囚禁起来活活饿死，时年三十四岁。贾南风十分迷信，怕杨芷的阴魂到阴间告状，埋葬杨芷时，将她脸朝下放在棺材里，放上镇压鬼神的符书与灵物。当时太后身边还有侍奉她的宫女十多人，贾后把她们全部逮捕，断绝她们的饮食，可怜的宫女们就这样地被活活饿死了。

在这场宫廷政变之中，贾南风有效地把宗室楚王司马玮、孟观和李肇等反对杨骏的力量笼络在自己周围，党同伐异，可以说这是贾后得以取胜的关键。

消灭了杨氏集团后，为了稳定政局，贾南风任用大司马、汝南王司马亮为太宰，与太保卫瓘共同辅政。楚王司马玮因协助贾后"平叛"有功，受封为卫将军，掌握了中央的兵权。可是司马亮认为楚王司马玮性情刚戾，害怕以后难以驾驭，为削弱其权势，力主"遣诸王还藩"。卫瓘也完全赞成此举。这就引起楚王司马玮对汝南王司马亮和卫瓘的极大不满。

同年六月，贾南风又利用了司马亮与司马玮之间的矛盾，精心策划了一场"矫诏使楚王司马玮杀太宰、汝南王司马亮，太保、淄阳公卫瓘"的演出。其实她本来一直就因为卫瓘在晋武帝面前说司马衷不能继大统而心怀怨恨，加上司马亮与卫瓘两位老臣德高望重，自己不得专权，心里早就痒痒地想除掉这两个人。于是她在惠帝面前诽谤卫瓘与司马亮说："太宰太保，欲行伊霍故事。"其实她就是说卫瓘和司马亮两个人预谋要废掉皇帝。她还鼓动惠帝下诏，让司马玮收斩他们。司马玮正想借这个机会公报私仇，于是派遣公孙宏、李肇率兵包围了司马亮的府第，司马亮与其子司马矩一起被杀。与卫瓘有私怨的荣晦跟随清河王司马遐去收捕卫瓘，竟然狠心地将卫瓘及其子孙共九人一起杀害。

这样贾后就借楚王司马玮之手，除去了两个对她很有威胁的人物。不过一日之间，两位老臣相继死于非命，一下子就引起了朝野的震动。张华上奏说："楚王连杀两臣，必是矫诏擅杀，形同谋乱，罪在不赦。"而贾后又顺水推舟，否认惠帝曾经下过诏书，把所有罪责都推到了司马玮的头上。她还让惠帝颁诏说，楚王司马玮假传圣旨，擅杀辅政大臣，"图谋不轨"，罪大恶极，应明正典刑，又收杀了司马玮。司马玮就这样不明不白地当了替罪羊。

至此"八王之乱"的第一幕闭幕，汝南王司马亮和楚王司马玮最先死去。贾南风除掉了劲敌，"专制天下，威服内外"，将国家大权完全掌握在自己手中。不过她除了依靠内侄贾谧、母舅郭彰这些亲党外，为了调和矛盾，她还起用了当时的庶族名士张华，任命他为侍中、中书令，掌管机要。他们"同心辅政"，所以数年之间朝野安静，维持了一个相对稳定的局面。

可政局刚刚稳定，贾南风又把注意力转移到太子司马遹身上。司马遹"幼而聪慧，武帝爱之，恒在左右”。有一次，善观天象的人进奏武帝司马炎说广陵紫气氤氲，是天子之气。武帝疼爱皇孙，便把司马遹封为广陵王，食邑五万户。可惜的是“小时了了，大未必佳”。贾南风一直很忌妒这个不是自己所生的太子，所以暗中派遣身边太监不时怂恿太子说：“殿下应该极意所欲，何必老是受拘束？”司马遹于是经常和随从们在后园游玩享乐。他稍有不如意，随从们就免不了一顿拳打脚踢。不仅如此，他还在东宫开设市集，以每天在那里买卖为乐。不论是什么东西，他用手一提就知道分量多少，竟能做到分毫不差。朝廷每月供给东宫五十万钱，司马遹还常常超支。后来他甚至派人把西园所收获的青菜和自用的米、面、鸡弄到集市上卖掉，收入全部用作自己赏赐左右的开销。当时作为太子洗马的江统曾上疏太子，劝谏他改正过失。太子的老师杜锡也不时谏劝太子，司马遹不耐烦了，竟然让人把大针藏在杜锡的坐垫中，刺得老先生鲜血淋漓。不过随着年龄的增长，太子对贾南风一伙的专横跋扈，也渐渐露出不满之意。

太子的不满自然逃不过贾南风的眼睛。贾南风开始派人四处揭太子的短，“于是朝野咸知贾后有废太子意”。元康九年（公元299年）秋天，贾南风又把妹妹贾午刚刚生下来的男婴抱入宫中，取名慰祖，佯称是自己怀孕所生，同时更加加紧了废黜太子的行动。她提前令潘岳拟好了一份“罪证”，准备找个合适的机会栽赃给太子。

十二月的一天，贾后派人送信给太子，召太子入宫，说是惠帝生病了。太子不知其中有诈，急忙赶到宫中。可是他却没有见到父皇，只有一个宫女。那个宫女拿来三升酒，说是皇上御赐的。司马遹酒量不大，才喝了一半就醉了，说自己不能再喝了。可宫女却说：“天子赐给殿下酒，殿下不肯喝完，难道是怕酒中有毒吗？”司马遹只好硬着头皮把剩下的酒全喝了，喝完后如堕五里雾中，早已分不清南北东西了。贾后一伙人就趁机把事先早就准备好的潘岳拟写的“罪证”拿出来，说是皇上让太子抄写一份公文。司马遹迷迷糊糊地问：“这是什么公文啊？”他们就骗他说：“这是别人代太子起草的祝福皇上龙体安康的祷文，需要太子亲自抄写。”司马遹醉眼迷离，也看不清是什么字，只是照葫芦画瓢地照抄了一遍，还有许多字都没有写完。贾南风将他未写好的字全部补完，呈给了惠帝。那篇要了太子的命的表文里这样写道：“陛下宜自了，不自了，吾当入了之。中宫（贾后）又宜速自了，不自了，吾当手了之。已与谢妃（谢玖）约定同时发难，灭绝后患，立吾儿司马道文为王，蒋氏（太子的妃子）为皇后……”就是说如果惠帝和贾南风不死，司马遹就和其母谢才人约定杀了他们，自己称帝。那个白痴的惠帝不辨真假，马上召集群臣，让黄门令董猛把太子写的这篇表文给大家看。内侍奉贾后之命，还取了一些太子平时写的信笺之类的，令群臣对照笔迹。群臣议论纷纷，不太相信是太子所为，直到太阳快要落山了，还是不能作出决定。贾后害怕事情有变，马上令侍臣草表，废太子为庶人，把太子、蒋氏及太子三个幼小的儿子司马虨、司马臧、司马尚一起软禁在金墉城，并将太子的生母谢玖赐死。胆小的王衍害怕因此株连到自己，急忙上表请求自己的小女儿和司马遹离婚。

贾南风自以为这下可以大权独揽，后顾无忧了，可是没想到形势竟会急转直下。太子司马遹的无罪被废，让原来拥护太子的大臣们极为不满。他们与当时握有军权的赵王司马伦密谋打算废了贾后，复立太子。司马伦也是个颇有心计的人，他采纳了心腹孙秀的计谋，决定使用“反间计”。他先让孙秀告诉贾南风说有人想废贾后，复立太子。贾南风听说后十分害怕，于是司马伦和孙秀就趁机劝她早点儿除掉太子以绝众望。

贾后先让负责看守太子的御史刘振把司马遹转移到一个单独的小院，断绝饮食，想把他活活饿死。可是宫女们却偷偷从墙外面送饭菜给太子，好多天了司马遹还好好的。贾后的亲信孙虑一不做二不休，干脆逼司马遹服毒。司马遹自然不肯，孙虑最后竟然用捣药的铁杵把太子一下子打死了。

后来贾后还装模作样地声称要用藩王的礼仪来埋葬司马遹。那时洛阳城里还盛传着一个童谣："南风烈烈吹黄沙，遥望鲁国郁嵯峨，前至三月灭汝家。"（司马遹的小字叫"沙门"）南风即贾后，黄沙指太子，鲁国是贾谧的封国，这首童谣指的就是贾后、贾谧等残害太子的事。可见朝野上下对贾后害死司马遹的事都是心照不宣。

赵王司马伦见他的反间计成功了，就以为太子报仇为名，联合齐王司马冏（司马攸的儿子）、梁王司马肜（司马懿第八子）发兵入宫。贾后见到齐王司马冏和大批侍卫，惊慌地问道："你们来这里干什么？"齐王答道："我奉诏前来收捕你。"贾后说："诏书应当由我这儿发出，你从哪儿得到的诏令？"她见形势不妙，又远远地向惠帝呼救，可是惠帝根本救不了她。贾后无可奈何地问谁是这次政变的主谋。司马冏回答说："是赵王和梁王。"其实，赵王、梁王在贾后专权期间，百般谄媚逢迎贾家亲党，如同贾氏走狗。贾后只能追悔莫及地叹息着说："系狗的绳子应该系在狗脖子上的，而我却系在了狗尾巴上，今天落到这步田地，也是我自己造成的！"

司马伦把贾后押送到金墉城，又杀了她的亲信董猛、孙虑、程据等人。司马伦自任都督中外诸军事、相国、侍中等职，愚蠢的惠武帝也完全成了他手中的傀儡。最后司马伦还假借惠帝下诏，将泡有金屑的毒酒赐给贾后。恶贯满盈的贾南风终于自食其果，一命呜呼，就死在关押杨芷太后和太子司马遹的金墉城里。同时贾南风的党羽数十人、张华、贾谧等也全部被处死。

贾南风死后，皇后的宝座就空缺出来。而司马衷毕竟还是名义上的皇帝，于是司马伦就派自己的亲信孙秀去为惠帝选择新的皇后。平南将军孙旂与孙秀是同族，他向孙秀推荐了自己的外孙女羊献容。于是羊献容就被册立为晋惠帝的第二任皇后。

赵王司马伦掌握了政权，野心就更大了。他暗中与孙秀谋划篡夺帝位。一些大臣也知道天下将要大乱，关内侯索靖过洛阳宫门，指着铜驼叹息地说："铜驼，铜驼，将要见你在荆棘中了！"第二年（公元 301 年），司马伦干脆废了惠帝并将其软禁起来，自己称起皇帝来。他即位后，就把他的同党，不论文官武将，还是侍从，都封爵授官。那时候，当官的戴的官帽上面都用貂的尾巴做装饰。司马伦封的官实在太多了，官库里的貂尾不够用，只好找些狗尾巴来凑数。所以民间就编了歌谣来讽刺他们，说"貂不足，狗尾续"。

各地的诸侯王听说赵王司马伦做了皇帝的消息后很是不满。出镇许昌的齐王司马冏首先起兵征讨司马伦，后来又得到了成都王司马颖、河间王司马颙的响应。双方的军队在洛阳附近激战了两个多月，结果司马伦只过了四个多月的皇帝瘾就兵败被杀，惠帝复位。

齐王司马冏被任命为大司马都督中外诸军事，入朝辅政，掌握大权。为了阻止司马冏独揽大权，河间王司马颙联合长沙王司马乂又打败并杀死了司马冏。惠帝又任用司马乂为太尉都督中外诸军事。太安二年（公元 303 年），司马颙又和司马颖联合起来进攻司马乂，最后司马乂也战败被杀。

因为这场混战有六个诸侯王参加，即赵王司马伦、齐王司马冏、成都王司马颖、河间王司马颙、长沙王司马乂、东海王司马越。再加上之前已经被杀的汝南王司马亮、楚王司马玮，一共有八个诸侯王，所以历史上就称之为“八王之乱”。

公元305年，东海王司马越将晋惠帝迁回洛阳，又先后杀掉了司马颖和司马颙。至此为止，八王中的七个都死了，只剩下一个东海王司马越。司马衷在这场战乱中，完全是一个傀儡，忽而被废，忽而被立，受尽凌辱。公元306年，司马越觉得惠帝已经没有任何利用价值了，就毒死了晋惠帝，另立豫章王司马炽（司马炎第二十五子）为帝，也就是晋怀帝。“八王之乱”至此结束，可是西晋宗室诸王之间这场旷日持久的混战和自相残杀，从根本上动摇了西晋的统治，打破了元康年间的和平安定局面，“流尸满河，白骨蔽野”，给中原地区的经济造成了严重的破坏，以至于乌桓、鲜卑等族趁机入侵中原。后来匈奴的刘渊攻陷长安，晋愍帝出降。东海王之子司马毗及宗室三十六王，都被石勒杀死。

许多史学家都认为“贾后淫威于宫阙，八王难发于萧墙”是西晋灭亡的罪魁祸首。其实西晋的灭亡和整个统治阶级内部的矛盾也有关。晋武帝司马炎在即位之初就大封司马氏诸王，而且允许他们在自己的封国内设置军队。他的本意是想借此巩固晋室的统治，可后来却适得其反，埋下了“八王之乱”的祸根，从而加速了西晋王朝的灭亡。

当然，贾南风给西晋政治造成的消极影响也是很明显的。不过贾南风在惠帝元康元年（公元291年）至永康元年（公元300年）专执朝政长达十年，“数年之中，朝野宁静”。她虽然任用亲党，不过还重用了庶族名士张华，世家大族裴楷、王戎等，形成了互相制约的权力机制。张华“惧后族之盛”，曾经作《女史箴》宣扬妇德，以讥讽贾南风，贾南风也不以为意。她能对张华不计前嫌委以重任，表现出了她在用人上的气度和远见。所以，邓立勋、李润英编著的《中国历代权谋家》一书中所列的权谋家基本上都是历代帝王身边的男性幕僚，而其中唯一的女性便是贾南风。

两国皇后

——晋惠帝、赵帝皇后羊献容

羊献容（？—公元322年）是中国历史上唯一一个当过两国皇后的女子，泰山南城人，据史料记载她"姿容秀美，有倾城之色"。她的祖父羊瑾，官至尚书右仆射，父亲羊玄之，官至尚书郎。羊献容在贾南风之后被继立为晋惠帝司马衷的皇后，八王之乱中曾被数次废立。洛阳城破后她被刘曜掳获，后刘曜即位为赵帝，她又被立为皇后，内有特宠，外预朝政，死后葬于平陵，谥号献文皇后。

说到羊献容，就不得不追溯一下泰山羊氏的历史。定居泰山的这一支羊姓族人，是羊姓最为荣耀的支系。羊氏至东汉时期，已是"七世两千石、卿、校"的豪门望族。随着西晋王朝的建立，泰山羊氏也如日中天，达到极盛。羊祜、羊诱等人为司马氏代魏立下了汗马功劳。所以西晋建立后，羊氏"宠遇甚厚"。羊祜的祖父是汉末的南阳太守，父亲是曹魏时的上党太守，而羊祜的姐姐嫁给司马懿的儿子司马师（追封为晋景帝）为妻，她就是景献皇太后羊徽瑜。

传说曾经有个善于相墓的人看过羊家祖坟的风水，说他们家的风水非常之好，有帝王之气。羊祜为了表示自己的家族绝对没有异心，竟将祖坟给挖了。那个相士再去看时又说："虽然这一挖把帝王的风水破了，但是仍然可以出折臂三公。"后来羊祜果然位列三公，还因为不慎坠马而摔断了手臂。这都是后人的牵强附会。而羊献容就是羊祜的侄孙女。

永康元年（公元300年）四月，赵王司马伦起兵入宫，杀掉了皇后贾南风。司马伦又让心腹孙秀负责为惠帝择选新皇后的具体事宜。正好羊献容的外祖父平南将军孙旂和孙秀是同族，交情也不错，他趁机就向孙秀推荐了自己的外孙女。同年十一月，羊献容被立为晋惠帝的第二任皇后，成了这个白痴皇帝的续弦妻子。

羊献容入宫以后，她的父亲羊玄之父凭女贵，随即就"拜光禄大夫、特进散骑常侍，更封兴晋侯"，后来又"迁尚书右仆射，加侍中，晋爵为公。"

据说羊献容在被选定为皇后时，忽然发现自己的衣襟中隐隐有火光闪耀。这还被大家认为是"吉兆"。一国皇后，母仪天下，是很多女人都梦寐以求的。然而可以想象这个只有十几岁的美丽少女面对愚蠢懦弱，年过四十的皇帝丈夫会有什么样的感受。不过对于司马衷来说，比起丑陋酷妒的贾南风，羊献容不知要好多少倍，自然对她宠爱有加。可是羊献容没有想到，永宁元年（公元301年）初，司马伦就急不可耐地逼迫司马衷退位，自己当上了皇帝。被封为太上皇的惠帝和羊献容实际上就被囚禁在了金墉城里。

不过司马伦的皇帝宝座还没焐热乎，同年八月，齐王司马冏就联合成都王司马颖、长沙王司马乂共同起兵讨伐他，最后司马伦兵败被杀。大臣们又把惠帝和羊献容从金墉城中接了回来。司马冏入朝辅政，掌握了朝政大权。可是这样其他诸王还是不满意。于是河间王司马颙又联合成都王司马颖和长沙王司马乂讨伐司马冏。司马乂杀死了司马冏，掌握了朝政大权。他还以羊献容是赵王司马伦所立为由，将其废为庶人，迁居在金墉城中。

成都王司马颖和河间王司马颙当然不能眼看着同伙自己当皇帝，于是他们就联合起兵围困了洛阳。而本来与司马乂共事的东海王司马越认为司马乂肯定斗不过他们，于是就派人拿下了司马乂，送给了司马颙的部将张方。张方最后残忍地把司马乂烧死了。

不久右卫将军陈眕率军讨伐成都王司马颖，司马颖仓皇逃往邺城。司马衷下诏大赦天下，羊献容又得以恢复了皇后的地位。

接着，东海王司马越拥奉司马衷御驾亲征司马颖。可是就在他们于邺城激战之时，司马颙的右将军张方趁机带兵进入洛阳，把羊献容再次废为庶人。张方又逼迫司马衷和羊献容前往长安留台。这之后，以尚书仆射荀藩、司隶校尉刘暾为代表的大臣组成了留守朝廷。不久，留守朝廷下诏恢复了羊献容的后位。

永兴二年（公元305年）四月，已经成为中领军兼京兆太守的张方再次将羊献容废为庶人。河间王司马颙还伪造了一份诏书，以皇后羊献容屡次为奸人所立的理由，派尚书田淑立即到留台赐死羊皇后。司隶校尉刘暾与尚书仆射荀藩、河南尹周馥急忙上疏说："羊庶人门户残破，废放空宫，门禁峻密，若绝天地，无缘得与奸人构乱。众无智愚，皆谓不然，刑书猥至，罪不值辜，人心一愤，易致兴动。夫杀一人而天下喜悦者，宗庙社稷之福也。今杀一枯穷之人而令天下伤惨，臣惧凶竖乘间，妄生变故……"表示羊皇后不应该无辜被杀。司马颙很是生气，于是下令派遣吕朗逮捕刘暾。刘暾只得逃到青州，投奔了青州的高密王司马略。羊献容因此才幸免于难。

同年十一月，驻守洛阳的立节将军周权假称自己接到了司马衷的密诏，晋升自己为平西将军，同时复立羊献容为皇后。很快洛阳县令何乔发兵消灭了周权，刚刚被释放出来的羊献容再次被废，又一次莫名其妙地被关进了金墉城。羊献容虽然名义上是惠帝的皇后，可是实际上却空有其名，竟然连一个小小的洛阳县令都敢下令废后。

永兴三年（公元306年）五月，司马越经过一年的时间，终于攻下了长安，司马衷被迎回洛阳，同时下诏迎接羊献容复皇后位。

羊献容知道自己当时是受了刘暾等人的保护后，特意派人送给他一封信，信中写道："全赖刘司隶的保护，我才有今天。"刘暾也因此升为光禄大夫。

光熙元年（公元306年）十一月，晋惠帝司马衷在吃了几块面饼之后暴毙于显阳殿，终年四十八岁。可怜的羊献容做了不到六年的皇后就成了寡妇。人们都传说此事乃是东海王司马越所为，可是因为没有足够的证据，这便成了历史上的疑案。

惠帝死后，羊献容担心如果皇太弟司马炽即位，他们之间是叔嫂关系，自己就不能称太后。于是她派人暗中接前太子清河王司马覃入宫，想立其为帝，但是最后没有成功。怀帝司马炽即位后，追尊自己的生母王氏为皇太后，立妃子梁氏为皇后，并尊羊后为惠帝皇后，让她住在弘训宫里。

可以说，羊献容一当上惠帝的皇后，诸王政权就走马灯似的交替不休，她也被数次废立，而且这都是在不足两年时间内接连发生。一般人可能都不能忍受这样的折磨，可是羊献容却凭着自己的坚韧挺过来了。本来，羊献容真可以算是个苦命的女人，不仅生不逢时，而且嫁也不逢人。但是，正当她觉得“山重水复疑无路”的时候，偏偏又“柳暗花明又一村”了。

在晋宗室诸王内部为争权夺势激战不休的时候，匈奴、羯、鲜卑、氐、羌等少数民族趁势迅速崛起。匈奴人刘渊先称大单于、汉王，后来又于晋永嘉三年（公元309年）称帝。其后，他不断派兵攻打西晋，先后占领了上党、太原、河东、平阳等大郡。刘渊的族子始安王刘曜，随楚王刘聪一起攻打洛阳。永嘉五年（公元311年）五月，洛阳城终于被攻破。刘曜带兵攻入洛阳，羊献容便成了他的俘虏。他并迁晋怀帝司马炽及传国玉玺于平阳，后来怀帝被杀、愍帝出降，公元316年，西晋正式灭亡。

当时没于汉国的西晋皇族数以百计，大多都成了他们的奴隶仆婢。但意想不到的是，身为俘虏的羊献容却被刘曜封为嫡妻王妃还备受宠爱，先后为刘曜生下了三个儿子刘熙、刘袭和刘阐。因为羊献容的聪明才智，刘曜还经常让她参与朝政。公元319年，刘曜自立为帝，改国号为赵，册封羊献容为皇后，立羊献容所生的嫡长子刘熙为太子，而仅立了自己的前妻卜氏为妃。

受尽苦难的羊献容万万没有想到自己竟然会有这样离奇的命运——成为中国历史上唯一一个曾为两国皇后的女人。在一定意义上可以说，西晋的灭亡成全了她的幸福。

刘曜，字永明，是刘渊的族侄。他从小丧父，母亲胡氏带着他投奔刘渊，被刘渊收养。他从小就胆大镇定，史书上说他“幼而聪慧，有奇度”。刘曜八岁那年，跟着刘渊去西山游猎，途中遇到大雨，于是众人都在树下避雨。突然，雷电击中大树，众人都吓得趴在地上，唯独刘曜神色自若，镇定异常。刘渊见此不禁赞叹他道：“此吾家千里驹也！”

刘曜成人之后，身高九尺三寸（相当于现在的两米多），垂手过膝。他天生眉毛就是白的，眼睛里有赤色的光芒，胡须虽然只有百余根，但却有五尺长。刘曜生性豪迈，善属文，工于草书隶书。他不仅文采斐然，还雄武过人，传说一箭就能洞穿一寸厚的铁板，号称“神射”。不仅如此，他好读兵书，甚至过目不忘，刘聪还因此曾说他是曹操一流的人物。还有一个传说，说刘曜避难山中时，一天夜晚，两个童子送来一把宝剑，说是管涔王（一个神仙）赠给皇帝陛下的，话刚说完他们就消失了。

在汾东之役中，刘曜负伤坠马，讨虏将军傅虎要将自己的马匹让给他。在生死关头，他却拒绝接受，反而说：“我已经负了重伤，而你没有事，相比之下你逃出去的可能性更大，我伤得比较重，死在这里正得其所。”傅虎抱着他痛哭说：“傅虎承蒙大王的赏识提拔，常常想着要为您效命。现在机会来了。刘汉政权才刚刚建立，天下可以没有我傅虎，可是不能没有大王您啊！”说完他就强行将刘曜拉上马，驱马渡过汾河，而自己却留下战死在沙场上。

这样的英雄和蠢笨又懦弱的司马衷相比，我想任何人都会选择刘曜。所以有一次刘曜问羊献容说：“我与你的前夫司马衷比怎么样啊？”羊皇后不假思索地回答说：“他怎么能和您相提并论呢！您是开国之主，他却是个亡国之君，连妻子、儿子以及自己的性命都不能保全。我作为他的皇后，却屡屡被臣属折磨羞辱。那个时候我真是生不如死，哪里想得到会有今天！那个时候我以为天下的男人都是这个样子。现在嫁给了您，我才知道这世上还有真正的男子汉大丈夫。”羊献容的这番话，应该是完全出于自己的真心。所以刘曜听了之后也十分感动，从此对她更是倍加宠爱了。

关于羊献容和刘曜还有一个美丽的传奇故事，可能是后人感动于他们的爱情而写的吧。故事里写道：刘曜年轻时曾经在洛阳游历。一次偶然的机会，他见到了尚未出阁的羊献容，一下子就被她的美丽迷住了，一直念念不忘。甚至有人说他攻打西晋的一个重要原因，就是为了得到羊献容。这不禁让人想起李延年的一首诗："北方有佳人，绝世而独立，一顾倾人城，再顾倾人国。"羊献容绝对可以算得上是"倾城倾国"了，得到她的代价，就必须是毁灭她的国家。她和古希腊的美女海伦一样，在成就了一个传奇的同时也掀起了一场战争。

不过公元322年，羊献容因为生第三个儿子刘阐时得了产后风而去世，只做了四年刘曜的皇后，谥号"献文皇后"。爱妻的早逝令刘曜十分悲痛，他亲自精心为她选择了葬地，并倾尽国家几乎所有的财力为她建筑了陵墓，此陵"下锢三泉，上崇百尺，积石为山，增土为阜"。待到陵墓修好之后，刘曜安葬了妻子羊献容，并把这个陵墓命名为显平陵。同时下诏大赦天下，赏赐给老百姓不少东西。可是好景不长，刘曜建立的前赵很快就覆灭了。不过这一切羊献容都不会知道了。

其实羊献容和司马衷也曾经生过一个女儿，可是这位公主闺名不详，只知道在司马衷的女儿里排行第四，初封清河公主。洛阳城被攻破时，她只有十岁左右，混乱中被人掠卖给吴兴一个叫钱温的商人，钱温把她转送给女儿做使唤丫头。不过那位钱小姐人品很恶劣，对下人特别厉害，动不动就大打出手。清河公主不敢泄露自己的身份，一直咬牙坚持，后来终于找到机会逃出钱府，还找到了当地的吴兴太守周礼，向他诉说了自己的遭遇。周礼不敢耽误，立即上报了琅琊王司马睿。当司马睿认出面前这个伤痕累累的小女孩确实就是自己的堂妹之后，顿时勃然大怒，把钱温一家全部斩首示众。后来这位清河公主在东晋建立之后，重新受封为临海公主，最后嫁给了谯国人曹统，平淡地度过了自己的一生。

临海公主墓志铭曰：

长发有祥，瑶台乃构，玄鸟归飞，北音斯奏，聿来徐土，祯符爰授，帝体灵柯，秾华以秀，饰馆东鲁，言归景族，有教公宫，无系车服，既肃簪珥，亦崇汤沐，率礼衡门，降情云屋，彼月斯望，在钓维缗，瞻须配景，望烛齐神，霾华昆岫，灭采上春，慈缠云陛，悲动外姻，郁彼崇芒，睠然城辇，辎翟按辔，龙旒徐转。

羊献容的前半生坎坷多难，可是后来却否极泰来，得到了封建时代很多女人都得不到的真挚的爱情，这应该算得上是不幸中的万幸吧。

东晋

三次垂帘听政

——晋康帝司马岳皇后褚蒜子

褚蒜子（公元323—384年）是东晋康帝司马岳的皇后，河南阳翟（今河南省禹州市）人，她曾经三次临朝听政，挽救了危机四伏的东晋政权。

褚家世代高官厚禄，自东汉以来就是名门望族。褚蒜子的曾祖父褚给在西晋武帝时曾担任安东将军，祖父褚洽曾任武昌太守，父亲褚裒少年老成，颇有盛名，桓彝因此评价他说："季野有皮里春秋。"意思是他凡事都不露声色，从不对事物表态，更不去评价人与事的优劣高低，实际上却心里有数。东晋名相谢安也很推重他，说"裒虽不言，而四时之气亦备矣。"据说，褚裒十五岁的时候，曾经前去拜访晋明帝的小舅子庾亮。庾亮让著名的术士郭璞为他占卜，谁知道郭璞一看卦象却惊呆了，说："这不是人臣的卦象，不过二十年后，我这个卦才能得到验证。"因为褚家门第高贵，再加上褚蒜子的美丽及出色的才华，所以晋成帝司马衍将她许配给了弟弟琅琊王司马岳，褚蒜子从此就成为琅琊王妃。她的父亲褚裒，也因此出任了豫章太守。

咸康八年（公元342年）六月，二十二岁的司马衍病重不起，临终前诏命同胞弟弟琅琊王司马岳继承自己的皇位。于是司马岳登基称帝，是为晋康帝，同时册立褚蒜子为皇后。刚刚十九岁的褚蒜子就这样当上了东晋的皇后。

他们夫妻非常恩爱，褚蒜子还为司马岳生了一个儿子司马聃。可是没想到晋康帝司马岳也很早就去世了，年仅二十三岁。两岁的司马聃继承帝位，是为晋穆帝，年纪轻轻的褚蒜子也由皇后晋升为皇太后。

其实早在丈夫晋康帝司马岳在世的时候，褚蒜子就曾经屡次参与过朝政大事的决断。她的见识和决断令王公大臣们都很佩服。所以后来褚蒜子成为皇太后之后，以司徒蔡谟为首的群臣联名上奏，请求她临朝听政，代小皇帝掌管国家。表文如下：

"嗣皇诞哲岐嶷，继承天统，率土宅心，兆庶蒙赖。陛下体兹坤道，训隆文母。昔涂山光夏，简狄熙殷，实由宣哲，以隆休祚。伏惟陛下德侔二妫，淑美《关雎》，临朝摄政，以宁天下。今社稷危急，兆庶悬命，臣等章惶，一日万机，事运之期，天禄所钟，非复冲虚高让之日。汉和熹、顺烈，并亦临朝，近明穆故事，以为先制。臣等不胜悲怖，谨伏地上请。乞陛下上顺祖宗，下念臣吏，推公弘道，以协天人，则万邦承庆，群黎更生。”

褚蒜子的回答也非常巧妙。她说：

“帝幼冲，当赖群公卿士将顺匡救，以酬先帝礼贤之意，且是旧德世济之美，则莫重之命不坠，祖宗之基有奉，是其所以欲正位于内而已。所奏恳到，形于翰墨，执省未究，以悲以惧。先后允恭谦抑，思顺坤道，所以不距群情，固为国计。岂敢执守冲暗，以违先旨。辄敬从所奏。”

在褚太后答应了垂帘听政之后，何充再次上表要求褚太后的父亲褚裒入京总揽朝政，甚至还要给他加以不臣之礼，让文武百官都来参拜他。二十几年前郭璞的那一卦终于得到验证了。

可是早在褚蒜子当王妃的时候，褚裒就早早地离开了京城，去当豫章太守。在当太守期间，褚裒为官清廉，就连家里厨房中所用的木柴，都让自家的仆人去山上砍。到女儿当皇后的时候，他更拒绝了皇帝女婿给予自己的侍中、尚书官衔，千方百计地离开了京城，出镇半洲。最后褚蒜子给了父亲这样的任命：都督徐州、兖州、青州及扬州二郡军事，兼徐州、兖州二州刺史，卫将军，出镇京口（今江苏省镇江县）。

褚裒虽然身在地方，但他只是为了避嫌，实际上对朝政情况一直都很关心。他还曾向女儿推荐了会稽王司马昱（晋元帝儿子）为扬州刺史，随后又晋级他为抚军大将军。司马昱的入朝辅政，使得何充渐渐失势。后来褚裒还举荐了名士殷浩为扬州刺史、建武将军。

从此，东晋就形成了一个全新的政治局面：司马昱在朝，而顺着长江天险，分别驻扎着上游桓温、下游殷浩，褚裒本人则坐镇江北。几大重臣互相制衡，东晋政局相对稳定了下来，可是这也给东晋的军事渐兴制造了机会。

永和五年（公元 349 年）十二月己酉，褚裒去世了。从此，褚蒜子没了依靠，只能自己独立应对这一切。

其实在褚蒜子数次执掌东晋朝政的过程中，她最大的竞争对手就是桓温。桓温是东晋的名将权臣，出身于豪门世族，后来还娶了南康长公主为妻，成了晋明帝的女婿。他因为征蜀大胜，而被封为征西大将军、开府仪同三司和临贺郡公。他的权力一下子急剧膨胀起来，自然成了褚蒜子的一块心病。所以为了遏制桓温，她根据大臣的推荐，起用了号称“管仲再世”的殷浩北伐。然而这却是一次失败的决策。殷浩的“才具”，其实是东晋士族“清谈”得出的结论，完全是浮夸，所以北伐最终只能以失败告终。

殷浩狼狈班师回朝后，褚蒜子将其撤职为民。于永和十年（公元 354 年）二月，重新起用桓温，让其率领四万精兵再次北伐。桓温旗开得胜，一路北上，一直打到了长安的灞上。西晋故土的百姓们都因此非常欢欣鼓舞。

然而就在桓温犹豫是否进军长安之时，前秦雄主符健却暗中派人将各地的粮食都全部毁掉，使得东晋军队没有粮食可以吃。六月，军粮缺乏的晋军被前秦大败于白鹿原，桓温只得回到襄阳。

虽然这次北伐也没有取得最后的胜利，但是桓温还是得到了奖赏，升为征讨大都督。

永和十一年（公元 355 年）年底，褚蒜子的生母谢夫人病逝。对于外祖母的去世，晋穆帝采用了与外祖父之丧一样的高规格。褚蒜子的父亲褚裒先后娶过三位妻子，除了她的母亲谢夫人，还有早逝的荀夫人、卞夫人。在封谢夫人为寻阳乡君时，朝臣上表要求将荀氏、卞氏也一起追封，褚蒜子却拒绝了。

晋升平元年（公元357年）正月，褚蒜子为十五岁的儿子司马聃举行了冠礼，表示他已经成人了。于是她还政于皇帝，自己退居崇德宫。可是没想到大臣们却都请求褚蒜子继续垂帘听政。所以褚蒜子先后下了两道诏书，来表明自己的心意，诏书曰：

“昔遭不造，帝在幼冲，皇绪之微，眇若赘旒。百辟卿士率遵前朝，劝喻摄政。以社稷之重，先代成义，僶俛敬从，弗遑固守。仰凭七庙之灵，俯仗群后之力，帝加元服，礼成德备，当阳亲览，临御万国。今归事反政，一依旧典。”

“昔以皇帝幼冲，从群后之议，既以暗弱，又频丁极艰，衔恤历祀，沈忧在疚。司徒亲尊德重，训救其弊，王室之不坏，实公是凭。帝既备兹冠礼，而四海未一，五胡叛逆，豺狼当路，费役日兴，百姓困苦。愿诸君子思量远算，戮力一心，辅翼幼主，匡救不逮。未亡人永归别宫，以终余齿。仰惟家国，故以一言托怀。”

然而，褚蒜子还政之后，朝中的重臣们虽然身为男子，却没有褚蒜子精明能干，所以桓温的势力一点点膨胀起来，发展到难以压制的地步，最终导致了桓温、桓玄的叛乱。

其实在很早之前，刘惔就曾经提醒丞相司马昱，说桓温“不可使居形胜之地，其位号常宜抑之”。可是司马昱却没有任何反应，任凭桓温权势日益膨胀。

后来桓温再次进行北伐。这一次北伐他光复了洛阳，还修整了在战乱中毁坏的历代汉晋帝王陵墓。他也因此被加封为郡公，连次子桓济都被封为“临贺县公”。此时，桓温在朝廷和民间的声望，已是无人能及。

升平五年（公元361年）五月，褚蒜子唯一的儿子晋穆帝司马聃忽然得了重病，很快就驾崩了，年仅十九岁。可是早逝的司马聃没有儿子，皇位继承人就成了问题，于是褚蒜子就在司马氏诸王中选择了晋成帝的长子琅琊王司马丕。

于是褚蒜子的“皇太后令”颁布，其文曰：“帝奄不救疾，胤嗣未建。琅邪王丕，中兴正统，明德懋亲。昔在咸康，属当储贰。以年在幼冲，未堪国难，故显宗高让。今义望情地，莫与为比，其以王奉大统。”

因此司马聃的堂兄司马丕就登上了东晋的王位，是为晋哀帝。这个时候，司马丕已经二十一岁了，作为婶母的褚蒜子自然没有垂帘听政的必要。也许是因为感谢婶母对自己的赏识，司马丕称帝后仅仅册封自己的生母周氏为皇太妃，而褚蒜子还是稳稳地坐在皇太后的宝座之上。

可是哀帝司马丕却胆小怯懦，和褚蒜子期望的完全不一样。桓温曾经上疏于司马丕，请求东晋迁都洛阳，让被迫离开故土的北方人都能返回自己家乡。可是司马丕却说：“我们这些南迁的人已经在此生活了几代，早就习以为常，最初迁来的人们很多也埋葬在此。如果离开的话，如今在南方的田宅谁来照管？照管不来又卖给谁？北返的车马也很难齐备，北方虽收复一些地方，但是仍然不安定，不值得为此抛弃南方的安逸生活。”桓温的提议就这样遭到了拒绝。

司马丕不仅不理朝政，还迷信方术金石，只是想着怎么修道炼丹可以长生不老。可能是他的那个丹药出了问题，他不但没有长命百岁，反而很快就一病不起了。无可奈何的大臣们只得再次上表，请求德高望重的褚太后临朝听政。于是褚蒜子就再次主持国政，稳定了政局。

兴宁三年（公元365年）二月，哀帝司马丕病逝，死时年仅二十五岁。哀帝驾崩的第二天，褚蒜子颁下太后诏书："帝遂不救厥疾，艰祸仍臻，遗绪泯然，哀恸切心。琅邪王奕，明德茂亲，属当储嗣，宜奉祖宗，纂承大统。便速正大礼，以宁人神。"她因而迎立了司马丕的同胞弟弟司马奕，是为晋废帝。

此时桓温就开始有了篡位为帝的想法，竟然说出了这样令人瞠目结舌的话："若不能流芳后世，就要遗臭万年！"有一次他路过逆臣王敦的墓地，甚至还连连赞美他说："可人、可人！"

咸安元年（公元371年），在朝野及民间广为流传着一个流言，说是司马奕宫中的田美人和孟美人所生的三位皇子，实际上并非他的儿子。如果让不是皇家血脉的人继承帝位，简直是对先人的大不敬。

同年十一月，桓温亲自率兵回到建康，并以此谣言为由，向朝廷提议废黜司马奕，改立元帝少子、会稽王司马昱为帝，并把以太后名义写好的诏书底稿呈给了褚蒜子。

当时，褚蒜子正在佛堂拜佛，内侍禀报外有急奏。她一看到桓温呈上来的这篇诏书底稿，心里就明白了七八分。褚太后知道桓温手握重兵，权倾朝野，而此时司马奕因为谣言已经丧失了威望，自己又独木难支，阻止也无济于事，弄不好还会引起内乱，后果更为严重，于是她只得无奈地默许了桓温的提议。

在等待褚蒜子回音的时候，桓温还怕她有异议，以至于"悚动流汗，见于颜色"。桓温这样一个久经沙场、蔑视群臣、甚至敢于诽谤皇帝的野心勃勃的阴谋家，却对褚蒜子很是敬畏，可见褚蒜子绝非一般的女流之辈。

桓温战战兢兢地等到了褚蒜子同意的诏书之后，立即召集朝中的文武百官，颁布了这道太后诏令："王室艰难，穆、哀短祚，国嗣不育储宫靡立。琅邪王奕亲则母弟，故以入纂大位。不图德之不建，乃至于斯。昏浊溃乱，动违礼度。有此三孽，莫知谁子。人伦道丧，丑声遐布。既不可以奉守社稷，敬承宗庙，且昏孽并大，便欲建树储籓。诬罔祖宗，颂移皇基，是而可忍，孰不可怀！今废奕为东海王，以王还第，供卫之仪，皆如汉朝昌邑故事。但未亡人（即褚蒜子）不幸，罹此百忧，感念存没，心焉如割。社稷大计，义不获已。临纸悲塞，如何可言。"

于是司马奕被废为东海王，过了一年又降为海西公。

三十岁的司马奕戴着白色的便帽，穿着单衣，走下了西堂，乘着牛车凄然地出了神兽门。群臣自发为司马奕送行，大家都为此欷歔流泪。可是慑于桓温的势力，谁都不敢多说一句话。

司马昱继承了王位，是为东晋简文帝，他是晋元帝司马睿的小儿子，即位时已经五十多岁了。褚蒜子被尊为崇德太后，移居崇德宫。司马昱只是名义上的皇帝，国家大事的决定权实际上还是掌握在桓温手里。不过即使是这样的皇帝他也没当长，第二年的六月，他就一命归西了。于是年少的皇太子司马曜即位，是为孝武帝。简文帝病重的时候，曾立下遗诏说"大司马桓温依周公居摄故事""少子可辅者辅之，如不可，君自取之"。实际上这无异于给了桓温篡位的借口。侍中王坦之等人极力谏止，最后简文帝还是修改了这份遗诏，说“家国事一禀大司马，如诸葛武侯、王丞相故事”。

桓温没想到司马昱竟然这样对待自己，于是就怒气冲冲地带着大队人马日夜兼程地赶回了建康。大家一看桓温来势汹汹的架势，都有些惊慌失措。谢安和王坦之率领文武百官去郊外迎接桓温。只见桓温和他的那些武士脸上都杀气腾腾，其他人早都吓得不行了，只有谢安还是镇定自若、从容不迫。桓温不由得也对他肃然起敬。大家都就座后，谢安又平静地说了一句语惊四座的话：“明公因何壁后藏人？”桓温没想到谢安看透了自己的把戏，只得局促地托词说：“我恐怕会发生什么突发事件，不得不这样以防万一。”随后他立刻命令撤走了帐后的所有武士。

第二天桓温入朝觐见孝武帝，看到谢安之后他心里不禁有些发毛，只是说了一些无关痛痒的小事就匆匆告退了。不久桓温便回到自己的镇地，很快就去世了。他在弥留之际曾留下遗嘱让弟弟桓冲统率自己的军队。这样桓冲就接替哥哥掌握了重权，大臣们都担心他会成为第二个桓温。于是谢安率领百官上表，请求褚蒜子再次临朝听政。表曰：

“王室多故，祸艰仍臻，国忧始周，复丧元辅，天下惘然，若无攸济。主上虽圣资奇茂，固天诞纵。而春秋尚富，如在谅闇，蒸蒸之思，未遑庶事。伏惟陛下德应坤厚，宣慈圣善，遭家多艰，临朝亲览。光大之美，化洽在昔，讴歌流咏，播溢无外。虽有莘熙殷，妊姒隆周，未足以喻，是以五谋克从，人鬼同心，仰望来苏，悬心日月。夫随时之义，《周易》所尚，宁固社稷，大人之任。伏愿陛下抚综万机，厘和政道，以慰祖宗，以安兆庶。不胜忧国喁喁至诚。”

褚蒜子在权衡利弊之后作了这样的批复：

“王室不幸，仍有艰屯。览省启事，感增悲叹。内外诸君并以主上春秋冲富，加蒸蒸之慕，未能亲览，号令宜有所由。苟可安社稷，利天下，亦岂有所执，辄敬从所启。但暗昧之阙，望尽弼谐之道。”于是已经五十岁的褚蒜子再次垂帘，开始了她的第三次也是最后一次临朝听政。国中大事，均以“皇太后诏令”的形式颁布施行。在著名的“淝水之战”中，只有八万兵力的东晋在褚蒜子和谢安的筹划和指挥下，大败前秦苻坚的百万之师，终于保住了东晋的半壁江山。

后来，桓冲履行了自己的承诺，把爵位传给了哥哥的小儿子桓玄。褚蒜子和谢安趁着桓玄年幼（年仅七岁）的机会，逐步削减了桓温六个儿子的权力。到这个时候，东晋的政局才算基本稳定下来。

宁康三年（公元375年）八月，褚蒜子为孝武帝司马曜举行了婚礼。太元元年（公元376年）正月，褚蒜子又为他举行了冠礼，然后把政权还给了司马曜，颁布了她的最后一道皇太后诏令：“皇帝婚冠礼备，遐迩宅心，宜当阳亲览，缉熙惟始。今归政事，率由旧典。”褚蒜子的临朝听政生涯正式宣告结束。她从此深居在显阳殿中，不再过问世事。

太元九年（公元384年）六月，褚蒜子在显阳殿中病逝，终年六十一岁，与晋康帝司马岳合葬于崇平陵。她一生一共经历了康帝司马岳、穆帝司马聃、哀帝司马丕、废帝司马奕、简文帝司马昱、孝武帝司马曜六代皇帝，先后三次垂帘听政，任用了谢安等贤臣，凭着自己出色的政治才华，挽救了危机四伏、动荡不堪的政局，帮助东晋王朝渡过了一次又一次的危机，堪称一代杰出的女政治家。

南北朝

暴君的爱妃

——南朝齐废帝贵妃潘玉儿

潘玉儿（？—公元501年），她是南朝齐废帝东昏侯萧宝卷（公元483—501年）的贵妃，也是中国历史上著名的小脚美女。萧宝卷十五岁登基，潘玉儿因为貌美而被选入后宫，晋封为贵妃。可是她和萧宝卷只做了四年的夫妻，南朝齐就灭亡了。

萧宝卷是齐明帝萧鸾的皇太子，也是历史上有名的昏君。他十五岁即位后，狎昵群小，荒嬉无度，经常出去游山玩水。不过他有一个怪毛病，就是只要是他要经过的地方，提前都要把周围的居民全部赶走，所有人都必须回避，违者格杀勿论。大家都很害怕这个昏君，所以从宫门口到郊外，方圆数百里，几乎都没有人烟。有一次，萧宝卷到沈公城游玩，老百姓听说后全都携家带口地逃走了。可是有一个妇女因为马上就要生孩子了，所以不得已还留在城中。萧宝卷发现了这个可怜的女人，他不仅没有一点儿同情之心，反而突发奇想地下令把她的肚子剖开，说是自己要看看她到底会生个男孩还是女孩。

还有一次在定林寺，有个老僧人因病不能走路，自然也就不能逃走，只好藏在茂密的草丛中，希望能逃此一劫，没想到最后还是被萧宝卷发现了。萧宝卷就命令左右侍卫放箭去射那个僧人，一时间万箭俱发，把那个僧人射得像刺猬一样。萧宝卷不仅指挥别人，还亲自射了好几箭，其中一箭一下子就射穿了僧人的脑袋，其境况真是惨不忍睹。想来那个怀孕的妇女和老僧人又有什么过错，在这个昏君手中竟然遭到如此残害。

萧宝卷还设置了射雉场一共近三百处。他每次去射雉，一定会先让尉司击鼓。鼓声一响，当役的那些人，必须立刻就跑，稍微慢一点儿的就会中箭。而且他还喜欢在夜里三四更出宫，鼓声四起，火光冲天，百姓吓得只有赶快逃命，而萧宝卷却很自鸣得意。

萧宝卷的臂力过人，能拉开一张非常重的弓箭，还爱玩一种“担幢”的游戏。“担幢”就是把一个七丈五尺高的白虎幢交替顶在左右臂上。这个应该就类似于老北京天桥上卖艺的那些杂耍艺人做的幡表演吧。不仅如此，他还能在牙齿上驾运高达七丈五尺的白虎幢。后来觉得不过瘾，他竟然又把那个重达几十斤的白虎幢放到牙齿上颠着玩，因此也折断了好几颗牙齿，但他还是乐此不疲。

这样荒淫的皇帝，自然少不了六宫粉黛，佳丽成群。不过很难想象如此的一个昏君，竟然对一个女子很是痴情，对她的好甚至还远远超过了皇后，那就是贵妃潘玉儿。

据传，萧宝卷出生后不久，母亲黄贵嫔就死了，是由奶妈抚养长大的。这位奶妈就是潘玉儿的母亲。萧宝卷即位后，听说奶妈有一个貌美如花的女儿，名叫潘玉儿，于是就把她召进宫中，封为贵妃。

萧宝卷为了能够得到美人的欢心，花费千万也在所不惜。潘玉儿的衣服全部都镶嵌着奇珍异宝，住的屋子里也全是金银的器皿。内库所储存的金银不够用，萧宝卷就向民间收买。一时间民间的金银宝物，价格一下子就翻了好几倍。潘玉儿的一个琥珀钏，竟然价值一百七十多万。

据说几百年后，唐代的一位公主很喜欢戴一支九玉钗，那支钗上刻了九条鸾凤，五彩缤纷，很是漂亮。有一天，这位公主偶然发现钗上原来还刻有两个字：玉儿。因此，大家都认为这就是萧宝卷宠妃潘玉儿的爱物。

潘玉儿受到如此的专房之宠，除了她的容貌美丽之外，还有一个重要的原因，那就是她有一双美丽的脚，小巧玲珑，不盈一握，据说只有三寸大。

其实早在《诗经》中就有“美目扬兮，巧趋跄兮”的诗句，把女性的美丽眼睛和纤纤玉足相提并论，看成是美丽的象征。曹植的《洛神赋》中还有“凌波微步，罗袜生尘”的名句流传千古。这些诗句都赞叹了女性玉足的美丽。

萧宝卷整天都不思政事，只是想着怎么才能讨贵妃潘玉儿的欢心。

永元二年（公元500年）八月的一天，宫中着了大火。正好当时萧宝卷和贵妃潘玉儿出去游玩还没有回宫。因为没有萧宝卷的命令，宫里的人都不敢擅自去救火。后来等萧宝卷听说火势赶回来时，三千宫室早就全部化为灰烬了。他不仅一点儿也不觉得可惜，反而认为先帝留下的宫室，自己不喜欢，烧了更好。

当时宫中的嬖幸，皆称之为鬼，有个叫赵鬼的能读《西京赋》。他向萧宝卷进言说：“柏梁既灾，建章是营。”于是，萧宝卷开始大兴土木，让全国的能工巧匠彻夜修建芳华、芳德、仙华、含德、清曜、安寿等宫室，又专门为潘玉儿建造了三座华丽巍峨的宫殿，也就是神仙宫、永寿宫、玉寿殿，宫殿中“皆匝饰以金壁”，尤为华丽。其中玉寿殿用麝香涂墙，还做了飞仙帐，锦幔四面都绣着美丽的花纹，窗间全部画着栩栩如生的神仙，真是穷奢极欲至极了。除此之外，他还把阅武场改种上了花草杨柳，变成了自己的御花园，名为“芳乐苑”。苑中的山石，全部都涂上五颜六色的油彩。如果他听说哪个老百姓家里有什么珍稀的花木美石，一概都毁墙撤屋，移到自己的御花园里。他甚至连寺庙里的宝物也不放过。他还在御花园的池水边修筑亭台楼阁，叠石成楼，在山壁间筑房，工巧绝伦。

不仅如此，他还仿照鹿女步迹生莲花的故事，竟然把宫殿的地面全部铺上黄金，雕琢成一朵朵莲花的样子，因此耗费了大量的黄金，把国库里的钱基本上都花光了。潘玉儿赤裸着脚踝轻盈地在上面翩翩起舞，萧宝卷恍惚间仿佛看到了一个风姿绰约的仙女，因而大发感叹：“仙子下凡，步步生莲。”从此以后三寸金莲之名不胫而走。虽然不是从此古代的妇女就开始缠足，但是这可能也间接导致了这个结果。

南唐后主李煜也许是因为倾慕潘玉儿的风姿，也想让自己的妃子效仿吧。他竟然专门制作了高达六尺的金色莲花，四周用华丽的珠宝璎珞等装饰，让窅娘用锦帛缠足，穿上素袜在这个莲花台上翩翩起舞。

萧宝卷在潘玉儿面前，不再是大家眼中的万圣之尊，仿佛就变了一个人。他还时常以奴仆自称，心甘情愿地为潘玉儿端茶送水。潘玉儿因为脚很小，不便步行，出入都是乘坐着卧舆。所以每次和潘玉儿外出的时候，萧宝卷总是让她坐在卧舆之中，而自己则骑着马跟在车子后面，就像是一个仆隶。满朝文武大臣都以为这样很不成体统，萧宝卷却习以为常，觉得没有什么不好。

潘玉儿曾经生过一个女儿，萧宝卷很是疼爱，可惜这个小公主活了还不到百天就不幸夭折了。萧宝卷悲痛至极，甚至还为她穿上孝服和粗布做的内衣，半个月都不听音乐也不吃肉。

潘玉儿的父亲潘宝庆，也因为女儿而得宠。萧宝卷不仅恩宠有加地赐给他一座大宅子，还称呼他为阿丈。可是潘宝庆与许多奸邪的小人勾结在一起，诬陷一个富商是罪犯，擅自抄了他的家，还将其所有的家产都据为已有，最后因为害怕遭到报复而残忍地把他们全家都杀了。可是萧宝卷对此却一点儿也不过问。萧宝卷和潘妃有时候回娘家，潘玉儿就亲自为他们打水煮饭。萧宝卷和潘玉儿在一起喝酒享乐，佞臣茹法珍、梅虫儿等都陪着他们，不分男女和尊卑，恣意欢乐。宫中有一个名叫王宝孙的太监，只有十几岁，长得眉清目秀，小巧玲珑，好像一个女儿家，萧宝卷把他叫做“伥子”，非常宠爱。贵妃潘玉儿也对他另眼相看。仗着他们的宠爱，王宝孙经常坐在潘玉儿的膝上，和她一起饮酒。至夜深才回宫室，他还经常在皇帝的御榻旁边留寝，因此恃宠生骄，渐渐地就干预起国家政事来了。他甚至还假传圣旨控制朝中的大臣，即使是梅虫儿、王咺之等幸臣，也很害怕他。最后他竟然发展到骑马入殿，诋毁天子的地步。萧宝卷这个堂堂的皇帝竟然也不以为意，依旧让他陪伴在身边。

萧宝卷如果有一些小的过错，潘玉儿动不动就上座审讯他，还罚他长跪，有时候甚至还加以杖责，可是萧宝卷竟然从不生气。

潘玉儿原是商人的女儿，为了让她重温旧梦，萧宝卷特地命人在皇宫中修建了一条小型街道。仿照民间市集模样，分别设置了许多店铺酒肆，他还让太监和宫女妃嫔们扮作小商小贩，在店里做买卖。潘玉儿担任“市令”，萧宝卷自己做“市吏录事”，可能就相当于现在的市场管理部经理或市场办公室文员吧。如果发现市场里有人不守规矩，或发生争斗之类，就全部交由“市令”潘玉儿决断处理。萧宝卷有时甚至还坐在店铺里亲自卖肉。所以当时洛阳流传着一首歌谣：“阅武堂，种杨柳，至尊屠肉，潘妃酤酒。”

永元三年（公元501年），萧衍拥立萧宝卷的胞弟康王萧宝融称帝，并亲自率兵攻破了建康。当时是残冬之际，萧宝卷正在含德殿中与潘玉儿等妃子、大臣们彻夜欢饮呢。他万万没想到萧衍已经在内应的带领下直奔含德殿。萧宝卷突然听说敌兵攻进来了，赶快就跑出北门，想回到后宫。谁知道宫门已经紧闭了，宦官黄泰平一刀就刺中了萧宝卷的膝盖，很快大批萧衍的士兵赶到，手起刀落，将他劈作两段。这个荒淫无度的萧宝卷，死时年仅十九岁，在位也才四年时间。不久萧衍正式称帝，史称梁武帝。萧齐政权是南朝四国中存在时间最短的，享国仅二十四年。

萧宝卷死后，茹法珍、梅虫儿、王宝孙连同他最宠爱的贵妃潘玉儿，都被关押在狱中，听候萧衍发落。潘玉儿被关在漆黑阴冷的牢房里，可能精神上也有些恍惚吧，想到她那金碧辉煌、瑰丽无比的宫殿，还有萧宝卷对自己的宠爱，没想到这么快竟然就物是人非，真是生不如死。不过萧衍也是一个风流人物，当他亲眼见到传闻中国色天香的潘玉儿后，内心也不禁动摇了。所以他只是下令杀了茹法珍、梅虫儿、王宝孙等佞臣，可是却不忍杀死潘玉儿，意欲留侍巾栉。他把领军王茂叫来商讨这件事说："这个女人促成东昏侯恶政的罪名固然深重，应该处以极刑，但杀了她实在有些可惜。我打算把她纳入我的后宫，这样可以吗？"可是王茂却说："亡齐乃是因为这个女子！如果把她留在您的宫中，必然是个不祥之人。"萧衍觉得他说得很有道理，就打消了这个念头。正好这时自己的一个将领田安乞求萧衍将潘玉儿赐给他当老婆，萧衍就同意了。可是没想到他这个打算却遭到了潘玉儿的严词拒绝。她对萧衍说："我以前很受天子的宠爱，可以说是三千宠爱在一身。现在要我嫁给一个这样的人，我实在不能忍受这样的耻辱，还不如让我死了算了。"

虽然潘玉儿只是当了几年的贵妃，没有当上皇后，可是她却得到了萧宝卷的专宠。在别人眼中，萧宝卷是个昏聩的暴君，可是在她眼中他却是个好丈夫、好父亲。所以萧宝卷死了，她也没有什么好留恋的了。最后潘玉儿上吊而死，追随萧宝卷去了。可是她死后的样子就像活着时一样，洁美如玉，让人赞叹不已。

后来苏轼在《次韵杨公济奉议梅花》中写道：

月地云阶漫一樽，
玉奴终不负东昏。

即以潘玉儿类比梅花，极言其洁白、坚贞。又有《四时》诗：

"玉奴纤手嗅梅花。"

注云："玉儿，妃小字。"

东坡两次在诗中提到了潘玉儿，虽然"玉奴"为"玉儿"的误写，但仍不失为佳句。李商隐《齐宫词》中也有这样的诗句：

永寿兵来夜不扃，
金莲无复印中庭。

宋代谢邁的《菩萨蛮》：

"相思一夜庭花发，窗前忽认生尘袜。晓起艳寒妆，雪肌生暗香，佳人纤手摘，手与花同色，插鬓有谁宜，惟应潘玉儿。"

这些诗词都描述了潘玉儿的美丽。

洛阳有种紫牡丹叫紫玉奴，此花盛开之时，富丽娇艳。据传紫玉奴的芳名也因潘玉儿而起。

北魏的女政治家

——文成帝文明皇后冯氏

文明皇后冯氏（公元 442—490 年）是北魏文成帝的皇后，也是历史上有名的女政治家。

冯氏的原籍是长乐信都，也就是现在的河北省冀州。她从小就过着优裕的生活，祖父冯弘、伯父冯跋都曾是十六国时北燕的君主。北燕被魏太武帝拓跋焘灭亡后，冯弘逃到高丽，后来死在高丽国王手中。冯氏的母亲是乐浪王氏，父亲冯朗，是冯弘的第二个儿子，北燕时曾被封为广平公。他在拓跋焘进攻北燕时降魏，被封为秦州、雍州刺史和西城郡公。太平真君三年（公元 442 年），冯氏出生于长安。当她出生时，人们都传说她诞生的那间屋子里曾有神光闪烁，这预示着家里会有不凡之人诞生。冯氏的父亲冯朗因为太武帝怀疑其图谋造反而被杀，所以她小时候就被送到宫中，由拓跋焘的冯昭仪，也就是她的姑母亲自抚养长大。

在冯昭仪的调教下，冯氏渐渐出落成了一位仪态万方的大家闺秀，太子拓跋濬对其十分喜爱。兴安元年（公元 452 年），拓跋濬即位，即文成帝。虽然北魏皇室与冯氏之间有着杀父之仇，但是冯氏还是凭借着美丽的相貌和出色的才华而被文成帝晋封为贵人。太安二年（公元 456 年）她又被册立为皇后，也就是历史上大名鼎鼎的北魏文明皇后。同年拓跋濬立只有两岁的长子拓跋弘为皇太子。不过按照北魏太武帝以防外戚专权而设立的“立子杀母”的规矩，拓跋弘的生母李贵人被赐死。冯氏从此就接替了抚养太子的重任。

家族之间的仇恨并没有影响到冯氏和文成帝之间的感情，他们好得如胶似漆，恩爱有加。但也许是天妒良缘吧，不幸的事情还是发生了。北魏和平六年（公元 465 年），二十六岁的文成帝因病在平城（今山西省大同市）的太华殿去世，年轻的冯氏成了寡妇。按照北魏的国葬制度，如果国家遇到大丧，三天之后，要把死者生前用过的衣服、器物等全部烧毁，朝廷文武百官和宫中的妃嫔、宫女都要号啕大哭以示哀悼。冯氏年纪轻轻就死了丈夫，自然异常悲痛。最后她竟然在举行仪式时，一头扑进熊熊烈火之中，想追随丈夫文成帝而去。众人见状大吃一惊，赶紧把她从火中救出来。可是冯氏还是昏了过去。大家七手八脚地把她抬到了宫里，经过御医的紧急抢救才脱离了危险。

几天之后，太子拓跋弘即位，年仅十二岁，也就是北魏历史上的献文帝。冯氏也从皇后升级成了皇太后。不过当时献文帝少不更事，车骑大将军乙浑就乘机夺取了军政大权，自称丞相，还假传圣旨诛杀了尚书杨保年、平阳公贾爱仁、南阳公张天度等人，朝臣们对他都是敢怒而不敢言。

献文帝知道自己力量微薄，只好向皇太后冯氏求助。冯氏一开始也有些顾忌，害怕政局因此而动荡不安，只得采取缓兵之计封乙浑为丞相。可是她没想到乙浑的野心越来越大，竟然准备发动政变夺取政权。于是冯氏秘密定下计谋，诏命元丕、元贺、牛益得等人率领军队，逮捕并杀死了乙浑。

诛杀了乙浑之后，冯氏以皇太后的身份临朝听政，辅佐献文帝处理军国大事，前后历时一年之久，稳定了北魏政权，也初步显示出她超人的政治胆识与才干。

后来献文帝的皇子拓跋宏出生后，冯氏作为祖母决定亲自抚养他，于是“是后罢令，不听政事”，还政于献文帝。她虽然名义上是还政于献文帝，但实际上只是由台前转到了幕后。她把自己的哥哥冯熙擢升为太傅，掌握了大权。

由于鲜卑拓跋氏的习俗比较开放，只有二十几岁的冯氏年轻守寡，独居宫中，很快就有了风流倜傥的面首李奕。李奕不仅英俊潇洒，而且还很有才华，年纪轻轻就当上了散骑常侍、都官尚书、安平侯。随着献文帝的慢慢长大，他对冯氏的专权越来越反感，矛盾也日益加深，甚至有时还故意找借口和她闹别扭。而他们母子间的矛盾又因为冯氏不检点的行为，变得更加尖锐起来。

皇兴四年（公元470年），李奕的哥哥李敷因为在相州刺史任上收受了他人的贿赂而被告发。献文帝借此机会，诛杀了李奕、李敷两家。冯氏知道后怒不可遏，发誓一定要为李奕报仇雪恨。

皇兴五年（公元471年）八月，看破了红尘的献文帝突然宣布自己让位于皇叔京兆王拓跋子推，遭到了大臣们的一致强烈反对。权衡轻重利弊之后，献文帝把帝位禅让给了当时还不满五岁的太子拓跋宏，自己当上了太上皇。新帝年幼，冯氏以太皇太后的身份再次临朝听政。可是没想到这个小皇帝在禅位大典上竟然哭得像泪人儿一般，献文帝奇怪地问儿子为什么这么伤心。没想到小小年纪的拓跋宏却回答说：“我接替至亲，内心的悲切无法表达。”他的这番话令献文帝大为嗟叹。拓跋宏就是历史上北魏有名的孝文帝，后来冯氏辅佐他改革朝政，政绩斐然。

从表面上看，献文帝似乎淡漠人世，实际上却并非“雅薄时务”。献文帝禅位后，移居到了崇光宫，可是军国大事他还时常要过问，不仅把一些冯氏罢免了的官吏官复原职，而且还亲自带兵南征北战。比如，在延兴二年（公元472年），献文帝亲自率领军队征讨柔然，把柔然人打得抱头鼠窜。延兴五年（公元475年）十月，“太上皇帝大阅于（平城）北郊”，献文帝甚至南下举行了大规模的阅兵仪式。这一切都让冯氏感到了威胁。

承明元年（公元476年），年仅二十三岁的献文帝突然暴崩。关于献文帝的死因，史书上曾记载说：“显祖暴崩，时言太后为之也”“实有鸩毒之祸焉”。冯氏派心腹将献文帝毒死，实现了自己为李奕报仇的诺言。

可是献文帝的突然去世，引起了很多大臣对冯氏的不满。兰台御史张求联络献文帝以前的亲信，计划发动一场政变，废掉冯氏，归政于孝文帝拓跋宏。可是事情暴露，冯氏一下子杀死了张求等与此案有关联的几千人。

史书上评价冯氏说：“多智略，猜忍，能行大事，生杀刑罚，决之俄顷”。为了大权独揽，她还以谋反罪诛杀了孝文帝的外祖父南郡王李惠，同时还杀害了李惠的弟弟、儿子和妻子。

此外，冯氏还破格提拔有才干的宦官。比如，像杞道德、王遇、苻承祖等本来只是底层的小宦官，后来有的甚至只是一年时间就当上了王公大臣。冯氏利用他们出入宫禁，形成了“中官用事”的局面。冯氏虽然宠信宦官，但对他们却作了严格的限制，绝不放任自流。左右下属如果犯了错误，一般都会受到杖责。不过冯氏生性宽容仁裕，事情过去之后从不心存芥蒂，只要臣下积极改过，她依然待之如初，有的还因此更加富贵。

同样冯氏对宗室诸王的管束也很严格。文成帝的儿子安乐王拓跋长乐被任命为定州刺史，可是他在当地却作威作福，激起了公愤。于是他被押回了平城，可是却仍然不思悔改，冯氏最后命令其自杀。汝阴王拓跋天赐和南安慧王拓跋桢因为犯了贪污罪，冯氏打算将他们依法处死，后来因为孝文帝出来为他们反复说情，才免除了死罪。但冯氏还是削去了他们的官职，而且令其终生不得为官。

其实她不但对臣下严厉，对孝文帝也是如此。有一回，一个宦官在冯氏面前说了孝文帝的几句坏话，冯氏一气之下用棍子打了孝文帝好几十下。孝文帝却默不作声，不为自己争辩什么。

就这样冯氏清除了异己，又培植起一个忠心耿耿的政治集团，她绷紧的神经也渐渐放松了下来，又开始为自己物色新的面首。王叡身材魁梧、仪表堂堂，对占卜颇有研究。冯氏一见就喜欢上了他，经常以入宫算命为由，频频与之私会。冯氏先将王叡升为给事中，后来又擢升他为吏部尚书，赐爵太原公。太和四年（公元480年）还提拔他做了中书令、镇东大将军，赐爵中山王。而且冯氏爱屋及乌，对王叡的家人也格外优待。王叡的两个女儿出嫁时，冯氏都亲自为她们操办并主婚，规格竟然和公主出阁一样。仰仗着冯氏的宠爱，王叡很快就成为富甲一方的大富翁。他自然对冯氏感激不尽，表示甘为太后赴汤蹈火在所不辞。其实除了王叡之外，冯氏还有另外一个面首李冲。李冲是敦煌公李宝的儿子。他是个儒雅的白面书生，和王叡的阳刚之气完全不同。冯氏曾在一个月之内就赏赐了他几千万。不过李冲并不贪财，他把这些财物大多送给了亲朋好友和平民百姓。

元丕和游明根两人是朝中的重臣，冯氏知道笼络好他们非常重要。因此冯氏每次送给王叡和李冲礼物的时候，从来没忘了给元丕和游明根也准备一份。比如有一次，冯氏为王叡建造了豪华的住宅，同时也为元丕建造一座。新宅落成之日，冯氏还亲自登门道贺，悄悄送了元丕一个金印作为贺礼。吃了别人的嘴软，拿了别人的手短，元丕和游明根很自然也不再多说什么了，听任冯氏在朝中一手遮天。

冯氏知道自己离世之后，冯家的显贵地位必然会衰落。于是她未雨绸缪地把自己的几个侄女先后送入宫中。侄女们都貌美如花、善解人意，很快就赢得了孝文帝的欢心。除了一个侄女因为生孩子难产去世之外，冯清、冯润还先后当上了拓跋宏的皇后。不过后来冯润不守妇道，与他人私通，孝文帝在临终前下诏将之赐死，可能是看在冯氏的面子上吧，最后还是按照皇后的礼仪安葬了冯润。

孝文帝稍稍长大之后，冯氏便把他带在身边，亲自进行言传身教。除此之外，她还作了《劝诫歌》三百多章和《皇诰》十八篇等劝勉孝文帝。太和十年（公元486年）以后，冯太后开始让孝文帝直接处理国家大事。拓跋宏虽然是鲜卑血统，但他是由冯太后亲自抚养长大，自幼接受的便是汉族的文化。他仿照汉朝的礼仪，修明堂、建立太庙、正祀典，祭祀舜、禹、周公和孔子。

冯氏身为皇后、皇太后和太皇太后，可是她的生活却比较俭朴。她不喜欢华丽的装饰，平时穿的都是素色、没有花纹装饰的衣服。在冯氏的影响下，孝文帝也养成了节俭朴素的好习惯。

在饮食方面，冯氏改变了原来宫中食不厌精、脍不厌细的旧制，把原来的食谱减少了大部分，她平时吃饭用的桌子也只有几尺长。有一次，冯氏在喝粥的时候，竟然发现里面有一只蜻蜓。她没有在意，只是伸手把蜻蜓挑了出来。孝文帝看到了非常生气，于是打算严惩做饭的厨师，可冯氏却出言阻拦说："这只是小事一桩，没有必要因此而大发雷霆。"御厨逃过一劫，自然很感激冯氏。

其实冯氏不仅对下人的小过失能宽宏大量地不予追究，而且还很关心老百姓的疾苦。太和十一年（公元487年），北魏大旱，同时又发生了大规模的瘟疫。冯氏心急如焚，通知各地三长收留乞食的百姓，停造绫罗绸缎，开仓赈济老百姓，尤其优待老弱病残。冯氏和大臣们的齐心合力终于使北魏渡过了这场危机。

在公元五世纪的时候，鲜卑族进行了中国历史上的一次著名的改革，因为是在北魏孝文帝太和年间进行的，所以长期以来人们都习惯把这次改革称为"太和改制"或"北魏孝文帝改革"，可是大多数人都忽视了冯氏在这次改革中的实际作用。如果仔细查阅《魏书》等大量史籍，我们不难发现，冯氏才是这次改革的真正主持人。

她以政治家的胆略和气魄，破格提拔重用了一批有改革意识的有识之士，排除了种种阻力，开始对旧有的经济、政治与文化体制进行大刀阔斧的改革。

自道武帝拓跋珪开国以来，北魏政权的各级官吏都没有固定的俸禄，中央官吏按等级得到战争中获得的财物。地方官吏只要上缴额定的租调，就可以任意搜刮、贪污。总的来说，就是要依赖贪污、掠夺和皇帝的赏赐来生活。有的地方官吏上任时，只是"单马执鞭"，可是到了任满离职的时候却是"从车百辆"。这种以掠夺和贪污为主的财富分配方式导致了北魏社会矛盾的激化和政治统治的危机。其实早在文成帝的时候，就曾经数次下诏禁止贪污，献文帝时也对此作了严格的规定，也有人提出了给各级官吏增加俸禄的建议，可惜一直没有能实施。

冯氏听从了高闾的建议，于太和八年（公元484年）六月开始仿效两汉魏晋旧制实行班禄制，实行百官俸给制。规定在原来的户调之外，每户增调三匹、谷二斛九斗，作为发放百官俸禄的来源。内外百官，皆以品秩高下确定其俸禄的等次。颁行俸禄制之后，官吏只要贪污满一匹就会被处死。这对于澄清吏治，起到了积极的作用。不过这也引起了许多鲜卑贵族的反对，他们要求停止班禄。不过冯氏没有因此而动摇，继续坚持实行班禄制。

为了切实贯彻班禄制，冯氏派遣使者分别巡游各地，检查揭发贪污的官吏。孝文帝的舅舅，秦益二州的刺史李洪之，根本没把这项法令放在眼里，继续我行我素地贪污。最后他因此被押往平城。冯氏召集文武百官当面定罪。不过因为他到底还是皇亲，所以冯氏特别恩准他在家里自尽。在这之后，冯氏又处死了贪赃枉法的地方官吏四十多人，北魏的吏治大为改观，奉公守法成了当时的风气。

第二年（公元485年）十月，冯氏又在大臣李安世的建议下，正式颁布了均田令，开始在社会经济方面进行重大改革。

均田令是指国家对无主荒田以政府的名义定时、按人口分给农民。均田制度使失去了土地的农民重新获得了土地，提高了农民的生产积极性。

均田令的主要内容是：十五岁以上男子授露田（未种树的田）四十亩，桑田二十亩；女子授露田二十亩。不过因为当时普遍实行休耕法，也就是有的土地需要两年或者三年才轮种一次。因而授田的数目就相应的增加了一倍或者两倍，这样的土地被称为“倍田”。受田者去世或者年龄超过七十岁，露田要归还国家。桑田则可作为祖业传给后代，不需要归还国家，但是要在三年之内种上规定的桑树、榆树或者枣树，如果到时候种不完，国家就要索回这部分土地。不适宜种桑的地区，男子授麻田十亩，女子五亩。家里原有的桑田，所有权不变，但是要用来充抵应授倍田的份额。达到应授额的，不能再授。超过应授额的部分，可以出售。而没有达到应授额的部分，可以买足。贵族和官僚地主可以通过奴婢和耕牛授田。奴婢授田额和平民相同，耕牛每头授露田三十亩，一户人家限四头。凡是只有老弱病残的农户，户主按男子应授额的一半授给。地足的地方，居民不准无辜迁移；地不足的地方，居民可以向空荒的地方迁移，但不允许从赋役重的地方迁到赋役轻的地方。平民每三口给园宅田一亩，奴婢每五口给园宅田一亩。无人守业的土地，收归国家所有，作为均田授受之用，不过首先会把这些土地授给土地所有者的近亲。地方的守宰按照官职的高低授给职分田，刺史是十五顷，太守是十顷，治中和别驾都是八顷，县令和郡丞都是六顷。职分田不允许买卖，离任时要将其移交给下一任长官，违者将受到法律的惩罚。

均田令公布后，北魏又制定了新的租调制。其中规定：均田的农户，一夫一妇每年要缴纳帛或者布一匹，粟二石。十五岁以上的未婚男女四人，从事耕织的奴婢八人或者耕牛二十头，都要缴纳相当于一夫一妇的租调。

均田制使北魏社会经济得到迅速恢复和发展，保证了国家的财政收入。《洛阳伽蓝记》曾记载：到北魏灵太后胡氏执政的时候，“国家殷富，库藏盈溢，钱绢露积于廊者，不可较数”。胡氏让百官在库藏背绢，根据体力，任意自取，所背出来的绢帛可以全部归自己所有。于是百官一个个使出浑身的力气去背绢，章武王元融与陈留侯李崇还因为背得太多，一个摔断了腿，一个扭伤了腰。库藏如此富足，这应该和均田制的实施有着重要的关系。而且这个均田制历经北齐、北周，一直到隋唐还在沿用。

在地方基层机构方面，冯氏于太和十年（公元 486 年）取消了过去的宗主督护制，开始实施“三长制”。三长制规定五家立一邻长，五邻立一里长，五里立一党长。邻、里、党各设一长，合谓三长。三长由本乡有德望的人担任，具体负责清查户口，催征赋役，维护治安。三长制与均田制结合在一起，抑制了土地兼并，减轻了老百姓的租赋负担，同时也削弱了地方豪强的经济实力，对生产力的发展起了积极的促进作用。

在教育方面，冯氏认识到教育能起到“父慈子孝，兄友弟顺，夫和妻柔”的重要作用。她先在天安元年（公元 466 年），下诏令在各地设立乡学。后来又于太和十年（公元 486 年）改中书学为国子学，并采纳李彪建议，设立太子太傅。这些措施都促进了鲜卑族汉化的进程。

在法律方面，冯氏删除了刑律中一些极其野蛮残酷的条文。比如，北魏初年，死刑共分为车裂、腰斩、斩首、绞刑四种。冯氏在制定新刑律时，除去了车裂和腰斩，改为枭首、斩首、绞刑三种。除此之外，冯氏还废除了门诛、三族、五族的酷刑。冯氏的这次改革律令，使北魏的法律在客观上更能适应社会经济发展的需要。

在手工业方面，冯氏出于加强农业的需要，一反传统做法，对手工业者再三采取宽松措施。她先是在延兴二年（公元472年）允许工商杂伎兼营农业，后又于太和六年（公元482年）下诏，允许工匠在服役机构内升任官职。这一系列措施使得手工业者的地位有了显著改善，有效地提高了他们的积极性。

在改革民族风俗方面，冯氏是汉人，从小生长在长安，自然受到汉族文化的浸润影响。所以在临朝听政期间，她积极倡导汉化，大刀阔斧地改革了许多鲜卑族的落后风俗。拓跋氏入主中原以前，男女婚姻关系比较混乱，甚至有父子、兄弟共妻，兄弟姐妹为婚的现象。太和七年（公元483年），冯氏下诏禁止拓跋氏同姓为婚。

既然是改革就必然会涉及一些人的既得利益，所以阻力是避免不了的。不过冯氏却沉着果断地化解了这些不利因素。可以说这些改革措施推进了鲜卑族的封建化进程，改变了北魏的落后状况，为孝文帝的进一步改革和迁都洛阳后的繁荣奠定了基础。

有一次，冯氏和孝文帝一起登临方山的顶峰。看到远近的大好河山，她不禁感慨万分，于是对群臣说："当年虞舜葬在苍梧，娥皇、女英二位妃子并没有陪葬。何必一定要葬在皇陵中才显得富贵呢！我死了之后，不要把我送回祖陵，就把我安葬在这个方山顶上吧！"于是，孝文帝就为她建造了方山顶上的陵墓，世称冯太后墓，前后历时三年之久。

太和十四年（公元490年）九月，冯氏一病不起，逝世于平城皇宫太和殿，享年四十九岁，谥号为文明太皇太后。她临终时，曾经留下遗旨叮嘱孝文帝说：她去世后，一个月就安葬，陵墓的修建和棺木的制作一定要节俭，不要劳民伤财。墓内不要放置随葬品，墓室二丈，坟陵不得超过三十步。

冯氏的死令孝文帝痛不欲生，五天五夜他都滴水未进，消瘦不堪。甚至他为此三年都不沾酒肉，也不与后妃同居。同年十月，冯氏如愿被安葬在了方山永固陵（今山西省大同市东北）。唐代诗人温庭筠曾有诗赞曰：

云中北顾是方山，永固名陵闭玉颜。
艳骨已消黄壤下，荒坟犹在翠微间。
春深岩畔花争放，秋尽祠前草自斑。
欲吊香魂何处问？古碑零落水潺瑗。

至于陵墓规格问题，孝文帝没有听冯氏的遗旨，坚持把陵墓拓宽为六十步。而且孝文帝还在永固陵的东北约一里的地方预先营造了自己的寿宫，准备死后也埋葬在那里陪伴自己的祖母。虽然他迁都洛阳之后，将洛阳瀍水以西的北邙阪做了皇家的陵寝，方山的虚宫后来号为"万年堂"。但是他继续了冯氏未完成的事业，足以使祖母含笑九泉了。

太和十八年（公元494年），孝文帝以南伐为借口，避开顽固派的阻挠，迁都洛阳。太和十九年（公元495年）他下令禁止鲜卑人讲鲜卑语、穿鲜卑服装，要求他们说汉语、穿汉族服饰，与汉族大姓联姻。凡是迁来洛阳的北地代民，免征三年的租赋。已经迁到洛阳的鲜卑人即以洛阳为籍贯，不得归葬平城。太和二十年（公元496年）孝文帝又下令更改鲜卑姓为音或义相近的汉姓，如拓跋氏改为元氏、丘穆陵氏改为穆氏、步六孤氏改为陆氏、贺赖氏改为贺氏、独孤氏改为刘氏等。孝文帝的改革不仅缓和了阶级矛盾，也缓和了统治集团内部的矛盾，更促进了各民族之间的融合，使北魏的社会经济、文化都得到迅速的发展。

冯氏这一生逐步实现了皇后、皇太后、太皇太后的三级转换，并因此而先后两次临朝听政，前后执政共二十多年。虽然冯氏也有阴暗的一面，不过无论如何，她都不愧是北魏时期杰出的女政治家。

玉树流光照后庭

——陈后主贵妃张丽华

陈后主贵妃张丽华（约公元560—589年），浙江苎罗（今诸暨县南部）人。

张丽华出身于一个贫寒家庭，父亲和兄长都以织席为生。陈后主当太子时，张丽华被选入宫成了一名宫女。她十岁时被派去服侍龚贵妃。渐渐地，张丽华也出落得亭亭玉立、光彩照人。她不仅肤如凝脂，目似秋水，而且发长七尺，光可鉴人。陈后主非常宠爱她。不久，张丽华就为他生下了儿子陈深。

太建十四年（公元582年），宣帝驾崩，陈后主正式即位，册封张丽华为贵妃。不久，始兴王陈叔陵为了夺取皇位而叛逆作乱，陈后主的脖子因此被砍受伤。他在承香阁养病时，其他妃子都不能进入，只有张丽华能陪在他身边。

至德二年（公元584年），后主在光照殿的前面，建造了临春、结绮、望仙三阁。这三阁豪华异常，高数十丈，内有数十间华丽的屋子。阁中所有的窗户栏杆都是用沉檀木做的，上面还装饰着金玉珠宝。门口都垂着珍珠做的帘子，屋里的摆设器物极尽奢华。这三阁下面都用石头堆成山，引水作为池塘，四周还种上了很多奇树名花。每当微风吹过，花香绵延数十里，宛如人间仙境。后主自己住在临春阁，张丽华住在结绮阁，龚贵妃和孔贵妃住在望仙阁。这三阁之间都有凌空衔接的复道，便于陈后主往来于三阁之间。其实陈后主除了张、龚、孔三贵妃，还有王、李二美人，张、薛二淑媛，袁昭仪、何婕妤、江修容等许多后宫佳丽。

张丽华在结绮阁中有时临窗打扮，有时倚栏遥望，风吹着衣袖翻飞，看见的人都以为是仙女下凡。据史料记载，陈后主曾为张丽华营造了一个“月宫”，其中种了一棵桂树，树下放着捣药的杵臼。而且他还让张丽华驯养了一只白兔。大概张丽华就是陈后主心中的嫦娥吧。

其实张丽华不仅拥有倾城倾国的美貌，而且她还能言善辩，具有过人的记忆力，并善于抓住机会。当时百官的奏折一般都是由宦官蔡脱儿和李善度两人先看过后才送交陈后主。陈后主自己不愿意看，经常让张丽华代为批阅奏章。有时蔡脱儿和李善度都忘记了其中的内容，而张丽华却能无一遗漏地全部说出来。而且每当陈后主带她游宴之时，她总是推荐其他妃子、宫女一起去，因此深得六宫的爱戴。陈后主对张丽华特别宠爱，以至于在百官启奏国事时，他还竟然经常“置张贵妃于膝上共决之”。只要张丽华一句话，后宫中的犯法戴罪之人肯定会被无罪释放。渐渐地，张丽华也开始干预政事。那些王公大臣们如果不遵从她的内旨，立刻就会被疏远排斥。

虽然张丽华集三千宠爱于一身，但是她毕竟还不是真正的皇后。为了能成为名正言顺的六宫之主，她开始运用智谋一步步地实现自己的计划。

孔贵妃和沈皇后的关系一向不好，张丽华敏锐地发现并利用了她们之间的矛盾。于是，她开始利用各种机会拉拢孔贵妃。孔贵妃很快就站到了张丽华这一边。张丽华看到时机已经成熟，她就和孔贵妃一起策划除掉沈皇后的计策。然后她先在陈后主面前说沈皇后和太子正在密谋要推翻皇帝，好让太子早日登基。起初陈后主并不太相信。张丽华又把孔贵妃拉出来作证。孔贵妃早都和张丽华串通好了，自然和她说得一模一样。陈后主听后不禁龙颜大怒，于祯明二年（公元 588 年）下旨废掉了沈皇后和太子陈胤，改立张丽华为皇后，她的儿子陈深为太子。

陈后主精通音律，很喜欢吟诗作对，因此他经常把江总、陈暄、孔范、王瑗等文臣召进宫中通宵达旦地饮酒赋诗，听乐享乐。可是对那些重要的军国大事，他却从来不闻不问。他还把宫中一些有文才的宫女命为“女学士”，以供笔墨之职。他们在宴会之时写的诗句，大多是靡靡之音的淫词艳曲。陈后主从中选择了一些特别艳丽的，为它们谱上曲子，还下令让宫女们学习演唱。陈后主那首著名的《玉树后庭花》就是在这时写的，诗云：

丽宇芳林对高阁，
新装艳质本倾城。
映户凝娇乍不进，
出帷含态笑相迎。
妖姬脸似花含露，
玉树流光照后庭。
花开花落不长久，
落红满地归寂中！

这首诗开始明明写的是妃子佳丽们的妖娆美丽，可是后来却笔锋一转，渲染出了“玉树后庭花，花开不复久”的哀愁。因此这当时被人们视作是不祥之兆和亡国之音。可是陈后主却不以为意，甚至还特地选了宫女千人习而歌之。

大臣傅縡见陈后主不理朝政，整日沉浸在歌舞升平之中，曾经多次劝诫他。可是陈后主从来都不听。有一次，傅縡忍不住愤愤地说：“陛下任用小人，视百姓为草芥。天怒民怨，我看陈朝就快要完了。”陈后主大怒，对他说：“你若能改过，我就免了你的罪。”可是傅縡却拒绝说：“我的心和我的容貌一样。如果我的容貌可以改变，我的心也可以改变。”陈后主更加生气了，傅縡也因此被杀。而孔范却从不说后主的过失，而且处处恭维，后主自然很宠信他。孔范曾对陈后主说：“外面驻守边关的武将，都是出自行伍，只不过是一介武夫而已。怎么能奢望他们有深谋远虑呢？”从此那些将帅稍有过失，后主就随意剥夺他们的兵权。陈朝的边防军备因此愈加废弛，国力也越来越衰微。

与此同时，隋文帝杨坚为了实现自己的统一大业，任贤纳谏，整饬军备，随时准备攻占陈朝。陈后主荒淫无度，朝中文恬武嬉，正好给了隋朝以可乘之机。祯明二年（公元 588 年）十月，隋文帝杨坚下诏列举了陈后主二十大罪状，命晋王杨广、秦王杨俊、清河公杨素、贺若弼及韩擒虎等，率兵分道直取江南。

接到隋兵南下的消息，陈后主仗着长江天险，仍旧花天酒地，不闻政事。仆射袁宪曾多次请求出兵抵御，后主也不听。后来隋军逐渐深入，各州郡相继告急。后主还笑着对侍从们说："北齐三度来攻，北周两次来犯，都大败而逃，这次隋军进犯，也一定是自己送死而已。"佞臣孔范回答道："长江天堑，分割南北，难道北虏有翅膀飞过来不成？这都是边将贪功，夸大罢了。"陈后主深以为是，继续纵酒享乐。

祯明三年（公元589年）隋军渡江攻下建康，直入朱雀门。陈朝的大臣们早已惊慌逃散，只有袁宪没走。陈后主颇感安慰地说："朕从来待卿不先馀人，现在众人都弃我而去，只有你还留在我身边，真可谓'岁寒而知松柏之后凋也'。现在落到这个地步，不只是我的原因，也是江东世风日下的缘故。"说完，他就想赶快找个地方藏起来。袁宪劝他说："事已至此，陛下要到哪里去呢？不如正衣冠，端坐于正殿之中，依梁武帝见侯景故事。"后主不听他的，下榻急走说："锋刃之下，怎么可以儿戏，朕自有妙计。"于是陈后主跑到景阳殿的后堂，自己与张丽华、孔贵妃三个人藏在一口枯井中。隋兵入宫之后，他们在陈叔宝的床下，发现了许多没有拆封的边关告急的文书。可是他们搜遍了整个皇宫也没有见到陈后主的踪影。后来他们从一个内侍口中得知陈后主就藏在一口枯井之中。隋将韩擒虎下令填井，才听到漆黑的井里传来了求饶的声音。隋兵费了九牛二虎之力才把他们三个从井中拉出。据说当时张丽华的胭脂不小心蹭在了井口，即使用帛擦拭，石上还是留有胭脂的痕迹。因此后人就把这口井称为"胭脂井"。

与自己的父母相比，太子陈深则镇定得多。他没有丝毫惊慌失措，只是把门关起来安静地坐着，舍人孔伯鱼陪侍其身旁。隋军推开门鱼贯而入，年仅十几岁的陈深对他们说："你们军旅劳顿，难道不累吗？"隋军上下因此都很尊敬他。

建国才刚刚三十多年的陈朝就这样灭亡了，恰好暗合了《玉树后庭花》中的最后两句。陈后主后来在洛阳病死，被追封为长城县公。

传说晋王杨广早就听说了张丽华的美貌，想趁机将她据为己有。所以隋兵攻入建康（今南京）时他曾私下嘱咐高颎说："你必须找到张丽华，但是不要伤害她的性命。"可是高颎见到张丽华后却感叹说："昔太公灭纣，尝蒙面斩妲己，此等妖妃，岂可留得？"于是张丽华被斩于青溪桥旁，年仅二十九岁。从此杨广也恨透了高颎。

张丽华香销玉殒，杨广为之惋惜了很长一段时间。杨广登基后生活极尽奢侈、荒淫无度，与陈后主相比有过之而无不及。最后他还不惜劳民伤财地开凿大运河，曾经三下江都。所以有人说这是为了怀念张丽华这个他未得到的红颜。

据传张丽华死后，葬于路旁。后来有人夜行，听到有女人的吟诗声：

独卧经秋堕鬓蝉，
白杨风起不成眠。
追思昔日椒房宠，
泪湿衣衫损旧颜。

第二天才发现那里是一个古冢，也就是张丽华的墓。

后人对张丽华有很多评说，但多是贬责之词。唐代魏征在《陈书》中对陈后主的评论就涉及张丽华，他说："后主生深宫之中，长妇人之手，既属邦国殄瘁，不知稼穑艰难。初惧阽危，屡有哀矜之诏，后稍安集，复扇淫侈之风。宾礼诸公，唯寄情于文酒，昵近群小，皆委之以衡轴。谋谟所及，遂无骨鲠之臣，权要所在，莫匪侵渔之吏。政刑日紊，尸素盈朝，躭荒为长夜之饮，嬖宠同艳妻之孽。危亡弗恤，上下相蒙，众叛亲离，临机不寤，自投于井，冀以苟生，视其以此求全，抑亦民斯下矣。”清人袁枚对张丽华的评价总的来说还算比较公允：

结绮楼边花怨春，
青溪栅上月伤神。
可怜褒妲逢君子，
都是周南梦里人。

张丽华的一生是短暂的，但却引起了后人无限的遐思和深深的感慨。唐代大诗人杜牧曾作《秦淮夜泊》：

烟笼寒水月笼沙，
夜泊秦淮近酒家。
商女不知亡国恨，
隔江犹唱后庭花。

刘禹锡《金陵五题·台城》中也曾云：

台城六代竞豪华，
结绮临春事最奢。
万户千门成野草，
只缘一曲后庭花。

王安石《桂枝香·金陵怀古》：

“登临送目，正故国晚秋，天气初肃。千里澄江似练，翠峰如簇。征帆去棹残阳里，背西风，酒旗斜矗。彩舟云淡，星河鹭起，画图难足。念往昔，繁华竞逐，叹门外楼头，悲恨相续。千古凭高对此，漫嗟荣辱。六朝旧事随流水，但寒烟衰草凝绿。至今商女，时时犹唱，后庭遗曲。”

郑畋在《马嵬坡》中将张丽华与杨贵妃并举说：

玄宗回马杨妃死，
云雨难忘日月新。
终是圣明天子事，
景阳宫井又何人。

清人刘岩曾专门为张丽华写下一首《桃叶渡歌》，歌曰：

桃叶复桃根，憔悴新林浦。
艇子过江来，迎接韩擒虎。
试问渡头人，何如井中苦？
胭脂色未消，尚学桃花吐。
寄语蔡荣华，杨花乱无主。

徐娘半老犹多情

——梁元帝贵妃徐昭佩

徐昭佩，东海郯人。祖父徐孝嗣，曾任南齐太尉，号枝江文忠公。父徐绲，梁侍中，信武将军。徐昭佩是南朝梁武帝第七个儿子萧绎的偏妃，萧绎时为湘东王，天监十六年（公元 517 年）十二月，徐昭佩被册封为湘东王妃。她先后为萧绎生下世子方等和益昌公主含贞。

相传徐昭佩出嫁的那天，送亲的车马走到西州，突然刮起一阵飓风，将房屋的屋顶掀掉，树木也纷纷折断；不一会儿又雨雪交加，车马的帏帐帘幕都被覆盖上厚厚的一层白雪。到了归省的日子，又听说雷电大作，西州听事的两根柱子也被击碎。当时的湘东王萧绎就觉得出现这样的异兆有些不祥，谁知后来这位徐贵妃真的做出了不守妇道的事。

萧绎为湘东王时，手握重兵镇守江陵。但是他自幼爱好文学，对政治军事丝毫没有兴趣，更受他父亲的影响，平日只穿戴粗布衣裳，饮食也仅仅是豆谷之类的粗粮而已。当时梁武帝在国都建康城西设士林馆，召集大批学者文人讲学论文，萧绎响应父亲的政策，在风景如画的江滨，与自己属下的文人雅士谈玄说道。

此时的徐昭佩正值妙龄之际，可萧绎却因为她的姿色平平而对她十分冷淡，再加上整日沉浸于与文士们切磋文学，萧绎常常终年不到徐妃的寝宫。得不到丈夫的欢心，徐昭佩常常为此郁郁寡欢。

但聪明好胜的徐昭佩是不甘心就这样默默无闻的。她开始琢磨湘东王的心思，要拉近两人的距离，最好的办法莫过于融入萧绎的文学圈子。徐昭佩打定主意后，便开始参与湘东王府组织的诗酒聚会，她经常与萧绎身边的文友酬对。几次接触之后，众人都为徐昭佩的才情惊叹，但是唯独她的丈夫萧绎却仍然对她无动于衷。湘东王的冷漠终于激起了徐昭佩的怒火，她决定通过更加激烈的方式表达自己的不满。

萧绎的一只眼睛患有眼疾，不能视物。于是一次面见湘东王之前，徐昭佩梳妆打扮的时候便只化了半边脸。侍女们生怕徐妃这么做会激怒湘东王，但徐昭佩却镇定地说："萧氏父子一向讲究仁义道德，绝不会因为这样的小事置我于死地，最多逐出宫去，以示惩戒。这样更好，既然不能夫妻恩爱，倒不如另嫁别人。"果然萧绎见徐昭佩这副打扮，当即明白她是借此来羞辱自己的眼疾，大怒不已。但正如徐昭佩所料，萧绎仅仅是气得拂袖而去，并没有对她加以处罚。

从此以后，徐昭佩彻底心灰意冷，逐渐开始自甘堕落起来。

徐昭佩常年在宫中无人问津，每每借酒浇愁，经年累月如此，便养成了嗜酒的习惯。

她常常喝得酩酊大醉，不省人事。萧绎偶尔到徐昭佩的寝宫来，每次都被酒醉的徐妃吐得浑身都是污物。久而久之，萧绎对徐昭佩更加冷淡。

如是年复一年，萧绎终于在江陵即位，改元承圣，是为梁元帝，徐昭佩被册封为贵妃。登基后的元帝萧绎仍然秉承旧习，整日以读书属文为乐，以与文武百官讲授老庄的道经为乐。徐昭佩则仍然在寂寞的深宫中虚度年华，这时的她已经过了不惑之年了。

多年生活在暗无天日的后宫中使徐昭佩形成了偏激善妒的性情。每当她看到与自己同样不受宠爱的妃子，便与之同席而坐，一起饮酒消愁；一旦发现有受到元帝宠幸而身怀有孕的妃嫔，她便会命人痛下毒手。后来，徐昭佩变本加厉地放肆起来，她开始与荆州后堂瑶光寺的智远道人私通。后来她发现元帝身边有位年轻的文士暨季江，生得眉清目秀，举止风雅，便又开始与他私通。暨季江曾经与人感叹说道："柏直狗虽老犹能猎，萧溧阳马虽老犹骏，徐娘虽老犹尚多情。"于是，"徐娘半老"这个典故便流传下来，用来形容中年妇人的风情不减。

当时与徐昭佩有往来的还有一个叫贺徽的人，他也长得颇具风度。徐妃便邀他到普贤尼寺私会，还在白角枕上写下诗句作为赠答。

这时得宠的是贞惠世子方诸的母亲王氏，但是没过几年王氏就死了。元帝以为是徐昭佩派人暗中加害，更加疏远徐氏。等到徐昭佩所生的世子方等死后，元帝便越发痛恨她了。

到了太清三年（公元549年），元帝最终对徐昭佩的放荡嚣张忍无可忍，便下令命她自杀。徐昭佩知道自己这么多年倒行逆施，此时已经是不可能得以幸免了，于是跳井身亡。元帝将她的尸身送回徐氏宗族，将她视为出妻。徐昭佩最后被葬在江陵瓦官寺，元帝命人在墓旁放置金楼子记述她的淫逸行为，以警后人。

的，就要惩罚他们。胡太后自己射箭还能穿过针孔。还有一回，胡太后和孝明帝到华林园去，在都亭曲水上大宴群臣，同时让大家赋诗助兴。胡太后作了首诗说："化光造物含气贞。"孝明帝也赋诗曰："恭己无为赖慈英。"意思是说自己的帝位多亏了母亲才得以巩固。

胡太后临朝听政之初，她每天都临朝批阅朝臣奏章，亲自决断重大案件和考核地方官员。一时之间，朝纲肃整，百官膺伏。东夷、西域、北狄十八国都派遣使者来北魏朝贡。不过胡太后的权力欲望在这期间也急剧膨胀起来。起初临朝听政的时候，她还是借着孝明帝的名义行事，可是没过多久她就让大臣们称她殿下，后来竟然让他们称她陛下。不仅如此，她还自称为朕。

胡太后先把父亲封为光禄大夫，后来又加封其为安定郡公。她还为父亲挑选了一座豪华的房子，布帛粮食成堆，车辆考究。同时她也没有忘记死去的母亲，特意调了十户专门管理她母亲的陵园。除此之外，她还重新修缮了外祖父的陵园，并追封其为秦太上君。

胡太后念及刘腾对他们母子的帮助，对其倍加宠信。她先是封刘腾为开国子，食邑三百户，后来又任命他为崇训太仆，加侍中，改封长乐县开国公，食邑一千五百户。再后来胡太后又封刘腾的妻子为钜鹿郡君，还提拔了他的三个养子。刘腾病重卧床不起的时候，胡太后曾多次亲自登门看望，为了安慰他，又提拔他为卫将军，仪同三司。洛北永桥、太上公寺、太上君寺及城东三寺，都是胡太后听政时刘腾主持修建的。这几个寺院都极尽华丽、靡费无度。刘腾也趁机聚敛了不少不义之财。自幼信佛的胡太后不仅没有责怪他，反而多次奖赏。朝廷百官因为刘腾受宠，所以千方百计地讨好刘腾。河间王元琛为了能够官复原职，竟然屈王爷之尊拜刘腾为义父。刘腾权势之大由此可见一斑。

可能是受到了姑姑的影响，胡太后大肆崇佛，她花费巨资大肆营建佛寺和佛像。其建筑规模之宏大，实属北魏之最。仅仅是永宁寺和石窟寺就耗资千万，寺庙内外都装饰得金碧辉煌。皇宫旁边的永宁寺中的一座浮屠塔竟然高九十丈，塔上的立柱高十丈，在京城百里之外还能看到。寺庙里的僧房多达一千间，其中的佛像皆用金玉制成。

当时，北魏的寺庙一下子激增到了三万多所，和尚和尼姑多达两百多万人。仅洛阳的寺院竟然就有五百多所，这是以前从来没有过的。因为这样大肆崇佛，耗费了大量的财力和民力，大臣李崇、张普惠等人多次上疏劝谏，可胡太后仍然我行我素。

此外，胡太后个人私生活也荒淫无节制。清河王元怿容貌俊美，是宣武帝元恪的弟弟。胡太后看上了他，委其以重任，不论大事小事都要请元怿入宫商议，甚至还经常召他夜宿宫中。胡太后的所作所为自然激起了朝野内外的不满。于是元叉、刘腾等人利用这个机会，奉孝明帝于显阳殿，还把胡太后囚禁在北宫之中。北宫的宫门昼夜紧闭，内外断绝，刘腾亲自掌管着钥匙，任何人包括孝明帝也不能与太后见面。然后他们又派人诬陷元怿，说他打算毒死孝明帝。十一岁的元诩信以为真，下令杀死了元怿。右卫将军奚康生不满刘腾的行为，被刘腾处死。因此朝中百官再没有人敢有异议。

刘腾与元叉控制了朝政，元诩几乎成了他们的傀儡。朝中的官员，常常一早就去刘腾住宅静候，得到刘腾的训令后，依言而行。一些新上任的大臣，也必先朝拜刘腾。更有一些寡廉鲜耻之徒，甘愿为其义子，以求飞黄腾达。

刘腾政治得势后，变得愈加贪得无厌。凡公私之事请托者，只重财物不计其他。到各地搜括财物时，“舟车之利，水陆无遗；山泽之饶，所在固护；剥削六镇，交通互市”，每年利息数以万计。刘腾还广开室宇，营造豪宅，贪暴之状，无以形容。正光四年（公元 523 年），六十岁的刘腾因病而死，朝廷显贵都去送葬。丧礼之隆重无出其右者。

刘腾死后，大权在握的元叉更为不可一世。元叉耽于酒色，再加上才疏学浅。致使政事懈怠，纲纪不举。被囚禁在北宫的胡太后，认为东山再起的时机已到。她采取了以退为进的策略，终于找了个机会解除了元叉的兵权。胡太后再次临朝摄政，下诏降罪元叉、刘腾，罢元叉为庶人，追削刘腾官爵。有人乘机为清河王元怿鸣冤，要求诛元叉，戮刘腾尸。此议正中胡太后下怀。她借此下令挖了刘腾墓，将其骸骨撒露于野。刘腾的家产全部被没于官，他的四十多个养子也被全部诛杀。

再度临朝执政的胡充华依然放纵无度，她父亲胡国珍的参军郑俨相貌俊美，胡充华将他引为中书舍人，其实就是她的面首。北魏名将杨大眼的儿子杨白华风姿俊朗，又有父亲的英雄气概。胡充华也经常召他入宫侍寝。但是杨白华却感到十分羞耻，他不甘心就这样度过自己的一生，便趁夜率领部下逃出洛阳投奔到了南朝。可是胡太后对杨白华一直念念不忘，还谱成《杨白花歌》教宫人们歌唱。《杨白花歌》以暮春时节的杨花缥缈、难觅踪迹象征胡太后对杨白华的思念之情：

阳春二三月，
杨柳齐作花。
春风一夜入闺闼，
杨花飘荡落南家。
含情出户脚无力，
拾得杨花泪沾臆。
秋去春还双燕飞，
愿衔杨花入窠里。

不过孝明帝元诩已经成年却依然没有什么实际的权力，渐渐地就对胡太后产生了不满的情绪。他希望自己可以执掌国政，但是无奈身边都是胡太后的亲信，在朝中找不到支持者。没有其他办法的元诩只好写密信给镇守晋阳的尔朱荣，让他率兵南下进兵洛阳，打算以此来胁迫胡太后交出权力。没有想到消息泄露，胡充华得知此事后，竟然狠心地派人毒死了自己十九岁的亲生儿子元诩。在此之前，元诩的妃子潘氏曾生下一个女儿，胡充华不知出于什么目的，却对外宣称生了一个皇子，并大赦天下以示庆祝。此时元诩被毒死，胡充华不能将这个女孩作为皇嗣，只好又宣称当初生的是个女孩。接着胡充华立元诩年仅三岁的族侄元钊为帝。这么重大的事情，胡太后竟然如此儿戏，朝野震动，大家都议论纷纷。

于是尔朱荣首先发兵，扬言要追查皇帝的死因。他不承认胡充华所立的元钊，另外拥立了元诩的族叔元子攸，并且趁机南下攻打洛阳。胡太后派出去的军队竟然都倒戈投降了尔朱荣。胡太后见大势已去，便自行削发为尼。武泰元年（公元 528 年）四月，尔朱荣攻陷洛阳，将胡太后和幼主元钊装在竹笼里沉入黄河溺死。然后尔朱荣要求文武百官必须都到郊外迎接新皇帝元子攸。可是大臣们到了河阴之后，尔朱荣却把他们包围起来并宣布他们的罪状说：“国家衰乱，你们应该负责任。”尔朱荣以此为由把他们全部杀死，这就是历史上的“河阴之变”。河阴之变后，群雄纷争。公元534年，北魏便分裂为东魏和西魏。

胡太后死后被她的妹妹收葬于双灵寺。到了孝武帝时，元子攸才将其以皇太后之礼重新殡葬，追谥为灵太后。

杀母立子，这是北魏不好的风俗。可是胡太后没有死，最后竟然作威作福地临朝称制达十三年之久。不少人都认为这是因为宣武帝元恪不遵古制，才导致后患无穷。其实，即使胡太后当初就被赐死，高氏这个心狠手辣的皇后说不准也会成为第二个胡太后。

隋

聪明一世　糊涂一时

——隋文帝皇后独孤氏

文献皇后独孤氏，名伽罗（公元553—602年），是北周大司马独孤信的女儿。独孤皇后最为世人所知的，是因为她那著名的嫉妒。可以说她是历代后妃中不遗余力地提倡一夫一妻婚姻制度的第一人。

独孤信（公元502—557年），本名独孤如愿，后因治绩突出，宇文泰赐其名为信。他是北周时期云中（今山西省大同市）人。独孤信的父亲原来是北魏四十六个部落的大人之一，虽然地位不高，但是为人仗义，极得世人敬重。

史书记载说独孤信“风宇高旷，独秀生人，睿哲居宗，清猷映世”。他的妻子是北朝大族清河崔家的女儿。独孤信一共有六个儿子、七个女儿，六个儿子都在朝中做官，三个女儿先后当上了三个国家的皇后。他的长女是北周明帝宇文毓的皇后。四女儿嫁给了柱国大将军李昺，生李渊。武德元年（公元618年），她被追谥为元贞皇后。小女儿就是隋文献皇后独孤伽罗。隋炀帝杨广、唐高祖李渊，都是独孤信的外孙。他的外孙女杨丽华也是皇后，即北周宣帝的天元大皇后。难怪《周书》曾记载说：“周、隋及皇家，三代皆为外戚，自古以来，未之有也。”

独孤信不但精于骑马射箭，而且长得非常英俊，再加上讲究穿戴，因此自少年时便被称为“独孤郎”。

独孤信在秦州刺史任上时，有一次外出打猎忘了时间，回城时已经是日落时分，马上就要关城门了。于是他放马奔驰，头上的帽子歪了也不知道。这样的骏马少年引得路人不禁都频频回首。没想到第二天，秦州城里的官吏士民都学他歪着戴帽子，可见其影响力之大。

因为独孤信屡立奇功，三十岁不到就升为武卫将军、大都督、大司马。太祖初启霸业之时，他镇守陇右之地。史书上曾记载说“及信在州，事无拥滞。示以礼教，劝以耕桑，数年之中，公私富实，流人愿附者数万家”。他将自己的属地治理得很好，深受老百姓爱戴与敬重，迁移投奔他而来的流民竟然多达数万家。不仅如此，独孤信挑选女婿的眼光也是一流的。他见北周十二员大将之一杨忠的儿子杨坚相貌奇伟，气宇轩昂，所以就将十四岁的小女儿独孤伽罗许配给了他。

据传杨坚是杨忠夫人吕氏在佛寺里生下来的。他生具异相，降生时紫气满庭，额上五柱入顶，目有精光。后来他由一个具有未卜先知能力的尼姑养大。杨坚的先祖杨震曾做过东汉太尉，父亲杨忠是北周的柱国大司空，杨坚生就一副与众不同的身材，上身长下身短，比例严重失调，而且面有威严之态，王侯们见了他，常不由自主地感到手足无措，北周太祖曾预言："此儿风骨，不似世间人。"杨坚十五岁时就被封为成纪县公、散骑常侍、车骑将军；十六岁时又晋封开府骠骑大将军。后来他慕名前往独孤府求亲，早已注意到杨坚的独孤信立即答应了他。

北周武帝天和元年（公元566年），十三岁的独孤伽罗嫁给了二十六岁的杨坚。夫妻二人的感情非常好，独孤伽罗还与杨坚约定，两人一生都要相亲相爱，永不变心。她当时甚至还让杨坚发誓绝对不让别的女人为他生儿育女。所以杨坚的五个儿子和五个女儿，全都是孤独伽罗所生。这在中国古代后妃的历史上几乎是绝无仅有的。因此杨坚在登基为帝后还曾得意地说："以前历代皇帝的妃嫔不计其数，往往因为宠爱妃子而废嫡长子而立幼子。我没有姬妾，五个儿子都是独孤皇后所生，他们一定会和睦相处，不会像前朝那样发生争夺。"可是他没想到自己的这句话还是说得太早了，一母同胞的兄弟，为了争夺皇位照样会闹出悲剧。

独孤伽罗与杨坚的长女名叫杨丽华。她十四岁的时候被选为太子妃，十七岁就成为北周的皇后，还被立为"天元大皇后"。这样，独孤伽罗的姐姐是北周明帝宇文毓的皇后，女儿又当上了周宣帝宇文赟的皇后，"贵戚之盛，莫与为比"。杨坚一家的势力骤然膨胀，成为北周权势最大的家族。

可不幸的是杨丽华的丈夫宇文赟是一个出名的昏君，他即位后竟然同时立了四位皇后。不过杨丽华性情柔婉，作为元配夫人，她与其他几位皇后相处得亲如姐妹，后宫上下都对她极为尊敬。

周宣帝宇文赟与杨丽华之间却发生了一些小矛盾。宇文赟想让杨丽华向自己认错，可是她却神色自如，一点儿没有认错的意思。宇文赟恼羞成怒，下令要将其赐死。如果杨皇后死了，杨氏一家不仅会失去已有的富贵，而且还会有满门抄斩的危险。杨家上下一片混乱，在紧急关头，独孤伽罗却显示了少有的镇定。她亲自连夜入宫，跪在殿前为女儿请罪，叩头直至流血，最后终于使周宣帝收回了成命。

可是宇文赟只当了一年皇帝就把帝位传给了七岁的儿子宇文阐（周静帝），自称"天元皇帝"，年纪轻轻地就当起了太上皇。不过他只当了不到一年的太上皇就一命呜呼了，年仅二十二岁。

因为小皇帝年纪太小，所以给了杨坚一次大好机会。内史上大夫郑译、御正大夫刘昉假传遗诏，让颇有声望权势的太后之父杨坚以大丞相的身份辅政，总揽朝廷内外的军国大事。宇文氏诸王分镇各藩，不能容忍杨坚擅权专政。有一次，赵王宇文招借口饮宴将杨坚诱进赵王府，设下埋伏想要把他杀死。幸亏杨坚的随从元胄识破了他的意图，杨坚才逃过一劫。

静帝宇文阐迫于形势，只得封杨坚为隋王，还特许杨坚可以带剑上殿，上朝的时候可以不必下跪。后来，在杨坚的要求下，静帝又赐给他原本只有天子才能戴的十二旒的冠冕。这时国家的政局也开始不稳定起来，杨氏代周的谣言四起。独孤伽罗认定这是个有利的机会，于是就对丈夫说："既然大家都说你想代周自立，现在已经是骑虎难下了，还不如抓住这个机会，应该还有成功的可能。"杨坚虽然已经有了代周篡位之心，但还是有些犹豫的。独孤伽罗的支持，更加坚定了他的决心。

北周大定元年（公元581年）二月，杨坚终于废掉了年幼的静帝宇文阐，自称皇帝，改元开皇，建立了隋王朝。他封独孤伽罗为文献皇后，按照惯例立长子杨勇为皇太子，其余四个儿子也都封了王：杨广为晋王、杨俊为秦王、杨季为越王、杨谅为汉王。此后杨坚又陆续杀了宇文氏诸王，免除了后患。其实杨坚能顺利登基，与独孤伽罗的积极参与谋划是分不开的。所以长期以来，隋文帝对独孤皇后一直都言听计从，百依百顺。

杨坚于开皇八年（公元588年）派兵南下大举伐陈，结束了三百年来的分裂割据局面，统一了全国。次子杨广在这次战役中作为行军元帅，统领各路兵马，战功卓著，赢得了杨坚的喜爱。

独孤皇后非常喜欢读书，识古通今。杨坚每天上朝的时候，她都亲自把其送到朝门。等到杨坚下朝时，独孤皇后又一定会在宫门守候。夫妻二人一同返回后宫，夫唱妇随，"相顾欣然"。她不仅把六宫治理得井井有条，细心料理文帝的生活，努力当好文帝的贤内助，而且还很有政治眼光和远见。杨坚非常欣赏独孤皇后这一点，所以只要有什么大的决定，都要与她商议。而且独孤皇后还暗中派遣宦官监察朝政，如果有什么不妥的地方，等文帝退朝之后，她就会婉言进谏。杨坚也常常会采纳她的意见，为朝廷百姓都做了不少有益的事。因此文帝与独孤皇后两人被大臣们并称为"二圣"。

独孤皇后尊敬长辈，平日里还经常教育几个公主嫁人之后要孝敬公婆。她生性节俭不好华丽，当时突厥与隋朝进行贸易，有明珠一盒，价值八百万，幽州总管殷寿劝她买下。可独孤皇后却婉言谢绝说："如今戎狄屡次侵犯，将士征战疲劳，还不如用这八百万犒赏有功的将士。"她的这一举动受到了文武百官的交口称赞。独孤皇后还是个虔诚的佛教徒，每次处决犯人的名单呈报上来，她总要流眼泪，恳请杨坚谨慎决定。却对外戚要求很严格，凡事以江山社稷为先。大都督崔长仁是她的表兄，因为触犯了法律，按律理当处死。可杨坚看在妻子的情面上，有意赦免其罪。可独孤皇后却进谏说："处理国家大事，怎么能顾念自己的私情呢？"最后她还是把崔长仁处死了。

独孤皇后的异母兄弟独孤陀曾经因为行为恶劣而受到独孤皇后的指责，他一直怀恨在心，愤愤地在家里搞起了迷信活动，以此来诅咒独孤皇后。结果东窗事发，杨坚怒气冲冲地想把这个不识相的小舅子杀掉。独孤皇后得到消息后，整整绝食三天，请求文帝赦免其罪。她说："如果独孤陀对国家和百姓不利，臣妾不敢为他说情。但是如今独孤陀是因为诅咒我而犯罪，所以还是请求陛下赦免他吧。"于是独孤陀被免了死刑，从轻发落只判了个流放。

可是独孤皇后生性善妒，不容许杨坚接近女色，史称"时独孤后性妒，后宫罕得进御"。因此隋朝后宫虽然佳丽三千，却形同虚设。杨坚"惟皇后当室，旁无私宠"。独孤皇后作为一国之母，废除了以往三妃六嫔的旧例，提倡俭朴的生活，禁止后宫中的妃嫔们穿华丽的衣服，同时对她们的言行举止也都有十分严格的规定。妃嫔们也不得随意接近皇帝。虽然她们对独孤皇后的这个做法十分不满，但也不得不照做。不过独孤皇后对后宫的严格治理，使隋文帝能够专心政事，对这一时期国家的强盛有很大的帮助。

随着国家政局的逐渐稳定，杨坚也开始对独孤皇后这些清规戒律厌烦起来。但他对独孤皇后既爱又怕，不敢公开地反抗，只能和大臣们发发牢骚，《裴肃传》里还记载了杨坚对裴肃说的一句话："后宫宠幸，不过数人。"

有一次，独孤皇后生病在中宫调养。杨坚到后花园散步时，偶然听到了一阵歌声："金井落梧桐，茱萸烧殿红；君王爱秋色，徘徊仁寿宫。"他循声而去，见到了一个十七八岁的美丽少女。她是北周旧将尉迟迥的孙女。杨坚一下子就被尉迟氏吸引住了。杨坚就趁此机会留宿在仁寿宫，与北周旧将尉迟迥的孙女尉迟氏暗度陈仓，以致第二天早上还误了上朝的时辰。

这边独孤皇后见文帝一夜未归，又从小太监口中听说文帝早朝没有准时到达，心里很疑惑。不过她很快就知道了事情的真相，可是她却不动声色。后来她趁着杨坚上朝之际，立刻派人将尉迟氏乱棍打死。

杨坚退朝之后，没想到竟然得到了尉迟氏被独孤皇后处死的消息，不禁顿时勃然大怒。他觉得自己堂堂天子受制一妇，还保护不了自己喜欢的女子。可是独孤皇后却理直气壮地辩解说："尉迟氏与宇文氏是至亲，她留在你身边绝对是个隐患。"杨坚生气地拂袖而起，一个人骑着马冲出了皇宫，跑到了深山中的一所寺庙中躲了起来。

独孤皇后没想到杨坚的反应如此强烈，连忙派人告知重臣高颎和杨素，请他们去劝杨坚回宫。见到高颎和杨素，隋文帝不禁泪流满面，叹息着说："我如今虽然贵为天子，可是竟然还没有自由！"两位大臣"扣马苦谏"说："陛下怎么能因为一个妇人而放弃天下呢！"但是隋文帝在山中驻马良久，依旧不愿回宫。众大臣一再劝解，直到半夜时分，隋文帝才返回宫中。

独孤皇后也觉得自己这件事情做得有些过分，于是就在宫门口苦苦守候，等待隋文帝回来。一直等到半夜的时候，隋文帝才和众大臣回宫。独孤皇后流着眼泪向隋文帝请罪，表示悔过。可杨坚还是很生气，盛怒之下本想下诏废去独孤皇后，但是念及夫妻早年的患难之情，再加上高颎、杨素和大臣们都从旁劝解，文帝也就回心转意了，与独孤皇后设宴共饮，和好如初。此后，独孤皇后就不再过分干涉隋文帝的一举一动了。可是经历了尉迟氏事件之后，后宫的妃嫔们更是小心谨慎，噤若寒蝉，哪里敢再接近文帝。

独孤皇后不仅不愿意文帝宠爱其他妃嫔，而且也讨厌朝中的大臣们娶小老婆。她绝对可以算是一夫一妻婚姻制度的崇尚者了，这在中国古代的历史上是极为少见的。大臣中凡是有姬妾生子的，无论他对文帝是多么的忠心耿耿，对大隋王朝作过多大的贡献，独孤皇后都会请求文帝将其斥责贬官，与之疏远。所以独孤皇后在别人眼里就成了一个十足的妒妇。清朝的赵翼就曾经说："独孤皇后善妒，殃及臣子。"

高颎原来曾是独孤信的部下，很早就追随杨坚，对其忠心耿耿、屡立奇功。在杨坚建立隋朝之后，高颎作为开国元老任相国，德高望重。当初尉迟氏事件，独孤皇后就是靠了他和杨素的努力才与杨坚重归于好的。高颎与自己的妻子感情很好，可是不幸妻子因病去世了。高颎非常伤心，曾对人说自己"瑟弦骤断，惟斋居诵经而已"。独孤皇后听说后，非常感动，还常常在文帝面前夸奖他。可是没想到，不久高颎的小妾就生了一个儿子。独孤皇后对高颎的态度立刻一百八十度大转弯，常常说他的坏话，并且要求文帝罢免其官职。开始杨坚也不同意，觉得高颎功绩显赫，也没有什么大的过失，怎么能随意免职。可是独孤皇后不停的枕边风还是起了效果，杨坚渐渐也对高颎有了不好的看法，最终还是以“表里不一，不堪信任”之名罢黜了高颎。

太子杨勇是独孤皇后的长子，独孤伽罗对杨勇倍加宠爱，亲自为他选定了魏宗室元孝矩的女儿为太子妃。元氏出身名门，贤淑端庄，独孤皇后非常喜欢。与之相比，她认为云昭训出身低微，失于轻佻，显得仪态不足，暗示太子尽量少接近她。可是杨勇偏偏只喜欢云昭训，而对母亲为自己选的妻子没有什么感情。太子与太子妃关系不好，独孤皇后却认为这全是杨勇的责任。

杨勇品性宽厚，做事有些随意。有一年冬至的时候，百官都到太子宫中称贺。杨勇命令张乐受贺，结果无意中超出了礼制的规定。这件事情传到了独孤皇后那里，她就对隋文帝说：“太子杨勇率性任意，动多乖张，今日冬至，百官循例进宫，他却令张乐受贺。圣上尚需劝诫他一番才好。”隋文帝听说了这件事情之后，心中也很是不快，于是就下诏群臣，令自此之后不得擅自朝贺东宫。隋文帝因此对于太子杨勇也渐渐有了猜忌之心，宠爱大不如前了。

由于太子处境困窘，元妃一直很为他担心焦虑，可是杨勇却并不以为然。最后元妃抑郁成疾，带着遗憾离开了这个世界。不久，云昭训就生下了一子，很得杨勇喜爱。独孤皇后认为是太子和云昭训有意谋害嫡妻，而且太子宠妾疏妻，偏妃生子，违反了她定下的规矩——“后庭有之，皆不育之，示无私宠”。独孤皇后对他大为不满，也渐渐有了废去太子杨勇的意思。于是独孤皇后派宦官伺察太子的过失，准备等待合适的机会，废去杨勇的太子之位，另立新太子。

独孤皇后的次子晋王杨广和太子杨勇完全不同，他生性狡诈，善于矫饰逢迎，早就有觊觎太子位的野心。他知道独孤皇后痛恨男人纳妾和宠幸姬妾，所以为了取悦于母后，他表面上装出清心寡欲的样子，和正妃萧氏如胶似漆、形影不离，背地里却不惜将其他姬妾所生的孩子掐死，只有和萧氏所生的孩子才禀告父皇和母后。果然独孤皇后就对他越来越有好感了。

有一次，杨坚和独孤皇后一起到杨广的府第去。杨广赶紧把他美貌的姬妾都藏匿起来，只留下几个又老又丑的宫女充当侍役，身上穿的全是粗布衣服。杨广与萧妃，也穿得很朴素。他还将屋子里的华丽陈设都撤下去，只有一些必备的设施。架子上的乐器也都落满了灰尘，好像很长时间都不曾奏乐享乐似的。实际上杨广的生活极为奢侈，府中的佳丽也很多，而这种种的一切都为他制造了假象。杨坚平素最恨奢侈的行为，见到杨广如此，心里也很满意。有时候独孤皇后会派遣亲信到晋王的府第探视。杨广不论来者身份的贵贱高低，都会亲自到大门口去迎接，并设宴款待，送给他们厚礼。于是为杨广说好话的人越来越多了。

大臣杨素，是隋朝的宗室远亲，最为杨坚信任。高颎被罢黜之后，杨素自然就成为朝中资历、地位最高的重臣。杨广暗中与心腹宇文述等人以重金贿赂大理寺少卿杨约，再通过杨约结交了他的哥哥杨素。杨素本来是太子杨勇的亲信，但他也看出独孤皇后和文帝已经不再宠爱太子了。他为了保住自己的荣华富贵，于是就见风使舵地和晋王杨广勾结在一起，不遗余力地挑拨离间，还经常进谗言诽谤太子。

晋王杨广调镇扬州，不到半年就上表请求入宫朝觐。回朝之后，杨广表现得对朝臣们谦和礼让、恭敬有加。因此宫廷内外，对杨广都是交口称赞。

到了辞行回扬州的时候，杨广入宫辞别母后，见了独孤皇后就涕泣着说："臣儿生性愚钝，从来也不知道忌讳，在扬州远离双亲，时常想念，所以还不到半年就上表回来探望父皇和母后。我本来也只是希望听到你们的教诲，可是没想到却触怒了太子。"独孤皇后很是奇怪，于是就问这是怎么回事。杨广装着害怕的样子说："太子看到儿臣现在很受母后的宠爱，竟然说我是不怀好意，还想要加害于我，所以我现在心中很是惶恐。我现在远离京城，太子却一直在父皇和母后身边，如果他要是老是说我的坏话，说不准哪天你们就相信了，会赐给臣儿毒酒一杯或者白绫三尺。我真不知道自己会死在哪里，害怕从此一别就再也见不到双亲了。"他说完就呜咽不止，涕泗纵横。独孤皇后不知道其中的原因，一下子就想起之前太子的种种不是，于是就生气地说："我为他娶了元家的女儿，他竟然不好好对待元氏。元氏向来身体很健康，怎么会一下子就死了呢？元氏死后，他一点儿不悲伤，反而还和那个云氏在一起鬼混。我原来就怀疑元氏是被他们谋害的，可是还是暂时容忍了他。没想到他现在却越发的狂妄，竟然想加害于你！我现在还活着他就这个样子，以后可真是不堪设想了。"从此独孤后废杨勇的想法就更坚决了。

有这么多对太子的不利因素，再加上独孤皇后的影响，隋文帝也对太子杨勇起了疑心，逐渐动了废太子的念头。可是太子并没有什么大的过错，不能轻易废长立幼，所以杨坚一直犹豫不决。

消息传到了东宫，杨勇沉不住气了，于是秘密地叫来巫觋在府中作法辟邪。结果这事偏偏又被文帝和独孤皇后知道了，于是他们就派杨素到东宫去探听一下虚实。杨勇性情宽厚，胸无城府，还以为杨素是好意来府中慰问，言语之中不经意间流露出些许怨愤之情。已成了杨广心腹的杨素回宫后就将这些夸大后禀报给隋文帝，捏造了太子杨勇有意谋反的罪证。

杨坚听了自然非常生气，于是就在开皇二十年（公元600年）十月，在成德殿召集文武百官宣布诏令以"情溺宠爱，失于至理，仁孝无闻，昵近小人"的罪名而将太子杨勇废为庶人。十一月他改立次子晋王杨广为皇太子。

独孤皇后心里很安慰，觉得这下子可以放心了。两年之后，也就是仁寿二年（公元602年）的八月，她在永安宫中病逝，终年五十岁，葬于太陵。这下隋文帝杨坚再也没了约束，开始宠幸宣华、容华二位夫人。可是由于杨坚年纪老迈，再加上纵欲无度，还不到两年时间，他便病卧仁寿宫了，病情逐渐加重。杨坚躺在床上，想起了以前的很多事情，忍不住叹息着说："假如独孤皇后还在的话，我也不会落到现在这个地步。"没想到正在这时宣华夫人陈氏衣衫不整地跑进来，杨坚看到她"神色有异"，忙问她怎么了。陈氏泫然流泪说："太子无礼。"杨坚转而又大怒道："畜生何足付大事，独孤诚误我！"可是这个时候说什么都已经晚了，杨广此时已经羽翼甚丰，难以控制。杨广最后还派亲信杀死了自己的亲生父亲。

一生精明能干的独孤皇后可能不会想到：自己心爱的二儿子杨广在父亲还活着的时

候，就调戏自己的庶母，即位后又穷奢极欲地大兴土木，广选天下美女。不仅如此，他还残害重臣，杀害手足同胞，成了历史上有名的昏君隋炀帝。杨广即位后只是短短的十几年时间，就把杨坚与独孤皇后辛苦创下和苦心经营的大隋基业挥霍殆尽。

独孤皇后在政治、管理后宫等方面都显示出了卓越的才能，促进了隋王朝的稳定和繁荣。但是在东宫易储的事情上，她却“聪明一世，糊涂一时”，受到了杨广的蒙蔽，和隋文帝废了宽厚的长子杨勇，改立杨广为太子，铸成了大错。虽然她不是最终的决定者，但是她在其中起的作用是非常大的。所以魏征曾说她“心非均一，擅宠移嫡，倾覆宗社，惜哉!”

命运多舛的皇后

——隋炀帝皇后萧氏

太建元年（公元569年）二月二日，后梁明帝萧岿的宠妃张姬生下了一个女婴。按照当时江南的风俗，二月出生的孩子命运一般都不好，而二月二出生的孩子更是命运多舛，还有可能会妨害父母。萧岿是个很迷信的人，他请人给女儿占卜了两次卦象都不好。后来他竟然想把亲生骨肉弄死，可是张姬舍不得这个自己十月怀胎生下的小生命，所以一直哭着苦苦哀求丈夫。最后，萧岿决定把这个女儿送给自己的远房堂弟萧岌，托他们夫妇收养。这个女婴就是后来隋炀帝杨广的皇后萧氏。

萧岌夫妇没有孩子，自然对萧氏百般疼爱，视若掌上明珠。萧氏从小就聪明伶俐，给萧岌夫妇带来了很多的欢乐。萧岌教她看书写字，发现萧氏天资聪颖，什么都是一点就通。他就对夫人说："这个孩子将来一定前途不可限量，不是待在咱们这种小地方的人。"于是他就更加用心地教导萧氏。可是萧氏刚刚八岁的时候，萧岌夫妇就先后去世了，她又被舅舅张轲收养。舅舅的家境不好，萧氏也要和他们一起劳作，过着清苦的日子。

杨坚建立隋朝后，次子杨广被立为晋王。后来杨广到了该选妃的年龄，杨坚和独孤皇后为此大费脑筋，最后才决定从南方的名门望族的女子中挑选。于是开皇三年（公元583年），杨坚派使者为杨广到后梁明帝萧岿家里提亲。

萧岿大喜过望，觉得如果能和隋文帝结为儿女亲家，自己的统治也就没有后顾之忧了。于是他把家里的三个女儿都叫出来，让使者挑选。可是这三个女儿不是相貌不好，就是和晋王八字不合。这时有些沮丧的萧岿突然想起了寄养在张轲家里的女儿萧氏，于是立刻派人去接。

当一别十几年的女儿站在自己的面前时，萧岿都不敢相信自己的眼睛了。萧氏已经出落成了一个美丽动人、端庄贤淑的大姑娘。使者对萧氏也很满意，立刻进行占卜，得了一个大吉大利的卦。使者向萧岿道贺，并把此事禀报给文帝。萧岿没有想到自己当成灾星差点儿将其弄死的这个女儿，现在竟然成了自己的福星。

后来萧氏奉旨到了长安，见到了自己的未来的公公婆婆。因为她端庄贤惠、知书达理，说话也很得体，所以很得杨坚和独孤皇后的喜爱。很快，萧氏就晋封为晋王妃，成了杨广的元配夫人。婚后小两口很是恩爱，生下了两个儿子，这就是后来的太子杨昭和齐王杨暕。

这个时候，杨勇正好是太子，可是他因为冷落了正妻元妃而宠爱云昭训，所以独孤皇后对这个儿子很不满。杨广抓住了这个机会，开始为争夺太子之位作着积极的准备。他极力迎合讨好文帝和独孤皇后，收买大臣和父母身边的内侍，同时还中伤太子杨勇。渐渐地文帝和独孤皇后都疏远了太子，对杨广产生了好感。

开皇二十年（公元600年），杨勇被废，杨广如愿以偿地当上了太子，萧氏被册立为太子妃。仁寿四年（公元604年），杨广弑父即位，册封萧氏为皇后，杨昭为太子。

杨广即位后开始大修宫室，营建东都洛阳，先建了显仁宫，后来又修建了西苑。他还广泛搜罗海内外的奇材异石，将佳木珍草充实其中。西苑包括十六个宫室，这十六院分别是：景明院、迎晖院、栖鸾院、晨光院、明霞院、翠华院、文安院、积珍院、影纹院、仪凤院、仁智院、清修院、宝林院、和明院、绮阴院和降阳院。隋炀帝从应征而来的天下美女中，选出十六人封做四品夫人，分别主持各院。接着他又选出三百二十名美女学习吹弹歌舞；次一等的则分为十人一组，分配到各处亭台楼榭充当职役。之后，隋炀帝又命人建造了一座精巧别致的“迷楼”，楼内分为四阁，分别为“散春愁”“醉忘归”“夜酣香”“追秋月”。三千女子轮流入阁值夜，杨广随意寝宿，把一切军国大事都抛在了脑后。

为了饱览江南的秀色，隋炀帝还下令开凿了连及苏杭的大运河，带着萧氏和六宫妃嫔们浩浩荡荡地幸游江都。大业六年（公元610年），扬州壮丽的离宫落成，隋炀帝和萧氏再次游幸江都，杨广还写下了著名的《春江花月夜》一诗：

暮江平不动，春花满正开。
流波将月去，潮水带星来。

然而，这一切的奢华都是建立在人民的痛苦之上的，不断的横征暴敛使得老百姓怨声载道。所以，大业十二年（公元616年）秋天，隋炀帝准备偕萧氏第三次游江都。大臣们都苦苦劝谏他说：“如果再纵情游乐，天下恐生变故！”可杨广却不在乎地说：“人生自古谁无死，年过半百不为夭。”据说他还曾顾镜自照，对萧氏说：“这么好的头会被谁砍下来呢？”

杨广第三次来到江都时，江都的繁花早已经开尽了。于是隋炀帝又命人开凿通往会稽的江南河。没想到运河尚未凿成，天下已经大乱。太原留守李渊攻下了长安。右屯卫将军宇文化及密谋兵变，宫人禀告萧氏，萧氏令其上奏。可是隋炀帝听了宫人的报告后大怒，竟然把他给杀了。后来又有宫人向萧氏禀报兵变的消息，萧后只好叹气道：“事情已经到了这种地步，无可救药，还是不用报告了，否则也只不过让皇上更烦恼而已。”

其实萧氏一直是想做一个称职的好皇后的。早在隋炀帝即位之初，她就曾劝谏他说：“母后驾崩之前，曾与臣妾谈及治家之道，一要俭朴，二戒女色，现在皇上的所作所为，恐怕不是国家的福气。”可是杨广依旧不为所动，认为人生在世，就要及时行乐。有一次隋炀帝去江都游玩，让十九岁的太子杨昭留守长安，可是杨广在扬州乐不思蜀，一下子就待了八个多月。七月，杨昭从长安赶到扬州朝见父亲，因为天气酷热而中暑，不久便死了。萧氏十分伤心，觉得这是上天给他们的警告，于是她就趁机再次进谏。杨广失去了爱子，心里也很悲痛，就答应了萧氏不再巡游。可是他没过多久就把这件事抛在脑后了。后来萧氏还作过一篇《述志赋》，委婉地劝谏杨广用心国政，有所节制。可是杨广依旧还是那样我行我素。也许是对丈夫失去信心了吧，萧氏从此就不再多说，对朝政不闻不问了。

最后右屯卫将军宇文化及策动禁军，在寝殿西阁缢杀了刚满五十岁的杨广，立秦王杨浩为帝。杨广贵为一国之君，死时竟然连个棺材也没有，萧氏令宫人撤床箦为棺埋葬了他。宇文化及看到美丽的萧氏，意欲将其纳为偏房。于是萧氏趁机要求他为隋炀帝按天子之制举行厚葬，宇文化及最后还是满足了她的这个要求。此时，在中原起兵的窦建德，势如破竹，直捣江都。宇文化及措手不及，最后只得带着萧氏退守魏县，并自立为许帝，称萧氏为淑妃。不久，魏县被攻破，他们又仓皇逃到了聊城。窦建德率军乘胜追击，最后杀死了宇文化及。而窦建德也被萧氏的美丽和高贵所吸引，同样也纳她为妾。这时北方突厥人的势力迅速发展起来，大有直逼中原之势。原来嫁给突厥可汗的义成公主得知了嫂子的下落，于是她就派使者去迎接萧氏及其孙子杨政道、侄孙萧嗣业。窦建德不敢和突厥起正面冲突，无奈只得把萧氏他们送走了。

萧氏本以为自己这下可以平静地度过后半生了，可是没想到，突厥可汗同样也看中了她的美貌，无奈的她又成了可汗的爱妃。后来老可汗死了，颉利可汗即位。按照突厥的风俗，萧氏又被新任可汗接纳为妃。可怜的萧氏因为自己的美貌，先后辗转于好几个男人的手里，可是势单力薄的她还是改变不了自己的命运。

唐贞观四年（公元630年），兵部尚书李靖进军突厥，大败突厥颉利可汗。萧氏和孙子杨政道等人立即投奔到李靖的营帐中，后来终于被护送回京城。萧瑀、萧璟等亲戚都出城迎接萧氏。再次回到中原，萧氏不由得想起了从前的富贵与屈辱，忍不住泪流满面。

唐太宗李世民在内宫举行了盛大的宴会为萧氏等人接风，在席间他问萧氏说："你以为眼前的场面与当时的隋宫相比如何？"萧氏知道这哪里比得上当时杨广的奢靡，但是她也不便明说，最后只是平静地说："陛下乃是开基立业的君主，何必要和一个亡国之君比较呢？"于是唐太宗对萧氏就更为敬重了。

萧氏在唐宫中度过了十八年平静的岁月，于贞观二十一年（公元647年）三月去世，结束了她传奇的一生。唐太宗下诏恢复了萧氏的隋朝皇后地位，赠其谥号为"愍"，意思是集忧伤、哀怜、祸乱于一身。最后唐太宗以皇后的待遇将她与杨广合葬在一起，完成了萧氏最后的心愿。

后来元代的卢挚还为萧氏写了一首曲子，生动形象地刻画了萧氏曲折悲惨的一生。这首曲子名为《蟾宫曲·萧娥》：

晋王宫深锁娇娥，
一曲离笳，百二山河。
炀帝荒淫，
乐陶陶凤舞鸾歌。

琼花绽春生画舸，
锦帆飞兵动干戈。
社稷消磨，汴水东流，千丈洪波。

唐

盛世贤后

——唐太宗皇后长孙氏

如果一定要在中国历史上评选出一代盛世，那么贞观年间的大唐当之无愧。隋朝末年，隋炀帝杨广残暴无道，官逼民反，全国各地农民起义风起云涌，中华大地短暂的统一迅速被打破。公元617年，唐国公李渊在太原起兵。此时，瓦冈军和河北义军正在中原地区与隋军混战，牵制了朝廷的大部分兵力。当年秋，李渊趁京都长安驻防薄弱，率三万军士从太原出发，于年底攻克长安。公元618年，李渊在长安称帝，建立唐朝，史称唐高祖。公元626年，李渊次子李世民于玄武门发动政变，杀死李建成、李元吉，迫使李渊禅位，自己即位，是为唐太宗，并于次年改元贞观，开启了一代盛世。

李世民是中国历史上少数既能打天下又能治天下的有道明君。他在位期间，不忘吸取隋亡的教训，居安思危，励精图治，任用贤良，虚怀纳谏，实行轻徭薄赋、疏缓刑罚的仁政，并且进行了一系列政治、军事改革，促成了社会安定、生产发展的升平景象，史称贞观之治。

有人说：一个成功的男人背后必定有一位伟大的女性。唐太宗大治天下，盛极一时，不但与他英明的政治决策有关，也与他的贤内助长孙皇后的辅佐是分不开的。

家世渊源

长孙，鲜卑姓氏，据说魏献文帝的三哥是这个姓氏的源起之祖。原为拓跋氏，由于位居宗室之长，改称长孙氏。从魏至周又到隋，跨越三代，鲜卑皇室家族一直传承不息，而且都享受高官厚禄。

长孙皇后，小字观音婢，出生于隋仁寿元年（公元601年），父隋朝右骁卫将军长孙晟，母高氏之父高敬德曾任扬州刺史。长孙氏生长在官宦世家，自幼接受正统的教育，养成了知书达理、贤淑温柔、正直善良的品性。年幼时，一位卜卦先生为她测生辰八字时就说她“坤载万物，德合无疆，履中居顺，贵不可言。”长孙皇后与太宗的婚姻可以称得上缘定三生，他们的家庭早在祖辈就已经结下不解之缘。长孙氏的婆母窦氏，即李渊的皇后，谥号太穆皇后，是定州总管神武公窦毅与周武帝姐姐襄阳长公主的女儿。传说这位太穆皇后生而不凡，刚出娘胎的时候头发就长过颈项，长到三岁时，她的头发已经与她的身高一样长了。周武帝对外甥女非常疼爱，自幼就将她带在身边。

周武帝也是一位志向远大的帝王，一直想兼并北齐高氏，统一中原。然而在几场战役中，北周军队都以战败告终。在北周与北齐的角力中，蒙古的突厥是一支不容忽视的力量。如果能得到突厥的支持和配合，统一北方的阻力将会大大减少。因此，北周、北齐双方都试图拉拢突厥，与其建立合作关系，而自古结盟的最好形式莫过于联姻。

当时突厥的首领是木杆可汗，他有好几位女儿，但大多数都已婚配，因此未婚的小女儿阿史那成为北周与北齐争夺的目标。为了赢得这段婚姻，宇文氏和高氏展开了一场又一场的拉锯战。木杆可汗则立场不明，朝令夕改，成为不折不扣的墙头草，一个女儿两头许，在两国之间摇摆不定。就这样僵持周旋了五六年，在经历了固婚使团被囚禁、迎亲使团被扣押等波折之后，周武帝终于在天和三年（公元 568 年）三月最终赢得了最后胜利，娶回了十八岁的阿史那，并尊为皇后。

古往今来，以政治为目的的联姻多是不幸的，再加上这样的求婚经历，周武帝对阿史那皇后的态度十分冷漠，即使阿史那年轻美貌地位尊崇，武帝仍然视而不见。可怜阿史那皇后入宫后便一直备受冷落。

窦氏从小生活在周武帝的身边，对舅舅冷淡皇后的前因后果和当局的形势都十分清楚。她对舅舅夫妻失和之事非常担心，劝周武帝说："我国四周的敌情尚未平定，突厥的势力仍然十分强大，舅舅应该为天下的苍生考虑一下，控制住自己的情绪，对皇后多加关照。只要得到突厥的协助，江南和关东都不足为患啊！"此时窦氏只有六七岁，小小年纪能有如此见地，一时间语惊四座。周武帝听罢顿时豁然开朗，第一个正色以对，当即就接纳了小外甥女的建议，从此对阿史那皇后的态度大为转变。第二个感到震惊的人是窦氏的父亲窦毅，他严肃地对妻子襄阳长公主提出要求："我们的女儿才貌惊人啊，万万不能随便许配人家，一定要为她选一个贤婿才行！"窦氏一年年长大，经过广泛而苛刻的挑选，无数的王孙公子风流名士都被淘汰，最后窦毅终于为女儿找到了东床快婿，他也的确不同凡响，这个人就是未来的唐高祖李渊。

窦氏嫁给李渊后，夫妇和睦，相处融洽。窦氏为李渊生儿育女，过着普通主妇的幸福生活。但此时长安城里却有一个人，一直对窦氏念念不忘。他就是开府仪同三司、平原公长孙光的长子长孙炽。长孙炽可以算是被窦氏儿时那番见解震惊的持续时间最长的一位——从窦氏幼年一直到她为人之母以后，长孙炽始终期望能与这位不同寻常的女子结为姻亲。可惜的是长孙炽的儿女都与窦氏的儿女婚龄不一致，在自己做亲家的打算落空之后，他便在弟弟长孙晟家中寻找机会。后来，长孙晟的女儿渐渐成长，日益显出聪明美丽的天姿，长孙炽便不失时机地劝导长孙晟："窦氏这个人自幼就聪慧过人，她的儿子必定也是奇才，这样的人不与他联姻太可惜了！"

长孙晟听了哥哥的建议也非常动心，为了不错失佳婿，他干脆亲自来到李家为自己的女儿提亲。窦氏为李渊生了四个儿子，最终，这段婚事落在了与长孙小姐年龄相仿的二公子李世民身上。因此，这段联姻，长孙炽应记首功。

公元609年，五十八岁的一代名将长孙晟因病去世。小长孙氏此时年仅八岁，小小年纪便失去了父亲的疼爱和保护，开始了一段惨痛的经历。长孙晟尸骨未寒，前妻的儿子长孙安业就摆出一副一家之主的架势，毫无顾虑地将继母高氏和异母的弟妹赶出了家门。这位被赶出家门的长孙夫人也出身不俗，原是扬州刺史高敬德的女儿。无奈之下，高氏带着一双儿女投奔娘家。从此，小长孙氏跟随母亲，在舅舅高士廉的身边度过她的闺中岁月，一直到十三岁出嫁。高士廉对年幼丧父的长孙兄妹关怀备至，一手为他们操持了终身大事。甚至还有另外一种说法，长孙氏与李世民的婚姻，高士廉才是大媒。

对于少不更事的长孙氏来说，被亲哥哥赶出家门、在舅舅家寄居的经历，足以让一向出身高贵、衣食无忧的她饱尝过去从未体验过的人世冷暖。舅舅的疼爱，远远抵不上有家难归的痛苦，无法抚平内心深处孤苦无依的伤痕。这一段经历对于她的成长和性格的形成，乃至她以后作为一国皇后时的为人处世都产生了莫大的影响。

公元614年，高士廉履行了妹夫生前为女儿定下的婚约，十三岁的长孙氏出嫁了，成为唐国公李渊次子李世民之妻，这一年李世民十五岁。年幼丧父的长孙氏在多年寄人篱下的生活之后，终于有了真正属于自己的家。

初为人妇的长孙氏在一次归宁母舅家所在永兴里的时候，曾发生过一件异事，这件事被郑重地载入正史。

据说，高士廉的一位小妾张氏，有一天无意中看见长孙氏所住的屋外，出现了一匹从未见过的大马，身高二丈，鞍鞯齐备，威风凛凛。转眼间，这匹从天而降的神马就消失不见了。张氏大惊，连忙把这件事告诉丈夫。高士廉赶紧命人卜卦，得《坤》之泰卦。

筮人曰："至哉坤元，万物滋生，乃顺承天。坤厚载物，德合无疆。牝马地类，行地无疆。变而之《泰》，内阳而外阴，内健而外顺，是天地交而万物通也。《象》曰：后以辅相天地之宜而左右人也。龙，《乾》之象也。马，《坤》之象也。变而为《泰》，天地交也。繇协于《归妹》，妇人之兆也。女处尊位，履中居顺也。此女贵不可言。"

这件演绎的神迹，就像李世民四岁时那位飘然而至的书生一样，似乎预示着长孙氏注定要母仪天下的命运。

秦王妃

李世民与长孙氏这对少年夫妻的感情应该是深挚的。和长孙氏幼年丧父相似，李世民的母亲窦氏夫人也早在他成亲之前就离开了人世。早失慈母的伤痛直到李世民成为君临天下的一国之主也不能恢复，每每想起母亲，当着大臣的面仍然会失声恸哭。除了同病相怜的儿时经历，李世民还与长孙氏的兄长长孙无忌自幼私交笃深，这使两人的感情更加深厚。

新婚的甜蜜生活是短暂的。生就不凡的长孙氏婚后依然过着非同寻常的家庭生活，因为她嫁的是一个天姿出众的丈夫。隋王朝此时已经迅速走到了终点，年轻气盛、胆略过人的李世民自然不会放过建功立业的大好机会。

隋炀帝大业十一年（公元615年），炀帝被突厥始毕可汗围困在雁门（今山西省代县）。此时新婚不久的李世民便应募勤王，并开始崭露头角，军事天分显露无遗。当李世民在疆场出生入死之际，长孙氏也第一次尝到了作为妻子为丈夫的安危担忧、彻夜难眠的痛楚滋味。而这，只是一个开头，在此后他们相伴的二十三年岁月中，这样的状况不止一次地重复上演。

大业十三年（公元617年），长孙氏的公公李渊被任命为太原留守，李世民和父亲一起赶赴晋阳（今山西省太原市），长孙氏也在随行之列。

太原只是长孙氏暂居之地，但在这里，她的丈夫李世民却不知不觉开始了自己的帝王之路：他开始招兵买马，全力以赴地投入了为父亲开创天下的大业中。当年夏天，李渊起兵反隋，李世民被任命为右领大都督，率右三路军，与大哥李建成部下的左军齐头并进，一路连克强敌，并于当年十一月攻克长安。不久，李渊称帝，建立了唐王朝。

公元617年，十八岁的李世民因军功卓著被拜为尚书令、右武侯大将军，晋封秦王。十六岁的长孙氏也随即成为秦王嫡妃，迈出了她走向皇后之位的第一步。但是，年轻的秦王并没有陪伴在已然身怀六甲的王妃身边。唐王朝建国之初，根基未稳，秦王李世民又开始马不停蹄地奔赴各地战场，出生入死，浴血奋战。

少年李世民酷爱冒险，在战事中一向身先士卒。他常常以身犯险，冲在队伍最前面，以少胜多，孤胆英雄式的战斗是他的嗜好。

武德二年（公元619年），刚刚成为父亲的李世民在一次对刘武周十万大军的战斗中，亲率数千精兵突击，一昼夜内奔袭二百余里，沿途大小战役数十次，三日不解甲。当这支数千人的队伍最终在山西介休找到敌方主力之后，不顾连战数日的疲劳立即出击，两天内突破敌方九道防线，歼敌至少一万三千人。而取得这样的大捷，李世民和部下们两天内却只分吃掉一头羊。

武德三年（公元620年），李世民再次率军征讨王世充。以少胜多的事迹接连不断。五百人对一万人、数十骑对数千骑……此间，李世民屡次率少量轻骑主动向对手挑战，应对百十倍于自己兵力的敌人，还在身陷重围之际命令部下先走，自己孤身殿后。

面对这样一个男人，长孙氏一直全力支持着李世民。可以想见，一个年仅十几岁的少妇，每每独对孤灯，怀抱嗷嗷待哺的婴儿，记挂着远在沙场的丈夫，内心将是怎样的翻江倒海。他是绝世的英雄，胸怀天下，志在四方，她只能藏起所有的艰辛和忧虑，默默为他祈福。她从未在他面前流泪，她不愿给他半点牵绊，只是永远没有人知道，兵荒马乱的日子里，他欠了她很多无法弥补的感情债。

武德四年（公元621年），唐军在李世民的率领下取得了虎牢之战的决定性胜利：他率领三千五百人，战胜了窦建德手下的十万大夏军，获虏五万余人。这一势力相差悬殊的战役震惊世人。高祖李渊喜出望外，当即加封李世民为位于王公之上的"天策上将"、陕东道大行台，并赏赐玉璧一双、黄金六千斤、共邑三万户。同时还有金辂一乘、衮冕之服、前后部鼓吹及九部之乐、班剑四十人。这些已经达到了帝王级的仪仗待遇。

被册封为天策上将之后，李世民有了短暂的休养机会。他又重新拾起笔墨书卷，开创了文学馆，广招博学之士。在这期间，以杜如晦为首的"十八学士"先后加入秦王府。李世民与这些饱学宿儒诗咏唱和，文学造诣也达到了相当的高度。《全唐诗》称他"诗笔草隶，卓越前古""天文秀发，沉丽高朗""有唐三百年风雅之盛，帝实有以启之焉！"

李世民武有令将士折服的军功，文有深厚的文学造诣，他自然而然地成为太子李建成的眼中钉。从唐高祖挑起起义大旗的那一天起，身为长子的李建成就统领左路军并与二弟李世民的右路军相互呼应，这位大唐第一任太子也是一位难得的军事人才。然而他很快就离开了战场，这不仅是因为身为太子，身系国本，更多的原因在于太子掌军，对于同样雄才大略的高祖李渊来说，也是一种忌讳。然而没有建立功勋、树立威信并不是李建成的最大麻烦，他的最大麻烦，正是他那位战功赫赫又深得人心的亲弟弟。

如果说李世民从来都没有想过继承大统，这似乎不近人情，更不合常理。当他的才能一次又一次地被证实，越来越多的人投靠到德才兼备的秦王门下，无论是他自己，还是身边的将士们，都在不断地鼓动他向皇帝的宝座靠近。于是，天策上将府与太子府之间的关系日益恶化。由于李世民经常征战在外，父亲和兄长的动态都不在他有效掌握的范围内，更不幸的是，他还得罪了高祖的宠妃张氏、尹氏。而同时李建成则利用自己常驻京城的优势，时常联络宫中的诸妃嫔，乃至掌宫女官尚宫、尚仪、尚服……几乎都被他笼络。

这样不利的局面，秦王妃长孙氏心知肚明。在这样的宫闱斗争中，无论是出征在外的李世民，还是留在府内的能臣谋士，都无能为力，能担负这个重任只有自己这个王妃了。为了替丈夫挽回劣势，使他能够没有后顾之忧地在外建功立业，长孙氏尽心竭力地孝顺李渊、恭敬诸妃嫔，想方设法弥补李世民与父亲之间的疏离。她还极力改善妯娌间的关系，希望借助妯娌关系的恢复缓和李世民兄弟间的紧张气氛。可是在权力面前，亲情和道德便显得微不足道，长孙氏所做的一切都无法解决本质问题。

秦王妃的担子日益沉重。可是，在长孙氏极力为丈夫四处奔走，建构人际关系网的时候，她还面临着自己的感情危机。青年秦王征战沙场的同时，没有忘记儿女情长。随着战事的节节胜利，秦王的名誉与日俱增，王府里各式各样的女人也越来越多了。实际上，早在李世民被册封为天策上将之前，他的生活中就已经不仅仅只有长孙氏一个女人了。

武德二年，长孙氏产下长子李承乾，其后不久，一位不知名的姬妾就又为秦王生育了次子李宽。这名女子出身卑贱，似乎并没有得到李世民的爱情，甚至没有进入“九嫔”之中，因此忽略不计。

然而随即出生的第三子李恪的生母，却不能让人视而不见：她是前朝公主、隋炀帝杨广的女儿，贞观元年册封后妃时，她被拜为“四夫人”之一的淑妃。有史料记载，这位公主是李世民的表妹，自幼便有所来往，因此即使李世民对她的感情不深，凭借她那不容忽视的背景、出身，在册立皇后的问题上，她竟得到了“地亲望高，中外所向”的声望，呼声甚至超越了嫡妃长孙氏。

接下来进入天策上将府的女子中，不断出现对长孙氏产生巨大威胁的人物。她们的身世也许没有杨氏公主高贵，但都与秦王李世民有着剪不断理还乱的感情。大多数进入秦王府的女子，都是因为姿色过人或文采出众被选入的。如后来的女皇武则天的表姐、隋朝上柱国燕荣之孙燕氏。这对于作为发妻的长孙氏来说，不仅是一种地位上的威胁，更是情感上的威胁。

李世民与燕氏的感情还是比较深的，在贞观元年时她就被封为仅次于皇后的四夫人之一“贤妃”（后迁德妃）。但燕氏最初于武德四年（公元621年）入上将府时十三岁，是因多才多艺、过目不忘的才名而被召入的。在入府之前，李世民并没有见过她。与燕氏情形相仿的，还有以后的昭容韦尼子，她也是应召入府的。李世民和她们之间可以说是日久生情。然而对他的另两位姬妾，秦王心中却一定存在着深刻的感情。她们是“四夫人”中的另外两位：后来的贵妃韦珪、德妃阴氏。

韦氏名珪，字泽，出身世家，曾祖韦孝宽为北朝名将，她是周骠骑大将军韦总的孙女、隋开府仪同三司郧国公韦圆成之女。

韦珪与李世民之间的经历可以算得上惊世骇俗。她生于隋开皇十七年（公元597年），比李世民大两岁，隋大业年间她就已经成婚了。她的第一任丈夫是隋户部尚书李子雄之子李珉，婚后韦珪生有一女。

隋大业九年（公元613），十五六岁的李世民正满心欢喜地迎娶长孙氏之际，韦珪的婚姻却濒临破灭。这一年，杨玄感造反，李子雄参与其中。后杨玄感兵败，李子雄与李珉父子双双被诛，所有家私充公。因为韦珪的出身不凡，她逃过了沦为官婢的命运，带着女儿回到了洛阳娘家，年纪轻轻就开始了寡居生活。

韦珪在冷眼和寂寞中苦挨日子，一晃就是八年。直到武德四年（公元621年），随着东都洛阳被唐军攻克，她的命运也悄然改变。

攻克洛阳的唐军统帅，正是二十二岁的秦王李世民。少年得志的秦王，征战之余当然不会忘记领略东都的佳丽。当然李世民不会去刻意关注一个寡妇，或许是天意，或许是机缘巧合，李世民却偏偏与韦珪相遇了。一见之下：“天情简素，禀性矜庄。忧勤絺纮，肃事言容。春椒起咏，艳夺巫岫之莲；秋扃腾文，丽掩蜀江之锦。”阅人无数的李世民竟对韦珪有惊为天人之感。

于是，李世民将韦珪纳入上将府。李世民对这位长自己两岁的女子非常倾心，虽然她曾经嫁过人，虽然她只为李世民生下一个女儿临川公主（武德七年即公元624年），但是贞观元年（公元627年）四月一日，韦珪仍然超越了除长孙氏以外的所有姬妾（甚至皇三子李恪那身为前朝公主的母亲），被册拜为仅次于皇后的“四夫人”之首的贵妃。就连她与前夫所生的女儿，都被封为定襄县主，后成为大将军阿史那忠的妻子。

贞观十年，长孙氏病逝，此后太宗再也没有册立皇后，韦珪代行皇后职权，成为贞观后期的后宫统领。李世民能不计韦珪的过去种种，一直对她宠爱有加，除了深挚而强烈的爱情，实在找不出合理的解释。

德妃阴氏与李世民之间的爱情就更非同寻常。面对韦珪，李世民仅仅需要突破传统的女子贞节观，面对阴氏，他需要放下的却是两个家族之间的深仇大恨。阴氏的出身虽然不及长孙氏、杨淑妃，却也不比韦珪差。她的曾祖父是周时夏州刺史阴嵩，祖父阴寿曾任周时上柱国隋时司空。韦珪的曾祖父韦孝宽任隋军统帅，阴妃的祖父阴寿便是监军。但阴氏与李世民之间的最大障碍却正是她的父亲：隋骠骑将军、张掖太守、武贲郎将、楼烦太守、左翊卫将军——阴世师。

与作为隋朝皇亲的李家相比，阴世师虽然只是一位普通的武官，却比李氏更加忠心耿耿。隋大业十三年（公元617年），李渊在晋阳起兵，他事前便向不在太原的儿女们通传了消息，平阳公主等人都相继离开了自己的居所奔往太原。唯一例外的是，长子李建成将异母弟弟李智云留在了河东。于是唐军举事不久，年仅十四岁的李智云便不幸被俘，押至长安，随即惨死在阴世师刀下。

后来李渊称帝后，虽然后宫妃嫔又接连为他生育了十七个皇子，李渊始终对李智云的夭折难以释怀。于是刚一称帝，李渊便追封这位“皇五子”为楚哀王，武德三年（公元620年）又将李世民的次子李宽过继给李智云以继香火。李宽不幸夭折后，李世民又再次为李智云过继了新的子嗣。由此推断，李世民与这位异母弟弟李智云之间的手足之情应该是相当深的。

李智云死后，李阴俩家的孽缘并没有就此结束，就在李渊起兵后不久，阴世师查出了李家五代祖宗的下葬之所，把李氏宗族的祖坟统统掘墓暴骨。

谁知他的阴谋没有得逞，挖坟不但没有破得了李家的风水，反而不到两个月内，唐军就攻到了长安城下。阴世师虽拒不投降但终究是无谓的抵抗，在他与隋朝刑部尚书卫文升、京兆郡丞滑仪一起死守长安一个月后，李世民的大军破城而入。当年十一月，阴世师被斩首示众。对于自己的仇家，李世民还是表现出了难能的大度，仅仅处死了阴世师，却没有诛灭他的全家，他的女儿和幼子阴弘智得以保全性命，只是被贬为官奴官婢而已。至此，少女时代的阴氏由将军府的小姐沦落为婢女，被分配到天策上将李世民的府邸。

武德五年（公元622年），在长孙氏生下她的第二个嫡子、排行第四的李泰不久，身为婢女的阴氏也为李世民生下了他的第五个儿子李佑。

依照常理，古时的婢女是毫无尊严和地位的，她们只是作为主家的私有财产存在。李世民对于阴氏的宠幸，完全可能出于对仇人之女复仇式的玩弄，即使她产下儿女，也不会受到任何的重视，更没有名分可言。但是事实并非如此。就是这样一个地位低下的婢女，当李世民成为大唐皇帝之后，却得到了意想不到的殊荣：她被册封为仅次于皇后的“四夫人”中的德妃。在如此深刻的国仇家恨下，阴氏能够得到李世民这样的荣宠，到底是出于什么原因呢？历史常常让人捉摸不透，这一幕也将永远作为一个谜流传下去。

此时的长孙氏已经是四个儿女的母亲。面对天策上将府中越来越多的美人佳丽，她的内心恐怕也难平静。没有哪个女子不希望得到丈夫全心全意的爱，但她嫁的却不是一个凡人。英雄爱美人的故事总是不可避免地上演，何况她的丈夫是堂堂的天策上将，一国的亲王殿下。在这样一个男人面前，作为秦王妃的长孙氏所能做的，就是宽厚地接纳丈夫给她带来的那个日益庞大的家庭，对其中每一个人，她都给予了包容和爱护。

李世民的第六个女儿（后封豫章公主，生于武德年间）出生不久母亲就去世了，这位姬妾地位非常卑微，没能留下姓氏，但在她弃世之后，秦王妃长孙氏却毫不犹豫地抱起了哇哇啼哭的小女孩，并视若己出地亲手将她带大。

李渊称帝后，秦王李世民和太子李建成之间的矛盾日益激烈。作为秦王妃，长孙氏不但要管理整个秦王府内的各种事务，照料孩子和各位姬妾，还不可避免地被牵涉进了李世民与李建成之间的夺嫡之战。长孙氏本就出身名门，自幼饱读诗书，通情达理，在与丈夫共患难的十二年婚姻之中经历了无数次巨变之后，虽年仅二十五岁，却已然眼光锐利，见识不凡。李世民不仅仅把长孙氏看成青梅竹马的妻子，更将她视为无话不谈的知己。两人之间早已达成默契，无论发生什么事，他们都将永远站在一起。

公元626年的6月4日，这个惊心动魄的日子终于来临了。

秦王李世民于玄武门布下伏兵，射杀了必经此处的李建成和李元吉，除去了自己政治上的竞争对手，扫除了通向皇位的最后障碍。

这场斗争的结局可谓惨烈与残酷，这件事也作为李世民生命中为数不多的污点永远地载入史册。但对于一位杰出的政治家来说，李世民的决定也算无可厚非。在与建成、元吉的权力之争中，手足之情早已烟消云散，李世民如果不主动出击，或许死在玄武门的那个人就是他。对于玄武门之变的正义性我们无须多作计较，政治斗争中从来都是没有对错之分的。我们关注的是，玄武门之变启动的那一刹那，身为妻子的长孙氏并没有置身事外，恰恰相反，她自始至终都陪伴在丈夫的身边。

作为一介女流，加上长孙氏素来不问政事的作风，她是不可能直接参与玄武门事变的策划的，但她毕竟是秦王器重的妃子、长孙无忌的妹妹，这个计划她应该是知道的。至少，在事变即将爆发之际，李世民对妻子没有隐瞒，并且将她带在了身边。

对于玄武门之变，《唐书后妃列传》中只用这样一句话轻描淡写地带过："太宗在玄武门，方引将士入宫授甲，后亲慰勉之，左右莫不感激。"

很多电视剧习惯为这位"龙凤之姿、天日之表"的优秀皇帝安排一位红颜知己，认为这样才算得上一段浪漫缱绻的感情，而那位素来以贤德著称的长孙皇后不过属于皇帝义务性的妻子，毫无感情可言。

但是仅仅唐书中的这短短二十五个字，就能将这种谬论彻底推翻。

长孙氏从来就不是普通的女子，如果没有足够的智慧和美丽，天资卓越的李世民怎么会对她数十年如一日地爱怜与尊重，甚至在她去世后仍念念不忘？只有她才能配得起他吧。

经历了无数的考验与磨难，在一生之中最重要的时刻，李世民将自己最亲近、最信任的妻子带在身边，无论成败，至少他们是在一起的。

长孙皇后

"玄武门之变"最终以秦王李世民的胜利告终。当月他就被立为太子。高祖李渊在亲见了这样惨痛的骨肉相残之后，日益心灰意冷，仅仅两个月后，他就宣布"禅位"。至此，年仅二十八岁的李世民终于登上了皇帝的宝座。

长孙氏也随即在李世民即位的第十三天被册封为皇后。这时她只有二十五岁。成为皇后之后，长孙氏日觉自己肩上担负的责任更重了。如今她要面对的，已经不仅仅是一个丈夫，而是一位皇帝，君临天下，至高无上。她作为一人之下、万人之上的皇后，从此自己的一举一动都被臣下和百姓所关注。同时，饱读诗书的她也不忘居安思危，她知道即使她在皇帝心中有着不可动摇的地位，也难保不会遭遇极宠而衰的悲剧结局。于是眼界高远的长孙氏在成为皇后之后，更加克勤克俭，谨言慎行，极力维持着皇族和后族之间的平衡。不久，长孙皇后就作出了一个震惊朝野的决定——建议兄长长孙无忌辞去高官厚禄。

长孙无忌与太宗自少年时就结下了深厚的友情。李渊刚刚举兵渡过黄河，他就闻讯前往投奔，从此跟随李世民四处征战，屡立战功，加之两家的姻亲关系，长孙无忌被李世民视为心腹股肱。在"玄武门之变"和高祖"禅位"事件中，长孙无忌更是主要的谋臣。因此，李世民登上太子位，便加封长孙无忌为左庶子，即位后，又擢升为吏部尚书，并因拥立首功晋封齐国公。

唐太宗对长孙无忌非常宠信，不但允许他随意出入自己的寝宫，还想封他为右仆射（宰相）。他将自己的打算告诉了皇后，没想到长孙氏闻讯后却立即推辞，说道："我身为皇后，家族已经是尊贵至极，不能再让兄弟子侄们都加官晋爵了。从前汉朝的吕、霍二后家族的遭遇可谓后世的前车之鉴，希望您不要让我的哥哥担任宰相这么重要的职位。"

太宗本以为皇后会为自幼相依为命的哥哥受到如此荣宠而高兴，没料到反而引来妻子如此的忧虑。他只得再三解释说："我完全是因为无忌的功劳和才干，才对他委以重任，你千万不要把我加封他这个官职看成是'重用后族'。"

终于唐太宗不顾长孙皇后的劝说，于贞观元年任命长孙无忌为左武侯大将军、吏部尚书、右仆射。事已至此，长孙氏只能告诫自己的哥哥，要他时刻谨慎行事，万不能恃宠而骄。

事情的发展果然如长孙氏所料。长孙无忌任仆射不久，就有人上疏，说这位国舅权势太盛，功高震主，恐有不轨。李世民将奏章交给无忌过目，并表示自己绝对相信长孙无忌的忠诚。

但这足以敲醒沉醉在无上荣宠之中的长孙无忌，经过这件事，他接受了妹妹的建议，兄妹轮番向太宗苦求，李世民不得不改授无忌为"开府仪同三司"。但这远远不足以抚平长孙皇后的忧虑，她仍然为外戚位列三公而忧心忡忡，接着恳请舅舅高士廉向太宗请辞。

为了让妻子放心，李世民曾赐一道诏书给长孙无忌，曰："黄帝得力牧，为五帝先；夏禹得咎繇，为三王祖；齐桓得管仲，为五伯长；朕得公，遂定天下。公其无让！"后来，他又亲自作《威风赋》，以褒奖长孙无忌的功劳。

然而长孙皇后却一刻都不敢懈怠。为了进一步表明自己的家族绝不会争权夺势的心迹，在长孙无忌辞官的同年，她开始主动为太宗四处寻访佳人。不久，隋通事舍人郑仁基年方二八的女儿，被长孙皇后选中，她禀明太宗要将郑氏纳入后宫。

太宗早已习惯了妻子的宽容贤淑，又听说郑氏美貌无双，当即接纳了妻子的建议，拟诏册封郑氏为女官，召她入宫。但没想到的是郑氏自幼就已经许配了人家，太宗和皇后均不知内情。这时的宰相魏征查明真相后立即进谏太宗，要求他顾及声名，将郑氏送还她的丈夫郑爽。

太宗听罢非常吃惊，连忙召回颁诏的官员。

最终郑氏虽然未能入宫，但长孙皇后的胸襟由此可见一斑。即使是封建社会中的女子，也都希望得到丈夫的眷顾，何况是当今的皇帝。也许长孙氏这样的举动是出于为了自己的家族考虑，但面对丈夫的新欢之时，再大度的女子也总是难免暗自神伤。只是作为母仪天下的皇后，长孙氏只能将这些委屈埋藏在心里。

长孙皇后不但对丈夫的新宠能宽容对待，对于早年曾虐待过自己的异母兄长长孙安业也能不计前嫌。成为皇后之后，长孙氏对他从未有过丝毫的为难，致使长孙安业能顺利做到了监门将军的职位。但长孙安业不但不知恩图报，最后竟然参与了刘德裕的谋反。事情败露后，唐太宗下旨将长孙安业处以极刑。

长孙皇后听到消息后立即赶到太宗的面前，哀求皇帝饶恕长孙安业的性命。她跪在地上叩首哭诉道："安业犯了谋逆之罪，实属万死无赦。但是他当年不善待我的事情早已天下皆知，如今处他死刑，外人恐怕会认为是我趁机报复，这也会有损皇上您的威名啊。”太宗终于答应了她的请求，长孙安业得以免于一死。

长孙皇后非常节俭，服饰器物，从不过分追求奢华。太子承乾的乳母遂安夫人觉得东宫器物不足，要求增加，被长孙皇后拒绝，她说：“为太子患在德不立，名不扬，何患无器用邪！”意思是，身为太子，应该担心自己不能发扬仁德，树立威望，哪里用担心器物不够用呢？然而对庶出的皇子公主，她这位嫡母却关怀备至；宫中妃嫔也都得到长孙皇后的善待，有人患病了，长孙皇后就会带着药品和食物亲自探望；每当太宗发脾气要责罚宫人时，长孙氏也总是设法拖延或减轻刑罚，等太宗心平气和之后再慢慢为之辩解。在长孙皇后的庇护下，后宫中从来没人无故受罚，人人都十分爱戴这位慈爱宽厚的皇后。

长孙皇后自幼生在名门，博览群书，才智过人。太宗素来知道妻子的见识才华，常和她谈古论今，并多次从中受到启发。但每次与她谈论政事，长孙皇后却从不发表意见。她为数不多的几次“干政”，都是事关重大、不得不说的情况下“进谏”。为了保护江山社稷、为了帮助朝中忠臣，她曾几次挺身而出。

作为长孙皇后的嫡出长女，长乐公主特别得宠，在她出嫁的时候，太宗下令为女儿准备几倍于永嘉长公主的嫁妆。魏征得到消息后马上劝阻太宗，皇帝只得收回成命。回宫后，太宗觉得对不住妻子，满怀歉意地把这件事告诉了皇后，长孙氏听罢不但没有抱怨反而说：“虽然我与陛下是结发夫妻，每次说话时仍然需要察言观色，不敢轻易冒犯。魏征身为外臣，却能不顾安危犯颜进谏，真是难得的贤臣啊。忠言逆耳，有这样的臣下是陛下的福气啊！”随后，她赐给魏征钱四百缗、绢四百匹，以示嘉奖，并希望魏征能继续直言进谏。

魏征是唐代著名的谏臣，他的直言不讳曾经多次让太宗在众臣面前下不来台。有一次，太宗终于忍无可忍，退朝后怒气冲冲地对长孙皇后说：“魏征这个家伙，总是当着满朝文武的面羞辱我！总有一天，我要杀了他这个乡巴佬！”长孙皇后听后返回宫中更换朝服，神色庄重地向太宗行礼。太宗不明原因，长孙皇后说道：“我听说有明君才能有直言进谏的忠臣。如今魏征如此耿直，自然是因为陛下是明君。我怎能不道贺呢。”太宗当即恍然大悟，理解了妻子的苦心，不再生魏征的气。长孙皇后以她的睿智轻易地化解了太宗的怒气，既让太宗明白直谏之臣的可贵，又加深了夫妻间的感情。伉俪情深：

上苑桃花朝日明，
兰闺艳质动春情。
井上新桃偷面色，
檐边嫩柳学身轻。
花中来去看舞蝶，
树上长短听啼莺。
林下何须远借问，
出众风流旧有名。

提起长孙皇后，人们首先想到的是一位端庄慈祥的国母。但她似乎完美得过分，完美到成为后人脑海中的一个政治标签，而忽略了她作为一个普通女人所拥有的深情和执著。

有一年，正当盛年的李世民忽然身染重疾，久治不愈，几乎病入膏肓。长孙皇后昼夜不离地守候在丈夫的身边。让人动容的不仅仅是她无微不至的照顾，在太宗一度病危之际，长孙皇后在自己的衣带上缝了一枚毒药。太宗病情好转之后发现了她的这个举动，长孙皇后平静地解释说："如果皇帝发生了什么不测，我也决不会独自活下去的。"

也许他们之间从未有过惊天动地的山盟海誓，但这一枚小小的毒药足以抵得上无数绚烂的言语。当年李世民不顾女眷的拖累携长孙氏一起奔赴玄武门，此时的皇后怀着同样坚定的心意决定与太宗一道赴死。如果没有刻骨的深情，两人怎会有这般生死相依的作为？

然而，长孙皇后的这颗毒药没有派上用场。太宗康复后不久，她自己因过度劳累也病倒了。

长孙皇后多年的旧疾这一次来势凶猛。她自幼身体虚弱，嫁给太宗后又为他日夜操劳，"气疾"（哮喘、肺病）之病日益加重。贞观八年（公元634年），当长孙皇后随太宗居于九成宫时，积劳成疾的她已经无药可治，只能靠服药苦熬时日。一次，长孙皇后勉强支撑着陪太宗出宫巡视，风寒侵袭，病情迅速恶化，太医都束手无策。皇太子李承乾为了救治母亲，试图通过大赦天下，祈求神佛的庇佑。长孙氏拒绝道："生死有命，不是人力所能改变的。如果行善可以长寿，我自问一生从未做过问心有愧的事；现在还是这样，可见是求佛是没用的，又何必再去？大赦是国家大事，你父亲也从未参与佛道之事，实在不应该为了我一人更改法度，更不能让皇帝做他不愿做的事情。"

长孙皇后的话迅速传到了太宗和群臣的耳朵里，众人都欷歔不已。朝臣们一致请求太宗大赦天下并参理佛事，为这位贤德的皇后祈福，太宗统统照办并亲力亲为。长孙皇后得知后，屡次要求太宗不要为了自己劳民伤财，太宗最后只得中止佛事。

长孙氏的病越来越重，终于走到了生命的尽头。然而弥留之际的她还在担心被谴出京的重臣房玄龄，她叮嘱太宗说："玄龄跟随陛下很多年了，他一向小心谨慎，大小事件虽然都曾参与，却从没向任何人泄露过，这实在是忠心耿耿。这样的忠臣，如果不是罪大恶极，陛下一定不要亏待他。"随后又说："对于长孙家，要想保全长久，一定不可让他们身居要位，给一个散官闲职就行了。至于我自己，死后不要消耗国家的资财。只需依山而葬，再举行俭朴的葬礼即可。希望陛下亲近君子，远离小人，多接纳忠言进谏，不要误听谗言，轻徭薄赋，善待百姓，我就是死了，也没有什么遗憾了，这就是陛下没有忘记我啊。"

贞观十年（公元636年）六月二十一日，长孙皇后逝世于立政殿，享年仅三十五岁。十一月，唐太宗将心爱的妻子下葬于昭陵，谥号"文德皇后"。

在整理遗物时，太宗发现了长孙皇后亲手编纂的《女则》十卷。

《女则》是采集古代女子事迹的总汇，长孙皇后平日翻阅用以随时提醒自己。太宗手持妻子生前的著述，想起皇后生前的种种，悲痛不已。为了表达对爱妻的思念，他在宫中修建了一座高台，登上高台就可以眺望到长孙皇后长眠的昭陵。太宗常常在高台上独自回顾和长孙皇后在世时的美好时光。

长孙皇后去世后，太宗几乎毫无保留地将他对妻子的思念，转移到她的兄长长孙无忌和几位儿女的身上。晋阳公主继承了母亲的谦恭善良，太宗大发雷霆之际，只有这个女儿的话他才听得进去。她常常像长孙皇后一样为朝臣、妃嫔和宫人们求情，使他们不致受到重罚。当最像母亲的晋阳公主于贞观十八年（公元644年）夭折时，太宗一个多月无法正常进食，时常会情绪失控地放声痛哭，人也日益憔悴下去。

国不可一日无君，同样，后宫不能长期没有人统帅。长孙皇后撒手人寰，太宗却迟迟不肯另立新后，直到最后，也只是由韦贵妃代为执掌后宫。这期间得宠的妃嫔也有几位，但在太宗的眼里，皇后的位子，永远只属于长孙氏，几十年的患难与共、相濡以沫，已经再也没有人能替代长孙皇后在他心中的地位了。

贞观二十三年（公元649年）五月，五十岁的唐太宗李世民病逝，与长孙皇后合葬昭陵。太宗终于可以和自己的爱妻重聚了。

空前绝后的女皇帝

——武则天

作为中国历史上唯一一位女皇帝，武则天有着传奇的一生。

唐高宗皇后武氏，讳曌，性巧慧，多权术，祖籍并州文水。公元624年，即唐高祖武德七年，正月二十三日，武则天出生在长安城中。武则天的祖辈并不显要。父亲武士彟在隋炀帝时期靠木材生意白手起家。后因生意往来，与权贵们有了交情，谋得了鹰扬府队正一职。公元617年，唐高祖李渊起兵，数次行军至汾、晋两地时都在武家驻扎。后来武士彟因此任军需官，跟随唐军一路征战。攻克长安后，论功行赏武士彟被拜为光禄大夫，封应国公，位列大唐十四名开国功臣之一，从此成为唐王朝的新贵。

武士彟的元配夫人叫相里氏，相里氏为他生了四个儿子，其中两个儿子早死了，剩下两个儿子一个叫做武元庆，一个叫做武元爽。公元620年，相里氏病逝，唐高祖便做媒让武士彟娶了隋朝显贵杨达之女，当时已经四十的老姑娘。这位杨氏夫人先后为武家生下三个女儿，第二个便是武则天。

武媚娘自幼聪慧伶俐，极善表达，胆识过人。父亲深感她是可造之才，遂教她读书识字，让她通晓世理。史载，武媚娘十三四岁时，已是博览群书，博闻强识，诗词歌赋样样精通，而且长于书法，字态卓尔不群。

从某种意义上说，武则天的毒辣秉性和她的出身有一定关系，因为武氏家族是从武则天父亲这一辈才得以光耀门楣，但当时的舆论对于武士彟这样出身的人还是歧视的，自魏晋南北朝时期带来的注重门第等级之风还没有完全改变。唐朝的法律也曾规定，禁止良民和奴隶通婚。至于处于统治阶层的官宦人家，虽然同为贵族，但因各自的家世背景不同，身份地位也有天壤之别。因此，武则天小的时候难免受到种种歧视，这在她幼小的心里种下了复仇的种子，以致后来她做了皇帝，对于以前歧视过自己的人进行了狠毒的报复，同时她还大力提拔出身贫寒的官员，对他们委以重任，这一点在当时是具有打破门第之别的进步意义的。

入宫之前，武则天的生活并不如意。少女时代她便跟随做官的父亲在四川生活。父亲去世后，同父异母的兄长对杨氏母女很刻薄，少年武则天曾经和姐妹、母亲度过了一段十分艰难的生活。但是武则天从不听天由命，她执著地等待着能够跳出苦海的机会。

公元636年，即唐太宗贞观十年，皇后长孙氏病逝。第二年，武则天因美貌出众，被召进宫中做了才人，当时武则天只有十四岁，就已经表现出了不凡的眼界。离家之前，杨氏夫人对女儿恋恋不舍，抱着武则天哭泣不止，舍不得让她离开自己，但是武则天却表现得很冷静。她说："见天子庸知非福？"——我去拜见当今天子，谁知道这也许正是好事呢，母亲干吗还要哭啊？

进宫之后，太宗为她赐名武媚，人们都叫她媚娘。太宗喜欢的是像长孙皇后那样温婉贤淑的女子，武则天偏偏生性刚烈倔犟，不善于施展女人的温柔，因此十分不受太宗的宠爱。因为这个原因，武则天进宫十二年间不曾为太宗生下一男半女，才人的封号也一直没有提升。

武则天在太宗时期的默默无闻是必然的。像唐太宗这样一位掌控欲极强，又有足够的能力君临天下的帝王，无论如何是不会受到女子的牵制的，相反对于过分强势的女子，反而更加厌弃。有一次武则天和其他妃嫔陪同太宗去驯马。突然，他们听到一阵激烈的马嘶声。有管理马匹的官员介绍说，这匹马是宝马，但因为性情暴烈，一直不能驯服。这时，武则天站出来说道："这有何难，我可以驯服它。"太宗听了很是好奇，这样一个弱女子怎么能够驯服这匹又高又壮的烈马呢？于是问道："你想怎样让这匹马驯服呢？"武则天神态自若地答道："我只需要三样东西，一条铁鞭，一柄铁锤，一把匕首，我先用铁鞭抽它，它要是不服的话，再用铁锤砸它的脑袋，如果它要再不服，我就拿匕首割断它的喉咙。"太宗听罢很是感叹。事后太宗回想起来，这样一个年纪轻轻的小女子竟然有这样果断而毒辣的手段，不禁让他有些胆寒。于是更加疏远武媚娘。

但是少不更事的武则天对此是毫不知情的，貌美如花又有胆有识的她为何偏偏得不到皇帝的赏识呢？武媚娘一边不得要领地暗自盘算，一边继续宫中的寂寞生活。

太宗到了晚年的时候，日益怀念起温柔贤德的长孙皇后，对于后宫的妃嫔更加无心顾及。无数青春年少的宫人们就这样看着锦绣年华从眼前流走。但武媚娘是幸运的，在这一段时期里，她遇到了她生命中最重要的男人——太宗的儿子李治，也就是后来的唐高宗。

武媚娘与李治到底是如何相遇的，史书中并没有记载，试想一国的太子在频繁出入后宫的时候认识作为太宗才人的武媚娘，是完全有机会的。以武媚娘的聪慧，她决不会把自己一生的希望都寄托在已经年过半百的太宗身上，这时出现的太子李治，无疑是她最好的出路。很快，美丽乖巧的武才人赢得了李治的心。不管武则天和李治的交往是否具有这么强的目的性，可以肯定的是，太宗在世的时候，武则天和李治之间就已经产生了感情，否则后来武媚娘出家感业寺之时，高宗也不会冒天下之大不韪，将父亲的才人接回宫纳为己有。

贞观二十三年，即公元649年，唐太宗驾崩。依照惯例，没有生过皇子的妃嫔们要出家为尼，生育过子女的则要打入冷宫，为死去的皇帝守寡。武媚娘只能无可奈何地被遣送到感业寺出家。

对于武则天入感业寺修行还有另一种传说。据说太宗在位之时，当时著名的星象家袁天罡夜观天象，占卜之后得到八个字："唐三代后，女主武王。"于是连忙禀告太宗，太宗听罢大惊失色，于是命人在宫中调查武姓的妃嫔，结果武媚娘的名字赫然在册。太宗在弥留之际还对此事念念不忘，为了保护李家的江山，他留下遗嘱，一定要将武媚娘送到感业寺好好看守。

无论武则天出于以上哪个原因才被送到感业寺中，结果都是一样的。武媚娘被迫将一头美丽的秀发剃光，成了感业寺中的一名尼姑。但是性格刚强的她并没有就此心灰意冷，武媚娘总是怀念那些在感业寺外轻松快乐的日子。她绝不甘于在这么孤寂冷清的尼姑庵了却余生。

在感业寺的日子让武媚娘体会了什么叫度日如年，她一刻也不想再留在这个地方。到了第二年，她的机会终于来了。太宗的忌日，高宗李治到感业寺里来进香，无意中遇到了武则天。就在两人相见的那一瞬间，高宗回忆起了当年在宫中时两人的情深意浓。高宗发现，一年的清修并未有损武则天的美貌，身着僧衣的她甚至别具一番风情。高宗再也顾不上佛教教规和礼教的约束，一声令下，将武媚娘带回了皇宫。两人经过一年的短暂分离，终于又破镜重圆，得以再续前缘。这次再入宫时，武则天已经二十八岁了，按常理，这个年龄的女子虽然还算不上徐娘半老，毕竟不比十几岁娇艳的年轻女子了。但武则天的心计不是一般女人所能比的，再者，她的美貌应该也是确实出众，还有和高宗之间的感情基础，失而复得，因此更能抓住高宗的心。

武则天能得以再度入宫也和宫中的斗争有关，当时的王皇后为了和萧淑妃争宠，主动鼓励高宗接武则天回宫，她还做主让武则天先蓄发，然后再入宫，以此来表示自己的宽怀大度和善解人意。王皇后没有想到，自己的这一决定实际上是在引狼入室。入宫后，武则天十分感激王皇后的照顾。她对王皇后非常尊敬，侍奉得也很周到，高宗得知以后更加高兴。得到皇帝和皇后双方的一致喜爱，武则天的品级也很快就升到了昭仪。这是正二品的级别，高于其他八个妃嫔，为九嫔之首，在她的上面，就只有皇后和四妃了。

武则天进宫之后，基本上高宗就只宠爱她一个人了。武则天前后生了四男二女，而高宗总共才有十二个子女。后边的六个都是武则天所生，可见其得宠程度是其他妃嫔无法相比的。这一点连主张让她进宫的王皇后也出乎意料，本想利用武则天重新将高宗拉回自己的身边，谁知一步走错，后宫反而多了一个比萧淑妃更加厉害的对手。

武则天的性格决定了她不甘于屈居人下。渐渐地，她发现了皇后把自己召回宫的真正目的。她绝不能忍受自己成为皇后对付萧淑妃的筹码，在得到皇帝的专宠之后，她的目标已经由萧淑妃变成了王皇后。武昭仪的地位稳固之后，便开始有目的、有计划地活动了。她在后宫里想方设法笼络太监、宫女，特别是和皇后、萧淑妃关系不好的人，她总要设法接近拉拢，给予一些小恩小惠，将她们安插到皇后和淑妃身边，监视两人的一举一动。

当王皇后发现了武昭仪对自己造成的巨大威胁时，她后悔不迭。与武昭仪相比，萧淑妃根本算不上对手。于是，为了对付这个更强大的敌人，王皇后主动联合萧淑妃，两人开始一起想方设法除掉武则天。她们经常在高宗面前进谗言，诽谤诋毁武昭仪，但是为时已晚，武则天此时已经先后为高宗产下一位皇子和一位公主，她在高宗心中的地位已经牢不可破。高宗对于王皇后和萧淑妃的进言不但充耳不闻，反而将武昭仪加封为宸妃。

在自己的地位进一步巩固之后，武媚娘开始向后位进军。自古后宫的争斗往往比官场更加残酷，卷入争斗中的人都是有进无退，如果不将对方彻底斩尽杀绝，就要成为对手前进的绊脚石。因此往往一方失势的后果都极其惨烈，基本上毫无翻身的机会。运气好的还可以在冷宫中得以苟且偷生，运气不好的就要面临死亡的命运。武媚娘此时已经深知在宫中生活的规则，因此在面对对手时，她表现出了异常冷静与决绝的态度。为了能打垮王皇后和萧淑妃，她开始不择手段。

虽然王皇后没有为皇帝生下一男半女，但也算是无功无过，要将她彻底扳倒并不是一件容易的事，李治也没有表示过废去一国皇后的打算。这时武媚娘生下了她的第一个女儿。一次王皇后前来进行礼节性的探视。不久，当王皇后离开之后，人们发现小公主已经死了，这让王皇后百口莫辩。没有人会怀疑武媚娘，她和皇后之间的争宠此时已经是个尽人皆知的秘密，人们自然会认为这是王皇后所为。不管这位夭折的小公主的死因到底是什么，武媚娘都聪慧地利用了这个机会，一脚将王皇后踩在脚下。

高宗得到消息后也大为震怒。王皇后本来就没有生育，现在还害死了宠妃的孩子，这让高宗深恶痛绝，他终于产生了废掉王皇后的念头。而自古皇后的废立都是国家大事，必须经由朝廷重臣的共同商议才能实施。这时武媚娘遇到了来自国舅爷长孙无忌、宰相褚遂良等大臣的巨大阻力。

朝廷中的大臣们分成了两派，除了长孙无忌和褚遂良等开国元老以外，李义府、许敬宗等中层官员为了在高宗面前争功邀宠，站到了长孙无忌的对立面，支持武媚娘做皇后。有一次，高宗把长孙无忌等反对的人召到一起，商量皇后废立之事，武则天就坐在帘子后面监听。长孙无忌极力反对，为王皇后辩解，说她出身高贵，忠厚贤惠，不可能明目张胆地行凶，没有真凭实据，不能轻易废除；而武则天则出身贫寒，还曾经侍奉过先帝，再被立为皇后就是违背了礼制。

褚遂良也在一旁反对，而且还以头触地磕得头破血流，并一气之下要求辞官回家。武则天听了，怒火中烧，大声喊道："这种忤逆的臣子怎么不乱棍打死！"其他人见状，赶忙为褚遂良求情，他的性命才得以保全，但终于被贬去官职，外放到谭州即现在湖南省长沙市任都督。最后，还是开国功臣李勣给高宗出了个主意，他说皇后废立乃是皇帝的家务事，没有必要和大臣们商量。此时，李义府和许敬宗等人也在朝臣中大造舆论，支持武则天。终于，公元654年，即高宗永徽五年十月十三日，高宗正式下诏废王皇后、萧淑妃为庶人，六天后，即十九日，正式册立武则天为皇后。武则天对被打入冷宫的王皇后、萧淑妃也没有放过，后来又将二人各责打一百杖，然后残忍地砍去双脚，泡在酒瓮里活活折磨致死。

武则天做了皇后，仍然念念不忘长孙无忌说她出身贫寒的话，为了提高威望，她亲自主持将《姓氏录》进行了修改，提高了武姓的地位。唐太宗时期，太宗曾命高士廉按照官位高低来修订《氏族志》，但受魏晋以来重视门第之气的影响，里面也列了很多官职很低的人的姓氏，而且武姓是被排除在外的。这让武则天一直耿耿于怀。长孙无忌被驱逐出京城之后，仅仅过了两个月，许敬宗便请示修订新的《姓氏录》。修订之后的《姓氏录》将武姓列为第一等，其他的姓氏则按照官职品位的高低来排序。

武则天登上皇后宝座之后，机智精明，"通文史，多权谋"的长处，得到充分的发挥，使高宗对她宠爱之余，更加另眼相看。高宗一向体弱多病，武则天成为皇后之后，利用皇上对自己的信任和宠爱，积极参与朝政，"百司奏事，时时令后决之"。从永徽六年（公元655年）到显庆四年（公元659年）的五年时间，她设法清除政敌，贬去尚书右仆射褚遂良的官职，使其郁闷而死；罢黜同中书门下长孙无忌，逼其自缢身亡；同时大力打击朝中褚遂良、长孙无忌的支持者，不断巩固和扩大了自己的影响和权力，扫除了参政道路上的障碍。

显庆五年（公元660年），高宗李治因患风眩，目不能视，下诏委托武后协理政事。自此，武则天从参政正式步入执政，"黜陟生杀，决于其口，天子拱手而已"。她虽然是坐在皇帝背后的珠帘内，却实际遥控了朝廷上下的实权。

上元元年（公元674年），武则天晋封天后，高宗称天皇，两人同时临朝，并称“二圣”。随着武则天的权力越来越大，高宗日益不满皇后的专断，曾和中书侍郎上官仪密谋废掉武则天的皇后之位，并命上官仪起草废后诏书。岂知机事不密，“谋泄不果”，武则天得到耳目的报告后，赶到高宗面前，软硬兼施，说得高宗无言以对，还把责任全部推到了上官仪的身上。武则天于是让许敬宗陷害上官仪，捏造他和已经被废的太子李忠图谋反叛，将上官仪父子处死。高宗的软弱促使武则天一步一步地向女皇宝座靠近。

武则天对于政敌的果决狠毒不能抹杀她的政治才干。她曾经上疏十二条，也就是著名的“建言十二事”，其中包括了发展农业、减轻赋税、广开言路等方针，基本上已经形成了一套完整的治国方略。这十二条建议都被高宗采纳，并很快颁布诏书推行。高宗虽然也对武则天的独断专行有所不满，但仍然将处理朝政的权力交给武则天，除了健康状况的原因，也是出于对她政治才干的倚重。

武则天是一位成功的女政治家，但作为母亲，她却失去了很多天伦之乐。当她的权力日渐膨胀，她与儿子们之间的关系也越来越紧张。

武则天一共生下四位皇子，长子李弘，次子李贤，三子李显（又名李哲），四子李旦。公元656年，前太子李忠被废黜之后，武则天的长子李弘被立为皇太子。李弘与他的母亲不同，他为人忠厚，而且谦虚忍让，在参与朝政的过程中也显示出优秀的政治才干，高宗和众大臣对他都很满意。于是随着自己的病情每况愈下，高宗开始考虑把皇位传给李弘。

但武则天却还不愿这么快就让儿子亲政。她已经习惯了按照自己的意志来处理国政，于是便在政治上处处压制太子，以便继续手握大权。但李弘并不像高宗那样软弱顺从，他早就不满母亲过多干预朝政，但碍于母子情分和武则天的权势地位，迟迟没有行动。他暗中召集了很多朝臣，培植自己的势力，想等到力量壮大的时候让武后交出手中的大权。知子莫若母，武则天早已体会到了儿子的心意，她仍然不愿放弃自己的权力，于是二人的矛盾更加激化。看着太子的势力日益强大，武则天开始有了除去李弘的念头，在权力和亲情之间她最后狠心地选择了前者。欲加之罪，何患无辞。公元675年，即上元二年，太子因见前萧淑妃的两个女儿义阳公主和宣城公主一直被幽禁在掖庭宫，年过四十了还未许配人家，向高宗进言，指责皇后过于心肠狠毒，请求能赦免两位公主。武则天得到消息后大怒，终于决定除去太子，她以此为借口，用一杯鸩酒毒杀了年仅二十四岁的李弘。

武后毒杀了自己的亲生儿子，高宗精神大受刺激，加上原来的风疾，身体状况越来越坏。高宗于是心灰意冷，不想再为国事操劳，想把皇位让给武则天。但是，朝中大臣却极力反对，武则天只能暂时作罢。

太子李弘死后一个月，次子李贤被立为太子。这位太子也很优秀，高宗开始让李贤逐步参与到政务的处理中，他很快也显示出过人的能力，在朝中的声望日益提高。这时，武则天又感到了来自于儿子的威胁。于是，她指使人诬告太子贪恋女色，并觊觎皇位，有不轨之心。在公元680年的八月，李贤也被废掉太子身份，贬为庶人。后来又被贬到巴州。

李贤被废的第二天，武后的三儿子李显即被立为太子。李显相比他的两位哥哥性情要软弱很多，他平日里就对母亲毕恭毕敬，因此这次武后接受了这个儿子做太子。公元683

年，高宗病死，立下遗嘱让太子即位，但国家大事还要听从武则天的意见，这成了武则天日后专权乃至成为女皇的很重要的一个原因。

李显即位，是为中宗。他对武则天的妥协让步并没有阻止这位野心勃勃的女政治家前进的脚步。皇帝的宝座还没坐热，中宗就被母亲赶了下去，而这一切都发生在两个月之内。武则天这么快就采取行动的原因是，中宗一向性情软弱，不但对母亲言听计从，对自己的皇后韦氏也百依百顺。韦氏也是个有野心的女人，她为了夺回武则天手中的权力，提出让自己的父亲韦玄贞做宰相，但高宗临死时立的顾命宰相裴炎不同意，中宗不假思索地说："我是一国之君，我就是要把天下都给了韦玄贞，又能怎么样？"裴炎把这些话禀告了武则天，武则天早就看韦家父女不顺眼，于是立刻召集大臣们赶到乾元殿，当场废中宗为庐陵王，幽禁在后宫。接着，武则天把最后一个儿子李旦推上了皇位，这就是唐朝的睿宗。

武则天做了皇后，始终不忘肃清自己的反对者。睿宗李旦看透了母亲的心意，看着自己三位哥哥的悲惨下场，他早就心灰意懒，于是完全听凭武则天的安排，不再作任何的抵抗。得到儿子的默许，武则天加快了向皇位迈进的步伐。她首先将东都洛阳改为神都，准备将来作为自己的都城；她还把文武百官的官职重新命名：尚书省改为文昌台，左右仆射改为左、右丞相，门下省改为鸾台，侍中改为纳言，中书省改为凤阁，这明显的是体现了女性特征；宰相的名称也由"同中书门下平章事"也改成了"同凤阁鸾台三品"。尚书省下属六部也改了名称：吏部改为天官，户部为地官，礼部为春官，兵部为夏官，刑部为秋官，工部为冬官；将御史台分为左肃政和右肃政两台，左台负责监察朝廷，右台负责纠察地方郡县。这一整套改革是武则天为了称帝所创立的新的体制。

尽管武则天此时已是一手遮天，但她的这些行为，还是被一些忠于李唐王朝的大臣们所痛恨。为了阻止李唐政权落入一介女流之手，各地纷纷掀起反对武则天的起义。公元684年九月，被武则天贬出京城的徐敬业在扬州起兵，他在十多天便召集了十万兵马，著名诗人、初唐四杰之一的骆宾王还专门写了《讨武曌檄》。消息传到京城，有人将这篇檄文呈到武则天面前，谁知她看了之后却没有生气，而是感叹这样的人才没有为她所用。在任人唯贤方面，武则天一向做得很好，她对有才华的人始终是比较宽容的。当年对付支持高宗废后的上官仪时，武后降旨处死了上官仪父子，其家族一并籍没，唯有上官仪的儿媳郑氏及其孙女幸免于难，这一决定为中国历史上另一位著名的女性留下了生路，她就是上官仪的孙女上官婉儿。

武则天调动了三十万兵马迎战徐敬业，命李孝逸领兵平叛。也许武则天称帝是天意，徐敬业起兵不久便连遭失败，他和骆宾王先后被部将杀死。只用了四十天的时间，徐敬业的叛乱便被平定了，武则天终于渡过了这次政治危机。

在平定徐敬业的叛乱之后，武则天继续为称帝作着准备。她又对宰相班子进行了调整，原因是先前的宰相裴炎在这次兵变中不但不帮助武则天对付徐敬业，还趁着形势紧张，力劝武则天还政睿宗，结果事后被武则天处死。接着，其他几个宰相也被罢免，补韦方质、武承嗣、韦思谦为宰相。此后两年，武则天对宰相班子进行了频繁的调整，建立了完全效忠于自己的执政集团。

同时，武则天还在舆论方面利用迷信手段为自己树立威信。他的侄子武承嗣曾派人送来一块刻着“圣母临人，永昌帝业”的白色巨石，假称是老百姓在洛水中发现的。武则天很高兴，还因此改了年号“永昌”。武则天还接受了睿宗和群臣上的尊号“圣母神皇”，这也是史无前例的。

武则天在登基前所遭遇的最后一次反抗，来自于唐高祖李渊的第十一子李元嘉，但很快就被平定了。从此，再没有人对武则天的地位提出挑战。

公元690年的重阳节，即九月九日，年近古稀的武则天改元天授，正式建立了大周王朝，自称“圣神皇帝”。同时，将睿宗李旦降为皇嗣，太子李成器降为皇太孙。武则天尊周武王姬发为始祖文皇帝，尊父亲为孝明高皇帝，她的亲朋子侄武承嗣等人也统统受到封赏。

武则天之所以受到历代封建卫道士的批判，不但因为她作为一个女性登上了皇位，更多的来自于她登基后一些不合礼法的举动特别是在纳男宠方面，更是遭到了严厉的抨击。

武则天的第一个男宠名叫薛怀义，原名冯小宝，今陕西省雩县人。他自幼闯荡江湖，身体健壮、长相英俊。一次，他被武则天的女儿太平公主发现。太平公主深知母亲的苦衷，于是将冯小宝送到宫中，献给了守寡多年的母亲。薛怀义很快得到武则天的宠爱，赐姓薛，改名怀义。为了让他便于出入皇宫，太平公主又献计让薛怀义剃度为和尚，住持白马寺。薛怀义对于武则天称帝也起了很大作用，他曾主持僧人合写《大云经》，书中说武则天是弥勒佛转世，理应取代唐朝成为新天子，为武则天改朝换代在佛教理论方面提供了依据。

武则天的男宠不止薛怀义一个，还有她的御医。薛怀义一度被冷淡，他一怒之下放火烧了为武则天亲自督建的万象神宫，即明堂。武则天顾念往日的情分没有严惩他，但他此后却恃宠而骄，变本加厉，越发骄横，最终被武则天处死。

为了巩固自己的皇位，打击异己，武则天采纳侍御史鱼承晔之子鱼保家的建议，在朝堂上设铜匦，接受全国的告密信。铜匦共四个，分别涂上青、丹、白、黑四种颜色，分列于朝堂之上。其中青匦叫做“招恩”，立于东面；丹匦称“招谏”，处南面；白匦在西，叫“神匦”；黑匦在北，叫“通玄”；由专人负责受理各地的告密文书。武则天还下令，对于进京告密的人，沿途各地州县必须给予接待，享受五品官待遇。告密的人，不分等级，一律接见，如果所述属实给予奖励，即使有误也不加追究。铜匦一立，天下哗然。通过这个途径，武则天的确得到了很多来自民间的真实声音，但也有一部分奸诈之徒利用这个机会诬告了很多无辜的人。一时之间，全国上下的气氛空前紧张。人们人心惶惶，都怕自己被什么人诬告而丧命。武则天还发掘培养了一批酷吏，最有名的是周兴、来俊臣。后来唐中宗在处理这些酷吏时共列举了二十七名。

酷吏政治前后持续了十多年，武则天利用酷吏将反对她的李唐宗室和原来的贵族势力基本瓦解一空。酷吏们为了打击李氏皇族，发明了很多的酷刑。他们的倒行逆施终于引起了百姓和朝臣的不满。武则天虽然利用酷吏，却不完全信任他们，也没有委以很重的官职。等他们使命完成了，武则天便巧妙地利用民愤，将他们先后处死。著名的成语“请君入瓮”就是源于来俊臣和周兴的故事。

通过酷吏政治，武则天确立了自己的绝对统治地位，但在皇位继承问题上，她又左右为难。大周王朝建立之后，武则天的侄子们纷纷做了宰相和将军，掌握着朝政大权。大臣有了功劳也赐封武姓。武则天还免去了武姓人家的田赋，把自己的故乡文水县改为武兴县，从这些举措来看，武则天是想把皇位传给武家的。公元693年，武则天在万象神宫里举行祭典大礼，她出乎意料地让侄子武承嗣为亚献，武三思为终献，反而把正式的皇储李旦冷落在一旁，非常尴尬。武则天的行动无疑是对侄子们的公开鼓励。有了武则天做靠山，她的侄子武承嗣等人肆无忌惮地对李旦的皇储地位提出了挑战。

但是，武则天的这一想法遭到了宰相狄仁杰等人的强烈反对，这让武则天矛盾至极。如果把武承嗣立为皇储，的确可以保住大周政权，但她死后绝对不会被供奉到祖庙中，因为她是武氏家族嫁出去的女儿，对于娘家自己已经是个外人了；如果立自己的儿子做皇储，将来继承皇位，她还可以顺理成章地保住皇后的位子，死后能和丈夫高宗一起享受儿孙的供奉。但这样一来，她几十年苦心经营的成果就完全被毁掉了。

最后还是狄仁杰帮武则天解开了这个疙瘩。这天，已然七十四岁高龄的武则天对狄仁杰说："朕昨晚做了一个奇怪的梦，梦见一只大鹦鹉的两只翅膀折断了。你看是什么征兆啊?"狄仁杰一向以机智闻名，他抓住这个大好时机对武则天说："陛下姓武，那鹦鹉便是陛下，两个翅膀就是您的两位皇子。如果能够召回两位皇子，鹦鹉的两只翅膀就会重新好起来的。"

与此同时，宰相吉顼也在极力活动。他劝说武则天的男宠张易之和张昌宗兄弟俩说，你们因为受到武皇的宠爱，遭到众位大臣的嫉恨。如今只要你们肯为立储之事出力，还能将功赎罪。你们如果劝说武皇立庐陵王李显为太子，日后还能保住性命。张氏兄弟也明白自己的处境，于是听从吉顼的劝告，在武则天立李显为太子一事上起了关键作用。

终于，公元698年，武则天将李显秘密接回了洛阳，当时的太子李旦也明智地请求辞去太子之位，让母亲立哥哥为储君。武承嗣得到消息后极为气恼，但对心意已决的武则天又无能为力，不久便气闷而死。

为了避免在自己死后侄子和儿子们相互残杀，武则天费尽心思。她曾经把太子李显、相王李旦、太平公主和武姓的侄子们召集到明堂，祭告天地之后，立下了铁券，并收藏在史馆之中，以为佐证。值此，皇储之争以李氏皇族的胜利告终。从此以后，直到武则天去世，终于有了一段较长时间的安定日子。

张易之和张昌宗两兄弟，是中山安国即现在的河北安国人。他们祖上曾在贞观末年做过宰相，也是名门出身，只是到了他们这一辈家道中落了，他们为了摆脱困顿的生活，就通过这种捷径获得了享用不尽的荣华富贵。武则天的晚年岁月得益于张氏兄弟的悉心照料，因此武则天对张氏兄弟恩宠有加。

高宗过早的离世后，武则天的晚年倍感寂寞烦闷。她的脾气越来越坏，经常责骂身边的侍女。太平公主很了解母亲，便找到年轻英俊的张昌宗献给了武则天，武则天很满意。后来，张昌宗又把哥哥张易之介绍进宫，兄弟俩一同侍奉武则天。在武则天的宠爱下，张氏兄弟的权势急剧膨胀，连武家兄弟也开始巴结他们。后来，他们又在武则天的纵容下开始干预朝政，这样的形势使朝中众大臣强烈不满，恐怕政权再度陷入危机。在人心惶惶、怨声载道的情况下，宰相张柬之看准时机发动了政变。

公元704年年末，武则天病倒在床上，因为身体虚弱，几个月也不曾召见朝臣们，只有张氏兄弟俩留在身边侍奉她，同时左右着朝政大事，大臣们虽然义愤填膺，可见不到武则天也只能无可奈何。宰相张柬之当机立断，他决定速战速决，以突袭的方式把张氏弟兄清除。经过周密的部署，张柬之联合一部分朝廷重臣在公元705年的正月里发动了兵变，把张氏兄弟杀死，迫使病中的武则天让位，请中宗复位，恢复了大唐王朝的国号。

此时的武则天已经无力控制局面，终于被迫退位。正月二十五这天，武则天不情愿地离开了她做了十五年皇帝的宫殿，搬到了洛阳西南的上阳宫。后来中宗为了安慰母亲，御赐武则天尊号“则天大圣皇帝”。但没有了帝位的武则天心情沉闷，精神支柱也轰然倒塌，虚弱多病的身体迅速垮了下去。公元705年的十一月初二，八十二虚岁的武则天死于上阳宫的仙居殿。临终时的武则天异常清醒，她立下遗嘱，要中宗替自己去掉帝号，称则天大圣皇后，她死后要葬在乾陵，和高宗合葬。还有只许中宗为她立碑，但不许立传，于是我们今天就看见了武则天留下的那块著名的无字碑。她还嘱咐中宗赦免前王皇后、萧淑妃以及褚遂良等人的家属。

武则天死后，她的谥号变过几次，但儿孙们的尊敬态度没有变。睿宗第二次即位后，改称为“天后”，后来又先后改为“大圣天后”，尊为“天后皇帝”，改为“圣后”。唐玄宗即位后，改为“则天皇后”，比较客观。到了公元749年，最后把武则天的谥号定为“则天顺圣皇后”。

公元706年正月，武则天的灵柩运回了长安，与高宗合葬在乾陵。

毫无疑问，武则天是一位杰出的女性。她以自己杰出的才能和超凡的智慧，统治了中国将近半个世纪。她留给世人的印象多半是巾帼英雄，不让须眉，在激烈的政治斗争中，她靠自己的果断与毒辣将敌人一个一个击败。然而在生命走到了尽头的时候，她还是选择了去掉帝号，恢复高宗皇后的身份。如果说是为了求得心安理得，不遭后世非议，那么她大可强迫史官修改史书。但她的政绩，无论好坏，都被完整地保留下来了。其实我们未尝不可换个角度思考问题，武则天在临死之前这样做，又或许是出于内心深处仍然对高宗保持着深厚的感情。《全唐诗》曾收录了她的一首《如意娘》，诗云：

看朱成碧思纷纷，
憔悴支离为忆君。
不信比来常下泪，
开箱验取石榴裙。

这首诗好像与武则天留给人们的印象大相径庭，但有谁能保证，这样一个果决犀利的女子，就没有不为人知的似水柔情呢？

武则天身边的女政治家

——唐中宗昭容上官婉儿

历数唐代的杰出女性，人们第一个想起的就是君临天下的武则天。每当提起武则天的时候，又不禁向她的身边望去，那里站着上官婉儿——一个同样才华横溢、不让须眉的女子，即使有武则天的光芒笼罩在她的面前，她也没有被后世忽略。她的一生曲折离奇，与武则天相比毫不逊色。

上官婉儿，陕州陕县（今属河南）人，唐高宗宰相上官仪之孙女。她的一生充满了传奇色彩，从一出生，便开始了她不平凡的一生。传说她的母亲沛国夫人郑十三娘在身怀六甲的时候，一天夜里梦见一位金甲神人手持一杆大秤，对她说道："拿着这杆秤，将来可以称量天下。"祖父上官仪听说后十分高兴，说："难道我们上官家又要出一位宰相吗?"后来婉儿出世了，在过满月的时候，郑氏夫人逗着她玩说："称量天下的难道就是你这个小丫头吗?"小婉儿听了，居然"呀呀"地回应母亲的话。

上官婉儿的一生都是和李、武两家纠结不清的，尤其是武则天，她成就了婉儿的聪明才智，也一手制造了她的悲剧命运。麟德元年（公元664年），婉儿的祖父上官仪因替高宗起草废后诏书，触怒武后被杀，上官家上下都被牵连进去，男丁一律被处死，女人送到后宫为奴。于是刚刚出生不久的上官婉儿便与母亲郑氏一同被发配掖廷宫做婢女。

婉儿在宫中慢慢长大，她的聪明才智也逐渐显露出来。小小年纪，不但容貌美丽，而且酷爱读书。这时婉儿的母亲郑氏负责打扫后宫的书库，她见女儿有这么高的悟性，就借职务之便，每日偷偷为女儿带回各种书籍阅读。在母亲的苦心培育下，婉儿本就天资聪颖，再加上耳濡目染、勤学苦读，十四岁的时候，便诗词歌赋、琴棋书画，样样精通，因此在宫中深得众人的喜爱。

终于，武则天发现了这个埋没在宫中的人才。仪凤二年（公元677年），武则天召见了上官婉儿。婉儿上殿，不卑不亢。武则天询问了她的年龄，读过什么书，有何特长，婉儿一一作答，从容镇定。武则天见她不但生得乖巧美丽，而且谈吐儒雅，气度不凡，心里很是喜欢。于是又出了一道题，命婉儿以剪彩花为题，写一首五律，婉儿执笔在手，略作思索，须臾成章。武则天拿过诗稿，发现婉儿的字娟秀圆润，十分满意：

密叶因裁吐，新花逐剪舒。
攀条虽不谬，摘蕊讵智虚。
春至由来发，秋还未肯疏。
借问桃将李，相乱欲何如?

读罢之后，武后连连称妙。但转而又一沉思，接着问道："这最后两句，借问桃将李，相乱欲何如，是什么意思？”

婉儿不慌不忙地回答：“天后陛下，我听说自古诗就是没有定解的，诗句的意思，要看解释人的心境如何。如果陛下一定要说我在含沙射影，奴婢也不敢狡辩。”

婉儿话音一落，周围的人都大惊失色，以武则天的性格，婉儿这样大不敬，必遭大祸。不料武则天却拍案称好，高兴地说道：“回答得好！不但诗写得好，我更喜欢你这样直爽的性格！”武则天还讲了当年她十四岁时被太宗皇帝召进宫驯服一匹叫做狮子骢的烈马的故事。也许是武后从婉儿的身上看到了自己年轻时的影子，尽管她处死了婉儿的祖父和父亲，对婉儿有杀父之仇、灭门之恨，她还是决定将这个聪明倔犟的女孩子留在身边，以监督和鞭策自己。武则天当即便下令免去了婉儿的奴婢身份，让她任宫中的掌诏命。

从此，婉儿结束了痛苦屈辱的生活，开始平步青云。武则天很是器重她，命她负责起草文件，并批阅一般的奏章。渐渐的，随着婉儿的权力日盛，朝中的大臣们也不得不对她另眼相看。

武则天与上官婉儿之间的感情是复杂微妙的。或许是出于惺惺相惜，欣赏婉儿的才华，或许是对于自己当年造成上官家灭门之灾的补偿，又或许是为了显示自己的宽容大度，武则天对于上官婉儿一直是宠爱有加。她们不但是一对忘年交，更像是母女俩，在偌大的皇宫中，互相依赖，互相扶持，已经超越了一般君臣的关系。

而上官婉儿对武则天更是忠心耿耿。对于上官婉儿的为人，世人多有非议，说她认贼作父、诡诈奸猾，尤其在武后晚年，更有助纣为虐之嫌，而且私生活混乱不清，在成为中宗的妃子后仍与武承嗣等人往来甚密。但从她个人的角度来考虑，上官婉儿从小便背上了罪臣之后的名字，承受着常人不能忍受的屈辱和痛苦，后来又以一介弱女子之身，置身于波诡云谲的宫廷斗争之中，这样一个聪慧的女子，怎能不明白物竞天择、适者生存的道理呢？她的家庭被武则天毁掉，但又是武则天把她从地狱中拯救出来。她知道站在自己面前的是杀父仇人，更知道自己也许一生都不能、也不愿去报这深仇大恨了，因为只有尽心尽力地侍奉好武后，她和母亲才能摆脱那不堪忍受的痛苦生活，这时她的内心会有着怎样激烈的冲撞啊！

但不可否认，上官婉儿对武则天的佩服是真心实意的。武则天的人格魅力是足以让任何人为之折服的。在那个男权当道的时代，两个同样优秀的女人相遇了，她们最终携起手来向前走去，颠覆那个不公的世界。

上官婉儿成为皇后侍从女官的时候，后来的中宗李显还是“英王李哲”，婉儿虽然逐渐与他熟悉，恐怕从没有想过自己未来会成为他的妃嫔。从她对李显的态度来看，当时的婉儿即使情窦初开，对象也不会是这位英王。因为这时的太子是二十四岁的李贤，不但地位才能高于英王，而且容止端雅，英姿勃发。这样的男人才能得到聪慧美丽的婉儿的芳心。因此又有了这样的传说：婉儿曾经是太子李贤的侍读，二人在朝夕相处中日久生情。但这始终只是传说。史书中没有留下任何上官婉儿与太子李贤之间有情的记载。婉儿甚至间接地做了李贤的刽子手。

高宗的身体每况愈下，关于储君之位的斗争也日益白热化。由于明崇俨声称“英王状类太宗”，又有传说李贤实际上是武则天的姐姐韩国夫人所生，本来就政见不和的武则天和李贤母子之间的隔膜越来越大，很快就势同水火。调露二年（公元680年），明崇俨无故被人刺死，李贤立即成为最大的嫌疑人，武则天以此为由对他展开了调查。经过裴炎、高智超等人的搜查，果然在太子宫的马坊中找到了数百副铠甲，李贤的谋反之罪就这样盖棺定论。

八月二十二日，二十七岁的李贤被废掉太子。而置他于死地的那份废黜诏书，正是十六岁的上官婉儿亲手拟就的。如果上官婉儿和李贤之间真的有情，那么事实再一次证明了宫廷生活的残酷，身在其中，便不能有任何感情。

李贤被废的第二天，二十五岁的李显便被立为太子。

从草拟废太子诏来看，婉儿已经毫无疑问地成为武则天的心腹，她已经选择了跟随武则天的道路，并且终生无法回头。

四年后，中宗李显登基但又很快被废，武则天开始正式步入前台，公元690年，武则天正式成为女皇，二十六岁的上官婉儿继续担任掌诏命之职。随着武则天皇位的稳固，婉儿的文学天赋和政治才华也得到充分的发挥。一时间绮丽的上官体风行朝野，满朝文武若不懂上官婉儿的诗，简直是有辱身份，而婉儿在朝廷中也俨然成了武则天的代言人。据史书记载，尤其在万岁通天元年（公元696年）之后，上官婉儿“内掌诏命”“群臣奏议及天下事皆与之”——治国方针、起草诏书、祭拜祝词、官员任免令等，皆出自她的手笔，百官的表章也是她批阅审议。国家大事虽然由武则天决断，背后却都少不了她的参与。这时的上官婉儿，虽然名为掌诏命，但实际上行使的是宰相的权力，只不过没有加封官爵而已。上官家又要出一名宰相的预言终于实现了。

婉儿在武则天那里得到了无比的信赖和倚重，她曾令皇宫后花园的百花在寒冷的冬天一齐开放，既保全了女皇酒后失言下的威仪，又再次彰显了自己的聪慧多谋；武则天对上官婉儿为数不多的几次动怒也被她轻松化解。武后在一次剪除反党之时，发现上官婉儿的名字赫然在目，当即大怒，立即命人将婉儿处死。临刑前武则天呵斥道：“昔日你的祖父（上官仪）结党谋反，本是祸及全家，我念你才华出众，不忍明珠暗藏，才重用你为御前女官。不料你竟然恩将仇报，妄图谋杀于我，真是气死我了！”上官婉儿听了坦然一笑道：“陛下可曾记得奴婢三次挡驾之事吗？”武则天仔细回想，果然有几次她传旨要在御花园摆宴，临起驾时都因上官婉儿呈奏折转驾回宫，便微微颔首：“确有此事。”婉儿说道：“陛下可知那时御花园已经是危机四伏？我参加谋反，正是为了暗中保护您呀！”一席话说得武则天恍然大悟，深悔错怪了上官婉儿。无奈君无戏言，于是将处死改为黥刑，不过行刑时改用朱砂在额前刺了梅花一朵。上官婉儿本来就颇具姿色，额上刺上去的那朵小巧玲珑的红梅，恰巧在两道娥眉的正上方，犹如二龙戏珠，十分好看。宫廷里的妃嫔和宫女见了，也纷纷用胭脂在前额点红效仿，一时间皇宫上下兴起了红梅妆。但这终究是个罪犯的标记，聪明的婉儿就从额顶梳下一缕青丝，用它遮住额前那个朱砂记号，并称之为“刘海”。宫中妃嫔们看了，觉得这样的妆容竟比将头发全部向后梳要柔美秀丽，显得楚楚动人。于是又纷纷仿效，直至如今。

上官婉儿参政之余，以其卓越的才华，写了许多瑰丽的诗文，《旧唐书》传有云：“玄宗令收其笔，撰成文集二十卷”，可惜今已失传，《全唐诗》仅存上官婉儿的诗作三十二篇。《唐文粹》存录张说在《唐昭容上官氏文集序》中给上官婉儿以极高的评价，说她

“明淑挺生，才华绝代。敏智聪听，探微镜理。开卷海纳，宛若前闻。摇笔云飞，咸同宿构。”

然而人生苦短，一代女皇终究也抗拒不了生老病死的自然规律，垂暮之年的武则天终于撒手西归，带着“大周终我一朝”的悲叹，结束了她辉煌曲折的一生。

武则天没有逝世之前，皇位继承权的问题已经迫在眉睫。

神龙元年（公元705年），张柬之等人策动政变逼迫武则天退位，中宗李显复位。至中宗朝，上官婉儿又受命专掌制命，继续得到中宗及韦后信任倚重，并晋封为昭容，但由于中宗的平庸和韦后的跋扈，武后留给婉儿的那种知遇之感却已不复存在。

中宗即位后朝政大权掌握在韦后的手中。中宗一生颠沛流离，朝不保夕的生活让他养成了前怕狼、后怕虎的软弱性格，而她的皇后韦氏则一心想学婆婆武则天的样子，勾结女儿安乐公主，妄图成为第二个女皇帝。可惜她的智慧和胆略是远远不能与武则天相比的。为了不致使朝纲大乱，大唐政权再次陷入危机，上官婉儿在他们之间周旋平衡，极力维护着朝野的安定。神龙二年（公元706年），武三思依靠韦后和安乐公主等人的支持，相继设计贬杀了张柬之、桓彦范、敬晖、袁恕已和崔玄晖五王，独掌大权，不可一世。上官婉儿为其权势所驱，与武三思私通，左右当时的朝政，刚刚重生的大唐政权再次风雨飘摇。这一时期上官婉儿依附于武三思，所拟的诏令中，经常抬高武家的地位而排抑李氏皇族，这使当时的太子李重俊气愤不已。景龙元年（公元707年）七月，李重俊与左羽林大将军李多祚等，按诏率领羽林军三百余人，在武三思、武崇训等人的府第将其诛杀，并除掉其亲信党羽十余人。随后他们又引兵从肃章门破关而入，叩击阁门，想顺势进宫搜捕作为同党的上官婉儿。上官婉儿此时已是自身难保，她闻讯后便急忙逃到唐中宗和韦后处，向皇帝和皇后密报说：“看太子的意思，是先杀上官婉儿，然后再依次捕弑陛下和皇后。”韦后和中宗听后一时大怒，遂带着上官婉儿和安乐公主登上玄武门躲避兵乱，并命令右羽林大将军刘景仁率二千铁骑，屯兵太极殿前，闭门自守。由于上官婉儿的谋划，太子终于兵败被杀。

太子被处死后，中宗李显的权力实际已被架空，李唐王朝的政权再度被妇人掌握。韦氏的野心日益彰显，她勾结女儿安乐公主，操纵朝政，甚至打算立安乐为皇太女。但中宗在这个问题上始终没有让步。他的母亲即使自己称帝，最后也还是将皇位传给了自己的儿子。以中宗的性格，他是绝不会开这个先河的。因此韦后虽然手握大权，这个打算始终没有得逞。

景龙四年（公元710年）左右，武则天的女儿太平公主势力日盛。太平公主凭借自己出色的政治才干和作为李氏皇族的身份在朝中迅速树立了威信，成为继武氏兄弟后，唯一能与韦后抗衡的势力。太平公主一面与韦后及安乐公主虚与委蛇，一方面以一代公主的身份牵制她们势力的发展，同时暗中帮助她的侄儿李隆基筹备兵变，准备重新夺回大权。

这时的上官婉儿是怀着忠于武后的想法辅佐中宗的，对于韦氏的意图她看得很清楚，但迫于人单势孤，为求自保，也只能委曲求全。当她看到韦后的专权已经激起满朝文武的愤恨，同时太平公主的势力与日俱增，以她的聪慧，足以预料政局发展的趋势。在这样的形势下，上官婉儿决定联合太平公主，再次拯救岌岌可危的大唐政权。

韦氏虽然也是一个野心勃勃的女人，但她远远不具备武则天的胆识和才干，同时在她面前的又是两个异常强大的对手——武则天的孙子临淄王李隆基和他的姑母也就是武后的女儿太平公主。韦氏和安乐公主错误地估计了形势，她们打算先控制宫中的局势，再以李显的名义将太平公主和李隆基诓入宫中，趁机除掉二人，于是韦氏和安乐公主愚蠢地毒杀了中宗。中宗死后，上官婉儿与太平公主一起草拟遗诏，欲立温王李重茂为皇太子，相王李旦参决政务。七月，韦后等人还未及采取行动，太平公主便先发制人，与临淄王李隆基联手，率羽林将士冲入宫中，诛杀韦后及其党羽。上官婉儿执烛率宫人迎接，并把她与太平公主所拟遗诏拿给刘幽求观看，刘幽求拿着遗诏在李隆基处为其说情，但李隆基不许，终于杀上官婉儿于旗下。

上官婉儿之死，虽然有些出乎意料，但也在情理之中。早在武后当朝之日，为了巩固自己的地位，武后曾经大力打压李姓皇族。上官婉儿作为武后的心腹，参与了迫害李氏家族的活动，可以说，李家很多人都是死在上官婉儿所拟的诏书之下。对于一个残害自己族人的帮凶，李隆基是不可能放过上官婉儿的。

也许李家的女人注定都是不同凡响的。诛杀韦后及其党羽后，相王李旦即位，称睿宗。李隆基因讨伐韦氏母女之功，被立为太子。同时太平公主与他的关系也发生了显著的变化。经历了半个世纪的宫廷争斗，武后当年为高宗生下的几个儿女，如今只剩下睿宗李旦和太平公主。睿宗对于自己这个唯一的妹妹十分怜爱，再加上太平公主出色的政治才华，她在朝中的地位已经牢不可破，大有功高震主之势。而作为未来的一国之君，李隆基对于这种形势是十分敏感的。他继承了祖母的强悍与果敢，他绝不会让得来不易的权力再次落入旁人的手中，更不允许女子掌权的局面再次出现。因此，李隆基很快采取行动，又一次发动政变，将太平公主及其手下的势力一举剪除。睿宗李旦在亲历了几十年的宫闱斗争之后，面对儿子的残忍，早已心灰意冷，于是不久就将皇位让给李隆基。李隆基登基，史称唐玄宗。

开元年间，玄宗忆起上官婉儿的才华，命人收集她的作品，编成文集二十卷，并让宰相张说为之作序，序中赞道："敏识聆听，探微镜理，开卷海纳，宛若前闻，摇笔云飞，成同宿构。古者有女史记功书过，复有女尚书决事言阀，昭容（上官婉儿）两朝兼美，一日万机，顾问不遗，应接如意，虽汉称班媛，晋誉左媪，文章之道不殊，辅佐之功则异。"盛赞上官婉儿的"嘉猷令范"。后来这部文集散失了，《全唐诗》里仅存上官婉儿的诗作三十二首。

上官婉儿，历代都认为她是一个善于弄权的女人。但在当时的形势下，她从出世不久就背负了被武则天灭门的深仇大恨，却又不得不屈尊人下，侍奉自己的仇人，心里必然承受了巨大的痛苦和煎熬。而作为一个同样优秀聪慧的女人，武则天的魅力与实力，又不得不让她折服。不管武则天重用上官婉儿是出于何种目的，但她们之间的惺惺相惜是不能否认的，上官婉儿后来的确成为武则天为数不多的心腹。武则天对于上官婉儿的宠信，也许可以看成是她对上官家的一种补偿吧。后世对于上官婉儿利用自己的美色周旋于各个政治集团也颇有非议，斥责她淫荡狡诈。但试想在那样残酷的政治斗争中，一个聪慧的女子，为改变命运，为求自保，除了利用自己仅有的智谋和美色之外，还有其他出路吗？所谓识时务者为俊杰，这句话不单单适用于男人。

效仿女皇的失败者

——唐中宗皇后韦皇后

韦氏（？—公元710年），京兆万年（今陕西省长安）人，唐中宗皇后。

唐中宗李显是武则天的第三个儿子，武则天做皇后时，独霸朝纲，为了维护自己的权力，武后先是废除了前太子李忠，改立自己的亲生儿子李弘为太子；李弘不满母后的专权，常常与武后对立，并暗中计划废后之事。武则天得知后，不久就赐毒酒鸩杀李弘，改立次子李贤为太子；李贤也颇富才华，不愿听命于武后，武则天遂把三子李显推上太子宝座，李显生性懦弱，成为武则天的傀儡。弘道元年（公元683年），唐高宗驾崩后，太子李显即位，是为中宗。次年，太子妃韦氏遂封为皇后。

登上后位之后，韦氏心中开始盘算弄权的计划，她妄图模仿婆婆武则天，也来个后宫掌权。韦氏貌美娇艳，中宗十分宠爱她，对她言听计从。在韦后的唆使下，毫无主见的唐中宗提拔了韦后的父亲韦玄贞为豫外刺史，后又大肆加官晋爵。朝中群臣认为此事不妥，上疏阻止，谁料想当即被中宗驳回，中宗怒道："我就算要把全天下都给了韦玄贞又能怎样?!"这番言论很快传到武则天的耳朵里，武则天大怒，赶到朝堂当即将中宗贬为庐陵王，发配到偏远的房州（今湖北省房县），韦氏随行。随后武后立第四个儿子李旦为睿宗，睿宗亦懦弱，武则天得以继续总揽朝纲。

李显带着韦后和儿女们在荒僻的房州住了仅一年，武则天又下旨让他们迁往均州。在均州过了两年之后，又勒令李显迁回房州，以防他长居一地，聚集势力来对抗朝廷。这样反复几次，武则天见李显毫无反叛自己的迹象，就下令允许他们长居房州。

天授元年（公元690年），武则天废掉唐睿宗，自立为神圣皇帝。为了巩固自己来之不易的皇位，武则天大肆消除异己，在京城洛阳多次捕杀李姓皇室宗亲和其手下的臣僚。消息传到房州，李显与韦氏心惊胆战，夜不成眠。每次有朝廷使节前来探视，中宗就吓得面如土色，生怕是母亲派人来下诏赐死他。生性懦弱的李显忍受不了这样的惊吓，每天惶惶不可终日，生不如死，他曾几次想要撞墙自杀，都被韦氏救下。韦氏是个个性倔犟的女子，她劝解丈夫道："福祸没有定数，只要活下去就是好的，何必自寻死路呢！"中宗在韦氏的鼓励下才得以勉强度日，他感于韦氏对自己的支持，便对她许愿道："如果他日我能重登帝位，你想做什么都行，我绝对不加限制。"中宗没有想到，这句话竟成为日后韦后控制他的把柄。

韦后曾先后为中宗生下一儿两女，但儿子李重润与长女长宁公主均在早年为武氏所害。在迁居房州的途中韦后生下了第二个女儿，即安乐公主。安乐公主长得十分美丽，韦后和中宗对她宠爱备至，他们希望安乐的降生能给他们的命运带来一些转机。在中宗和韦氏的娇纵下，安乐公主从小就养成了骄横任性的脾气。后来她被祖母武则天收到宫中养育，因为聪明伶俐，武则天也对她十分喜爱。

在房州的时候，李显与韦后常常到住处附近的感德寺探望慧范大师。一天途中休息的时候，中宗突发奇想，拾起一枚石子对天祈祷说："如果我能毫发无损地回到京城，并重登帝位，这枚石子便不落地。"说完用力将石子抛向空中，谁知这枚石子竟被路旁大树茂密的枝叶接住，果真没落到地上。中宗心中大喜，韦后也笑逐颜开，认为这是苍天暗示的吉兆。

武则天称帝后，天下豪杰对女子当政十分不满，各地纷纷起兵声讨。扬州徐敬业也揭竿而起，为了显示自己起兵是名正言顺的，徐敬业打起了"匡复中宗"的旗号。武则天得知后一面派遣李孝逸将军率领三十万大军征讨，一面又派侄子武三思到房州探察中宗的反应。

武三思到了房州后与中宗和韦后叙谈，竟被韦后的美貌和风韵迷住了。聪明的韦后早已看出了武三思的心思，她深知只有让武三思在则天皇帝面前为丈夫多说好话，他们夫妻才能躲过此劫。加上韦后生性风流，便与武三思一拍即合，两人眉来眼去。

武三思回朝后并未食言，他在武则天面前极力宣扬中宗与韦后的忠孝之心，武则天心中的疑虑这才稍减。圣历元年（公元698年），在宰相狄仁杰的力谏下，武则天终于派人把中宗和韦后从房州接回洛阳，重新将李显立为皇太子，这时距中宗被贬已经十五年了。

此时的安乐公主已经长成一位亭亭玉立的少女，武则天就把她许配给武三思之子武崇训。李、武两家再次联姻，武三思与韦后也就成了儿女亲家，两人旧情复燃，武三思出入太子东宫更加肆无忌惮，还与李显的婕妤上官婉儿有染。中宗迫于武三思的权势和韦氏的霸道，只能装作不知内情，任由他们在自己眼皮底下胡来。

中宗回到洛阳的第五年，武则天卧病，朝中大事一概由她的两个男宠张易之、张昌宗兄弟处理。神龙元年（公元705年）正月初二，凤阁侍郎张柬之、鸾台侍郎崔玄玮、左羽林将军敬晖、右羽林将军桓彦范、司刑少卿袁恕己五位大臣抓住这个大好时机，发动政变，率领羽林军斩杀张氏兄弟，攻入武则天养病的长生殿，逼迫她迎太子李显监国。武则天见大势已去，无奈于正月初三日让位给李显。初四，李显在通天宫即位，重新恢复大唐国号，立韦氏为后。

中宗复位后，韦氏的野心日益膨胀。每当中宗临朝，韦后便效仿武后，在皇帝的宝座旁边设置幔帐，自己坐在后面听政。中宗命一直跟随武则天的上官婉儿主持撰述诏令，封武三思为相，从此以后韦后、武三思、上官婉儿三人联手把持朝纲，形成了一个以韦氏为首的专政集团。张柬之、桓彦范等五人拥立中宗复位有功，中宗对他们十分感激，都委以要职。政变中很多武氏族人被杀，武三思因此对五臣怀恨在心。他向中宗进言说："张柬之等五人仰仗自己辅佐皇上有功在朝廷中专权，恐怕对江山社稷不利，陛下何不将他们分封到边远之地，既削弱了他们的权势，又可以显示陛下尊敬功臣。"韦后在一旁极力附和，不明是非的中宗在两人的挑唆下信以为真，于是封张柬之为汉阳王、桓彦范为扶阳王、敬晖为平阳王、袁恕己为南阳王、崔玄玮为博陵王，赐金帛鞍马，让他们即刻赶赴封地。武三思和韦后还不满足，不久他们又策划阴谋，以莫须有的罪名将"五王"贬谪到更加偏僻的地区，桓彦范被流放到贵州（今广西省贵县），遭杖杀而死；敬晖被流放到崖州（今海南岛海口东南），被谋害；崔玄玮被放到白川（今广西省博白县），死于途中；张柬之被流放到襄州（今湖北省襄樊市），气愤致死；袁恕己被流放到环州（今广西省河池东北），被逼致疯。武三思和韦后勾结，除掉了五大臣，彻底清除了两人独霸朝纲的障碍，此后气焰更加嚣张，他曾得意扬扬地对部下说："我从不知道什么是好人，什么是坏人，只要愿意听命于我的，就全都是好人。"一时间，奸佞之徒都投到他的门下效力。从此，大唐王朝的大权再度旁落，韦后、武三思在朝廷中横行无忌。

随着韦后手中的权力越来越大，她甚至连中宗都不放在眼里。一次，安乐公主新居落成，中宗和韦后亲临公主府为爱女祝贺。席间，安乐公主八岁的小儿子跑过来拜见中宗和韦后，礼节周全，十分懂事。韦后见了孙儿很是喜欢，便把孩子抱在怀中逗弄，还许愿封他为太常卿、镐国公，食邑五百户。中宗毕竟是一国之君，见韦后不与自己商议便自作主张、随意加封一个幼童这么大的官爵，心中十分不悦，便拦住说："皇后且慢下诏！待朕回宫以后，再作计较。"韦后听罢，轻蔑地笑了一下说道："这点小事还用得着计较吗？陛下在房州的时候不是说过，将来臣妾想做什么都行吗？如今为什么又出尔反尔，不让我加封孙儿呢？"中宗万没想到皇后搬出自己当年的话来，心中非常恼火，但君无戏言，自己当年确实这样对韦氏承诺过，话已出口，覆水难收，他只能暗自懑闷，却一句反驳的话也说不出，于是稍坐片刻便传旨摆驾回宫。韦后一点儿也不顾及中宗负气离去，继续我行我素地在公主府中饮酒作乐，直到半夜时分才起驾回宫。

中宗第二次即位后，灾害连年，民不聊生，边患不断。神龙元年（公元 705 年）四月，同官县（今陕西铜川）突降特大雨雹，当地农户四百余户被淹；神龙三年（公元 707 年）三月，从京师到山东一带发生严重的瘟疫，死于病痛的百姓不计其数；同年夏天，山东、河北等二十多个州发生旱灾，饿死、病死的百姓总计数千人。面对这样混乱的局面，中宗不但不励精图治，想方设法赈济灾民，反而对民间的疾苦视而不见。韦后怂恿中宗说："我们在房州受了十多年的苦已经够了，现在回到了京城，终于可以好好地享乐一番了！"于是他们便携同武三思和安乐公主等人日夜在宫中肆意淫乐。一年冬天，已经是寒冬腊月，中宗和韦后在洛阳城南城楼上观看泼寒胡战。当时狂风怒号，滴水成冰，中宗、韦后毫不顾及艺人的冷暖，命他们在寒风中裸身舞蹈，互相泼水取乐，自己则站在城楼上身着华丽的轻裘，手捧暖炉，看得津津有味。

神龙三年，中宗、韦后又和近臣们一起在玄武门观看宫女们聚会饮酒。韦后更别出心裁，又让中宗命令宫女们左右分列成两队，互相殴斗，一决胜负。宫女们不敢不从，为了能活命，只好疯狂地厮打起来，惨叫声接连不断，城楼上的中宗和韦后看了竟然哈哈大笑。他们还派遣宫女在宫中开办集市，让朝中的氏族公卿扮作商人前去购买东西。交易时因买卖不公，大臣和宫女们相互辱骂，言辞卑猥，中宗和韦氏便以此为乐。景龙二年（公元 708 年）正月元宵节，中宗和韦后微服出宫，带着大臣们在长安城内各处酒肆、乐坊中游逛，又去化度寺门前的大街上观赏花灯。这一夜，中宗还听从韦后的建议，将宫中几千名宫女放出宫外看灯，结果导致将近半数的宫女偷偷跑掉。同年二月，中宗、韦后携各位公主、驸马来到金城（今陕西兴平），在梨园球场观拔河比赛；三月，他们赶往桃花园赏花；四月，又游宴樱桃园，还在隆庆池中泛舟嬉乐，所到之处，各地官员无不竭尽全力地巴结逢迎，消耗了大量的民力资财。

唐中宗不但是一位昏庸的皇帝，更是一个懦弱的丈夫。武三思与韦后勾搭成奸之事中宗早就知道了，但他没有勇气也没有能力制止，时间一长，竟然变得熟视无睹。武三思有时一两天不入宫，韦后就会让中宗派人前去看望。中宗还依照韦后的意愿，任命武三思为宰相，这样一来，武三思在朝中的势力竟然比武则天时期还要显赫。平日武三思经常入宫陪韦后下棋玩乐，中宗就识趣地退在一旁观看。一天，中宗见韦后闷闷不乐，就善解人意地派人宣召武三思进宫。韦后见了武三思当即高兴起来，命宫女摆上赌具，居然公然和武三思在龙床上玩起赌双陆（双陆，古代的一种博具，今已失传，类似飞行棋，相传从天竺传入，盛行于南北朝和隋唐时期）的游戏来，中宗则识趣地退在一旁，手握筹码，替两人计算输赢。韦后放肆地同武三思调笑，丝毫不把旁边的中宗放在眼里。恰巧这时内侍来奏，丞相李峤有要事进宫要面奏皇上，中宗听了如释重负，连忙趁机躲出去。中宗刚刚离开寝宫，韦后就和武三思到内殿淫乐去了。风流成性的韦后不但和武三思勾搭，还效仿武后，在后宫中养了几个年轻英俊的青年。第一个名叫杨均，原来是韦嗣立家的厨子，有一次韦后到韦嗣立家饮酒，认为菜肴可口便赏赐了黄金百两给做菜的厨子。杨均受到赏赐，依照礼数来到韦后跟前谢恩，韦后发现他竟然是个英俊的少年，便一眼相中，下诏将杨均调入宫中，专替自己做菜。不但如此，每到夜深人静之时，韦后便在偏殿里偷偷地召见杨均，整夜淫乐。杨均得到韦后的宠爱，开始平步青云，很快就得到了光禄少卿的官衔；第二个是马秦客，他原本是太医院的御医，一次偶然进宫替韦后诊病，韦后发现他眉清目秀，便将他留下侍寝。自此以后，韦后常借口身体不适把马秦客传进宫中伺候。再一个名叫叶静，入宫之前是马贩子出身，他十分擅长表演训马。有一年的元宵节他正在街市上当众表演，被微服出宫看花灯的韦后相中，召进宫去为韦后表演，实则韦后是以此为掩饰，与他暗中勾结淫乱。

韦后的女儿安乐公主也是个野心极大的人，在武则天身边长大的她，看惯了则天女皇一呼百应的威风，便异想天开，一心想做第二个武则天。她曾经问过韦后说："男儿可为皇太子，我女孩子为什么就不能做皇太女呢？"韦后听了大笑，抚着公主的脖子说："等母后做了女皇帝，一定立你为皇太女！"在韦后的纵容下，她在朝中飞扬跋扈，凌辱大臣，目无王法，为所欲为，尤其对太子李重俊更加嫉恨。她曾自己拟下一道诏书，将内容遮住，让中宗加盖玉玺，中宗竟然答应了她的要求。安乐公主还曾以自己是韦后的亲生女儿、李重俊不是韦后所生为由，要求中宗改立自己为皇太女，免去李重俊的太子位。左仆射魏元忠实在看不下去了，上疏向中宗表示反对，安乐公主当即怒斥道："魏元忠这个山东的大傻瓜，他有什么资格议论国家大事？阿武子（宫中对武则天的称呼）当年可以称帝，难道我是天子的女儿，反而不能继承皇位吗？"不仅如此，安乐公主还向中宗提议，把昆明池作为她的私人湖泊，中宗觉得不妥，便以没有先例为由委婉地拒绝了她的要求。不料安乐公主大怒，回宫后她就命人挖掘了一座长达数里的定昆池，远远超出了皇宫昆明池的规模。安乐公主还指使家奴到民间抢夺平民女子，押解到公主府充当她的奴婢，搞得民间怨声载道。有人把这一情况上告到左台侍御史袁从一那里，袁从一秉公执法，逮捕了安乐公主的奴仆。安乐公主闻讯立即赶到宫中请中宗下令释放，软弱的中宗又准奏了。袁从一听到消息后不禁气愤地说："皇上如此软弱，纵容妇人乱政，这样下去怎么能治理天下啊！"

韦后和安乐公主淫乱后宫，操纵朝政，祸国殃民，又和武三思等人狼狈为奸，使太子李重俊感到巨大的威胁和强烈的不满。中宗太子李重俊因不是韦氏亲生，一直受到韦后和武三思的打压，安乐公主与其夫武崇训（武三思之子）也毫不把太子放在眼里，常常寻事欺辱重俊。眼看国将不国，李重俊经过精心谋划，决定发动政变，除掉韦、武二党。神龙三年（公元 707 年）七月十一日，李重俊秘密联合羽林军将军李多祚，率领三百名羽林军冲入武三思的府中，诛杀了武三思父子及全家。随即又带兵从肃罩门冲入宫中，想擒杀武三思余党及与之勾结的上官婉儿、安乐公主和韦后。这时，中宗夜宴群臣刚刚散场，忽听右羽林将军刘景仁来报，说太子谋反，已率军队冲进宫中，恐对皇上不利。中宗听了大惊失色，急忙带领韦后、安乐公主、上官婉儿登上玄武门观看。这时刘景仁已经调动了右羽林军将李重俊一部重重围住，李重俊等人寡不敌众。狡猾的韦后让中宗在玄武门上颁布诏书，赦免参与起事的将士们，李重俊所带的一百名羽林军顿时人心浮动，失去斗志。在韦后的心理攻势下，太子的兵力很快被瓦解，李重俊攻打玄武门不成，左羽林将军李多祚被杀，这次宫廷政变以失败告终。后来李重俊出逃鄠县（今陕西户县）后，也被暗中投降韦后的部下谋害。

平定了太子李重俊之乱后，中宗的权力完全被架空，安乐公主和韦后在朝中更加肆无忌惮。一次韦后向中宗提出，要追封自己的父亲韦玄贞为王。大臣贾虚认为这不合祖宗法制，站出来反对说："自古以来，从来没有异姓之人封王的先例，皇上现在大封后族，会让天下百姓感到不安的。"按照李唐王朝历来的典制，只有和皇族本家同姓的人才能封王。但此时的中宗已被韦后牢牢钳制住，韦后不时便摆出李显当年承诺过的"唯汝所欲，不相禁止"来要挟中宗，中宗懦弱，便对韦后言听计从。

中宗一味的退让妥协助长了韦后谋朝篡位的野心，她开始为自己夺权制造各种有利的条件。景龙元年（公元 707 年）二月，韦后称她衣箱中的裙子上突然有五色祥云升起，还命画匠将这个情景绘成图画，让文武百官观赏。韦后还暗中指使右骁卫将军、知太史事迦叶志忠上表，在朝中制造舆论说："当初高祖称帝前，民间传唱'桃李子'的歌谣；太宗即位前，天下歌'秦王破阵乐'；高宗登基的时候，百姓欢唱'侧堂堂'；则天皇帝称帝时，天下吟颂'武媚娘'，可见民歌可以代表民心。现在皇上、皇后广施仁政，天下归心，臣谨进'桑条歌'十二篇，请陛下昭告天下，将这部乐曲收入乐府。"中宗非常高兴地准了奏。于是，这一系列歌颂韦后的《桑条歌》便开始在民间广泛流传。朝中大臣看着韦后和安乐公主步步紧逼，谋逆之心昭然若揭，无不义愤填膺，朝野上下议论纷纷。前许州（今河南许昌）司兵参军燕钦融一向耿直中正，他愤然上疏中宗，指斥韦后干预朝政，安乐公主危害宫廷，揭露她们图谋不轨的野心，告诫中宗应严加提防。中宗看到奏折后，召燕钦融上朝当面询问。燕钦融毫无惧色，一番慷慨陈词说得中宗无言答对。中宗何尝看不出韦后和安乐公主的意图，只是苦于朝中都是韦后的亲信，自己根本无力对抗，沉吟良久后，便让燕钦融先行退下。谁知燕钦融还没有走出宫门，韦后便指使兵部尚书宗楚客率领军士将燕钦融捉回，当着中宗的面把他摔死在大殿的石阶上。

中宗看到韦后竟然嚣张到在自己面前滥杀无辜，心下十分恼怒，当即拂袖离去。韦后看出中宗的不满，又命人取来燕钦融的奏折一看，深恐中宗受到鼓动会对自己采取行动，于是她开始暗中计划彻底将中宗推翻，早日称帝。最后韦后和安乐公主密谋，让韦后的男宠杨均制作三块酥饼，饼内暗下毒药。中宗万万没想到自己的妻女会加害于他，毫无防备地吃下毒饼，当场死在神龙殿内。

韦后虽有效仿武则天称帝的野心，却没有武则天的政治才干，她和安乐公主合谋进鸩，毒死中宗后，对于中宗死后的安置，以及朝中群臣对于皇帝暴毙这件事的议论、猜测和指责深感不安。于是，韦后一面对外界隐瞒高宗驾崩的消息，一面把自己的亲信召入宫中，商议对策。经过激烈的争论后韦氏决定，由刑部尚书裴谈、工部尚书张锡留守东都洛阳，负责处理明中事务；命左金吾大将军赵承恩、左监门卫大将军薛崇简率领五百精兵暗中赶赴均州，防备谯王李重福。中宗复位的第二年，韦后便陷害谯王，令中宗将其贬谪到均州，负责当地戍务，不经宣召不得私自回京。中宗死后，韦后怕李重福得到消息后带兵攻打京城，便对他严加防范。韦氏与她的哥哥、太子少保韦温商定，决定先立中宗第四子温王李重茂为太子。此外，韦后又下令从各京城周边各府调动五万人马，由韦温总领，分两队屯驻京城，韦温之子和弟弟分别率领左、右营和羽林军，驻守皇宫外围，保护韦后和安乐公主的安全。将一切安置妥当之后，韦后这才在太极殿为中宗发丧，宣布立李重茂为太子，自己临朝辅政。三天以后，年仅十六岁的太子李重茂在中宗的灵前即位，尊韦后为皇太后。韦后捏造中宗遗训，终于得以名正言顺地登朝摄政。正当韦后及其党羽认为大局已定之时，他们没有料到自己的美梦在短短几天之内就破灭了。打破韦后篡权阴谋的正是中宗的侄儿、前睿宗李旦之子——临淄王李隆基。

李隆基是武则天第四个儿子李旦的儿子。他从小聪慧英勇，智勇双全，很得武后的欢心，被加封为临淄王。对于韦后的专政李隆基早有不满，他一直暗中培植自己的势力，等候时机，准备有朝一日推翻韦氏，匡复大唐的政权。当时有一位名叫冯道力的道士与李隆基私交甚厚，有一天冯道士来到李隆基府中闲谈，对他说："您居住的地方名叫隆庆，'隆'就是'龙'，现在当朝韦后改元'唐隆'，正与您的名字相符合，这真是上天助您建功立业的好时候啊！"李隆基听后非常高兴。不久李隆基便收到消息，中宗暴亡，韦后临朝。他马上意识到韦后已经开始行动了，如果再不采取措施，恐怕大唐王朝不日便要被韦氏一族取而代之。于是李隆基迅速联络太平公主，共同商议除掉韦后的办法。太平公主是高宗李治最小的女儿、李隆基的姑姑，她继承了母亲武则天的智慧，刚毅果断，富于权谋。武则天在世时便经常招她入宫参与国家大事的决断。作为高宗与武后最宠爱的女儿，凭借她的聪明才智，在武则天当政的二十多年中，只有太平公主一人稳居朝堂，贵盛无比，赢得了朝廷内外的一致尊敬。在中宗复位的过程中，太平公主也参与了除掉张易之等人的行动，因拥立中宗有功，被中宗晋封为镇国太平公主。连骄横跋扈的韦后和武三思都对她畏惧三分，虽然他们肆意横行，但是从不敢向太平公主挑衅生事。太平公主的府邸周围常年都有军士驻守，宅院内十步一岗、五步一哨，守卫森严。李隆基的才干也得到姑母的赞赏，这次起事除掉韦后，他第一个就想到向太平公主求援。以太平公主的英明果断和在朝廷中举足轻重的地位，必定一呼百应。太平公主也早就看透了韦后篡夺李家天下的阴谋野心，只是碍于中宗李显的宠信，不便与韦后为敌。她也收到密报说中宗是被韦后和安乐公主谋害致死的，看着大唐朝廷又是一场动乱，她终于下定决心，与侄儿李隆基联手除掉韦后专权集团。是夜，太平公主、临淄王李隆基、薛崇简召集羽林军将领刘幽求、麻嗣宗、葛福顺、李仙凫及宝昌寺僧人普润等一干谋臣武将，一起密谋行动方案。席间有人提出这次政变应征得相王李旦的同意，相王即李隆基的父亲、前睿宗李旦。李隆基考虑周详，他坚决反对这一提议，斩钉截铁地说道："我等冒死围宫，是为了匡复祖业，救国于危难。如果请示父王，他同意了则要与我们一起以身犯险，此事如果成功尚可，倘若一旦失败，我便要以身殉国，到时岂不要拖累父王一起赴死？如果他反对此事，那我们又当如何呢？"众人听罢都深为临淄王的孝心感动，也钦佩他的心思细密，于是纷纷赞同李隆基的意见，决定对相王保密。最后经过周密的计划，太平公主派遣自己的儿子薛崇简做李隆基的助手，一起率军赶赴皇宫剿灭韦后。

唐隆元年（公元710年）六月二十日深夜，临淄王李隆基带队，率领刘幽求、钟绍京等人由玄武门冲入，突袭羽林将军韦播、中郎将高嵩等，然后破关夺门冲入后宫。同时左右又有两队人马一起包抄，最后会合于凌烟阁前。驻守太极殿的御林军听到喊杀声都披挂整齐上前抵御李隆基的义军。一时间，后宫刀枪四起，喊杀声冲天。李隆基率领的都是经过严格挑选的精壮士兵，很快便占据了主动。韦后见御林军敌不过李隆基的部下，便急忙逃往飞骑营，企图调兵反扑，不料反被乱兵所杀。战斗很快结束，临淄王包围了皇宫，诛杀安乐公主和上官婉儿及韦后余下的党羽数十人。第二天，李隆基又联合太平公主迫少帝让位，辅佐相王李旦（李隆基之父）复位，是为唐睿宗。韦后之乱，至此结束。

有唐一代，风气开化，妇女的社会地位比较高。在这样的背景下，女子掌权的现象屡见不鲜，韦氏便是其中之一。只是她过高地估计了自己的实力，对政治形势的判断也不够准确，便一味想要效仿武后。殊不知武则天的成功实属千载难遇的特例，李世宗族的男人经历了武后的统治，绝对不会允许这样的局面再次出现，韦后的固执和野心注定了她的悲剧结局。

盛唐最后的贵妃

——唐玄宗贵妃杨玉环

杨玉环（公元719—756年）是唐王朝第九任皇帝玄宗李隆基的宠妃。李隆基一生风流多情，后宫妃嫔众多，但受宠时间最长的莫过于武惠妃与杨贵妃。

武惠妃伴随中年玄宗度过了辉煌的“开元盛世”，而杨贵妃陪伴晚年的李隆基走过盛世最后的繁华——天宝年间，并间接促成“安史之乱”，最后无奈地成为政治牺牲品，为了平息三军将士的愤慨，被赐死在马嵬坡。

关于杨玉环的籍贯，史家一直众说纷纭。根据《全唐文》卷四中《容州普宁县杨妃碑记》一文所载，杨玉环最少应有三个籍贯。第一籍贯是生父杨维祖籍的容县十里乡杨外村；第二籍贯是当年在容州府后军都督署任职的义父杨康的祖籍；第三籍贯是当年在容州府任长吏的义父杨琰，杨琰祖籍陕西弘农华阴，后迁居山西蒲州永乐。

容州普宁县杨妃碑记许子真

杨妃，容州杨冲人也，离城十余里。小名玉娘，父维，母叶氏。维尝谓：先人云：葬其祖去此十里许，逢一术士，望其姓名，云此坟若高数尺必出贵子，惜太低，生女亦贵。母怀娠十三月始生，初诞时，满室馨香，胎衣如莲花，三日目不开，母夜梦神以手拭其眼，次日目开，眸如点漆，抱出日下，目不瞬，肌白如玉，相貌绝伦。后军都督署杨康见之，以财帛啖其父，求为女。妃家素窘，不得已与之。康有二子读书，妃三岁，日夜同坐，听真诵读，渐长，通语孟。康夫妇惜如珍玉。杨长吏琰，摄行帅事，闻之左右，令其母皆来，一见大奇，私谓厥妻曰：“此女姿质异常，貌有贵相，吾二女远未逮也。”遂给以金帛与康，求为女。康不从，乃胁取之，举家号泣。送去居无几何，长吏秩满，携归长安，与二女同教，惟妃性昭慧，谙音律，明经史。后进入寿王宫。开元二十四年，明皇诏入内，号太真，大被宠遇。天宝间册为贵妃云。（《全唐文》卷四·三）

《蒲州府志》卷三古迹杨贵妃村条记载：

“杨妃村在雷首山独头坡。唐贵妃杨氏，本弘农人，其父玄琰，家于蒲州之独头村，贵妃生其间。其入宫后，因号其村为贵妃村。今独头坡正唐时村也。”

那么杨玉环到底是哪里人呢？

从杨氏家谱就能证明。杨玉环属河中杨府杨顺之后。杨顺，杨懿第四子。字延和，曾任员外散骑常侍、镇远将军、辅国将军、骁骑将军、银青光禄大夫等职。杨顺接到任命后，举家迁往河中府蒲州，在永乐安家。这就是杨氏后裔中河中一支的产生。河中杨氏在历史上也是人才辈出，杨玉环的曾祖杨汪在隋朝时曾官至梁郡太守，后封为尚书左丞，封于平乡县伯。隋炀帝九年，当时已经是国子祭酒的杨汪因为对隋炀帝的暴政颇有微词，被民部尚书樊子盖处斩（参见《资治通鉴》）。杨玉环的祖爷爷杨令本曾任金州刺史，库部郎中（唐代官制，属礼部四司）。库部司掌管邦国军州之戎器仪仗。生有三子，分别是杨友谅（杨国忠祖父）、杨志谦（杨玉环祖父）、杨志诠。杨志谦也生有三子，即杨玄琰、杨玄璬、杨玄珪。杨玄琰为长子，曾任蜀州（今四川崇庆）司户参军。杨玄琰一生无子，生杨玉环姐妹三人。史料显示，杨玉环自幼并未随父入川，《新唐书》卷七十六列传第一杨贵妃（玄宗元献皇后杨氏）载：“玄宗贵妃杨氏，幼孤，养叔父家，始为寿王妃。”杨玉环的叔父杨玄璬最初在蒲州做官，后来调到京城任职。杨玉环十五岁那年，叔父任河南（今洛阳）府士曹参军，杨玉环便随叔父来到了洛阳。

关于杨玉环的美貌还有一个动人的传说，据说在她刚出生的时候，右手腕上有一圈白色的环迹，就好像戴着一个玉环，父母便给她取名玉环。

玉环三岁时就失去了母亲，年幼的她生得乖巧美丽，只是有一个缺憾，四五岁的时候头发还长得很少，而且又稀又黄，幼小的玉环常常因此受到同伴的嘲笑。在玉环居住的村南有一个甜水沟，沟里的水所流之处，庄稼都长得健壮旺盛，村民们的生活也过得很殷实；村北是一个咸水沟，沟里的积水经年累月，形成了一个水潭。玉环六七岁的时候，常常为了自己头发稀疏自惭形秽，总是独自一人坐在水潭边发呆。有一天，她正望着清澈见底的潭水为自己的头发犯愁，忽然看见一位白发的老婆婆正在潭边用潭水洗自己的一头白发。玉环心里很是奇怪，便走上前去问道：“老婆婆，你为什么用这咸水洗头啊？”老婆婆一边洗着自己的白头发一边回答说：“这潭里有九个泉眼，九个泉眼各由一条龙看守，这神水有返老还童之功，洗久了白发就可以变成黑发！”玉环听了老婆婆的话顿时眼前一亮，接着道：“老婆婆，那这潭里的水能治好我这不长头发的病吗？”老太婆答道：“孩子，只要你从今天开始，天天坚持用这潭水洗头，每天早晚各一次，一直到明年七夕，一定能长出一头乌黑的头发。”玉环听了十分高兴，还想和老婆婆再聊，她却早已不见踪影。从那天起，不管酷暑严冬，小玉环每天在咸水池里洗头，从不间断。转眼到了第二年的七月初七，她真的长出了一头乌黑油光的秀发。又过了几年，不知是不是潭水的原因，已经长成少女的玉环亭亭玉立，加上一头秀发的衬托，显得更加光彩照人。

开元二十二年（公元734年）正月，唐玄宗从西都长安至东都洛阳，在洛阳理朝三年。而杨玉环此时也随叔父来到了洛阳。

当时玄宗的宠妃是武惠妃。武惠妃曾经先后生下四男三女，但前三位皇子都不幸夭折。饱受丧子之痛的惠妃对于剩下的几个儿女都十分疼爱。随着他们渐渐长大成人，首先完成婚姻大事的是咸宜公主。

咸宜公主的婚姻，是属于亲上加亲型的。前唐中宗李显的长宁公主曾经先后嫁了两次，第一任丈夫是隋朝皇室的后人杨慎交。长宁公主和杨慎交生有一子杨洄，就是咸宜公主所要嫁的。隋朝的皇族后人中，最为直系的就是杨慎交，杨玉环的生父杨玄琰算是他的远亲。作为杨家亲属之一，杨玉环随叔父参加了咸宜公主的婚礼。就在这场婚礼中，杨玉环不但聪明貌美，而且乖巧活泼，能歌善舞，给咸宜公主和母亲武惠妃、弟弟寿王李瑁都留下了深刻的印象。

虽然杨玉环已家道中落，但是毕竟是杨家后人，再加上咸宜公主的驸马还是她的同族远亲，已经足以让她有资格步入皇室行列。咸宜公主的婚礼于开元二十三年（公元735年）七月举行，仅仅五个月之后，一道诏书就抵达了杨玄璬的府中。开元二十三年十二月二十四日，十七岁的杨玉环被册封为唐玄宗第十八子李瑁的“寿王妃”。她从此走进了大唐王朝权力圈的中心地带。

开元二十五年（公元737年）十二月初七日，武惠妃因病去世。唐玄宗失去了宠妃，变得郁郁寡欢，于是善于揣摩圣意的高力士便偷偷进言说，杨玄琰之女杨玉环姿色绝代，比已故的武惠妃更胜一筹，只是现在已经是寿王妃了。经过高力士的提醒，玄宗也记起这位儿媳，只是当时他还一心专宠武惠妃而忽略了这位倾城倾国的佳人。

在高力士的怂恿下，玄宗终于下诏召寿王妃进宫。见到妩媚动人的杨玉环，玄宗十分高兴，当下设席接风，令她侍宴。杨玉环自幼多才多艺，玄宗也深谙音律，席间两人相谈甚欢。皇帝命高力士取过玉笛，让玉环吹奏。清音曼妙，逸韵铿锵，玄宗不禁击节称赏，还拿出自己谱写的《霓裳羽衣曲》，让杨玉环度入新声。这首曲子是玄宗登女儿山时看到山间云雾缥缈，胜似仙境，有感而作。聪明的玉环看罢心领神会，稍加思索，便谱成新曲，还编配了舞蹈。玄宗见玉环不但容貌出众，而且才华横溢、歌舞动人，是难得一遇的知己，高兴得喜不自胜，亲自斟满美酒三杯，又亲授金钗钿合，作为定情信物。此后杨玉环便经常出入皇宫陪伴玄宗。

不久，宫中传下旨意，命寿王妃为玄宗已故的母亲窦太后祈福而出家为道，赐号太真，处南宫，即称太真宫。此时，寿王李瑁对于皇帝和杨玉环的事敢怒而不敢言，但是对于一国之君的玄宗，又是自己的父亲，也只能忍气吞声。旋即玄宗又立左卫郎将韦诏训的女儿为寿王妃。

入宫后，杨玉环天性聪颖，善迎上意，玄宗越加宠爱，待遇甚至超过了已故的惠妃。玄宗曾经对宫人说过：“朕得到杨妃，如同得到了天下至宝，这真是朕生平第一快意之事啊。”

天宝四载（公元745年）八月，玄宗正式册封杨玉环为贵妃，追赠玉环父杨玄琰为兵部尚书，母李氏为陇西郡夫人，叔父杨玄珪也被提拔为光禄卿，从兄铦超拜殿中少监，从弟锜为驸马都尉，还娶了太华公主。这位公主也是武惠妃所生，因此也备受玄宗的宠爱，下嫁之时，奁资巨万，还赐给了与皇宫相邻的府邸。杨玄琰的其他几位女儿，长适崔氏，次适裴氏，又次适柳氏，玉环最幼。玉环得宠后，独自在宫中，十分想念三位姐姐，玄宗就命人将三女接入京城，分别赐给了宅邸。杨玉环从兄杨钊也凭借堂妹的地位而得势，受到皇上赏识，最后官至宰相。一时间杨家骤然势力大增，权倾朝野。杨贵妃每次乘车都由玄宗最宠信的高力士执鞭，仅她的织绣之工就有七百余人，宫内宫外，举国上下，都争着巴结杨家，以图攀结。后来杨钊（杨国忠）晋位司空，长子杨暄娶延和郡主，拜银青光禄大夫、太常卿兼户部侍郎；季子朏娶玄宗女万春公主；杨玉环的堂弟也被加封为秘书少监鉴，娶了承荣郡主。杨氏一门，共计一贵妃、二公主、三郡主、三夫人，贵盛无比，震古烁今。后玄宗又加赠杨玄琰为太尉齐国公，玄琰妻李氏为梁国夫人，还在京城建了杨氏家庙，并由皇帝亲制碑文。叔父玄珪又晋拜工部尚书，韩国夫人外孙女崔氏，为太子长男豫妃，虢国夫人子裴徽，娶太子女延光公主，徽妹嫁给玄宗长兄李宪第三子为妻，秦国夫人子柳潭，娶太子女和政公主，潭兄柳澄之子娶长清县主，崔、裴、柳三家，俱与皇室联姻。当时的民歌中唱道：生男勿喜女勿悲，君今看女作门楣。

自从了有了杨玉环这位知己，玄宗便开始无心治理朝政，将国家大事都交给杨国忠料理，自己每日与爱妃沉溺于笙歌宴乐，快慰平生。两人常常在一起探究音律，鸾凤和鸣，还到玄宗亲手创办的梨园，看梨园弟子表演各种舞蹈和参军戏、角抵戏。杨、李二人还经常亲自参加表演。玄宗为自己遇到杨玉环这样的知音深感欣慰，玉环也为玄宗开创梨园、发展艺术的成就所折服。于是贵妃带头下拜，众梨园弟子随从，在梨树之下，拜认玄宗李隆基为梨园祖师爷。

杨玉环凭借着皇帝的宠爱，也日益骄横起来，曾经不止一次地触怒过玄宗，但最后都是以玄宗让步为结。

天宝载年七月的一天，玄宗无意中来到翠华西阁，偶见昔日的宠妃梅妃形容憔悴，不禁感慨万分。梅妃原名江采萍，黄石江东人。玄宗开元年间，高力士曾出使闽粤，为明皇大选秀女，采萍便在此时被选入宫。她自幼聪明灵巧，九岁便能通晓诗书，擅长文学。被选入宫后，深得玄宗宠爱，因为她生来酷爱梅花，仰慕梅之高洁，便在所居的宫苑四周遍植梅树，还建造了一所亭子，名为“梅亭”。玄宗因其爱梅，而赐封为梅妃。只是自武惠妃辞世之后，玄宗的心情沉郁，便疏忽了后宫的众多妃嫔，后来又得了杨玉环，就几乎将梅妃忘得一干二净。

玄宗想起二人往日的恩爱之情，心中很是不忍。于是命宫女摆酒设宴，与梅妃同饮，两人追叙旧情直到入夜，酒意已酣，玄宗便在梅妃的寝宫歇息。第二天一早，玄宗还在酣寝之时，忽被宫外的吵闹声惊醒，怒道：“什么人在外面胡闹?”忽然听到杨玉环的声音：“天色不早了，皇上为何还没有上朝理政?”玄宗立时转怒为惊，急忙披衣起身，将梅妃藏入夹幕内，让她暂且躲避。等藏好梅妃之后，玄宗才大开宫门请杨贵妃进来。杨玉环见皇上坐在床上，便责问道：“陛下贪恋哪位娘娘，以致现在还没有临朝?”玄宗心虚道：“朕昨夜稍有不适，未能上朝，特在此处安神休养。”杨玉环何等聪明，她笑道：“陛下何必要隐瞒臣妾，我已经得知陛下昨日宠幸那梅妃，因此今早才日高未起。”玄宗见玉环已经知道自己贪恋梅妃之事，一时间哑口无言，无词可对。这时杨玉环瞥见龙床下有凤履一双，越发气愤，又质问道：“床下是何物?”玄宗一时心慌，想起身掩饰，又从怀中掉下翠钿一支。贵妃拾起翠钿，拿到皇上面前问道：“这又是何物?”玄宗越发理屈词穷，难以答对，顿时面红耳赤。杨玉环仗着平日里玄宗的宠爱，不顾一切地指责道：“凤履翠钿，分明是妇人的东西。陛下还有何话可说吗?朝堂上满朝文武已经等候皇上多时，现在日上三竿，可是还没见陛下临朝。素日都说是臣妾迷惑皇上不理朝政，如今看来，臣妾实在是担当不起。”玄宗被问得无话可说，索性倒身睡下，闭目不语。杨玉环几次催问，玄宗都不予理睬，玉环一怒之下将手中的翠钿扔到皇帝身上，转身出阁去了。玄宗等玉环离去，这才穿戴朝服，登朝理政。退朝后。玄宗自觉对不住玉环，又来到贵妃宫中，此时玉环怒气未消，竟然不出宫接驾。玄宗无奈，只好自己走进去。杨玉环见了，这才起身行礼，可还是冷言冷语地说道：“陛下怎么不去上阳宫探望梅妃呢?”玄宗不想在此事上过多纠缠，玉环话音未落，便打断她说：“爱妃以后不要再提起此事了!”杨玉环撒娇道：

“臣妾情愿退出宫外，让陛下专宠那梅妃，免得受到满朝文武的讥讽。”玄宗无奈，又再三劝慰，哪知玉环恃宠而骄，哭闹不休。玄宗顿时忍无可忍，怒气冲天，当即命令高力士将贵妃送还少监杨铦府中。

杨玉环回到哥哥的府中哭得如同泪人一般，自入宫后她还从未受过这样的委屈。杨家众人也十分恐惧，怕贵妃一朝失宠，会牵连到整个家族。于是纷纷解劝玉环，让她主动向皇帝认错。无奈话已出口，覆水难收，杨玉环也固执地不肯率先低头。全家人一时人心惶惶，连午膳都无心享用，杨玉环更是粒米未进。没想到，还没等到掌灯时分，便有内监送来御膳，还有衣物米面百余车，说是皇上特赐。杨家众人见到这样的情景，方才放下心来。

内监暗中对贵妃说：“这是高公公为娘娘奏请的，因此陛下才有这些赏赐。”杨铦等人听说后非常感谢，到了夜餐，杨家已经恢复了往日的歌舞升平，众人把酒言欢，有说有笑，至起更后，方才散归。当夜晚间，杨玉环还在为自己白天的莽撞悔恨不已，无心安睡。在宫中的玄宗皇上也为自己将贵妃赶回娘家而懊恼万分，因而举止失常，饮食无味，动辄便对一旁侍奉的内侍打骂鞭笞，一直到夜静更阑，还不肯安歇。高力士早已经看透了皇上的心情，便尝试请玄宗召还贵妃。玄宗早已急不可待，接到高力士的请召便立即准奏，破例令人大开安兴坊门，越过太华公主家，用轻车将杨玉环接回宫中。

破晓时分，高力士侍奉杨贵妃回到寝宫，此时玄宗已经等候多时。一见贵妃回宫，玄宗心中大喜。玉环倒身下拜，涕泣谢罪，玄宗也向贵妃认错，两人经过一天一夜的分离，终于重归于好，杨玉环不但没有因为对皇帝不敬而受到处罚，反而更加得宠。午后，玄宗召众梨园弟子入宫演戏娱乐，并传玉环的三位姐姐入宫，一并列座。玉环的三位姐姐也都生得相貌出众，尤其二姐更是出类拔萃，与贵妃相差无几。玄宗次日便下诏，封玉环的大姐为韩国夫人，二姐为虢国夫人，三姐为秦国夫人。三女出入宫掖，并承恩泽，杨氏一门更加权倾朝野。

经历了这件事之后，玄宗对杨玉环更加百依百顺。当得知贵妃喜欢吃新鲜的荔枝，皇上便不惜民力，特地命人从岭南骑快马一站一站不间断地传送回长安，数日之内，荔枝色味不变。

那梅妃自西阁一幸，又有好几年不见玄宗，每日在南宫独处，暗自神伤。当她听闻有岭南的驿使快马赶到宫中，还以为是皇帝念及旧情，派人为自己送来了梅花，询问宫人才知道，那是为了给杨贵妃送新鲜的荔枝。梅妃听罢惆怅不已，她也是极其聪明的女子，便派宫人请来高力士，问道：“将军（高力士）经常侍奉在皇上左右，可知皇上的心里还记得有我江采萍吗？”高力士答道：“皇上不是不记得梅妃娘娘，只因碍着杨贵妃的情面，不便宣召。”梅妃道：“我记得汉武帝的陈皇后被废后，曾出千金聘司马相如为她作《长门赋》上献给武帝，现在难道没有这样有才华的人吗？还请将军代我谋此一人，也拟《长门赋》一篇，上呈给皇上，或许还能挽回他的心也不一定。”高力士深恐因此得罪杨玉环，不敢应承，只好推说没有能写赋的人，请梅妃自己撰写。这当然难不倒才学渊博的梅妃，她略作思索，提笔立就一章，然后托高力士进呈玄宗。玄宗展信一看，是一首《楼东赋》：

玉鉴尘生，凤奁香殄。懒蝉鬓鬓之巧梳，闲缕衣之轻练，苦寂寞于蕙宫，但凝思于兰殿。信摽落之梅花，隔长门而不见。况乃花心恨，柳眼弄愁，暖风习习，春鸟啾啾。楼上黄昏兮，听风吹而回首，碧云日暮兮，对素月而凝眸。长闼深扃，嗟青鸾之绝信；温泉不到，忆拾翠之旧游。忆昔太液清波，水光荡浮，笙歌赏燕，陪从宸旒。奏舞鸾之妙曲，乘画鹢之仙舟。君情缱绻，深叙绸缪。誓山海而常在，似日月而无休。奈何嫉色庸庸，妒气冲冲，夺我之爱幸，斥我于幽宫。思旧欢之莫得，想梦著乎朦胧。度花朝与月夕，羞懒对乎春风。欲相如之奏赋，奈世才之不工；属愁吟之未尽，已响动乎疏钟。空长叹而掩袂，踌躇步于楼东。

玄宗看罢欷歔不已，想起旧日的恩情和这些年对梅妃的冷落，心中难免有愧。于是当即命人取珍珠一斛，让高力士秘密转赐给梅妃。梅妃见到皇帝只派人送来珍珠，心下大恸，坚持不受，又写了七绝一首，再呈玄宗：

柳叶双眉久不描，
残妆和泪污红销，
长门自是无梳洗，
何必珍珠慰寂寥。

玄宗收到梅妃的诗作正在暗自伤情，杨贵妃求见。玉环见了诗句，又看到案上的《楼东赋》，不禁大愤道："这个梅妃真是卑贱，竟然敢作这样的怨词，她诋毁臣妾也就罢了，居然胆敢诽谤皇上是负心之人，该当何罪？"玄宗自觉多年来亏待了梅妃，因此对杨玉环的指责默然不答。杨贵妃再三要求玄宗惩罚梅妃，皇上道："她一人在宫中无聊度日，偶尔作赋，消磨时间，情有可原，爱妃不必和她计较。"玉环见玄宗有意袒护梅妃，怒道："陛下若是对她不忘旧情，何不再将她召入西阁私会？"玄宗见玉环又旧事重提，顿时又羞又恼，只因平日对玉环宠爱迁就惯了，也只好捺着性子听她絮叨，但心里已经生出不满之意。

不久，杨贵妃的骄纵脾气终于再一次惹恼了玄宗。天宝九载春，一天玄宗在偏殿宴请诸王，命在座的亲王贵戚各奏音乐以助兴。席间玄宗听说嗣宁王琎十分擅长吹奏笛子，就特意命人取出紫玉笛，让他吹了一套凌波曲，这套曲子也是玄宗皇帝亲手谱作的。杨贵妃在玄宗身边侍宴，听到笛声婉转缠绵，不由得十分喜爱，跃跃欲试。等到罢宴撤席，诸位亲王各自离去，玄宗起身去后殿更衣。玉环在殿中等候，见宁王所吹的紫玉笛正搁置席旁，便轻轻取过来，按照宁王所奏原调，尝试着吹弄起来。玄宗听到有人吹笛，便出来观赏，却发现玉环正在吹嗣宁王用过的紫玉笛，当即惹恼起来，责备玉环道："此笛刚刚被嗣宁王吹过，口泽尚存，你怎么能就这样吹奏？"杨玉环对皇帝的不满毫不在意，直到吹完整首曲子，才慢慢地放下笛子笑道："玉笛可不是凤鞋可比的，当日凤鞋被人勾蹑，陛下尚且不加责备，现在为什么偏偏要宽恕别人而责怪臣妾呢？"皇上听了，借着酒性，勃然怒道："你连日来几次三番对朕不敬，出言不逊，难道你以为朕舍不得把你赶出宫去吗？"杨玉环哪里能忍受这样的责备，也毫不让步地回斥玄宗道："陛下要是想逐臣妾出宫就尽管逐吧。"玄宗见贵妃这样放肆，二人之间根本没有缓和的余地，便命内侍张韬光将贵妃送至杨国忠府第。杨国忠见妹妹无故回娘家，知道大事不好，一时又想不出什么良策，忽然看见吉温正要入宫向玄宗禀报军务，就求他为贵妃说情。吉温答应了杨国忠的请求，说可以乘间隙为杨家进言，杨国忠大喜。吉温来到偏殿面君，禀奏完边关军事后，对玄宗说道："臣听说陛下最近贬斥了杨贵妃，依为臣之愚见这真是大大的不值得。贵妃乃是一介妇人，并无深谋远虑，即使一时忤逆了皇上的意思，虽然其罪当死，但毕竟蒙受皇恩多年，即使是死，也应该死在宫中。陛下何必要吝惜让她就死的一席之地而非要将她撵出宫去受辱呢？"玄宗听了不禁点头，想起了往日与玉环在一起的欢乐情景，于是让张韬光将自己的赏赐带给贵妃。杨玉环见到皇帝送来的东西感动得落泪，她对张韬光说道："臣妾有罪当死，陛下不但没有杀我反而让我回家，现在要永远离开皇上了。我身上所戴的金玉珍玩，都是陛下所赐，没有什么进献给皇上的，只有这满头乌发，是父母所生，可以来表示我的一片真心。"说毕，杨玉环亲手剪下一绺青丝，交给张韬光，哭着说道："替我转告圣上，这就是我们永诀的信物了。"

玄宗皇帝听到张韬光的回话，又见到贵妃的一绺青丝，当下将她的任性骄奢忘得一干二净，立刻命高力士召贵妃回宫。此时的杨玉环已经蓬首垢面，妆容全无，她赶到皇帝的面前，拜伏请罪，一言不发，只是不住地哭泣。玄宗见自己的爱妃哭得如此悲切，心中十分不忍，遂亲手将玉环扶起，好言相劝，并唤替她梳妆更衣。待贵妃重新整理好妆容，玄宗看着失而复得的爱妃，对玉环的感情更加深挚。于是命人重摆家宴，两人更加恩爱。时值七月初七，杨玉环在长生殿对月乞巧，以双手在金盆中捧月，祈求上天保佑她与玄宗能够天长地久。玄宗见了十分感动，两人遂对天盟誓，愿生生世世，永为夫妇。此后玄宗更加宠爱杨贵妃，屡次带玉环巡幸华清宫，赐浴温泉。

杨氏一门也随着玄宗对杨贵妃的宠爱而飞黄腾达。杨国忠领剑南节度使，每年十月，皇帝携贵妃到华清宫之时，杨氏五家的人马都随从御驾，每家单独排成一队，每队各自穿着同色的衣服，五家的队伍走在一起，那情景如同百花怒放，繁华至极。杨国忠还将剑南节度使的旗号作为队伍的前导，大队人马所过之地，满地都是遗落的首饰、鞋子，还有琴瑟、珠串，横杂其间，氤氲的香气直传到数十里外。

随着杨家日益显耀，他们甚至连李氏皇族都不放在眼里。李、杨两家的冲突也时有发生。天宝十载正月十五的晚上，贵妃的家奴与玄宗之女广宁公主的随从在热闹的市门处相遇，双方互不相让，争过市门，杨家的管家竟然挥鞭打人，广宁公主受惊跌下马来，驸马赶来救援，无奈杨家人多势众，只得狼狈地躲开。事后公主找到玄宗哭诉，于是皇帝下令杀掉杨氏家奴，但为了维护贵妃的面子，也将公主的驸马都尉程昌裔贬去官职。还有一次，玄宗之女建平、信成二位公主也因与贵妃家人不和，玄宗甚至把分赐给她们的东西追回转赐给杨家，信成公主的驸马都尉独孤明也被罢官。

这时，范阳节度使安禄山因为边功卓著而受到玄宗的召见。

安禄山生于公元703年正月初一，他的父亲是个康姓胡人。"安"是他继父的姓，至于自己的生父究竟是谁安禄山自己也不清楚，只知道母亲为突厥巫师。安禄山不但作战勇猛，还是个语言天才，能说六族语言，而且能歌善舞，异常聪明，善于揣摩上意，因此玄宗十分器重他。

早在开元二十四年（公元736年）的时候，当时的宰相张九龄便认为安禄山有反相，想借他违反军纪的机会将他除掉。岂料当时正因立储之事与张九龄不睦的李隆基却另有高见，说怎能像晋朝王衍对石勒那样，仅仅因为面相就随意下断言呢？李隆基的一句话救了安禄山，也为自己留下了无穷的后患。

开元二十八年（公元740年），安禄山重新被起用，任平卢兵马使。从此他不惜重金四处笼络人心，收买朝臣为他说话，因而更得玄宗的宠信。当时的宰相李林甫为了维护自己的地位，正大肆打压朝中其他的文臣。他认为安禄山是一介番将，皇帝无论如何也不会让他担当宰相之职，也就不可能对自己造成威胁。因此就向玄宗上奏，请求重用安禄山。玄宗一向以平服四夷自许，立即同意，从此安禄山平步青云，不断加官晋爵，最后竟一人身兼平卢、范阳、河东三镇节度使之职，手中握有全国兵力的三分之一多。

玄宗之前，大唐朝廷虽用番将，却时刻以儒臣牵制，并且随时调防，不允许将领长时间在一个地方掌兵。然而由于李林甫的私心，安禄山竟然在一个军事区掌兵十四年之久，他手下的军士也被培植成只听命于他的私人武装。

天宝以后，安禄山多次进京晋见玄宗。他精通胡舞，一次趁唐明皇和杨贵妃在梨园赏舞娱乐之时，表演了拿手的胡旋舞，赢得皇帝和贵妃的青睐。为了讨好皇帝，他还故意藐视太子，说“只知道有陛下，不知道有太子”，随后又首先向玄宗身边的贵妃行礼。玄宗很奇怪他竟敢不先向皇帝行礼，安禄山竟答道：“臣是蕃人，蕃人都是先母而后父的。”玄宗听后大悦，不但不生气，反而让安禄山与杨氏姐妹以兄妹相称。善于察言观色的安禄山早就听说杨贵妃十分得宠，于是又主动要求认比自己小十六岁的杨玉环为义母，玄宗竟然准奏。从此安禄山成了玄宗和贵妃身边的红人，在朝中也身价倍增。

天宝十一载（公元752年）十一月，随着李林甫的去世，借着玉环受宠，杨国忠一直攀至宰相之位。安禄山心中一向对毫无建树、只会阿谀奉承的杨国忠不服，并不像其他官吏那样出重金贿赂他，杨国忠也对安禄山日益得宠耿耿于怀。于是屡次向玄宗上奏说，安禄山预谋造反。但玄宗因看重安禄山的战功而不做理睬。后来玄宗甚至想要让安禄山担任宰相，杨国忠连忙阻止道：“禄山不识文字，让他担任宰相，恐怕四夷会轻视我大唐啊。”玄宗闻言觉得也有道理，此事就此作罢。杨国忠阻断了安禄山的晋升之路，安禄山对他更加憎恶，他利用玄宗的信任，加紧招兵买马，壮大自己的实力。

天宝十四年（公元755年）正月，安禄山上疏玄宗，提出将手下的汉将一律改为番将。玄宗对安禄山的这次上疏终于起了疑心，于是他决定采纳杨国忠的建议对安禄山加以防范，并派近侍辅璆琳去范阳察看安禄山部署的形势。谁知辅璆琳竟是个见利忘义之徒，他收了安禄山大量的贿赂，返京后竟在玄宗面前大肆夸奖安禄山是难得的忠臣。玄宗居然也不明是非地相信了辅璆琳的话，还下诏凡是有上疏言安禄山谋反者，一律交由安禄山处治。

杨国忠眼见安禄山的势力越来越大，生怕他日后得势威胁到自己的地位，便设计逼迫安禄山造反。天宝十四年，杨国忠命京兆尹包围了安禄山在长安的府第，并抓捕了安禄山家中所有的门客，全部斩杀。六月，仍被蒙在鼓里的玄宗为安禄山长子安庆宗与荣义郡主赐婚，召安禄山赴京。安禄山得到消息后不动声色，一面称病不出，一面继续为谋反作准备。七月，安禄山向玄宗上表，说是要献骏马三千匹入朝。河南尹达奚珣闻讯心生疑虑，不顾个人安危上疏玄宗，玄宗也终于察觉到事有蹊跷，下诏安禄山命他冬天再献马，而且不必自备“马夫”。时隔不久，辅璆琳受贿事发被处死。安禄山遂于当年十一月伪造诏书，说自己奉圣旨讨伐杨国忠，并向全国发布檄文，声讨杨家穷奢极欲，祸国殃民。天宝十五年（公元756元）正月，安禄山亲自领兵十五万（号称二十万），于九日正式叛乱，发兵直捣长安。很快，安禄山攻下洛阳，并自称大燕国皇帝。六月十日，同为番将却忠于朝廷的哥舒翰率军抵抗安禄山的叛军，结果兵败被俘，潼关失守。

玄宗得到消息后大惊失色，但为时已晚。杨玉环闻讯来到玄宗面前，口衔土块请求皇帝将自己处死以解安禄山兵变。玄宗哪肯怪罪贵妃，他一面命太子率军抵抗安禄山的反军，一面在御林军的护卫下，带着贵妃匆忙向西蜀逃窜。已经年近暮年的玄宗不知道，这次的逃亡之旅上，还有另一个意想不到的变故在等待着他。护驾的龙武将军陈玄礼等将军托东宫的宦官李辅国转告太子李亨：将士们一致认为此次兵变祸起于奸相杨国忠，意将杨国忠处死以谢天下。

六月十四日，护送玄宗一行人西逃的队伍来到了长安西面的马嵬坡，三军将士突然驻扎不前，要求皇帝处死祸国殃民的杨氏兄妹。面对失控的形势，玄宗只好同意将杨国忠处死。众将士得到玄宗的允许，一时刀剑齐出，将杨国忠斩于阶前。杨国忠死后，三军将士仍然迟迟不肯发兵。陈玄礼等人上前进言道：杨国忠虽死，贵妃还在世，只有处死了贵妃方可平息众怒。玄宗听罢老泪纵横，他怎能忍心赐死自己的爱妃，说道：“贵妃身在深宫，素来不干预朝政，怎会知道宰相为祸之事?”高力士恐怕众怒难平危及玄宗的安全，解劝道：“现在杨国忠身负重罪，众将将他置于死地。贵妃是杨国忠的妹妹，如果还留在陛下左右，众将怎能不为日后担心啊？还请陛下圣裁。”

玄宗见士兵们将驿站团团围住，知道事情已经不可挽回，这才不得不传下赐死贵妃的诏书。杨玉环深知自己难逃此劫，临刑时对玄宗泣道：“妾身实在是有负皇恩，今天一死也没有什么好怨恨的。但愿陛下多多珍重。”随后，杨贵妃便被高力士缢死在佛堂前的梨树下，用紫色褥子裹尸，埋在大路边，时年三十八岁。

杨玉环死后，陈玄礼仍然不肯解围，玄宗无奈只得召他亲自去验尸，陈玄礼这才放心地撤去兵将，然后向玄宗请罪。而此时的玄宗已经完全失去了皇帝的权力，面对他还要赖以求生的将士们，也只能摇头作罢。

后来，安史之乱终于被平定。玄宗从四川返回长安，途中路过马嵬坡，还不忘派人祭奠杨贵妃，并下令为她改葬。礼部侍郎李揆进谏说：“当年因为杨国忠祸乱误国，众将士替天下百姓除掉了他。现在要改葬贵妃，恐怕会引起将士们的不安。”玄宗无奈只好放弃了这个打算。他秘密派人备好棺椁，想把贵妃的遗体迁到别的地方安葬。挖开埋葬贵妃的地方，杨玉环当时佩戴的香囊还在，宦官把它呈给玄宗，玄宗睹物思人，不禁潸然泪下。回到长安后，他命人画了一幅贵妃的肖像，每日早晚探望，追忆旧情，聊以自慰。

也有人传说杨玉环并没有死。《唐书后妃传》里说，后来长安收复以后，唐玄宗从四川回返，密葬玉环，发现墓中没有玉环，只有香囊在。白居易在《长恨歌》中也说道：

马嵬坡下泥土中，
不见玉颜空死处。

可见杨贵妃不死的传说，当时已经在民间流传了。我国著名学者俞平伯曾在二十世纪二十年代发表过《长恨歌及长恨歌传的质疑》等文，提出杨贵妃在马嵬坡并未被缢死，事后旅居日本的观点。日本历史学家邦光史郎在《日本史趣事集》中也曾提道：“杨贵妃最后葬在日本久津的二尊院。”《日本传》说：杨贵妃于安史之乱第三年（公元757年），与其兄杨国忠的儿媳徐氏、孙子杨欢一同乘船在日本山口登陆。当时的日本女天皇孝谦得知后，曾以国礼接见了她，并将她留在京城。后来，她又协助孝谦天皇平息了宫廷政变。孝谦天皇为了报答杨贵妃，将她认为御妹，并下诏在京都、奈良等地为她塑像，建造了很多华贵的宫殿。日本山口县油谷町久津的二尊院内，还有一座杨贵妃的石塔形墓，又名玉轮落，被列为日本的文物古迹。

到底杨玉环是否死于马嵬坡，是否又东渡日本，已经无从考证，但她和唐玄宗之间的爱情却世代流传为佳话。也有人指责她是导致大唐盛世衰落的罪魁祸首，但试想在强悍自负的唐玄宗面前，以杨玉环一介女流之身，又能产生多大的影响呢？不如说一世英明的玄宗皇帝在亲手开创了一代盛世之后，也难免骄奢淫逸、腐朽堕落，沉迷于奢华炫目的安逸生活中。

如果玄宗当年不横刀夺爱，将自己的儿媳据为己有，如果他不糊涂地将朝政大权交给毫无政治才干的杨国忠，如果他不对安禄山的野心视而不见，那么大唐的历史将是另外一种写法。当然，一切的“如果”都只是假设，历史终究是无法改写的。而杨玉环留给我们的印象，将永远是《长恨歌》中那个跳着霓裳羽衣舞的曼妙女子。

伺机夺权

——唐肃宗皇后张氏

唐肃宗皇后张氏，南阳西鄂人。她出身贵族之家，祖母窦氏是睿宗李旦窦德妃的妹妹；当年窦德妃被武后迫害致死，年幼的李隆基便在姨母窦氏的教养下长大。睿宗复位后，将替自己抚养儿子的妻妹封为邓国夫人，窦夫人的子侄也都得到相当丰厚的封赏，小儿子张去盈还娶了玄宗李隆基的女儿常芬公主为妻。窦夫人的四儿子张去逸便是张皇后的父亲。

出生在皇亲国戚之家的张氏能嫁给肃宗是情理之中的。她自幼聪慧善辩，天宝年间便被送入宫中，成为太子李亨的良娣。当时的太子妃是兖州都督韦元珪之女，权相李林甫为了清除异己，设计陷害担任刑部尚书的太子妃兄韦坚。深谙宫廷斗争的李亨深恐被妻族牵连，为求自保，便以夫妻不睦为由将太子妃逐出东宫，韦氏被迫出家为尼。这给了聪敏的张良娣一个大好机会，她凭借自己过人的机智和勇气得到了太子的宠信。

天宝十四年（公元755年），安禄山在范阳起兵造反，叛军以破竹之势直捣长安。

不久，镇守潼关的哥舒翰将军战败被掳，长安的最后一道防线被攻破，玄宗李隆基无奈只得带着杨贵妃和群臣惶恐离京，向西逃往蜀地。玄宗出逃时大约带了三千人，其中太子李亨奉命殿后，手中掌控了三分之二的兵马。这时随行的张良娣便发挥自己能言善辩的才能，力劝李亨要抓住这个在百姓、朝臣中树立威望的大好时机；李亨这一年已经四十四岁了，玄宗虽然年事已高，却一直不愿放弃手中的权力，还一再重用杨氏族人，李亨早就对此十分不满，这次西逃终于为他提供了一个夺取政权的机会。

李亨与亲信密谋后，派手下的宦官李靖忠去拉拢龙武大将军陈玄礼。陈玄礼负责统率保卫玄宗的飞龙禁军，要想发动政变，必须得到他的支持。陈玄礼对于玄宗十分忠诚，但他也痛恨杨国忠专权乱国，于是同意与太子合力除掉他。天宝十五年（公元756年）农历六月十四日，唐玄宗一行途经马嵬坡时，在李亨等人的暗中策划下，随太宗西行的将士们发动了兵变。禁军将士以勾结安禄山之罪杀死了杨国忠，然后聚集在玄宗休息的驿站外，在陈玄礼等禁军将领的率领下，要求处死玄宗的宠妃杨玉环。古稀之年的玄宗此刻终于明白自己已经无力控制局面了，只得忍痛割爱赐死杨贵妃，马嵬坡兵变成功。

李亨一手策划了马嵬坡兵变，诛杀了玄宗最宠爱的杨贵妃，父子之间产生了裂痕。

李亨已经不可能同玄宗一起西进了，便率领大部分军队北上灵武，准备召集余部，整顿兵马，跟安禄山叛军决战到底。在这个过程中，张良娣一直跟随着太子李亨东奔西走，患难见真情，李亨因此更加宠爱张氏。张氏十分机警，当时的形势十分紧张，安禄山的兵力满布各地。为了防备敌人的偷袭，每天夜里太子就寝前，张氏都会先行检查寝室，看是否有奸细潜入暗算太子。李亨对张良娣的细心周到十分感动。在李亨率兵抵达灵武的时候，张良娣为他生下了一位皇子。分娩之后的妇女本应该卧床休息，但张良娣却强撑起虚弱的身体起床为战士们做战袍。李亨见了于心不忍，便以产妇虚弱为由让她好好休养，但张良娣坚持不从，她大义凛然地说道："现在战乱不断，正是国家危难之际，臣妾怎么能安心休养身体呢?"

后来经过郭子仪等人的浴血奋战，终于收复了京城，李亨登基，是为唐肃宗。李亨即位后，颁诏尊远在蜀地的玄宗为太上皇，册封张良娣为淑妃，她的父亲张去逸也被擢升为左仆射，母亲窦氏加封义章县主，公元758年，肃宗又册封张淑妃为皇后。

成为六宫之首后，张氏掌管后宫中的琐事。张氏是一个灵巧慧秀、能言善辩的女人，她素来有主见，性果断，擅权谋，因为当年和肃宗在安史之乱中曾患难与共，肃宗一直十分宠爱敬重她。但张氏并不满足皇后只能统领后宫的有限权力，她开始慢慢对朝廷中的政事产生兴趣。起初她只是偶尔针对国家的政策、决定发表自己的看法，没有显露出很大的政治野心。这时，当年协助李亨发动兵变的宦官李靖忠——现已更名为李辅国也备受宠信，他看透了张皇后的心思，便主动巴结张氏，两人联起手来控制朝政大事。

为了完全控制肃宗，张皇后与李辅国设计，把由西蜀返回京城的太上皇李隆基迁至幽僻的太极宫，并千方百计地阻止肃宗探望父亲，以断绝玄宗和肃宗的父子联系。肃宗曾多次想去拜见玄宗，在张氏的软硬兼施下终于没能成行。一次，肃宗正抱着自己的小女儿在花园游玩，李唐前来求见，他看到肃宗尽享天伦之乐，不禁在皇帝面前感叹道："大概太上皇当年也是像这样爱护陛下吧!"肃宗听了暗自垂泪，他怎么会不想念年迈苍苍却独居在外的父亲呢？只是在皇后张氏和李辅国强力限制下，他根本没有机会去探望玄宗。

张皇后与李辅国在朝中狼狈为奸、独揽大权，引起了肃宗之子广平王李豫和建宁王李倓的警觉，朝中元老李泌也对张氏的独断专行十分不满，他在早年就劝阻过肃宗不要立张氏为后。建宁王李倓刚毅直率，常常当着朝臣的面在朝堂上指责张、李二人的骄横跋扈，张皇后很是不满，就此与李倓交恶。而对于年纪更大一点儿的李豫，张氏因为想让自己的亲生儿子兴王李昭或定王李侗当太子，一直对这个有力的竞争对手十分厌恶。

广平王李豫与建宁王李倓素来兄弟情深，两人曾在收复京城的战役中一起出生入死，李豫还被肃宗封为天下兵马大元帅。张皇后深知这两个人是自己最大的威胁，要想除掉他们，必须采取分而治之的手段。张氏一向善于权谋，她很聪明地提出，让肃宗立广平王李豫为太子，然后改任建宁王李倓为天下兵马大元帅。她企图以此离间广平王和建宁王，而且把同样反对自己的李泌牵扯进来。因为立太子和改任兵马大元帅都是国家大事，肃宗一定会同元帅府行军长史李泌商议。事情的发展果然如张氏所料，唐肃宗很快向李泌提起这两件事："广平王担任兵马大元帅已经时间不短了，朕打算改任建宁王负责征讨叛军，可是又担心会引起他们兄弟不睦。如果把广平王立为太子，确定了他的储君地位，他应该会安心吧，这样又能让建宁王一展才华，爱卿看这样办合适吗?"李泌当即看出这是张氏的离间计，便赶忙直言进谏，反对肃宗的决定。肃宗一向敬重李泌，便暂时打消了这个念头。

建宁王李倓血气方刚，听到消息后便面见肃宗，斥责张皇后与李辅国的妄图离间他和广平王的奸计。没想到却被二人反咬一口。张良娣与李辅国趁机对建宁王大加诬陷，张氏对唐肃宗奏道："建宁王因为不能当上兵马大元帅怀恨在心，妄图谋害广平王。"李辅国在一旁附和，火上浇油。唐肃宗本来就为了立谁为皇嗣的事徘徊不定，又耳软心活，听了两人的话便相信建宁王有争夺太子位的嫌疑，于是不分青红皂白地下令将建宁王赐死。建宁王之死给广平王李豫和李泌以巨大的冲击，他们深深感到张氏和李辅国的破坏力，从此谨言慎行，不敢有半点疏忽。随着全国各地的失地相继收复，广平王李豫在这期间立下了不少战功。唐肃宗便在至德二年（公元 757 年）农历十二月十五日将李豫封为楚王，乾元元年（公元 758 年）农历三月又改封成王。不久肃宗病重，大约知道自己已经不久于人世，在同年的五月十九日，终于将李豫立为太子，并在十月五日举行了册封大典，正式确立了他的皇储地位。

这时张皇后与李辅国之间也产生了矛盾。李辅国是个老奸巨猾之徒，他见肃宗决定了太子的人选，李豫即位已经在所难免，便见风使舵，准备支持太子登基，以图日后能继续执掌大权。但是张氏却不能容忍李豫继承皇位，她与李豫积怨已久，一旦李豫掌权，势必对自己不利，于是张氏想方设法要除掉李豫。而对于李辅国的转变，张皇后也深恶痛绝，她便想出一个一箭双雕的计策，试图通过太子的手把李辅国这个强有力的对手除掉。

肃宗病重之时，李豫常常日夜在父亲身边侍奉，一日张皇后见四周无人，便趁机试探太子说："李辅国长期执掌禁兵，权柄过大，皇帝的各种敕令也都是经由他的手向天下发布的。当年他逼迫太上皇住进太极宫也是罪大恶极。现在他心中畏惧的恐怕只有殿下和我。目前陛下病危，我得到消息说李辅国正在勾结程元振等人想阴谋作乱，夺取大权，我看必须马上把他们诛杀才能稳固朝纲。"张皇后是试图先与皇太子李豫联手除掉李辅国再对付太子。李豫很清楚张皇后的心思，但在这个关键的时候他不能与张氏发生正面冲突，因此婉言谢绝了皇后的提议，他佯装流泪道："现在父皇病情正恶化，实在不宜再以此事让他忧心。如果我们擅自诛杀李辅国，父亲得知后一定受到惊吓，恐怕病情会更加严重，我看不如将此事搁置一段日子再说吧。"

这一决定刺激了本来就为储君之位忧心忡忡的张皇后，形势已经十分明朗，肃宗一旦驾崩，太子就会名正言顺地登上皇位。与其到时受制于人，不如先发制人以绝后患，于是张氏终于决定提前下手铲除李豫。

李豫离开后，张皇后便暗中命人找来越王李系，说明了自己的想法："皇太子太过仁义，恐怕将来不能平定朝中的祸乱啊。不如你我联手，将李辅国这个奸贼除掉，到时再拥戴你为一国之君，不知越王是否愿意呢?"越王早就觊觎皇位很久了，只是一直没有机会，现在听到皇后支持自己，顿时满心欢喜地应承下来。最后两人达成协议，张皇后以太后的身份拥立越王为皇帝，事成之后，越王尊张氏为皇太后。接着张皇后与越王就命令心腹宦官内谒者监段恒俊、知内侍省事朱光辉二人从贴身内侍中挑选出二百多名身强力壮的，让他们身披重甲手执利刃在宫中待命。

宝应元年（公元 762 年）四月十六日这一天，鉴于自己病体沉重，无力料理朝政，肃宗下诏令太子李豫为监国，督理国事。太子接到诏书必定会进宫面圣，张皇后便打算趁此机会，在宫中将太子谋杀，一举夺取大权。谁知张皇后与越王的密谋并没有躲过李辅国等人的眼睛，安插在皇后四周的眼线迅速把张氏与越王的行动禀告给李辅国。李辅国与内射生使程元振商议后，马上率手下禁军埋伏在玄武门西面的凌霄门。太子每次进宫必定要经过凌霄门，他们决定一面控制住李豫，一面着手捉拿张氏。

不久，皇太子果然由凌霄门进宫，程元振上前拦住李豫说道："宫中已经有变，请太子止步，不要涉险。"李豫刚刚接到父亲的旨意，哪肯返回东宫，他执意要进宫拜见肃宗，对程元振说道："这恐怕是以讹传讹吧，就算有人阴谋加害于我，现在父皇病危，我怎能顾及个人安危而对他弃之不顾呢？"李辅国等人见太子执意不从，便不由分说，命手下禁军将他挟持到玄武门外的飞龙厩，并派人严加看守。李辅国此举名为保护太子的安全，实际他们将太子软禁起来，控制在自己手中，便可以在宫中为所欲为了。

是夜，李辅国、程元振趁着夜深人静带兵冲入后宫，假传太子的命令将越王李系以及段恒俊、朱光辉等一干同谋者百余人迅速抓获，投入天牢。张皇后听到外面喧哗震天，知道大事不好，急忙逃到肃宗的寝宫避难。李辅国等人紧追不舍，他们带兵闯入皇帝的寝宫逼张皇后就擒。张皇后拼死挣扎，哀求肃宗庇护自己。此时的肃宗已经病入膏肓，哪经得起这样的惊吓，又气又急，躺在龙床上说不出话来。李辅国见肃宗已经无能为力，就命人强行将张皇后拖出宫去，暂时关押在后殿等候发落。张氏被抓，后宫无主，李辅国一党迅速控制了局面。虚弱的肃宗因受惊过度病情加剧，又无人问津，当日便在长生殿内驾崩。

第二天，李辅国请出太子李豫到九仙门面示赶来早朝的群臣，宣布肃宗驾崩，即日起太子李豫临朝执政。宝应元年（公元 762 年）四月二十日，李豫在肃宗的灵前即位，是为唐代宗。代宗即位后，将自己的生母吴氏追尊为章敬皇后，又将一直祸乱中宫、独霸朝纲的张皇后废为庶人，时隔不久又将她赐死；张氏一门也受到株连，任驸马都尉的弟弟张清、张潜，任鸿胪卿的舅舅窦履信，都因张氏之故被远放异地；余党近百人全数伏诛。

娥皇女英佳话再现

——南唐后主与大小周后

李煜（公元937—978年），字重光，初名从嘉，自号钟隐、莲峰居士，徐州人。南唐中主李璟第六子。北宋建隆二年（公元961年）六月李璟去世，李煜在金陵登基为帝，在位十五年，史称南唐后主。李煜性格软弱，迫于大宋强势，对赵匡胤称臣纳贡，苟且求安，并转信佛教寻求精神安慰。宋开宝八年（公元975年），宋军长驱直入，围困金陵，李煜被迫肉袒出降，随即被押解到汴京，受宋太祖封右千牛卫上将军、违命侯。三年后去世。李煜称不上是一位有政绩的皇帝，但却是一位名副其实的艺术家、文学家。他自幼聪颖过人，多才多艺，精通书法，曾自创金错刀、摄襟书和拨镫书三体。画山水、墨竹、翎毛皆清新脱俗，别具一格。李煜还通晓音律，亲自参与谱曲作词，自度《念家山曲破》《振金铃曲破》等曲，又曾与昭惠周后一同修订《霓裳羽衣曲》残谱。李煜最著名的还要数他在文学上的成就，他的词优美典雅，流传后世，传唱千载。

作为这样一位文采风流的皇帝，李煜的感情生活一样为后人所津津乐道。李后主一向以痴情著称，他与他的两位皇后之间的情事至今仍被传为佳话。

农历七月初七，是七夕乞巧节。传说每年的这一天，被分隔在银河两岸的牛郎、织女就可以通过鹊桥相会，因而被百姓们视为吉祥的日子。而南唐的第三代君主李煜，就出生在公元937年的这一天。李煜不但出生的日子巧，他的面容也与众不同。李煜与一般的孩子不一样，刚降生便天庭饱满，地阁方圆，尤其是嘴里的两颗门牙合二为一，有一只眼睛里还长着两颗瞳人。这就是古书中所谓的“骈齿重瞳”。古人认为骈齿重瞳为稀有的贵人之相。据史书记载，周武王就是天生骈齿，而舜和项羽则都生有重瞳。因此，天生异相的李煜一降生，就为李府带来了吉祥富贵的美好征兆，特别是他的爷爷李昪更加高兴。当时李昪还没有称帝，但已经身兼齐王和太师数职，总领天下兵马，朝政大权尽在他的掌握之中。李煜的降生，让李昪万分惊喜。他认定孙子天生奇貌是大吉大利的征兆，这坚定了他称帝的决心。于是就在李煜三个月大的时候，李昪毅然迫使吴王禅位给自己，做了南唐的开国皇帝。这样，李煜的父亲李璟便一跃成为太子，而李煜也就自然而然地升为皇孙。

李昪称帝后，自己奉行节俭，但对儿孙们都极尽娇惯，尤其是李煜，因为他的天赋异禀，得到了祖父加倍的宠爱，连服侍他的丫鬟侍从都是经过精心挑选的。至于衣食用度更是奢华至极。可以说李煜的童年是完美的。李煜没有辜负自己天生奇异的面相，他从小就天资聪颖，博闻强识，过目成诵，深得祖父的欣赏。尤其在诗文方面，七岁时就能背诵曹植的《燕歌行》，而且可以自己出口成章。李昪见孙子这般聪明伶俐，心下更是疼爱万分。可惜李昪不久就去世了，李煜的父亲李璟继承了皇位。李昪之死是李煜一生中第一个重大转折点。他不仅失去了慈爱的祖父，李氏皇族内部的纷争也随之而来。先是李煜的长兄弘冀为了争夺太子之位毒杀叔父景达，后来他的几位哥哥也都纷纷相继辞世，这时，皇位继承人的担子才落到李煜身上。李煜生性闲散潇洒，爱好诗文艺术，他本无意于皇位，现在却要面对偌大一个国家的责任，顿感压力倍增，但也只能强打精神开始跟随父亲李璟学着处理政务。

时光飞逝，转眼间李煜步入十八岁，此时的他已经从青春少年长成了风度翩翩的皇太子。皇帝李璟开始操持起儿子的终身大事来。对于这样一位才情双全的太子，他的妻子，也就是未来将要母仪天下的皇后，当然要经过万里挑一，德才兼备才够资格。中主李璟挑来选去，终于相中了当朝权贵、南唐开国元老司徒周宗之女周娥皇做自己的儿媳妇。这位周宗当年不仅是辅佐李昪打下江山，而且极善处世和经商之道，所以一直得到先帝的宠信，成为当朝炙手可热的权臣富贾。中国古代历来讲究政治婚姻，从不同政权之间的“和亲”到豪门巨贾间的联姻，都是服从于当时权势斗争的需要。周娥皇能被李璟选中嫁给太子，一方面由于她早就因出众的美貌和才华而声名远扬，关键还在于她的父亲是朝中的权臣。中主李璟此举，既为儿子选出了一位才貌兼备的妻子，也笼络了周宗，有利于巩固朝廷的根基，可谓一箭双雕。于是，在公元954年，李璟在南唐都城金陵为自己的爱子举行了一场盛大的婚礼，这一年，李煜十八岁，周娥皇十九岁。让李璟没有想到的是，他一手操办的这场政治联姻竟然引发了一段缠绵悱恻的浪漫爱情。李煜和周宗之女的洞房定情，被后世传为佳话。

李煜和爱妻娥皇在成亲的洞房之夜便一见钟情。按照礼数，在成亲之前，李煜只是听说自己的未婚妻美艳绝伦，却一直未曾谋面。直到洞房花烛夜，李煜才得以一睹芳容。娥皇果然如传说中那样国色天香、冰肌玉骨，甚至有过之而无不及，李煜一见之下便深深被她的美貌迷住。而娥皇也被李煜不凡的气度所征服。她早听说皇太子丰神俊秀，天生骈齿重瞳，与众不同。但她料想，皇室子弟一向都骄纵跋扈，当朝的太子一定会更加高不可攀，不料面前的李煜竟然是如此一位温文尔雅、风度翩翩的年轻人，顿时爱上了自己的丈夫。李煜深感自己的幸运，能够娶到这样娇美如花的爱妻，他和娥皇双手相握，深情对视，久久无语。过了很长时间，李煜终于道出自己的肺腑之言：“我愿与爱妻白头偕老。”娥皇又羞又喜，无语颔首。两人沉浸在一片幸福之中。

婚后的李煜如鱼得水。娥皇不但容貌秀美，而且还通诗书，善歌舞，精音律，李煜真是找到了一位难得的红颜知己。娥皇弹得一手好琵琶，出神入化，宛如仙乐。一次，她在为中主李璟祝寿时弹琵琶助兴，中主听了儿媳的弹奏惊喜万分，高兴地把一具珍贵的烧槽琵琶赏赐给了娥皇。据说这把琵琶是用汉朝末年著名文人蔡邕的焦桐所造，不但形状精美，雕刻精致，而且音质极佳，是一件价值连城的宝物。娥皇将它看得比自己的生命还重要，整日把琵琶带在身边，形影不离。与娥皇的结合，为李煜枯燥的从政道路重新注入了新鲜的空气，他那单调的生活开始变得丰富绚丽。每天散朝之后，李煜便与娥皇一起携手游乐。二人或赏花观月，吟诗作赋，或轻歌曼舞，浅斟低唱，相伴相随，过着神仙眷侣一般的逍遥日子。李煜与娥皇婚后十分幸福，虽然相处时间不长，但已经是如胶似漆。有时娥皇回娘家探亲小住几日，李煜就急得如坐针毡，仅仅三两天，在他看来却是一日不见，如隔三秋。为了寄托自己的相思之情，李煜为爱妻填了很多阕柔情缱绻的爱情词。可以说李煜前期所作的大量柔媚婉丽的作品，主要灵感都是来自于对妻子的爱恋。如其中一首《长相思》：

云一涡，玉一梭，淡淡衫儿薄薄罗，轻颦双黛螺。

秋风多，雨相和，帘外芭蕉三两颗，夜长人奈何。

描绘的就是一个秋夜，娥皇回家省亲，李煜独自一人留在寝宫，听着外面的雨打芭蕉声，彻夜思念妻子，难以入眠。上阕描写了娥皇临行前的衣饰神态，下阕叙述了自己长夜难眠的无可奈何。由词中的描绘可见李煜已经将妻子的样子深深刻入心中，即使娥皇不在眼前，她的一颦一笑，仍然历历在目。如果没有一腔深情，又怎么会有这样活灵活现的描绘呢？

周娥皇是一位多才多艺的才女，她的才华，因为丈夫的宠爱得到了充分的展示和发挥。娥皇精通音律，不仅能歌善舞，还可以自编舞曲。李煜在音乐方面的造诣也十分深厚，夫妇二人经常填词作曲，酬唱应答，琴瑟和谐。有一次娥皇还邀请李煜共舞，并当即谱出两支新曲，命名为《恨来迟破》和《邀醉舞破》，作为二人之间爱情的结晶。娥皇还和李煜一起修复著名的《霓裳羽衣曲》。《霓裳羽衣曲》本是从西凉传入的法曲，经过玄宗李隆基的润色编排，成为规模宏大的宫廷舞曲。杨贵妃也因为精通音律，为《霓裳羽衣曲》编排了舞蹈而备受玄宗的宠爱。但经过安史之乱的离乱，乐坊零落，《霓裳羽衣曲》也随之失传，到五代十国之际只留下了残破不全的曲谱。当时也有一些宫廷乐人和民间艺人试图修复这首绝世的古曲，但均未成功。娥皇和李煜夫妇二人心意相通，他们找来残谱，共同钻研，终于恢复了乐谱原貌。乐谱复原之后，娥皇又依曲编舞，编成了新的《霓裳羽衣舞》。李煜也调集教坊中的宫娥舞伎，由娥皇亲自指挥教习，让这一部辉煌的乐舞重现于世。

公元961年，也就是与娥皇成亲的第八个年头，李煜由皇太子登上皇位，成为真正的一国之主，世称李后主。也是从这一天起，李煜才由李从嘉更名为李煜。李煜成为国主，娥皇也相应的被立为皇后，人称大周后。这一年，他们已经育有两个活泼可爱的孩子。长子仲禹五岁，次子仲宣刚满一岁。后主此时已经二十五岁，登基之后理应励精图治，勤于朝政，但李煜并不是一位称职的皇帝。他本来就无心于政治，再加上依赖着长江天险为屏障，北方的赵匡胤要想攻打南唐并非轻而易举就能实现，于是李煜不愿过多考虑治国之事，仍然沉湎于声色歌舞中，心安理得地继续着他和娥皇的惬意生活。

大周后生于富贵之家，自幼就习惯了奢华的生活。当了皇后以后，凭借皇室的地位，她更加注重享乐，加之她的聪慧伶俐，常常别出心裁，想出各种花样与后主一起优游嬉乐，极尽奢华之能事。大周后不喜欢浓重的烟火味，便命人在宫中四壁和藻井上镶上大大小小的夜明珠，作为照明之用。每当玉兔高悬，月光洒向大地，娥皇寝宫中的明珠反射月光，室内就会满布清辉，宛如仙境。她还亲手调制香料，以十多种名贵香料配成一种异香，闻之者无不心旷神怡。大周后不但天生丽质，而且心灵手巧。她常常自己设计出新的头饰衣装，引得宫中宫娥、采女竞相效仿。她用当时十分流行的天水碧绫锦裁剪成宽袖长身的新颖衣裙，还自创了高髻妆和首翘鬓朵妆。每每她高高绾起发髻，鬓边簪一朵精巧美丽的鲜花，行走于宫阙之间，衣袂飘荡，竟如同天上的仙子一般。李煜常常对娥皇的新奇想法惊叹不已，并倾倒于她的灵气逼人，对娥皇更加爱不释手。

然而天妒佳偶，李后主与大周后的美满婚姻只持续了短短十年。造化弄人，公元964年，正值大好年华的娥皇竟然病倒了。李煜开始还以为只是寻常小病，便照常吩咐让最好的太医为皇后诊断，自己也是每日临朝听政之后，有空便去探视娥皇的饮食起居。不料大周后这一次竟然一病不起，无论用多好的药材都毫无起色，病情日益沉重。李煜这才方寸大乱，每日再也无心料理朝政，整天陪在娥皇的病榻前，衣不解带地照料爱妻，煎好的药物他都要亲自尝过以后才让娥皇服用。李煜还烧香礼佛，想求救于神灵保佑爱妻痊愈，但他的一片诚心并没有感动上苍，大周后一点儿好转的迹象都没有。李煜常常看着病榻上的爱妻独自垂泪。

祸不单行的是，大周后卧病在床期间，她的次子仲宣又突然夭折。这突如其来的打击加速了娥皇走向生命的终结。大周后天性温柔慈爱，对两个儿子仲禹和仲宣都爱如掌上明珠。特别是小儿子仲宣，是在娥皇当上皇后那一年出生的，当时年方四岁。仲宣几乎继承了父母所有的优点，他不但生得极其俊秀，又聪敏懂事，勤奋好学，三岁时就能背诵《孝经》，还跟娥皇学会了识别音律节奏，深得李煜夫妇的宠爱。李后主一有空就把仲宣抱在怀里，亲自教他吟诗作画。大周后疼爱小儿子更是胜过自己的性命，她担心宫中的乳母照顾不周，就把仲宣带在身边亲自调教，直到她重病之际实在无力看护幼子，才不得不把他送到别院交给保姆照管，谁知大周后的担忧真的变成现实，小仲宣在一次意外中夭折了。

大周后卧病数月仍不见好转，她宫中的侍女宫人们感于娥皇平日的善待，便经常在佛堂焚香祈祷，祈求上天保佑皇后早日康复。小仲宣是个有心人，他看到后便暗暗记在心里。一天，爱母心切的他独自跑到空无一人的佛堂，学着大人们的样子跪在蒲团上，双手合十，虔诚地祷告起来。他希望佛祖能够听到自己的祈求，让母亲的病早日好转。谁知这时正有一只大猫趴在佛堂屋顶高悬的琉璃灯上，看到有人进来就猛然从灯上蹿下来，悬挂不牢的琉璃灯被大猫用力一蹬便掉落下来，“啪”的一声砸在地上。年仅四岁的小仲宣正专心致志地为母亲祈祷，被突然掉落在身边的琉璃灯一吓，顿时昏厥过去。李煜得知后连忙命人抢救，但由于受惊过度，小仲宣患上了严重的惊痫病，宫中的御医想方设法还是束手无策。没过几天，小仲宣就离开了人世。

这对于因妻子重病而饱受煎熬的李后主来说无异于雪上加霜。爱子夭折已让他痛不欲生，但更让他为难的是，为了不让娥皇的病情加重，他必须对她隐瞒这件事，所以在妻子面前，他还要强颜欢笑，好言劝慰娥皇安心养病。现在已经没有人可以分担李煜的悲恸了，于是他把自己的哀伤全部寄托在诗词中。他写了一首悼子诗来纪念死去的仲宣：

永念消难释，孤怀痛自嗟。
雨深秋寂寞，愁引病增加。
咽绝风前思，昏濛眼上花。

空王应念我，穷子正迷家。

仲宣夭折的消息虽然被后主和众人极力隐瞒，但是聪敏的大周后还是察觉到了不同寻常的气氛。母子连心，她想起一向孝顺的仲宣已经几天没有来向自己问安了，感到十分不安，便向周围的人询问。李后主见隐瞒不过，就把实情告诉了娥皇。这个噩耗对于大周后来说简直就是晴天霹雳，她无法相信心爱的仲宣已经去世好几天了。大周后本来就虚弱的身体哪经得起这样强烈的打击，悲痛欲绝之下，当时就昏倒在病榻上。御医连忙抢救，可是大周后一苏醒过来，便又呼天抢地，恸哭不止，接连几次昏死过去。经过这个致命的打击，娥皇的病情骤然加剧，最后终于无药可医，奄奄一息。看着即将不久于人世的爱妻，后主整日以泪洗面，他日夜守候在大周后的身旁，但是这并没有多留住娥皇几天，她很快就走到了生命的尽头。弥留之际，娥皇紧紧握着李煜的手，泪流满面地说道："臣妾何其有幸，能嫁给陛下。自从成亲以来，夫妻恩爱，已有十年了。对一个女人来说这已经足够了，遗憾的是我今天就要离你而去了，不能好好报答你的恩情了！"李煜此时已经五内俱焚，他拉着爱妻的手泪如雨下。大周后又让人拿来公公李璟当年赏赐的烧槽琵琶和自己贴身佩戴的玉环，亲手交给后主，情深切切地交代道："臣妾的一切都是陛下赐给的，只有这琵琶，是公公的馈赠；这玉环，是母亲留下的。我一向把它们视为珍宝，形影不离。现在我就要走了，不能再伴随陛下，就让它们代臣妾陪着你吧。看到它们，就跟看到我一样！"李煜颤抖着双手接过了这两样东西。大周后说罢，又奋力支撑着虚弱的身子，亲手写下遗嘱，请求死后薄葬，李煜都一一应承。之后大周后又支持了三天，最后她沐浴更衣，梳妆打扮之后，取出一块碧玉含在口中，闭目仰卧在床榻上，安详地离开了人世。这一天是公元964年十一月二日，此时大周后年仅二十九岁。

短短几个月之中，爱子、娇妻相继离自己而去，这样的双重打击下，重情重义的李煜几乎在一夜之间就变得形销骨立，弱不禁风，甚至只有拄着拐杖才能勉强行走。他整日茶饭不思，以泪洗面，沉浸在回忆大周后在世时的恩爱往事中。次年正月初一，大周后正式下葬。这时的李煜已经虚弱难支，但他为了表达对爱妻的一片深情，仍然坚持亲临葬礼，将娥皇心爱的烧槽琵琶放入陵墓中陪葬。后主还亲自写了一篇情真意切的祭文，悼念爱妻，署名为《鳏夫煜》。他命工匠把祭文刻在巨大的石碑上，立于大周后的陵前，以寄托自己不尽的哀思。

大周后辞世后很长一段时间，后主都沉浸在痛失爱妻的悲痛中不能自拔。自从洞房一见钟情，李煜与娥皇十年如一日般的恩爱，加上两个可爱的儿子承欢膝下，一家人可谓尽享天伦之乐。谁知娇妻、爱子如今竟然都弃他而去，李煜怎能不伤心欲绝。往日的欢乐温馨时时萦绕在他的眼前。睹物思人，李煜看着空荡荡的寝宫，对妻儿的思念与日俱增。但是娥皇、仲宣都不可能再回到他的身边了，李煜只有不断地赋诗填词来排解自己的满腔哀痛。其一为：

珠碎眼前珍，花凋世外春。
未销心里恨，又失掌中身。
玉笥独残乐，香奁已染尘。
前哀将后感，无泪可沾巾。

瑶光殿是大周后生前居住的地方，宫殿两侧生有一株蜡梅，那是后主与大周后共同栽下的。如今梅花满树，迎春而发，而昔日共同赏花的爱妻却飘然远去。李煜每每望见这株梅树，都忍不住落下泪来。他曾有一首五律，就是借咏叹这株蜡梅来怀念亡妻的：

失却烟花主，
东君自不知。
清香更何用？
犹发去年枝。

冬去春回，时过境迁，后主却依然不能从失去爱妻的痛苦中脱身而出。他常常徘徊在两人共同游赏过的地方，然而所谓“空有当年旧烟月，芙蓉城上哭蛾眉”，大周后不可能死而复生，李煜唯有独自黯然神伤。就在这时，李后主遇到了他生命中第二位重要的女性，她就是大周后的妹妹——小周后。

小周后的名字没有被史书记录下来，为了把她和姐姐娥皇区别开来，后来人们把她称为小周后。小周后是大周后的同胞妹妹，两人自幼姐妹情深，娥皇入宫后常常想念妹妹，妹妹便经常到后宫陪伴姐姐。大周后与李后主新婚之际，妹妹还只是一个小姑娘，虽然也生得聪明秀丽，但毕竟不比已经长大成人、富于风韵的大周后。而且婚后李煜、娥皇琴瑟和鸣、佳偶天成，后主的感情全部都投入到了与大周后的幸福生活中，根本无暇注意到身边的其他女性。后来大周后卧病在床，妹妹经常来姐姐身边陪伴，李煜才得以注意到这位同样聪慧美貌的妻妹。每当大周后昏睡之时，妹妹便陪着姐夫李煜闲聊。李煜这才惊讶地发现，短短几年，妻妹已经出落成了一位清丽动人的绝代佳人，而且同姐姐娥皇一样善解人意、活泼可人。后主本来为了爱妻的病体日益沉重忧心不已，有了妻妹的陪伴，他的心才得到了少许宽慰。大周后卧病在床数月不愈，妹妹经常住在皇宫，朝夕相处之间，李煜渐渐被天真烂漫、娇俏可人的妻妹吸引。而妻妹当时正值青春妙龄，情窦初开，面对后主这样气度不凡的男子也自然意乱情迷。可以说，大周后还未去世之时，后主与妻妹就已经暗生情愫了。聪明的大周后对妹妹和丈夫之间的微妙变化当然不会视而不见，这样的情形必定令她伤心失望过。但可以设想，善解人意的大周后对于妹妹和丈夫的爱情，是否能够看做是命运善意的安排呢？她的两个至亲之人结合在一起，互相扶持照顾，她是否可以安心地离开这个世界呢？大周后的真实想法已经无从考证了，但是的确是她促成了又一段热烈的爱情。娥皇撒手人寰之后，妹妹就一直留在宫中陪伴后主。她的天真烂漫、清新自然，与姐姐有着许多的相似之处，冲淡了李煜对爱妻刻骨的思念。渐渐地，后主将当年对大周后的满腔爱意转移到妻妹的身上。

但李煜也并不是见异思迁之人，他虽然喜新，但不厌旧。他对妻妹的感情同对大周后一样，都是发自内心的。当他与妻妹相爱之后甚至设想：等大周后的病体痊愈，就把妻妹也正式接进宫中，三人同乐，就像当年娥皇、女英姐妹共侍于舜一样和睦相处。可惜上天没有给他这个机会，很快他的爱妻大周后便带着无限的遗憾离开了人世。后主对大周后也的确用情至深，娥皇去世之后，李煜曾一度心灰意冷，没有了爱妻，他甚至不想再一个人独活下去。但碍于皇帝的身份，加上还有爱子仲禹牵挂着他的心，他只能强忍悲痛，支撑着面对已经失去乐趣的人生。但他最终命中注定般地遇到了青春活泼、曼妙可人的妻妹，她是李煜暗淡无光的生活中突然出现的一抹亮色，将他的悲痛渐渐地化开。而且妻妹的才情、品貌一点儿都不逊于她的姐姐大周后，她不仅有着更加年轻俏丽的容颜，而且同样精通音律，能歌善舞，一口玉箫吹得婉转缠绵。大周后死后，为了给李后主排遣满腔悲伤和相思之苦，妻妹常常为姐夫吹箫解闷。他们经常一同怀念已经离去的娥皇，还共同探讨艺术上的见解，两人感情日深。但李后主和妻妹并没有立即完婚，一方面大周后去世不久，尸骨未寒，李煜不想这么快就让别人替代她的位置；另一方面，妻妹也年纪尚轻，不急于这么早就成亲。最主要的原因是，大周后去世后不到十个月，后主的母后钟太后也故去了，身为人子，李煜必须守孝三年后才能成婚。这三年里，妻妹便搬入宫中陪伴后主。但因为没有正式举行婚礼，二人始终不能光明正大地共结连理。多情的李后主十分痛恨这种约束，但碍于一国之君的身份又不能破坏礼法，于是只好暗度陈仓，与妻妹偷偷地约会。他在一首诗中写道：

迢迢牵牛星，
杳在河之阳。
粲粲黄姑女，
耿耿遥相望。

两个相爱的人虽然近在咫尺却不能朝夕相伴，他只有通过自己的诗作来表达深深的遗憾与眷恋。这样的惆怅又无人可以倾诉，李煜的文才便发挥了重要的作用。他常常吟诗赋词来寄托自己强烈的感情，李煜这一时期的诗词也就成为他感情生活最真实的见证。最著名的那首《菩萨蛮》甚至生动地记录了后主与小周后的一次幽会场面。

花明月暗笼轻雾，今宵好向郎边去。刬袜步得阶，手提金缕鞋。画堂南畔见，一向偎人颤。奴为出来难，教君恣意怜。

妻妹赴约时怕被宫中的人撞见，便脱掉精致的金缕鞋提在手中轻轻地赶到后主的寝宫。这对外人难以启齿的情节在李煜的妙笔渲染下，竟然如此浪漫动人，以致这首词后来在民间广为传诵，还有画家以此为题，作了著名的《小周后提鞋图》，引得后世的文人骚客创作了一大批题画诗。

三年之后，李后主与妻妹浪漫又惊险的幽会生活终于结束了，公元968年，李煜守孝期满，正式下诏要与妻妹完婚。为了让妻妹名正言顺地入主中宫，李煜命司礼大臣详细查阅历代帝王大婚典制，拟出婚礼程序并多次修改，还命中书舍人徐铉和知制诰潘佑参与议定，一定要将婚礼办得盛大隆重。但是徐铉认为此时国库空虚，财政拮据，婚礼理应从简；潘佑则认为立后是国家大事，虽然是续弦，仪式也要郑重其事地操办。二人都据理力争，互不相让，让后主十分为难，但李煜毕竟深爱妻妹，生怕婚礼过于简单会委屈了她，因而不顾国家经济困乏而采纳了潘佑的意见，于是后宫上下一片忙碌，开始为后主的婚礼作准备。

虽然李后主和妻妹早已同床共枕多年，但为了显示对妻妹的重视，李煜依然按照古礼明媒正娶，履行了六道程序，即纳采、问名、纳吉、纳征、请期、迎亲。“纳采”，即男家向女方家提亲，得到女方家长同意后，再送来礼品正式求婚。“问名”则是男家携了礼物去女家询问女方的姓名和生辰八字。“纳吉”就是男家根据女方的生辰八字，经过占卜认为二人的结合大吉大利后，送礼物向女家通报，决定联姻。“纳征”是男家向女家馈赠聘礼，双方正式订婚。“纳征”后，男方择定良辰吉日，并与女家正式商定结婚日期，是为“请期”。最后就是男家到女家“迎亲”，将新妇接到婆家。其中最重要的便是迎亲这一天的仪式。

李后主迎娶妻妹这一天的仪仗丝毫不亚于当年大周后出嫁时的隆重。整个金陵城都被轰动了。天一放亮，金陵的大街小巷便挤满了围观的人群。人们都想看看这位可与前皇后媲美的妹妹到底是怎样的倾城倾国，能让痴情的李后主为她摆下这么大的场面。人们守候在迎亲队伍必经的街道两旁，来晚了的人就爬到屋顶上和路边的大树上围观。而这次婚礼果然“不负民望”，后主动用了皇室最高规格的仪仗来迎娶妻妹。队伍的最前方是一身戎装的侍卫开道，后面紧跟着数百名锦衣华服的宫女，然后就是小周后乘坐的金碧辉煌的凤辇，最后是上百辆驮着嫁妆的车马。这一行队伍直延长了数条大街，旌旗飞舞，光彩夺目。妹妹从这一天开始成为李后主正式的妻子，为了与她的姐姐娥皇相区别，人们称她为小周后。

小周后不但在才情、美貌上不逊于大周后，生活上的铺张也足以与她的姐姐相匹敌，甚至是有过之而无不及。对于失而复得的幸福，李煜格外珍惜，因此对小周后更加百依百顺。小周后别出心裁，命人在移风殿建造了一座花房。花房四壁修得玲珑剔透，雕刻了形状各异的窗格。李煜为了哄小周后开心，就派人在窗格上摆满各种名贵的盆景，还将盆景的陶盆换成了精美绝伦的越州瓷盆。后主还命人在梁栋、拱柱、台阶各处设法摆设了很多奇花异草，花房中一年四季都有鲜花盛开，争奇斗艳，宛如仙境，李煜就把它命名为“锦洞天”。小周后又让工匠在皇宫的后花园中修造了一座精巧的小亭子，仅能容纳两人，小亭的四壁用玳瑁固定了大幅精美的绫罗将亭内的空间与外界隔开。每当后主心情抑郁，为国事郁郁不乐的时候，小周后就陪伴他在小亭内举杯对饮，吟诗赋词，消愁解闷。

小周后的奢华源于她的出身，权臣贵戚的千金自幼已经习惯了锦衣华服的生活，况且在南唐国力日衰，后主整日为国事忧心忡忡之际，小周后善解人意地陪伴他，利用自己的权位想方设法宽慰后主，也是出于一片好意。李后主对于小周后的温柔体贴也十分感动，于是更加宠爱小周后，所谓患难见真情，李煜将后半生的感情全部交付给小周后，甚至超过了当年与大周后的恩爱。

正当李煜与爱妻小周后一起沉迷于一片歌舞升平之时，北方的宋太祖经过励精图治，国力日益强盛，频频向南唐发难。李煜并不是一个成功的皇帝，面对势不可当的宋军，他虽然也作过抵抗，但终因常年不思进取而束手无策。南唐满朝官员也习惯了粉饰太平的虚假繁荣，一旦国难当头，根本没有能够带兵杀敌的将领。宋军很快便长驱直入，直捣金陵。在金陵城被攻破后的第三天，即公元975年十一月二十八日，李后主带着心爱的小周后以及妃嫔、大臣一干人等，在宋军的押解下登上了北上的船只。

宋太祖赵匡胤为人豁达，他对李煜还算礼遇有加。为了显示自己的宽容大度，宋太祖免去李煜及南唐诸臣负隅顽抗之罪，赐封后主为违命侯，安置在礼贤宅居住；其他官员四十五人也都赐予了官职，虽然都是一些位卑禄低的闲职，但也足以安身立命。李后主的违命侯实际是一个没有实权的虚职，他虽住在礼贤宅中，实际上却是被宋太祖软禁起来。为了以防李后主与南唐旧臣们暗中联络图谋复国，赵匡胤首先把南唐的大臣们分派到各地，分而治之，又派人在李煜的府门外日夜驻守监视。

转眼之间，一代帝王就此沦为了阶下之囚，北上之后，这样的落差使李煜承受了巨大的痛苦。他曾经想殉国以明志，但遭到小周后和群臣的阻拦。现在身陷囹圄，更加求生不得，求死不能，每日只能仰天长叹，以泪洗面。唯一能做的就是赋诗作文，还因为顾及宋太祖的猜忌而不能直抒胸臆。唯一让后主感到安慰的就是他心爱的小周后此时一直陪伴在自己身边，不时解劝，抚慰他的丧国之痛。然而当宋太宗赵光义即位之后，李煜连与爱妻厮守的权力都被剥夺了。

小周后随后主入宋后被封为郑国夫人。太宗赵光义是个好色之徒，他早就听说南唐后主的皇后是个绝代佳人，有倾国之姿，便利用宣李煜进宫朝见之际，命小周后一同晋见。太宗一见小周后就被她的美貌倾倒，此后便常常宣召小周后进宫伴驾，甚至让她陪宴侍寝，数日不归。小周后与李后主夫妻情深，原本宁死也不愿受这样的羞辱，但又怕惹恼太宗之后会迁怒于后主，只好忍辱偷生。李煜被幽禁在礼贤宅中，回顾往日亡国之痛，又想到眼前爱妻受辱，自己都无力挽救，满腔悲慨郁结胸中。他已是无力回天，只能仰望明月遥寄愁绪，写下了很多感怀故国的词作。

往事只堪哀，对景难排；秋风庭院藓侵阶。一任珠帘闲不卷，终日谁来？金剑已沉埋，壮气蒿莱；晚凉天净月华开。想得立楼瑶殿影，空照秦淮。

诸如此类，不胜枚举。

后主的这些思旧之作很快被传出宫外，人们听了无不为之动容，上至文人士大夫，下至黎民百姓，都被后主的悲情愁绪所打动。同时这些词也传入太宗的耳朵，赵光义听罢不禁勃然大怒，他本就因为小周后心系后主而对李煜大为不满，现在又写出了这样思念故国的文章，太祖怎么容得下李煜？于是赵光义开始计划除掉李后主。

转眼又是一年七月初七，到了后主的生辰，这是李煜降宋后在汴京度过的第三年。这一天，小周后协其他入宋的妃嫔、宫娥为后主贺寿。小周后照旧吹箫助兴，宫娥伴舞。大家纷纷举杯向后主敬酒，后主强颜欢笑痛饮数杯。亡国三年，时过境迁，看着眼前的美人零落，遥想当年在金陵城皇宫内的歌舞升平，李煜心如刀割。他借着酒意，提笔挥就那首千古闻名的《虞美人》：

春花秋月何时了？往事知多少。小楼昨夜又东风，故国不堪回首月明中。雕栏玉砌应犹在，只是朱颜改。问君能有几多愁？恰似一江春水向东流。

不想这首词立刻就被礼贤宅外的密探听到，飞报给宋太宗。赵光义听后火冒三丈，杀机顿起。他命人将一壶御赐的美酒送到李煜府上作为寿礼。敏感的李煜知道自己的大限已到，但是已毫无反抗的可能，他与爱妻、妃嫔们痛哭之后，毅然饮下毒酒。传说宋太宗对李煜下的是一种叫做“牵机叶”的毒，中毒者激烈抽搐，痛苦不堪，最后头足弯曲相抵，状如牵机。狠毒的宋太宗在李后主死后还要羞辱于他，让他死状如下跪磕头，以示对自己的臣服。小周后见后主被残忍地加害致死，也生无可恋，她拿起酒壶将剩下的毒酒一饮而尽，为丈夫殉情，一代佳人就此香销玉殒。李后主和小周后死后，人们按照小周后的遗愿将两人合葬在北邙山。

作为一国之君，李煜并不是一个合格的帝王，他虽有强国之心，却没有治国之才。但他的文学成就却在历史上留下了灿烂的一笔。作为他的知己和爱人，大、小周后先后陪伴他度过了短暂的一生。这两位绝代佳人将娥皇女英共事于舜的传说演绎成现实中的浪漫故事，虽然周氏姐妹的结局不够完美，但是能够得到李煜这位才情双全的帝王的眷顾，又夫复何求呢？

五代第一贤妃

——后梁太祖朱温贤妃张惠

后梁太祖朱温皇后张氏，名惠，生于砀山富豪之家。张氏的父亲张蕤曾任宋州刺史。张氏生于官宦人家，自幼灵秀动人，温婉有礼。张氏在父亲的教导下不但通读经史，而且熟识兵法，能文能武，可以称得上是女中豪杰，不让须眉。五代之际天下大乱，父亲张蕤去世后，张氏便流落在民间，后来嫁给后梁太祖朱温为妻。

朱温（公元852—912年），唐朝宋州砀山（今安徽砀山）人，唐大中六年（公元852年）十月二十一日出生于砀山午沟里。朱家在当地是一户破落的小地主，祖上世代为儒士，祖朱信，父朱诚，都以在乡里私塾教授诗书为业。朱温排行第三，小名叫做朱三。相传朱温出生的时候，朱家的屋子中突然冒出冲天的红光，直照得半边天都红彤彤的。隔壁的邻里不知发生了什么事，看到朱家的院子里发出红光，都以为失火了。左邻右舍都急匆匆地提着水桶赶过来救火，却发现朱家的房舍安然无恙，只是听到新生儿响亮的哭声。众人看到这样奇异的事情都纷纷议论道："朱家的第三个儿子出生时红光冲天，莫非这个孩子将来长大要发迹不成？不然怎么会出现这样的异象呢？"好像朱温从一出生起便注定了他不平凡的一生，谁又知这传说是不是后人杜撰的呢？

朱温很小的时候父亲朱诚便去世了，失去了经济来源，朱家的生活日益窘迫。为了养家糊口，朱温的母亲王氏不得不带着儿子们出外靠替人帮工为生，后来朱温母子四人流落到萧县（今属江苏），当地一位地主刘崇收留了他们，雇用朱母在家中做女佣，朱温和两个哥哥做帮工。少年朱三十分顽皮淘气，小小年纪就喜欢武枪弄棒，还常常仗着自己身强力壮欺负邻家弱小的孩子，他的二哥朱存跟他性情相似，两人整日混在一处。朱温兄弟随母亲来到刘家后，不肯专心务农，报答刘家的收留之恩，反而每日里游手好闲，横行乡里，结果惹得邻里左右都非常厌恶他们兄弟二人。王氏夫人经常教训他不要欺辱乡邻，但是直到朱温到了弱冠之年，仍是秉性不改，时常扰民。有一次他甚至把主人家的铁锅从灶台上揭下来，背到大街上去玩耍，刘员外虽然对朱温的顽劣十分头疼，却又管教不了他，只好任由他继续胡来。但刘崇的母亲却一直认为朱温不是普通人，虽然他经常惹是生非，还是对他非常宽容。老夫人见他爱舞刀弄剑，便不让他种地，反而让朱温和二哥朱存一起带着弓箭到山上去捕捉野物。有了老夫人的庇护，朱温常常在外面游荡一整天，自得其乐，等到晚间回家时双手空空他也不以为意。

一次，朱温兄弟二人外出游逛到了宋州（今河南商丘）郊外，两人玩得疲累了，就坐在路边的大树下休息。突然远处传来一阵马挂銮铃之声，朱温抬头向远处望去，只见两辆装饰华美的马车缓缓驶来，周围还有数百名士卒簇拥着。隔着车窗的纱帘，朱温看到车内乘坐着两位女子，一个中年模样，端庄慈祥，另一个正值妙龄，清秀动人，宛如仙子。朱温不觉竟看呆了。他随着车马一直来到宋州城内，远远看着车马进了一所大宅。朱温找到当地人一打听才知道，原来这座宅院是刺史张蕤大人的府邸，车上的两位女子正是张夫人和张小姐。朱温悻悻地回到家中，心中惦念着美貌的张小姐，想起自己与对方身份相差悬殊，顿时生起一股激愤之情。他暗中发誓，日后一定要做一番惊天动地的大事，到那时再去见这位刺史千金。

当时正值唐朝末年，宦官掌权，朝纲大乱，各种苛捐杂税蜂拥而至，百姓不堪重负，各地相继发生农民起义，其中以黄巢的起义最为声势浩大。朱温听到这个消息后便再也待不下去了。他跟母亲和哥哥商议道："现在宦官乱政，大唐江山不保，各地纷纷有义士起来造反，听说山东曹州的黄巢十分善于用人，不如我们去投奔他，趁此机会也好建立一番事业，那也就不枉此生了。"朱母虽然不放心儿子去从军，但见朱温去意已决，知道自己无力阻止，便也点头同意。于是第二天，朱温兄弟二人便离家赶赴山东，这一年朱温二十五岁。

到达曹州之后，朱温、朱存立即投入了黄巢的义军中。朱温从小就身强力壮，勇猛好斗，这次参军他本抱着出人头地的想法，因此每战都冒着生命危险冲在队伍的最前方。几次战斗后黄巢就发现了这个可造之才，当即把朱温提拔为队长。经过一年的奋战，朱温就因战功卓著被提升为大将军。这期间，朱存已经在军营中娶妻生子，而朱温仍然对宋州刺史的那位张小姐念念不忘。

唐僖宗中和元年（公元881年）底，黄巢大军攻破大唐国都长安。经过"安史之乱"后，唐王朝的皇帝再次携带着后宫妃嫔和朝中大臣向西逃往四川。黄巢入主长安后称帝，自称大齐皇帝，改元金统。朱温因骁勇善战被任命为东南行营先锋使，驻守东渭桥（今西安东北）。他招降了夏州节度使诸葛爽后，又转战河南一带，攻占邓州（今河南邓州），阻断了唐军由荆州反攻义军的道路，接着朱温又击败了唐将李孝昌一部，大齐政权得以暂时稳定下来。朱温战功卓著，他率兵返回长安时，黄巢亲自犒赏三军，然后任命朱温为同州（今陕西大荔）防御使，负责长安的防卫工作。这一日朱温奉命带兵进驻同州城，城中百姓夹道围观，朱温骑在马上心里暗暗得意，短短五年时间，他便从一个无名小卒变为堂堂的防御使，他相信凭借自己的英勇善战，总有一天能够位及人臣。这时朱温突然发现人群中有一个熟悉的身影，貌似自己倾慕多年的张小姐，不同的只是眼前的这位姑娘衣衫破旧，不像当年那样锦衣华服。朱温当即命部下把这个女子带到自己的府中，他要亲自询问她的来历。

回到府中，朱温迫不及待地将这个女子叫到自己面前，充满希望地问道："请问姑娘是哪里人士？"那位姑娘不知自己被这位守城的将官唤来到底所为何事，只得小心翼翼地回答说："宋州砀山县渠亭里。"朱温听了心中大喜，便继续追问道："姑娘可认识宋州刺史张大人？"这个女子惊道："那正是家父，将军为何知道我的身世？"一问之下，她才知道原来朱温是自己的同乡。朱温这才详细询问了张家的情况。张小姐不禁泪流不止，她对朱温哭诉道："我名张惠，父亲便是原来的宋州刺史张蕤，几年前不幸因病辞世，我和母亲二人被迫流落民间。谁知一路上兵荒马乱之中，又与母亲失散了，又没有亲友可以投靠，只好随着一群难民四处流浪。"朱温听了十分痛心，他见张惠无依无靠，便提出将她接到自己的府中住下。张惠虽然觉得有些不妥，但自己是一介女流，又孤身一人无处落脚，便只能为时势所迫答应下来。朱温大喜，立即命人给张惠安排住所，还派出人马帮她寻找失散的母亲，张惠感恩不尽。

张惠从此便在朱温的府中住下，朱温派来不少侍女、仆从任她使唤，每日闲暇之时还会赶来陪张惠叙谈乡情。时间一长，张惠得知原来早在宋州的时候朱温便已对她一见倾心，只是碍于出身贫贱，没能登门求亲。朱温对张惠表明了心意，张惠对朱温的真情十分感动，如今父亲亡故，母亲下落不明，也顾不上什么父母之命了，便同意了朱温的提亲。朱温这才欢欢喜喜地命人准备新房，筹备婚事，不久两人便正式成婚，张惠从此成了朱温的夫人。

嫁给朱温后，张惠感念朱温的搭救之恩，对他分外温柔体贴。朱温终于娶到了梦寐以求的爱妻，加之张惠出身官宦人家，满腹文韬武略，又貌美温婉，对她更是又敬又爱。他本是一介乡里莽夫，脾气粗野火暴，如今有了这位贤妻，少不了凡事都与夫人张氏商议。张惠凭借自己的美貌和智慧把蛮勇凶悍的朱温管教得百依百顺，两人夫唱妇随，十分恩爱。

但好景不长，朱温驻守的同州很快又陷入危机。唐河中节度使王重荣拥兵数万与朱温隔河对峙。由于双方兵力相差悬殊，朱温的军队连连失利，他不得不向长安的大齐皇帝黄巢求救，但战报总被负责军务的孟楷扣压拖延，再加上朝中有人嫉妒朱温的战功，在黄巢面前挑唆，导致黄巢怀疑朱温屡战屡败是对他产生异心，便对朱温有了防备之心。朱温心中十分不悦，他帐下的谋士谢瞳趁机进言说："黄巢也不过是一介草莽武夫，他借大唐国政混乱才得以称帝。现在将军在外苦战，他却暗中见疑，不值得对他忠心效力。如今天子在蜀地重新招兵反攻大齐，各路兵马纷纷响应，可见大唐气数未尽，将军何不趁此机会改投唐主，也算身归正途。"朱温也早对黄巢的不信任十分不满，谢瞳的这番话正合他的心意，于是便返回内室与夫人张惠商议脱离黄巢归顺唐僖宗。张惠也看到黄巢起义之后的义军已经变质，有不少义军烧杀抢掠，与强盗别无二致。她认为跟随这样的君主并不是长久之计，便赞成丈夫改投唐僖宗。朱温得到夫人的支持后更坚定了降唐的决心，他暗中杀掉监军使严实，当晚便率领自己手下的军队投降了王重荣。唐僖宗得到朱温归降的消息后大喜过望，得到这样一位猛将，光复大唐的事业指日可待，他兴奋地说道："朱将军真是上天赐给朕的救兵啊！"说罢立即下诏任命朱温为左金吾大将军、河中行营招讨副使，并赐名全忠。为了表示自己对朱温的重视，僖宗后来又拜朱温为汴州（今开封）刺史，兼宣武军节度使、东北面部招讨使，负责剿灭黄巢的反军。

中和三年（公元 883 年）三月，朱温便带着爱妻张惠到汴州赴任。安顿下来之后，贤惠的张惠夫人便向朱温提出将朱温远在家乡的老母亲接来同住。自朱温离家投奔黄巢以后，转眼间已经过去了六七年，这期间朱温从未回家探望过母亲。张氏劝慰道："如今你已经是掌管一州的刺史大人，也有了安家落户之处，怎么忍心还让老母寄人篱下呢？"朱温点头称是，立即派出百余名军士，驾着车马，赶赴萧县迎接母亲。

自从朱温兄弟离家从军后，朱母便整日在家提心吊胆，她曾托人四处打探儿子的消息，有人说两人已经战死，有人说是占山为王，莫衷一是。朱母不知儿子的死活，只好夜夜对着一盏孤灯哭泣。有一天村子里突然来了一队军马，乡亲们不知所为何故，以为不是山上的强盗进村抢掠，就是过路的乱军前来扰民，于是纷纷躲进家门。这一行人马浩浩荡荡一直来到刘家的门外，对守门人说明来意。朱母听说他们是汴州刺史派来寻找自己的，顿时吓得面如土灰。她知道两个儿子素来爱惹是生非，这次定是犯下大案惹得官府派人前来捉拿自己，于是钻到灶下躲了起来。来使连忙把朱母搀扶出来，恭恭敬敬地告诉她朱温现在已经是朝廷命官，宫拜宣武军节度使，此次是专门派人来迎接母亲的。朱母不信，她连连摇头说："我儿朱三落魄无行，早就做贼死了，怎么可能当上大官呢？"使者无奈地把朱温发迹的经过给朱母一一讲清，朱母听了这才转悲为喜，辞别了刘家夫妇，高高兴兴地坐上车子去了汴州。

朱母一到汴州，朱温和夫人张惠便迎出大门。朱母看到昔日顽劣不羁的儿子居然当上了大官，高兴地落下泪来。朱温告诉母亲，是夫人张惠提出将她老人家接来同住的，朱母更是喜出望外，想不到朱家竟然娶到了这样一位貌美又贤惠的媳妇。从此一家人团聚，朱温在外整治军务，张氏在内管理家务，孝敬婆婆，教养儿女。

朱温自幼就凶悍野蛮，经过这些年在疆场上杀戮无数，更养成了嗜杀成性的脾气。前蔡州节度使秦宗权反唐，攻占了河南的许多地方，成为朱温在中原的首要对手。朱温一面在山东招兵扩大势力，一面向兖州（今山东兖州）的朱瑾、郓州（今山东东平西北）的朱宣寻求支援。在汴州北面孝村一战，朱温的军队大败秦宗权，为了不给敌人留下反扑的机会，朱温命部下将所有战俘处死，一战之中就斩杀了两万余人。从此秦宗权一蹶不振，最终被朱温剿灭。大敌一破，善变的朱温立刻返回头来对付曾经的盟友朱瑾、朱宣。不久，朱温找借口，诬陷朱宣要吞并自己的部队，令朱珍、葛从周袭击曹州（今山东曹县），击败朱瑾兄弟。

朱温的凶残不仅表现在对待外人的时候，就连自己的亲人他也毫不留情。攻打朱瑾的时候，朱温派长子友裕攻徐州，朱瑾兵败逃走，朱友裕没有乘胜追击。朱温得知后大怒，竟然怀疑儿子私通朱瑾，意图篡夺自己的兵权，当即便削去了儿子的兵权。朱友裕深知父亲的暴虐，唯恐朱温下令将自己处斩，便惊慌失措地带着十几个军卒逃到山中躲藏起来，不久又偷偷藏到伯父广王全昱的府中。张惠夫人知道了这件事后，暗中派人把朱友裕接回家中，等父亲回来后主动请罪，然后张氏再从中为儿子求情。友裕知道父亲一向只听母亲的劝告，就听从母亲的安排，赶回家中跪在院中，请求父亲的宽恕。朱温刚刚晨起，一见儿子回来了，顿时怒发冲冠，不由分说就叫人将朱友裕推出去斩首。张夫人听到儿子的呼救声连忙赶出来，她没想到朱温竟然真的要杀自己的儿子，慌忙中连鞋子都没有穿好。张氏夫人一把抱住儿子失声痛哭，然后对朱温怒道："如果儿子真的要谋反，难道还会回来受死吗？他既然回来请罪，就说明他没有反心，你为何还要将他处斩？"朱温见夫人出面和解，气也消了一半，于是就释放了朱友裕。就这样，张夫人凭借着自己的机智善辩，从暴戾的朱温手下救下很多无辜的将官士卒，朱温的部下无一不对张惠夫人感激涕零。

朱瑾战败逃走后，他的妻子家眷统统落入朱温手中。朱温无意中发现朱瑾的妻子居然也颇有几分姿色，便把她带回汴梁，准备收为妾侍。张夫人闻讯马上面见瑾妻，当场跪下请求她的谅解。张惠动情地说道："朱瑾与我夫本是同姓，兄弟之间，因为一点儿小事便大动干戈，致使姐姐沦落至此，倘若将来有朝一日我军战败，汴州失守，那时我也难免同样的遭遇啊！”说完不住地落泪。朱温在一旁听着心中惭愧，本来就是自己阴谋在先，现在得胜了还要强占朱瑾的妻子，内心有愧。于是便不再打朱瑾妻子的主意，将她送至尼姑庵出家为尼。

瑾妻出家后，张惠仍然觉得愧对于她，便以姐妹相称，时常派人送去衣物用品，还亲自前去探望，以示关心。正所谓一物降一物，张惠夫人贤德有礼又足智多谋，朱温虽然生性凶残却也甘心被她管制，无论内政外事都时常与她商议讨论。在军国大事上，朱温更对张氏夫人言听计从，军政国策的定夺多有张氏的参与。有一次朱温已经发兵出城，突然接到家人的禀告说夫人认为此战不可，请朱温回府，朱温当即就率军返回了汴州。好在张惠夫人不是乱政弄权的妇人，她只是一心辅佐丈夫建功立业。朱温知道妻子谦虚贤德，对张夫人更加宠爱。

在夫人张惠的扶持协助下，朱温的势力日益强大。光化二年（公元 899 年）朱温攻下太原（今山西太原）、榆次（今山西榆次）。至此，北方大部分地区都已掌握在朱温手中。随着权力的增大，朱温的野心也与日俱增，他开始将皇帝之位作为自己新的目标。

早在文德元年（公元 888 年），唐僖宗病逝，其弟唐昭宗李晔即位。朱温拥昭宗返回长安，大杀阉党，结束了中唐以来宦官专政的局面，也开始了朱温真正迈向帝位的脚步。第二年，朱温因拥立昭宗有功晋封为梁王，夫人张惠也顺理成章地成为王妃。此后朱温就开始紧锣密鼓地筹备起称帝的事宜。他命令自己的亲信宰相柳璨和枢密使蒋玄晖等人向昭宗上疏，请求皇帝封朱温为相国，同时晋封魏王，兼有九锡之命。然后密令养子朱友恭和氏叔琮等人暗中谋杀了昭宗及其他皇族亲眷，只留下第九子为帝；事后朱温又假装不知内情，听到昭宗被刺的消息后放声痛哭道：“你们这些奴才让我背上了欺君的罪名，害我遗臭万年啊！”之后朱温乘机操纵年轻的皇后，立年仅十三岁的李柷为帝，是为昭宣帝。然后又下令处决朱友恭和氏叔琮，一面杀人灭口，一面标榜自己的公正廉洁。次年二月，朱温又杀了昭宗之子李裕等九人；六月，杀裴枢、独孤损等反对自己的朝臣三十多人，在朝廷中彻底扫平了称帝的障碍。

天祐元年（公元 904 年），就在朱温准备登基称帝的前夕，张惠王妃突然病倒了，食欲不振、日益消瘦。朱温正在洛阳筹备称帝事宜，忽然汴京王府来人急报王妃病危。朱温听了如同五雷轰顶，他立即放下手中的事情飞马赶回汴梁。朱温看到奄奄一息的爱妻，顿时泪如雨下。弥留之际的张氏听到朱温的哭声慢慢转醒，她用尽气力对朱温说：“大王如今已是一人之下万人之上，备受皇恩，理应知恩图报，好好辅佐唐室才是。”朱温无奈摇头道：“事已至此，我已没有回头的余地了。”张氏见朱温称帝之意已决，便嘱咐他道：“自古君王不易作，既然你意已决，我也不能阻拦，但是有一句话不能不说。”朱温连连点头答应。张氏虚弱地说道：“大王一生勇武超群，日后若是做了一国之君，凡事一定要三思而行，千万不要再冤杀部下、贪恋酒色了。如果大王能记住‘戒杀远色’这两件事，臣妾就算身在黄泉，也了无牵挂了。”说完此话，张氏夫人便与世长辞。朱温见爱妻辞世，不觉痛哭不止。三军将士们听说王妃病逝，无不哀叹落泪。朱温生性残暴多疑，常常滥杀无辜，唯独张惠王妃能够劝服他收回成命，很多军士都是因张氏的善心而得救的。如今张氏病故，人们都万分惋惜。

公元907年二月，朱温称帝，建国号梁，定都汴梁，改元“开平”，史称后梁。朱温称帝后，将张惠追封为贤妃，之后也一直没有册立皇后。但是他没有听从妻子的遗言，继续沉溺声色，杀戮朝臣，最终惨死于儿子朱友珪的刀下。朱温死后，张惠之子朱友贞杀死哥哥朱友珪后即位，史称梁末帝。

张惠夫人死后被葬在开封县润色乡。乾化二年（公元912年）末帝即位后将自己的母亲追谥元贞皇后，附葬于宣陵（今河南伊川县西南）。张惠皇后以自己的绕指柔情化解了梁太祖朱温的暴戾凶残，她的美德受到世代的颂扬，被称为“五代第一贤妃”。

北宋

勤谨一生成正果

——宋真宗章献皇后刘娥

后周显德七年（公元960年）正月，三十四岁的赵匡胤陈桥兵变，代周建宋，改元建隆，定都汴京（今河南开封），赵匡胤便是宋太祖。唐中叶以来藩镇林立、军阀割据的局面基本结束，恢复了当时中国大部分地区的统一。太祖即位后吸取藩镇之乱的教训削夺武将兵权，巩固了帝位，但过分抑武的政策成为宋朝武功不振、积贫积弱局面形成的重要原因。宋开宝九年（公元976年），宋太祖驾崩，此后宋代皇位承嗣一直波折不断，疑团重重。继宋太宗赵光义不合祖制地弟承兄位之后，其三子宋真宗赵恒储君资格的获得也历经了大哥赵元佐的发疯和二哥赵元僖的暴死。

真宗先后有三位皇后，第一位妻子潘氏是名将潘美第八个女儿，早在真宗即位之前就去世了，后追封为皇后。郭氏是真宗第二任妻子，真宗即位后封为皇后，景德三年（公元1006年）去世。真宗第三位皇后，就是著名的皇后刘娥。真宗去世之后，刘皇后垂帘听政达十余年之久。作为宋代八位摄政皇后之第一人，这位对北宋政局产生重要影响，对后世作出积极历史贡献的皇后，一生颇具传奇色彩。刘娥（公元968—1033年），祖籍太原，祖父刘延庆在五代十国的后晋、后汉时任右骁卫大将军。其父刘通任大宋虎捷都指挥使，领嘉州刺史，刘家于此时举迁四川华阳。据说某日刘通的妻子庞氏梦见一轮明月入怀，不久便怀有身孕，生下了次女刘娥。然而当幼女尚在襁褓之时，奉命出征的刘通就不幸阵亡了。刘家突遭变故，又无男丁支撑，无奈庞氏只得投奔娘家。外祖父家生活并不富足，刘娥倒是习得了一门击鼗的谋生技艺。刘娥才长到十三四岁，便被许配给了一个名叫龚美的青年银匠。

不久，龚美就带着刘娥外出谋生，来到了京城开封。龚美靠锻造银器为生，刘娥也击鼗卖艺，补贴家用。此时的她也许不能预料，自己将与一位深宫红墙内的同龄少年，发生一段传奇故事。未来的宋真宗赵恒，此时的名字还是赵元侃，尚未被册定为太子，年仅十六岁，正是青春萌动的年纪。听闻蜀地女子才貌双全，便倾心不已，在言谈间多有流露，他的近从们便暗记于心。其中有个名叫张耆的王宫指挥使，因与龚美相识，便将视线投向了刘娥。龚美顺水推舟，自称与刘娥是兄妹，将妻子送到了赵恒的身边。刘娥进入王府的过程是自愿或被迫已不得而知，然而这个传奇女子的辉煌便从此开始了。

刘娥以其美丽和聪慧甚得宠爱，然而好景不长，赵恒的乳母秦国夫人并不看好两人的爱情，嫌弃刘娥出身低微，来历不明，就将此事禀报了皇上。太宗一怒之下将赵恒训斥了一顿，赵恒迫于父亲的压力，不得不把心爱的刘娥送出王府，偷偷地将她藏在了张耆家里。住在张府的刘娥，为了排遣孤独忧愁，凭着不服输的傲气，博览群书，研习书画。

不久，十七岁的赵恒被封为韩王，依父命迎娶了他的第一个正式妻子：忠武军节度使潘美的八女儿。十六岁的潘氏受封为莒国夫人。之后赵恒的王爵依次升迁，端拱元年（公元988年）被封为襄王。宋太宗至道三年三月癸巳日，五十九岁的宋太宗赵光义病逝，赵恒当上了皇帝，刘娥苦守十五载，这才有情人终成眷属。此期间赵恒的婚姻生活也波折连连，潘氏结婚才六年就早逝了，也没有为赵恒留下孩子。潘氏去世两年后，太宗又为已升为襄王的赵恒选择了宣徽南院使郭守文的次女。时年十七岁的郭氏受封为鲁国夫人，不久又晋封为秦国夫人。赵恒即位为帝两个月之后，他就册立继室郭氏为皇后，一个月后又追封已去世八年的潘氏为“庄怀皇后”。当然他更没有忘记那个默默守候的痴情女子，很快也将刘娥接回了皇宫，得偿多年夙愿。

刘娥以最好的年华作为赌注，总算没有被辜负。而更大的安慰是，虽然十五年过去了，赵恒对刘娥依然一如既往，纵然后宫美女如云，芳华渐逝的刘娥仍得到了皇上的钟情。而赵恒也够得上长期专情的典范。

入宫后的刘娥自知出身低寒，日感根基单薄，于是她便向真宗提出请求，让自己的“表兄”龚美改姓刘，做自己的兄长，传继刘家的烟火。真宗立刻答应了，给他加官晋爵，官至马军都虞侯，而刘美对宋真宗确实忠心耿耿。刘美任官，既不阿附于权臣，对部属也关心备至，出任在外时他的随从兵卒，都按省籍定时轮换，从不培植自己的私人势力，深得宋真宗的信任。

景德元年（公元1004年）的正月，三十六岁的刘娥正式得到了“美人”的封号，此时的她，与当年击鼓唱曲的小女孩早已不可同日而语。

这段时间令真宗伤心的事接踵而至，一年前，郭皇后为他生的皇子赵佑夭折了，他是真宗最心爱的儿子。而半个月后，出生刚两个月的另一名皇子也夭折了。真宗的后妃前后为他生的五个儿子竟统统短命夭亡，没有一个能活过十岁。想来宋真宗年将四旬，忽然间膝下荒凉，不禁悲从中来。特别是对于身为母亲的郭皇后来说，丧子之痛更是难以承受。她嫁给真宗十余年，前后亲生的三个儿子有两个很早就夭折，赵佑好不容易长到九岁又随兄弟们去了，郭皇后面对这样的打击，悲伤过度，身体一天天地垮了下去，终在景德四年（公元1007年）四月十六日离开了人世，享年仅三十一岁，谥庄穆。

对于品行出众、贤惠宽仁的郭皇后，赵恒是相当敬重的，她的去世对真宗也是一个打击。丧妻失子，国事兵事又连番而至，内忧外患的折磨使真宗有些招架不住。

早在景德元年（公元1004年）闰九月，辽国萧太后和圣宗亲率大军南下，深入宋境，来势汹汹。此消息传至京城，朝野震惊，主和、主战两派莫衷一是。宰相寇准则力排众议，坚决要求真宗北上亲征。真宗勉强到了澶州（今河南濮阳）北城，宋军将士高呼万岁，士气大振。然而真宗生性优柔寡断，并没有与辽军一决胜负的决心。这时辽国主动提出议和，正中真宗下怀，达成“澶渊之盟”。这是真宗在有利的军事形势下屈辱求和的结果，不仅燕云十六州的失地未能收回，而且要输金纳绢以求辽国不再南侵，使北宋国威扫地。

宰相王旦当面指摘宋真宗治下的王朝不是“圣朝承平”，宋真宗大失颜面，情绪低落。王钦若为了打击寇准，适时帮宋真宗开脱，说御驾亲征的“澶渊之盟”只是被寇准利用而已，寇准遂被罢相。真宗迫切需要收拾河山，巩固统治，树立威信，于是在王钦若蛊惑下，景德五年（公元1008年）正月，演出了一场“祥兆瑞梦”的戏。承天门上突降大中祥符三篇，肯定“赵受命，兴于宋”，真宗虔诚受命，并改年号为“大中祥符”。上行则下效，几年间举国上下共谱“天书奇谈”。后来，寇准竟也通过制造另一封“天书”获得了重新起用为宰相的机会。

真宗在虚迷幻境中自我陶醉的同时，后宫又传来佳音，皇子赵受益降生。这也是真宗最后一个儿子，即后来的宋仁宗赵祯。却说早在大中祥符元年的一天，刘娥身边的李侍女做了一个怪梦，梦见一个赤脚羽衣的仙人从天而降，说是来给她送儿子的。真宗和刘娥大喜，同时，一个“借腹生子”的计划逐渐成熟……此后不久，李侍女果然怀上了身孕。大中祥符二年（公元1009年）四月十四日，李氏果然产下一名男婴，同时刘娥的母亲身份已经昭告天下，真宗早已向世人宣布刘娥有孕，并在孩子出生前三个月便晋封刘娥为“修仪”。此时李氏的历史使命已经结束，刘娥将赵祯交给了同她交好的杨婕妤照料。后来，李氏又生一女，但同样逃不脱早夭的命运，自此李氏自认福薄，选择了沉默。也许是出于对真宗和刘娥地位权力的畏惧，也许是习惯了自卑自伤而屈服于命运，终其一生，她都没有做过或者试图做过任何透露真相的举动，甚至不曾抱怨或不满。

有宋一代重文抑武，士大夫在朝野势力气焰与日俱增，加之宋帝自真宗以来告别戎马战场已久，日益养成了软弱的性格，所以对名士重臣都怀有三分忌惮。虽然真宗早有意立刘氏为后，然而他也知道，刘氏既无子又无背景，而且她的出身是最大的障碍，要立皇后谈何容易，于是他干脆让皇后之位空缺，闭口不谈立后之事。王钦若为铲除异己，唆使真宗向赵安仁征询意见，赵安仁当然反对立刘氏为后，并建议立十四岁的沈氏为皇后。沈氏是大中祥符元年才入宫的，虽然年幼却出身高贵，是宰相沈伦的孙女。王钦若趁机攻击赵安仁徇私，真宗罢了他的官，更坚定了要立刘氏为后。

但刘娥处世谨慎，多次推辞以防众人之口。皇子的降生加重了立后的砝码，大中祥符五年（公元1012年）十一月，真宗晋封刘娥为“德妃”，离皇后宝座只有一步之遥。就在这个当口，宰相王旦忽然宣布他“病”了，拒不上朝。刘娥对群臣首领的这一行动的含义自然是非常了解，只得再一次向真宗“固辞”，表示自己甘愿不做这个皇后。真宗为早日平息此事，采取软性手段，不断给宗室及内外官员们升官赐赏。即便如此，真宗仍然不免心虚，于是册后礼仪一应从简。既不让地方进贺，也不搞封后仪式，连请人撰写封后诏书都费尽周折。十二月丁亥，德妃刘娥终于成为大宋王朝的皇后——这时，她已经四十四岁了。

成为皇后的刘娥，更名正言顺地成了真宗的贤内助。几十载积累的学识和阅历使她展现出超群的才华，不但通晓古今，颇有见地，而且心思细密，记忆力极佳。皇帝向她谈及政事的耳濡目染，以及留心通过宦官了解下情，将朝政事务和大臣间的关系，来龙去脉和细节都掌握得清清楚楚，史称“每中使出入，必委曲询究，故百官细微，无不知者”。同时，她也努力做后宫表率，除了大型典礼等必要场合之外，她的服饰简朴得等同于寻常宫嫔，处理事务也都恭谨地遵照宫规而不曾有任何逾越，后宫中都对她心悦诚服。与她风雨共度数十载的真宗也对她越来越倚赖了，每天退朝之后审阅奏章到深夜，都要她陪在身边，并时时询问她的意见；而外出巡游之时，也一定要与刘娥同行。这种稳定专注的情感，在宫闱中确属难能可贵。

然而在朝堂上，真宗不顾群臣反对，执意立刘娥为后之事，以宰相寇准为首的士大夫群仍然心有不甘。尤其对于刘娥参与政事，他们更是相当反感。刘娥为了稳固自己的根基，开始笼络、培植自己的势力，钱惟演将妹妹嫁给了刘美，成为皇亲，而丁谓则是钱惟演的姻亲。钱、丁与寇、李两派为争夺势力开始了明争暗斗。天禧四年（公元 1020 年）二月，赵恒患病，时好时坏，日常政事实际上都由皇后刘娥处置，一时间丁谓一派势力大盛。同年六月，寇准升为太子太傅、莱国公。寇准刚正不阿，胸怀社稷，确实是有才干、有魄力的相才，但是自视太高，恃才傲物，导致树敌太多，使一些原本倾向于他的人不得不偏向了丁谓一方。在这种不利的情形下，为了和刘后抗衡，寇准不得不采用非常策略，开始笼络真宗身边的近侍宦官。太监周怀政向寇准透露，皇帝感念病体日沉，有过让太子监国的想法。寇准身为太子太傅，自然对这种前景心驰神往，太子年方十岁，监国只是个虚名，而实权岂不就落在寇准一派的士大夫势力手中？由此一来，不但可以彻底铲除丁谓之流，更能够施展自己的政治抱负。寇准决定兵行险着，借机与真宗秘议，提出让太子监国，罢免丁谓。病入沉疴的真宗昏昏沉沉地同意了。寇准认为胜利在望，喜不自胜，难掩狂豪本性，不免多喝了几杯，然而酒后失言将自己的计划泄露了出来。丁谓耳目众多，很快就得知这个消息，不啻晴天霹雳，立即想方设法开始了对寇准的诋毁攻击。真宗已经完全丧失了判断力，由着群臣左右，忘光了对寇准的承诺，听信丁谓的谗言，糊里糊涂地把寇准罢了官。太监周怀政眼见不妙，怕被牵连，索性一不做二不休，想出了一个胆大包天的主意：废皇后刘娥、奉真宗赵恒为太上皇，逼其禅位于太子赵祯，杀掉丁谓，召寇准复官。然而周怀政遇人不淑，惨遭出卖，被平日的好友杨崇勋、杨怀吉向丁谓告发了。丁谓立即换了便衣，乘着妇人的车辆连夜联络党羽，次日便禀报了真宗。同时，当初寇准伪造“天书”一事也被丁谓揭发。宋真宗听说周公公想把自己架空，勃然大怒，下诏杀掉了周怀政。亏得新任丞相李迪从中周旋，寇准最后被贬成了道州司马。

真宗自觉大去之期不远，便在承明殿召见群臣，表示军国大事仍旧由自己亲决，皇太子赵祯在资善堂听政，“其余皆委皇太子同宰相、枢密使等参议施行”。皇太子当时是十来岁的小孩子，由此在名分和事实上，都赋予了刘娥指点江山、裁决天下的权力。这个决定不能不引起朝中大臣们对太子前途的担忧，况且刘娥并非太子生母，对于太子的前途甚至性命都忧心不已。当时李迪已被罢相，副宰相王曾有大略远谋，暂兼全职。再三思虑之后，他通过与刘皇后有姻亲关系的钱惟演向刘娥进言说：“太子幼，非中宫不能立；中宫非倚太子则人心亦不附。后若加恩太子则太子安，太子安则刘氏安矣。”阐明了二者互为依存、一荣俱荣的微妙关系。刘娥对此已了然于心，不越雷池，恪尽母职，对赵祯越发关怀，视若己出，母子之情更为深厚，使想离间二人关系之人无机可乘。寇准、李迪等虽然忠心，但急功近利，不顾伦常孝义，一心要除掉刘后拥立太子。相形之下，这位王曾更讲求策略，更有远见。

乾兴元年（公元1022年）二月，真宗病情急剧恶化。弥留之际，他放心不下年幼的太子，丁谓等人保证将全力辅佐太子，真宗这才稍稍安心。二十日，五十四岁的宋真宗赵恒病逝于延庆殿，太子赵祯即位，皇后刘氏为皇太后，杨淑妃为皇太妃，而小皇帝赵祯这时只有十一岁，军国重事实际上都由刘氏全权处理。真宗时代结束之后，开始了长达十二年的刘太后垂帘听政时代。王曾奉遗诏入殿草拟制书，上言："命皇后权处分军国事，辅太子听政"。因为"权"是"暂时"的意思，丁谓打着刘太后的旗号想变本加厉地揽权，便提出去掉"权"字，使施政更名正言顺。王曾力争，认为"权"字不可去，不得坏祖宗成法。丁谓无奈，只得依从。

这是大宋开国以来，第一次由太后临朝，起初仿东汉制度，太后坐左而幼帝坐右，每五日便至承明殿垂帘听政。此时丁谓大权在握，一心想要专权，便马上结交时为"内押班"的太监曹允恭，密请太后降手书："帝朔望见群臣，大事则太后召辅臣决之；非大事，则令允恭传奏禁中话可以下。"自此，所有的奏章在交给皇太后刘娥之前，都通过曹允恭先送到丁谓处筛检，合他胃口的才能呈到刘娥面前。王曾等正直大臣们对这样的做法十分不满，但丁谓动辄便搬出"太后"来压制不同意见，他们自是无可奈何；而面对太后之时，他则拿"群臣公议"出来欺瞒、胁迫。丁谓欺上瞒下，威风一时，丁谓完全可以自决政事，而曹允恭这个太监作为宫内外的"传话筒"，更是想怎么说就怎么说，"恃势专恣"。一朝权在手，就把令来行。小人得志的丁谓不但不断给自己加官晋爵，还迫不及待地利用权柄，将"眼中钉"寇准和李迪都贬得远远的，甚至想借刀杀人，幸而诡计没有得逞。

自认已经是独揽朝政的丁谓逐渐得意忘形，但是，丁谓太低估了刘太后，以为刘氏一妇人，皇帝一孺子，皆不足为虑。刘娥其实早已察觉了他的不轨企图，并且决心在他根基未深之前除掉他。当初她后位不稳，急需培植自己的势力，所以对丁谓等人的不法举动才听之任之。而如今真宗传下遗诏，太后听政已经得到了众臣的认可，丁谓及其党羽胃口越来越大，企图擅权，甚至干涉起内宫事务，简直是自寻死路了。何况丁谓早已声名狼藉，朝野无不欲除之而后快。刘娥不会因为他而影响自己的声誉，更愿意借铲除丁党而整饬朝纲，树立威信。

不久，太监曹允恭以"宜先帝子孙"为名，擅自命人把真宗皇帝的陵墓改址上移，结果移到一个风水"绝地"，致使泉水涌出，冲毁陵址。刘娥大怒，立即将曹允恭下狱严查。丁谓当时附和曹允恭，自然有连带责任。王曾趁机想要连丁谓也一起拔去，于是向刘娥揭发丁谓才是幕后主使，想要破坏皇家风水，图谋不轨，包藏祸心。刘娥其实很清楚丁谓和曹允恭在此事上并没有如此大过，不过王曾此举正中她的下怀，因此她将计就计，当年六月，曹允恭被诛，丁谓罢相贬谪。丁谓初被贬于崖州，后移至雷州。沦落之后的他仍想方设法期待有翻身之日，然而机关算尽，终未能东山再起。

天圣元年（公元1023年）开始，皇太后刘娥成了大宋王朝真正的统治者。为挺直腰杆，她大力抬高娘家的地位。先是再三为自己的祖宗追加封赠，抬高身世地位，即便如此，她仍然觉得底气不足，早在真宗大中祥符年间的时候就曾想跟右谏议大夫刘综攀亲戚，竟是遭拒，只得作罢。做皇太后之后，经查发现龙图阁直学士刘烨不但族谱齐全而且家世显赫，便主动召见，名为借看他的家谱，实希望刘烨顺水推舟，结下这门亲戚。刘烨不愿攀亲，又不能开罪太后，情急之下只得假装突发急病，在手忙脚乱中被抬着逃出了宫。事后坚决要求调职出京，刘娥只得由他去，再不提认亲一事。

刘娥治国有方，号令严明，赏罚有度，但她不是完人，有念旧重情，偏袒亲友的弱点，也有偏执任性和听不进忠言的时候，史籍对她的评语是“恩威皆浩荡”。于太后有恩的张耆，由一个藩王的属吏，多次擢升，终至枢密使，成为掌握国防、皇宫警卫的最高军事执行长官。而刘后与寇准结怨，也源于寇准要惩治刘后仗势横行的族人，他们在四川，常夺占百姓的盐井以获厚利。致使寇准三贬，终于广东流放至死。刘娥更是厚待“哥哥”刘美的子侄亲友，待他的儿子、女婿也如同待自己的亲生孩子，百般照顾。并无真才实学的刘美的女婿马季良，由考官代答考卷入仕，不但进了史馆，还一直升到了龙图阁直学士。刘美长子刘从德早逝，刘娥悲痛之余，将刘从德生前的姻亲朋友门人以至奴仆数十人一股脑儿都提拔做了官儿。当时上疏反对的官员，统统被贬了官。当然，刘氏姻族一干人等尽管恃宠而骄，但并没有被容许插手朝政大事，更没有做出危害国家的祸事。在大是大非面前她十分清醒，忠臣良士如王曾、张知白、吕夷简、鲁宗道都得到了她的重用，并悉心听取他们的意见。刘太后垂帘听政，权同皇帝，前有武则天为鉴，她的心思也时有活动。一次，她问参知政事鲁宗道：“唐武后如何主?”鲁宗道听出刘太后弦外之意，直言不讳：“唐之罪人也，几危社稷。”刘太后默然。有些庸臣试图向刘娥谄媚取宠，例如，方仲弓奏表上疏，要太后立刘氏七庙以显尊崇，鲁宗道反驳：“若立刘氏七庙，皇帝家该立几庙?”还有一次，刘太后、宋仁宗一同去拜佛，刘太后想安排自己的凤辇在小皇帝的仪仗之前，鲁道宗上谏：“夫在从夫，夫死从子，妇人不能在前。”刘太后沉吟片刻，还是走在宋仁宗后面。三司使程琳谄媚，上献《武后临朝图》，暗指刘娥为当代武则天，刘太后将画扔在地上，怒斥曰：“吾不作此负祖宗事!”更为可贵的是，她能做到以善治恶。对于曾经密谋废后之人，只贬斥了主要首领，量才起用其他的人，做到君臣释疑，共事宋室。刘后唯恐朝中裙带关系泛滥，拉帮结派，危害国家，于是借一次封赏仪式对大臣们说道：“如今国事变动，我和皇帝多亏诸公匡助，才能有今日，实为感激。诸位可以将亲眷的姓名呈报于我，也好一律推恩录用，共沐皇恩。”大臣们听了都高兴不已，以为是要择优提拔，绞尽脑汁地尽量多地上报。刘娥把长长的名单挂在自己的卧室，名为“百官公卿亲族表”。有人推荐某某为官，刘娥就查看那张表，除非证明确有真才实学，列入该表者基本不用。刘娥还发起了“约束子弟诏”，要大臣百官带头教训子女亲朋，奉公守法，如有违反，严惩不贷。虽有人对此耿耿于怀，但刘娥的政策深得人心，取得了天下的信任，虽然“政出宫闱”，却“号令严明”，当时的各级政府基本做到了有令必行。

除了对外理政，刘娥对内也一样将皇宫治理得井井有条。邓国大长公主姐妹入宫拜见刘娥，刘娥怜她们年老发落，赐给她们贵重的珠玑帕首，以遮掩日益稀疏的头发。润王妃李氏听闻此事，也想向刘娥索取一份，被婉转回绝，说：“她们是太宗皇帝的女儿、先帝真宗的妹妹，照顾她们是应该的，我们这些赵家的媳妇就不必如此讲究了。”每逢赏赐食物给刘家人的时候，她总不忘将金银龙凤器皿换成铅器，认为他们没有资格使用皇家器具。刘娥让皇帝和大臣们的宫女、侍从个个都是衣着华丽、精心打扮，以此向邻国显示大宋帝国的繁荣昌盛，而自己的宫女和侍从却是个个素装淡抹。

明道元年（公元1032年）二月，仁宗赵祯的生母李氏患了重病，刘娥连忙派太医前去诊治，并晋封她为“宸妃”。然而这个寡言福薄的女人在封妃的当天就离开了人世。“借腹生子”之后，刘后对李氏一直心怀歉疚。早在真宗年间就派人为李氏寻访亲属，找到李氏的弟弟李用和，封了他一个小官儿。为了避人耳目，最初刘后并不愿意为李宸妃大办丧礼，只想以普通宫嫔的身份殓葬了事。然而宰相吕夷简对内幕心知肚明，赶忙入宫，入奏对李氏“礼宜从厚”。刘娥闻听大惊，连忙宣布退朝，屏退左右，赵祯不明就里也回宫去了。刘太后站起身，隔帘质问吕夷简：“死了一个宫人，何劳宰相动问?”吕夷简回答：“为臣身为宰相，事无内外，都应该过问。”刘太后听出他话中有话，一阵心虚，怒问道：“难道您要离间我们母子关系吗?”这并非吕夷简本意，他回答：“为臣所以劝太后您厚葬李宸妃，是想日后保全您刘氏宗族啊!”刘后问他对策，他提出要以一品的礼仪将李宸妃殡殓，并在皇仪殿治丧。宫中太监为了讨好刘太后，上上下下都不尽心尽力为李宸妃治丧，还借口说时辰不利丧葬，不能让棺木从宫门通过，只能从宫墙上凿个洞运送。吕夷简据理力争：“李宸妃是当今皇上生母，如今居然丧不成礼，以后必有人因此获罪，到时别怪我吕夷简没说明白!”此时，刘后也完全想通了，最终接受了吕夷简的劝诫，按一品礼仪安葬了李宸妃。她命人给李氏穿上了皇后的冠服，并在棺中灌满水银养护遗体。李宸妃的父母都得到追封，弟弟李用和也再一次被推恩晋升。后来仁宗还把福康公主下嫁给李用和的儿子李玮。

仁宗赵祯当时对此丝毫不知情，他从小得到刘后的悉心养育，对母亲十分感服，恪尽孝道，每逢新年或刘娥生辰，他都要率百官跪拜恭贺。天圣七年（公元1029年）九月仁宗颁布诏书，将太后生辰“长宁节”的仪礼升至与皇帝生辰“乾元节”相同的程度。范仲淹表示反对，并多次上疏请太后还政于仁宗，后被外放。明道二年（公元1033年）二月，宋王朝要举行祭太庙的大典。刘娥身体日衰，也许是自觉命已不久，想要在生前穿一次天子衮冕，虽不合祖制，但多数人还是不敢违拗，只得将皇帝衮衣上的饰物稍减了几样，呈了上去。二月乙巳这天，皇太后刘娥穿着天子衮衣、头戴仪天冠，在近侍引导下步入太庙行祭典初献之礼。仪式结束后，刘娥在太庙文德殿接受了群臣给自己的尊号：“应天齐圣显功崇德慈仁保寿皇太后”。一个月后，刘太后病重，仁宗大赦天下，广召名医，终是无力回天。刘太后已口不能言，数次自抚其衣向侍病的仁宗皇帝示意。仁宗不解，大臣薛奎解释道：“太后身服天子仪服，怕死后在地下不好见真宗皇帝。”宋仁宗大悟，下诏以皇后仪服埋葬刘太后，以完她回侍真宗的心愿。

正当仁宗为刘太后辞世而悲痛欲绝的时候，群臣却纷纷进言，道出实情，刘太后并非他的生母，燕王更说仁宗生母李宸妃是被刘太后毒死的。一怒之下，仁宗下令包围了刘太后娘家的府第。还是宰相吕夷简的一番公道话使仁宗冷静下来，他说太后虽有不义之事，但能以皇后礼仪厚葬宸妃，表明她已有自悔之心；况且对皇上的抚育之情不能抹杀，不可或忘。仁宗派人招来李用和，让他亲自去查看李宸妃的棺木。开棺之后，被水银保护起来的李宸妃遗体面色如生，并没有鸩杀、残害或者虐待的迹象，而且穿戴着皇后的服饰。随葬器物也是一品夫人的档次。李用和如实向仁宗汇报了开棺验看的结果。亲舅舅的一番话打消了仁宗的惊疑，不由叹道：“人言岂可尽信。”这才下令解除对刘姓戚属的包围。仁宗随后来到刘娥牌位前焚香拜谢，自责轻信谣言是为不孝，郑重地为刘娥上谥号为“章献明肃”，而生母李宸妃的谥号则仍为两个字：“庄懿”。九月，赵祯下诏，刘娥和李宸妃同时迁葬真宗的安息之地永定陵。灵柩起驾这天，赵祯首先为刘娥发引，亲自行执绋之礼（牵引棺材的绳索），一直步行送出皇仪殿。随后他才再去往李宸妃下葬的洪福院为生母起灵，伏在棺木上痛哭说：“劬劳之恩，终身何所报乎！”

刘娥曾经留下遗诏，要赵祯尊一同承担抚养之职的杨淑妃为皇太后。赵祯遵照旨意，封杨氏为“保庆皇太后”，三年后，她以五十二岁的年龄无疾而终，谥章惠太后。

刘后去世后，在她当权时被贬谪的官员纷纷还朝，纷纷向仁宗控诉她失当举措。赵祯一一予以昭雪抚慰，但心里也颇不是滋味。最后正式下诏要求众人都不得再说刘娥的是非。

刘娥死后，刘氏家族继续受到尊崇。刘美的幼子刘从广十七岁便担任滁州防御使，仁宗还为他做主迎娶了荆王赵元俨的郡主为妻，交结士大夫为友。死后追赠昭庆军节度使，谥良惠。刘从德的儿子刘永年智勇过人，应对寻衅的外国使臣态度刚毅，契丹人目之为神，他在英宗年间去世，追赠崇信军节度使，谥庄恪。

刘太后是一位有作为的女政治家，她垂帘辅政期间，铲除了奸臣丁谓，夺回大权，然后遏制了真宗末年由“天书奇谈”引出的崇信道教的狂热行为。刘太后掌权，没有出现历史上女主掌权的通病，也没有出现宦官外戚专权的祸事。军事上，在刘娥之前之后，宋军攻打契丹接连失利；在刘娥掌权的时候，宋军反而有所胜利，基本和平，军心民心颇为振作。刘娥适时抓住了辽国皇后去世和朝廷未定的时机，在听政中总结失败教训，根据时势调整战略，使大宋占了上风。此后，刘太后在澄清吏治、兴修水利等方面，也有所建树。此期间，成都富商还印制了交子，这是世界上最早的纸币。

刘娥不愧是一个成功的统治者，一个成功的妻子和母亲，一个成功的女人。明肃庄懿之事，应是千古佳话。

将门之后

——宋仁宗皇后曹氏

北宋仁宗赵祯的第二任皇后曹氏（公元1016—1079年），是北宋开国名将曹彬的孙女，河北真定（今河北正定）人。

曹彬灭南唐，攻后蜀，为大宋王朝立下了汗马功劳。曹氏的父亲曹阁也曾官至尚书虞部员外郎。曹氏虽然出身将门，但她自幼就聪敏好学，熟读经史，还写得一手好字，尤其擅长飞白书（一种书体，由东汉的大书法家蔡邕首创）。曹氏一生共经历了仁宗、英宗、神宗三朝。在英宗时她还曾经垂帘听政。不过她在政治上墨守成规，神宗时曾极力反对王安石变法。

宋仁宗赵祯原名赵受益，相传就是那个有名的“狸猫换太子”故事中的太子，真宗赵恒的第六个儿子。

仁宗十五岁的时候，到了该大婚的年纪。宋太祖赵匡胤杯酒释兵权时曾经立下了一条不成文的规矩：皇室与功臣世代联姻。仁宗最初看上了王蒙正的女儿，可是王家并非官宦世家。所以刘太后将这个“姿色冠世”的少女许配给了刘美的儿子刘从德，自作主张地把已故中书令郭崇的孙女郭氏嫁给了仁宗赵祯。可是仁宗并不喜欢这个刘太后为自己挑选的皇后。所以明道二年（公元1033年），刘太后去世后，仁宗就以郭氏没有儿子为借口，废了郭后，让其幽居在长宁宫。同年仁宗在高门大户中选取秀女，十八岁的曹氏奉诏入宫。

曹氏不仅美丽，而且聪慧过人，对待其他妃嫔也很好。她入宫后第二年，也就是景祐元年（公元1034年）九月，便被仁宗正式册立为皇后。

《宋史》称曹皇后性情谦顺节俭，生活不求奢华。她重视农业生产，并以身作则地亲自带领妃嫔们在宫苑内种植谷物，采桑养蚕。

庆历八年（公元1048年）闰正月，有两个元宵节。赵祯打算在第二个元宵节的时候再次张灯结彩，庆贺一番。可是曹皇后却极力阻止。她对仁宗说：“第一个元宵节已经花费不少，现在国家连年征战，正是需要用钱的时候，宫里更应该带头节俭。”仁宗觉得很有道理，最后还是取消了这个庆祝活动。

没想到三天之后，也就是庆历八年的闰正月十八的深夜，赵祯和曹皇后正在寝宫里睡觉，忽然一阵嘈杂的声音打破了夜的宁静，曹皇后和仁宗从梦中惊醒，连忙披衣起床。赵祯不知道到底怎么回事，就想出外看个究竟。曹皇后赶快拉住仁宗说：“外面情况不明，陛下千万不要随便出去，臣妾估计是有人意图谋反。”仁宗此时早没了主意，忙问该如何是好。曹皇后却镇定自若，命人把寝宫里的门窗全部关好，还请求仁宗马上下旨，诏命都知王守忠火速带兵入宫护驾平乱。这时外面的喊叫声越来越近了，还夹杂着女子哭喊的声音。有个太监就说："这可能是哪位夫人在惩罚鞭打侍女吧。"他的话音刚落，曹皇后便大声斥责他说："叛贼就在殿外杀人，你怎么还在这里胡说八道！"曹皇后想到叛贼可能会纵火，于是她就召集起所有的太监和宫女，把他们分成两队，命他们奋勇护驾，等待援兵。她还亲自为他们剪发作为记号，保证日后必当凭断发重赏。大家的积极性立刻就被调动起来了。他们在曹皇后的指挥下，一部分人负责紧守宫门，其他人都去打水以防万一。果然叛贼放火烧宫，曹皇后他们立刻用早已准备好的水灭了火。最后他们终于等到了王守忠的援兵，将叛贼一举擒获。

多亏了曹皇后的镇定和指挥得当，这次叛乱，才没有酿成大祸。叛乱平息后，曹皇后重赏了那些剪发护驾有功的太监及宫人，并仔细清查宫内暗应叛贼的人，送交刑部，将他们全部斩首示众。和颜秀同谋的宫侍曾经请仁宗的宠妃张贵妃向仁宗求情。仁宗打算饶了她，可是曹皇后却坚决不同意，还穿戴好皇后的朝服启奏仁宗说："如果饶了这个宫女，就没有办法肃清后宫，望陛下三思。"仁宗实在没办法，最后只好狠下心来把所有的叛乱者都正法示众。从此宫里再也没有发生过这样的事。仁宗赵祯还屡次赞叹她说："皇后临变不惊、处变有方，朕愧不及。如果皇后生为男子，岂止是将相之才啊！"

其实仁宗赵祯也算是个"守成贤主"。有一天他处理政务直到深夜，感到又累又饿，很想喝一碗羊肉汤。可是他却忍着没有吩咐御膳厨房。第二天曹皇后知道了这件事，就劝仁宗说："陛下您日夜操劳，千万要保重身体。想喝羊肉汤，就随时吩咐御厨好了，怎么能忍饥挨饿，使陛下龙体亏耗呢？"可是赵祯却回答说："我的要求都会被看做是惯例。昨夜我如果吩咐要喝羊肉汤，御厨以后就会夜夜宰杀。这样一年下来，就要三百多只。所以我宁愿忍受一时的饥饿。"这在封建时代的君王中，也算是很难得的了。

还有一次，仁宗退朝回到寝宫，因为觉得头有些痒，就呼唤太监进来替他梳头。那个太监梳头时看见赵祯怀里露出一份奏折，就问仁宗："陛下收到的是什么奏折？"赵祯说是谏官建议减少宫中宫女和侍从的。那个太监愤愤地说："大臣们家里也有不少歌伎舞女，升官晋爵之后还会增加。再说陛下的侍从并不算多，他们却建议削减，岂不是太过分了吗！"赵祯没有说话。太监又问他："那谏官的这个建议，陛下准备采纳吗？"赵祯说："朕当然要考虑。"那个太监自恃一贯为赵祯所宠信，就不满地说："如果陛下采纳谏官的意见，请以奴才为削减的第一人。"赵祯听了，马上就叫来主管太监，按名册逐一检查。最后他把二十九个宫人和这个梳头太监一起削减出宫。曹皇后问他说："这个太监是陛下多年的亲信，怎么把他也削减了？"赵祯说："他竟然恃宠劝我拒绝接受谏官的忠告，我怎么能把这样的人留在自己身边呢！"

仁宗在位期间，土地兼并逐渐严重，军队的开支大大增加，再加上对西夏和辽求和年年缴纳岁币，国库日益空虚。统治集团内部又矛盾重重，为了挽救危机，仁宗任用范仲淹为副宰相，负责进行改革，史称"庆历新政"。可是由于皇亲国戚、贵族大臣的激烈反对，赵祯又罢免了范仲淹，使新政没能实行。曹皇后就是其中反对派的代表。

相传八仙中的曹国舅就是曹皇后的弟弟，他名叫曹佾，亦作景休。曹国舅的弟弟因为贪恋一个秀才妻子的美色，绞死了秀才，强占其妻。秀才的冤魂向包拯申诉，包公于是开始调查此事。曹国舅告知他的弟弟一定要把秀才的妻子弄死，以绝后患。于是曹国舅的弟弟打算把秀才的妻子扔到井里淹死，没想到却被她逃脱了。秀才的妻子在途中遇到曹国舅，还以为是包拯，于是就向曹国舅哭诉。曹国舅大惊，忙令侍从打死秀才的妻子。侍从们以为秀才的妻子已经死了，把她的尸体抛弃在偏僻的小巷里。可没想到秀才的妻子命大，只是昏迷了。她醒了之后又找到包公叫冤。包公于是就设下计谋假装生病，趁曹国舅前来探望之际，令秀才的妻子出来控诉。然后包拯将曹国舅监禁起来，又作假书把曹国舅的弟弟也骗来开封府，把他们一起关在大牢中。曹皇后和宋仁宗听说这件事后，曾亲自到开封府中请求包拯释放两个国舅。可是包拯没有同意，还是命令将二国舅处决。宋仁宗不得已只得下诏大赦天下，两个国舅这才没有被杀。

曹国舅获释后，耻于见人，从此就隐居在山林之中，矢志修道学仙。有一天，已经位列仙班的钟离权和吕洞宾见到他，曾问他说："你所养的是什么？"曹国舅说："我所养的是道。"他们又笑着问："那道又在哪里呢？"曹国舅就指着天说："道在天。"他们又追问道："那天又在哪儿呢？"曹国舅指了指自己的心。钟离权和吕洞宾很满意地说："心即天，天即道，你已经洞悟其中的真义了。"于是他们就送给他一本《还真秘旨》，鼓励他精心修炼。后来曹国舅就成仙了，位列八仙之一。

曹氏虽然贵为皇后，而且品行端庄贤淑，可是仁宗最宠爱的女人却是张贵妃。张贵妃一开始只是最末等的才人，可是短短几年时间，就升到了除皇后之外等级最高的贵妃，威势一点儿也不亚于正宫曹皇后，可知仁宗对她的特别宠爱。张贵妃也恃宠气盛，根本就不把曹皇后放在眼里。有一次张贵妃竟然向曹皇后去借皇后才能使用的风辇鸾驾出去游玩，明明就是对她的挑衅。可是曹皇后却爽快地答应了，而且脸上丝毫没有一点儿不满的神情。张贵妃兴高采烈地带着车辇回来，还把这件事告诉给仁宗。可是仁宗却越想越不对劲，觉得这样做实在有些不合适。于是他就对张贵妃说："国家的礼仪制度是有规定的，上下等级有别。你在众目睽睽之下乘着皇后才能使用的车辇出去，毕竟还是有失体统。"张贵妃自讨没趣，只得作罢。

皇祐六年（公元1054年）正月，三十一岁的张贵妃暴病身亡。仁宗追封她为皇后，赐谥温成。在曹皇后还在世的时候，仁宗却另外追册张贵妃为皇后。这样逾礼的事情，旷古未闻。大臣们自然反对并接连上奏，仁宗却置之不理，还下令"禁乐一月"。作为皇后，曹氏的心里一定也不好受。可是她也没有办法，只能接受这个残酷的现实。

至和元年（公元1054年）的除夕，仁宗突然得了严重的风寒，经常说胡话。有一次他竟然指着曹皇后大喊着说："皇后与张茂则意图谋反，你们赶快把他们抓起来砍了！"张茂则吓得魂不附体，差点还因此而自杀身亡。曹皇后也惊恐万分，知道此时不能和仁宗讲道理。所以避而不见，一直到仁宗痊愈。赵祯病时，国家政务就由曹皇后代为处理。她处事得当，国家秩序井井有条。

仁宗赵祯曾经有过十六个孩子，其中三个皇子和九个公主先后夭折，只剩下了四位公主。可是堂堂大宋王朝总不能后继无人，于是赵祯就把汝南王四岁的儿子赵宗实抱养在宫中认为义子，赐名赵曙。一直没有生育的曹皇后也把自己姐姐的女儿高氏接到宫中。两个孩子岁数差不多，所以经常在一起玩耍。仁宗见他们两个人好似天生一对，就对曹皇后说，将来一定要他们结为夫妻。

御使中丞包拯见仁宗迟迟不肯立储，曾先后数次奏请立太子一事。他劝仁宗说太子是国家的根本，如果不立太子，日后必有祸患。曹皇后在赵曙被正式确立为皇位继承人的过程中也起了很大的作用。所以嘉祐七年（公元1062年）的八月，仁宗终于同意立养子赵曙为皇太子。没想到刚过半年，嘉祐八年（公元1063年）三月的深夜，仁宗突然发病，宫中乱成一团糟。等到曹皇后闻讯赶到时，赵祯已经一句话也说不出来了。他只是用手指了指心脏便驾崩于福宁殿西阁。曹皇后沉着冷静地下令封锁了仁宗驾崩的消息。她还掌握了所有宫门的钥匙，以防有人作乱。直到第二天天亮后，曹氏才召集文武百官入宫，宣布赵祯的遗诏令太子赵曙继帝位，是为英宗，自己也当上了皇太后。曹皇后的这一举措，保证了皇位的顺利交接。所以在一定意义上可以说，如果没有曹皇后，就没有英宗赵曙和神宗赵顼。

嘉祐八年（公元1063年）的十月，仁宗赵祯葬于永昭陵。修建陵墓时调集了士兵四万六千七百余人，工期共七个月，花费银子五十万两，钱一百五十万贯，绸缎二百五十万匹，总耗费北宋国库年收入的一半之多。

英宗赵曙即位后就册封了高氏（曹皇后的外甥女）为皇后，高氏为英宗生下了神宗、岐王、嘉王和寿康公主一共四个孩子。

不过英宗即位后不久就得了一场大病，和仁宗生病的时候一样，也常常胡言乱语，不省人事。因此，宰相韩琦与其他大臣一致要求曹太后垂帘听政。曹太后知道现在这种状况也只能这样，所以她并没有推辞，立刻就答应了他们的请求。不过曹皇后在思想和政治上都很保守，在“祖宗法度不宜轻改”的思想指导下，她不肯轻易进行变革。所以她就和英宗赵曙在思想上产生了分歧，再加上一些心怀叵测的人在中间挑拨离间，渐渐地他们之间的感情也产生了裂痕，关系很是紧张。

有一次，曹太后见到宰相韩琦，不由得痛哭流涕，伤心地说：“老身已经没有了容身之地，还望你们给我这个老太婆做主啊！”可是韩琦却说，“英宗现在对你不好，都是因为他现在有病的缘故。如果他的病好了，一定不会这样的。儿子病了，做母亲的能不容忍一些吗？”欧阳修也在一旁劝解，曹太后的情绪这才好一些。后来韩琦和欧阳修觐见英宗赵曙。赵曙也满腹牢骚地对韩琦说：“太后待我无恩。”韩琦却从容回答：“自古以来贤明的帝王，应该为数不少。可是只是称舜为大孝，难道其他的帝王都不孝顺吗？只不过父母慈爱而子女孝顺，这是很平常的事，不足道也；只有父母不慈爱时，而子女还是不失孝敬，这才真正值得称赞。只是微臣恐怕是陛下对太后有不周之处，天底下的父母哪有对子女不慈爱的。”赵曙自知自己做得不够，没有再说话。通过韩琦和欧阳修的不懈努力，英宗和曹太后之间的关系终于有所缓解。

英宗赵曙的病情逐渐好转，嘉祐八年（公元1063年）七月初就已经基本痊愈了。按理说曹太后应当还政于英宗。但是曹氏还是对英宗不怎么放心，所以迟迟没有还政。最后宰相韩琦想了一个好办法。假借英宗前往寺庙祈雨为由，从曹太后手中拿到了掌政的玉玺，交还给英宗。这时英宗才开始真正意义上的亲政。

说到底英宗赵曙不是赵祯的亲生儿子，所以他亲政后不久，就下诏让百官讨论应该如何遵奉自己的亲生父亲赵允让。以韩琦、欧阳修为代表的“皇考派”主张称赵允让为皇考，而以司马光和王珪为代表的“皇伯派”却认为“为人后者为人子，不得顾私亲”，所以只能称赵允让为皇伯。两派一直为此事争论不休。曹太后听说后自然很不高兴，觉得如果英宗称赵允让为皇考，那把仁宗和她又放在何处。所以她立刻写了一封手书，痛斥“皇考派”。最后英宗又在韩琦的帮助下，趁曹太后大醉之际，弄到了她的亲笔签字，终于如愿以偿地尊赵允让夫妇为帝后。

治平四年（公元1067年），赵曙因病去世，终年三十六岁。他的长子赵顼顺理成章地继承了他的帝位，是为神宗。曹氏被尊为太皇太后，她所居住的慈寿宫也改名为庆寿宫。

赵顼这个孙子对祖母特别孝顺，只要曹氏能开心，他什么都愿意做。同样曹氏对孙儿也是关怀备至。有时赵顼退朝晚了，曹氏还亲自站在寝宫门外等着他，直到他回来。有一次，赵顼偶尔提起自己想要一副珠子做的鞍辔。说者无心，可是听者有意，曹氏马上令人做了一副送给他。赵顼很感动，于是就亲手设计了一顶用金玉装饰的小轿子，让曹氏坐在轿子中，自己和高太后步行着左右扶持着她。曹氏不禁感慨万千地说：“我当初哪儿想得到自己会有今天这样的待遇。”后来，大臣们为曹氏写的挽词里有两句“珠鞯锡御恩犹在，玉辇亲扶事已空”，说的应该就是这两件事。

随着年岁的逐渐增加，曹氏越来越想念自己的亲人。赵顼多次提出让曹氏的弟弟曹佾入宫与曹氏叙叙亲情，可是曹氏却以不合礼法为由拒绝了。其实她并不是不顾及姐弟之间的情义，只是不想破坏老祖宗立下的规矩。

有一次，赵顼想去攻打燕蓟（今辽宁），曹氏劝他说：“如果你攻下那个地方，也不过是坐在南面接受他们的朝贡而已。可万一失败了呢，那可是关系着千万百姓的性命。这么重大的事情，怎么可以草率行事呢？况且燕蓟那个地方，如果可以攻下来，早在太祖和太宗皇帝的时候就收复了，怎么会等到现在？”于是神宗就听从了祖母的建议，取消了出征的计划。

此时社会上的各种矛盾不断积累，所以赵顼即位后不久，就逐渐开始了局部的改革。后来到了熙宁二年（公元1069年），神宗任命王安石为参知政事。第二年升他为宰相，开始进行全面的改革和整顿，史称“王安石变法”。

曹氏是个绝对的保守派，她在仁宗进行“庆历新政”的时候就曾坚决反对。现在她又反对王安石变法，和司马光等守旧派站在一起，认为祖宗的法度不能轻易改变。

正好这时河北大旱，一连十个月没有下雨。农民没有粮食，只好四处逃荒。有个官员还趁机画了一幅“流民图”献给宋神宗，说都是王安石变法造成的。祖母曹氏和母亲高太后也老是一起在神宗面前哭诉王安石变法败坏祖宗家法，而且新法使老百姓疲惫不堪，最终会激起他们的怨恨。最后神宗只好罢了王安石的官，停止了变法。

元丰二年（公元1079年）四月，苏轼在一道谢表中对时政发了两句牢骚。此举立即招致了部分官员的不满，御史中丞李定还说他包藏祸心。神宗知道后也非常生气，命御史台派人把苏轼拘捕入京审问。苏轼吓得好几次想自杀，许多大臣也都认为他必死无疑了。闻名天下的大文豪苏轼，只因为发了两句牢骚，就被逮捕下狱，眼看就要被杀，自然在朝廷上激起了轩然大波。曹氏听说后，立刻找到神宗说：“我还记得当年仁宗皇帝录取苏轼、苏辙兄弟为进士时，曾高兴地说他为子孙后代得到了两个宰相。现在苏轼因为作诗被捕下狱，会不会只是仇人暗中中伤他？而且即使他真的有罪，也罪不至死。如果陛下真的爱惜天下的贤才，应当深思熟虑才是。”最后苏轼免于死罪，贬为黄州团练使。这就是有名的“乌台诗案”。多亏了曹氏的劝解，苏轼才能免于一死，为我们留下了大量精彩的文章和诗句。

可是就在同年十月，曹氏的水肿病日益加重。神宗为了祖母的病甚至停止上朝，十多天衣不解带地日夜在庆寿宫侍候曹氏。与此同时他还派宰相率领百官祭祀天地、宗庙，为曹氏祈福。除此之外，神宗还大赦天下，减天下的囚犯死罪一等。然而这一切都没能挽回曹氏的生命，十月二十日曹氏去世，终年六十四岁。

祖母去世，孝顺的神宗赵顼万分伤心，拉着宰相王珪的手号啕大哭。他甚至一连七天都沉浸在悲伤之中无法自拔，最后在群臣的一再要求下才开始临朝听政。可见曹氏和神宗真可以说是祖孙情深。在殡殓曹氏的时候，神宗还亲自把曹氏常用的玉枕、玉弦等遗物放入棺内。所以王珪后来在为曹氏所作的挽词中写道：“朱弦湘水急，玉枕汉陵深。”

大臣们对这位曾历经仁宗、英宗、神宗三朝并多次听政的太皇太后也很是尊敬，为她上谥号为“慈圣光献”。次年的二月他们将曹氏葬于永昭陵。神宗推恩曹氏，拜曹氏的弟弟曹佾为中书令，因此而进官者达到四十余人。

严明公正辅三朝

——宋英宗皇后高氏

宋英宗宣仁圣烈皇后高氏（公元1032—1093年），亳州蒙城县漆园镇十里井村高庄人，乳名滔滔。曾祖高琼，祖父继勋，对赵宋王朝的建立都有功勋。高父遵惠，母曹氏，是仁宗慈圣光献皇后的姐姐，因此高氏从小就在宫中居住。宋英宗赵曙是宋太宗赵匡胤曾孙，濮安懿王赵允让之子。因仁宗一直无子，幼年的赵曙五岁时便被仁宗接入皇宫抚养，并赐名为宗宝。高氏与赵曙同年，仁宗见高氏生得端庄秀丽，仪态万方，跟侄儿赵曙真是天生一对，便对曹皇后说道："等她长大一定要将她许配给赵曙。"后来由仁宗皇帝和慈圣太后曹氏做主，高氏便与赵曙订下婚约，并于仁宗庆历七年（公元1047年）在濮阳宫成婚。公元1050年，赵曙被封为岳州团练使，后又为秦州防御史。公元1055年，仁宗册立赵曙为太子。公元1063年3月，仁宗因病驾崩，赵曙于同年四月即位，是为英宗，第二年改年号为"治平"。治平二年，英宗册立高氏为皇后。高皇后和英宗的感情很好，先后生下了神宗皇帝赵顼、岐王赵颢、嘉王赵頵以及寿康公主。

宋英宗和高皇后可以算得上是一对青梅竹马的夫妻，两人都是自幼在宫中长大，感情笃深。英宗专宠高皇后一人，甚至一直没有册立其他妃嫔，以致英宗的所有儿女都是皇后所生。治平年间，一向体弱多病的英宗病情好转，但皇后为了他的身体着想便一直没有让英宗临幸宫人。曹太后听说后觉得不妥，就暗中劝告皇后说："陛下即位很长时间了，如今病体也已痊愈，怎么可以没有一个妃子侍奉左右呢？"但英宗为了高皇后宁可违拗曹太后，仍然坚持没有册立妃嫔。英宗对高后十分宠爱，对她的娘家人也十分照顾。高皇后的同胞兄弟高士林，文武双全，耿直中正，担任内殿崇班数年，一直尽忠职守。英宗见他官职低微便想提拔他的职务，谁知贤德的高皇后闻讯竟然进谏反对，高氏义正词严地说道："以士林的才学能够在朝中任职已经是荣宠之至了，怎么能再让他忝领更高的官职呢？何况高家已是皇亲国戚，不宜加封过高的官职。陛下理应任人唯贤，才能得到天下贤臣的诚心辅佐。"英宗对皇后能有如此胸襟十分赞赏，便将此事搁置下来。后来，英宗又曾几次提出要加封高士林的官职，都被高皇后婉言谢辞。

虽然英宗与高皇后伉俪情深，但英宗体弱多病，仅仅在位四年便驾崩了。公元1067年，年仅三十六岁的高皇后不得不强忍悲痛，辅佐年幼的儿子赵顼登基，是为宋神宗。

神宗即位后，尊高氏为皇太后，居宝慈宫，垂帘听政。神宗曾经到外公家高府游玩，没想到高府的房舍已经破旧不堪。即位后，神宗想起高家身为开国元勋、五朝元老，竟然住在那样低矮的老宅中，心中十分不忍，就跟高太后提出要为外公家重新修造府第。高太后坚辞不许。后来神宗又反复提起几次，高太后盛情难却，终于同意皇帝下旨。于是神宗将汴京望春门外的一片空地赐给高家作为修建高府的场地，但高太后还提出建造府第的一切费用都由自己宝慈宫的俸禄里出，绝不动用国库的一分一毫。高太后临朝不久，朝中官员根据前朝的先例，上疏请求应“加恩高氏”，为高氏族人加官晋爵，高太后仍旧坚持不准奏，还将先朝制定的对后族的赏赐数目减去四分之一。

高太后出身名门世家，自幼又在姨母曹太后的身边长大，受到了良好的教育，为人谦逊，遵循礼法。这一年举行殿试时，主管官员依照仁宗天圣年间（公元1023—1032年）的旧例，请高太后和年幼的神宗一同登殿监考，高太后没有准奏。这名官员又提议让高中的士人到文德宫由太后亲自册封，高太后还是严词拒绝，她认为自己作为太后事事出头，过于招摇，对国家不利。有一次上元灯节皇帝在后宫设宴，高太后的母亲曹夫人也应邀出席，但高太后派人拦住母亲说：“夫人如果出席，依照家礼皇帝就需行礼，恐怕不利于皇帝树立威信。”于是下令赐给母亲一批花灯烛火，让她在自己的府中观赏，历年如此。太后的侄儿高公绘、高公纪到了任职年限理应提升为观察使，高太后也极力劝阻，最后只升了一级。高太后还下令将高家子弟中因身为后族而得到官职的人削减了四分之一，以身作则，消除了宫廷内部人浮于事、官员冗多的旧弊。在高太后垂帘听政的九年中，大宋朝廷政务清明，国家安定，出现了难得的稳定局面。

高太后生性节俭朴实，“恭勤俭度越前古”。她常常教导年幼的神宗说：“身为一国之君应该减少浪费，提倡俭朴，这样你下面的官员才会效仿，以致民间百姓也就不会竞逐奢靡了。一瓮酒只能享用一个晚上；一斗米可以救活十口人。陛下要切记啊。”高太后的衣饰也不是十分的华丽讲究，除了参加朝会和重大典礼，她平日在宫中都是穿着普通衣料缝制的衣物，而不用名贵的绫罗绸缎。为了节约耕牛，高太后又下令禁止食用牛肉，并以身作则，宫中的膳食只用羊肉。一次高太后大寿之日，御厨为了给她贺寿，特意别出心裁地用羊乳和羊羔肉做了两道美味佳肴献给太后，高太后看着这两道菜说道：“为了烹饪这道菜，杀母羊取其乳，那么羔羊便要断乳饿死；羔羊还没长成就烹而食之，实在有伤天理。”于是命人将菜撤去并下旨今后不得屠宰羊羔做菜。高太后还经常到御膳房巡视，检查杯盘碗碟是否清洗干净，并告诫御厨一定要注意节俭，不可浪费粮食。

高太后对自己和家人约束甚严，对百姓的苦处却十分体恤。在高太后临朝听政期间，她大胆起用司马光、吕公著等老臣，下旨禁止随意征用劳力，停止京城内正在兴建和计划修造的一切宫殿、府衙和庙宇，将各州府县征调上来的精壮劳力遣返原籍，回乡务农；同时削减驻守皇宫的大批兵将；严令各级官员不得乱施苛政、以权谋私，聚敛财富，严厉打击贪赃枉法的贪官污吏；对遭受自然灾害的地区，实行减免田赋徭役的政策，还派出官员带着粮食衣物等去当地赈灾。高太后的懿旨一下，普天之下的百姓都喜出望外，无不对这位贤德英明的太后交口称赞。

高太后执政十分公正。她叔叔高遵裕曾经屡立战功，但在神宗元丰四年（公元1081年）冬，高遵裕在与西夏军队作战之时，在灵武城下大败而归，损兵折将，回朝后高太后就降旨将他贬为郢州（今湖北钟祥）团练副使。元丰八年（公元1085年）五月，宰相蔡确意图向高太后谄媚，就打算奏请太后为高遵裕复职。一日早朝蔡确上疏奏道：“郢州团练副使高遵裕文武双全，战功赫赫，早年为保卫宋夏边境出力不少，灵武之败实属偶然，胜败乃兵家常事，何况也已经将他贬谪了数年，以示惩戒。如今时过境迁，理应让他官复原职，继续为国效力才是。请太后准奏。”蔡确本想以此博取高太后的好感，没想到却被太后一口回绝，高氏言道：“高遵裕灵武一战，贻误战机导致惨败，致使军民死伤无数，当年赦免他的死罪已是皇恩浩荡。现如今怎么能为了顾及他是我的亲戚而藐视王法？他无功而得以复职，天下人会怎样议论我呢？”蔡确被高太后驳斥得哑口无言，满面羞愧，连忙告退。后来就再也没有人敢提及此事，高太后执政年间，高遵裕的职位始终没有被恢复。

元丰八年（公元1085年），神宗病重，宰相王珪等重臣进宫探视，一并询问立储之事，请求立延安郡王赵煦为皇太子，由高太后重新听政，虚弱的神宗点头同意。王珪看到太后带着赵煦正站在帘下，高太后搂着孙儿痛哭道：“延安郡王十分孝顺，自从皇帝患病以来，就一直守在病榻前不离左右，还抄写佛经为陛下祈福。他虽年纪尚幼，就酷爱读书，已经熟读了七卷《论语》，将来必定是个好皇帝。”说罢便让赵煦出来与王珪等朝臣相见。王珪一行纷纷施礼并向赵煦表示祝贺。事后，高太后便在当日降旨，立延安郡王为皇太子。

元丰八年三月，宋神宗赵顼驾崩。年仅十岁的幼子赵煦即位，史称宋哲宗，高氏以太皇太后的身份继续垂帘听政，处理国事，这时她已是五十九岁的老妇。

高太后重新临朝后开始整顿吏治。神宗年间，宋用臣善于阿谀逢迎，深得宠信，京城内兴建东西府、建造尚书省等重大工程都由他负责。宋用臣便利用自己的职权，趁机贪污国家银饷，搜刮百姓资财，搞得朝臣和百姓都怨声载道。高太后执政后立即下旨将宋用臣贬到滁州。宋用臣便买通神宗的乳母为自己在高太后面前求情，以期官复原职。不料乳母甫一入宫求见太后，高氏便洞察到她的意图，当即训斥道：“你为何事而来？莫不是为宋用臣复职来做说客吧？如今神宗已经驾崩，你别再妄图替他开罪说情了，宋用臣这样的人理应严惩！如果你再来干预朝政，我便立即命人将你处斩！”乳母见高太后大发雷霆，吓得浑身颤抖，连忙告退逃出宫外。自从这件事以后，北宋宫廷里内降之事便从此绝迹，这都有赖于高太后的公正严明。

高太后对于奸佞小人从来不留情面，但对于那些真正的忠臣贤士则十分爱护。神宗执政时施行新政。著名文学家、政治家苏轼也参与其中。后来因新旧两党政务争执不休，互相诽谤，支持新政的苏轼便因一首诗作而被定成重罪。高太后虽然反对新政，但她还能慧眼识英才，她爱惜苏轼的才华，也向神宗求情，苏轼这才得以保住性命。后来高太后再次执政，就将被神宗贬到边地的苏轼召回京城，并擢升为翰林学士兼知制诰，负责参决政事，起草诏书。后来苏轼一直对高太后的恩情念念不忘，在自己的诗文中极力赞扬太后的美德。

元丰八年（公元1085年）神宗病逝后要安葬于巩县皇陵，当时一切丧葬事宜都由老臣韩绛负责。当神宗的灵车抵达永安时，神宗的德妃（哲宗之母朱太妃）在队伍后面守护灵驾。韩绛将神宗的灵驾送进城后，又不顾自己年迈体虚，赶到后队跪地迎接德妃。后来德妃同高太后谈起此事时，太后便正色道：“韩绛乃是先朝老臣，当年曾位至宰相，为朝廷鞠躬尽瘁，毫无怨言。如今他已年过花甲，你应该前去拜望他，怎么能够接受他的朝拜呢？”德妃见太后如此礼贤下士，不觉惭愧地落下眼泪。

元祐八年九月，高太后病故，享年六十二岁，葬于河南巩县的宋氏皇陵。哲宗追谥她为宣仁圣烈皇后，满朝文武无不哀悼。南宋高宗时，鉴于高太后一人辅佐三朝，生前严明公正，不徇私情，以致高家后人都官职平平，遂大力褒奖高氏一门。追赠高太后之母曹夫人为魏、鲁国夫人，弟士逊、士林、公绘、公纪皆追封为王，并提拔高太后的从孙高士则为节度使，还有其余十余个高氏族人也受到封赏。《宋史》有载：高太后“临政九年，朝廷清明，结夏绥安，杜绝内降侥幸；文思院奉上之物，无问巨细，终身不取其一，人以为女中尧舜。”凭借高太后的德荫福泽，高氏一族再次兴旺起来，成为南宋一代的显贵世家。

宠辱不惊

——宋哲宗皇后孟氏

孟氏是北宋哲宗赵煦的第一个皇后。她虽然贵为皇后，但是却命运多舛，一生曾经两度被废，又在大宋朝最危急的时刻两度垂帘，为南宋的建立立下了功勋。元祐七年（公元1092年），十七岁的哲宗赵煦到了该立皇后的年龄，太皇太后高氏和向太后，为他挑选了端庄贤淑的孟氏。孟氏出身名门，是眉州（今四川乐山）防御史兼马军都虞侯孟元的孙女。高氏和向太后都非常喜欢她，还亲自教孟氏妇道礼仪。

为了哲宗的大婚，太史局查阅了大量历史文献，决定五月十六日为黄道吉日。高氏亲自为哲宗和孟氏举行了北宋历史上最隆重的婚礼。这时孟氏年仅十六岁。她的容貌很一般，所以哲宗并不喜欢他的这位皇后，不过还是对她礼遇有加。婚后不久，孟氏就生下了一个女儿，封为福庆公主。福庆公主可以说是孟氏生活的全部希望，孟氏在女儿身上倾注了自己所有的爱。曾经有个道士还对孟氏说，这个女儿是她命里的救星。

哲宗专宠的刘美人，明艳动人又多才多艺。她还善于揣摩哲宗的心思，并曲意逢迎。所以短短几年时间她就从御侍、美人进为婕妤。哲宗经常让她陪在自己身边。于是刘婕妤渐渐地恃宠成骄，根本不把皇后孟氏放在眼里，经常冒犯她。

绍圣二年（公元1095年），孟皇后率领众妃嫔朝拜景灵宫。礼毕，孟皇后就座。其他妃嫔们都按顺序侍立在孟氏旁边，只有刘婕妤态度倨傲地背朝孟皇后站着。孟氏宽容大度，虽然觉着刘婕妤此举有些不妥，却也没有说什么。可是孟氏的侍女陈迎儿看不下去了，高声呵斥道："皇后在此，你怎么敢如此无礼?"刘婕妤就当没听见似的，一点儿反应也没有。陈迎儿生气地还想再说，可却被孟皇后阻止了。

还有一年的冬至节，按照礼仪旧例，孟氏率领六宫妃嫔朝见太后。众妃嫔都对孟氏恭敬有礼，只有刘婕妤很无礼。到了隆佑宫，太后还没有登殿，于是大家都坐在殿中静静地等候。按照规矩，只有皇后可以坐朱漆金饰的椅子。刘婕妤却没有坐下，只是站着。她的随从郝随知道刘婕妤的心思，于是也给她搬了一把朱漆金饰的椅子。刘婕妤刚坐下，突然听到有人传唤："皇太后驾到!"孟皇后和妃嫔们立刻起身迎接。可是等了一会儿也没看到太后的踪影，于是大家都又重新坐下。可是刘婕妤一下子坐了个空，跌倒在地上。原来是有人看不惯刘婕妤的做法，故意设计搬走了她的椅子。妃嫔们都偷偷地笑起来，刘婕妤认定这一切都是孟皇后所为，于是心里就嫉恨上她了。

又羞又气的刘婕妤回宫后，见到哲宗赵煦便呼天抢地地哭诉说皇后欺负她。赵煦知道是刘婕妤越礼在先，也觉得皇后孟氏不可能做出这样的事，所以只是好言劝慰了刘婕妤。

刘婕妤觉得哲宗没有为自己做主，心里还是很愤愤不平。郝随就劝慰她说："娘娘您不必生气。如果能早为皇上生下龙子，还怕这个皇后宝座不归娘娘吗?”

刘婕妤是一个很有心机的女人。她和宦官郝随、宰相章惇勾结在一起，处心积虑地老是在哲宗面前说皇后孟氏的坏话，想让哲宗废掉孟皇后，自己取而代之。不过她也知道孟氏很得太后的喜爱，废后并非易事。所以他们一直在等待合适的机会。

哲宗赵煦虽然不喜欢孟皇后，却很疼爱女儿福庆公主。因此刘婕妤把福庆公主看成是眼中钉、肉中刺。不知道是不是她的诅咒起了作用，还不到三岁的福庆公主病了，多方医治还是没有好转的迹象。孟皇后的姐姐颇通医道，曾经治愈过皇后的急症。于是哲宗就破例让她入宫为公主诊治，可惜公主的病情还是没有起色。

孟皇后的姐姐听说京城新来了个道士，擅长写符为人治病。她一时病急乱投医，便去求来了治病的神符，带到宫中想为公主治病。

孟皇后知道后，大惊失色地对她说：“姐姐难道不知道宫中的规矩吗？行巫求符犯了宫中大禁。如果这个再被人利用，那就麻烦了。”于是急忙命宫人把神符藏起来。

等到哲宗赵煦到宫中看望女儿时，孟皇后主动告诉了他这件事。赵煦倒并不介意，说：“你姐姐这样做是给公主治病心切，也属于人之常情，朕不会怪罪你们的。”最后孟皇后还是当着赵煦的面把神符烧掉了。

刘婕妤听说了这件事，随即派人对福庆公主使用巫术进行诅咒，还在她的小床边偷偷撒上了纸钱。没过几天，福庆公主就夭折了。孟皇后只有这一个女儿，所以万分悲痛，身体也越来越不好。

在这种情况下，孟皇后的养母燕氏、女尼法端和供奉官王坚设坛为孟后祈福。郝随等人抓住了这个机会，添油加醋地向哲宗赵煦报告说孟皇后怀有异心。她在宫里行巫蛊之术，其实是想把灾祸转移到哲宗头上。哲宗大怒，令梁从政、苏珪等人查办此事。刘婕妤指使他们逮捕了皇后宫中的宦官和宫女共三十多人，严刑拷问。宫人们被打得体无完肤，甚至有的还被割掉了舌头，以致最后屈打成招。

哲宗诏令侍御史董敦逸复审，他看到宫女、太监们都被打得奄奄一息，也不忍下笔。可是郝随等刘婕妤的心腹对他反复威胁恐吓。董敦逸也害怕引火烧身，只得按照原来的审理结果报了上去。

绍圣三年（公元1096年）九月，赵煦终于以“旁惑邪言，阴挟媚道”之名下诏废黜了孟皇后，命孟氏出居瑶华宫，号“华阳教主”“玉清妙静仙师”，法号冲真。

哲宗废后的诏书一下达，朝野顿时哗然。适逢这年寒冬的天气竟然变得像夏天一样，异常酷热，而且又打雷又下冰雹。许多正直的大臣纷纷上疏劝谏哲宗。李朴更是直言指出：“孟氏自册封为皇后以来，端庄贤淑，母仪天下，世人皆知。现在无故废黜，一定是有人在背后捣鬼、蒙蔽了皇上的视听。如果轻信了他们的话，朝廷必会大乱!”董敦逸之前迫于刘婕妤的压力，说了假话，心里一直很不安，于是也上奏说：“孟皇后被废，可能事出有因，情有可原。陛下废后诏令下达之日，天空都为之阴翳，老天爷也不想让您废掉孟皇后；大家也都为孟皇后流眼泪，不想让您废掉皇后。希望陛下能暂时收回成命，重新任命好的官吏复核这个案子，然后再定罪。如果其中真的有冤情，臣宁愿因此而受到责备，也不能冤枉了皇后而受到后人的耻笑。”哲宗赵煦大怒，对群臣说：“董敦逸这个人反复无常，怎么能身为朝廷命官。”另一个大臣奏道：“陛下本来因为这个案子是宦官推治，不足准信，所以才命董敦逸录问。现在大案刚刚定了，就贬谪他，怎么能取信于朝廷内外呢？”哲宗只好作罢。不久赵煦也明白过来，知道是自己冤枉了孟皇后。可此时也已经追悔莫及了。

孟皇后被废，刘婕妤在这场争斗中取得了胜利。可是哲宗出于政治上的考虑，没有立刻立刘婕妤为皇后，只是将她晋封为贤妃。元符二年（公元1099年）八月，刘婕妤生下了赵煦唯一的儿子赵茂。哲宗非常高兴，打算册立刘婕妤为皇后。可是大臣邹浩等人却上谏阻止说：“立后以配天子，怎么可以不慎重行事呢？仁宗的时候郭皇后与尚美人争宠。仁宗废了郭后，同时也一并斥责了尚美人，此举应该为天下后世所效法。陛下废了孟皇后，与仁宗废郭皇后的情况没有什么不同。皇后德冠后宫，不能从妃嫔中晋升，应该从贤门大族中选择。况且刘贤妃有废后之嫌，更不应该立为皇后。”哲宗大怒，将邹浩削职贬到新州，还是执意于同年九月册立刘婕妤为皇后，立皇子赵茂为越王。

孟氏本来没有什么过错，但却因为刘婕妤等人的陷害，被废当上了尼姑，她心里自然很委屈。可是在这座荒凉的道观中，她的日常生活刘婕妤都派人严密监视，她也没有什么人可以倾诉。

《鸡肋集》中还有一个关于刘婕妤的笑话。话说开封城里有个卖馓子的小贩。他吆喝时，既不说自己的馓子好吃，也不说价钱多少，只是长叹吆喝说：“亏便亏我也！”意思是说自己卖得价钱太便宜，不过吃亏就让我吃亏吧！有一天，他恰好来到瑶华宫附近，还像平时一样长叹吆喝说：“亏便亏我也！”可是他才吆喝了几声，就莫名其妙地被抓进了大牢。原来刘婕妤派来在此监视孟氏的公差以为他吆喝“亏便亏我也”是在为孟氏叫屈喊冤。后来他们查明后，只是打了小贩一百板子了事。这个小贩竟然因祸得福成了名人，生意也越做越火。

刘婕妤终于当上了她日思夜想的皇后。可是她没想到，儿子出生还不到三个月，就夭折了。接着哲宗赵煦也在元符三年（公元1100年）正月驾崩。因为哲宗没有子嗣，向太后便挑选了赵煦的弟弟端王赵佶入继大统，是为徽宗，向太后垂帘听政。

这时太学生何大正上疏为孟氏鸣冤叫屈，向太后借此机会，将孟氏从瑶华宫接回后宫，恢复她皇后的位号。因为刘皇后称为元符皇后，孟氏就被称为元祐皇后。孟氏再度入宫后还是和在瑶华宫时一样，与世无争，从不参与政事。可是她毕竟是以前高氏和向太后钦定的皇后，向太后自然对孟氏另眼看待，令刘皇后见到孟皇后要先行跪拜，然后孟氏才回礼。这样实际上孟氏就位居于刘皇后之上。刘皇后很不情愿，但是迫于向太后的势力，只好暂时隐忍下来。

可是不久向太后也去世了，孟氏失去了依靠。刘皇后这次再也没有任何顾忌，暗中勾结奸臣蔡京等人，于崇宁二年（公元1103年）再次废孟氏为尼，将其名号改为“希微元通知”和“妙静仙师”，重居瑶华宫。这之后他们还把所有参与复立孟氏的官员全部治罪贬官。

除掉了自己的劲敌，刘皇后顺理成章地被徽宗赵佶尊为皇太后。由于她趁机干预朝政，赵佶对这位皇太后越来越不满意，于是私下打算废掉刘太后。刘太后的侍从见刘太后的地位不保，都纷纷落井下石，对她百般辱骂。刘太后众叛亲离，于政和三年（公元1113年）二月在卧室的帘钩上自缢身亡，终年三十五岁。她也因此成了北宋历史上唯一一位自杀身亡的后妃。

宣和七年（公元1125年）十二月，金朝大举南下，进攻宋朝。徽宗无心抵抗，惊恐之下，把皇位传给了太子赵桓，是为钦宗，自己却跑去修道求仙。

靖康元年（公元1126年），瑶华宫在一场大火中毁于一旦，孟氏迁居到延宁宫中。可是不久延宁宫也发生了火灾，于是她只好住在弟弟孟忠厚家里。几乎与此同时，金兵攻陷汴京，把徽宗、钦宗和六宫上下全部掳走，史称“靖康之难”。因为孟氏当时已经被废，只是一个庶人，倒使她逃过了这一劫。

金人废掉徽宗、钦宗，册立了原来力主投降求和的宰相张邦昌为伪楚皇帝。可是张邦昌毕竟不是宋朝宗室，所以很不得人心。等到金军撤离后，张邦昌更是孤木难支，京城内外的官员都拒绝接受他的号令。于是尚书右丞吕好问给他出了个主意，让其迎回孟氏，自己退位为宰相。张邦昌照办，于是孟氏得以垂帘听政。孟氏正式下诏给同样逃过一劫的宋朝宗室赵构，让他“嗣宋朝之大统”。

靖康二年（公元1127年）五月，赵构在南京（今河南商丘）继皇帝位，是为高宗，改元建炎，史称南宋。孟氏同时在汴京撤帘，以示自己归政于高宗。赵构接回孟氏，并尊她为“元祐太后”，后来为了避孟氏祖父孟元之讳，改称“隆佑太后”。高宗生性懦弱，不敢举兵抗金，于是就从南京逃到扬州、镇江，最后到了临安（今杭州）。

赵构的生母是韦贤妃，她在靖康之乱中也被掳到金国。孟氏性情宽厚慈爱，与韦贤妃相似。赵构便奉之若母，很是孝顺。孟氏也把高宗看做自己的亲生儿子，对他关怀备至。

建炎三年（公元1129年）三月，苗傅、刘正彦发动政变，逼迫高宗禅位，称其为“睿圣仁孝皇帝”，拥立三岁的皇子赵旉为帝。他们企图让孟氏垂帘听政，但被其严词拒绝。不久，韩世忠、张浚等平息了这场兵变。同年四月孟氏下诏，还政于高宗，恢复南宋年号。从此她结束了自己颠沛流离的生活，安心地在宫中颐养天年。

孟氏生性节俭，唯一的嗜好就是喝酒。高宗曾经想让地方进贡一些好酒给孟氏，可是孟氏却不愿意惊动地方，而自己派人拿钱去买。赵构因为孝顺孟氏，还曾提出在朝廷的文书奏章中都避孟氏父亲孟彦弼的讳，可是孟氏却婉言谢绝了。孟氏也没有因为自己的地位而为亲戚们谋取职位。有一次，赵构曾经打算封孟氏的弟弟孟忠厚为显谟阁直学士。虽然大臣们曾提出异议，高宗也不予理会。孟氏听说后自己请求赵构改任弟弟为武官，并令学士院下诏不许弟弟参与朝政等。孟氏在晚年，对高太后的恩情一直念念不忘，曾请求高宗重修《神宗、哲宗实录》，宣扬高太后的贤明。她还时常回想起自己唯一的女儿福庆公主，不由得叹息说：“没想到我这一生因祸得福，她的确是我的救星啊！”

绍兴元年（公元1131年）春，孟氏由于长期劳累奔波、积劳成疾，得了严重的风疾。赵构很是孝顺，从早到晚一直陪侍在孟氏床前。同年四月孟氏病逝，终年五十四岁。赵构尊她为昭慈献烈皇太后，后来又上谥号为昭慈圣献。孟氏在临终前还不忘叮嘱高宗赵构说：“现在国家不太平，先随便找个地方把我埋了。等到国家安定不打仗了，再把我的坟墓迁回河南巩县陵园。”高宗将其葬于会稽（今绍兴）上皇村，灵牌位列于哲宗元符皇后刘氏之上。

孟氏一生坎坷不平，曾经两立两废，历经哲宗、徽宗、钦宗、高宗共四个朝代，又经历了靖康之变和多年颠沛流离，但她却始终保持着宠辱不惊、宽厚待人的心态。

南宋

一代妒后

——宋光宗皇后李凤娘

李凤娘（公元1145—1200年），南宋光宗皇后，安阳人，庆远军节度使太尉李道的第二个女儿。宁宗赵扩之母，素以性情凶悍善妒闻名，死后谥号慈懿皇后。传说李凤娘出生的时候，忽然有一只黑色的凤凰飞来，在李道的营前徘徊不去，李道看了大以为奇，片刻之后黑凤飞走，李凤娘就出生了。李道因此给女儿取名为凤娘。后来李道奉命驻守湖北，他听说当地有一位著名的道士黄埔坦，便把他请到家中为自己的子女们看相。李道把自己的三位女儿叫出来，命她们向黄埔坦见礼。谁知黄埔坦一见李凤娘竟然惊慌失措，死活不肯受拜。他告诉李道说："此女是大贵之相，日后将会母仪天下。"这时李道想起凤娘出生时飞来黑凤之事，便对黄埔坦以实相告。黄埔坦听罢更加肯定地说："二小姐注定是要做皇后的啊。"李道听完大喜过望，对黄埔坦千恩万谢。

绍兴末年，黄埔坦因为医术高超被高宗聘入后宫为韦太后治病，黄埔坦轻而易举地就将太后的眼疾治愈，令高宗十分高兴，从此对他十分器重。这时高宗正在为自己的孙子恭王、也就是日后的光宗挑选孙媳妇。黄埔坦就趁机进言道："庆远节度使李道之女是大贵之相，出生时还曾有黑凤飞临，是恭王妃的不二人选。"高宗此时对黄埔坦的话已经深信不疑，于是就召李凤娘入宫，立为恭王妃。后来，前太子意外病故，太上皇高宗与嗣皇帝孝宗遂决定让排行第三的恭王赵敦继太子位，恭王妃李凤娘也随即成了太子妃。

李凤娘出生将门，性情泼辣，自幼又受到父母的宠爱，一向蛮横无理。在做恭王妃期间，她尚且能压制性情，安分守己。等到恭王被立为太子，身为太子妃的李凤娘便开始暴露出她骄横蛮悍的本性。她时常在高宗、孝宗和太子三人之间搬弄是非，跟高宗埋怨孝宗为太子挑选的侍臣不好，又跑到孝宗面前数落太子的长短。这时高宗才后悔不迭，一次他对吴皇后抱怨道："李凤娘终究是武将家庭出身啊，都是黄埔坦误导了我！"可是事情已成定局，悔之晚矣。

李凤娘倚仗着自己太子妃的身份在宫中横行霸道，对人非打即骂，飞扬跋扈，不可一世。时间一长，后宫从妃嫔、公主到宦官、侍女都怨声载道。孝宗对李凤娘的做法也十分不满，曾经屡屡训斥她道："你应该学太后的贤良淑德，若再肆无忌惮，藐视国法，朕就要废掉你!”可是孝宗的劝诫一点儿震慑作用都没有起到，反而让李凤娘变本加厉地肆意胡来。孝宗本打算废黜她，又因为是太上皇钦定的太子妃，迫于情面，没有实行。

淳熙末年（公元1189年），孝宗召集朝中大臣，商量自己打算禅位给太子之事。众大臣都点头赞同，唯独知枢密院事黄洽一言不发。孝宗就问道：“爱卿的意思是怎样呢?”黄洽整衣上奏道：“太子可以托付国家大事，但太子妃李氏的德行不足以母仪天下，希望陛下三思而行。”尽管孝宗对李凤娘也有所不满，但黄洽如此直言不讳，孝宗还是十分难看，毕竟李氏是自己的儿媳。黄洽接着说道：“陛下问臣，臣不敢不直说。如果陛下不废掉李氏另立贤妃，日后陛下想起臣今天说的话，恐怕已经见不到臣了。”退朝后，黄洽便上疏请辞。孝宗虽然也厌恶李凤娘的刁蛮骄横，但估计她还不敢祸及朝政，操纵皇帝，于是没有准奏。

最后孝宗还是禅位给太子，赵敦即位，史称光宗，随即册封元配李凤娘为皇后。赵敦登基时已经四十三岁。他年轻时也曾做过右监门卫率府副帅，后又先后被任命为镇洮军节度使、开府仪同三司。立皇太子后掌管临安，为临安府尹，也是有满心的抱负要施展。即位之后赵敦本应该励精图治，振举朝纲，好好治理国家，但是他最终没有抵挡住“温柔乡”的诱惑，很快就沉迷于声色犬马，懒于政务了。这给强悍专制的李凤娘独揽朝中和后宫大权创造了极为有利的条件。赵敦本就畏惧自己这位厉害的皇后，一方面又贪恋后宫的三千佳丽，无心理政，对于李凤娘的专权也就放任自流。没过几年，李凤娘就控制了朝政。

李凤娘不但干预朝政，在后宫也越发肆无忌惮。身为妃嫔之首，本应该以德服人，统领六宫，李凤娘非但不恪尽妇道，替皇帝管理好家务事，反而在后宫滥用自己的权力，迫害妃嫔、侍女。光宗一向软弱无能，迫于皇后的强悍霸道，更是敢怒不敢言。一次，光宗盥洗之时无意中看到端着盆子在一旁伺候的宫女双手细白，柔弱无骨，不禁喜形于色，称赞了两句。不料这两句戏言竟传到李皇后的耳朵里。几天后，李凤娘派人给光宗送来一具食盒，光宗打开一看，里面赫然装着一双血淋淋的手，正是上次那个端盆宫女的双手。光宗当即吓得浑身颤抖，说不出半句话，大病数日才恢复健康。区区一个宫女，仅因为手长得好看赢得了光宗的两句夸赞，就引起了李凤娘这么大的醋意，对于光宗其他的妃嫔，她更是到了毫不容忍的余地。

后宫中除皇后外，还有黄贵妃、张贵妃、符婕妤等妃嫔。其中一位黄贵妃深得光宗的宠爱，于是被李皇后视为眼中钉。黄贵妃本是孝宗谢贵妃（后来的谢皇后）的侍女，光宗还是东宫太子时，孝宗因见他缺少姬妾服侍就把黄氏赐给了他。黄贵妃的温柔貌美使太子对她格外恩宠有加，即位后便把她立为贵妃。当时还是太子妃的李凤娘碍于太子的情面不便处置黄氏，但早已妒火中烧。当上皇后以后，她便开始寻找机会，想方设法除掉黄贵妃。终于有一次光宗出宫祭祀，李凤娘抓住这个大好机会，立即召见黄贵妃。黄贵妃明知皇后素来怨恨自己受宠，但是没有光宗的庇护，只好硬着头皮去拜见皇后。李凤娘一见黄贵妃，便将积累多年的满腹怨愤化成一顿痛骂，斥责她利用妖媚之术迷惑光宗，罪无可赦。黄贵妃不敢反抗，只好垂首聆听。但是她的屈服并没有让善妒的李皇后满足，痛骂之后，李凤娘又命人将黄贵妃拖出去执行杖刑。黄贵妃一个弱女子哪受得住这么重的刑罚，终于挺刑不过，被活活打死。事后，李凤娘竟然面无愧色地命人把黄贵妃的尸首抛到荒郊野外，然后派人禀告光宗说黄贵妃“暴死”。当时光宗因为出宫时突降大雨、身染风寒正卧病在床，又听到黄贵妃暴亡的消息，真是惊骇万分。他明知是李皇后所为，却又无力反抗，一时急火攻心，当场晕厥过去。此后光宗的病便日益沉重起来。李凤娘趁此机会更加张狂，朝中上下更无一人敢于与她作对。后来，她又先后找借口将张贵妃、符婕妤等人撵出宫门，贬为庶人。欲加之罪，何患无辞，但这样的结局与惨死在李氏手中的黄贵妃比起来已经是幸运之至了。

光宗虽然性情懦弱，但心里还是明白的，他知道李凤娘骄横跋扈的最大帮凶就是她身边的宦官，于是便想撤换掉皇后的心腹重新起用新人。没想到光宗的打算早已被李氏安排在他身边的眼线探明，迅速上报给李皇后。李凤娘当然不允许光宗瓦解自己的势力，她对光宗的计划百般阻挠，又是威胁又是哄骗，终于保全了这帮奴才。光宗长期面对这位刁蛮皇后的压抑，又无力控制李氏的胡作非为，心情苦闷万分，无处疏解，日积月累，渐渐染上了一种怔忡病，整日精神恍惚，不知所措。

对于李凤娘的所作所为，已经是太上皇的孝宗与太上皇后谢氏也早有耳闻了。早在孝宗当朝时，谢氏本是贵妃，因为操行出众，被册封为皇后。谢氏无论是做贵妃时还是立后之后，对于太上皇高宗和吴太后都孝顺有礼，异常恭敬。如今到了李凤娘这一辈，不仅藐视自己的丈夫光宗，更处处顶撞太上皇和太上皇后。一次李凤娘惩罚宫中的侍女时，谢太后实在于心不忍，便对她好言相劝，谁知李凤娘竟然当场反唇相讥道：“我与皇上是结发夫妻，名正言顺，我替皇帝教训奴婢，又有何不可?”言外之意，讽刺太上皇后谢氏不是孝宗的元配嫡妻。一旁的孝宗听了当即勃然大怒。他严正地警告李凤娘，如果她再无视礼法，傲慢无礼，便要废黜她。之前孝宗也教训过李氏，但当时说废后只是想威慑李凤娘，希望她能有所收敛，没想到她反而变本加厉，于是孝宗开始把自己的打算付诸实施。他招来太师史浩，私下商议废掉李凤娘的事，但史浩认为光宗才刚刚即位不久，天下初定之际，忽然废后恐怕会引起百姓的议论猜疑，不利于政局稳定。在史浩的极力阻止下，废后之事又不了了之。但是孝宗这次的举动的确引起了李凤娘的警觉，此后她对孝宗和谢太后的敌意更深了。为了保住皇后的地位，她加大力度控制光宗，监视他的一言一行，让光宗逐渐疏远孝宗，只能依赖自己。

从此以后，李凤娘便把孝宗夫妇视为她皇后地位的最大威胁，她不断想方设法离间孝宗与光宗父子之间的感情。早在乾道四年（公元 1168 年），李凤娘便为光宗诞下一位皇子，取名为赵扩。光宗最初即位时，并没有立即立嫡长子赵扩为太子，这令李皇后一直忐忑不安。一次，光宗的病情刚刚有些好转，李皇后便在酒宴上请求将已被封为嘉王的赵扩立为皇太子，以帮助光宗处理朝政。光宗思索了一下，觉得也有道理，于是答应他请示过太上皇孝宗之后再行册立。可是李凤娘偏要光宗立即颁布诏书，光宗不准，她便愤然而去，并命人看守光宗，不许孝宗和太后与他见面。孝宗几天不见儿子来请安，以为光宗的病情又加重了，便把李凤娘招来询问皇帝的病况。李凤娘正好利用这个机会，大肆渲染光宗多病，无力理政，要求立嘉王赵扩为皇太子以辅政。但孝宗认为光宗刚刚即位不久，没必要这么早就把政务都交给儿子，便否决了李凤娘的提议。李凤娘当时恼羞成怒，冲回寝宫向光宗哭诉，说孝宗处处针对自己，他坚持不立太子必定是另有企图。光宗此时已经有些神志不清，便相信了皇后的挑拨，认为自己的父亲别有用心，十分生气地发誓以后再也不去朝见太上皇了。众朝臣得到消息后都觉得不可思议，暗中对李皇后的挑唆表示不满。

过了一段时日，经过御医的多方调治，光宗身体略微好转，重新临朝听政。文武百官便乘机请求光宗去探望太上皇，光宗此时也有悔意，便敷衍着去了一趟孝宗居住的重华宫。这样一来，孝宗、光宗父子之间的矛盾才得到了缓解。但终究是父子天性，孝宗对儿子的病情还是十分关心的。为了给光宗治病，他派人四处收集民间秘方，再依方配药。孝宗本打算差人给光宗送去，又恐怕遭到李皇后的阻挠，就准备等光宗再来重华宫问安的时候让他服用。李凤娘与孝宗结怨已深，而且她一直对孝宗反对早立嘉王为太子之事耿耿于怀，她认为孝宗这次是想借光宗去重华宫问安之机来商议废除自己的后位，便极力阻止光宗去见孝宗。

嘉王赵扩一日不被立为太子，李皇后就一日不能安心。过了不久，李凤娘就亲自跑到重华宫要求孝宗尽快立嘉王为储君，孝宗还是沉吟不决，李凤娘当即翻脸，厉声责问道："我是你们赵家明媒正娶来的，嘉王是我和皇帝的嫡长子，为什么不能立为太子？"孝宗哪能忍受儿媳当面这样指责，一怒之下拂袖离席，将李氏赶出重华宫。回宫后，李凤娘就开始对光宗哭诉，还说孝宗秘密找人配了丸药，似乎想要加害于光宗，即使不是要毒杀皇帝，也有废掉光宗和皇后之意。光宗本就为孝宗不肯立嘉王之事懊恼不堪，经过李凤娘这番颠倒黑白的挑唆，对于父亲更是怨恨不已。于是此后的一年多，光宗就再也没有去重华宫朝见过孝宗夫妇。

对于手握大权的李凤娘，已经禅位的孝宗根本无能为力，只能懊悔自己当初错信了黄埔坦，结果种下了这个祸根。他只能盼着光宗的病情早日好转，不再让李凤娘这个妒妇干政。一天夜里，光宗突然发病，孝宗闻讯亲自赶来探视，看到神志不清的光宗在病榻上满口呓语，他不禁又急又气，招来李凤娘厉声训斥道："你是怎么服侍皇帝的？让他病成这样！万一皇帝有什么不测，我就要诛灭你的九族！"接着吩咐丞相留正好好照看光宗，等他略微好转后，请他到重华宫小住，由太后亲自照料。谁知几天后，光宗病情转轻，清醒过来之后，李凤娘又故技重演，对光宗哭诉道："皇上近来龙体欠安，臣妾一直尽心竭力地服侍，不料太上皇竟然迁怒于我，还说要诛灭我的亲族，臣妾真是冤枉啊！"接着又肆意歪曲孝宗吩咐留正的话，说要等光宗去重华宫请安时将他留在那里，软禁起来。光宗此时的判断能力已经被李后搅乱，竟然相信了李凤娘的话，认为父亲要加害自己，于是更加不敢去重华宫了。

朝中大臣们觉得光宗的行为实在有失体统，便趁着光宗病势略轻的时候进谏，请求光宗与父亲言归于好。经过大臣们数次晓之以情、动之以理的劝解之后，光宗终于被打动了，答应回宫后去探望孝宗。但是一回后宫，就又会在李凤娘的挑唆下改变主意，因此始终未能成行。一次，在群臣苦谏下光宗终于决定当即就起驾去重华宫，没想到即将出发之时，李皇后突然走进大殿，挽起光宗就要回寝宫。中书舍人陈傅良不顾一切地扑倒在光宗的脚下，拉住他的朝服，跪爬着求皇帝不要反悔。李凤娘回头怒斥道："这里是什么地方？竟容得你们这些秀才胡来？难道你们不想活了吗？"陈傅良无奈，只得痛哭着退下。在李皇后的摆布下，就连光宗最信任的赵汝愚也说服不了光宗，对于他的话，精神不稳定的皇帝也是"出闻其语辄悟，入辄复疑"。李皇后为了自己的私利，不顾光宗的病情，经常地挑唆和阻止，反复无常，令本来就无所适从的皇帝更加精神混乱，这样的环境无疑加重了光宗的精神疾病。

李皇后利用光宗的病情时好时坏独揽大权，她大力培植娘家的势力，使李氏一门很快成为京城里的权贵。好在她还没有谋朝篡位的野心，只是不停地为自家牟求暴利。她将娘家祖上三代都加封为王，她的侄子孝友、孝纯官拜节度使。还将李氏的家庙翻新重建，殿宇巍峨，装潢华丽，连殿中的神像都是玉质金粉，灿烂夺目。李皇后的亲属入庙，也都赐予丰厚的赏赐；并颁诏推恩，授二十六人官爵，一百七十二人为使臣，甚至连李家门客也都被加封了官职。

不久，孝宗在重华宫驾崩。内侍不敢禀告光宗，先跑去告知宰相留正及枢密赵汝愚。二人担心光宗又被李凤娘阻拦不能参加治丧，便将孝宗去世的消息隐瞒到第二天上朝时才说。光宗得知孝宗已经驾崩的消息，勉强答应主持父亲的安葬事宜，随即就返回内宫。谁知光宗这次又被李后所阻，有去无回，留正、赵汝愚无奈，只好请吴太后操持孝宗的丧事。众臣为孝宗治丧完毕之后，都对光宗和李后的倒行逆施义愤填膺。以宰相留正为首，群臣联名上疏请吴太后迫光宗禅位给嘉王。绍熙五年（1194 年）七月，在吴太后的支持下，赵汝愚、韩侂胄等人拥立嘉王登基，是为宁宗。

等到光宗和李后得到消息时，宁宗已经控制了整个朝廷。任李凤娘再骄横凶悍也是无力回天，于是她只能陪伴光宗在后宫养病。失势之后的李凤娘性情大变，由于素日作恶太多，她便投身佛门，以求赎罪，但是最终没有逃脱惨死的结局。庆元六年（公元 1200 年），李凤娘在她的佛堂中染病，宫中的侍从痛恨她往日的嚣张跋扈，没有人愿意来照顾她。七月，在身体的病痛和精神的折磨下，这位不可一世的妒后终于孤独地离开了人世，终年五十六岁。

据说李凤娘死后，有人到中宫为她取下葬时穿的礼服，看门人怨恨她生前的暴虐，拒不开门。宫人们拿不到礼服，只能用席子把她的尸体包裹起来，准备抬出去安葬。谁知走到半路，忽然听见有人大喊："疯皇帝来啦！"众人一听，吓得丢下尸体四散奔逃。过了许久，等他们再回来收拾李氏的尸体，尸体经过骄阳的暴晒早已腐烂不堪了。下葬时，人们只能燃起数十饼香料来掩盖难闻的气味。生来就被预言要母仪天下的李凤娘不是一位合格的皇后，她一生骄蛮横行，任性妄为，心狠手辣，害得无数无辜的人失去了生命。估计她生前怎么也没想到自己会落得这样悲惨的结局吧。

无力回天的皇后

——南宋理宗皇后谢道清

谢道清，浙江天台人，南宋理宗皇后。其父谢渠伯，主管建昌府仙都观，是个闲散官；祖父谢深甫曾经当过宰相。谢道清生下来就有一只眼睛患先天性的角膜云翳，而且皮肤很黑，自然不能算眉清目秀。年幼的谢道清由于父母早逝，家境变得很差。她家住台州城的东门外，村边有一条小溪，道清从小就每日在溪边浣衣洗菜。当地流传着这样的一个传说：谢道清虽然自幼就长得不好看，但每次在溪边浣洗，水中映出的影子却非常漂亮，连她自己都感到十分惊奇。这件事后来被传入京城，宫中派了钦差大臣前来了解，发现果真有此事，于是就征选谢道清进宫。而“洗菜桥”这个地名也一直保留了下来。虽然这只是个传说，但对照《宋史·谢皇后传》，传说中倒是保留了不少真实的成分。

事实上，谢道清能够入宫与她相貌的变化并没有什么关系，之所以被选中，是因为她的祖父谢深甫担任宰相时曾在先帝宁宗立后的问题上帮助过杨皇后。出于对谢氏一家的感激，在宁宗死后，已身为太后的杨氏，为理宗选择皇后时指定要从谢家诸女中挑选。而此时谢家只有谢道清没有出嫁，她的兄弟就打算把她送入宫中。谢道清的伯父谢擽伯认为不可，说道：“即使是奉诏纳女，也得花很多钱准备衣资嫁妆，按道清的条件，到头来也不过就是当个老宫女，有什么好处呢？”当时正赶上正月十五上元之夜，忽然有几只喜鹊飞到谢家的花灯上筑巢，全家人都认为这是谢道清能当后妃的吉祥征兆。谢擽伯见不能阻止道清入宫，于是只好送她上路。谁知谢道清在进宫途中又不幸得了皮疹病，可是没想到等到她的病好之后，皮肤竟然全部脱落，原来的黑皮肤因而都变成了莹白如玉的好皮肤。谢家得到消息后十分高兴，又花重金聘请最好的医生，治好了她的先天性角膜云翳。从此以后，谢道清虽然称不上是绝色佳人，但也不再是原来那个丑陋不堪的小丫头了。

当时与谢道清一同入宫候选的是朝中重臣贾涉的女儿，这位贾小姐格外美丽，于是宋理宗很自然地一眼就相中了贾小姐。可是他的母亲杨太后却反对说：“谢家的小姐生得端庄有福，适合做正宫皇后。”左右朝臣也都窃窃私语道：“不立真皇后，难道要立假（贾）皇后吗？”理宗迫于多方的压力，没有办法，只好听从太后的主张，开始封谢道清为通义郡夫人，宝庆三年（公元1227年）九月，晋封贵妃，十二月又册封为皇后。

谢道清虽然做了皇后，但是在皇帝面前还是敌不过娇媚美丽的贾贵妃。理宗是个好色之徒，一向专宠贾贵妃一人。后来，贾贵妃去世，他又迷恋上了年轻漂亮的阎贵妃。谢皇后是个随份入时的女子，从来不计较理宗皇帝宠爱谁，对于相貌平平的她来说，能一直稳坐皇后的宝座就已经知足了。杨太后见她自己挑选的皇后这样宽容大度，对她非常器重；理宗皇帝虽然不爱她，也因为谢道清很有自知之明，从不在自己面前抱怨牢骚而感到欣慰，因此对她也很敬重，礼遇有加。这时，贾贵妃的弟弟贾似道因姐姐受到皇帝的恩宠而一步登天。他凭借姐姐与理宗的“枕席之恩”，从端平元年（公元1234年）开始，短短数年之中，相继被提拔为籍田令、太常丞、军器监、大宗正丞等京官。贾似道虽然无德无能，但因为他善于玩弄权术，官职越做越大，朝政大权也渐渐落入了他的手中。而理宗皇帝则一心沉迷在温柔乡中，不问国事，贾似道抓住这个机会，把持了大宋的朝纲，一时之间权倾朝野。

自宋理宗端平元年（公元1234年）南宋联合蒙古大军灭金之后，蒙古便开始得寸进尺，不久就公然背弃盟约，开始向南侵犯。他们越过国界，在南宋的地界内杀人抢劫，无恶不作，致使边城的百姓民不聊生，尸骨遍地。宝祐六年（公元1258年）二月，蒙古大汗蒙哥决定调动三路大军全面向南宋开战。开庆元年（公元1259年）二月，蒙古军队会师后包围了合州（今四川合川）。不久，元兵准备渡江，胆小的理宗一收到军报就连忙和朝臣们商议着往平江或庆元迁都。谢皇后听说皇帝要迁都，当即登殿，极力阻谏。在这样的局势下一旦迁都，必定会造成人心动摇，将会使局势更加恶化，不可收拾。在谢道清的极力反对下，理宗终于没有迁都。由此看来，谢道清还是有一定政治眼光的。

七月，大汗蒙哥重病。九月，蒙哥的弟弟忽必烈率军进围鄂州（今湖北武昌），并准备大举进攻南宋的都城临安。这时，得到前方战况的理宗才开始惊慌失措，他急忙命令各路将军派兵救驾，并加封贾似道右丞相兼枢密使的职务，命他屯兵汉阳（今湖北汉阳），以援助鄂州的军队抵挡蒙古大军。当年十一月，蒙古军激烈进攻鄂州城，宋军因贾似道丝毫不懂领兵统帅之道损兵折将，城中死伤达一万三千人。这时，宋将高达率领援兵赶到力敌蒙古军，加强了防守，暂时保住了鄂州。左丞相吴潜审时度势，根据战势的需要，命贾似道移守鄂州下游的军事要塞黄州（今湖北黄冈）。可是贾似道不但不会带兵，还是个十足的胆小鬼，在赶往黄州的途中，他忽然得到禀报，前军遭遇蒙古兵，当时就吓得手足无措，连连大叫“死定了!”后来当他发现对方只是南宋的叛将储再兴所率的一部老弱残兵，这才神气起来。

此时忽必烈一面急攻鄂州，一面扬言要向临安进军，贾似道得到消息后惊恐万分，他秘密派遣部下宋京去向蒙古人求和，还提出丧权辱国的条件，说如果蒙古同意退兵，他愿意以长江为界，退守江南，而且每年向蒙古供奉岁银、锦缎等财物各二十万。没想到蒙古军不满足这样的条件，拒绝了议和。这时，合州守将王坚派人来报，说蒙哥已死，蒙古大军内部人心惶惶。在这个大好机会下，贾似道本应趁势反击，可是他却再次懦弱地派宋京求和，忽必烈本来就打算撤军回蒙古争夺汗位，这时贾似道竟然主动送上门，就乘机答应了议和条件，放心地率军回北方去了。贾似道见蒙古主力撤走，就出动大军截杀了殿后的一百七十名蒙古兵，布置了一个英勇抗敌的战场，然后隐瞒向蒙古人求和之事，大言不惭地上表朝廷说：“诸路大捷，鄂围始解，江汉肃清，宗社危而复安，实万世无疆之休!”昏庸的理宗对前线的战况一无所知，接到捷报后，竟然以为贾似道为保卫宋室江山立下了大功。于是景定元年（公元1260年）三月，理宗下诏嘉奖贾似道，命其入朝觐见，并亲率满朝文武去京郊迎接。四月，理宗又擢升贾似道为少师，封卫国公。

自从所谓的“鄂州大捷”之后，理宗很快就忘记了国难当头，又沉湎于纸醉金迷的荒淫生活中，他命人在宫中兴建芙蓉阁、香兰亭等奢华宫室，还引娼入宫，日夜游燕。谢道清虽然不满于皇帝的荒淫无度，但为了不危及自己的后位，也只能装作视而不见。

景定五年（公元1264年）十月，理宗终因纵欲过度而病死，皇太子赵禥在贾似道扶持下即位，这就是历史上的度宗。咸淳三年（公元1267年），度宗尊谢道清为皇太后，号寿和圣福，晋封三代：她的父亲谢渠伯封为魏王；祖父谢深甫、曾祖谢景之，也都追封了爵位。

度宗和他的父亲一样孱弱无能，而且爱好声色，他一切依靠贾似道，甚至尊贾似道为“帝师”。满朝臣子此时也都畏惧贾似道的权势而对他阿谀奉承，把他比作辅佐周成王的“圣人”姬旦，称为“周公”。即使这样，贾似道还想考验一下皇帝对他的信赖程度。在理宗的葬礼结束后，他一面上表辞官回到绍兴（今浙江绍兴）老家，一面暗中指使吕文德谎报蒙古兵急攻下沱（今湖北宜都东南）。度宗和谢太后得到报告后大惊失色，立刻发手诏请贾似道出仕，还特拜他为太师、封魏国公。贾似道看到皇帝和太后这样倚重自己十分得意，这才肯出来“为国视事”。

度宗仅仅做了十年皇帝就也因酒色过度，于七月初八日突然驾崩，只活了三十五岁。在贾似道的操纵下，年仅四岁的赵㬎即位，称为恭帝，谢道清也随即被尊为太皇太后。谢太后此时已是年老多病，但因为皇帝年龄太小，大臣们屡次上疏要求她垂帘听政。谢道清别无选择，也只得同意。

同年二月，元军攻占襄阳，又于十二月攻下鄂州。众多太学生和群臣联名上疏，一致要求贾似道亲自督师抗元。贾似道虽然胆怯，但迫于形势，不得已只好在临安设立都督府，仍然迟迟不敢出兵。直到德祐元年（公元1275年）正月，他才调精兵十三万，从水路发兵。但是大军刚一开到芜湖（今安徽芜湖），他就向元朝江州知州吕师夔提出议和，又将芜湖的元朝俘虏放回，以示诚心，还送了很多荔枝、黄柑给元丞相伯颜，同时答应称臣纳岁币。伯颜因为贾似道一向不守信用拒绝议和，并继续进军至安庆（今安徽安庆）、池州（今安徽贵池）。贾似道一时黔驴技穷，只得命孙虎臣率兵屯驻丁家洲，又命夏贵领战船二千五百艘横列江面，他自己则率军驻扎在鲁港（今安徽芜湖南）。但是夏贵也是胆小的鼠辈，面对元军的猛烈攻击毫无斗志。伯颜下令全力冲击孙虎臣部，又用大炮猛轰。孙虎臣、夏贵不敌，弃战而走。贾似道见没有了帮手更加惊慌失措，宋军失去指挥顿时溃不成军，死伤无数。贾似道当晚即乘小舟逃到扬州。脱险之后，贾似道不但不思重整旗鼓，反而上疏朝廷，建议迁都，要皇帝逃往海上避难。这一建议遭到了太后和朝臣们的一致反对，未果。

此时的南宋王朝已经是风雨飘摇，不但屡战屡败，而且因为军饷开支过大，导致国库空虚，入不敷出。谢太后面对即将崩溃的南宋政权，只好身体力行，从自己的日常开支中节约开支，并下令裁减了宫中的侍臣。贾似道因鲁港兵败，有辱大宋国威，导致朝中大臣群情激奋。曾经依附贾似道的枢密使陈宜中，见他失势，便上疏要求治他的罪。谢太后碍于他是先王贾贵妃的胞弟，竭力庇护贾似道，为他辩解说：“贾似道一生历经三朝，怎么能因为一时战败就获此大罪呢？”于是只罢去了他的平章军国重事和都督诸路军马的官衔。

贾似道罪大恶极，谢太后仍对他从轻处分，这引起了朝中大臣和广大民众的不满。七月，太学生和台谏、侍从官三方势力联合，上疏请求杀掉贾似道，谢太后仍然不许。这时，贾似道见形势危急，也呈上奏表将责任全部推给夏贵和孙虎臣，乞求太后活命。为了避免贾似道一党的投降狂潮，谢道清便削降了贾似道三级官职，命他回绍兴为母守丧。贾似道没有办法只得回到绍兴，谁知绍兴的地方官却关起城门，不让这个卖国贼进城。于是朝廷又改命贾似道去婺州（今浙江金华）居住，婺州百姓更加痛恨贾似道，还没等他进城就贴出通告，誓要将他赶走。贾似道以其滔天大罪致人人不容，御史孙嵘叟等继续请求斩贾似道以正法纪。谢太后仍然不允，只命将贾似道请居建宁府（今福建建瓯）。但是朝臣中有人提出：建宁乃是大儒朱熹讲道的地方，理学盛行，即使是三岁的小孩，听到贾似道的臭名也不肯忍受，何况是见到本人，因此应该将贾似道流放到更远的岭南去。在众多朝臣的强烈要求下，谢道清只得将贾似道贬为高州（今广东高州东北）团练使，派人监押安置，并抄了他在临安和台州的府邸。

德祐元年（公元1275年）六月的一天突然发生了日食，国人议论纷纷，都以为这是大凶之兆，谢太后只好削“圣福”（节约皇室开支）以求上天保佑大宋。当时朝中官员已经所剩无几，丞相老迈，不能理事，陈宜中、留梦炎等人昏聩无能，只会在朝堂互相指责。当将军张世杰兵败于焦山后，陈宜中也弃官逃跑。谢太后见朝中已无人可用，只得写信给陈宜中的母亲，让她劝陈宜中以国事为重；还亲自写信召夏贵等人，请他们念及先帝的情分前来勤王，但是夏贵等人都贪生怕死，皆按兵不动。只有江西提刑文天祥、郢州守将张世杰等少数将领率兵来到临安，还有一部分官逼民反的黄岩义民。

这一年年底，元兵全线渡过长江，谢道清知道大势已去，于是升吉王赵昰为益王，出守福州；信王赵昺为广王，守泉州。她想为赵氏家族保留最后一点儿血脉。不久，元兵攻破常州，谢太后遣陆秀夫等请求议和被拒。陈宜中等人纷纷建议迁都，谢太后坚决不准。公元1276年正月，谢太后命令陈宜中任议和特使与元军谈判，并吩咐可以用臣礼相对，陈宜中十分为难。此时的谢太后已是无力回天，她哭着说：“只要能保存社稷，还计较什么君臣的称呼吗?”但这次谈判未果，元兵很快进驻皋亭山，离临安仅三十里。

文天祥、张世杰等人建议谢太后移宫出海，暂避一时，由他们组织京城军兵与元军决战。但谢道清此时已经心灰意冷，回天乏力，便打算向元军投降。她与陈宜中商量后竟献出了传国玉玺及降表。哪料到伯颜接到玉玺仍不满足，提出要右丞相陈宜中“出议降事”。陈宜中惧怕伯颜加害自己，当晚暗中弃城南逃。在万般无奈中，谢太后只好起用文天祥为右丞相，命他赴元军大营与伯颜商讨投降事宜。文天祥不卑不亢，大义凛然，指责元军的暴行，提出要先退兵再议和。伯颜当然不许，当即将文天祥扣押在元营。

为不致让都城临安生灵涂炭，太皇太后谢道清终于拜表请降。这年二月，元兵兵不血刃，进入临安，恭帝和谢太后都被俘虏。为了瓦解南宋民间抗元的残余势力，忽必烈十分善待谢太后和恭帝，先将她留在杭州养病，八月又把她接到都城，封为寿春郡夫人。七年后，谢太后在元大都病故，后归葬于临海西郊，享年七十三岁。

断腕皇后

——辽太祖皇后述律平

述律皇后（公元879—953年），汉名述律平，小字月里朵，她是辽太祖耶律阿保机的妻子。她在唐乾符六年（公元879年）十月生于契丹右大部。父亲述律婆姑是回鹘人的后代，曾经当过阿扎割只（位居枢密使之下的高级武官）。她的母亲是耶律匀德实的女儿，也就是耶律阿保机的姑姑。

辽国也称契丹。契丹神话里曾经有一个美丽的故事：一位乘着白马的神人与一位驾着青牛的天女，他们分别顺一条河流往下走，最后在木叶山地方两河（土河、辽河）交汇处相遇了。于是他们就结为了夫妻，生下了八个儿子，形成契丹八部。契丹人将他们合称为“二圣”，乘白马的男子为奇首可汗，乘青牛的女子为可敦（皇后）。从此，契丹人还把白马和青牛视为祭祀的圣物。他们认为天神会化作乘白马的男子，而天女会化作乘青牛的女子。

在契丹的民间传说中，也有关于述律皇后的故事。有一次她在两河交汇处远远地看见一个美丽的女子乘青牛而来，可是一转眼的工夫，女子和青牛忽然都消失不见了。人们都认为是因为述律平地位尊崇，就连神女都要给她让路。因此还有“青牛妪，曾避路”的童谣。

唐景福元年（公元892年），十四岁的述律平按照习俗，嫁给了舅舅耶律撒剌的儿子耶律阿保机（小字啜里只，汉名耶律亿）。

其实在此之前，耶律氏就一直担任着契丹最强大的迭剌部的酋长和部落联盟的军事统帅——夷离堇。刚刚二十岁的阿保机天赋异禀，身高足有九尺，力大无比，一下子就能拉开三百斤的弓箭。他不仅有勇而且有谋，甚至他的酋长伯父遇到疑难问题都要找他当参谋，因此在所有人的心目中他就是未来的酋长。

他们婚后第九年（公元901年），耶律阿保机当上了迭剌部的酋长和夷离堇，地位仅次于可汗。阿保机东征西讨，频频获胜，掳掠了大量的人口和牲畜。述律平也勇敢、果断、有谋略，她不仅经常给丈夫出谋划策而且还屡次随耶律阿保机出征打仗，成了丈夫的得力助手，在其创立功业和统一契丹的过程中发挥了重大的作用。

渐渐地耶律阿保机就成了契丹人心目中的大英雄。公元907年，契丹可汗痕德堇去世，于是契丹八部的首领就共同推举了耶律阿保机为新任可汗。

不过按照当时契丹的规矩，可汗并不是终身制，而是每三年选拔一次，人选由八部酋长共同商议决定。由于耶律阿保机功勋卓著，为契丹开拓了不少疆土，因此他连任了三届可汗。耶律阿保机不想只当几年的可汗，所以就产生了把选举可汗的制度改为世袭制的念头。述律平非常支持丈夫，于是他们开始为自己的这一计划作着积极的准备。

耶律阿保机开始西征室韦、东征女真、南讨奚族，东与唐河东节度使李克用结盟。在开拓领地之余，他着手将契丹的官员推选制度逐步改为由自己直接任命，同时还将下属的权力分散，分为北、南两院。北院（北大王）分管军机、武铨、群牧之政；南院（南大王）则分管文铨、丁赋，统管契丹属民。两院之下又各设宰相。而阿保机将自己的小舅子也就是述律平的弟弟述律敌鲁任命为北府宰相，把契丹部落联盟的主要权力都掌握在了自己的手里，而且还形成了契丹（辽国）皇后家族世代为宰相的传统。

与此同时，阿保机开始培养由契丹勇士组成的“皮室军”共计三万骑的精锐亲军。夫唱妇随，述律平也组织了自己名为“属珊军”的亲军，共计两万骑。这两支军队装备精良，互为主辅，成为阿保机帐下的精锐部队。

不过阿保机夫妇的这些做法引起了契丹贵族的反对，尤其是阿保机的亲兄弟、堂兄弟们。因为他们同为迭剌部的贵族子弟，都有可能因推选而当上可汗。可是如果可汗改为世袭制，他们就再也没有了希望。于是阿保机的弟弟剌葛联合了迭剌、寅底石、安图等人共同发动叛乱，史称“诸弟之乱”。他们的叛乱一共有三次，前两次阿保机都以和平方式解决了。可是他没想到，这些弟弟还是不死心。公元913年3月，他们又趁阿保机北征之机发动了第三次叛乱。剌葛派迭剌和安图攻打还在路上的阿保机，同时派寅底石进攻留守后方的述律平，夺走了象征可汗地位的“旗鼓”和象征祖先的“神帐”。述律平沉着应战，表现出了出色的军事才能。她最后击溃了叛军，夺回了“旗鼓”和“神帐”，保住了行宫。阿保机也派兵向叛军发起反击，最后终于将他们全部擒获。至此，这场新旧势力的殊死较量，以阿保机的胜利而告终。

其实阿保机念及兄弟之情，曾经想要释放卷入叛乱中的一部分亲戚，可是述律平却坚决不同意，觉得留下他们后患无穷。所以最后那些叛乱的亲戚们还是全部被处死，连阿保机唯一的同胞妹妹也未能幸免。“诸弟之乱”平息了，迭剌部也终于归于平静。不过危机还远远没有过去，其他七部的贵族仍然在为推翻阿保机作着积极的准备。

公元915年，阿保机在征讨黄头室韦部返回的路上时，被七部贵族劫持并逼迫下台。寡不敌众的阿保机只好辞去了可汗之职，带着迭剌部迁徙到了滦河沿岸。

阿保机在滦河时，接受了汉人的建议，模仿幽州建立了一座城市，并大力发展农业和盐、铁业。不仅迭剌部的居民在这里安居乐业，休养生息，而且还有不少关内的汉族人为了逃避战乱也迁到了这里。迭剌部的军事实力和人口数很快再次雄居于契丹八部之首，其他七部都要由他们提供盐、铁。具有政治敏感的述律平抓住这个机遇，给丈夫出了一个主意。于是阿保机依计对七部酋长说：“既然大家都在吃我的盐，你们真应该好好犒劳犒劳我。”七部酋长没有怀疑，都高高兴兴地带着牛马等礼品到迭剌部来聚会。可就在大家喝得酩酊大醉的时候，阿保机早已安排好的伏兵一拥而上，他们全部成了刀下鬼。可以说，述律平导演的这场鸿门宴为阿保机统一契丹扫清了最后的障碍。

于是公元916年3月，耶律阿保机在龙化州登基称帝，正式建立了契丹国（辽太宗时改为辽），并仿照汉族王朝建元“神册”。他自号为“大圣大明天皇帝”，封述律平为“应天大明地皇后”，册立他们的长子耶律倍（耶律图欲）为太子。自此，契丹的第一个奴隶制国家建立了。

同年，耶律阿保机率兵越过沙漠西征党项，只留下述律平驻守军帐。室韦族的黄头、臭泊二部趁机偷袭契丹军帐。述律平指挥若定，将其打得落荒而逃。在此之后，述律平还多次率兵击败进犯之敌，以致她的名字都威震诸夷。

神册二年（公元917年），吴主派人献给太祖阿保机一些猛火油，并声称这种油攻城时可以烧毁楼橹。如果敌人用水救火，火反而会越烧越大。阿保机听后非常高兴，马上就挑选了三万骑兵，打算进攻幽州。可是皇后述律平却不主张这样，她对太祖说：“哪有用油攻打别的国家的？”她还以树为例说：“皇上，如果这棵树没有了皮还能活吗？”太祖回答说不能。述律平又说：“幽州周围有土有民，就和这棵大树有皮一样。我们只需要三千骑兵，不断劫掠他们的田野，不出几年，这座城池就会不攻自破，何必要硬打呢？如果攻城失败了，一定会被中原人取笑，我们的部落恐怕也会因此而解体。”阿保机觉得很有道理，于是就听从了妻子的意见，取消了攻城的计划。

天赞元年（公元922年）十二月，晋王李存勖攻打镇州，威胁定州。义武节度使王处直派儿子王郁贿赂契丹，请求太祖出兵攻打晋王，以解镇州之围。王郁对太祖说：“镇州金帛山积，美女如云，您如果不去，可就要被晋王抢走了。”太祖有些心动，于是打算南下夺取镇州等中原重镇。述律平知道后劝太祖说：“我们现在拥有西楼牛马之富，其乐也是无穷尽的。何必为了一些小利益而劳师远征呢？我听说，晋王用兵神机妙算，如果您这次出师不利，那后悔还来得及吗？”可是太祖早已利令智昏，哪里还听得进去。最终他还是举兵南下，很快就攻占了涿州。没想到到了天赞二年（公元923年）正月，形势就急转直下。晋王李存勖亲自率领五千铁骑反攻阿保机，结果辽军大败，阿保机只得撤兵回朝。可是军队到了易州时，正巧又赶上连日大雪，士兵、战马冻死、饿死的不计其数。阿保机想起了皇后的话，后悔莫及，同时也不由得钦佩她的军事眼光。

于是后来阿保机采纳了述律平的建议，先后平定了西部一些如党项、吐谷浑、突厥等的小部族，逐渐积累了实力。后来述律平又和太祖一起消灭了东部的渤海国，占领了辽东地区。契丹的势力范围越来越大，使得远近小国都纷纷前来进贡。

述律平不仅能征善战，颇有军事才能，而且知人善任，非常重视人才。幽州节度使刘守光在与李存勖的战争中连连失利，于是他就派韩延徽到契丹求援。可是韩延徽见了太祖却不肯跪拜。阿保机大怒，罚他在田野上放马。述律平知道韩延徽“有智略，颇知属文”，便向太祖进言说：“韩延徽恪守节操而不屈服，不正说明他是个贤能之人吗，怎么能这样羞辱他呢？我们应该以礼相待，委以重任。”于是阿保机就召见了韩延徽，与其谈论军国大事，发现他确实很有见识。太祖很高兴，立即就下令任命韩延徽为参军事。后来契丹攻打党项、室韦，平渤海时多是由韩延徽策划。韩延徽还辅佐太祖仿行汉制，营建都邑，兴建宫殿，制定法度，“弭兵轻赋，专意于农”，在一定程度上缓和了民族矛盾，同时也加快了契丹封建化的进程。这一切还多亏了述律平这个慧眼识英才的伯乐。

述律平除了成功地推荐了韩延徽外，还为阿保机挑选了很多有才干的汉族人才。比如，汉将韩知古，本来只是个在战场上俘获的汉人。述律平出嫁时，韩知古是她陪嫁的奴隶。可是由于韩知古才华出众，述律平还是把他推荐给了太祖。后来他受到了太祖的重用，成了管理汉人事务的最高官员。在这些汉人的帮助下，契丹还创造了自己的文字。

述律平和太祖一共有三个儿子：长子耶律倍，次子耶律德光，三子耶律李胡。

长子耶律倍才华横溢，阴阳、音律、医药、文章、书画等无所不通。他曾把《阴符经》翻译成契丹文，其丹青绘画甚至后来还成为宋朝的宫廷珍藏。除此之外，他还收集了很多汉文图书，据说有一万多卷。其中有些善本，在中原都很难见到。可是述律平却认为这个大儿子是个只知道念书的儒生，不太喜欢他。

二儿子耶律德光精于骑射，在军事政治上很有成就，二十多岁就被任命为“天下兵马大元帅”。阿保机每次出征都把他带在身边。

小儿子耶律李胡，没有什么才能，只有一身蛮劲。平时他稍不如意就在别人脸上刺字。如果大发脾气，他就会把人活活剥皮抽筋或者抛入水火之中。契丹全国上下没有不怕他的。可是述律平偏偏最喜欢这个小儿子。

不过阿保机和妻子的看法却完全相反。他曾经注意过儿子们睡觉时的姿势，小儿子总是缩着头躲在两个哥哥后面。后来他又让三个儿子在冰天雪地中外出捡柴，回来生火取暖。二儿子德光不论干湿，最先弄了一大堆抱回来；长子耶律倍挑选了干燥的柴火并捆扎好才返回；而小儿子李胡怕冷又怕苦，只胡乱捡了一些，路上嫌累还丢掉了一大半，最后才回来。因此阿保机曾对述律平说：“大儿巧，二儿诚，小儿子是其中最没有出息的。”

可是天显元年（公元926年）二月，耶律阿保机却下诏改渤海国为东丹，忽汗城为天福城，将随军的太子耶律倍册封为东丹国主“人皇王”，赐给他天子冠服，建元甘露。阿保机把原本自己很喜爱的太子留在了遥远的东丹，可能也有了改易太子的念头。这其中述律皇后应该起了很大的作用。

没想到刚刚才几个月，阿保机就于同年七月因病死在了东征渤海归来的路上。太子耶律倍理应继承王位，可这样就打乱了述律平更改继承人的计划。于是在阿保机去世后的第八天，述律平以皇后的身份临朝称制，总揽了军国大事，打算立二儿子耶律德光为帝。

天显二年（公元927年）八月，述律平将太祖葬在木叶山的祖陵，举行了隆重的安葬仪式。述律皇后把太祖生前亲近的几十位大臣都叫到跟前说：“先帝生前待你们恩重如山，你们思念先帝吗？”大臣们都诚惶诚恐地说：“先帝对我们的恩德我们没齿难忘，怎么会不思念呢？”他们没想到这下子就中了述律平的圈套。述律平说：“如果真的是这样，那我就成全你们吧。”于是她下令将一百余名大臣杀死为太祖殉葬。大臣们无故被杀，他们的家眷自然哭闹不止。可述律平却对她们说：“我如今寡居，你们为什么不能效法我呢！”

有一次，述律平还想除掉汉族大臣赵思温，同样也问他是否想念先帝。赵思温知道太后的意图，不甘心自己平白受死，于是他回答说：“我非常想念先帝，但现在我还不能去跟随他。”述律平奇怪地问：“那这是为什么？”赵思温说：“太祖最亲近的人莫过于太后您了，您要去，我就在后边跟随。”述律平被赵思温将了一军，大家都以为这下子她没办法收场了。可是没想到，述律平突然抽出金刀，一下子就砍下了自己的右手，放在太祖棺内，并说道：“儿女幼小不可离母，再加上国家无主，暂不能相从于地下，所以以手代之。”从此她就被称为“断腕太后”。赵思温也奇迹般地幸免于难，述律平以后就再也不敢随便杀人了。后来，耶律德光在上京义节寺里修建了一座断腕楼，并且还树碑记载了这件事。

不过述律平自断手腕之后，大臣们对她的主张再也不敢违抗，更立太子的条件已经完全成熟。于是天显二年（公元 927 年）十一月，述律平命令太子耶律倍和耶律德光都乘马并排立于帐前，然后她对大臣们说：“这两个儿子我都喜欢，不知立谁当皇帝好，还是遵从大家的意愿吧。你们拥护立谁，就去拉住谁的马缰绳。”大臣们都知道这只是她的场面话，也知道不选择耶律德光会有什么后果，于是他们都纷纷争抢着去拉他的马缰，恐怕慢了一步，就成了不明不白的刀下鬼。这时候耶律倍一看自己大势已去，于是也急忙下马对母亲说：“儿臣无才无德，情愿把帝位让与二弟。”述律平满意地说：“既然大家都愿意拥戴耶律德光为帝，我怎么敢违背呢。”于是她就顺从“民意”地让耶律德光继承了皇位。

耶律德光在传统的燔柴礼之后，于宣政殿正式继契丹帝位，即辽太宗。述律平被尊为“应天皇太后”，会同初年（公元 938 年）又上尊号为“广德至仁昭烈崇简应天皇太后”。

史称耶律德光“性孝谨，母病不食亦不食，尝待于母前，应对或不称旨，母扬眉而视之，辄惧而趋避，非复召不敢见也”。所以述律平也如愿以偿地让太宗把她的小儿子耶律李胡册立为“皇太弟”了。

虽然是长子主动提出让位，但是述律平和耶律德光对远在东丹国的耶律倍还是不放心。他们表面上对耶律倍很是关心，可实际上处处防范着他。辽太宗即位后的第二年，述律平和耶律德光趁着耶律倍留住京城的时机，逼迫东丹国相耶律羽之将国内的百姓人口和国都都迁移至东平（今辽宁辽阳）。后来她又故意表示尊崇，给耶律倍增加了仪卫的规格。可是这些措施实际上缩小了东丹国的领地，还对耶律倍实行了暗中监视。耶律倍为了消除母亲的疑心，整天在东丹王宫中读书作画，还写了一首《乐田园诗》，表明了自己无意争权的心志。可是母亲和弟弟还是不断监视和压制他，耶律倍终于忍受不住了。他对自己的近臣说：“我以天下让主上，现在反而受到怀疑。还不如去他国，以成吴太伯之名。”于是他在一块木牌上刻下了一首诗：“小山压大山，大山全无力。羞见故乡人，从此投外国。”天显五年（公元 930 年）十一月，耶律倍带着高美人等部分家眷、随从从海上乘船逃到了后唐的都城洛阳。后唐皇帝李嗣源热情地接待了他，并赐以怀化节度使等官职。耶律倍为了表示对汉族文化的崇敬，后来改名李赞华。

可是耶律倍的命运实在有些不好，刚刚过了六年的安定日子，就被后唐最后一个皇帝李从珂杀害了，死时年仅三十八岁。只因为母亲的偏心，这位本来应该是契丹皇帝的太子最后竟然落了个这样的下场。耶律倍的不幸遭遇，激起了辽国上下的极大同情。后来人们立耶律倍的长子耶律阮为帝，很可能也是受了这种感情的影响。

其实述律皇后早在其称制期间，就曾经遣使和后唐修好。她对太宗连年南征表示不满，认为应以“争取民心，胡汉和好为上策”。所以，后来耶律德光派遣了三十多名使者出使后唐，“自是山北安静，藩汉不相侵扰”，使得长期遭受战乱的契丹族和汉族人民都得到了短暂的休养生息的机会。

天显十一年（公元936年）七月，石敬瑭举兵叛变后唐并向契丹求援，表示事成后愿意以“幽云十六州”作为答谢。耶律德光闻讯大喜，立即亲自率兵前往助战，四个月后大功告成。耶律德光册立石敬瑭为“大晋皇帝”。册立仪式上，四十五岁的石敬瑭穿着契丹服装，拜见了三十四岁的“父皇”耶律德光。述律平自然也就成了石敬瑭的祖母。耶律德光轻松地得到了幽云十六州，也获得了后晋每年三十万匹布帛的贡品。可是耶律德光却并不满足，他有更大的野心——成为中原的皇帝。在这个问题上，述律平曾经不止一次地表示过异议，不过耶律德光只是表面上接纳了母亲的意见，而实际上，他还在积极作着各种准备，等待着机会。

后晋天福七年（公元942年），石敬瑭去世。而此时他和妻子后唐魏国公主李氏所生的儿子石重睿尚未成年。后晋的朝臣迫使李氏不得不同意让石敬瑭的侄儿石重贵继承帝位。可是石重贵即位后，耻于向辽称臣，辽太宗大怒，立刻御驾亲征讨伐后晋。临行前，述律太后对他说：“如果你真要讨伐后晋，我也不阻拦你。但我有一句话相告：如果你得了晋地，千万不要做汉人的皇帝，最后选一个汉人做皇帝，否则你会后悔的。”辽军开始很顺利，可是后来他们遭到了后晋官兵的奋勇抵抗，同时辽国国内又发生了大灾荒。本来就不赞成攻晋的述律平劝耶律德光说：“我们就算得到后晋也是难以久驻的，可是如果发生什么意外，到时候后悔也来不及了，还不如趁现在和后晋议和罢兵。”耶律德光听了母后的话，与后晋议和。可是罢兵才一年，耶律德光又坐不住了，再次兴兵。会同九年（公元946年）十二月，后晋终于被他攻破。第二年的二月，耶律德光在汴京称帝，建国号为大辽，改元大同，表明了他称霸中原，一统天下的野心。

可是耶律德光的皇帝没能做多久，就遭到了各方的强烈反对。太原的北平王刘知远称帝于太原，建立后汉，反对耶律德光。这之后中原各镇帅也纷纷起兵反辽。辽兵的粮草一般都是靠沿路抢劫而来，进入汴京后，辽军依然沿用旧习，大规模洗劫百姓。他们的所作所为激起了各地百姓的愤怒，各地也纷纷举旗反抗，同时爆发了多处起义。耶律德光见势不妙，曾哀叹说：“我没想到中原的人竟然如此难制！”于是大同元年（公元947年）四月他以归国看望母亲为由下诏北归。可就在北归途中，耶律德光身染重病，在栾城病逝，年仅四十六岁。

耶律德光一死，皇位继承问题又暴露了出来。述律平没有想到，正是因为她当时临朝称制时的大肆杀戮，激起了大部分契丹贵族的不满和恐惧。因此耶律德光死后，人们都担心历史会重演，害怕述律平把他们也当了陪葬品，而且也害怕她把暴力凶残的耶律李胡推上皇帝的宝座，所以他们决定先发制人，另奉新主。此时大家都不约而同地想起了一个人，那就是耶律倍的儿子永康王耶律阮。耶律阮在父亲投奔后唐时没有跟着去，而和母亲留在了契丹，此时他正好就在耶律德光的军队里。

所以在耶律德光病死的第二天，耶律阮便在众人的拥戴下，在太宗的灵柩前即位，是为辽世宗。而述律平因为宠爱小儿子，早有意立他为帝，现在听说了这件事，她不禁勃然大怒，说：“耶律倍竟然走投外国，乃是大逆不道，他的儿子怎么可以立为皇帝呢！”于是她立即派天下兵马大元帅耶律李胡率兵讨伐耶律阮，企图用武力夺回皇位。可是由于述律平人心尽失，除了自己的属珊军旧部，谁也不肯支持她。再加上耶律李胡无德无才，在泰德泉被世宗打得落荒而逃，大败而归。这下子述律平就更生气了，她将耶律阮左右随从留在上京的家眷全部抓了起来。然后她亲自整顿兵马，和耶律李胡一起率兵来到上京城外的潢河岸边，和孙子隔岸对峙，准备决一死战。

可就在这个关键的时刻，很有声望的契丹贵族耶律屋质站了出来，极力劝说述律平与耶律阮讲和。他对述律平说："耶律李胡和耶律阮都是您的子孙，国家并没有落入外人之手，您何必如此固执呢？而且按照礼法，皇位是传嫡不传弟。当年太宗取代耶律倍称帝，虽然他文武兼备，人们还是议论纷纷。何况耶律李胡又暴戾残忍不得人心，现在大家都愿意拥立永康王，已是定局不可扭转了。如果国家内部因为权力相争，必定会给我们的敌人以可乘之机，望太后三思啊。"

述律平也知道这其中的利弊，所以她只得无可奈何地勉强答应说："诸弟之乱，国力还没有完全恢复。如果内战再起，就有亡国的危险，那就立耶律阮为帝吧。"于是她派耶律屋质前去议和。一开始耶律阮觉得自己实力强大，根本没有必要议和，可是耶律屋质极力劝说道："如果你们打起来，那是骨肉相残，况且谁输谁赢现在还不知道呢。即便是你胜利了，可是他们扣押的人质会怎么样呢？因此，最好还是化干戈为玉帛，与太后相见，尽弃前嫌。如果和解不了，再战也不迟啊！"耶律阮有些心动了，再加上其手下都听说自己的家眷在述律平手中掌握着，他们也都极力劝耶律阮议和。

祖孙两代在战前相见，不由得分外眼红。述律平对耶律阮说："你的父亲是叛逆之人，大家怎么可以立他的儿子为帝？"耶律屋质问："当初人皇王还在，为什么又立了太宗？"述律平毫无愧意地说："当初立次子为帝，也是太祖的遗嘱。"耶律屋质又问耶律阮说："你为什么擅自继承了王位，却没有告诉你的祖母呢？"耶律阮气愤地回答："当时本来应该让我的父亲继承王位，可是他们却逼得他走投无路，所以我没有告诉他们。"耶律屋质看到他们双方都各执一词，各自都认为自己有理，索性生气地拂袖而起说："耶律倍舍弃自己的国家而逃到后唐，做儿子的难道应该这样吗？您见到太后也没有什么愧疚之感，反而唯怨是寻；太后偏心，假托是先帝遗命，随便更立皇帝。你们这个样子，难道还想讲和？还是赶快交战吧，不要在这里浪费时间。"耶律阮和述律平都被他的话触动。述律平说："太祖的时候遭遇了诸弟之乱，国家到现在还没有完全恢复过来。舍长立次，这是我的过失，怎么能再让国家陷入动乱的境地之中？"耶律阮见祖母如此，也有些后悔。他自责地说："我的父亲从来没有兴兵发难，我作为孙辈，怎么能再陷国家于水火之中！"

于是，双方罢兵息战，达成了"横渡之约"，承认耶律阮称帝。耶律阮终于成为名正言顺的皇帝，他追封一生不得意的父亲耶律倍为"让国皇帝"，陵曰显陵，加封其谥号为文武元皇王。

不过述律平一直没有放弃让小儿子当皇帝的念头。她暗中策划发动一起政变，企图废黜耶律阮。可是她的如意算盘没有打好就被人告发了。耶律阮先下手为强，把祖母和叔叔逐出上京，幽禁在祖州阿保机的墓旁。

天禄五年（公元951年），辽世宗耶律阮死于近侍的谋逆叛乱，继承帝位的是耶律德光的儿子耶律璟。耶律璟释放了祖母和耶律李胡。但是述律平没有返回上京，还是居住在祖州。两年后，辽应历三年（公元953年），述律平死于祖州，终年七十五岁。同年十一月，她与丈夫耶律阿保机合葬祖陵，谥号“贞烈”，兴宗时改谥号为“淳钦皇后”。

应历十年（公元960年）十月，因为耶律李胡的长子宋王耶律喜隐谋反的事情败露，耶律李胡受牵连入狱，不久就死在狱中。辽圣宗耶律隆绪时，耶律李胡被追尊为“钦顺皇帝”，这终于完成了述律平未了的心愿。

世间能有几个像述律平这样的奇女子呢？她用兵如神，深谋远略。独守大国，沉着应战，大败室韦。她又极有气魄，挥刀斩断自己的手腕，以镇朝野。这即使是英雄须眉也很难做到。但她也有自己的狭隘之处。小儿子耶律李胡，胸无大志，也没有什么大的才华，只是有些蛮勇，可是述律平就偏偏喜欢他，为此她还赶走了自己的长子，后来又和孙子打仗。不过我们还是不能抹杀了她对契丹作出的巨大贡献。

铁马红颜

——辽景宗皇后萧燕燕

辽景宗耶律贤的皇后萧燕燕（公元953—1009年），汉名萧绰，小字燕燕。其实萧燕燕就是《杨家将》中的萧太后，她曾以皇后和皇太后的身份，在景宗时期和圣宗前期的政治舞台上活跃了整整四十年。不过历史上的萧燕燕和我们印象中的并不太一样。

萧氏一族在辽国一直都很有地位和声望，耶律阿保机称帝建立大辽以后，因为他很仰慕汉高祖刘邦，于是就将耶律氏兼称刘氏，而且把契丹贵族乙室和拔里氏看做是萧何，所以称他们为萧氏。萧氏作为契丹的大姓，世任国事，而且耶律阿保机还曾经下诏要求萧氏和皇室世代联姻。所以大辽自耶律阿保机之后，萧氏的女子都嫁给耶律氏，耶律氏的女子都嫁给萧氏。萧氏先后出了十三位皇后、十三位诸王、十七位北府宰相和二十位驸马，因此号称为“国舅帐”，成了辽国仅次于耶律氏的权贵势力。

萧燕燕出生于应历三年（公元953年）五月，她的外祖父是“威德兼弘，英略间见”的辽太宗耶律德光，父亲萧思温，母亲就是耶律德光的大女儿——燕国公主耶律吕不古。萧思温虽然身为一名武将，但是他却很注重自己的外表，因此常常遭到别人的非议。但是由于他的高贵出身和与皇室的姻亲关系，他仍然担任了大辽北院枢密使兼北府宰相等重要的官职。

萧思温和耶律吕不古一共有三个女儿，萧燕燕是最小的一个。她自幼就聪明伶俐，熟读经史，把父亲所有的藏书都读了一遍，而且琴棋书画样样精通。她的性格也比一般女孩子坚强果断，还练就了一身的好武艺。有一次，萧思温看到几个女儿正在扫地，就饶有兴致地观察了一会儿。其他两个女儿都是当差事应付，马马虎虎地扫一遍就算了。可是只有小女儿萧燕燕非常认真，一丝不苟地把地面打扫得干干净净。萧思温禁不住高兴地说：“我这个女儿将来一定会有所成就，振兴我们萧家！”因此，他对燕燕就格外宠爱。

渐渐地燕燕出落成了一个漂亮的大姑娘，还赢得了“细娘”（绝色女子）的美称。她十六岁那年被选入皇宫，当上了耶律贤的王妃。辽应历十九年公元（公元969年）二月，辽穆宗被人刺杀身亡，耶律贤即位，是为辽景宗。萧燕燕先被封为贵妃，不久又被册封为承天皇后。

辽景宗耶律贤是个有些抱负的人，在即位之初也很想励精图治，干一番大事业。可惜他的身体一直不好，后来又患上了风疾，身体极其虚弱，于是军国大事只能交给皇后萧燕燕处理。

保宁四年（公元972年）十二月，萧燕燕为景宗生下了他们的长子耶律隆绪，景宗对萧燕燕更是倍加宠爱。保宁八年（公元976年）二月，辽景宗耶律贤命令史馆学士，以后凡是记录萧皇后的言论同样也称“朕”或“予”，并“著为定式”。萧燕燕在景宗的支持下，实际上已经成了大辽的女皇，初步显示了自己的政治才华，以至于辽国的百姓“只知有萧后，不知有景宗”。

萧燕燕入宫之后，辽景宗把她的大姐萧胡辇嫁给了辽太宗的次子齐王耶律罨撒葛。可是他们结婚没多久，齐王就去世了，被追封为皇太叔，萧胡辇就成了皇太妃。和萧燕燕一样，萧胡辇也能征善战、敢爱敢恨。辽圣宗统和十二年（公元994）八月，她以“皇太妃”的身份率三万兵马屯驻西北，平定了西北边境。可就在那里她和一个名叫挞览阿钵的奴隶一见钟情，将他招入帐中养为男宠。萧燕燕知道这个消息后非常生气，立即下令把挞览阿钵囚禁起来，还施以刑罚，把他赶走了。

挞览阿钵离开之后，萧胡辇一直郁郁寡欢。一年后她终于忍不住向萧燕燕哭诉求情。萧燕燕这时气已经消了，觉得自己确实对姐姐不够体谅。于是她又把挞览阿钵找了回来，同意他与萧胡辇结为夫妻。后来她还将挞览阿钵封为将军，令他领兵西讨鞑靼。可是没想到大姐竟然对她恩将仇报。萧胡辇夫妇私结党羽，从原本由自己把守的西北边境逃走，与骨历札国密谋联合举兵谋反。天下没有不透风的墙，萧燕燕很快就知道了这件事，立即下令削夺了他们的兵权，并把他们关进监狱赐死，最后还将其所有的党羽活埋。

萧燕燕的二姐嫁给了越王，但是越王因为谋反被赐死。所以她也一直对萧燕燕怀恨在心，还曾经想以宴饮为名毒死自己的妹妹，没想到却被婢女告发。萧燕燕对二姐“以其人之道，还治其人之身”，用毒酒鸩杀。

萧燕燕和景宗一共有四个儿子、三个女儿，即辽圣宗耶律隆绪、梁王耶律隆庆、楚王耶律隆祐、早夭的耶律郑哥、齐国公主耶律燕哥、卫国公主耶律长寿奴、越国公主耶律延寿奴。

萧燕燕虽然非常疼爱自己的儿女，但是对他们要求也很严。在她的教诲下，圣宗“幼喜书翰，十岁能诗。既长，精射法，晓音律，好绘画”，能用契丹文翻译白居易的文集，甚至还能写出“乐天（白居易）诗集是吾师”的诗句。除此之外，他还喜欢读《贞观政要》这部书，从中吸取了不少治国的经验，最终成了辽国历史上在位时间最长、政绩最卓著的皇帝。所以史书曾记载“圣宗称辽之圣主，承天后教训为多”。除了圣宗，耶律隆庆也是一个战功赫赫的将才。耶律隆祐虽然体弱多病，但相貌俊美、喜好文学，也算是个出色的人才。

萧燕燕将大女儿嫁给了自己的弟弟萧继先、二女儿嫁给了萧排押。这两个女婿都战功卓著，而且为人又谦虚宽厚，所以很得萧燕燕的喜爱。小女儿越国公主性情沉稳柔顺，萧燕燕最宠爱她，小女婿萧恒德也因此屡获重任。统和十四年（公元996年），越国公主因为生育而得了重病，萧燕燕便将自己宫中的女官贤释派去侍候。没想到萧恒德竟然见色起意，公然与贤释勾搭成奸。越国公主被气得不治身亡。萧太后得知这一切后，顿时怒不可遏，立即将萧恒德赐死，为公主殉葬。自从辽太宗耶律德光从后晋儿皇帝石敬瑭手中得到幽云十六州后，实力大大增强。这片土地不但人口密集、经济发达，而且还是军事重镇。可是幽云十六州的丧失，使中原政权失去了抵御北方少数民族进攻的屏障。所以在北宋初期，宋太祖和宋太宗都想夺回失地，几次发兵攻辽，恰好都发生在萧燕燕掌权的时期。

乾亨元年（公元979年），宋太宗赵光义刚刚消灭了北汉，未及休整，即令转兵东进，企图乘势收复幽州（今北京）。这时正是大辽南院枢密使韩匡嗣驻守幽州。可是他却畏战逃跑，他的儿子韩德让代替了父亲与将士们日夜坚守，等待援军。萧燕燕果断地命令名将耶律休哥、耶律斜轸前去救援。两路兵马在高粱河（今北京西北）左右夹击宋军，宋军大败，赵光义背上也中了流矢，最后只得狼狈逃走。乾亨四年（公元982年）九月，三十五岁的辽景宗因病去世，年仅十二岁的耶律隆绪即位，是为辽圣宗。因为新帝年幼，所以辽景宗在驾崩前曾留下一切国事皆听命于皇后的遗诏。于是萧燕燕以皇太后的身份临朝听政，在国内实行了全面的封建化改革，开始了历史上著名的承天皇太后摄政时期。

不过萧燕燕和圣宗毕竟是孤儿寡母，主少国疑；再加上辽太祖耶律阿保机时允许诸王宗亲可以拥兵握权，造成了此时诸王宗室二百余人拥兵自重，对皇位虎视眈眈的局面；而且北宋很可能也会趁机起兵北进。这一切使得原本就非常复杂的政局，变得更加严峻起来，朝廷内外，人心惶惶。

可是萧燕燕却很沉着冷静，她明白只有把兵权牢牢掌握在自己手里，才能控制现在的局势。所以她任命自己的心腹韩德让、耶律斜轸为南、北院枢密使并统领御林军，任命耶律休哥为南京（今北京）留守，负责边防军事。同时她亲自签署命令："诸王归第，不得私相燕会。"这样就限制了诸王的行动自由，避免了国家的内乱，巩固了政权。

萧燕燕任用的汉官中有一个人受到了特别厚爱，他就是韩德让。韩德让是蓟州玉田（今河北玉田）人，父亲韩匡嗣因为擅长医术，被太祖耶律阿保机的皇后述律平看做自己的孩子一样。韩匡嗣也因此拜为南京留守兼枢密使，封魏王。

据说萧思温曾把萧燕燕许配给韩德让；可是他们还没有来得及结婚，燕燕就被选入宫，所以萧皇后在景宗时期就对韩氏家族格外优待。乾亨元年（公元979年），韩德让的父亲韩匡嗣在战时逃跑。这原本是死罪，可是由于萧皇后的全力营救，最后只是将其杖责免官，而且不久又重新将其起用。

景宗去世后，萧燕燕对韩德让还是旧情难忘。于是她就对他说："我从前曾经与你有过婚约，现在皇上去世了，希望能和你重修旧好，再续前缘。我的儿子耶律隆绪也就是你的儿子。"为了达到自己的目的，她还暗中派人将韩德让的妻子李氏毒死。从此萧燕燕和韩德让同进同出，名为君臣，实同夫妻。

辽圣宗耶律隆绪对韩德让也像对自己的亲生父亲一样，给了他很多特权，比如入朝不拜、上殿不趋等。而且他每天都让两个弟弟耶律隆庆和耶律隆祐向韩德让请安，规定他们在离韩德让寝帐二里以外的地方就必须下车步行。如果韩德让从外地回到京师，他们也要提前赶到他的帐外迎候。作为一国之君的耶律隆绪如果去拜见韩德让，也会在五十步以外的地方就下车步行。韩德让虽然要出帐迎接，但圣宗一定会先向他行礼。他们入帐后圣宗还让韩德让高居在上座，自己对他行父子家礼。

后来在一场马球比赛中，大臣胡里室故意把韩德让撞落马，萧燕燕勃然大怒，立即就将胡里室斩首示众。可是有一次在朝堂上，涿州刺史耶律虎古和韩德让发生了激烈争执。韩德让大怒之下，抢过卫兵手中的戎杖就向耶律虎古砸去，一下子就把他给砸死了。萧燕燕却没有怪罪他。

统和六年（公元988年）九月的一天，萧燕燕在韩德让的帐室中大宴群臣，对众人厚加赏赉，并“命众臣分朋双陆以尽欢”。其实这实际上就是萧燕燕改嫁给韩德让的喜筵。统和十七年（公元999年），韩德让担任了北院枢密使，官拜大丞相，晋封为齐王，总揽了辽国的军政大权。萧太后曾先改韩德让名为韩德昌，统和二十二年（公元1004年）十二月，又赐其辽国的国姓耶律氏，改其名为耶律隆运。

辽国本称“契丹国”，是一个以契丹族为主体的国家，它的法律对契丹人和汉人非常不平等。比如，契丹人打死了汉人只需赔偿牛马，而汉人打死契丹人不但本人要判处死刑，而且亲属还要沦为奴婢。这样日积月累，到圣宗时国内的民族矛盾已经非常尖锐了。

于是萧燕燕在统和元年（公元983年）参照《唐律》制定和修改了许多法律条文。比如，汉人和契丹人犯法要同等对待，“王子犯法，与庶民同罪”，主人不能随意杀死奴婢等。从统和八年（公元990年）开始，萧燕燕还多次下令解放奴隶，使得大批奴隶取得了平民身份。统和十三年（公元995年），她又将穆宗时打入奴隶籍的奴隶全部释放。

萧燕燕“明达治道，闻善必从”。她采纳了北院宣徽使耶律阿没里的提议，废除了一人犯罪，亲属“连坐”的残忍法令。除此之外，她还制定了“上诉”制度，允许自以为冤枉的罪犯直接到御史台告状，甚至有时她还亲自审理案件。史书记载，她在统和二年（公元984年）就“决狱”三起。不过她对违法乱纪的官僚贵族却绝不手软。耶律国留内弟的妻子阿古和奴仆私通，耶律国留逼迫阿古自尽，又将奴仆杀死。萧燕燕知道后，依法将耶律国留处死。据辽史《刑法志》记载，萧燕燕变革之后，缓和了辽国内部民族之间的矛盾，“国无幸民，纲纪修举，吏多奉职，人重犯法”，“统和中，南京及易、平二州以狱空闻”。

在经济上萧燕燕实行赋税制度，在其执政期间先后减免赋税就多达二十三次，还先后八次下诏赈济灾民和流民，并无偿为贫困的农户提供耕牛和种子，发展了农业的同时也促进了手工业和商业的兴旺。

在整顿吏治方面，萧燕燕于统和元年（公元983年）诏令各级官员都要秉公办事，不徇私情。如果有官吏贪暴残民，一经发现立刻就会被罢免，终身不再起用。如果官员中有人能够清正廉明，即使他身在卑位，也会被提拔重用。除此之外，她又于统和六年（公元988年）开始实行科举制度，通过考试选拔人才，任人唯贤。科举制度的实行使越来越多的汉族知识分子获得了施展才华的机会，同时也促进了辽国文化事业的发展。

在军事方面，萧燕燕“习知军政，赏罚信明，指麾三军，将士用命”。每逢重大的战事，她一定会和圣宗御驾亲征，所以将士们都愿意为她和圣宗卖力。耶律斜轸是景宗时由萧思温引荐入朝的一员大将。因为他很有才干，萧燕燕就把自己的侄女嫁给了他。

统和元年（公元983年）八月的一天，圣宗和大臣们一起去赤山狩猎。圣宗突然想和耶律斜轸赛马，可是耶律斜轸说：“我怎么能和皇上赛马呢？如果我的马赢了皇上的，岂不是很失礼吗？”萧燕燕听到了，笑着对他们说：“论国礼，你们是君臣。可如果按咱们契丹人的习俗，生死之交的朋友应该交换弓矢鞍马为盟。今天，你们就当着我的面，互换弓矢鞍马结为朋友吧。”耶律斜轸连忙推辞。可圣宗却已经命人把两匹马牵到阶下互换，还把自己的弓送给耶律斜轸。耶律斜轸跪接后，也把他的弓呈给了皇上。在场的大臣们都很羡慕耶律斜轸，同时也很佩服萧太后的这一举动。

在辽国内部，萧燕燕和韩德让的关系没有让大家感到反感，可是宋朝人却认为这是伤风败俗的丑事。有一次，雄州知州贺令图向赵光义进言说：“契丹主幼，国事决于其母，但萧太后和韩德让有私情，辽国上下必定大乱，我们可以趁此机会发兵。”于是辽统和四年，宋太宗雍熙三年（公元986年）三月，宋太宗派遣曹彬、田重进和杨业率领三十万大军分三路攻打大辽，试图收复幽云十六州。一开始宋军连克了歧沟、涿州、固安、新城，寰州、朔州、应州、云州也纷纷降宋。在这万分危急的形势下，萧燕燕带着圣宗到前线亲自督战，指挥若定地调集各路兵马进行反攻。

有一次，萧燕燕和王继恩下棋，最后王继恩却因为慌乱输了。萧燕燕就趁机问圣宗：“平时我们下棋，基本上都是他赢，可是这次我却赢了，皇上知道为什么吗?”圣宗恭敬地回答说：“那是因为母后的棋下得好。”可萧燕燕却摇头说：“其实下棋和打仗是一样的。首先必须要镇定，只有这样才能想出克敌制胜的好办法。如果乱了自己的阵脚，最后就只能以失败告终。”说完，她就命人取来地图，和圣宗一起仔细分析军情，从容地制定了退敌的方法。

萧太后以耶律斜轸抵御北宋的西路军杨业，自己和圣宗率兵在正面与东路军曹彬对阵，同时派耶律休哥包抄宋军后路，阻断了他们的水源粮道。最后辽军终于在歧沟关（今河北省新城县西北）大败曹彬。宋军转胜为败，死伤惨重，甚至使易州之东的沙河都被尸体所堵塞。由于战功显赫，耶律休哥还被萧太后封为“宋国王”。与此同时，耶律斜轸在朔州（今山西省朔县）也击退并俘获了北宋名将杨业。杨业拒不降辽，绝食三日而死。其实杨业可以说是辽国的死敌，早在辽景宗乾亨二年（公元980年），辽国曾派遣十万大军南下进攻北宋雁门关，当时杨业只有数千兵马，可是他随机应变，大败辽军，取得了“雁门关大捷”。以至于辽军一听到他的名字就害怕，将其称为“杨无敌”。萧燕燕虽然对杨业非常欣赏，但是为了鼓舞士气，她还是下令将杨业的头颅割下，传送边关各地。杨业已死的消息使辽军士气大振，而宋朝守军则大受打击，还没开战就已经失去了信心。

最后，辽、宋之间的这场大战，以辽国的全线胜利而告终。萧燕燕和圣宗顺利地收回了所有的疆土。从此之后北宋对辽变攻势为守势，战争的主动权转到了辽军手中。在这场战争中，萧燕燕不仅运筹帷幄，指挥若定，而且还亲自披挂上阵，驰骋沙场，让堂堂七尺男儿都自愧不如。战后她还下令在古北口为杨业修建祠堂，以此来纪念这位北宋名将。

燕云大捷之后，萧太后开始主动地向宋朝挑战，多次与圣宗率军南下。北宋军队也只有招架之功，而无还手之力。辽国的声势因此不断扩大，党项、女真等周边的部族国家都纷纷向辽称臣纳贡。

萧燕燕虽然一生经历过大大小小无数次战争，可是“澶渊之役”才是她军事生涯不战而胜的一页。

辽圣宗统和二十二年（宋真宗景德元年，公元1004年）九月，萧燕燕和辽圣宗、韩德让一起率领二十万大军南下。辽军势如破竹，所向披靡，十一月便抵达黄河之滨的重镇——澶州（今河南省濮阳县）。萧燕燕“亲御戎车，指麾三军”，在与北宋都城开封只是一河之隔的澶渊城下摆开阵势。

消息传到开封，一时朝野震动，宋真宗也早吓得没有了主意。参知政事王钦若主张迁都金陵（今江苏南京），枢密院陈尧叟主张迁都益州（今四川成都），唯有丞相寇准坚持请求宋真宗御驾亲征。最后宋真宗还是接受了寇准的请求，决定亲临前线。

宋真宗到达前线后，亲自登上了澶州北城门。宋军士气大振，同仇敌忾，给了辽军沉重的打击。不久辽国名将萧挞凛在察看地形时，又被宋军床子弩射中身亡。辽军还未开战就损失了一员大将，士气大大受了影响。这对辽军来说无异于雪上加霜。再加上辽军孤军深入，还有连续作战的疲惫，此时形势对辽非常不利。萧燕燕审时度势，决定利用宋真宗急于求和的心理，主动与宋议和。

本来寇准和杨业的儿子杨延昭是想以战议和，最终迫使辽军归还幽云十六州。可是没想到宋真宗却胆小如鼠，不顾他们的劝阻，立刻同意议和。宋真宗甚至还对使臣曹利用说："只要萧太后同意退兵而且不用割地，就算给他们一百万金帛也可以。"

萧燕燕和韩德让并肩坐在驼车上接见了曹利用。经过一番交涉，辽宋签订了历史上著名的"澶渊之盟"。盟约中规定：北宋和大辽约为兄弟之国，辽圣宗耶律隆绪称宋真宗赵恒为兄，赵恒则称萧太后为叔母。维持宋、辽之间旧有的疆界，同时北宋每年送给辽白银十万两、绢二十万匹。

澶渊之盟的签订正式形成了辽、宋南北对峙的局面，并以法律的形式承认了幽云十六州属于辽国。在此后的一百二十多年里，双方都没有发生过大的战争。这就为双方经济的发展，人民的休养生息创造了一个相对安定的环境。即使是在宋朝，萧燕燕也成为一个传奇。《宋史纪事本末》称她"有机谋，善御大臣，得其死力，每入寇，亲披甲督战，及通好，亦出其谋"。

"澶渊之盟"之后，萧燕燕以抵达通州的大运河为基础，增筑了分别与燕京、顺义相连的两条漕道。在东汉末年曹操开凿的"辽西新河"的基础上，开通了"萧太后运粮河"，为辽、宋两国进行友好经济贸易往来创造了便利的运输条件。

统和二十四年（公元 1006 年）十月，辽圣宗率群臣给萧燕燕上尊号为"睿德神略应运启化法道仁洪圣武开统承天皇太后"。统和二十五年（公元 1007 年），萧燕燕在内蒙古宁城县南仿照唐朝都城长安的样式兴建了一座新都城，名为中京大定府（此前辽已经有了四京：东京、西京、南京、上京）。这座新都城历时两年才建成，使得辽、宋两朝使者互访更为频繁，两朝的友好关系也进入了一个全新时期。

统和二十七年（公元 1009 年）十一月，萧燕燕为儿子举行了契丹传统的"柴册礼"，把皇权交还给辽圣宗。她决定去南京（今北京）安享晚年，可没想到，在南行的途中，萧燕燕染上了重病。同年十二月，她在行宫中去世，终年五十七岁。

母亲的死使辽圣宗耶律隆绪非常悲痛，他寝食俱废，甚至哭到呕血，为母亲上谥号为"圣神宣献皇后"，次年将其隆重安葬于乾陵。群臣在安葬了萧太后之后，曾经建议圣宗改元。可是耶律隆绪却说："改元是吉礼，我为母亲守孝时如果这么做，那实在是个不孝之子。"大臣们劝他说："这是古制，理应照办。"可是圣宗还是坚持在母亲去世三年之后才改元开泰。

萧燕燕的死对晚年的韩德让来说更是沉重的打击，他一年之后也重病不起。耶律隆绪和皇后萧菩萨哥每天为他侍奉汤药，细心照顾，可是还是回天乏术。统和二十九年（公元 1011 年）三月初，韩德让病逝，享年七十一岁。耶律隆绪为他举行了隆重的葬礼，亲自拉着灵车哭着送出百步之远，经群臣反复谏阻才停下。最后他还将其安葬在母亲萧燕燕的身边。

萧燕燕以其非凡的政治、军事才能，辅佐了景宗和圣宗。她对内进行一系列改革，发展了国家经济；对外运筹帷幄，纵横沙场，赢得了无数次胜利。在她执政期间，大辽的国势发展到一个前所未有的繁荣和鼎盛时期。所以说，她不愧为我国古代历史上一位杰出的巾帼英雄。

千古奇冤

——辽道宗懿德皇后萧观音

萧观音（公元1040—1075年）是辽道宗耶律洪基的皇后，也是一个因为杰出的才华与悲惨的遭遇而为世人所知所叹的女性。

萧观音的父亲是钦哀皇后萧耨斤（辽兴宗的生母）的弟弟萧惠。当时的萧氏已经是“一门出三后，四世出十王”的显赫家族了。萧惠为人忠厚，深得辽兴宗的敬重，因此官拜南院枢密使，封魏国公，还娶了秦晋国长公主耶律氏。

关于萧观音的出生，还有一个美丽的传说。萧惠夫妻特别喜欢女孩儿，可惜他们膝下只有两个儿子。于是他们每天都焚香祷告，希望上天能赐给他们一个美丽的女儿。

有一次耶律氏烧完香，觉得很疲倦，在丫鬟的服侍下进屋休息。渐渐地她觉得自己好像在一个花园中，天空中有一轮皎洁的月亮。她望着月亮，心里想：如果我以后能有个女儿就好了，我希望她像月亮一样美丽。刚想到这儿，没想到月亮一下子从天上落了下来，钻进了自己的怀里。她一下子就醒了，才知道这只是一场梦。让他们高兴的是，耶律氏竟然怀孕了。在生萧观音的头一天晚上，耶律氏又做了一个梦。在梦中，她看到一轮红日正要落下，可是东方已经露出了月亮的笑脸。就在耶律氏惊叹于这日月交辉的情景之时，一团乌云遮住了月亮，月光顿时被乌云挡住了。月亮好不容易要冲破云层，突然一道电光，一只天狗从乌云中蹿了出来，一口就把月亮吞进了肚子。顿时天地间一片黑暗，风沙四起。耶律氏惊叫着从梦中惊醒，第二天她就生下了一个女婴。

萧惠夫妻很是疼爱这个女儿。可是耶律氏在高兴之余，有时却面露忧郁之色。萧惠追问妻子，耶律氏才把她的梦境告诉了丈夫。萧惠也觉得有些担心，但是他们也没有别的办法，只能求上天保佑，于是他们就给这个女儿起名叫“观音”，希望她能逢凶化吉，一生平平安安。

转眼间萧观音就五岁了，既聪慧又美丽。萧惠夫妻将她视作掌上明珠。萧观音非常喜欢看书，经常去父亲的书房。萧惠见女儿如此好学，就请了一位老师教她读书写字。萧观音特别聪明，老师教什么她都一学就会，而且过目不忘。这样三年过去了，萧观音不仅通读了唐诗，而且还学习了填词，才思敏捷，一挥而就。老师觉得自己已经没有什么可以再教她了，所以自动请求离去。后来萧惠又为女儿找了个琴棋书画样样精通的宋人做老师。萧观音又是无论什么一经老师的点拨就都会了，所以老师认为将来萧观音一定会因为才学而名扬天下。

萧观音的容貌冠绝一时，还可以称得上是全能型的才女。她不仅擅长写诗，而且精通音律，经常自己写歌词，喜欢弹奏乐器，尤其擅长琵琶，堪称一绝。所以兴宗亲自做主把萧观音聘为儿子耶律洪基的妃子。清宁元年（公元1055年）八月，耶律洪基即位，是为辽道宗，同时册立萧观音为皇后，尊号“懿德”（乾统初，又追谥其为宣懿皇后）。所以当时辽国的民间流传着这样一句话：“孤稳压迫，女古华革，菩萨来做特里蹇。”大意是：头戴玉，足登金，皇后是观音。

辽国虽然自太祖耶律阿保机开始，就已经有了自己的文字，但是相对中原来说还是比较落后。辽国宫廷内，一向严禁读书。他们认为读书不但浪费时间，还会把一个人的脑筋弄得太复杂，所以皇后们大都温柔不足，英爽有余。可是萧观音却是个例外。在辽国的历史上，她是仅有的两个杰出的女诗人之一。因为她多才多艺又美丽贤淑，所以年轻的辽道宗对萧观音恩宠有加，连出外巡游打猎时也要带着她一起去。

一次萧观音和道宗外出打猎，耶律洪基命她即兴作诗。她不假思索当即就赋诗一首：“威风万里压南邦，东去能翻鸭绿江。灵怪大千俱破胆，哪叫猛虎不投降！”诗以打猎为题，慷慨豪迈，大气磅礴，表现了北国女子的豪放之情，还有激励道宗扩张进取的内涵。在座的大臣们无不叹服。道宗也大喜过望，连连称赞皇后为女中才子。第二天，道宗果真射死了一只老虎，于是他高兴地对大臣们说：“我力能伏虎，这才没有辜负皇后的那首诗。”后来他还将那个地方命名为伏虎林。耶律洪基每次写了诗，都会让皇后赋诗以和，他们一唱一和，恩爱有加。比如，萧观音的《君臣同志华夷同风应制诗》曰：“虞廷开盛轨，王会合奇琛。到处承天意，皆同捧日心。文章通谷蠡，声教薄鸡林。大宇看交泰，应知无古今。”

清宁四年（公元1058年），萧观音为辽道宗生下了他的长子也是唯一的儿子——耶律濬。后来她还生下了撒葛只、纪里、特里三个公主。辽道宗一度对萧观音很是宠爱。

耶律濬小名耶鲁斡，他自幼就聪明好学。道宗曾经向大臣们称赞说：“儿子如此聪明伶俐，真是上天赐给我的啊！”耶律濬七岁时，曾经跟随耶律洪基去打猎，连发三箭，箭无虚发。道宗喜不自禁地说：“耶律家的祖宗都是骑射的能手，以至于威震天下。这个孩子虽然现在还很小，但是仍然不堕我们祖祖辈辈的尚武之风。”有一次，耶律濬一下子看到了十只鹿，他连发十箭，九只鹿都应声而倒。耶律洪基更是大喜，还特地设宴庆祝了这件事。

因为道宗的宠爱，耶律濬六岁的时候就被封为梁王，八岁的时候就被立为皇太子。耶律洪基还规定大臣们每逢重大节日都要向太子进表称贺。

清宁九年（公元1063年），皇太叔耶律重元与儿子涅鲁古在与道宗打猎的途中谋反。萧观音临危不乱，主政内宫，表现出了力挽狂澜的才能。

北院枢密耶律乙辛因为平定耶律重元有功，道宗拜其为北院枢密使，晋封魏王，并赐号“匡时翊圣竭忠平乱功臣”。他一时“势震中外”，有了随意调动军队、任用官员的权力，所以“门下馈赂不绝”。

据说耶律乙辛的一生也很有传奇色彩。他的母亲怀孕时，曾经梦见自己与一只羚羊相搏，拔掉了羊的角和尾巴。巫师解梦说：“这是个吉兆。羊字去其角尾为王字，你以后会有儿子封为王爷。”耶律乙辛早产，一家人正在移牧途中，没有水可以洗浴。大家正发愁之际，只见车辙下面，忽然涌出了清澈的泉水。还有一回他小时候去放羊，很晚还没有回家。父亲去找他，却看见乙辛正在睡觉，于是就生气地把他踢醒了。可是乙辛却很生气地说："刚才梦见神人给我吃太阳和月亮，我已经把月亮吃掉了。可是才咬了半块太阳，你就把我惊醒了!"如果和萧观音出生时候的那个梦境相对应，那个月亮就应该是萧观音的象征吧。

后来辽道宗渐渐开始不理国事，把国家大权交给了耶律乙辛。自己却每天骑着他那匹号称"飞电"的宝马出入深山幽谷，到处巡猎游玩。当时耶律乙辛的权力实际上已经超过了道宗，以至当时辽国上下有句口头禅："宁可违犯皇上的圣旨，也不敢不遵循魏王的白帖子。"

不过大康元年（公元1075年）六月，辽道宗命太子耶律濬兼领南、北枢密院事，开始参与朝政。耶律濬任人唯贤，法度修明，而且能虚心接受臣下的意见和建议，自然得到了大臣们的拥戴和赞赏。可是耶律乙辛却感到了极大的威胁。

萧观音熟读经典，知道唐太宗徐贤妃上疏劝谏皇上的故事。她对辽道宗这种不理朝政的行为深感不安，所以她也效仿徐惠多次劝谏辽道宗。可是她没有想到，辽道宗可不像唐太宗李世民那样贤明，善于纳谏。后来她还写下《谏猎疏》呈给道宗说："妾闻穆王远驾，周德用衰；太康伏豫，夏社几屋。此游佃之往戒，帝王之龟鉴也。"指出了射猎无度的危害。可是辽道宗非但没有领她的情，反而产生了厌烦情绪，渐渐疏远了这位貌美多才的皇后。后来辽道宗甚至还用掷骰子的方式任用大臣，简直把国家大事当成了儿戏。不仅如此，他风流成性，竟然常常以皇后的名义把大臣李俨的妻子邢氏叫到宫里淫乐。

萧观音被道宗冷落，满腹委屈无处倾诉。于是她就仿效唐玄宗梅妃失宠后把自己的住所称做"回心院"，希望玄宗可以回心转意的典故，作了《回心院》词十首（后被收于辽王鼎所作《楚椒录》），希望能够打动丈夫的心。

第一首写打扫宫殿：

扫深殿，闭久金铺暗；
游丝络网空作堆，
积岁青苔厚阶面。
扫深殿，待君宴。

第二首写擦拭象牙床：

拂象床，凭梦借高唐；
敲坏半边知妾臣，
恰当天处月辉光。
拂象床，待君王。

第三首写更换香枕：

换香枕，一半无云锦；
为使秋来辗转多，
更有双双泪痕渗。
换香枕，待君寝。

第四首写铺绣被：

铺绣被，羞杀鸳鸯对；
犹忆当时叫合欢，
而今独覆相思魂。
铺翠被，待君睡。

第五首写挂绣帐：

装香帐，金钩未敢上；
解除四角夜光珠，
不教照见愁模样。
装绣帐，待君眠。

第六首写整理床褥：

叠锦茵，重重空自陈；
只愿身当白玉体，
不愿伊当薄命人。
叠锦被，待君临。

第七首写展瑶席：

展瑶席，花笑三韩碧；
笑妾新铺玉一床，
从来妇欢不终夕。
展瑶席，待君息。

第八首写剔银灯：

剔银灯，须知一样明；
偏使君王生彩晕，
对妾故作青荧荧。
剔银灯，待君行。

第九首写点香炉：

蒸熏炉，能将孤闷苏；
若道妾身多秽贱，
自沾御香香彻肤。
蒸熏炉，待君娱。

第十首写弹奏鸣筝：

张鸣筝，恰恰语娇莺；
一从弹作房中曲，
常和窗前风雨声。
张鸣筝，待君听。

这十首词和前面提到那两首诗风格迥异。它们辞藻华丽，哀婉细腻，把一个等待丈夫的妻子的形象写得丝丝入扣。清人徐釚在《词苑丛谈》中曾评价说："怨而不怒，深得词家含蓄之意。斯时柳七（宗元）之调尚未行于北国，故萧词大有唐人遗意也。"近人吴梅也称《回心院》"词意并茂，有宋人所不及者"。

而且萧观音还自创了回心院这个词牌，六句二十八个字，可押平韵，也可押仄韵。这十首词回环往复，一情十叹，颇为感人。后来她又为这十首词谱上了曲子。可是曲子的难度很高，只有乐官赵惟一能够演奏，所以萧观音就经常召他入宫弹奏。

这时萧观音身边有一个叫单登的宫女。她本来是叛王耶律重元家的婢女，后来入宫，也擅长弹筝和琵琶。她屡次和赵惟一争能，却不被见用，心里很不平衡。萧观音看出了单登的心思，于是就叫她和赵惟一当面比试。单登虽然最后败下阵来。可是她也因此名声大噪，甚至道宗也常常召她去演奏音乐。萧观音知道后，就劝告道宗说："这个女子出身不好，如果您总是亲近这种人的话，恐怕不好。"后来她还将单登贬斥到别处，不再让她演奏。

单登心里很是怨恨萧观音，于是经常对妹妹清子倾诉自己的委屈。巧的是清子和耶律乙辛有私情。她又把这件事情告诉了耶律乙辛。耶律乙辛大喜，觉得这是一个绝好的机会。于是他就和单登串通一气，打算谋害萧观音。

他们先是利用萧观音擅长诗词的特点，写了一支名为《十香词》的艳曲。然后让单登将其呈给萧观音，诓骗她说这是宋朝皇后所作。而且她还说如果萧观音能把它抄下来并为其谱曲的话，那就可以把它称为词和曲的"二绝"，也能为后世留下一段佳话。萧观音不知是计，当场亲自把这首《十香词》抄了一遍，还在这位"宋朝皇后"的词后面题了一首自己写的七言绝句《怀古》，诗曰：

宫中只数赵家妆，
败雨残云误汉王。
惟有知情一片月，
曾窥飞燕入昭阳。

萧观音写这首诗的本意只是为了指出赵飞燕姐妹误了君王的大业，以此来告诫其他宫人。可是耶律乙辛和张孝杰等人却说这首《怀古》诗中"宫中只数赵家妆"和"惟有知情一片月"暗含着"赵惟一"这三个字，是萧观音思念赵惟一之作。这样一来，他们就有了《十香词》《怀古》等"物证"。

大康元年（公元1075年）十一月，耶律乙辛又把一篇诬陷萧皇后的名为《奏懿德皇后私伶官疏》的奏折呈给了道宗，同时还让单登作为人证指控萧观音与赵惟一有私情。道宗一看人证、物证俱在，就相信了他们的话。他认为是皇后给自己戴了绿帽子，所以一气之下敕令萧观音自尽，赵惟一凌迟处死并满族被诛。萧观音自尽前想见道宗最后一面，可是怒气未消的道宗却坚决拒绝了她的请求。萧观音绝望至极，面朝道宗住所跪拜后，含泪写下了一首《绝命词》：

嗟薄祜兮多幸，羌作俪兮皇家。
承昊穹兮下覆，近日月兮分华。
托后钩兮凝位，忽前星兮启耀。
虽衅累兮黄床，庶无罪兮宗庙。
欲贯鱼兮上进，乘阳德兮天飞。
岂祸生兮无朕，蒙秽恶兮宫闱。
将剖心兮自陈，冀回照兮白日。

宁庶女兮多慚，遏飞霜兮下击。
顾子女兮哀顿，对左右兮摧伤。
其西曜兮将坠，忽吾去兮椒房。
呼天地兮惨悴，恨今古兮安极。
知吾生兮必死，又焉爱兮旦夕。

然后她紧闭宫门，以白练自尽，年仅三十六岁，史称“十香词案”。一代皇后加才女萧观音，就这样冤屈地香销玉殒了。耶律濬悲痛至极，发誓要为母亲报仇雪恨。

萧观音被杀，可是太子并没有因此被废，所以耶律乙辛等人一直惴惴不安。宫廷护卫萧忽古等人对耶律乙辛的专权很是怨恨，所以就想密谋杀掉他。可是事情暴露，不少人因此而被捕下狱。当时担任殿前副检点的萧十三是耶律乙辛的心腹，他对耶律乙辛说：“现在太子还在，民心所向。您在朝中的基础还不牢固，现在又有诬陷皇后致死的嫌怨。如果太子即位，您该怎么办呢？现在最好就要做好打算啊。”耶律乙辛怎么会不知道这些，毕竟是自己害死了太子的母亲。太子一旦即位，那后果可不堪设想。所以他叹息着说：“我担心这件事已经很久了。”

于是耶律乙辛及其党羽加快了陷害太子的脚步。他们先是派护卫太保耶律查剌诬告耶律撒拉等人密谋杀掉皇帝，迎立太子耶律濬。可是因为没有任何证据，只得作罢。

大康三年（公元1077年），萧十三又派牌印郎君萧讹都斡亲自到辽道宗面前“自首”说：“耶律撒拉等人确实想谋反，我也预谋其中，本来是想杀掉耶律乙辛等人，立太子为帝。为臣害怕事发坐诛，所以前来自首。”辽道宗这下子相信了，连忙下诏派有司审理此案。

三伏暑天，涉案的那些人身上背着超重的枷锁，身后又有卫士用细绳勒住脖子，直到他们快窒息时才稍稍松手。“人人不堪其酷，惟求速死”，最后都被耶律乙辛屈打成招。道宗派来复查案件的太监问这些犯人还有什么话要说，他们每个人都说“谋反是实”，没有其他的说法。道宗大怒，立刻下令诛杀了耶律撒拉等人，同时派人把太子耶律濬囚于别室，命耶律燕哥再次审讯。谋反之事纯属子虚乌有，太子当然连称冤枉，对耶律燕哥说：“我身为太子，还能有什么奢求呢！求您为我辩解几句。”可是不幸的是，耶律燕哥和萧十三一样都是耶律乙辛的心腹，怎么会帮他呢？最后耶律燕哥伪造了太子认罪的状书，呈给了道宗。道宗非常生气，把太子耶律濬废为庶人，将其囚禁在上京。母亲刚刚自杀，自己又无故被废，耶律濬在出城门的时候不由得仰天叹息说：“我有什么罪啊？没想到竟然落到了这步田地！”太子被废，可是耶律乙辛还是不放心，害怕太子以后会东山再起，于是他就派了两个壮士潜入囚所把刚刚才二十岁的太子活活掐死了，而他们却上报道宗说太子因病亡故。至此，萧观音母子先后死于非命，铸成了千古冤案。

辽道宗听说了儿子的死讯，也有些伤心和不忍，于是他下诏命令太子妃返京。耶律乙辛害怕太子妃在道宗面前告状，就抢先一步派人伪装成盗贼，在半路上杀死了太子妃。

不过两年之后，也就是大康五年（公元1079年），耶律乙辛也开始失宠了。一次，道宗出猎前，耶律乙辛奏请留皇太孙于京都。忠于王室的大臣萧兀纳上奏说：“微臣听说陛下要乘车出去游玩，把皇太孙自己留在京师。如果找不到合适的保护人，我害怕有其他变化。如果一定要把皇太孙留下，微臣请求陪侍在他身边。”辽道宗也有些察觉了耶律乙辛的用心，他没有将皇太孙一个人留在京都，而是把他带在了身边。

大康六年（公元1080年），道宗将耶律乙辛贬为知兴中府事，同时也把他的心腹张孝杰削贬至安肃州。大康七年（公元1081年），道宗又下诏把张孝杰削职为民。然后他以“鬻禁物于外国”的罪名，把耶律乙辛逮捕，将其浑身挂满大铁链，囚禁于来州。大康九年（公元1083年），身陷囹圄的耶律乙辛还不老实，想趁机逃奔到宋国，最后被道宗下诏缢死。

寿昌七年（公元1101年），辽道宗去世。因为他没有儿子，只能由耶律濬的儿子耶律延禧即位，是为天祚帝。为了替父母和祖母报仇，耶律延禧派人挖了耶律乙辛、张孝杰、萧十三等人的坟墓，并且愤怒地将其剖棺戮尸。同时，他又诛杀了这些人的所有子孙及亲旧，把他们的财产赏赐给天下。

萧观音以白练自缢死后，道宗没有念及他们夫妻的旧情，只是将萧观音的尸体裹上苇席就草草埋葬了。天祚帝即位后，即为祖母平反昭雪，追谥其为宣懿皇后，最后还以皇后礼仪将其和道宗合葬在庆陵。他同时追尊父亲耶律濬为顺圣皇帝，庙号顺宗。可是萧观音并没有能含笑九泉。二十多年后，金兵灭辽。萧观音的尸体又被挖了出来，剥去身上金玉，任由牛马践踏。可怜的萧观音生前含冤而亡，死后还要忍受这种被人践踏的侮辱。

清代的朱彝尊和纳兰性德都对她这种悲剧寄予了莫大的同情，真可谓是：

艳冠群芳擅工词，
回心院里诉相思。
风流能诗终惹祸，
魂断十香惹人伤。

朱彝尊曾说：

细草含茸，圆荷倚盖，犹与舞衫相似。回心院子，问殿脚香泥，可留萧字？怀古情深，焚椒寻梦纸。

纳兰性德写道：

六宫佳丽谁曾见，层台尚临芳渚。一镜空濛，鸳鸯拂破白萍去。看胭脂亭西，几堆尘土，只有花铃，绾风深夜语。

不过萧观音冤案的根源，不仅在于耶律乙辛、张孝杰的残暴和诬陷，而且也是两种文化冲突、碰撞产生的悲剧。

元

一代天骄的贤内助

——元太祖皇后孛儿帖

成吉思汗作为蒙古民族的伟大英雄被世代传诵。因为他的所作所为，才聚合了一个民族，在中国历史上留下了最让人震撼的一章。有一句话用在这里很恰当，那就是一个成功男人的背后总有一个成功的女人。这个站在一代天骄背后的女人，就是铁木真的结发妻子、他的贤内助——孛儿帖。

在铁木真九岁那年的一天，其父也速该与妻子诃额仑商量："我们的儿子这样英俊威武，要有一个美丽的姑娘来配他才好。不知道哪个部族才有这样的好姑娘值得我们为他求亲呢?"诃额仑笑着说："这你还想不到吗?"也速该望着妻子，恍然大悟。原来，也速该的妻子是弘吉剌部的人，当年被他从别人的迎亲队伍中抢了过来，才做了自己的妻子。该部的姑娘以美丽贤淑著称于草原，所以也速该决定带儿子去那里求亲。

几天以后，当父子俩走到弘吉剌部扯克彻儿山和赤忽儿忽山之间的时候，碰巧遇到了弘吉剌部人德薛禅，也就是铁木真后来的岳父，双方交谈起来。也速该说出了想带儿子到他母舅的部落求亲的事，而德薛禅看到铁木真体魄强壮，方面大耳，英气勃发，不禁打内心里喜欢，便有了把自己十岁的女儿孛儿帖许配给他的念头，于是将父子二人请到了自己家中，设宴款待，并叫出了自己的小女儿。当如花似玉的孛儿帖出现在帐篷里时，顿时惊呆了二人。也速该非常满意，当即与德薛禅定亲，就不再往铁木真的母舅家去了。

第二天，心中之事已了，也速该向亲家告别回部落。可德薛禅非常喜欢铁木真，不舍得让他马上就走，便提议让铁木真留下一段时间。也速该欣然同意，便独自起程，留下儿子与未来的儿媳一起嬉戏玩耍。不料也速该此一走，自己踏上了亡命之路，却使铁木真逃过了生死劫。

原来也速该在回程途中，路经塔塔儿部扯克彻儿地面，无意间参加了该部举办的宴席。也速该只顾自己吃喝，却未发现宴会的人群里有曾与自己发生过战斗的人。可对方发现了他，偷偷在他的酒和食物里下了毒。在崇敬英雄的蒙古大草原上，这是极受人鄙视的行为。也速该离开宴会走出不远，就发觉肚子里隐隐作痛，猜想是塔塔儿人下了毒，赶忙快马加鞭赶回家里，到家已是牙关紧闭，脸色铁青。他的妻子诃额仑赶紧叫家奴去找来草药给他服用。无奈也速该已中毒太深，他在临终前强撑精神，拉着家奴蒙力克的手，请求他好好照顾自己的子女，并要他把铁木真带回来，他想见铁木真最后一面。此时铁木真与孛儿帖已经情投意合、心心相印，正无忧无虑地享受着欢乐时光，突然有家奴来接，铁木真虽然情有不舍，但他明白家里肯定出事了，所以恋恋不舍地与孛儿帖告别。孛儿帖也嘱咐他尽量早回来。铁木真含着眼泪与蒙力克上马而去，谁知这一走就是八年。

12 世纪的蒙古草原，正是最为混乱的时期。也速该虽然无力统一各部，但还是把亲缘较近的一些蒙古部落团结在一起。在也速该活着的时候，靠着勇武和仗义，在草原上很有名望，他的乞颜部因此在尼伦蒙古中居于主导地位。在当时分裂混乱的大草原上，也速该的死很快证明了这不仅仅是他家庭的不幸。也速该一死，他苦心经营了一生的事业也立刻随之瓦解。这个小同盟中的其他部落首领，早就垂涎也速该的领导地位。这帮势利小人在春天的某一个瞬间突然率领大众拔营迁徙，丢下也速该的孤儿寡妇走了。但由于也速该的仗义豪侠，为他儿子在不知不觉中积累起了庞大的无形资产。就在这个时候，仍有人感于他的恩义。一个叫察剌合埃不罕的老头追上了正在迁徙的大队，试图劝说大家回心转意。一个叛变头目、泰亦赤兀部的脱朵颜吉儿贴对这老头的絮叨感到厌烦，顺手给了察剌合一枪，然后带着队伍扬长而去。

铁木真的母亲诃额仑，实在是一位有魄力的女性。她举起也速该生前使用的黑纛，召集了到最后仍然忠于也速该的部众，打算追回失散的大家。可惜的是，对于这面曾引导大家出生入死的旗帜，只重视现实的牧民们已没有感情了。当他们奋力追赶的时候，前面迎接他们的是泰亦赤兀人殿后部队布下的堂堂军阵。双方摆开架势进行了短时间的交火，诃额仑的实力最终还是不如那些人，最后只能看着大队人马在滚滚烟尘中离去。也速该的遗孀诃额仑、她的四个儿子和一些忠诚的部下被抛弃在鄂嫩河上游的地区自谋生路。没有了牲畜和亲属的经济支持，他们不得不处于靠捕鱼和挖草根维持生计的境地。铁木真与泰亦赤兀人的仇恨即由此开始。慢慢地，在极大的困苦中，铁木真兄弟长大了。

泰亦赤兀部的首领担心铁木真长大后复仇，就带人把铁木真抓去，给他戴上手枷和头枷，四处示众，并打算在最后处死他。但铁木真不会任人宰割，他趁泰亦赤兀人举行宴会、戒备心松懈的时候，打倒了留守在自己身边的看守，逃了出来。放虎归山的后果泰亦赤兀人当然不会不知道，他们立即开始搜捕。不过，在一个叫锁儿罕失剌的泰亦赤兀部属民的帮助下，铁木真还是死里逃生，躲过了搜索，回到了母亲和弟妹身边。

在随后的生活中，家无隔宿之粮的铁木真一家以捕食旱獭、野鼠为生，继续承受贫困的煎熬。不过可喜的是，在母亲诃额仑和家奴蒙力克的合力教导下，铁木真在逆境中渐渐长大。他不仅生得虎背熊腰，身体如铁塔般结实，武艺和马术也非常精湛，更重要的是，他的头脑机智冷静，心胸宽广，志向远大。过去一些离开他们的部众看到了铁木真的领袖气质，纷纷回到了他的身边。这样，铁木真的力量一天天壮大，羽翼逐渐丰满起来。

随着年龄的增长，铁木真的婚姻问题也需要解决了。他九岁时，父亲曾为他聘弘吉剌部首领德薛禅之女孛儿帖。事情虽隔多年，但他并未忘记此约。如果德薛禅仍然信守初约的话，也该让她与铁木真成亲了。铁木真急于知道事情是否有变，便同弟弟别勒古台出发，沿克鲁伦河谷而下，前往弘吉剌部营地而去。

自从铁木真被蒙力克接走后，德薛禅一家人就天天盼着他回来，希望他家里没事。可等了很久，音信全无，便派人四处打听，才知道他一家人的痛苦遭遇。但德薛禅相信，铁木真一定不是平凡的人，也一定会使自己的部族东山再起。孛儿帖也相信自己的情郎总有一天会威武地站到自己面前。所以，在这十来年间，为了方便铁木真前来寻找，德薛禅一直扎营在原来的扯克彻儿山与赤忽儿忽山之间，即克鲁伦河注入阔连湖之河口地区与注入此湖的兀儿失温河流域之间。此时，孛儿帖已出落得如花似玉，即使在弘吉剌部诸多美女中也属佼佼者，致使许多酋长争相往聘，但都被父女二人拒绝了。

当他闻报，说铁木真兄弟已经进入他的营地时，这位德高望重的长者欢喜得无以复加，不但亲自跑出帐幕来迎接，而且还感伤地握住铁木真的手，几尽垂泪道："我可怜的孩子啊，当你被泰亦赤兀人杀害的谣言传入我的耳中时，我因为没能向你伸出援救之手而悔恨万分，我向长生天请求责罚，你的溯擅母亲则终日为你向天祈福，你深爱着的同时也深爱你的孛儿帖更是整天以泪洗面。所幸，不儿罕神山保佑了你，使你没遭到恶人的毒手。今天你来了，我一定要以最盛大的宴会来欢迎你，同时宣布你与孛儿帖的婚事。我德薛禅绝不是背弃誓言的小人!"老人的一番话，令铁木真原本惴惴不安的心马上平静了下来。

老人随后果然召开了盛大的酒宴，他让铁木真坐在自己的身边，以便使自己随时可以看到女婿那英姿勃勃的身形。饮至半酣，他一手高举酒杯，一手牵住女婿的一只手，与女婿一齐站起身来，向族中所有来宾高声宣布道：

"我尊贵的客人们啊，来自全蒙古的最崇高的人们，我——弘吉剌部首领德薛禅请你们共同见证一件事情。那就是在八年前一个吉祥的日子，我与乞颜部也速该把阿秃儿（也速该的全名）结为亲家，将我的女儿孛儿帖许配给他的儿子铁木真。今天，又是一个吉祥的日子，长生天将这位铁木真带回到了我的身边。他在离开我们的日子里，历经磨难，却如东青鸟一样冲破了难以置信的阻碍，成长为一个勇武强壮的男子汉。如今，他依照约定来迎娶我的女儿，而我也必将遵守这个约定。所以，我要将我们弘吉剌部的明珠——我最心爱的孛儿帖正式嫁与这位不死的勇士，蒙古的骄傲。请各位见证他们神圣纯洁的婚礼，请长生天赐福给他们吧!"

盛大的婚礼结束之后，铁木真与孛儿帖正式结为了夫妇，过着如胶似漆的幸福生活。铁木真虽然享受着新婚的欢乐，但并没有忘掉自己肩上的重任，因此归心似箭。德薛禅也知道铁木真现在身上的责任，不敢过分挽留，便亲自护送女儿、女婿，一直送到克鲁伦河下游兀剌黑暖勒山才返回。而他的夫人——孛儿帖的母亲溯擅则一直把女儿送到位于桑沽儿河和古连勒古山附近的铁木真家。铁木真的母亲诃额仑在家望眼欲穿，当看到儿子领着媳妇和岳母平安归来，心里的一块石头终于落了地。她再看到儿媳妇如花似玉、婀娜动人，心中不禁喜不自胜。她与亲家母溯擅亲切地攀起了家常，老姐俩大有相逢恨晚之意。

溯擅夫人在女婿家住了几日，看到铁木真一家和睦团圆，铁木真与孛儿帖十分恩爱，放下心来，便要起身返家了。临走时，她拿出一件珍贵漂亮的黑貂皮袄作为礼物送给铁木真的母亲诃额仑夫人。送走岳母，铁木真与孛儿帖开始了他们的幸福生活。

虽然铁木真的婚姻美满，生活幸福，但前途仍然未卜。因为当时的铁木真虽有一批旧属来投奔，但力量仍很弱小，强大的仇敌塔塔儿人和泰亦赤兀人，对他形成严重的威胁，时刻有被消灭的危险。为了解除威胁，发展壮大自己的力量，他决定采取两项措施：一是远离仇敌，休养生息。所以，他率部族从桑古儿河迁到客鲁涟河源头一个叫不儿吉的地方扎营定居；二是征求外援，寻求一个更强大势力的庇护，以对付仇敌。新婚后不久，铁木真即想实施其扩大军事实力的计划。作为实施这一计划的第一步，他派人去请他的朋友孛斡儿出来相助。他特地派别勒古台去请孛斡儿出。孛斡儿出一听说年轻的首领铁木真有请，也不禀报自己的父亲一声就立即出发了。据说当时他牵出一匹拱背棕黄马，随手捡起一条青毛毯往马背上一扔，上马扬鞭，同别勒古台并马而驰，来到了铁木真身边。随后，铁木真开始了征求外援的活动。当时有两个强大点儿的部族与铁木真关系较好，一是从少年时代就和铁木真结为安答（结拜兄弟）的札木合，一是曾和他父亲结为安答的克烈部首领王罕。经过深思熟虑，铁木真决定去拜见克烈部首领王罕，请他来当自己的保护伞。但是王罕曾与其父结为安答，属于自己的长辈。若是去拜会甚至有求于自己的长辈，空手去总是不好的。可当时的铁木真虽然有人拥护，但依旧家无长物，没有晋见之礼，家里唯一值钱的只有孛儿帖陪嫁的黑貂皮袄。于是铁木真去找母亲诃额仑商量，想拿黑貂皮袄去晋见王罕。诃额仑很开通地说："儿啊，我当然同意你的想法，但这是孛儿帖的陪嫁之物，你还是同她商量一下。"无奈之下，铁木真只得硬着头皮去征求爱妻孛儿帖的意见。他说："孛儿帖，我有件事想与你商量。我父亲也速该在世时，曾经帮助克烈部的王罕取得首领地位。二人还结为安答，我想把珍贵的黑貂皮袄送给王罕，使我们的同盟更加牢固，使他肯出力帮助我们，你能同意吗？"这时孛儿帖显示出贤内助的美好品质，完全支持了丈夫的想法。她笑着说："这是一件大好事啊，你还和我商量什么。黑貂皮袄虽是稀世之宝，可那却是身外之物，与男人的事业比起来，这样一些身外之物又有什么值得留恋的呢？"铁木真激动地把孛儿帖一把抱在怀里说："孛儿帖，你真是个通情达理的好妻子。"

随后，铁木真带着哈撒儿和别勒古台离开了家，经过数天的艰苦跋涉，终于找到了克烈部驻地黑林。见到王罕以后，他以子拜父礼拜见，诚恳地说："从前您与我父亲结为安答，您就如同我父亲一般。我如今已与孛儿帖结婚，想用她这珍贵的嫁妆来孝敬您老人家。"说完便将黑貂皮袄献上。王罕接过礼物，见那袄子色如黑漆，柔软光滑，确实是一件宝物，情不自禁地笑着说："你真是个有心的孩子。放心吧，脱离你的百姓，我帮你收拾；分散四处的百姓，我帮你完聚。我心下一定好生记着。"加强与王罕的关系，无疑是铁木真走出的一招好棋。在铁木真以后的发展中，王罕给予了他巨大的支持和帮助，为他的最终强大开辟了道路，而这一切，无疑与孛儿帖的深明大义和支持是分不开的，是孛儿帖给了他信心和动力。

在王罕的荫护和支持下，铁木真开始积聚力量。自由的骑士、善战的勇士摩肩接踵纷至沓来，铁木真周围群英汇集，他暗暗地收集部众，增加兵力，积蓄着对敌复仇的力量。但就在这时，他遭到了篾儿乞人的沉重一击。原来铁木真从弘吉剌部娶回孛儿帖的消息激怒了篾儿乞族的首领脱黑脱阿。更主要的是，铁木真的母亲诃额仑正是脱黑脱阿的弟弟赤列都的未婚妻。弟妹在迎亲途中让也速该抢去的耻辱一直令他如鲠在喉、难以忘怀。如今也速该早已死去，铁木真虽然日益显露出来，但羽翼未丰，正是报仇的好时机。为报抢亲之仇，他暗发奇兵，企图消灭铁木真，把诃额仑和她的儿媳孛儿帖一并抢来，以解心头之恨。

一天凌晨，铁木真的营地还笼罩在黎明前的黑暗中，人们也都沉浸在梦乡里。突然，一阵杂乱的马蹄声打破了草原上的寂静，服侍诃额仑的老妇人豁阿黑臣第一个被惊醒，她急忙呼唤诃额仑说："夫人，快起来。外边声音这么大，难道是曾经祸害过咱们的泰亦赤兀兄弟们又来了。"诃额仑赶快披上衣服出了帐篷，侧着耳朵倾听，果然有马蹄声从远处传来，声势颇大，像是有不少人。她赶紧叫醒儿子们准备抵抗。转眼间，篾儿乞人蜂拥而至，铁木真自知没有能力抵挡，决定先撤到不儿罕山上躲避一阵儿。他一声令下，大家匆忙上马，跟随铁木真向不儿罕山奔去。可是他太粗心了，没有注意到妻子孛儿帖没有马匹，没能脱身。正当孛儿帖万分焦急的时候，服侍诃额仑的老妇人豁阿黑臣赶着牛车走过来，她让孛儿帖藏进车里，沿着腾格里小河逆行而上。天渐渐地亮了，突然有一队骑兵冲到牛车跟前，喝问老妇人是什么人？干什么去？老妇人不慌不忙地回答道："我是铁木真的仆人，刚从羊圈里剪羊毛回来，如今要回家去。"骑士又问："铁木真在家没有？他家离这里有多远？"老妇人机智地说："他家不远，就在前面，可我不知道铁木真在不在家。"骑士们看老妇人面相诚实忠厚，就相信了她的话，打马向前奔去。豁阿黑臣骗过骑兵，赶紧打着花牛继续赶路。谁知欲速则不达，车轴突然折断了，车没法再往前行。恰巧在这时，骑兵们掳获了别勒古台的生母，奔了过来，见老妇人竟然对着牛车说话，便厉声喝问："这车里有什么人？"老妇人谎称载着羊毛，骑兵哪里会信，便下马搜查，打开车门，见车内竟坐着一位美丽的少妇，当即拖下牛车，和老妇人一同捆到马上，向不儿罕山追去。可是不儿罕山山深林密，泥泞难行，捉拿铁木真的骑兵只好作罢。当他们得知捉获的美丽少妇竟是铁木真的夫人时，不禁开怀大笑，感觉大仇已经报了，便带着孛儿帖和别勒古台的生母胜利撤退了。

铁木真得知爱妻与庶母被篾儿乞人掳掠而去，气愤至极，尤其是爱妻被掳，如万箭穿心，他捶胸顿足，仰天发誓，不报仇雪耻，誓不为人。铁木真当即决定借助王罕的力量复仇。王罕听完铁木真的不幸遭遇，愤怒地说："孩子，你的事就是我的事，抢你的妻子就等于抢我的儿媳妇。我一定会帮你报仇。不过为了稳操胜券，你可以用我的名义约你的结拜兄弟札木合一齐出兵。"

经过三方筹划，王罕出兵两万，札木合出兵一万并统领一万属于铁木真的兵卒，分两翼出击。他们乘着夜色扎结木筏渡河，共同袭击篾儿乞人的营盘不兀剌川。数万铁骑，突然趁夜突袭。蔑儿乞人毫无防范，见铁木真率大军攻来，纷纷逃散，营地顿时一片混乱。联军骑兵跟着人群追杀掳掠，掠获人员、财产无数。最后脱黑脱阿只带着少数随从逃入八儿忽真峡谷。但铁木真此时无心做战，一心只想着寻找亲爱的夫人孛儿帖。在一片恐怖和垂死的叫喊声中，铁木真一边追击逃敌，一边绝望地呼喊着妻子的名字。他扑向一群逃跑的人，而恰恰正在这一群人中，他发现了孛儿帖。当时孛儿帖正随着被驱赶的人流而逃奔，在慌乱中偶然听出了铁木真的声音。孛儿帖激动得浑身发抖，热泪盈眶，立即不顾一切地与豁阿黑臣跳下正在急驰着的车，一起向铁木真声音的方向奔了过去。不一会儿，她就来到了铁木真的面前，在亮如白昼的月色中，她认出了铁木真，一把抓住了铁木真的马缰绳。铁木真也一下子认出了孛儿帖，当即滚鞍下马，与孛儿帖紧紧拥抱在一起。孛儿帖也一头扎进他的怀中，号啕大哭，铁木真抚慰良久，她才破涕为笑。同孛儿帖重逢后，铁木真通知王罕和札木合说：“我要寻找的，现在已经找到了。你们不用再连夜追赶了，在这里扎营就可以了。”

孛儿帖终于回到了铁木真身边，全心全意地支持着丈夫的事业，在以后的日子里又为铁木真做了不少事情，其中很重要的一件事，就是帮助铁木真认清了他的结拜兄弟札木合的真面目。

铁木真与札木合本是自幼结拜的安答。铁木真十一岁那年冬天，在斡难河冰上打髀石玩儿，遇到了札木合。二人当时都是少年壮志，十分投契，临别时互相赠送髀石，相约一起练箭习武。第二年春天，两人在一起用小木弓射箭，札木合送给铁木真一个用牛角粘制的响箭头，铁木真送给札木合一个柏木顶的箭头，二人结拜为安答，情谊进一步加深了。这次灭篾儿乞族，他俩一同扎营在豁儿豁纳主不儿地面，不由想起从前的情谊。铁木真说：“从前听老人说，但凡做了安答，彼此就要像珍惜生命一样地互相珍惜，以生命相交，让我们再次结为好兄弟吧。”札木合当即表示同意，于是二人再次结为安答，铁木真送给札木合一条缴获的金带和数年不生驹的良马，札木合也回赠了金带和有角的白马。尔后，他们俩至诚相处，相依为命，同吃共住，同枕共宿，就这样过了一年多的时间。

随着时间的推移，铁木真的声望越来越高，不仅旧部纷纷归来，其他部众也有前来归附的，势力日渐强大。札木合看到这些，心里却像针扎一样难受。

原来札木合是个嫉贤妒能、气量狭小的人。一旦有人胜过他，他就会视之为眼中钉、肉中刺，甚至会反目成仇，付诸武力，除之而后快。他虽然能扶助势单力薄的铁木真，但却无法容忍铁木真在才干上胜过自己。对于札木合的狡诈，铁木真丝毫没有发觉，却被细心的孛儿帖观察得清清楚楚。这年盛夏，札木合与铁木真一同催马出游，到了最高的峰峦之上，两人并马立住，札木合扬着马鞭，指着前方突然说：“我看这朔漠地方野兽虽多，却没有绝大貔貅，倘若有了一头，怕要将羊儿、羔儿吃个净尽！”铁木真大惑不解，难以应答。回到营地之后，铁木真把札木合的话讲与母亲和孛儿帖听，然后说：“我不明白他是什么意思，一时不好回答，所以来问问母亲。”诃额仑也感到很意外，回答不上来。这时只听孛儿帖说道：“这句话的意思，就是说他自己想作貔貅。有人曾说他喜新厌旧，我们与他共同生活一年多了，恐怕他已经有了厌倦之意，听他的言语，难道想要加害我们。我们不如趁着这交情未绝的时候，好好地分开吧。”孛儿帖一席话使铁木真如梦初醒。于是铁木真找了个借口说母亲想到原来的牧地去住，向札木合辞行。札木合假意挽留了一番，便让他们走了。铁木真急忙令自己的队伍连夜兼程，迁到克鲁伦河上游的桑沽儿小河，并在那里建立了自己的营地。

由于孛儿帖平时对札木合做了细心观察，认清了他不是真正的朋友，才在关键时刻提醒了铁木真，因而避免了一场灾难。事实的发展也正与孛儿帖推想的一致，在此以后，札木合找了个借口便与铁木真反目为仇，后来几乎置铁木真于死地。虽然札木合最终败在了铁木真手下，可如果不是孛儿帖关键时刻的提醒，恐怕今天我们就不会知道有成吉思汗这么个英雄了。

铁木真脱离了札木合以后，励精图治，厉兵秣马，从公元1189年铁木真被推举为联盟首领到1206年，经过十几年的艰苦奋战，铁木真终于把蒙古各部逐个征服，统一到了一起。公元1206年春，铁木真召集蒙古各部落的贵族首领们在斡难河源举行大会，建九脚白旄纛，登上了蒙古大汗的宝座。

孛儿帖此时也成了整个蒙古的王后，面对事业有成、如日中天的丈夫，她并未听之任之，放任自流，而是更加细心地关照丈夫身边的事，在铁木真被权力冲昏了头脑的时候，她及时地站了出来，通过劝说铁木真，维护了家族的安定和政治的稳定。

原来，蒙古人信奉萨满教，相信萨满巫师能通天庭，是传达上天意旨的使者。铁木真原先的家奴蒙力克的四子阔阔出就是一位萨满巫师，只是人品值得商榷。他见铁木真已统一诸部，便做了个顺水人情。他骑上白马，赤着脚在夜晚穿过草原和群山，向西方走去，第二天返回后便声称他得到了上天的旨意，上天已把天下给了铁木真和他的子孙，他对铁木真说："如今地上各称古尔罕之诸国君都被你所征服，他们的领土也都归了你，因此你也应有普天下之汗、诸王之王的尊号。上天旨意，你的称号应该叫成吉思汗"（成吉思汗，意为"海洋"）。如此看来，"成吉思汗"的名称倒是他给想出来的。成吉思汗登上大汗宝座，将建立的国家称为"也客忙豁父兀鲁思"，即大蒙古国。至此，蒙古各部都统一在大蒙古国的统治之下，铁木真的家族为国家最高统治集团，称为"黄金家族"。

阔阔出由于传达了上天的旨意，对成吉思汗登上大位功绩巨大，而且其父当年有托孤之功，因此在铁木真建国后便居功自傲，日渐专横，常假借传达"长生天"旨意为所欲为。

一天，阔阔出借上天旨意，无故毒打了来晋见皇兄的合撒儿，合撒儿不敢对他动手，便去向成吉思汗告状。成吉思汗见弟弟如此窝囊，便大发雷霆，吼道："你平日里老说谁也打不过你，怎么今天却被他打了？"合撒儿见哥哥不但不管，还对自己大加训斥，垂泪而去，一连三天都不见成吉思汗。阔阔出见成吉思汗没怪罪自己，更为嚣张，干脆向他进谗言说："长生天的圣旨说，一会儿教铁木真管百姓，一会儿教合撒儿管百姓，现在若不将合撒儿除了，以后的事还不知道呢。"这更是在挑拨铁木真兄弟间的关系，欲除掉合撒儿。合撒儿本身身高体壮，力大无比，在统一蒙古各部的过程中战功显赫，威望颇高。成吉思汗登大位后，热衷于专权，尤其忌讳有人篡位，阔阔出的话正说中了他的要害，他便想趁机以此为借口，除去合撒儿。于是他连夜亲自带兵去捉拿合撒儿。幸亏在其母诃额仑的劝解和训斥下，才留下了合撒儿的性命。但他心中对合撒儿仍存芥蒂，背着母亲还是夺去了合撒儿的部众，只让他保留了1 400人。此事后，阔阔出更为嚣张，不把任何人放在眼里，许多人也趋炎附势，投奔到他的门下，渐渐对"黄金家族"构成了极大的威胁。成吉思汗的小弟弟帖木格斡赤斤的部下也有前往投靠的。斡赤斤派人去找，阔阔出不仅不交人，反而将来要人的人毒打一顿，让其将马鞍背在身上，回报斡赤斤。第二天，斡赤斤亲自前往阔阔出处来要人。阔阔出弟兄七人马上围上来，举起拳头就打，斡赤斤连忙认错赔不是，才逃过了一顿毒打。但阔阔出得意忘形，并没有放过他，而是罚他跪在帐后并加以羞辱。第二天清晨，斡赤斤便跌跌撞撞地跑进成吉思汗的营帐，跪在地上，哭诉了被阔阔出欺辱的经过。成吉思汗还没来得及说话，孛儿帖因平素对阔阔出的所作所为已愤恨有加，见斡赤斤来告状，正是帮铁木真下定决心除去阔阔出的机会，于是径自先哭了起来，气愤地说：“他怎么能这样欺负人哪？先前将你亲弟弟合撒儿打了，如今又要斡赤斤下跪，这算什么道理？你现在还活着，他就敢把你像桧柏一般长成的弟弟这么祸害。日后你老了，像乱麻群鸟般的没有头脑的百姓，还如何肯服你的弟兄、儿子们的管束？”说完，她捶胸顿足，号啕痛哭。成吉思汗听了孛儿帖的诉说，看着她脸上的泪珠，细细品味着孛儿帖的话，思谋了良久，终于下决心要除掉阔阔出。正在这时，蒙力克率领他的七个儿子来拜访。阔阔出刚坐下，斡赤斤就上前要与他较量力气。成吉思汗点头同意。刚到帐殿外面，就有3个大力士在成吉思汗的授意下上前折断了阔阔出的脊梁，把他杀死了。成吉思汗随后严厉地说：“阔阔出用毫无根据的谗言离间我们兄弟的感情，违背了天意，所以苍天把他的生命和尸体都收回去了。”他随后又责备了对儿子管教不严的蒙力克。

成吉思汗与阔阔出的斗争，被人们看做是实际上的皇权与神权的斗争。处死了阔阔出之后，成吉思汗使神权彻底置于皇权之下，进一步巩固了政权。从此，成吉思汗开始到蒙古高原以外的地区施展自己的雄才大略，他的骑兵勇猛非凡，攻无不克，战无不胜，创建了世界史上罕见的功业。在铁木真一生的事业中，他的夫人孛儿帖也起了贤内助的作用。有人认为，她对铁木真来说是一种力量的源泉。她同丈夫一起艰苦创业，在许多关键时刻都起到了重要的作用。她以自己的实际行动表明，她还是英雄铁木真睿智的参谋。每当事处关键时刻成吉思汗不知该如何决择时，孛儿帖的有魄力而又具有远见卓识的主张总是起着决策性的作用。在她的令人生畏的丈夫眼中，她一直享有极高声望。而且，她还培养造就了一批颇有才干的子孙，她给铁木真生了四个虎子：术赤，察合台，窝阔台和拖雷。四人都在蒙元历史上发挥了举足轻重的作用。长子术赤，曾随父亲攻打金国；次子察合台，曾从父西征；三子窝阔台，于1229年即位为大蒙古国第二任大汗，在位十三年；拖雷之子蒙哥和忽必烈随后也相继称帝。由于以上事实，人们认定孛儿帖是蒙元时期首屈一指的皇后，是佐助成吉思汗定立天下不可或缺的助手，也是中国女性中的一位值得大书的杰出人物。当然，正像蒙古其他首领一样，后来的成吉思汗也收婢纳妾，而且她们一有机会就伴驾远征，而孛儿帖则只能留住蒙古大营。但是，在后来的成吉思汗的诸子中，最后分得父亲遗产的却只有孛儿帖所生之子。在成吉思汗的众多妻妾和部下中，也只有孛儿帖的地位最高，最受尊重。更有甚者，孛儿帖后来曾被蔑儿乞人掳去，九个月后怀孕归来，但她的丈夫对她的敬重并未因此而受到影响。孛儿帖始终是最受铁木真敬重的夫人，始终同成吉思汗配合默契、协力同心地去成就那惊天动地的事业。

助夫兴国的皇后

——忽必烈皇后察必

察必姓弘吉剌氏，生于公元1215年，卒于公元1281年2月。她出身于蒙古贵族家庭，她的父亲按陈被封为济宁忠武王。她美丽贤淑，知书达理，并通晓很多军国大事。她的一生，在政治上以犀利的目光、灵活的手腕辅佐忽必烈称帝安基，兴邦治国；在生活上，克勤克俭，以身作则。有的人甚至称她为历朝历代皇后尊崇的楷模。

据说在察必童年的时候，就曾有巫师对察必的母亲预言过，察必终有一天会成为蒙古的皇后。而等到察必成年以后，她所在的弘吉剌部的势力已经变得微弱了。虽然，当年成吉思汗的皇后孛儿帖亦出于弘吉剌部，使得该部族煊赫一时，可是在孛儿帖死后，弘吉剌部的实力就开始在不知不觉中慢慢下降了。而在当时，与他们有着几代恩怨的塔塔儿部实力还很强，也十分嚣张，经常派人来盗窃他们的马匹牛羊。而察必的哥哥，当年就是在迎娶新娘的路上，遭遇塔塔儿部的人抢婚，被当场打死的，而新娘被掳到塔塔儿部后，也绝食身亡。这些事情，察必永远不会忘记。整个弘吉剌部对此亦无可奈何。而部落的首领在知道了那个巫师的预言后，对于察必亦是十分重视，刻意栽培，以期有朝一日，她真的飞上枝头，可以重振弘吉剌部。当时的蒙古族正处于东伐西讨、四处征战的时期，察必耳闻目睹，也逐渐养成了沉着镇静、外柔内刚的性格。

忽必烈十一岁的时候，有一次和弟弟阿里不哥去迎接征讨花拉子模凯旋的爷爷成吉思汗，当时他们弟兄都想在爷爷面前表现自己。在千军万马围捕的猎场上，兄弟二人弯弓劲射，阿里不哥射中一只山羊，欣喜若狂，他的轻狂令成吉思汗很不满意。而忽必烈一箭射中了一只奔跑中的兔子，并显示出了恭谨有礼的风度。按突厥的风俗，孩子在第一次行猎中射得野物时，要举行隆重仪式。在当时举行的仪式上，忽必烈轻轻地拉着祖父的手，请他把兽血涂在自己的拇指上，而阿里不哥，早就迫不及待地自己把兽血涂在了手上。成吉思汗见状，面露不悦之色，便只夸赞了忽必烈，对阿里不哥只字不提。当时在围猎场上，还有一名也是一箭射中猎物的孩子，她就是弘吉剌部的察必。她女扮男装，长得十分清秀，却被当成男儿一样养大，放牧、骑射，无一不会。在这次围猎中她记住了忽必烈。

随后，忽必烈母亲按照本族习俗，领忽必烈到弘吉剌部去聘女。定亲的对象，就是察必，并且还以忽必烈当时的乘骑为聘礼。

察必嫁给忽必烈，虽是因忽必烈母亲提亲，但也是在弘吉剌部的卜师以《易》占卜之后，得泰卦之六五爻，大吉，才定下来的。从亲事确定的那一天起，察必就决心，既然自己命中要与忽必烈为妻，将来无论发生什么，一定要全力辅佐他当上蒙古的大汗，以期借忽必烈之力铲除弘吉剌部的夙敌们。

忽必烈胸有大志，才识过人。就连成吉思汗在世时，也常常赞许他，认为他日后必定有所作为。忽必烈成年以后，能征善战，有勇有谋，当时蒙哥汗在位，也充分信任忽必烈。公元1253年，忽必烈被皇帝委派在金莲川（今河北省沽源县北）开设了幕府，命其掌握蒙、汉民户，最后命其掌握大量军队，总管漠南的军政事务，给了他很高的权威。

可是在周围汉族地主的影响下，忽必烈的思想观念开始有了深刻的变化，逐渐与蒙古旧贵族的思想轨迹分离开来。他认识到要想在富饶的中原地区站稳脚跟，必须采用汉法治理汉地，才能巩固蒙古人在汉族地区的统治。他改变了以往蒙古军队奴隶制式的掠夺政策，严禁官兵侵扰民众，禁止将农田改为牧地，禁止纵畜糟蹋庄稼，要求官吏劝诱百姓，开垦田土，种植桑枣，并且不得擅兴不急之役，以防耽误正常的农时。同时他还沿用了整套汉族的行政系统，借以管理中原地区。忽必烈不仅自己学习汉族文化知识，还用汉文化教育贵族子弟，力图改变蒙古族落后的政治文化面貌。他还邀请各地名士，求学治国之道，并逐渐在自己周围形成了一个汉儒幕僚集团。此时的忽必烈虽身为藩王，却已有一统天下、雄踞八方的志向。在这样的大环境中，作为忽必烈妃子的弘吉剌氏察必也逐渐对汉族文化、历史及政治制度产生了浓厚的兴趣，并深受影响。

忽必烈的这一系列措施得到了中原地区广大汉族地主阶层的支持和拥戴，把他看成能够保护他们利益和维持他们文化传统的新主子，因而积极地帮助其巩固在中原地区的统治，使忽必烈势力得到了快速的发展。

对于忽必烈广揽各路人才，重用汉族士大夫，一些坚持遵循蒙古原有生产方式的旧贵族十分不满，引起了他们的忌恨。于是，一些守旧的王公大臣纷纷向驻守漠北的阿里不哥进谗，表示愿意与他联合对付忽必烈。阿兰答儿向阿里不哥献计，建议他向蒙哥进谗以“钩考”（清查）忽必烈所辖陕西、河南财赋，以达到整垮忽必烈的目的。阿里不哥犹豫不决，阿兰答儿就引用了成吉思汗当年的话，“人生之快乐莫如歼首或仇敌如木拔根，乘其骏马，纳其妻女以备后宫，乃是最乐”。阿里不哥于是向自诩为“遵祖宗之法，不蹈袭他国所为”的宪宗蒙哥进谗言，诬陷忽必烈有独霸中原的野心。竟使宪宗对忽必烈产生了猜忌，以王府诸臣多擅权为奸利事为名，派遣亲王阿兰答儿、脱因、囊加台、刘大平等人前往追究查办，并在关中设钩考局，理算陕西、河南等处钱谷，审查对象集中于忽必烈所设置的经略司、宣抚司等机构的大小官员，列为罪状一百四十二条，几乎所有忽必烈藩府的旧臣都被罗织在内。蒙哥还下令解除忽必烈在汉地的统军权。忽必烈忧惧非常，计无所出。

在这危难之时，眼见着忽必烈遇此艰难境遇，察必全力以赴站在丈夫身边。在忽必烈不知所措、焦虑徘徊的夜里，察必向忽必烈献策说：“大汗（蒙哥）是君，是兄；大王是臣，是弟，我们不可能同他们完全计较清楚是非。而且我们远离在外，必定会受人谗言。为今之计，不如尽将府里的诸妃遣归汗廷，做好在那里久居的打算。这样大汗的疑心自会消除，你们君臣、兄弟之间还可和好如初。”第二天，忽必烈所器重的幕僚姚枢也向他建议同样的办法，并表示他也没有更好的办法。忽必烈于是勉强听从。这年冬天，蒙哥准备亲征南宋。到达漠南之时，忽然听到了忽必烈尽携家室前来觐见的报告，蒙哥依然不信，认为其中有诈，不与相见。这时察必建议忽必烈留下家属辎重，单身觐见。忽必烈采纳了她的意见，蒙哥也消除了对忽必烈的猜疑。兄弟相见，冰释前嫌，两人见面后皆痛哭流涕，宪宗皇帝疑忌全消，停止了对陕西、河南的钩考，忽必烈的家眷也都到燕京居住。

察必皇后不顾个人安危，毅然赴汗廷为人质，以表明忽必烈并无异志。察必皇后以自己超凡的勇敢和智慧，帮助忽必烈逃过了一场不测之祸。

随后，蒙哥率军南征，已与哥哥消除了误会但仍被解除军权的忽必烈则以脚有病为由，留在家里休养。但是后来蒙哥亲征至四川，察必提醒留在家里养病的忽必烈说："皇上对殿下素怀猜疑之心，现在皇兄远涉危难之地，亲历征战，而作为皇弟的你却在家安处，这样子恐怕说不过去，难免又给小人以口实。"忽必烈如梦初醒，于是遣使蒙哥请求出征。

公元1258年，忽必烈起兵南攻宋朝，家眷依然留在漠北。妻妾之间斗争十分激烈。地位最高的察必经常要处理其他几位后妃的鸡毛蒜皮的争执，还要担心着在外征战的忽必烈。

翌年二月，忽必烈会左手诸王于邢州。八月，渡过淮河，进入大胜关，然后到黄陂，再抵达鄂州江北，饮马长江。就是在鄂州，他听到了蒙哥死在四川的消息。公元1259年7月，蒙哥在合州战死。

蒙哥死后，围绕着汗位的继承问题，新旧贵族间的争夺战拉开了战幕。忽必烈的弟弟、旧贵族的代表、留守和林的阿里不哥在其身边诸王贵族支持下，企图借留守和林的政治优势，积极图谋汗位。他向漠北蒙古和漠南各州征调军队，阿里不哥的一部分军队迅速南下到距离开平百里之遥。他邀请忽必烈回蒙古，召开忽里勒台（推举大汗的会议），以商定大汗人选。当时留守漠北的察必已经隐隐感觉到了阿里不哥的野心，而这时率师南征的忽必烈已包围了南宋重镇鄂州。接到宪宗去世的消息后，幕僚们纷纷劝说忽必烈迅速班师北归，他们说："现在宋人惧我军如虎，构不成威胁。但是，我们的后院却有起火的危险。别有用心的人已经蠢蠢欲动，企图染指汗位，我们不马上班师回朝早作打算，形势将极其危险。"而忽必烈却并未如谋士们建议的那样立即班师北归和弟弟一拼高下，而是装作不知阿里不哥的野心，加强了攻城力度，大兵渡江至南岸，与宋兵处于胶着状态。而在漠北磨刀霍霍的阿里不哥，对于自己能夺取汗位十分自负。

此时，察必嗅出了这平静外表下浓烈的血腥味。她在得知阿里不哥派其心腹阿兰答儿四处扩兵后，感到战争迫在眉睫。于是，机智的察必以忽必烈妃子的身份遣使到开平城外，见到了正在调兵的阿兰答儿，察必的使者责问阿兰答儿说："发兵这样的大事，有成吉思汗的曾孙真金（察必的儿子）在这儿，为什么不让他知道呢？"打击了阿兰答儿军队的士气。同时察必又秘密派遣心腹脱欢和爱莫尔赶往鄂州，使将脱里赤征兵于燕京的消息急告忽必烈，并说："大鱼的头断了，在小鱼里，只有你和阿里不哥了。"以隐语表达了阿里不哥的图谋，让忽必烈火速还军。

忽必烈在接到了察必的确切消息后，一面命人与宋兵谈判，另一方面急率大军北还，十几天的时间就到达燕京，接着北上开平，抢先召开忽里勒台，在四十余位亲王及藩方侯伯的推举下，继大汗位。忽必烈自立为汗的举动，在和林引起极大震动，一个月后，在诸王贵族的拥戴下，阿里不哥也亟亟在和林西的安坦河召开忽里勒台，宣布为大汗。于是，忽必烈和阿里不哥展开了激烈的决战。

同年，忽必烈决定亲自率军进讨阿里不哥。当时拥立阿里不哥的势力十分强大，控制了漠北至中亚、西亚的广大地区，且在陕川甘等地，也有很强势力。忽必烈命亦孙哥率军北上，与阿里不哥前锋出木哈尔、合剌札所率大军相遇，双方激战，亦孙哥大胜，沉重打击了阿里不哥。四年以后，这场新旧贵族的斗争以阿里不哥的失败宣告结束。忽必烈的胜利具有相对的积极意义。忽必烈的胜利使蒙古重新得到统一，为元朝的建立和巩固奠定了基础。而察必在这场夺取汗位的斗争中起了扰乱军心和传递确切消息的重要作用，为忽必烈作出正确的判断有着巨大的帮助。公元 1260 年 3 月，忽必烈废除了蒙古贵族选举大汗的旧制，宣布登皇帝位，改元中统。中统初年，察必被立为皇后。

忽必烈灭南宋，实现了中国历史上又一次大统一。如何使国家长治久安，避免重蹈宋、金两国的覆辙，是忽必烈和察必经常探讨的问题。元朝建立之后，忽必烈虽然将仿效汉法的方针推行到了全国，对典章制度作了一系列的调整，但由于受习惯和旧势力的影响，使得忽必烈作决策时常南辕北辙，动摇反复。而这个时候，已身为皇后的察必在辅佐君王统治中原上表现出了难能可贵的品质和非同一般的才能。察必皇后深谋远虑，在忽必烈处理国家日常事务中，曾就许多有关国计民生的问题向忽必烈进谏，并鼓励大臣们也多向皇帝直谏，以帮助治理好国家。而且察必皇后经常规劝忽必烈纳谏，使忽必烈在许多问题上避免了失误。

由于蒙古族长期养成的生活习惯和客观需要，在他们初入中原时曾大肆掠夺土地用于畜牧业，严重地破坏了中原地区的农业经济和正常生活。忽必烈掌管漠南汉地时，也曾下令保护农业生产，禁止随便圈占农田用于畜牧，取得了极大的效果，保护了汉族大地主的根本利益，获得了大家的拥戴。但是在统一全国之后，为了加强对中原汉族反抗势力的镇压，也出于为其进一步扩张准备足够马匹的需要，忽必烈又开始在全国范围内圈占大批农田作为牧地，“东越耽罗，北逾火里秃麻，西至甘肃，南暨云南等地，凡一十四处，自上都、大都，以至玉你伯牙，折连怯朵儿，周回万里，无非牧地”[《元史·卷一百（志第四十八）》]。这一做法极大破坏了中原地区经济的发展，也引起了人民的抗争，更引起了皇后察必的高度重视和不安。

有一天，四怯薛官（怯薛，蒙古元朝的禁卫军，蒙古语轮番宿卫的意思，其官员能直接影响朝政。因怯薛分四番值，每番三昼夜，故又称四怯薛）向忽必烈奏报，请批准圈占京城外的农田牧马，忽必烈答应基本可以考虑，但还要再研究一下，为此把割地的地图带到宫中。察必皇后听说此事后认为极为不妥，因为燕京（今北京）是元朝统治的心脏，这样大规模地圈占农田，如果引起人民的反抗，暴民会直接攻入，极大威胁到元朝的统治。察必来到忽必烈面前，准备提出反对意见，但她考虑到若直接反对，有点不给皇帝留面子，于是灵机一动，先极为严肃地假作谴责官至太保的刘秉忠，说：“你是汉人中的聪明者，皇帝把你当做朝廷重臣，一向尊重你的意见。这是损害汉族百姓利益、有损国计民生的事情，你难道不明白其间的利害，怎么不提出反对意见？如果在刚开始定都时，直接以这块地牧马还情有可原，现在土地的用途都已安排好了，大家都安居乐业，军马的饲养用地也固定了，再掠夺农业用地，这不会造成混乱吗?”察必表面上是在指责刘秉忠，实际上是在变相地劝谏忽必烈。忽必烈听出来这是针对他发表的意见，如同当头棒喝，于是下令把这事压下了，没有批准，从而避免了由此而引起的动乱和纠葛。

有一次翰林学士王思廉给忽必烈讲读《资治通鉴》，当讲到唐太宗怒魏征直谏、长孙皇后朝服拜贺一事的时候，忽必烈似有所感触，他命宦官领王思廉到后宫，将这个故事讲给察必皇后听。察必听后非常高兴，说：“这样的故事对皇上治国有很大裨益，今后类似这样的典故，你应该多讲给皇上听。”

察必皇后辅佐君王，不仅能帮助忽必烈创业，还为他提前想到了守业的问题。至元十三年，忽必烈攻下临安后，南宋的小皇帝恭帝被掠到上都，在上都朝见忽必烈。全国一统，在盛大的宴会上，忽必烈大宴群臣，论功行赏，欢庆胜利。大臣们也都三呼万岁，个个喜形于色。大家都兴高采烈，只有察必皇后不高兴，默默地坐在忽必烈身边，面露愁容。忽必烈看出她有心事，就说：“我现在平定了江南，宋朝已灭，天下太平，自此不用兵甲，再也不会打仗了，大家都欢天喜地，为什么只有你不高兴?”皇后跪下答道：“自古以来，创业难，守业更难。纵观历史，没有一个朝代能维持千年以上的。我在想怎样才能使我们的子孙不重蹈宋朝的覆辙。现在，我们灭亡了宋朝，歌舞升平，忘乎所以，这正是过去亡国的征兆。现在应让他们明白这个道理，才是值得庆祝的事情。”忽必烈见察必皇后想得如此深远，远胜自己，不禁翻然醒悟，下定决心要居安思危，励精图治，医治战争创伤，恢复和发展生产，使人民安居乐业。

后来，忽必烈把南宋府库中缴获的金银珠宝、字画古玩等贵重物品都摆放到殿庭上，让群臣观赏，以显示自己的战功卓著，还专门招来皇后看，皇后看了一眼就走了。忽必烈派遣太监追问她，为什么不感兴趣呀?你喜欢什么就拿什么好了。皇后正色说：“宋人收集、储藏这些财富是准备留给他们子孙的，而他们的子孙守护不了这些财富，所以让我们缴获了，我触景生情，觉得这是件非常可悲的事，由他们想到自家，实在不忍心取一件东西享用啊!”忽必烈听后不由喟然长叹，颇有感触。

历来的朝代更迭，新朝的统治者总是对前朝皇室的人颇多忌惮，元朝也遇到了这样的问题。忽必烈灭亡南宋后，为防止赵宋王族聚众谋逆，便把宋太后全氏劫持到了燕京以当人质。由于全氏一直生长在江南，对北方水土诸多不服，经常生病。察必于心不忍，请求忽必烈让全氏回江南居住。对于察必的这一建议，忽必烈不同意，他语重心长地对察必说：“你到底是头发长见识短哪，我若把她放回去很容易，但她是前朝的一国之母，一旦有人利用她搞政治阴谋，她就将导致灭门的大祸，那时谁也救不了她，只能是害了她。你这样做实际上不是爱护他们呀。如果你真能爱护他们，应该时常照顾和体贴他们，使他们能安心在这里居住，能够平安舒适地度过余生，这比什么都好。”忽必烈这样做自有其深层的含义，当时元朝初立，蒙古贵族为了巩固已确立的统治地位，就必须拉拢、借重于汉族地主阶级，对宋太后的优礼照顾，可以使汉族大地主更加认同元朝的统治，必然有助于蒙汉统治阶级的联合。皇后见忽必烈讲得有道理，就不再坚持了。此后她便经常照顾全太后等南宋皇室人员。因此，宋太后全氏在燕京期间一直得到了察必的精心照顾。察必的做法不仅起到了巩固蒙古贵族统治的作用，而且对历史的发展也具有积极意义。

察必皇后不但在佐理国政方面有突出的贡献，而且在日常生活中，也是勤俭朴实的典范，并不因为自己是皇后而奢侈浪费。一天傍晚忽必烈回到后宫寝室，发现在桌案上放着一块绢帛和一块白布。他向站在身边的察必皇后问道："这是哪里弄来的？"察必答道："现已立秋，天气逐渐变凉。这是我从太府监（管理物资的部门）拿来几尺绢和几尺做里子的白布，因你经常出外征战，想给你做件披风（斗篷），以避风寒。"忽必烈一听，面色不悦道："难得你一片好心。可是你知道不知道，这是国家和军队用的东西，不是私人的财物，你怎么能随便支用呢？我们做君主的开了这个头，下边人就会效仿，你也拿，他也动，还如何治理国家呢？"察必听完丈夫的一番话，深愧自己做错了事，满脸羞愧，接受批评，承认了自己的不对。第二天便将所拿之物送回了原处，并向保管的官员作了检讨，从此再没有从国库里拿过任何东西。由于她以身作则，别的皇亲国戚也都循规蹈矩，不敢多占国家的便宜。

从这以后，她处处注重节约。为了解决衣料问题，皇后就率领宫中的妃嫔、宫女们亲自做女工，收集旧的和作废的弓弦，煮炼之后绞丝织布，做出来的衣服既好穿又结实，其牢固和紧密程度比绫绮还好。宣徽院（供应皇室饮食的机构）里宰了羊，羊前腿皮闲置无用，扔在那里，皇后知道后取来，缝合为图案别致的地毯，美观大方，经济实用，受到忽必烈和大臣们的交口称誉。皇后勤俭节约的作风深得人心，在她眼里，没有不能用而丢弃的东西，她长期保持这样的勤俭作风，使得宫中几乎没有丢弃的废物。

察必皇后还肯动脑筋，进行发明创造，可以算是一个发明家，这在中国古代皇后中十分罕见。蒙古的帽子原来没有前檐，这就带来很大的一个缺陷，在昂首射箭时，阳光刺目，影响骑射。忽必烈因出去打猎射箭而感到阳光刺激眼睛，回来后就跟察必皇后说了这件事。皇后就给他的帽子增添了前檐。忽必烈试验了一下，非常高兴，遂下令作为标准帽子式样推广。这个新样式十分便利射骑，得到射手们的欢迎。

察必皇后又设计制作了一种衣服，前面有裳无衽，后面的长度比前面长许多，无领又无袖，缀以两襻。一天，忽必烈要率军出征，临行向察必皇后告别。察必拿出一件上衣向忽必烈道："这是我用旧衣服改制的一件上衣，你穿上看合适不合适？"忽必烈接过衣服一看，是件前短后长无领少袖的上衣，他往身上一穿，高兴地道："很好，又贴身又便利，还遮风寒，不知这件衣服叫啥名？"察必微笑道："一件旧衣改的，还叫什么名，若想有名，也得大汗赐名，因为你是第一个穿的。"忽必烈一听，手摸衣服，沉思片刻道："我看就叫'马甲'吧。"由于这种衣服特别适用于骑马射箭，不久，大家都争相模仿。我们现代人穿的马甲（夹），据说就是从这演变而来的。

公元1281年，聪明能干又通情达理的察必皇后得了重病。忽必烈延请了天下名医，也没能治好察必的病。弥留之际，忽必烈握着察必皇后的手，问她还有什么话说。察必这时虽然奄奄一息，心中仍牵挂着儿子真金。太子真金这时虽已长大成人，但体弱多病。他是察必最为钟爱的儿子。她希望真金能继承父业，将来治理好国家。她知道自己不能继续照顾儿子了，因此反复叮嘱忽必烈，要他照顾好太子，忽必烈含着泪答应了，察必皇后才放心而去。察必死后，忽必烈大恸，一夜之间老了很多，好像变了一个人。正在外地的太子真金听到母亲的死讯，悲痛欲绝，昼夜兼程，赶回宫中，为母亲守灵。满朝文武和黎民百姓也为失去一位贤德的皇后而痛心疾首。公元1284年，忽必烈为察必皇后追上尊号曰贞懿昭圣顺天睿文光应皇后。公元1294年成宗即位，追谥她为昭睿顺圣皇后。

蒙古族虽然统治着中国，可是并没有治理大国的经验。而察必皇后则善于在各方面帮助忽必烈，为元朝的稳定和发展作出了突出的贡献。有人甚至认为这个少数民族皇后可以同唐朝的长孙皇后等杰出后妃相提并论，可惜历史界对元代的历史人物发掘得还比较少，很少有人会认真地研究察必皇后这样的优秀女子，所以她也不为大家所熟知。

争权祸国的“女强人”

——元武宗、仁宗母亲答己

答己出生于元朝地位最显赫的弘吉剌部族，她的父亲是按陈的孙子浑都帖木儿。她出身高贵，容貌出众，长大后被许配给答剌麻八达为妻。答剌麻八达是元世祖忽必烈的长子真金（裕宗）的次子，母亲是徽仁裕圣皇后，也姓弘吉剌氏。真金为燕王时，答剌麻八达出生于燕邸。长大之后，他一直跟随在真金身边，无论是朝贺还是乘车出巡，他从不离左右。后来，答剌麻八达正式纳弘吉剌氏答己为妃。答己很受宠爱，为答剌麻八达生了两个儿子，一个叫海山，就是后来的武宗；一个名叫爱育黎拔力八达，即后来的仁宗。

至元二十二年（公元1285年），主张倡行汉法的真金太子先忽必烈而死，谁继承皇位成了一个悬案。他的三个儿子甘麻剌、答剌麻八达和铁穆耳都很受世祖的钟爱，究竟由谁继嗣为“皇太孙”，一直没有明确的结果。至元二十八年（公元1291年），答剌麻八达奉诏同侍卫都指挥使梭都、尚书王倚一起出镇怀州（今河南沁阳）。行至赵州时，有百姓拦道状告兵卒砍伐他的树木，答剌麻八达立即下令杖罚违纪的兵卒，并派王倚入奏世祖。世祖见他如此爱护百姓，也非常高兴，立皇太孙的选择也偏向于他。没想到答剌麻八达竟在途中染病，还没赶到怀州就被召回京师调养，谁知竟一病不起。第二年春天，年仅二十九岁的答剌麻八达竟撇下孤儿娇妻，撒手而去。

在三个儿子中，真金的妻子阔阔真最偏爱的是小儿子铁穆耳，因此她一而再再而三地托重臣伯颜和阿鲁浑萨里等人在忽必烈面前为铁穆耳美言。忽必烈本来就对阔阔真母子印象极好，再经过伯颜等人的一番努力，终于在真金去世八年之后（至元三十年即公元1293年）决定，立仁孝恭俭的铁穆耳为继承人，并将“皇太子宝”授给了他。第二年，忽必烈就驾崩了，可铁穆耳并没能立刻即位。宗王们还在为究竟让谁即位而争执不休，因为他们心目中的合适人选是阔阔真的长子甘麻剌。在宗王大臣们的吵闹中，皇位空置了三个多月。直到出征在外的铁穆耳与甘麻剌都赶回上都，还没能讨论出个结果。为了让心爱的儿子即位，阔阔真又想出了好办法。御史中丞崔彧偶然间得到了一枚玉玺，上刻“受命于天，既寿永昌”八个大字，惊喜交集的崔彧认定这就是著名的秦玺，立即进献给阔阔真。如今阔阔真眼看着事情陷入僵局，便将这枚玉玺拿出来，谎称是忽必烈留给铁穆耳的。与此同时，重臣伯颜和玉昔贴木儿也站在了阔阔真的一边，甘麻剌和宗王们不得不承认铁穆耳的继承权。铁穆耳才勉勉强强地继承了帝位，是为元成宗。

元成宗铁穆耳同时有两个皇后，一个是伯岳吾氏卜鲁罕皇后，一个是弘吉剌氏失怜答里皇后。卜鲁罕皇后很有智谋，能代铁穆耳施政且做得比较公允，颇得好评，只是她偏偏没有生育，铁穆耳唯一的儿子德寿是失怜答里所生。卜鲁罕因此对失怜答里妒恨交加。

大德九年（公元1305年）五月，德寿被正式立为皇太子。转眼间便在当年十二月一命呜呼。失怜答里受此打击，精神失常，很快也离开了人世。对于小太子的猝死，人们都怀疑是卜鲁罕的“杰作”，但是一直没能查明究竟。元成宗失去了自己唯一的亲骨肉，自己又因常年酗酒身体很差而难以再有儿女，便想到了自己的侄儿们。本来元成宗铁穆耳的两个哥哥甘麻剌和答剌麻八剌都有儿子。大哥甘麻剌有三个儿子：也孙帖木儿、松山、迭里哥儿不花。二哥答剌麻八剌也有三个儿子：阿木哥、海山、爱育黎拔力八达。其中阿木哥是汉族侍女郭氏所生，海山与爱育黎拔力八达则是正妃弘吉剌氏答己所生。答剌麻八剌死得很早，留下的只是孤儿寡妇。铁穆耳一向非常喜欢答己所生的两个皇侄，很早便将海山封为怀宁王，让他统领六万五千军户。如今他打算按“兄死妻嫂”的风俗，将寡妇二嫂答己纳为妃子，一举两得地解决了继承人的问题。按照蒙古婚俗，有弟收兄寡妻的习俗。答剌麻八达死后，成宗想纳其嫂答己为妃，被生性好妒的卜鲁罕皇后阻止了——卜鲁罕皇后当然不能容忍这件事变成现实。成宗是个善于守成的皇帝，并无多大魄力和作为。对于此事，他虽然心中不快，也没敢过分要求。但卜鲁罕皇后却不依不饶。在她的百般阻挠下，答己母子非但没能正式成为元成宗的妃子和儿子，反倒被先后赶出了京城。大德十年（公元1306年），就在元成宗病情渐重的时候，卜鲁罕皇后趁着答己长子海山镇守漠北之机，与左丞相阿忽台设下计谋，将答己和幼子爱育黎拔力八达贬放怀州（今河南沁阳）。青年丧夫已极度悲戚的答己，为此事又受到了来自卜鲁罕皇后的排挤与打击，真是雪上加霜，应了那句“人在家中坐，祸从天上来”的俗话。答己一腔愁怨无处倾诉，只得打点行装，离开大都（今北京），踏上了去怀州的行程。

不过卜鲁罕皇后没有想到，弘吉剌氏答己是个很有心计的人。一路上，答己十分注意收买人心。鉴于她的身份高贵，虽然身遭贬谪，可所过郡县无不设下华丽的营帐，摆上丰盛的酒席迎接亲王母子。她们母子一面非常友好地感谢这些地方官吏，一面告诉他们，所有消费，理应从简。他们还命令随从人员绝对不许搅扰沿途居民，如有违犯，严惩不贷。这样做，取得了良好的效果——沿途官民，无不称颂答己母子清正爱民。

大德十年十二月，他们母子终于平安到达怀州。在这里，答己更加懂得团结臣民的重要性。平日里，她不但对身边的大臣们和颜悦色，十分尊重，有事就推心置腹地与他们商量，就是对侍候她的宫女、仆役，也都十分宽厚仁慈。每逢外出，她总是令卫士们提前寻找好僻静的路线，尽量少打扰百姓，并严令禁止践踏庄稼。臣民对答己母子交口称赞。还有一个有趣的传说：据说，怀州有一种嗡嗡声特别响亮的苍蝇，答己到了这里之后，被这苍蝇搅得头晕目眩，日夜不得安宁。于是，答己每天早晨就虔诚地焚香祷告：“我母子正在颠沛流离之中，整日无着落，难道连苍蝇你也欺我母子吗?”这样祷告了几天，那苍蝇居然不来吵闹了。从此，怀州苍蝇都成了“无声苍蝇”。从这个传说中可以看出民心之所向。尽管远离大都，但有心计的答己随时注意探听京师方面的消息，洞察着元朝宫廷内部的每一个变化，并积蓄力量准备寻找机会以图东山再起。不久，元成宗病死，使答己的谋划有了实现的机会。

大德十一年（公元1307年）正月初八，元成宗驾崩。前面说过，他仅有一个儿子德寿，已于大德九年（公元1305年）十二月夭折了，帝位的继承遂成了问题。卜鲁罕皇后抢先出手，她与左宰相等人定下自己摄政、堂小叔安西王阿难答辅政，并最终将帝位传给阿难答的计划。然而卜鲁罕皇后的政敌右宰相哈剌哈孙却对这个计划阳奉阴违。他将京城百司的符印全部收起，把守掖门，控制机要，对于来自内廷的旨意，他佯装有病，不予署理。他又暗地里派人通知身在北方带兵的海山以及身在怀州的答己与爱育黎拔力八达，让他们立即以奔丧为名赶赴上都夺取帝位。所以当成宗的死讯刚传至怀州时，答己已决定和儿子爱育黎拔力八达以奔丧的名义立即起程进京。

他们的队伍路过漳河时，天上刮起了北风，下起了大雪。当地官民听说答己母子路过此地，纷纷冒雪前来送行。一个老农捧着满满一瓦盆热粥，挤上前来，要献给爱育黎拔力八达。侍从人员刚要把他喝退，爱育黎拔力八达立即上前阻止，并对属下说："汉代光武帝曾经被寇兵所迫，吃过豆粥。大丈夫不尝尽艰难，怎么能成大事呢?"答己对儿子的观点很是赞同，连连点点头说道："当年晋文公亡命在外，一个老农献了一块土团给他吃，文公尚且唯唯地接受了。今天有人给你献粥，一定是要成事的好兆，为什么不赶快接受?"于是命人接过了粥，分给大家吃了，并赐给老农一匹绫缎。

大德十一年二月，答己母子到达大都。他们先为成宗哭丧，然后住进城中的旧宅邸。

答己到京后，哈剌哈孙连夜派人与其联系，并煽动说："怀宁王海山路途遥远，不能马上到达，如稳而不动，恐生不测；眼下大都兵力空虚，应先发制人抢得皇位才是。"答己果断决定由爱育黎拔力八达率兵行事。

卜鲁罕招安西王阿难答进京的目的之一就是为了稳固京师，防止镇戍北边的海山前来报复前怨。当她发现右丞相哈剌哈孙勾结答剌麻八达的两个儿子时，分外眼红，便和阿难答等人商议，趁三月初三为爱育黎拔力八达庆贺生日的机会除掉这对母子。可惜这个如意算盘竟走漏了消息，爱育黎拔力八达抢先动了手，将卜鲁罕皇后和阿难答等人一网打尽。他在阿难答等人预谋发难的前一天以迅雷不及掩耳之势率兵闯入内廷，抓捕了左宰相阿忽台和安西王阿难答等人，并以"乱祖宗家法"的罪名，将其全部杀死。

答己母子获胜已成定局，现在的问题只是该由她的哪个儿子继承帝位了。犹豫不决的答己便找来一个阴阳师，让他推算自己两个儿子的生辰八字，看看究竟谁更适于当皇帝。阴阳师推算之后告诉答己："重光大荒落有灾，旃蒙作噩长久。"意思是说，海山若做了皇帝命运不长久，爱育黎拔力八达做皇帝的命数要长久得多。听了阴阳师的回复，答己倾向于让幼子称帝。诸王阔阔出、牙忽都等也都劝爱育黎拔力八达继皇帝位。爱育黎拔力八达考虑到他的哥哥海山拥有重兵且能征善战，不敢造次，只是自称监国，与哈剌哈孙一起日夜居守禁中，防备事变，等待哥哥返回上都后再作商议。答己便派使臣去迎接率兵进京的海山，向他报告已经政变成功的消息并转述阴阳师的话说："你们兄弟都是一母所生，并无亲疏之别，但是继位之事，还望你多考虑一下阴阳师的预言。"

大德十一年三月，海山率三万精兵到达和林（今额尔德尼召南），得悉弟弟政变已告成功，他忙召集诸王商议南下夺取帝位。这时候，答己的使者来到。海山听完使臣转述母亲的话后非常生气，将三万精兵分成三路兼程南下，又派亲信康里脱脱传话道："我守御边疆辛苦多年，又身为长子，理应继承祖宗基业，谁知母亲却以阴阳师的一句话就想取消我的帝位，未免太不公平。若能得为帝王，即使只做得一日，也足以名垂后世，更何况未来的事谁能断言？母亲作出这样的决定，肯定是受了谁的蒙蔽，我一定要追究。”并对康里脱脱说：“你为我侦察此事，一有消息，急速报我。”

答己听了康里脱脱的禀报，大吃一惊，她唯恐自己的儿子因皇位之事反目，骨肉兵戎相见，忙说：“修短之说虽是术家所言，我之所以采纳，也是替海山着想，他的弟弟也并没有贸然即位，还在等待他返回后再作决定。他既不信，那就叫他前来吧。你一定要赶回去向海山说明这里的情况，为我们弥缝阙火，千万不要让我们骨肉间生了嫌隙。”答己让左右退下，对康里脱脱亲切而又真挚地说道：“海山天性孝顺友爱，中外属望。眼下最怕是有人从中谗言挑拨。卿快快回去，如果能使我们骨肉无间，能够欢愉地相聚，卿的功劳可不小啊。”脱脱顿首谢道：“太母不必多虑，臣侍藩邸多年，深受信任，回去后一定推诚竭忠地开释海山。”

在此之前，答己见海山迟迟不至，已派康里脱脱之兄阿沙不花前去对海山讲了诸王群臣拥戴之意。之后康里脱脱又向海山转达了答己之意，海山顿时感悟，释然无疑。康里脱脱圆满地完成了任务，心情舒畅的海山高高兴兴地返回上都与母亲和弟弟相见。

大德十一年五月，海山到达上都。母子三人相会一处，大会诸王。在赐死安西王阿难答等人之后，空缺四个多月的皇位终于有了新主人。海山即位，是为元武宗。海山称帝后的第一件事就是处治母亲答己的政敌卜鲁罕皇后。这时的卜鲁罕已经不是那个摄政两月的女主，她已被爱育黎拔力八达诬以“私通安西王阿难答”的罪名，贬居东安州（今河北安次县西北）。元武宗海山则更进一步，废掉卜鲁罕的皇后头衔，将她就地赐死。自卜鲁罕以后，元朝皇族女子凡犯“罪”者，都被流放东安州。

武宗即位后，追尊先考答剌麻八达为顺宗皇帝，将母亲弘吉剌氏答己尊封为皇太后，他对弟弟的谦让也非常感激，将平定内难有功的弟弟爱育黎拔力八达立为皇太子，确定他为法定继承人，并由他担任中书令兼领枢密院，总领全国的民政与军政。爱育黎拔力八达对哥哥的态度当然也投桃报李，约定自己将把皇位传回给哥哥的儿子，从此以后“兄终弟及，叔位相继”，皇位由兄弟二人的家族轮流继承。

至大元年（公元1308年）三月，武宗为太后建立兴圣宫，对太后的要求无不尽量满足。十月，武宗又率皇太子、诸王、群臣朝拜太后，为她上尊号仪天兴圣慈仁昭懿寿元皇太后，同时，大赦天下。答己从此便以皇太后的身份过上了养尊处优的奢侈生活。她在与政敌的斗争中获得了胜利，但在胜利之后，却失去了目标，生活逐渐腐化起来。

自世祖忽必烈之后，元朝后妃多数崇尚佛教，答己也不例外。她被立为皇太后以后的第一件事就是西巡五台山拜佛。颐养兴圣宫的答己除了念经拜佛外，整日安闲无事，心中深感寂寞。自顺宗二十九岁去世，答己便年轻守寡。当时两个儿子都还小，多亏了同族的亲戚铁木迭儿照料。两人常在一起谈心，倒也解了许多闲愁。后来答己贬往怀州，遂与铁木迭儿疏远。不久，铁木迭儿被任命为云南行省左丞相。两人相隔万里，更难互通音信。为了驱除心中难耐的孤寂，皇后答己暗中派人前往云南，召回了铁木迭儿。向来巧佞的铁木迭儿见往日的情人已尊为皇太后，便盘桓宫中，杜门不出。后来云南行省告发他擅离职守，要求从严惩处。尚书省据实上奏。武宗不知其中奥妙，命令查办。几天后，皇太后答己下令赦免铁木迭儿，尚书省官员只得照办。从此，铁木迭儿在答己的庇护下，日渐飞黄腾达起来。

武宗初年曾也很想重儒尊道，有所作为。但无奈自制力薄弱，不久就沉湎酒色，进而重用佞幸，对朝政很少过问，朝政自然愈来愈腐败。武宗本人也因纵欲过度，彻夜畅饮身染重病。至大四年（公元1311年）正月初八，武宗驾崩于玉德殿，年仅三十一岁。他在位四年多便福禄享尽，这使答己皇太后更加迷信阴阳家的预言。尽管海山的儿子和世王束（后为元明宗）、图帖睦尔（后为元文宗）都已长大，她还是支持已是皇太子的爱育黎拔力八达继承皇位。所以在元武宗海山去世后，爱育黎拔力八达毫无悬念地继任为帝。答己继续当她的皇太后。

为扭转朝廷腐败之风，爱育黎拔力八达立即以“变乱旧章，流毒百姓”的罪名诛杀了武宗宠幸的一批奸佞。他废掉尚书省，选任素有声望的老臣重组中书省，更换朝中要员，而后，于至大四年（公元1311年）三月正式继皇帝位，是为仁宗。

仁宗爱育黎拔力八达为人仁厚孝道，再加上常年与母后答己生活在一起，所以对答己言听计从。正因如此，答己才得以在宫中左右仁宗，干预朝政。早在海山在世时，答己就已经开始收纳男宠并插手朝政，爱育黎拔力八达即位后，她更加变本加厉。海山之死对这位母亲似乎没什么太大的打击，她倒是抓紧仁宗未来得及即位的间隙，下令封自己宠幸的大臣铁木迭儿为中书右丞相，并且要求仁宗对铁木迭儿言听计从。仁宗即位后，深知“修身治国，儒道为权”，大胆推行科举制度，重视人才的选拔，并着手整顿田赋，他还命“耆旧之贤，明练之士”将元朝开创以来的政制法程分类编集，辑成《风宪宏纲》。仁宗虽想有所作为，但受到答己太后和铁木迭儿的严重干扰，致使许多好的打算不能付诸实施。仁宗的师傅，是“通贯经史，善论古今治乱”的汉族名儒李孟，仁宗想立李孟为中书右丞相，而太后早已降旨，将中书右丞相的职务给了铁木迭儿。仁宗只得顺从母亲。铁木迭儿窃居相位之后，为了讨好皇上，想出一条“括田增税”的政策，上奏仁宗。仁宗不知其中的弊端，见其说得情真语切，立准施行。铁木迭儿遂分遣属吏，巡行各省，括田增税，苛急烦扰。地方的贪官污吏为增报田亩，竟拆毁民房，挖掘坟墓。庶民百姓惨遭横祸。人们流离失所，无处安身。贪官污吏乘机大发横财，铁木迭儿更是渔利甚丰。江漳诸路因此叛乱四起。大臣纷纷上奏认为叛乱乃“括田增税”所致，应暂停推行，仁宗准奏。铁木迭儿仰仗有皇太后做靠山，不仅依然如故，而且贪虐更甚。文武百官虽然各怀不满，却不敢贸然弹劾。

第二年，答己又降下懿旨，要升铁木迭儿为太师。这引起群臣更多的不满。中书平章政事张硅，向来疾恶如仇，至此忍无可忍，坚决抵制这个荒唐的任命，直谏皇上：“太师论道经邦，须才德兼全才能当此重任。像铁木迭儿这样的人怎能称职!”仁宗素来器重张硅，明知张硅所言有理，也对昏庸愚蠢的铁木迭儿非常不满，但无奈迫于母命，只得加封铁木迭儿为太师，兼总宣政院事。太后答己虽然达到了目的，但在铁木迭儿挑唆下对张硅怀恨在心，伺机进行报复。

恰好有一次仁宗驾临上都，她趁着仁宗出巡的机会，便令徽政院使失烈门传旨，召张硅上殿诘责。张硅据理力争，失烈门大发雷霆，下令左右杖笞。可怜这位尽心为国、刚直不阿的老臣在太后的指使下，平白无故地受了一顿责打，皮开肉绽，奄奄一息。第二天，太后答己又派人收缴了张硅的印绶，连同家眷一起赶出京城。仁宗回京后虽然加封张硅为大司徒以示安慰，但因慑于太后的淫威，竟未敢追究失烈门。奸诈的铁木迭儿在答己的庇护之下，坏事愈干愈多。上都富豪张弼杀人入狱，他派人贿赂铁木迭儿。铁木迭儿受贿后密遣家奴胁迫上都留守贺巴延，要他释放张弼。贺巴延不肯从命，据实陈奏。御史中丞杨朵儿只与平章政事萧拜住联合监察御史四十余人，上奏仁宗。仁宗看罢奏折，非常气愤，立即下诏逮问铁木迭儿。铁木迭儿竟逃入答己的寝宫。御史中丞杨朵儿得知，不敢擅闯禁地抓人，只得回到朝堂，难以掩饰气愤地面奏仁宗："铁木迭儿已躲入兴圣宫，除非皇上亲自缉拿，否则臣下无从下手。"仁宗早已对铁木迭儿深恶痛绝，听后便直接闯进兴圣宫，要求面见太后答己。侍女进去通报，答己忙将铁木迭儿另藏别屋。待仁宗进来时，她佯装若无其事的样子。仁宗想了一想，还是忍不住开口启奏道："铁木迭儿擅纳贿赂，刻薄百姓。御史中丞杨朵儿只等联衔奏劾，臣儿令刑部逮问，据说至今仍杳无下落，母后您说他会藏在何处？"答己已经早有准备，听完皇帝的话，不以为然地说："自古忠贤治国，易遭嫉妒。铁木迭儿是先朝旧臣，现在身居相位，因其不辞劳怨，所以才加任太师。若犯何罪也应调查确实，方可逮问，难道凭着只言片语，就可加罪吗？"仁宗忙回答道："台臣联衔上奏者达四十余人，他们历数铁木迭儿的罪名，均为有依有据不是凭空捏造。"答己没料到仁宗竟会当面顶撞她，气得浑身发抖，为保下铁木迭儿，她甚至撒起泼来："我说的话，你居然不信，硬将台臣的奏请作为实据，前来驳我，想不到你背母忘兄，不孝不义。"说着便扑簌簌地流下泪来。素来孝顺的仁宗见母后悲伤动怒，心中大为不忍，不由得跪下谢罪。太后接着又唠叨了许久。仁宗顿首数次，方抽身退出了兴圣宫。

搭上了皇太后的铁木迭儿腰杆子越来越硬，越发的放肆起来，只是由于答己太后的偏护，使得仁宗无可奈何，仅是夺了铁木迭儿的印绶，罢其相任而已。到了延祐六年（公元1319年）四月，仁宗又不得不任命他为太子老师。这又引起了内外监察御史四十余人对他的联名弹劾，认为他"逞私蠹政，难居师保之任"。但结果仍因答己太后的袒护，仁宗因上次之事，不敢再伤太后的面子，而未能将其治罪。奸贪专横的铁木迭儿以答己为靠山，将朝廷上下搞得乌烟瘴气。

铁木迭儿虽然春风得意，头脑却还比较清醒，知道仁宗对自己有看法，于是他想方设法地揣测逢迎仁宗的心思。延祐二年（公元1315年）十一月，仁宗册封侄儿、即武宗海山的长子和世㻋为周王，出镇云南。老奸巨猾的铁木迭儿立即从这道圣旨里嗅出了自己期待已久的机会的味道。他立刻主动向仁宗进言，请仁宗不要顾忌与武宗海山"兄终弟及，叔侄相继"的约定，尽快册立仁宗自己的儿子硕德八剌为皇太子。仁宗接到这份奏章，果然大喜过望。立硕德八剌的主意既是皇太后情夫出的，可想而知也是皇太后答己的主张。原来答己一直觉得大孙子和世㻋相貌英挺、性情刚劲，日后自己不容易驾驭。相比之下，仁宗的儿子硕德八剌看起来就柔顺得多了。当仁宗向母亲提出建议的时候，立即得到了答己的赞成。皇帝与皇太后都意欲易储，蒙臣们当然都齐声附和，而汉臣们一向就对元王朝乱糟糟的继承制度有看法，如今硕德八剌恰好是皇帝的嫡长子，正好符合汉人传统的嫡长制，于是也都没有意见。既然大家意见统一，结果就很快出来了：延祐三年（公元1316年）十二月，仁宗的嫡出儿子硕德八剌被册立为皇太子。为防日后有人重提武宗海山的旧话，仁宗还特意拨羽林军万人给皇太子，并让太子参与军政大事。

仁宗皇帝本想有所作为，但为了铁木迭儿屡遭母后责骂，开始厌弃朝政，他转向迷恋佛教，甚至想让位给太子，自己做太上皇。由于朝臣力谏才算罢休。答己太后却乘机揽权，愈来愈强化了对朝政的控制。

皇太子人选确定四年后，即延祐七年（公元1320年）正月二十一日，元仁宗爱育黎拔力八达去世。和前两任元帝一样，他也死在正月，享年三十六岁。等到三月皇太子硕德八剌才正式称帝，是为元英宗。在这段间隙里，朝政由太皇太后答己执掌。答己借这个机会，大规模铲除异己、提拔宠臣。

仁宗刚死，太子硕德八剌哀毁过礼，素服寝地，每日只喝一碗粥。二十四日，太后答己乘机宣布，罢免中书右丞相伯答沙，令太子老师铁木迭儿为中书右丞相。铁木迭儿复相后，立即着手报复政敌。他先是诬陷中书省参议韩若愚有罪，请求处以极刑。太子知道韩若愚冤枉，拒绝了这一请求，但慑于答己大后和铁木迭儿的淫威，不得不将韩若愚革职。二月，又先后把不依附于自己的中书平章赤斤铁木儿，御史大夫脱欢、中书平章李孟、兀伯都剌、阿礼海牙等罢官、夺爵、降职。四川行省平章赵世延曾弹劾过铁木迭儿。这时，铁木迭儿便唆使人诬告他有罪，同时又暗示他只要“咬”出同党就可以得到高官厚禄。赵世延严词拒绝。铁木迭儿便给他加上“违背诏书”“大不敬”等罪名，拟处死刑。硕德八剌知其冤枉，托词以赵世延犯罪是在大赦之前，应该有所宽大。铁木迭儿要求追究当年和赵一起弹劾过自己的人。硕德八剌仍以这些事发生在大赦之前，不应该追究来搪塞。铁木迭儿一再要求处死赵世延，硕德八剌就是不同意。于是，负责审讯的官员为了讨好铁木迭儿，千方百计地折磨赵世延，企图使他因不堪凌辱而自杀。不料赵世延既不招供，也不自杀。铁木迭儿只好将他长期关押狱中。最后还是硕德八剌救下了赵世延。铁木迭儿在诛除政敌的同时，大批提拔亲信，把江浙行省左丞相黑驴、陕西行省平章赵世荣提升为中书平章。黑驴既无功绩，更无能力，只是因族母亦列失八在兴圣宫侍候太后，颇得宠信，方得提升。从此铁木迭儿等一班爪牙在太后支持下，再度得势。不久，他的党羽、宣徽院使失烈门以答己太后的名义要求太子大规模更换朝臣。太子硕德八剌却不买这个账，他当即拒绝道：“大丧未毕，怎能更换朝官！况且先帝旧臣也不便随意更动。待即位后，召集宗亲元老会议，方可任贤黜邪。”中书左丞张思明也劝铁木迭儿不要闹得人心惶惶，以免引起诸王、驸马们的不满。这样，铁木迭儿才稍加收敛。延祐七年（公元1320年）三月十一日，太子硕德八剌即位，是为英宗。尊祖母答己为太皇太后。英宗一面和太后、铁木迭儿周旋，加封铁木迭儿为开府仪同三司、上柱国、太师，甚至下诏禁止官员非议铁木迭儿。一面积聚力量，提拔自己的亲信。可见，硕德八剌并不像海山和爱育黎拔力八达那样容易被答己控制。

硕德八剌登基后没几天，一件事发生了。从后来的发展来看，这件事似乎早有预谋。

硕德八剌生于洛阳附近的怀州王府，深受汉文化的影响。他与答己在政见上有很明显的差异。他在即位大典上的沉稳与果断及此前的刚断之举，使答己发现他是一个刚毅果断、独断专行的人。她深感自己的地位和权势正在受到威胁。回到兴圣宫后，她暗自悔恨道：“我不该立此小儿。”尽管她已威临三朝，可她要做的事，皇孙多半不从，这好似给了她当头一棒。答己终因心情压抑，忧愤成疾，病卧床榻。刚巧铁木迭儿也因弹劾赵世延遭英宗否决，气冲冲地来找太皇太后答己帮忙。答己深感力不从心，对大局无法控制。她对铁木迭儿开诚布公地说："我老了，你亦应见机而退，一朝天子一朝臣，千万别自织罗网自己投啊！"铁木迭儿听完这番话，好似冷水浇头，但心中却不服。出宫后与亦列失八等人谋议，准备趁英宗出宿斋宫之时行刺，以替太皇太后出气。亦列失八同平章政事黑驴、徽政院使失烈门等多次密商，准备伺机而行。

这时候，忽然有人向皇帝告发说，属于太皇太后重要党羽的岭北行省平章政事阿散、中书平章政事黑驴、御史大夫脱忒哈、徽政使失烈门等与亦列失八阴谋废帝。也不知这位"有人"是哪里来的人物，总之这项告发直达英宗面前，并立即得到高度重视，几位高官要人迅速被平章政事萧拜住抓了起来。英宗隐约猜度到，这场废立闹剧的幕后指使者就是太皇太后答己本人。既有告发，就得审案。然而当拜柱就案情查勘向英宗讨主意的时候，英宗的回答却颇耐人寻味："若是审到最后，他们把太皇太后扯进案子里来，那该怎么办?"于是为了"保护"太皇太后答己，英宗不由分说地就把五人及其亲信统统抄家杀头了。这无异于给铁木迭儿一记狠狠的耳光，极大地削弱了太后集团的力量。

英宗在取得此次胜利后，为避免铁木迭儿专断，巩固自己的地位，乃任萧拜住为左丞相，并引为心腹，使其与铁木迭儿分庭抗礼。铁木迭儿渐遭疏远，便装病不朝。后来，铁木迭儿听说萧拜住到范阳为其先祖木华黎立碑，他想利用这个机会重掌大权，便不再装病，登朝求见。谁知英宗冷淡地派人赐酒，并对他说："爱卿年纪大了，应以身体为重，等新年时入朝也不晚。"铁木迭儿碰了一鼻子灰，回去不久便病老而死。

太皇太后答己万万没有料到，自己一手扶立的孙皇帝居然如此强硬，后悔得直叹气："我怎么会养出这样一个小儿!"回想起在两个儿子当皇帝时的为所欲为，眼看自己的亲信丧命在自己一力保举的孙子手里，尤其是被杀的还有自己的新宠徽政使失烈门，答己终于不堪打击卧病在床。新欢旧爱统统死光，这消息对躺在兴圣宫病榻上的答己来说，更是雪上加霜。没过多久，郁郁寡欢的太皇太后答己就在九月去世了。终于大权独握的元英宗"慷慨"地追谥祖母为"昭献元圣皇后"。如果说答己前期与政敌卜鲁罕皇后的斗争是一种自我保护的话，那么她后来的干预朝政则绝对是一种自我膨胀。她历经三朝，在这一系列的宫廷斗争中扮演了重要角色。从她的斗争精神来看，她可以被称做一位"女强人"，但从她争权的结果来看，她的所作所为只能令元朝政局动荡，社会黑暗，也完全当得起"祸国殃民"的评价了。

为谁辛苦为谁忙

——元文宗皇后卜答失里

卜答失里，姓弘吉剌氏，元成宗大德十一年（公元1307年）十月生于一个蒙古贵族家庭。她的父亲是鲁王雕阿不剌，母亲是顺宗的女儿、鲁国大长公主桑哥剌吉。卜答失里的祖先世居朔漠，因为跟随太祖成吉思汗征伐有功，在蒙元统治集团内部获得了显赫的地位和特殊的礼遇。成吉思汗的正皇后孛儿帖、武宗海山的皇太后答己等都出生在该部。早在太宗窝阔台在位时就曾宣布：今后，弘吉剌氏生女，世世为皇后；生男，长大娶皇室公主为妻。出生于这样优越的家庭背景里，使卜答失里从小便沉浸在一种神奇的幻想中，仿佛未来的皇宫生活在向她频频招手。而且卜答失里颇有心计，早早地就开始为还没开始的宫廷生活作各种准备。

卜答失里生活的时代，正是元代社会各种矛盾日益尖锐的时期。封建统治集团内部矛盾空前尖锐，围绕帝位更迭而展开的明争暗斗更是大有愈演愈烈之势。为了夺取封建皇帝的宝座，兄弟之间、叔侄之间，展开了你死我活的争夺。特别是伴随着帝位更迭所进行的一次次无情的政治清洗，对她的心灵产生了极大的震动。卜答失里意识到，将来要想在宫廷内站稳脚跟，就必须在学习宫廷礼仪知识的同时，注意积累宫廷斗争所需要的智慧和经验。于是，这位美丽、聪慧、泼辣的王室公主，利用一切机会，不仅向自己的父亲、母亲学习，而且向本家族内入宫为后的姑姑、姐姐学习。她还常常琢磨宫廷中发生的一起起权力之争的起因、发展和结果，总想从中悟得点儿什么。

后来，命运之神终于向卜答失里伸出了手，卜答失里有机会开始了她的宫廷生活。泰定元年（公元1324年），卜答失里已经长到十七八岁，不仅风姿绰约、美貌非凡，而且因为小时候学习过宫廷礼仪，她更显得举止得体，比较成熟，而这一切，都被泰定帝也孙铁木耳看在眼里。

这年九月，泰定帝将出居海南的武宗次子图帖睦尔召还京师，十月，他又加封图帖睦尔为怀王。泰定帝的皇位是在“南坡之变中”意外捡来的，回想往事也就格外小心。为了安抚怀王，拉拢其心，泰定帝下令，将举止得体、美貌非凡的卜答失里嫁与怀王，成为王妃。因为泰定皇帝对于武宗皇帝的后代很不放心，生怕他们借口仁宗许下的承诺而夺取帝位。泰定二年（公元1325年）正月，也孙铁木耳又命图贴睦尔出居建康（今江苏南京），使其远离都城这个政治核心。致和元年（公元1328年）三月，泰定帝病况日益严重，大臣倒剌沙等为减弱武宗后代对争夺帝位的潜在威胁，又将图帖睦尔迁居江陵（今湖北省江陵）。但是，不管迁居在哪儿，都无法磨灭怀王的雄心。因为图帖睦尔是一个志向远大、深谋远虑的人。他虽身居外地，但一直密切注视着宫廷内事态的发展，时刻准备北上大都，夺取帝位。在图帖睦尔徙居外地、颠沛流离、备尝艰辛的岁月里，卜答失里的皇宫生活还是个未知数，甚至可以说前途灰暗。但作为怀王的王妃，她始终紧紧追随怀王，与图帖睦尔同甘苦、共患难，相互慰勉，不离不弃，所以深得图帖睦尔的信任与宠爱。但是，真正推动卜答失里坐上皇后宝座的，却是燕铁木儿。

事情还要从泰定帝身上说起。

自从权重三朝的太皇太后答己死了以后，元英宗硕德八剌立即开始大刀阔斧地推行新政。新政中优遇汉臣儒生，制定较为清晰、公平的法典条目，严重地触犯了蒙古、色目人的特权。英宗一面推行新政，一面又大规模诛杀答己与铁木迭儿的余党，引起了众人的恐慌。

反对新政的人和不甘坐以待毙的铁木迭儿余党因此纠集、联合了起来。很快，铁木迭儿的义子铁失、知枢密院事也先贴木儿、大司农失秃儿、前平章政事赤斤铁木儿、前云南行省平章政事完泽、治书侍御史镇南、宣徽使所南等高官就联同几位蒙古宗王，密谋叛乱，拥立新帝。他们选中的继任人，是晋王也孙铁木儿，即元成宗铁穆耳长兄甘麻剌的长子。至治三年（公元 1323 年）夏天，元英宗时常被噩梦缠绕，便决定离开上都返回大都（今北京）。八月五日这天，元英宗带着拜住，还有那一大帮心怀鬼胎的大臣、宗亲，由上都起程了。晚上，浩浩荡荡的队伍驻扎南坡店（距元上都二十里，今内蒙古正蓝旗东北方）。当天夜晚，叛党便迫不及待地动手了。如此悬殊的实力，结果当然可想而知，寡不敌众的英宗和拜住几乎毫无还手之力，就当场双双毙命。这场宫廷政变被称之为“南坡之变”。英宗死后，参与政变的宗王安梯不花与知枢密院事也先贴木儿立即带着皇帝玺印赶往晋王镇所。九月四日，晋王也孙贴木儿于龙居河（怯绿连河，今蒙古克鲁伦河）继元皇帝位，是为泰定帝。然而发动“南坡之变”的叛党们小看了也孙铁木儿，这位泰定帝不但比英宗精明，手段猛悍程度尤有过之。当初叛党起事前向他报信之时，他一面默许自己的亲信倒剌沙参与政变密谋，一面又暗暗地囚禁起叛党派来报信的使者，做出向英宗告发的姿态，作足了左右逢源的准备。如今顺利称帝，他为了洗脱自己暗中参与政变的嫌疑，更是为了维护政权，从即位一个月的时候就开始大清洗，不到三个月，就将拥立自己的所有政变大臣都诛杀干净，几名参与政变的宗王也一律流放边陲。坐稳了皇位后，泰定帝的姿态越摆越高。他追赠“殉主”的拜住高官厚爵，还封拜住的儿子答儿麻失里为宗仁卫亲军都指挥使，另一个儿子彻里哈为左右卫阿速亲军都指挥使。又命僧众为拜住大做佛事，自己也领着大臣们亲临寺院吊祭。同样，泰定帝对元英宗的遗孀们也给予了面子上很过得去的照料。

为了防止英宗帝后的命运在自己夫妻身上重演，他早早就做好预防。泰定元年三月，刚刚坐稳皇位的泰定帝便册立弘吉剌氏八不罕为皇后，同时册立八不罕所生的儿子阿剌吉八为皇太子，封另一个儿子的麻亦儿间卜继承自己当初的晋王之位。应该说，泰定帝是很早就为自己的身后事做好了充分准备的。然而计划赶不上变化快，该来的还是要来。泰定帝的皇后八不罕是一个非常强悍泼辣的女人，参与朝政之外，她还毫无顾忌地把泰定帝宠幸的婢女、宫姬随意赐给与自己勾结在一起的大臣亲信，以此铲除情敌、收买人心。泰定帝虽身为皇帝，却在生活上处处受制于她；虽然有心励精图治，却又只知沉湎于巫术，将国家治得如同江河日下。说起来他虽有皇帝之命，却没有皇帝之才，结果是皇帝也没当好，日子更是过得不怎么样，连自身的幸福都赔了进去。致和元年（公元1328年）七月，三十六岁的泰定帝在上都一命归西，争夺帝位的斗争开始了。八不罕立即以皇后身份执掌朝政，打算靠着年幼的儿子过一把摄政女王的瘾。大约也正是因为她过于自信，因此虽知危机重重，仍然没有让儿子立即即位，而是先以皇后的名义处理政务，命亲信平章政事乌伯剌赶往元大都收掌百司印章，颁布皇后敕书安抚官员、百姓。然而八不罕皇后千算万算，却终于没算得过命运。对于泰定帝的即位，朝臣、宗王们虽然多有不满，却大多随波逐流不想出头。然而有一个人却打算将这种不满付诸行动，此人就是燕铁木儿，他是元武宗海山称帝之前就已经跟随其左右的亲信，此时已经当上了大都留守，手中掌握着枢密符印。燕铁木儿心中一直感激武宗当年的知遇之恩，早在泰定帝重病期间，他就已经开始策划迎立武宗之子即位，现在他终于等到了机会。八月四日这天黎明，趁着满朝文武齐聚兴圣宫听使者宣读八不罕皇后敕书的时候，燕铁木儿率阿速铁木儿、索伦赤等十七人，闯入宫中。燕铁木儿指挥自己的亲信武士，将从前不在自己笼络中的朝臣宗支统统活捉，恶狠狠地宣布了自己迎立武宗之子的决定，群臣敢有不顺从者，立即处死。官员们的性命都在他的手里，还有什么可说的，只能唯命是从。随后，燕铁木儿与西安王阿剌忒纳失里共守内廷，分布心腹于枢密院，召集百官听命。

按照继位顺序，燕铁木儿本该首先拥立元武宗海山的长子周王和世㻋，但和世㻋正在边陲封地镇守，急切间难以返回大都。燕铁木儿为防时间拖得太长发生意外，便委派前河南行省参知政事明里董阿、前宣政使答里麻失里，驰往江陵迎怀王图帖睦尔，并且密令武宗旧臣、河南行省平章政事伯颜，领兵护从。

八月，在伯颜的精心护卫下，图帖睦尔平安抵达大都（今北京），入居大内。上都城内属于泰定帝一派的倒剌沙和梁王王禅等大臣、宗王、后妃们也不甘示弱，立即拥立皇太子阿速吉八为帝，改元天顺，史称天顺帝，并加紧进攻大都。帝位的争夺由宫廷政变发展到武装冲突。

出于对抗天顺帝的需要，燕铁木儿率诸王、大臣请图帖睦尔早日即位，以安天下。图帖睦尔因长兄周王和世㻋尚在漠北，不敢贸然接受。老谋深算的燕铁木儿非常严肃地对他说："人心向背之机，间不容发，飞或失之，噬脐不及。"可能图帖睦尔心中早想即位，只是碍于长兄和世㻋的存在，听燕铁木儿这么一说，自然正中下怀。于是，在虚情假意地表白了一番"固让之心"后，于九月十三日继皇帝位于大都大明殿，改元天历，此即元文宗皇帝。又立卜答失里为皇后。这是她第一次坐上皇后宝座，但位置还不稳定。因为称帝的同时，元文宗还颁布了一道诏书，向天下许诺，说自己乃是迫于局势方才称帝的，只待兄长周王和世㻋返回，便将帝位奉还。到时候，卜答失里还得乖乖地从皇后的宝座上走下来。

天无二日，国无二主。如今元王朝既有了两个皇都、两个皇帝，内战想不打都不行了。面对倒剌沙的进攻，文宗令燕铁木儿与其弟撒敦、儿子唐其势等人率军迎战。在燕铁木儿身先士卒的统领下，元文宗一派的军队屡屡获胜。他们屡胜上都兵，最后将上都兵全面击溃。倒剌沙等经过两个多月的武装较量后，于十月十四日彻底认输，奉皇玺玉玺投降，文宗将他投入监狱。十一月，倒剌沙、王禅及其党羽被处死。泰定帝的朝臣宗王多被斩杀，泰定帝的后妃们都被幽禁，年仅九岁的天顺帝从此下落不明，很可能是死于乱兵。

由于燕铁木儿在整个夺位过程中立下双重汗马功劳，满怀感激的元文宗封其为太平王、中书右丞相、知枢密院事、加“答剌罕”称号（得到了代代相袭的免死金牌、自由出入宫禁并可用皇帝礼节的特权）。燕铁木儿从此逐步成为元后期最不可一世的权臣。而他还有一项足以令中国历史上其他权臣汗颜的成就：他先后迎娶了元文宗“赐婚”的宗室公主、朝臣孀妇四十余人。据说最精彩的一幕在政变成功一年以后发生。当时文宗按照元王朝宫廷惯例，将在权力斗争中落败的泰定帝后妃发配东安州，由于她们身份特殊、关系重大，文宗让燕铁木儿亲自押送。殊不知燕铁木儿色胆大过天，竟在路上将八不罕皇后以及泰定帝最宠爱的两名妃子——兖王买住罕的一双女儿必罕与速哥答里都勾搭上了。不久之后，燕铁木儿便在元文宗的纵容下，公然将泰定帝的后妃统统纳为妻妾。八不罕皇后从此成了太平王妃，也就此在史书上消失了踪迹。八不罕皇后的最终结局，大约在中国皇后史上，也算得上是与众不同了吧。

致和元年（公元 1328 年）十月，铲除了上都的天顺帝势力之后，元文宗暂时坐稳了龙椅，天下既已太平，元文宗便开始履行自己在即位诏书中的诺言。当时燕铁木儿拥元文宗即位，是因为政变形势所迫，而武宗长子和世王束离得太远又无法迅速赶回即位主持大局，不得不作的决定。关于这一点，在文宗公诸天下的即位诏书上已经说得很明白了。而现在到了履行诺言的时候。

天历元年（公元 1328 年）十一月，他派遣使者前往漠北迎接异母兄周王和世王束继位返都。天历二年（公元 1329 年）正月，文宗又数次遣使迎和世王束回京。这一月，使者与南下途中的周王相遇了。和世王束为人宽厚，勇而寡谋，见弟弟再三遣使相迎，以为弟弟诚心相让，又听说文宗逊位的决定，感到非常高兴，当下便在路途中继皇帝位于和宁之北（今蒙古人民共和国库伦西南），是为元明宗。于是周王的行辕就此变成了元皇帝的行幄，摆开阵仗缓缓向大都进发。

三月，元文宗派功臣燕铁木儿带着皇帝印玺再次去迎接明宗。两支队伍在四月相遇，明宗得到皇帝印玺更加欢喜，立即封燕铁木儿为太师，留下随扈同返大都。对于弟弟如此谦让，使自己坐享帝位，明宗也非常感激。于是他决定仿效父亲武宗当年的榜样，也来一个“兄终弟及，叔位相继”。想到兴奋处，也不待返回大都，在半路上便迫不及待地传下旨意，将主动逊位的文宗封为“皇太子”，确定为自己的皇位继承人。武宁王彻彻秃作为明宗的使者，迅速将这个“好消息”送达大都。文宗图贴睦尔得知兄长将自己封为太子，也非常欢喜，第二天就决定要以太子身份北上，亲自迎接明宗返京。五月，图帖睦尔从大都出发，北迎明宗。

八月初一，图贴睦尔北上的队伍与明宗南下的队伍在五忽察都（今河北张北县北）相遇。初二，图帖睦尔觐见明宗。自从少年封王分赴镇地以来，兄弟两人已经有十余年没有见过面了，明宗对于久别的异母弟弟仍然对自己如此尊奉，又激动又高兴，当天开始就地大摆宴席款待弟弟与诸王大臣，以庆祝兄弟相聚。

不料，在八月初六那一天，一个令人震惊的消息从明宗的寝帐里传出：年仅二十九岁的明宗和世王束暴崩了。

元明宗和世王束究竟是怎么死的？这是元史中的一个极大谜团。

据说，燕铁木儿原本是诚意拥戴武宗子嗣为帝的，然而当他北迎明宗并一路随行之后，在燕铁木儿与和世王東的接触中，他既看到了新皇帝的满腹雄心，也看到了对处理避免新旧臣之间矛盾的激化的过人处置。他的心中至此开始滋生了强烈的顾虑，毕竟一朝天子一朝臣。随后，燕铁木儿等众朝官一直随驾扈从，伴随着接触机会的增多，他的这种顾虑在逐渐增强。他更惊慌地发现，明宗身边的宗王、重臣们都对自己深为妒恨，明宗本人也因未亲历政变之故，虽然对自己大加褒扬，日常态度却比文宗要平淡得多。燕铁木儿思前想后，便对明宗起了杀机。在宴会的某一天晚上，觥筹交错，酒过三巡后，众臣告辞，兴尽席散，各自归寝。唯燕铁木儿与太子图帖睦尔异常清醒，燕铁木儿深夜至太子帐内，独自一人入见。据说两人谈了很长时间，燕铁木儿终于劝得太子下定决心。

另一种说法则称，文宗根本就欲独霸皇位。他的禅位不过是看在兄长手中仍有军队，自己又曾颁下诏书而不得不为之事。早在派燕铁木儿北迎兄长的时候，他们就已经商量好了计谋，待得明宗在燕铁木儿的劝说下确定文宗的“皇太子”身份，就将明宗除去。盛大的宴席配上心中只有手足之情的明宗，对于燕铁木儿和文宗来说，真是再好不过的机会。

还有另一种比较厚道的观点，认为元明宗是自然死亡的。理由当然也很说得过去：元朝的皇帝除太祖成吉思汗、世祖忽必烈以外，多数都是短命之人，尤其是明宗的几代直系先人：曾祖真金四十二岁去世，祖父答剌麻八达二十九岁去世，父亲三十一岁去世……遗传基因本已有些不良，更何况明宗死前的经历更是深藏危机：他是在奔波路途中即位的，此后又马不停蹄地赶了八个月的路，最后与弟弟相逢大宴。想来一个人自少年起就一直郁郁不得志，父亲早逝后被叔父贬放荒凉大漠，时时生活在宫廷倾轧的恐慌之中，忽然空中掉馅饼竟当上了皇帝，旅途劳顿之外又加上几个月的情绪激动，兄弟相逢后狂喜亢奋之情达到顶点，再不分昼夜地狂饮纵欢数日，恐怕便是遗传基因没有问题的人，也难保不会猝然弃世。

元明宗和世王東大半辈子都在荒野边陲度过，虽说当了八个月皇帝，非但没能享受一下都城的繁华、皇宫的辉煌，还一直都在不停辛苦地赶路，最后还死在了离都不远的路上。与其说他当的是个皇帝，还不如说他实在是个冤大头。无论怎样猜测缘由，总之，元明宗和世王東没能返回都城就死了，元文宗又坐回了他放弃八个月的皇帝宝座。

趁明宗皇后及明宗一班旧臣陷入慌乱、悲痛的一片混乱中，身为太师的燕铁木儿将皇帝印玺抢在手里，带着精骑卫士，护着文宗一路疾驰奔向上都，将明宗的尸身和丧事都丢给手足无措的明宗群臣。八月八日，文宗在燕铁木儿的保护下回到了上都。八月十五日，文宗重登皇位。大局就此确定。再也没人来争皇位了，卜答失里的皇后宝座坐得安稳了。

至顺元年（公元1330年），明宗皇后八不沙自漠北返大都。八不沙皇后的母亲是元成宗铁穆耳外甥女寿宁公主，算起来与小叔弟媳妇都是亲上加亲的关系。文宗也许出于愧疚，也许出于遮人耳目，也许出于亲情，将其迎居宫中，命供给钞万锭、布帛两千匹，作为资用，并封明宗嫡子懿璘质班为鄜王。懿璘质班年仅五岁，系八不沙所生。明宗还有一子，名妥懽帖睦尔，年龄比懿璘质班大，系迈来迪所生。迈来迪生下妥懽帖睦尔后即去世，地位自然比不上八不沙。所以，尽管妥懽帖睦尔年长，但因系庶出而未获封王。

刚开始的时候，文宗夫妇与寡嫂、幼侄之间相处得还算不错。当年十月，明宗八不沙皇后想要为明宗身后积福，文宗不但当即答允，还下令由国师亲自出马在大天源延圣寺主持佛事，又额外派道士去玉虚、天宝、太乙、万寿四宫及武当、龙虎二山打醮，搞得分外隆重。然而表面的隆重并不能遮去阴霾。就在八不沙为明宗做法事的同时，卜答失里大撒金钱助建大承天护圣寺，花的银子比八不沙要多得多：足足五万两。虽说只是个弟媳妇，摆出来的阵势却一点儿都不输给嫂嫂给大哥祈福的仪轨。

八不沙作为明宗遗孀，寄居皇宫，虽然靠着文宗的供奉，过着比较优越的生活。但是，只要想起明宗死得不明不白，心中禁不住悲愤交加，时时暗自垂泪，与人交谈时也下意识流露出不满情绪。文宗虽略有所闻，但量她也不会有什么作为，遂不加理会。可是皇后卜答失里却不以为然。所以，与八不沙同处宫中，表面上好像很融洽，但心中不无芥蒂。天长日久，彼此相见，免不得冷嘲热讽，恶语相攻。妯娌相处，就算是寻常人家也不是一件容易的事情，何况是皇宫，更何况卜答失里是当今皇后，八不沙是失势皇后。一个的丈夫正在皇帝龙椅上吆五喝六，一个的丈夫却早成了一缕冤魂。就算两个女人还有心保持表面的和睦，宫闱中跟红顶白的宫女、太监们也要想法子无事生点是非出来，看着龙种凤孙们互相倾轧，是他们最大的爱好。不但可借此打发空虚无聊的生活，还能给自己找个心理平衡点。这样下去，焉能不生出事来。

做嫂子的明宗皇后八不沙与弟媳妇文宗皇后卜答失里之间的妯娌关系，似乎从一开始就笼罩着不祥之兆，在后来的相处中，这层阴霾越来越重。

话说回来，八不沙一直对丈夫的真实死因满怀疑窦，又痛恨弟媳妇对自己态度不恭，何况文宗复位后不但没有遵照当初的许诺册立明宗之子为太子，反倒在上赶着册封了自己的儿子阿剌忒纳答剌为燕王并设宫相府，交由宰相燕铁木儿全权负责。由此可见，虽然明宗与八不沙嫡子懿璘质班的“鄜王”还封在头里，但真实待遇怎么也比不过阿剌忒纳答剌的。所有这一切看在朝臣眼里，正是文宗打算传位己子的兆头；看在八不沙眼里，则无疑是进一步确定丈夫死于非命，小叔子谋夺皇位确有其事的佐证。八不沙只是个寻常的年轻贵妇，并不是久经沙场的政治人才，她心头的怒火既已难耐，与弟媳妇相处时，话里话外怨恨的语气也就少不了。性格决定命运，八不沙的麻烦也就这么来了。

据说，恰在这时，在文宗卜答失里皇后身边有一个得宠的大太监叫拜住，他仗着卜答失里的宠爱，一向就没把八不沙看在眼里。有一天他又在八不沙的面前摆出大模大样的架势，八不沙终于没能按捺得住，将拜住给狠狠地斥骂了一顿，话赶话的还把心里对文宗暗害明宗的想法也给漏了出来。八不沙这通大骂确实畅快，但是祸从口出却成了定局。不怕没好事，就怕没好人。拜住平日仗着卜答失里皇后的威势，一向作威作福，哪里受得这个气，更何况他这次确实抓住了可以利用的东西。他立刻就跑到卜答失里皇后面前，跪倒在地，哭哭啼啼，添油加醋地将八不沙所言转述了一遍。卜答失里听了拜住的转述，对八不沙又恨又怕，彻底将她定性为眼中钉、肉中刺了。卜答失里咬牙切齿道：“贱妇竟敢指桑骂槐，诬蔑当朝皇上，我与她势不两立，非让她死在我手里不可！”拜住乘机煽动说：“这有何难，只要奏明皇上，赐她自尽，便可一了百了。”

于是，卜答失里向文宗控诉八不沙“妄构诬言，疏离骨肉”，想要让文宗下旨处死嫂子。文宗却不情愿亲自动手落人话柄，只是叹息说：“这事我自己哪里忍心处置呢！”

卜答失里回去以后，无可奈何地对拜住道：“我说过了，可是皇上不同意，该如何是好？”拜住究竟是狠毒，眼睛一转，计上心来。他开导皇后说：“这好办，可以从皇子入手。皇子虽然年幼，但将来总是储君。现在鄜王已立，住在宫中，必然从旁窥伺太子之位。倘若皇上舍子立侄，那对您和皇子可是不利！咱们一不做二不休，索性禀明皇上，就说八不沙潜结内外，谋立鄜王为太子。”卜答失里听后连连摇头，说：“不妥，不妥！皇上曾有立侄的意思，这样一来更提醒了他，倘若弄假成真，岂不聪明反被聪明误？”拜住沉思半天，狠狠地说：“我们不妨采取激将法，就说八不沙对燕铁木儿与皇上合谋暗算明宗深信不疑，将图谋不轨。皇上定会龙威大怒，下决心斩草除根！”听到这里，卜答失里方点头称赞。等文宗入宫，卜答失里便一层一层地细细说来。文宗虽然非常生气，但不肯马上就下毒手。经过卜答失里死缠滥打，文宗终于说了真话：“凡事不要做得太绝，我已经被燕铁木儿所迷惑，做了不仁不义的事。现在，再要对明宗皇后下手，不是有点太过了吗？退一步讲，即使要除掉八不沙，我也不便颁诏赐死。”

拜住听后高兴地说：“皇后，皇上并没说不同意，只说了要除掉八不沙皇后，他也不便颁诏赐死。依奴才看，此事只好由皇后做主。请皇后传一密旨，宣称皇上有命，赐她自尽。”卜答失里即刻润笔取纸，拟写密旨，速命拜住携带密旨、毒酒前去谋害八不沙。可怜年轻的八不沙叫天不应、叫地不灵，无可奈何之下，只得饮下毒酒，含恨而死。

所以据后人总结，卜答失里谋杀八不沙的另一个潜理由是：为自己的儿子当上太子铲除障碍。因为八不沙皇后死在至顺元年（公元1330年）四月十八日，算起来，她仅仅在小叔子和弟媳妇当家做主的皇宫中生活了半年时间，而且刚好死在自己的亲生儿子与文宗的儿子先后被封王的时候。——明宗与八不沙嫡子懿璘质班于二月封王，文宗与卜答失里之子阿剌忒纳答剌于三月封王。随后，八不沙皇后就被处死了。

八不沙死了，明宗的一双儿子连最后一点儿可怜的保护都失去了。卜答失里开始进行自己的下一个目标：撇掉明宗的儿子，将自己的亲生儿子正式册封为皇太子。

此时，卜答失里皇后已生有三子，长子阿剌忒纳答剌、次子古纳答剌（后改名燕铁古思）、三子太平纳。

卜答失里心中盘算，鄜王懿璘质班和妥懽帖睦尔尚处宫中，对于确立己子阿剌忒纳答剌的太子地位来说，是一个潜在的威胁，必须将他们逐出宫去。所以在八不沙死后，卜答失里的矛头立即指向了明宗的庶长子妥懽帖睦尔。详细的原因不好确认，但有人认为，这孩子生于延祐七年，虽然由于庶出身份使他还未得到封王，但已经满十岁了，是皇位继承人选中年纪最大的一个。光凭这一点也足够让他被叔父、婶婶猜忌的了。

只不过，要开除一位先帝皇子毕竟还得找个理由，不能空口一说就行。据说，这个理由卜答失里确实找到了，不过是真是假就不得而知了。

八不沙死后两个月的一天，卜答失里招来拜住，先将文宗的话复述一遍，问他该怎么办？狠毒的拜住一听，立即感觉到了文宗模棱两可的态度。大惊失色的宫闱秘闻就此出笼并且诏告天下：明宗的庶长子妥懽帖睦尔根本就不是明宗的亲生儿子，证人就是这位皇子奶妈的丈夫，证据就是这人的口供，他信誓旦旦地说自己当年曾经亲耳听明宗说过妥懽帖睦儿不是龙种。理由不用多，关键是要有分量。对付妥懽帖睦尔，有这一句就足够用了。文宗和卜答失里立即采纳，迅速将妥懽帖睦尔给流放到了遥远的属国，安置在外海的一座大青岛上，不准与外人接触。

也有人说是卜答失里皇后向文宗进言，陈说祸福利害关系。她说："妥懽帖睦尔生母迈来迪，出身低下，入王府又仅为侍妾。鉴于嫡庶名分，皇上已经立了懿璘质班为鄜王。可是，妥懽帖睦尔毕竟年长，如果几年之后，向皇上提出要求封王，甚至以明宗长子身份觊觎皇太子之位，恐怕会带来很大后患。不如现在趁其年幼，远遣边地，以明嫡庶之分。"文宗本是一位受汉族儒家正统思想影响较深的皇帝，经卜答失里一说，觉得有理，便下令将年仅十岁的妥懽帖睦尔逐出宫，流放属国。反正不管哪一条是真的，妥懽帖睦尔都是被驱逐流放，过上了流浪的生活。一年以后，由于有人想借明宗太子的名义搞政变，妥懽帖睦尔又再次被文宗夫妇惦记上了。这一回文宗干脆正式发下诏书，公开宣称妥懽帖睦尔乃是野种之后，将其再次流放静江。静江，就是如今的广西桂林，从此以后独秀峰就成了妥懽帖睦儿的新"家"。而这道由翰林学士和奎章阁学士们执笔并向中外广而告之的诏书，也就成了历史上独一无二由皇族公开给死鬼皇帝吹喇叭戴上绿帽尊号的杰作，堪称天下头号绿帽。

妥懽帖睦尔被流放之后，只剩下幼小的鄜王懿璘质班，孤苦一人，非常可怜，但卜答失里并不想就此罢手。本来照卜答失里的意思，为了消除后患，接下来很该再找个理由，把明宗的嫡子懿璘质班也流放外地了事，幸亏文宗还有点恻隐之心，或许已经有些手软，眼见小侄儿才不过五岁年纪，实在是太小，且体弱多病，怎么看也兴不起什么浪来，就这么流放荒野实在有点过意不去，所以还是把他给留在了宫中养育，始终没有同意遣发外地。

障碍统统扫除，接下来的事就是册封卜答失里的亲生孩子为皇太子了。有人认为从养育幼侄一事来看，可能文宗此时已经有些懊悔之意，当然也有可能是有心搞一番必要的谦虚推让礼节给大家观赏。反正在这年八月，御史台臣请立燕王为皇太子，文宗表示推辞："皇子年龄还小，还是等以后再议吧！"十月，诸王、大臣再次奏请立燕王为皇太子，文宗仍不同意，他说："你们所讲的确实有道理，但燕王尚幼，只怕他识虑太浅，难当此任，待以后慢慢商量也不晚。"卜答失里策立皇太子心切，暗中召见诸王、大臣，怂恿他们继续请求速立皇太子，自己也趁机向文宗进言，劝文宗尽快接受大家建议，以满足大家意愿。至此，文宗不好再固执己见，乃先令太保伯颜祭告宗庙，然后立燕王阿剌忒纳答剌为皇太子。总之，册太子一事直拖到十二月才正式拍板。燕王阿剌忒纳答剌登上了储君之位，成为元王朝的又一位皇太子。卜答失里谋立己子为储君的愿望终于得以实现。

可惜，老天并不作美。至顺二年（公元1331年）的正月，刚被立为皇太子的燕王阿剌忒纳答剌病死了。这个孩童只当了二十天太子，真要算起来，恐怕没当上太子的时候，他就已经是个病秧子了。宝贝儿子的死对文宗夫妇是一个莫大的打击，二人双双陷入深深的悲痛之中。据说卜答失里皇后更是近乎疯狂，她迁怒于曾经侍候过病中儿子的宠宦拜住，不由分说就把他狠狠地打了一顿板子。拜住这时也摆不得铲除八不沙首功之臣的架子，只能咬着牙死挨。说起来拜住这顿板子也确实挨得冤枉，小孩子本来就容易得病，真是病入膏肓小命难保，谁还能有什么办法？皇太子死了没几天，同胞弟弟古纳答剌也跟着病倒了。看起来很有可能是兄弟俩都得了什么儿科传染病，侍候的人再有本事也没法阻挡病毒入侵这对被养得分外娇弱的兄弟体内。文宗及卜答失里皇后犹如雪上加霜，忧心如焚。

眼见又一个儿子奄奄一息，文宗夫妇慌了神。为禳除灾异，文宗下令西番僧在五台山和雾灵山为皇子古纳答剌大做佛事。有人说做了一年，有人说两地各做了一个月。后来又释放死囚，为古纳答剌祈福。据说就在这段时间，皇宫中经常发生诡异的事件，文宗夫妇惊忧交集，实在没法可想了，只好下令让古纳答剌离开皇宫，移居燕铁木儿的府邸。但老住别人的房子终归不是个事，同年九月，文宗又将宗王阿鲁浑撒里的住宅买下，命燕铁木儿陪着皇子古纳答剌住了进去，指望他能够保护自己儿子的平安。在燕铁木儿等人的精心护理下，用了各种各样的方法之后，古纳答剌的病情总算逐渐好转，没有重蹈哥哥的覆辙。文宗及卜答失里稍感宽慰，对燕铁木儿更是不胜感激，认为是他的福气拯救了儿子。

随着古纳答剌身体痊愈，燕铁木儿与文宗的关系也越来越亲密，真如家人无异。文宗对燕铁木儿的感激之情难以言表，他先后封给燕铁木儿十几个顶级的头衔，不但使燕铁木儿成为太师、太平王、丞相、答剌罕，甚至还让这个赳赳武夫当上了大学士，统领读书人。最绝的是文宗还毫不含糊地给予燕铁木儿"总裁"号令、刑名、选法、钱粮、造作及一切中书政务的权力，命令包括诸王、公主在内的所有王朝要人，有事都必须先向燕铁木儿禀报，如果不经过燕铁木儿的允许就直报皇帝，那就是大逆不道。随着这些旨意的下达，燕铁木儿事实上已经成了元王朝的无冕之王。文宗仍然觉得这些还不足以体现自己对燕铁木儿的情意，他干脆搞了个神来之笔，决心与燕铁木儿换儿子养。文宗先是将燕铁木儿的儿子塔喇哈正式收养下来，然后又让自己的儿子古纳答剌认燕铁木儿为义父，还根据这位义父的名字给儿子改了个名字：燕铁古思。

也许是遗传基因在起作用，也许是心态长期压抑痛失爱子的影响，皇子古纳答剌病愈不久，文宗由于悲伤过度，终于病倒了。据说在病重的时候，文宗料到自己将不久于人世，他追忆夺取帝位往事，对自己毒兄杀嫂之事极其追悔，将长子的猝死、次子的病体纠缠乃至于自己的短命，都归咎于上天降罪。他本想传位于阿剌忒纳答剌，又不幸早夭，其余两子幼弱，也不堪国家大任。为了向上天表示悔改，也为了不让后人有机会把自己定性为弑兄凶手，为了在历史上留下一个好的名声，文宗决定舍子立侄，将皇位传给明宗的儿子，使帝位复归正统。临终的时候，文宗曾向卜答失里皇后叮嘱："昔日五忽察都（明宗去世之地）之事，为朕平生大错，悔之无及。燕铁古思虽为朕子，然今日大位，乃明宗之大位也。汝辈如爱朕，立明宗之子，使绍兹大位，则朕见明宗于地下，亦可有辞以对。"卜答失里听后，愣了一愣，流着眼泪说道："皇侄登基，皇子可怎么办?"文宗勉强笑了笑，说："常言说，人之将死，其言也善，我靠权谋夺得帝位，在位五年来，夙兴夜寐，不辞辛劳，取得了一些文治武功。但是，朝廷内外是不会忘记明宗大统的。目前，若要逆众意强立皇子燕铁古思为帝，后果会不堪设想。看来，欲想天下太平，还须立兄长之子。"卜答失里唯唯诺诺地退了下去，赶紧令近侍密召太师、右丞相燕铁木儿商议。但因燕铁木儿娶了数十位妻妾，每日寻欢作乐，荒淫过度，也已抱病卧床，无奈才改召太保伯颜入宫。卜答失里将方才文宗关于立鄜王的旨意述说一遍，伯颜道："皇子年龄，与鄜王差不多，何必别立皇侄?"文宗听后说道："朕意已定。太师年迈体弱，将来的国事，还要靠卿做主。卿和皇后等，要勉力行善，竭诚翊戴鄜王，莫要辜负朕意。"伯颜深感皇上知遇之恩，眼中含泪，连声答应："一定不负顾命。"而卜答失里出于对文宗的感情，也顺从了他的遗愿。

至顺三年（公元1332年）八月，文宗在上都去世。巧合的是他和他的哥哥明宗一样，都只活了二十九岁。文宗驾崩，燕铁木儿勉强起床，踉踉跄跄来到宫中。见卜答失里等正在放声恸哭，燕铁木儿忙走上前，先劝慰了几句，然后果断地请皇后立即颁布遗诏，由皇子嗣位。卜答失里却回答说，皇上已有遗嘱，命鄜王继承大统。熟谙权术的燕铁木儿并不打算真把皇位交到明宗儿子的手里，但是摄政的卜答失里皇后却坚持要信守对丈夫的承诺。燕铁木儿虽大大反对，但是迫于皇后心思如铁，他作为臣子也只能赞同。只好在两个月后将养在宫中的明宗嫡子懿璘质班扶上皇帝的宝座。

十月四日，燕铁木儿、伯颜奉懿璘质班即帝位于大明殿，是为元宁宗。即位之后，立即下诏尊皇后卜答失里为皇太后。鄜王懿璘质班年仅七岁，不能亲政，太后便在兴圣殿接受朝贺，遂临朝听政。

懿璘质班虽然当上了皇帝，命却着实不好，在皇位上仅仅待了四十三天，就突发急病去世了，才不过七岁年纪。从各个角度来看，懿璘质班的夭折实在有点说不过去。有人认为，当文宗的两个儿子继他的两个年龄相仿的堂兄弟都病得七死八活的时候，他却一点儿问题都没有，由此可见他不是容易患病夭折的体质。至少从常理推测，自母亲八不沙死后，这个小男孩虽然衣食无忧，恐怕却再难娇惯，两三年下来无形中也可能给他增加不少抗病能力。怎么当上皇帝有了最好的条件，反倒快马加鞭地跑进了死路，殊为不解。只怕是走了父亲的车辙，也和父亲明宗一样是死于非命的。若当真如此，燕铁木儿绝对要当选头号嫌犯。

燕铁木儿当初主谋害死明宗，总觉得如果立了明宗之子，将来定遭报复无疑。所以在宁宗夭折之后，他认为是天赐良机，立刻就联合朝臣向皇太后卜答失里轮番进言，请求立自己的养子、明宗嫡次子燕铁古思为帝。卜答失里面对几个月来帝位的变故，感慨万千。她说："我儿燕铁古思年纪还小，不应该继承大统，还是另立别人吧。"燕铁木儿极力争辩说："拥立鄜王，已经履行了文宗的遗命。现在鄜王已崩，自然非燕铁古思莫属。"然而燕铁木儿再次失望了。卜答失里竟坚持要完成明宗的遗愿，也不惋惜当年自己栽赃给侄儿的"野种"帽子，也不理会自己这些年来为扶立自己的儿子所费的心血，说起了良心话："明宗长子妥懽帖睦尔，前居高丽，现在广西静江（今桂林），今年已经十三岁，可以迎立。"燕铁木儿大吃一惊，心想，当初谋害八不沙皇后和流放妥懽帖睦尔，她是那样斩钉截铁。如今，又要回过头来立妥懽帖睦尔为帝，真是不可思议。于是连提醒带威吓地说："先帝文宗在时，曾经明确宣布，妥懽帖睦尔不是明宗的亲生儿子，所以先发配高丽，又流放到广西静江。况且流放他也是您的主意，如今又要立他为帝，恐怕不妥吧?"卜答失里说："无论妥懽帖睦尔是不是明宗亲生，明宗总还当他是自己儿子。我与先帝文宗，都非常后悔这辈子的所作所为，现在通过确立帝位作些许补救，也许可以对得住良心。我已经下定决心了，先立了他，待他百年之后，再立我的儿子也不迟。"话说到这个份上，燕铁木儿也只能干瞪眼，摄政太后非要将好人做到底，他也不能公开反对，只得派遣中书左丞奇尔济苏前往桂林迎接嗣皇帝。

这时的卜答失里或许没有意识到，自己的一片善心，却为自己挖掘了坟墓。

至顺四年（公元 1333 年）二月，还在怀疑自己是不是做梦的妥懽贴睦尔回到了大都城。妥懽帖睦尔快到京师的时候，太后卜答失里命太常礼仪使整具扈从仪仗队伍，出京迎接。燕铁木儿此时病也好得差不多了，也打起精神，与文武百官一起至良乡（今北京房山区）迎接。路上，燕铁木儿扬着马鞭，不知羞耻的历述确定迎立妥懽帖睦尔的经过，借机往自己身上揽功，不过妥懽帖睦尔对燕铁木儿所说的话一句回答也没有。

但是返回京城并不等于就能够立即当上皇帝，燕铁木儿想起当年谋害明宗之事，对明宗之子深为忌惮，生怕妥懽帖睦尔即位之后追究前尘旧事，便想方设法阻拦妥懽贴木儿登基。他不是说这就是说那，到最后还祭出了"天命"这道撒手锏，说是如果让妥懽帖睦尔当皇帝的话，元王朝就要天下大乱（后来的事实证明，这个卦倒是奇准），一拖再拖，使妥懽帖睦尔一直不得即位。就这样，元王朝的统治模式仍然维持着原来的样子：所有的事情都由燕铁木儿裁决，由摄政皇太后卜答失里批准，嗣皇帝则还是个傀儡皇帝。

眼看着妥懽帖睦尔的性命已经掉了一大半在燕铁木儿的陷阱里，好运气却忽然降临他的身上：燕铁木儿竟忽然间尿血而亡了。燕铁木儿一死，妥懽帖睦尔的前途顿时一片光明。

至顺四年（公元 1333 年）六月，摄政皇太后卜答失里与大臣议定，立十三岁的妥懽帖睦尔为元王朝皇帝，继皇帝位于大都，这就是元朝最后一位皇帝——元顺帝。当时卜答失里太后规定，妥懽帖睦尔之后，传位于燕铁古思，"若武宗、仁宗故事"。

妥懽帖睦尔虽然登基称帝，但是国家大权却并不在他的手里，仍然是由皇太后卜答失里和权臣做主的。而且卜答失里在元顺帝登基的同时，就已经把自己的亲生儿子燕铁古思立为皇太子了。元顺帝的正事全部听由太师、右丞相伯颜及燕铁木儿弟、左丞相撒敦等处理。卜答失里以太后身份参与朝政，宠贵一时。

除了国家大事，元顺帝自己的事情也由不得自己决定。就在他称帝两个月的时候，即至顺四年（1333）八月，卜答失里因燕铁木儿平生功勋卓著，将他的女儿答纳失里纳入后宫，然后命顺帝册立为后。顺帝就听从卜答失里的安排，册立了自己的第一个皇后钦察氏答纳失里。十二月，顺帝为皇太后卜答失里置徽政院，设官属三百六十六员，专门管理皇太后日常生活事宜。元统二年（公元 1334 年）十月，又奉玉册、玉宝，上卜答失里尊号为"赞天开圣仁寿徽懿昭宣皇太后"。至元元年（公元 1335 年）十二月，元顺帝为表示对卜答失里礼遇之隆，竟不顾部分朝臣的激烈反对，违背常理，下诏尊婶母卜答失里为太皇太后，并在诏书中盛赞卜答失里"承九庙之托，启两朝之业"的功绩。卜答失里闻诏喜出望外，即日御兴圣殿，接受诸王百官朝贺。此时此刻，她完全被眼前显赫的威势和隆重的场面陶醉了。她觉得，元顺帝对自己就如同对亲生母亲一般崇敬孝顺，她开始放心地把手里的权力一点点往外放，准备让皇帝多管理些事情。可是她却忘记了，顺帝自己的父母都是怎么死的。她也没看到，在一层层的糖衣后面，妥懽帖睦尔给她准备的，却是一颗炮弹。

原来，尽管顺帝表面上对卜答失里尊宠有加，可实际上，他一刻也没有忘记父王母后被害以及自己流放边地、颠沛流离的往事。到了至元六年（公元 1340 年）二月，顺帝在脱脱辅佐下，已基本将朝廷大权都掌握在自己手里了，也到了他为父母、为自己报仇的时候。他开始对卜答失里进行无情的报复。当年六月，顺帝就颁布诏书，撤销文宗庙主，把卜答失里流放东安州，安置流放太子燕铁古思于属国，和自己曾去的地方一样。诏书中历数了文宗、卜答失里谋害明宗和八不沙皇后的罪行。而此时的卜答失里还沉浸在梦幻般的美好图画中，对顺帝已经毫无戒备之心。突遭变故时，手中已无实权，一时间束手无策，只能与太子燕铁古思相对痛哭。在监押司的严厉督责下，卜答失里母子草草收拾行装，负气出宫。刚出了京城，母子俩就被押送的人强行分开，不准同行。卜答失里面对生离死别，大声责骂顺帝不该如此对待她们母子。据说当时的监察御史崔敬见状，心中不忍，奏请顺帝不要流放年幼无知的燕铁古思。但顺帝却没有当年文宗对待自己弟弟的那份善心，坚决不允。

卜答失里太后到了东安州，人地两生，满目凄凉，联想昔日煊赫之势禁不住悲愤交加，不久，便忧愤成疾，郁郁而死，年仅三十余岁。临终时她曾含泪说道："我悔不该不听燕铁木儿的话，不然怎么会落得这种下场？"她还没有想到的是，太子燕铁古思在流放途中就被监押官月阔察儿杀害了，连目的地都没到，就成了孤魂野鬼。她在扶立顺帝时所作的安排"若武宗、仁宗驾故"，竟落了个如此的结局。

纵观卜答失里的一生，自从坐上皇后宝座开始，就谋划着排除明宗的子嗣，使自己的孩子登上皇位，为此她不惜矫诏、造谣，杀生害命；可到了后来，又不知怎的良心发现，坚持立明宗的孩子为帝；更没想到顺帝掌权以后，竟然会对自己母子施行如此的报复，以致落得个如此下场。她这一生，真说不清是在为谁辛苦为谁忙。

权欲难填的送终皇后

——元顺帝皇后完者忽都

完者忽都皇后，姓奇氏，出生于高丽（今朝鲜）一个贫穷寒微的家庭。

奇氏虽然出身贫贱人家，却生性聪颖慧黠。刚到元顺帝身边的时候，她只不过是一名侍奉递送茶饮的宫婢，只是由于她艳如桃李，聪明狡黠，善承人意，一下子便把顺帝抓到了手中。顺帝与她最初的关系也只不过是少年皇帝偶尔的寻欢而已，这样的例子在宫廷中放眼遍是，算不得什么。然而奇氏却与其他同类的宫婢不同，竟让皇帝渐渐地觉得离不开她了。顺帝如果得不到她的照应就会食不甘味、寝不安席，她很快便成为宫掖中最受宠幸的侍婢，终日与顺帝耳鬓厮磨、如胶似漆。结果，完者忽都渐渐有了身孕，竟然为皇帝生下一个男孩。

少年元顺帝虽然专宠奇氏，却不能为自己的婚姻大事做主。为巩固自己的地位，他对威临三朝的皇太后卜答失里和独霸朝纲的重臣燕铁木儿百依百顺。在皇太后卜答里失的安排下，元顺帝在正式即位三个月的时候册立燕铁木儿的女儿钦察氏答纳失里为皇后。

答纳失里的父亲燕铁木儿是当时朝廷里权势熏天的人。尽管答纳失里出嫁时燕铁木儿已经去世，可这个家族的势力还是不容小觑。就在答纳失里受封皇后的同时，她的叔父撒敦进为荣王、左丞相、开府仪同三司、上柱国，不但录军国重事，还食邑庐州。答纳失里的哥哥唐其势则子承父业，做了太平王，同时晋金紫光禄大夫，并成为总管高丽、女真、汉军万户府达鲁花赤。在这样的势头下，答纳失里皇后的做派也非同一般。答纳失里自恃家族权势，不把小皇帝放在眼里，骄横之至。她不但动辄打骂元顺帝身边的侍姬、宫女，元统二年（公元 1334 年）五月，她还径自派太监博啰特穆尔传下懿旨，把由国家专卖的盐十万引（一引为 400 ~ 600 斤）据为自己的私房。可是由于皇后自身的家世，又有皇太后的袒护，元顺帝拿这位皇后也没有办法，只得隐忍。如此再三，答纳失里皇后也越来越不像话。顺帝对这位皇后也极不喜欢，他只是专心宠爱着完者忽都。结果，完者忽都才渐渐有了身孕，为皇帝生下一个男孩。顺帝非常喜爱这个孩子，取名为爱猷识理达腊。母以子贵，奇氏身价百倍，随着地位的变化，她的野心陡然膨胀，居然开始觊觎皇后的宝座了。

答纳失里皇后很快就知道了小丈夫迷恋奇氏的事情，她经常不分青红皂白地对奇氏加以羞辱乃至于施用酷刑，以发泄心中恼恨。但答纳失里小皇后的雷霆手段，似乎没有起到任何预期的作用，反倒使元顺帝对奇氏的宠爱之情越发深厚，持续时间也越发长久。完者忽都虽有满肚子委屈，却隐忍不发，只是将万般怨仇深藏心底，准备待机而动，借顺帝之爱取而代之。而元顺帝显然对她也有很深厚的感情，所以，当答纳失里因兄弟叛乱被废杀之后，元顺帝立刻就不失时机地提出要立奇氏为皇后的要求。

其实，答纳失里的死既是受人拖累，也是咎由自取。所谓水满则溢，月盈则亏，燕铁木儿家族的覆亡也是自己修来的。

原来当年元武宗海山手下共有三位重臣，其中色目人有两个：康里脱脱与燕铁木儿，另一个就是蒙古旁支伯颜。到元顺帝即位时，康里脱脱和燕铁木儿都已经死了，论资历、论功劳，便轮到伯颜了。燕铁木儿的弟弟撒敦虽然加封左丞相，但权力最重的右丞相之位却归了伯颜。除了丞相之位，伯颜还当上了秦王，由于顺帝年少无知，此时对伯颜很有倚赖之意。而伯颜对元顺帝即位，也确实有拥立之功。因此等燕铁木儿一死，伯颜迅速取代，成为毋庸置疑的首席权臣。对于钦察贵族来说还有一件更糟糕的事情发生在元统三年初：皇后的叔父撒敦病逝了。这位曾参加过文宗与天顺帝皇位斗争的大功臣可以说是燕铁木儿家族最后一个顶梁柱。虽然撒敦的左丞相之位由唐其势继承，但是影响、威信都远远不如撒敦在世时的局面，右丞相伯颜事实上成为完全控制朝政的人。此时的唐其势如果能够甘心居人之下，也就不会招来灭顶之灾。而且照常理来说，伯颜与其父燕铁木儿是同僚旧友，同是先帝的近臣，合作也颇默契，好歹也是个长辈。但是唐其势自出生以来就没有受过什么挫折，早习惯于为所欲为的生活，哪里肯有丝毫的忍让。每次看到伯颜裁夺国家大事的时候，他就气恨恨地诅咒说："这天下原本是我家所控，伯颜算个什么东西，也配得到比我高的权位？"原文为"天下本我家天下，伯颜何人而位吾上！"能说得出这样话，唐其势的脑子里是不是曾进过水，也很值得怀疑了。接下来，这位大少爷用他那原本就不聪明的脑子将问题考虑了一番，最后终于得出一个结论：父亲只因拥立文宗皇帝而独步天下，本没下多少工夫。自己只要依葫芦画瓢，再拥立一个皇帝，就能成为父亲称职的接班人。在经过了所谓的深思熟虑之后，唐其势决定也发动一次政变。他联合身在上都的叔父句容郡王答里以及宗王晃火铁木儿等人，准备废掉元顺帝，立晃火木铁儿为帝，然后准备自己也尝尝老爹当年指挥皇帝的滋味。然而事实证明，自燕铁木儿和撒敦死后，钦察贵族中就再也没有称得上人才的了。唐其势和他的同党们都没有搞政变的本事，老天也不打算帮他们。政变的计划竟事先泄露了风声。于是，唐其势于至元元年（公元1335年）六月三十日发动的政变就成了一出血腥的自杀式闹剧。那一天，唐其势带着兵马由大都城外一路冲到禁城宫殿，不偏不倚地撞进了伯颜和完者铁木儿等人早就编好的罗网之中，整支队伍即刻溃不成军。唐其势见势不妙，立即和弟弟塔剌海一起往后宫里冲，指望靠着皇后答纳失里保住性命。如果唐其势不反，伯颜也可能不想难为故人之子。只是政治斗争容不下一丝感情，一旦成为仇敌，早晚都会以一方的覆灭为归宿。伯颜深谙此理，哪里肯给对手留下喘息之机？他立即就领着武士追了上去。唐其势被武士追到后不甘心就此送命，死死地攀着殿前栏杆，大呼道："皇帝早先就曾说过，会赦免我一家九辈的死罪，如今怎么可以食言！"然而不管他怎么喊也无济于事，武士们拖着他就往外拉，他死死攀住的栏杆最终也在武士们的拖曳下生生拉断。他的兄弟答刺海则一直逃进了皇后宫中，仓皇中找不到藏身之所，竟一头钻进了姐姐的座位下面。答纳失里皇后看见弟弟的模样，再听到侍卫的奏报，已知道大事不妙。但她也无法忍心将弟弟交出去处死，干脆就坐在椅上，用自己的衣裙将整个椅座都遮蔽起来。这个只有小孩子才想得出来的骗局无异于此地无银三百两，立刻就被伯颜识破了。他立即毫无顾忌地下令武士推开皇后拖出答剌海，并且当场杀死。当答剌海的鲜血溅在答纳失里的衣裙上面时，年仅十五岁的小皇后虽然骄横，毕竟也不过是一个孩子，当即被弟弟的惨状吓得面无人色。但她没有想到，刚才那个孩子气的举动竟会落人口实，接下来悲惨的命运就要降临在她的头上。杀死答剌海后，伯颜亲自动手将皇后摔在地上，骂道："不知大义灭亲，竟庇护谋反之徒，肯定也参与此事，哪有做皇后的资格！"答纳失里知道自己将蹈兄弟的覆辙，立刻哭喊着向小丈夫求救："陛下救我！"如此气势汹汹的伯颜，元顺帝就算有心庇护也不敢开口，何况答纳失里又一向欺凌于他，本不深厚的夫妻感情也荡然无存。因此面对皇后的求救，妥懽贴睦尔只回了一句绝情的话："汝兄弟为逆，岂能相救！"答纳失里就这样被武士们拖出了皇宫，关押在开平府民舍里。她在这间民舍里又挨了一段时间。根据史料记载，等到她身在上都的叔父答里也被捕杀、所有的余党都清除干净之后，她的末日也就真正来临了。七月，答纳失里被伯颜矫诏毒杀，时年十五岁。燕铁木儿家族就此烟消云散。

答纳失里皇后就这么死了，少年皇帝需要再立一位新皇后。对于谁坐这张宝座，元顺帝的心里早有人选。错失了第一次立后时机的元顺帝和奇氏，这第二次立后的运气也不好。因为他们遇上了伯颜。他刚提出这层意思，就被权臣伯颜毫无还价余地地拒绝了。理由很简单：小皇帝心爱的女子，是一名女奴。

用现在的话来说，新任权臣伯颜是一个不折不扣的"狭隘民族主义者"。这样一个偏执的大蒙古族主义者，怎么可能允许让一个高丽女子成为皇后呢！就连当年钦察氏当上元配皇后，在伯颜看来都是不合规矩的。因此元顺帝册立奇氏的要求一经提出，就立即被伯颜坚决挡了回去。他认为完者忽都系高丽女子，且出身微贱，不配正位中宫。按照伯颜的思路，元顺帝必须按照成吉思汗定下"弘吉剌氏生女为后，生男娶公主"的规矩，册立一名出身显赫的弘吉剌氏为皇后，才是正理。顺帝没有办法，在钦察氏答纳失里皇后死去的第三年，即至元三年（公元1337年）三月，元顺帝依照伯颜的意志册立了他的第二任皇后。她的名字叫伯颜忽都，出身显赫的弘吉剌氏族，是元武宗皇后真哥的侄孙女，父亲是毓德王孛罗铁木儿。她也是元王朝历史上最后一位弘吉剌氏皇后。

按照官样套路，弘吉剌氏伯颜忽都也得到了一道写得天花乱坠的册后诏书："帝王之道，齐其家而天下平；风教所基，正乎位而人伦厚。爰择配以承宗事，若稽古以率典常。咨尔弘吉剌氏，淑哲温恭，齐庄贞一。属选贤于中壶，躬受命于慈闱。勖帅来嫔，蹈榘仪之有度；动容中礼，谨夙夜以无违。兹表式于宫庭，宜推崇其位号。乃蠲吉旦，庸举彝章，遣摄太尉某持节授以玉册宝章，命尔为皇后。於戏！乾施坤承，克顺成于四序；日明月俪，久照临于万方。朕欲跻世于乂安，尔其助予之德化，共御亨嘉之运，益延昌炽之期。勉尔徽音，聿修内治。"然而华丽的辞藻并不能掩盖伯颜忽都皇后生涯的寂寞苦涩。而这份苦涩，据说从她封后的那一天起就已经有了预兆：册后大典进行之际，竟然天降大雨，新皇后还没来得及接受朝贺，典礼便草草收场了。

完者忽都却因此对伯颜恨之入骨，为早日除去这块绊脚石，她常向顺帝进谗言。

伯颜诛杀唐其势后，可谓"专权自恣"，"益无所忌"。他"擅爵人，赦死罪，任邪佞，杀无辜，诸卫精兵收为己用，府库钱帛听其纳。""势焰熏灼，天下之人唯知有伯颜而已”，他的各种封号、官衔加起来足足有二百四十六字之多。这就必然引起元顺帝本人的不满。伯颜的侄子脱脱头脑比较冷静，见其伯父骄纵至极，功高震主，心里深深害怕一旦伯颜失势败亡，自己和他一起遭灭族之祸。出于自家利益的考虑，脱脱暗中向元顺帝表白自己的忠诚，并取得了元顺帝的信任。他还与元顺帝的心腹世杰班、阿鱼共同策划除去伯颜。至元六年（公元1340年）二月，乘伯颜请太子去柳林打猎的机会，他们把自己的卫队埋伏在路上，先将伯颜抓住，然后由元顺帝下诏黜伯颜为河南行省左卫相。同年三月，伯颜被流放，病死于中途的龙兴路驿舍。这位权相的死，为完者忽都夺取皇后之位扫清了道路。她的前面只剩下一位伯颜忽都皇后。

其实，元顺帝对伯颜忽都皇后还是不乏好感的。按照元王朝的惯例，皇帝经常来往于上都和大都之间。有一次，伯颜忽都陪元顺帝去往上都，中途暂时驻扎的时候，元顺帝不知怎的在夜里忽然想要去皇后的帐中过夜，派宦官前去传旨要皇后作准备，以为她一定会非常欢喜。谁知伯颜忽都听了这个消息之后却拒绝了，说：“此地并非皇宫，需要格外小心安全，暮夜时分不是皇帝出入往来的时候。”在顺帝的坚持下，宦官来回传了三次旨，都被伯颜忽都拒绝了。这一次，伯颜忽都虽然放弃了一次亲近皇帝固宠求子的机会，但也得到了元顺帝的褒奖，认为她思虑周详，不斤斤于男女之情，确实是个贤惠的嫡后人选。有一次元顺帝向伯颜忽都询问：“宫中中政院去库房支领钱粮，都是领你的旨去的，你记不记得都用过多少?”伯颜忽都皇后立即回答道：“我领用财物，都是必需之时才去支取。关防出入，也都是由宫里指定负责的人掌管，我哪里会去过问这些事呢?”元顺帝不免又对皇后称赞一番。

伯颜忽都刚做皇后的时候，元顺帝也对她新鲜过一阵，她还生下了一个儿子。不幸的是这个能够成为母亲护身符的嫡子只活了两个年头就夭折了。伯颜忽都皇后非常清楚自己并不得宠的事实。尤其是当奇氏也生下皇子、当初坚持要册立伯颜忽都的权臣伯颜又被贬而死之后，无论奇氏有多招摇，表现出多么得宠的模样，做多少本来应该由长皇后去做的出头露脸的事，伯颜忽都也从不表现出丝毫的怨恨妒忌。有时候就连她身边的宫女都看不过去发牢骚，她也一言不发。面对这样的处境，伯颜忽都表现出了极大的忍耐力以及深谙后宫生存之道的智慧，虽然这种智慧显得那么无奈和可怜。她皇后生涯中的绝大多数日子，都只是日复一日地端坐在自己居住的坤德殿里，既不议论国家大事，也不管后宫的是非。她连自己生活的那个宫院都很少走出去，当然也就没有什么是非能找上她。

奇氏最盼望得到的当然是正宫嫡后的宝座，可伯颜忽都皇后性本节俭，循规蹈矩，宽容大度，任何可能引起麻烦、违反宫规的事情，伯颜忽都皇后都丝毫不沾。在任何时候，她都严格地以“皇后”这个身份和妇德、妇礼要求自己，不与完者忽都争宠。元顺帝和奇氏都找不到可用于废后的把柄，于是便暗中示意大臣沙剌班，让他援引元王朝数后并立的先例，提议册立在前一年（至正五年冬）刚刚生下皇子爱猷识理达腊的奇氏为第二皇后。沙剌班的上奏引来了很多大臣的反对，多数人都认为尊卑有别，何况一介卑微之女，无论如何也不能封为皇后。更有监察御史李泌上奏顺帝，认为此举违背了世祖忽必烈留下的遗训。元顺帝只顾自己享乐，这话当然进不了耳朵，奇氏终于还是当上了第二皇后，居兴圣宫，号兴圣宫皇后。就这样，出身卑微的完者忽都在元朝宫廷斗争的旋涡中顺势而上，成了尊贵的皇后。

而在位的伯颜忽都皇后的生活就像那场典礼一样。虽然她是皇后，虽然元顺帝偶尔也会光临她的居所，但她却没有真正得到皇后应有的待遇。而奇氏虽然名为第二皇后，但由于正宫皇后伯颜忽都老实本分一心只求自保，奇氏的实际地位与正后一般无二。元顺帝多数时候也都是留宿在她住的兴圣西宫，很难得去一次正后所居的东宫内。顺帝还将徽政院改称资正院，专为奇氏理财取富。然而奇氏并不以此为满足，她觊觎的是正后嫡位，如今又怎能甘心。为谋取更尊严的位置她还要笼络人心，抬高自己。奇氏一面加紧注意正后的日常动向，一面大力栽培自己的亲信势力，一面还将自己塑造得贤明端庄。

鉴于自己出身卑微，她平时便装出一副通达事理、贤淑端庄的样子来博取人心。她在宫中除了悉心照料皇子外，闲来无事的时候，奇氏又翻看《孝女经》及各式史书，时常向人询问历代贤德皇后的行止，说是自己要效法先贤。她也确实这么做了：四方的贡品进献到宫中，如果里面有山珍海味、稀罕的吃食，奇氏就一定要先派使者送一份到太庙去祭祀上供，然后才敢自己品尝。由于手头非常宽裕，奇氏还经常各处施舍。至正十八年（公元1358年），元王朝发生了严重的天灾人祸，蝗虫、饥荒、瘟疫、战乱纷纷不止，京畿一带也灾情严重，颗粒未收，饿殍遍地。京城周围行省的灾民都避难京师，结果使得京城也不堪重负，食物奇缺，闹起了饥荒。奇氏便下令属官施粥供应灾民。由于病灾四起，流民死者众多，尸体遍地狼藉。奇氏闻讯后又命朴不花出面行善。朴不花遂向元顺帝请命设立义冢。元顺帝当即答允，从国库拔出七千锭钞，在京城十一门外及南北两城抵卢沟桥一带购地置冢。七千锭钞肯定不够用，于是奇皇后便带头捐款，朴不花也捐出玉带、金带、二锭银、三十四斛米、六斛麦、青貂银鼠裘各一袭为助。看见第二皇后做出这个榜样，整个后宫妃嫔乃至皇太子、太子妃也跟着纷纷掏腰包，各省院官员也一齐跟进。这场浩浩荡荡的“善事”持续进行了两年，前后埋葬贫寒无葬力者十余万人。事后，奇氏又命僧人在大悲寺举行三昼夜的水陆大会超度亡魂。这些仁慈之举，博得了朝野上下的齐声喝彩，早已忘了她卑微的婢女出身，皆把她视为一个不可多得的贤德皇后。而她这一切的所作所为，不仅欺骗了当时的大臣和百姓，甚至连后来的史官都骗过了。主修《元史》的宋濂将这些事当做正面教材记载了下来，“后无事，则取《女孝经》、史书，访问历代皇后之有贤行者为法。四方贡献，或有珍味，辄先遣使荐太庙，然后敢食。至正十八年，京城大饥，后命官为粥食之。又出金银粟帛，命资正院使朴不花于京都十一门置冢，葬死者遗骼十余万，复命僧建水陆大会度之”。

但有人看出来，将国家治成如此局面，使百姓流离失所，这所谓善事，也不过是沽名钓誉之举。何况一介贫女出身的第二皇后何来如此多的财物？也不过是盘剥所得。但奇氏仍然靠此举赢得了一片叫好之声，事后还特地传下懿旨，命翰林学士张翥撰写颂文，刻“善惠之碑”为纪。总之一来二去的，奇氏的声望远远地超过了正宫皇后弘吉剌氏。

然而这所谓的慈善之名并不能掩盖奇氏弄权的狠毒自私与愚蠢的小聪明。奇氏当上第二皇后之后，她的祖宗三代都被元王朝追封为王爵。奇氏家族原在高丽，奇氏供职掖庭时，她的宗亲还默默无闻，等到她被立为第二皇后之后，她的家族也随之飞黄腾达起来。奇氏家族子弟顿时个个高官厚禄、平步青云，目中无人，成了地道的暴发户。一个个简直不知道该如何摆放手脚，纷纷挺胸凸肚地横行霸道起来。尤其是她的几个哥哥，横行无忌，恃势骄横；她的妹婿敦绍，公然唆使家奴夺人之妻；另一族兄，也仗势夺人土地，弄得万民嗟怨，朝野不安。

但是，完者忽都并没有完全消停下来，她的下一步计划是让元顺帝立自己的儿子为太子。可是脱脱成了她的绊脚石。

助元顺帝掌权的脱脱在伯颜死后成为元王朝丞相。他在丞相任上施行“更化”新政，兴国子监，复科举，开马禁，减盐额，施行了一系列较为仁厚清明、尽量减小民族矛盾的政策，还主持修编了《宋史》《辽史》《金史》，成为后世公认的贤相。而在册立奇氏之子为皇太子时，脱脱曾经出于公心，表示不宜操之过急，以免尚在育龄的嫡后一旦有子不好处置。这使得奇氏的儿子一直拖到至正十三年（公元 1353 年）六月才正式成为储君。奇氏就此记恨上了脱脱。她不顾元王朝的大局需要，想方设法地要把脱脱搞垮。

顺帝末年，天灾人祸接踵而至，农民起义此起彼伏。昏庸无能的顺帝整日沉溺于酒色之中，很少过问朝政。他还大兴土木，赶造宫殿，穷奢极欲。元朝统治的大厦呈倾倒之势。与此同时，元末的农民起义却如火如荼，发展迅猛。

至正十四年（公元 1354 年），脱脱奉命统兵出征张士诚的“大周”，临出发前，奇氏联络太子指使朝臣弹劾脱脱。当脱脱终于领兵出征，并成功地围困了张士诚三个多月，使“大周”政权濒于崩溃之际，奇氏仍然不管不顾地在京城里为排挤脱脱而上下活动。终于，就在张士诚表示愿意投降、两军将要议和的节骨眼上，奇氏活动成功，脱脱被临阵罢职，流徙于云南大理镇西路。后来，哈麻又派人用药酒害死了脱脱。而这一切，都是因为脱脱阻挡了完者忽都立儿子为太子。奇氏终于报了她的一箭之仇，却给张士诚制造了一个绝佳的重生机会。临阵换帅，致使“大军百万，一时四散”，元军的优势不但尽失，反而被张士诚打得四散奔逃。元王朝的军心从此涣散，在对内、对外的所有战事中都尽失优势，而只能靠地主武装来镇压农民起义军，元末农民战争进入了一个新时期。然而奇氏能够干掉脱脱丞相，却没法将正后弘吉剌氏给挤下后位去。她不得不承认一个事实，弘吉剌氏一日不死，自己正位中宫的梦想就休想达成。此时的奇氏当然不可能预料到比自己年轻的弘吉剌氏会死得比自己早，就算她乐观地这样想过，但眼看着自己年华老去，元顺帝沉湎于享乐游嬉，对自己情意薄淡、日渐疏远，她心中十分担忧，也实在等不下去了。同时她的胃口也越来越大，光是正位中宫已经不是她的目标，她想要提前当上皇太后，真正掌控元朝军政。当然，她还没有谋杀元顺帝的胆量，她的主意是勾结朝臣，胁迫元顺帝提前“禅位”。奇皇后为求得大臣拥戴，指使自己的心腹宦官朴不花同宰相太平商议内禅之事，太平置而不答。于是奇皇后亲自将太平召至宫中，设酒宴款待，重申禅位之事，太平仍然不置明否，内禅之事遂告破产。顺帝得知奇皇后四下活动让自己禅位，非常气愤，开始疏远奇后。奇皇后与皇太子对太平怀恨在心，就密嘱亲信大臣上本参奏太平。昏头昏脑、忠奸不分的顺帝听信了谗言，竟罢了太平的相职，并将其发配吐蕃，不久奇皇后又派使者逼太平在路上自尽。

太平死后，奇氏不但自己为所欲为，还包庇朴不花和搠思监这两个宠臣。搠思监独揽大权，他同宦官朴不花内外勾结，仰承奇皇后旨意，把持朝政，排斥异己，残害大臣，将摇摇欲坠的元朝迅速推向绝境。这两人终于惹恼了朝中官员纷纷上疏弹劾。结果所有的书信都被皇后母子扣下，所有上疏的人都被贬放，就连元顺帝的亲信老的沙都被流放东胜州。可怜顺帝多年怠政，这时才发现自己的老婆、儿子已经成为与自己抗衡的又一股势力，只得暗中安排老的沙逃往大同镇帅孛罗铁木儿处藏身。

搠思监对此怀恨在心，先在大都杀死了太平的儿子也先忽都等人，又遣使至大同，索要老的沙等人。孛罗铁木儿替他们申辩，就被搠思监与朴不花向顺帝参劾他私匿罪人，违抗圣意。奇氏母子还不肯罢手，又让搠思监与朴不花诬告孛罗铁木儿谋反，要削去这名顺帝亲信的兵权。孛罗铁木儿自然知道剥夺自己兵权的旨意绝不可能出自顺帝手笔，拒不听命。奇氏母子便派太原镇帅扩廓帖木儿出兵大同与孛罗铁木儿打内战。闻讯大怒的孛罗铁木儿干脆一不做二不休，也不管大同了，以“清君侧”为名，径自派兵直奔大都，将皇太子打得东逃古北口，然后率大军进攻大都。

元顺帝命太尉扩廓帖木儿讨伐孛罗铁木儿。可是孛罗铁木儿用兵神速，不等扩廓帖木儿兵到，已突入居庸关，直逼京师，元顺帝慌了手脚。听说孛罗铁木儿扬言要惩治搠思监、朴不花才能休兵，虽遭奇氏极力反对，但元顺帝为了平息孛罗铁木儿的怒气以保活命，哪敢不依，便将朴不花和搠思监交给孛罗铁木儿的军队带回去处治。朴、搠二人的快活日子就此到头，一起被杀掉。一面又命令使臣把孛罗铁木儿请进皇宫，好言抚慰，并下诏恢复其官职，加封太保，孛罗铁木儿这才答应撤军。

对于朴、搠二人的死，奇氏捶胸顿足，皇太子也不肯罢休，又派扩廓帖木儿攻打孛罗铁木儿的老巢大同。孛罗铁木儿和扩廓帖木儿都是在镇压农民起义的过程中发展起来的地主武装，他们为了争夺地盘，经常发生争斗。扩廓帖木儿有奇皇后和皇太子当后台，当即决定发兵。谁知孛罗重施故技，再次杀入京城，皇太子听说老对头又来了，逃也逃得格外熟练，径奔太原去了。而孛罗铁木儿则吸取了上次的教训，留在京城不走，先给自己弄了个左丞相当上，又把部属安插在各个要害部门，把持起了朝政。不久顺帝又下诏以孛罗铁木儿为右丞相，节制天下兵马。

可皇太子哪里甘心就这样认输，至正二十五年（公元1365年），他在太原征召各路诸王、驸马及行省所属兵马，连同扩廓帖木儿原有的太原驻军，又要进讨孛罗铁木儿。孛罗铁木儿大怒，迁怒于奇氏，带剑闯入皇宫，逼顺帝交出皇后奇氏。顺帝吓得魂不附体，连话也说不出来了。孛罗铁木儿指挥太监、宫女押奇皇后出宫，幽禁起来，并派大将姚伯颜不花看守。

奇氏身陷险境，立即着手自救，她闻知孛罗铁木儿好色，传令亲信到宫里去挑选多名美女赠与孛罗铁木儿。孛罗铁木儿喜形于色，放松了戒备，一味在家同美女们淫乐。美人计果然神效，被囚才刚百日，奇氏便返回了皇宫。

与此同时，孛罗铁木儿的骄横也让顺帝开始受不了了。在奇皇后的策划下，夫妻两人总算又同心协力了一次，设计将孛罗铁木儿骗入宫中杀掉，他的党羽也被斩尽杀绝，孛罗铁木儿的军队不战自溃。元顺帝便召皇太子还宫。然而奇氏刚刚出来不久，就立即忘乎所以。她暗地里派人给护送皇太子进京途中的扩廓帖木儿发去密信，要他拥重兵入城，逼元顺帝禅位。扩廓帖木儿虽是一介武夫，但知此事关系重大，不愿搅进这一团糊涂里，所以，他在离京城三十里就将自己的军队遣返，只带少量侍卫护送皇太子进城。奇皇后的阴谋再度破产，又恶狠狠地恨上了扩廓帖木儿。前头扩廓帖木儿对她母子的好处，她从此统统都不理会了。扩廓帖木儿当然也知道奇氏不是一盏省油的灯。尽管元顺帝封他为太尉、左丞相等重职，他还是不愿在京城这个是非之地多待，仅过了两个月就自请出京了。

就在朝政军事都乱成一锅粥的同时，至正二十五年（公元1365年）八月，弘吉剌氏伯颜忽都皇后去世了。伯颜忽都皇后死于至正二十五年（公元1365年）八月，享年四十二岁。自十五岁被权臣推上皇后位置以来，她在皇宫中度过了二十七个孤寂冷漠的年头，亏她处处谨慎克己，奇氏虽然虎视眈眈，顺帝虽然荒淫无度，她的皇后之位却从来没有动摇过，她的家族也没有受到任何损伤牵连，没像完者忽都一样把自己的家族全搭了进去。对于伯颜忽都一生的品行谨慎，就连苦等了嫡后之位多年心有不甘的奇氏都不得不承认找不出任何缺失。奇氏只有在伯颜忽都死后才终于找到了一点她能够讥笑的地方。她看到了伯颜忽都那些陈旧的日常衣物，哈哈大笑道："堂堂正宫皇后，何至于穿这样的衣服！"皇后去世后，中书省请求奇皇后居正宫皇后位。但顺帝因她两次逼宫，心中憋了怨气，以奇氏是高丽人，立为正后有违祖制为由不予答应。经大臣们一再恳请，才于至正二十五年（公元1365年）十二月册封奇皇后为正宫皇后，同时封奇氏父以上三世为王。并改奇氏为肃良合氏，算是蒙古族的后裔。奇氏终于登上了她梦寐以求的正后宝座，成为飞上枝头的凤凰。只是她不会想到，她这后半生的所作所为，很快就将自己变成一只落架的鸡。一个数度逼宫，威胁皇帝禅位的次后，居然也能正位中宫。元顺帝与奇氏之间的夫妻关系，也因此成了中国宫廷史中的一件咄咄怪事。奇氏既立为正后，其母子权势更盛。此时，能够同农民起义军作战的劲旅只有扩廓帖木儿一支。顺帝任命他为左丞相，加封太傅河南王，总制关、陕、晋、冀、山东等各地军事。

由于许多资历厚的老将对后生小子竟当上丞相心怀不满，又知道这小子得罪了皇后太子，众将不是想为自己出气，就是想搞利益投机，竟搞出了一个联盟来对付扩廓帖木儿，甚至还选出了盟主。由于关中的李思齐和张良弼不肯听扩廓帖木儿调遣，扩廓帖木儿不打农民军张士诚、朱元璋和川蜀的明玉珍，却派兵去攻打李、张。

皇太子乘机向元顺帝进谗说："扩廓帖木儿不听调令，私自出兵攻打与他有私仇的自己人，未免有些骄恣跋扈。"顺帝听罢，派使者传谕，命扩廓帖木儿立即停止内战，挥师南下攻打起义军，并任命皇太子为全国兵马大元帅，统领扩廓帖木儿、李思齐、张良弼诸部。扩廓帖木儿拒不听命，依然同李、张自相残杀。

这时江淮一带的农民起义已经成为一支不容小觑的力量。元顺帝眼看扩廓帖木儿陷身内战指望不上，便命皇太子领兵征讨起义军。然而元顺帝没有料到，自己的宝贝儿子挟天下总兵马的权势，竟在他老娘奇氏的教育下，将扩廓帖木儿当成了头号大敌，根本不管起义军，而是专心致志地直奔扩廓帖木儿而去。就这样，元朝内部打得难解难分。如此一来，元王朝的各路兵马同室操戈地将内战越打越大，毫不在意朱元璋的实力在他们的眼皮子底下如雪球般迅速滚起。有人也认为，如果元王朝的军队不是一直都陶醉于内斗的话，朱元璋能否最后成功，也很难说。不过，有一句老话说得很在理，鹬蚌相争，渔翁得利。根据历史记载，此时占据江、浙一带的吴王朱元璋乘元朝军队忙于内战、无暇他顾之际，迅速壮大了自己的势力。他先后打败了占据湖广、江西地区的陈友谅、江淮一带的张士诚，又逼降了占据温州、庆元海域的方国珍。到至正二十七年（公元 1367 年），朱回璋已经拥有了江南的半壁河山。至正二十八年春天，朱元璋命徐达为征虏大将军，挥军北伐，一路势如破竹，连连攻下德州、通州，直指大都。七月底，元顺帝率领奇皇后与皇太子匆匆逃往上都开平。

据历史记载，至正二十八年（公元 1368 年）八月二十日，朱元璋的北伐军开进大都，从此以后，元顺帝及其后妃、侍从就一直被朱军追杀。他们从开平逃至和林（今蒙古人民共和国的鄂尔浑河上游），又从和林逃到应昌（今内蒙古克什克腾旗西达来诺尔附近）。不久，元顺帝病死，皇太子爱猷识理达腊在应昌失守后，继续北窜。奇皇后逃离京城后，也由雍容华贵的皇后沦为一个难民，几经周折，最后不知所终。

完者忽都皇后，从一介贫寒的女子开始，一直在为了自己的权力而奋斗。为了自己的地位，她没有在后宫掀起太大风浪，却将整个朝廷的政治搞得混乱不堪。她拉拢权贵，结党营私，作恶朝廷。为了自己的儿子能登上帝位，她甚至敢对在位的皇帝进行逼宫。不过她的美梦，随着朱元璋的占领大都而最终破灭。她在为自己争权夺利的同时，也为元王朝送了终，使历史进入了下一个篇章。

匡扶帝业的“天足”皇后

——明太祖皇后马秀英

明太祖皇后马氏（公元1332—1382年），名秀英，今安徽省宿州人。父亲马公，母亲郑媪，母亲生下她这个独生女儿后不久就病逝了，马氏尚在襁褓之中便失去了母亲。马家原本也是当地富甲一方的大户，因马公生性豪爽，仗义疏财，因此家道渐渐中落。马公为替一位朋友讨回公道而出手杀死了当地的一个豪绅，为了避仇只好逃亡异乡，临行前，把女儿托付给好友郭子兴抚养。马公后来客死异乡，郭子兴对故友遗女十分怜爱，就收养马氏为义女，与妻子张氏夫人把马氏视为己出，精心地抚养教育她。马氏稍大后，郭子兴亲自教她读书写字，张氏则亲手教她学习针线女工。马氏聪慧过人，无论学什么，稍一指点，便能精通无遗。马氏又很会做人，与养母张夫人处得非常融洽，深得养母喜爱。及笄之年的马氏，出落得一副好模样，面貌端庄，神情秀逸，一举一动都透露出大家风范，郭子兴夫妇十分钟爱。按照当时的社会习俗，女子以小脚为美，所以女子都要缠足，而马氏却坚决不缠足，因此，长了一双天足，人称“马大脚”。

元顺帝在位时，政治腐败，社会黑暗，社会矛盾十分尖锐。统治者的腐败和日益加剧的阶级压迫和民族压迫，使广大人民生活十分痛苦，加上不断出现旱涝灾害，使人民更无法生活下去了。于是，各地农民不得不揭竿而起，反抗统治者的残酷剥削和压迫。元顺帝至正十一年（公元1351年），终于在河南爆发了韩山童、刘福通领导的红巾军起义，从而揭开了波澜壮阔的元末农民大起义的序幕。马氏养父郭子兴也是个对黑暗的现实早怀不满的人，平时他就暗地结交地方豪杰，蓄积力量。红巾军起义的消息传来，他就在家乡召集了数千穷苦农民，举起了起义大旗，并于元顺帝至正十二年（公元1352年）二月攻占了濠州城（今安徽凤阳），自称为元帅。就在这一年，年方二十五岁的朱元璋投到郭子兴麾下当亲兵。起初，朱元璋不过是一个默默无闻的普通士兵，由于他作战十分勇猛，而且颇有智略，数次出战都立下了大功，因此深受郭子兴的赏识。郭子兴看到朱元璋龙行虎步、气宇轩昂，而且智谋双全，非池中物。为了拉拢朱元璋，就将义女马氏许配给他。从此，在军中刚刚崭露头角的朱元璋与元帅郭子兴以翁婿相称，羡煞了不少英雄豪杰。朱元璋成为主帅的乘龙快婿，在军中的地位大大提升，大家都尊称他为朱公子。而马氏作为郭子兴的义女，能够不计外貌、贫富，嫁给朱元璋，可谓是颇具慧眼。马氏结婚之后，对家庭生活的安排，对于各种人际关系处理都很得当，深得丈夫的欢心和敬重。

朱元璋雄才大略，在郭子兴军中屡屡建功获赏，很快在濠州红巾军中出类拔萃，之前就曾惹得一些追随郭子兴起兵的亲信人物眼红，现在他又成了元帅的乘龙快婿，更令他们妒火中烧，总想寻机会拆他的台。这时，天下群雄并起，很多支起义队伍都渐渐壮大开来，其中影响较大的有张士诚部和陈友谅部。这样，义军作战的形势变得错综复杂了，不但要对付元朝廷，而且还要提防义军之间的相互吞并。在这种情形之下，朱元璋对战机、战略产生了一些与郭子兴不同的意见，他生性直率，又仗着与郭子兴有亲密的翁婿关系，所以常常直陈自己的观点，这不免让性情刚愎的郭子兴产生一些不快。那些平日里嫉妒朱元璋的郭子兴亲信又乘机大进谗言，说朱元璋如何骄恣，如何专擅，一定是怀有异心，图谋不轨，请郭元帅小心防范。郭子兴亦对朱元璋渐有疑忌。郭子兴为人心胸狭窄，爱听信谗言，曾多次囚禁或是排挤朱元璋，而每次都是马氏从中斡旋，使得朱元璋能脱离困境。

郭子兴又一次在别人挑拨下把朱元璋关了起来。本来郭子兴幽禁朱元璋是为了泄一时之愤，也不曾想置他于死地，毕竟他是一名得力的干将，又是自己的女婿。可郭子兴的儿子天叙、天爵平时就对朱元璋受重用心怀不满，这次自然不肯放过这个机会，于是他们瞒着郭子兴，暗中下令看守人员断绝了朱元璋的饮食供给，想借着这个机会把朱元璋暗暗推向死亡。马氏心疼丈夫，去厨房把刚烙好的烧饼放在怀中偷偷送去。不巧被马氏的义母张夫人发现，义母见她神色慌张、说话支吾，就拉她到卧房里盘问，马氏哭诉缘由后，张夫人发现马氏胸前的皮肤已被热气烫得又红又肿，而饼还是热气腾腾的。张夫人不由得心疼落泪，当即就对郭子兴说明了情况，并替朱元璋说情。郭子兴听说自己的儿子竟敢背着自己干如此勾当，心中大为恼怒，马上下令放出朱元璋并恢复其原职，并把天叙、天爵狠狠地训斥一番。此事过后不久，天叙、天爵突然邀请朱元璋宴饮，实际是想用毒酒害死朱元璋。马氏得知此消息后，马上告诉朱元璋，使朱元璋又躲过一劫。

打仗时，诸将出征，掳获物都要贡奉郭子兴，朱元璋纪律严明，严禁将士抢夺民间财务，即使缴获一些战利品，也全部分赐给部下。郭子兴见唯独朱元璋没有孝敬，很不高兴。马氏了解丈夫的性格，怕因此引起义父郭子兴的猜疑，就把自己积攒的财产送给养母张夫人，求她在义父面前给干女婿说些好话，曲为周旋，这才消除了郭子兴的猜忌。

平时马氏对朱元璋十分关爱，生活上照顾得无微不至。当时因战乱缺乏粮食，马氏在家省吃俭用，把粮食和其他好的食品留给丈夫，以至有时自己饿着肚子。这些事朱元璋都深深地记在心中，当皇帝后还向大臣讲述，把它比作刘秀困在河北时得到冯异豆粥麦饭的美事。

元顺帝至正十五年（公元 1355 年）二月，红巾军建立政权，国号大宋，建元龙凤，立韩山童之子韩林儿为皇帝，号小明王。这一年，郭子兴病死，小明王任命其子郭天叙为都元帅，郭子兴妻弟张天佑为右副元帅，朱元璋为左副元帅。后郭、张二人战死，朱元璋便成为大元帅，接管了郭子兴的部队，继续抗元大业。朱元璋每次出兵打仗，军状文书都委托马氏管理。马氏精明能干，善于文札，一切军状文书，她都管理得井井有条，即使是朱元璋仓促索取，她也能随手抽出。马氏既是朱元璋的妻子，又是朱元璋并肩战斗的战友，在那刀光剑影的战争年代，她协助朱元璋掌管后勤、安抚军心，立下了汗马之功。

元至正十五年（公元1355年）六月，朱元璋率兵从和阳（今安徽和县）渡江攻太平（今安徽当涂），朱元璋率领主力先行渡江，马氏带领眷属随后。马氏认为，元兵必然乘机隔断长江，留在和阳的义军家属有可能成为元军的囊中之物。不等朱元璋下令，她便果断地指挥义军家属和后勤人员紧急渡江。果然不出马氏意料，她们刚渡过江，元军便封锁了长江。在朱元璋领兵征战的年代，她还亲手为将士缝衣做鞋。驻扎江宁（今南京）之后，张士诚、陈友谅政权接壤，天天打仗，马氏亲自缝制战士们的衣服、鞋袜等以供军需。至正二十年（公元1360年）夏，陈友谅率军侵犯，攻下太平，直逼江宁，朱元璋率兵抵抗。由于敌强我弱，形势很紧张，城中人心惶惶，不少官员、百姓准备逃跑，士兵们也是军心不稳。在这样的紧急时刻，马氏镇定如常，散发金帛犒赏将士，稳定了军心，鼓舞了士气。结果，朱元璋大败陈友谅。另据史书记载，朱元璋与陈友谅在一次交战时，曾被对方追击，朱元璋受了伤，在这危急的时刻，马氏背着朱元璋逃跑。马氏长着一双大脚，背着丈夫跑倒是很有可能。她曾对朱元璋说，平定天下的根本大计是不杀人，朱元璋也很赞成。

至正二十四年（公元1364年）正月，朱元璋自称吴王，马氏就成为吴王妃。朱元璋灭亡了陈友谅的大汉政权后一鼓作气，率军南征北战，至正二十七年（公元1367年）九月扫平了张士诚政权，十一月浙东方国珍投降。随后，朱元璋又回过头攻下了不堪一击的元大都，灭亡了元朝，基本上统一了中国。

公元1368年正月，朱元璋登上了皇帝的宝座，国号大明，自己成了开国皇帝明太祖，定都应天府（今江苏南京），建元洪武。册立马氏为皇后，时年三十六岁，立马氏所生的长子朱标为太子。

在朱元璋平定天下、创建帝业的岁月里，马氏随他征战军中，和他同甘苦、共患难，而且马氏仁慈、聪明、有见识，在朱元璋称帝前后，她都给予很多帮助。因此朱元璋当了皇帝后，对马皇后一直非常尊重和感激，对她的建议也往往能认真听取和采纳。在朱元璋登基那天，他回宫后对穿着皇后冠服、出宫迎接他的马氏说道："朕起自布衣，能有今天，外面依靠功臣们，内则全赖贤后你。我每每想到从前同郭子兴相处时备尝艰苦，要不是皇后你从中调停周旋，偷偷地把粮食、菜肴等藏起来留着给我吃，我哪里会有今天？芜蒌豆粥、粗谷麦饭，时时铭记在心上，永不相忘。至于其他，比如为朕讲解学问，随朕征战军中，吃尽千辛万苦，更不用多讲。古人说，家有良妻，犹国有贤相。朕有你这样的贤德皇后，更相信古人此话确实是有道理的。"马皇后谦虚地说："我听说夫妇互相扶助比较容易，君臣互相扶助就难了。陛下既然能不忘与我共同度过的贫贱岁月，但愿也能不忘与您的臣下共同度过的艰难岁月。"听了这番话，朱元璋从心底感受到皇后的远见卓识，他情不自禁地称赞道："唐代有长孙皇后，曾劝谏唐太宗不忘魏征，卿亦可同古人媲美呢！"马皇后不但自己谦和崇贤，而且时时不忘提醒大功告成的朱元璋，真不愧为一个精心辅佐丈夫治国的好皇后。

马皇后自小失去双亲，因而对娘家人极为怀念，每当说到父母早逝就痛哭流涕，朱元璋也因关心她而及于外家，几次要寻访她的亲族封官加赏，马皇后劝止说："把官爵禄位私授给外戚，这是不合法的。"马后认为封外戚容易乱政，不是好事，因此她坚决拒绝。事实上马后是孤儿，娘家已没有人了。朱元璋只好追封马公为徐王，郑媪为王夫人，在宿州为他们设立祠祭祀。

朱元璋出身寒微，但是一旦君临天下，他的思想感情也随之发生了变化，他表面上虽然睿智英明，豁达神武，但骨子里却藏着猜忌和苛刻。为了防止大臣功高震主，为了保住朱家子孙日后的统治地位，便不惜制造一系列的冤狱，不断寻找借口屠戮功臣宿将，幸而身旁有一个仁慈宽厚的马皇后。对此，马皇后总是婉言规劝，减少了不少刑戮，挽救了无数的无辜受疑者，赦免大学士宋濂就是一个典型。

宋濂是元末明初的著名文人学士，明代开国时的许多典章制度、礼乐刑政文典都是出自他的手笔，被明太祖尊称为"开国文臣之首"，又是太子朱标的老师。宋濂因为孙子宋慎犯法连坐而被逮到朝廷，论罪应当处死，马皇后劝明太祖说道："老百姓家为子弟请教师，尚且能始终以礼相待，更何况皇帝呢？而且宋先生早已退休回家，宋慎的事他肯定不知内情。"太子朱标也为老师求情，明太祖在盛怒中不肯听从。正值马皇后陪明太祖一起进餐，她不吃酒肉，明太祖觉得很奇怪，问她缘故。马皇后说："我是在为宋先生求福啊。"明太祖大为感动，扔下筷子起身走了。第二天便下旨赦免宋濂，把宋濂流放茂州。

明太祖在明堂上处理政事，有时会勃然大怒，马皇后等明太祖回宫后，往往就事婉转劝说。虽然明太祖性情严厉，但好几次由于马皇后的劝说而缓解了将要施行的刑罚。参军郭景祥镇守和州（今安徽和县），有人说他的儿子手持长枪想要刺杀父亲，朱元璋一听大发雷霆，要将如此不孝之子杀掉。马皇后说："郭景祥只有一个儿子，要防小人别有用心，杀了他的儿子，就断绝了郭景祥的后代，不如派人查明后再作结论。"明太祖经过调查，证实了郭景祥的儿子果然是冤枉的。朱元璋养子李文忠镇守严州（今浙江建德县东北），杨宪诬蔑他不守法度，明太祖想把他召回来。马皇后说："严州与敌国接境，轻易掉换守将不合适。再说李文忠一向很忠实可靠，杨宪的话未必可信。"明太祖派人调查此事，果然不实。后来李文忠一直戍守严州，立了大功。

吴兴地方富户沈秀，捐资帮助修筑都城，修建了都城的三分之一，事后又请求出钱犒赏军队士卒。明太祖大为生气，说："一个老百姓竟然要犒赏皇帝的军队，简直是犯上作乱，应该处死。"马皇后劝阻说："我听说法律是惩治不法之徒的，而不是用来惩治不祥之人的。一个老百姓竟然富到与国家并肩的程度，对他来说当然不是吉祥之事，这种不祥之人，老天爷自会降灾给他，陛下何必处死他呢？"明太祖觉得有理，因此释放了沈秀，把他充军到云南。太祖曾经命令让重罪囚犯筑城。马皇后说："罚他们服劳役来赎罪，这本是国家对他们的大恩。但囚犯已经十分疲惫，再给他们增加劳役，恐怕他们还是要死的。"明太祖便全部赦免了他们。明太祖洪武年间的一个元宵灯节之夜，明太祖朱元璋与谋士刘伯温微服私访京城的灯会，在一家大商号门前，彩灯高悬，上面贴着很多灯谜，图文并茂，引来无数人围观猜谜。朱元璋也凑过去看热闹，偶然注意到一则有趣的图画谜面，图上画着一妇人，触目的是一双天然大足，怀抱一个大西瓜，眉开眼笑，模样十分滑稽。朱元璋不解其意，于是问博学多才的刘伯温：“此谜何意?”刘伯温沉吟片刻答道：“此为‘淮西大脚妇人也!”朱元璋仍不知“淮西大脚女人”指谁，继续追问，刘伯温则诡笑着说：“可回宫问皇后娘娘。”当晚回宫后，朱元璋急不可待地向他的马皇后提起此事，马皇后讪然一笑，说：“妾乃淮西人氏，且为天足，此谜谜底想必就是臣妾了。”朱元璋一听大怒，心想：“小小街民竟敢制谜嘲讽堂堂皇后，岂有此理!”于是传旨捕拿制谜者。马皇后见状，大度地劝解道：“佳节吉日，与民同乐，又有何妨?何况妾本是天足，说又何错?陛下不是曾说幸亏臣妾脚大，才能背着陛下逃出死地吗?况天子为民之父母，子女们随便说说自己的父母，并没有伤害父母的心，做父母的怎能大怒，并因此要置子女于死地呢?”此事方才作罢。区区一件小事，足以见马皇后的仁慈与大度。

马皇后从一个普通农家女子一跃而为母仪天下的皇后，但她富贵不忘贫贱，始终保持朴素的生活作风，衣不着彩，食不奢靡，听女史讲元世祖昭睿顺圣皇后用旧弓弦织成绸做衣服穿，马皇后就命用旧料做成被褥，送给年老独居的孤寡老人。剩余的布料和丝，她也都缝织成衣裳，赏赐给王妃和公主们，让她们知道养蚕种桑的艰难。并教育子女说：“你们生长在富贵家庭，不知纺织的难处，要爱惜财物。”马皇后平常穿的是素白丝织、多次洗涤过的衣服，即使很旧了也不舍得换新的。她常说：“身处富贵，应为国家爱惜财物，随便丢弃、毁坏东西，是古人深以为戒的!”马皇后对饮食从不挑剔，平时一律粗茶淡饭。她安排丈夫的生活，也同样以俭朴为原则。有时朱元璋因御食不满意而小有怒气，马皇后就劝告说：“陛下难道忘记了过去的贫贱吗?”朱元璋早年历经贫寒，经皇后一劝，自感过分，愧疚不已。正是由于皇后的苦心劝谏，明代开国之初，一切建筑设备朴素典雅，不施雕饰。朱元璋经常借用马皇后的话告诫臣下：“穿衣要思织女之勤劳，吃饭要念耕夫之劳苦。一切兴作都不得劳民伤财。”马皇后还亲自带领公主、王妃学习刺绣、纺织。她告诫公主、王妃们，身为妇家，要勤于女红；要当好贤妻良母，首先要学会良家妇女的治家本领，要学会缝补旧衣、制作新衣。

攻下元都北京后，朱元璋的部下搜罗来元宫中大批的珍宝玩物，运到应天府，晋献给明太祖。明太祖想自己从一个不名一文的穷小子开始，十多年时间就成了富拥天下的皇帝，眼下又拥有如此众多的宝物，自是喜不胜收，忙叫来马皇后一同玩赏。谁知马皇后见了，却在一边泼了凉水：“元朝就是因为有了这些而不能保住国家，陛下不是自有宝物，要这些做什么呢?”朱元璋这时才恍然大悟，明白了妻子这一番话的用意，于是高兴地说：“我知道皇后的意思是说人才是宝。”马皇后说：“陛下说得很对。我与陛下从贫贱出身而能有今天。我常担心骄横纵法由奢侈而生，国家危亡从细小之处而起，所以希望招揽人才以共同治理天下。”她又说：“法度经常变动必然会生出弊病，法度有弊病则易于生出坏人坏事；经常扰乱人民则民生必会困乏，民生困乏则会生出变乱。”明太祖感慨地说：“太有道理了。”命令宫中女官把这些话写在书册上。马皇后的规劝大部分与此类似。性情自负而多疑的明太祖，之所以在打下江山后还能任用贤臣，不能不说与马皇后的劝导有关。

马皇后深知忠臣贤士对朝廷的重要性，因而十分注意以一个女性的细心来关心他们。每日早朝议事，若事情较多就常常要延续至晌午，这时奏事官吏按惯例就在殿廷上用午餐。一天，马皇后命宦官取来奏事官吏午餐的菜肴品尝，她觉得味道欠佳，随即向明太祖建议："人主自奉宜薄，而养贤宜厚，否则怎能笼络贤德之士！"明太祖深以为然，就下令管理膳食的光禄寺卿改善官员们的午餐。虽是一桩小事，却使官员们十分感激马皇后对他们的重视和关心，当然也就更加尽力于朝廷。马皇后对朝臣的家庭也给予关心，大臣们的妻子均有品级，她们到宫中来的时候，马皇后待她们像自己家人一样。这样一来，宫廷内外的人对马皇后都十分尊敬。

一次，明太祖巡视太学回宫后，马皇后关切地问："太学有多少生徒？"太祖说有数千。马皇后又问道："人才可谓众多，可他们有朝廷供给食用，而他们的妻子儿女谁来供养呢？"太学生是朝廷培养的一批有才之士，他们在太学学习期间，一应生活用度均由朝廷供给，但没有另外的俸银，他们的家人由谁供养，这问题过去倒是没有哪个朝廷顾及过。经由马皇后一提起，也引起了明太祖的重视，于是诏令特设"红板仓"，贮积粮食，赐给太学生家属，太学生从此无后顾之忧，一心治学，成为日后的栋梁之才。

看到丈夫的人才果真一天天多起来，马皇后很高兴，常对他说："君主虽有圣明的天资，也不能独自治好整个国家，必须选拔贤才进行治理，你现在人才多了，我很为你高兴。但人无全才，各有专长，希望您能据各人之所长而任用他们，不应求全责备。这样，就能使他们很好地为国家服务。"一席话说得朱元璋不住地点头称是。

鉴于汉、唐两代的祸乱，多由宦官参政而引起，善于以史为镜的马皇后特别在这方面给明太祖出了主意。因此，明朝严格规定，内臣不得兼任外臣文武官职，不得着外臣冠服，不得与外廷诸司有文书往来，并在宫门前竖下铁牌，上写着："内臣不得干预政事，犯者斩！"如此一来，杜绝了宦官乱政之弊。

有一天，马皇后问明太祖："现在天下人民生活安定吗？"明太祖说："这不是你所应当问的。"马皇后说："陛下是天下百姓的父亲，我也可以算是天下百姓的母亲，为什么不可以问问子女们生活是否安定呢？"遇到旱灾之年，马皇后便率领宫中所有的人吃素，向天地神灵祈祷；如果遇到饥荒之年，她便命令准备麦饭和羹汤。明太祖有时告诉她已经在发放救济，马皇后说："临时救济不如事先做好积蓄储备的工作。"马氏出身寒苦，能如此机敏贤淑，深明大义，时刻以江山社稷和百姓苍生为念，实属不易。

她曾和太祖讨论国君的责任，说："古人常言，作为君主，万般责任都归于他一身，天下还有人流离失所，或挨饥受寒，都是君主的责任。要是你能这样真诚地想着天下百姓，那天下百姓就享你的福，我也跟着你感到无比光荣。"谈到君王和人民的关系时，她认为："国家政治的得失，依君主之心的正邪而定；而国家安危，又由人民生活的苦乐而定。"朱元璋听了，称赞她的话是"金玉良言"，并命女史将这些话载入典册。从封建政治角度看，马皇后这些言行，都是十分合乎当时的理想规范的。虽然不可能在那种社会条件下得以实现，但也表现出一位封建女性的不俗之处。

马皇后管理内宫事务很辛勤，有空闲时则探讨自古以来这方面的训诫。马皇后不但劝朱元璋以贤德治国，自己也以贤德勤治后宫。马皇后喜读古代史书，也常用古训来教导别人，史书记载宋朝的皇后大都比较贤良，她便要求女官把宋代皇后的管理方法抄录下来，将宋代的家法汇编成册，让宫内的妃嫔们每天学习。正是由于马皇后的这一措施，使得明朝的皇后贤惠的占了大多数，也很少出现外戚专权的局面，可以说马氏为明政权的稳定作出了重大的贡献。有人说宋代治国过于宽仁厚道，马皇后正色说："过于宽仁厚道，难道不比过于刻薄好吗?"众人无言。一天，她问女官："'黄老之教'是什么教？为什么西汉的窦太后喜好此教?"女官说："黄老之教以清静无为为根本。比如'弃绝仁义、使人民恢复孝顺慈爱'就是他们所提倡的。"马皇后说；"孝顺慈爱就是仁义了，难道弃绝仁义还能有孝顺慈爱吗?"马皇后曾经朗诵《小学》，请求明太祖提倡这些学说。

马皇后与身边的妃子和宫人和睦相处，比较慈惠。明太祖的妃嫔和宫中侍女由于受到皇帝的宠爱而怀孕生子的，马皇后都仁厚地对待她们。马皇后以皇后的身份，还要管丈夫的饮食，宫女认为她不必这样做，她说有两方面原因，一是尽做妻子的责任，再一是怕皇帝饮食有不中意处，怪罪下来，宫人担当不起，她好承受着。有一次进的羹汤稍微有点凉，明太祖把碗掷向马皇后，她急忙躲闪，耳边已经被擦到，受了轻伤，更泼了一身的羹汤。马皇后热了羹汤重新进上，从容地换了衣服，颜色自若。妃嫔们这才相信了马皇后的话，并很佩服皇后的品德。明太祖曾经怒斥宫中的侍者，马皇后也装作十分生气，命令把有过失的侍者送到宫正司（宫内执法机构）定罪。明太祖问："这为什么?"马皇后说："作为皇帝，不要因为自己一时的高兴或生气而给人定奖赏或惩罚。当陛下生气的时候，恐怕会给予过重的惩罚。把他们交给宫正司，就能作出公正的判决了。陛下要定人的罪还是应交给有关的衙门。"

马皇后对子女们以严格为爱，勉励他们学习，要求他们生活俭朴。马皇后对后宫中妃嫔们的子女教育也非常重视。王子、公主的教育大都由马皇后亲自负责，特别是自己亲生的五个儿子，马皇后对他们的管教极其严格。

一次，皇子的老师李希颜因小孩顽皮不听话，用笔管戳伤了他的额角。小皇子哭着上父皇那里去告状。朱元璋非常生气，正要发作，马皇后急忙从旁劝解道："李先生以圣人之道教育训导我们的孩子，有什么过错呢？织锦的人受剪刀之伤，可以责怪他的师傅吗?"朱元璋深感有理，不但没有惩处李希颜，反而提升了他的官职。

马皇后五个儿子中，幼子朱橚性格放荡不羁，长大后被封到开封做周王。马皇后派江贵妃随往，并将自己身上经常穿的一件敝衣脱下来交给江贵妃，及木杖一杆，对江贵妃说："周王如果有过错，就披衣杖责他。如果他再倔犟，驰报朝廷，不要轻恕他。"朱橚听到母后的话后，到开封后也不敢为非作歹。马皇后去世以后，朱橚才开始稍稍放纵。

马皇后对待养子朱文正、李文忠、朱沐英等如同亲生的一样，而且始终如一。和朱元璋血缘最近的亲戚是侄儿朱文正，文正在对陈友谅战争中立功，因叔父未及时赏赐而不满，朱元璋因此杀了文正身边的亲信，还要治他的罪。马皇后也把文正当儿子一样看，这时劝朱元璋："这孩子立了好多战功，守南昌尤其不易，况且只是性急要强，并不是反叛，不要追究了。”朱元璋这才将文正免官了事。这一事例说明马皇后保护亲属也是有理有节。

马皇后处理复杂的人际关系很得体。当朱元璋在郭子兴军中时，与义父母及其家人；独立成家后，与义子，与丈夫的子女；做皇后以后，与妃嫔、与宫人、与命妇、与朝臣、与娘家，种种关系，料理得妥切，与人关系融洽。她能做到这种程度，重要的在于她按“待人以宽，责己以严”的原则去办事，与他人的矛盾就易于化解。马皇后的所作所为，赢得了丈夫的尊敬与爱护。

洪武十五年（公元1382年）八月，马皇后患病，大臣们请求为她祈祷祭祀，寻访好医生。马皇后对明太祖说：“人的生死自有命运，祈祷祭祀也没有用处。医生又怎能使人复活？假使吃了药也不见效，难道要因为我的缘故而加罪于医生吗？”明太祖问她有什么要说的。她说：“希望陛下访求人才，听从规劝，慎终如始，子孙们都贤明，天下臣民各得其所，江山万年不朽。”说完后马皇后就与世长辞，享年五十岁。走到了生命的最后一刻，马皇后仍然不忘以她的贤德影响着她的丈夫，为国家操心不已。明太祖失去了同甘共苦的结发妻子，也失去了他得力的助手，悲痛之情，无以言表。为了永远追念马皇后，明太祖决定不再立皇后。这说明，在明太祖心里，马皇后的地位无人取代，夫妻深情，可见一斑。九月，马皇后被安葬在孝陵，谥曰“孝慈皇后”。永乐元年（公元1403年），明成祖又给马后上尊谥为“孝慈昭宪至仁文德承天顺圣高皇后”。嘉靖十七年（公元1538年），嘉靖皇帝又追赐马后尊谥为“孝慈贞化哲顺仁徽成天育圣至德高皇后”。

宫中的侍从们思念她的仁厚和贤德，作追思歌：“我后圣慈，化行家邦，抚我育我，怀德难忘。怀德难忘，于斯万年，毖彼下泉，悠悠苍天。”

在中国历史上，明太祖朱元璋的妻子马氏，是个有名的贤后。朱元璋从元至正十二年（公元1352年）投军，到洪武元年（公元1368年）称帝，前后不过十五年时间，他之所以从一个穷困的和尚变成大明朝的皇帝，与他妻子马氏的辅佐是分不开的。马氏不仅是个贤内助，而且在艰难逆境中帮助朱元璋成就大业，在历代贤后中，是难得能协助丈夫创业的人。这方面，她除了依靠贤德懿行之外，还充分运用了自己睿智的头脑和远见卓识。在她大富大贵时，不骄不奢，始终不忘民间疾苦，不曾改变勤俭本色，并用自己的言行来影响、规劝朱元璋少犯错误，做出了极不平凡的业绩，实应钦佩。所以，在明太祖朱元璋的内心深处，对于马皇后除敬爱之外，更有一番深深的感谢之情。马皇后对后世影响很大，明代诸后皆以她为榜样、楷模，争相效仿，她不愧为一代贤后。明太祖行事偏于严厉，马皇后以宽仁规劝，为之多有补救。可惜马皇后死得过早，她死后，再没有人劝导朱元璋做一个公正无私、仁德爱民的君主，再没有人指出他的不足或缺失，造成了洪武后期滥杀功臣，残暴恐怖的专制统治。

将门贤后

——明成祖皇后徐氏

徐皇后是明成祖朱棣的元配夫人、中山王徐达的长女。她生于元顺帝至正二十二年（公元1362年），明成祖永乐五年（公元1407年）去世，享年仅仅四十六岁。朱棣追封她为仁孝文皇后，后来她的儿子仁宗朱高炽又进一步追加她的尊号为“仁孝慈懿成明庄献配天齐圣文皇后”。

徐皇后出生之际，正值元末天下大乱之时，她的父亲追随朱元璋南征北战，并没有太多的时间用于教育子女，更何况封建社会重男轻女的思想严重，女子无才便是德。在这种情况下，按说这位徐家的大小姐受教育的机会并不太多。但是，父母发现她天生聪明伶俐，读过的东西过目不忘，听过的故事又能一一复述，觉得如果不加以栽培，她的才华就会被埋没，于是便聘请了一位老师来教她读书识字。徐小姐非常好学，岁数稍大一点儿就已经博览群书。每当她读到古代杰出人物的言行，就会有意识地去学习模仿，遵照实行。久而久之，知道她的人都称她为“女诸生”，“诸生”本来是指读书做学问的男子，在这里“女诸生”的名号自然既是戏称又是尊称了，意思是说徐大小姐是个大才女。

徐家出了个大才女，这消息不胫而走，传到了皇帝朱元璋的耳朵里，于是朱元璋找了个机会，就向徐达提亲说：“我和你从小一块儿长大，是布衣之交，咱们同甘共苦这么多年，人家说君臣之间关系好的就应该结为亲家，我的第四个儿子朱棣气质超凡，而你的大女儿聪明贤惠，两人年龄又合适，就让他们结为夫妻吧。”皇帝亲自为儿子提亲，徐达哪敢拒绝，当即就高兴地答应了这门婚事。洪武九年（公元1376年），年方十四妙龄的徐小姐嫁给了比她大两岁的燕王朱棣，被封为燕妃。

朱棣是中国历史上一位杰出的皇帝，和燕妃一样也是出生在战火纷飞的动乱年代，他的父亲朱元璋与群雄争夺天下，连自己儿女的名字都顾不上起，直到明朝建立的前夕，他才勉强从战事中腾出手来，为自己的孩子们一一起个正式的名字。其中，他给第四子取名为朱棣，这就是日后中国历史上大名鼎鼎的明成祖。按照中国世代流传下来的封建纲常伦理，朱元璋的皇位应当由大儿子朱标来继承，朱棣仅仅排行第四，为什么后来竟做了皇帝呢？这就说来话长了。

原来，洪武三年（公元1370年）四月初三，朱元璋大宴群臣，同他们商量分封诸子为王的事情。朱元璋说：“我靠着皇天的保佑，率领大军平定了天下，但我的领土如此广阔，必须通过建立藩国来保卫它，现在我的孩子渐渐长大成人，应该封他们为王，分别镇守诸藩，以便保护我们的国家。”这种想法，和历史上汉高祖分封同姓诸王，以共同保卫刘家天下的初衷是一样的。大臣们也纷纷赞同朱元璋的想法。这样，朝廷便颁布一道诏书说："朕依靠神灵和祖宗的庇护，从一个平民百姓开始艰苦创业，用十六年的时间统一了天下。过去的皇帝，一旦获得天下，必定以嫡长子为皇储，其余的儿子则分封到各地去做王。"据此，他在立长子朱标为皇太子的基础上，又分封其余诸子，其中朱棣被封为燕王，镇守北平，也就是今天的北京。在隆重的分封仪式上，年仅十余岁的小燕王根本不可能想到，日后他会在明朝政治史上掀起惊天巨浪。

洪武三十一年（公元1398年），朱元璋病故，正常情况下皇太子朱标应接替他的皇位，但不幸的是，朱标没有皇帝命，比他的父亲死得还早，朱标的死，一度让朱元璋措手不及，因为他已六十多岁，身体日渐衰老，即将不久于人世，接下来皇位应该传给谁呢？左思右想，一番权衡之后，他决定由皇孙朱允炆来继承皇位。这样，朱元璋死后，年轻的朱允炆作为合法继承人，做了明代的第二任皇帝，史称建文帝。建文帝是个非常善良的人，极力实行仁政，任用了大批秀才入朝做官，如齐泰、黄子澄和方孝孺等人，虚心接受他们的建议，为黎民百姓做了不少好事，这正好一反其祖父朱元璋大肆杀戮官员的酷政，因此当时人评价他的统治是"四载宽政解严霜"。

宽政归宽政，但建文帝的统治仅仅延续了四个年头。真可谓凡事有利必有弊，建文帝性格虽说和善，却失之于优柔寡断，关键地方下不了狠心，当断不断，反受其乱。朱元璋一死，藩王对中央的威胁便成为现实。因为各地的藩王和当今皇帝一比，不但辈分高，而且都曾身经百战，立下过赫赫战功，自然就不甘居于人下。建文帝也深知这一点，于是决定削藩。此时，各藩之中，燕王朱棣的实力最强，所以成为建文头号打击目标。为了稳妥行事，建文帝接受大臣的建议，先是削夺了其他藩王的权力，最后将矛头对准了燕王。起初，建文帝有好几次消灭朱棣的机会，但都顾及叔侄间的亲情，让机会轻易溜走。

比如建文元年（公元1399年）二月，按照明朝的朝觐规定，燕王必须来南京朝拜天子。临行之际，燕王与手下谋士分析情势，认为如果进京，凶多吉少，但不去的话，就又会给自己蒙上蓄意谋反的罪名，不啻于引火烧身。考虑再三，索性心一横，决定赶赴南京，和自己的侄子会上一会。朱棣来到宫殿，拜见皇帝，故意摆出叔叔的大架子，不行君臣大礼。监察御史曾凤韵见状，当即弹劾燕王违背礼法，要求将其治罪。但是建文帝一见到自己的叔叔，心肠早就软了下来，前日削藩的念头不知不觉已经飞到九霄云外，哪里还肯治他的罪。另外有个大臣卓敬，认为燕王进京是一个绝好的机会，连夜写了一份奏札，建议说，如果皇帝顾及亲情，不愿除掉燕王，那不妨把他改封到南昌，使他失去左膀右臂，无法继续像在北平那样呼风唤雨。但是建文帝并没有采纳这个绝好的建议，而是让燕王毫发无损地回到北平，放虎归山，为自己埋下了杀身之祸。不久，燕王打着"清君侧"的旗号，发动了"靖难之役"。经过三年左右的战争，终于打败建文帝，登上皇帝的宝座。

燕王能后来称帝，对于当时十几岁的燕妃来说，同样也是无法想象的。从史书中看，最初嫁到王家的燕妃，婚姻生活并非称心如意。服侍她的丫鬟们发现，这位小王妃脸蛋上经常会浮现出一丝丝不快的神情，甚至偶尔还会莫名其妙地发一些小脾气。这种反常情绪，最后被她的婆婆马皇后发现。马皇后很是担心，一天召见燕王妃的时候就关切地问她："王家的礼节很多，你能适应这里的生活吗？"燕妃赶忙说自己过得很好，一切都很适应。

马皇后见她不肯说实话，就又派人去徐家的府上，请她的母亲谢夫人来宫中叙话。多年以来谢夫人同女儿朝夕相处，但自从女儿嫁到帝王之家，就一直没再见面，心里甚是想念。听说皇后召她进宫，便猜到一定是和自己的女儿有关，赶忙令下人备好车轿，直奔皇宫。

见到谢夫人，马皇后寒暄之后，果然提起了燕妃的事情，先是夸奖了一通她的贤惠可人，继而说："燕妃在宫里好像遇到什么不开心的事情，又不肯跟我这婆婆说实话，你是她的母亲，麻烦你去问一问她到底哪里不开心。"谢夫人听完，也很担心，便赶奔燕王府去见女儿。

燕妃毕竟还是个孩子，一见到母亲，万千委屈顿时涌上心头，扑到母亲怀里，泣不成声。在谢夫人的盘问下，燕妃终于将实情和盘托出。原来，这燕妃虽然聪明伶俐，知书达理，但却相貌平平。燕王长在帝王之家，身边少不了貌美如花的女子，两相比较，燕妃的容貌自然就无法让他称心如意。所以，一开始，燕王对这位才女妻子并不感兴趣，经常冷落于她。

女孩子都十分爱美，也都觉得自己很美。有一次，多才多艺的燕妃画了一幅自己的肖像，画完之后，左看右看，觉得很满意，正好丈夫进来，燕妃就把画拿给他。满心指望燕王会夸奖他几句，谁知道，燕王看完之后，反应十分冷淡。燕妃有些不高兴，本想问，是自己画得不好，还是自己长得难看，但转念一想，自己身为王妃，应当注重身份，不当像一般世俗的儿女那样斗嘴生气，所以就没有说什么。

又有一次，燕王和几个妃子在花园里玩耍。当时正值仲春时节，花园里的牡丹争奇斗艳，其中一朵尤其美艳绝伦，燕妃见了，十分喜爱，便对大家招手说："快来看，快来看，这一朵好漂亮啊！"燕王一听，走了过来，说："鲜花配美人，我要把它戴在美人的头上。"说罢伸手摘了下来。燕妃暗自高兴，心想丈夫难得如此有情趣，满怀期待着他亲手把花儿戴在自己头上，没想到，燕王绕过她，将花儿插到了另一个小妾的头上。

燕妃是个有心人，发现燕王以貌取人，心里自然十分不快。见母亲问起，索性不再隐瞒，就把事情一五一十地说给了母亲，越说越伤心，眼泪吧嗒吧嗒地落了下来。母亲见状，也十分难过，一边听女儿诉说，一边拿手绢替她擦拭眼泪。最后她安慰了女儿一番，说皇帝和皇后十分关心你的生活，他们会为你主持公道的。然后直奔后宫，去见马皇后。马皇后知道原因后十分生气，心里说，朱棣呀朱棣，你真是有眼不识金香玉，燕妃这么贤惠，你不喜欢，偏偏去喜欢那些徒有其表的女子。马皇后出身下层，又经历战火，为人十分好爽，立即向谢夫人说："我今天就把这事告诉给皇上，让他狠狠地教训教训这个不长进的家伙。"

果然，当晚见到太祖之后，马皇后便向他诉说了原委，还嘱咐说一定要给朱棣点颜色看看。太祖听了妻子的叙说，大为恼火，立即传出口谕召燕王进宫。

传口谕的老太监过来的时候，燕王正在花园的水池边，和一个小妾卿卿我我、打情骂俏，接到传谕，他还意犹未尽，舍不得离开，不过他知道父亲的性子不好惹，只好起身见圣。路上，老太监看看旁边没有别人，就把嘴凑向燕王的耳朵，悄悄地对他说："小王爷，皇上今天不高兴，你可要做好准备。"燕王吃了一惊，赶忙问是何故，老太监卖个人情，把事情一五一十地告诉了他，朱棣听了，十分担心。

太祖见到燕王朱棣，二话不说，劈头盖脸一顿臭骂，朱棣吓得乖乖听着。太祖发过火，气才渐渐地消了，转而教导他说："成大事的人不应该以貌取人，燕妃才德双全，是不可多得的好妻子，我把她从徐家给你娶来，是对你最大的赏赐，你可要好好珍惜啊。"有了这个事件后，燕王恍然大悟，痛改前非，自此对妻子恩爱有加，而燕妃也成为燕王的贤内助，为他日后称帝做了不少的事情。

燕王起兵之后，战事一波三折，双方各有胜负，一时难分高下。建文帝先是钦点大军十三万，号称三十万，命大将耿炳文挂帅征讨燕王。结果，在今日河北中部的滹沱河畔，耿炳文被燕军杀得溃不成军。随后，建文帝改派开国元勋李文忠之子李景隆为大将军，指挥大军继续作战。李景隆本是一个纨绔子弟，不懂军中戎马之事。建文帝却不知底细，冒失地委以重任。不但给了他极高规格的礼遇，而且给予他在战场上一切便宜行事的大权。李景隆到任之后，纠集五十万大军，直逼北平。

大敌当前，燕妃不愧为将门虎女，不但没有丝毫惊慌，反倒主动帮助丈夫分析情况，制订作战计划。燕妃认为，占据大宁的宁王朱权，手下的突厥骑兵骁勇善战，燕军应当以少数人马驻守北平，同时派主力部队攻占大宁，收编宁王的军队，增强实力之后，杀回北平，和北平守军前后夹击，打败敌人。这一招棋凶险无比，因为万一北平守不住而大宁又打不下，燕军就会走投无路，终将全军覆没。但是，如果不出此奇招，而是在敌军占绝对优势的情况下困守北平城，那无疑是坐以待毙。燕妃胆识如此过人，跟其父徐达的言传身教有着莫大的关系。燕王听从了这个建议，让妻子燕妃和儿子朱高炽留守北平，自己率主力部队直奔大宁。临行之前，叮嘱他们母子只能坚守，不能出击，并撤去卢沟桥的守军，一方面麻痹了敌人，一方面也避免了无谓的外围消耗，集中兵力死守北平城。

李景隆率大军开到城下，一见卢沟桥没有守兵，以为对方已放弃抵抗意志，攻克北平看来指日可待，脑中禁不住闪现出班师凯旋、大受皇帝嘉奖的一幕。但事实并非如此，他的大军对北平日夜不停地轮番攻击，却遭到守军的顽强抵抗，久攻不下。但是，城中毕竟只有万余守军，寡不敌众，城门数次告急。就在这危难时刻，平素端庄文静、喜好读书的燕妃不顾生命危险，挺身而出，与其子朱高炽一同出谋划策，指挥战斗，命令全体将士誓死守城。还号召军中将士及妻子登城参战，每人发给一副盔甲，并且亲自登城督战。城中妇女见此情景，无不披甲上阵，勇敢战斗，极大地鼓舞了守军的士气。在兵力不足的状况下，燕妃和她儿子还采用骚扰战术，深夜派出小股军队袭击对方，使李景隆无法前进，小心防范，双方进入对峙状态。

一个晚上，天寒地冻，敌军暂时停止攻城。在这个间隙，燕妃率领随从在各个城门巡视，告诫士兵们加强警戒。巡视途中，燕妃站在城楼上注目远望，暮色中，城外狼烟滚滚，禁不住感慨这兵燹之灾，致使多少生灵涂炭啊！当她看到结了冰的护城河，心中忽生一计。事不宜迟，她组织城内的百姓，妇女老少，找来锅碗瓢盆，盛满了水，全部泼向外城墙。在寒风之中，水很快结冰。第二天，敌军继续攻城，但是在光滑的冰面上，行走非常不便，登城的云梯也无法稳固地靠在光光的城墙上，因此大大地降低了战斗力。城上的守军见状，无不竖起大拇指夸赞燕妃的妙计，士气也顿时大增。不久，燕王带领队伍杀回来，和城中里应外合，内外夹击，大败朝廷的军队。这段经历，燕妃至死都没有忘记。重病之时，她见到长子朱高炽，颤巍巍地抓住他的手说："孩子，你还记得北平的那场保卫战吗？"

朱高炽赶忙说，"孩儿记得。"

"你父王即位，我正位中宫。但当年守城的将士妻子并未得到应有的酬赏，我一刻也忘不了这件事。听说皇上近日要到北平巡视，我本来打算陪同前去，向姐妹们表达我的敬意和慰问，不料我病倒在床，只能抱恨终生。我死后，希望我儿能替我了却这桩心愿。"

可见，徐氏是多么怀念她当年的战斗生涯和当时并肩作战、同生共死的姐妹们。

燕妃不但和她的父亲徐达一样，能游刃有余地应付国家的战乱，还能得心应手地处理内政。建文四年（公元1402年），朱棣取代侄儿，登上皇帝的宝座不久，就册封燕妃为皇后。经过"靖难之役"，民生凋敝，百废待兴，徐皇后清醒地意识到这些，所以经常提醒成祖要关心民间的疾苦。她说："南北之间，连年战争，老百姓和军队都非常疲惫了，你做皇帝的，应该对他们多加体恤，实行宽政，让他们休养生息，以恢复国家的元气，这样朱家的江山才能坐得牢固、安稳。"

朱棣最初攻进南京城时，曾对反对他的建文朝官员大加杀戮，导致治国人才的凋零稀缺。皇后看到这一点，建议成祖要爱惜人才，培养人才，她说："十年树木，百年树人，人才最是难得，古代伊尹辅佐商汤，姜太公辅佐周武王，没有人才的辅佐，就没有帝王们的安稳江山。今天的许多人才，都是高祖培养出来的，您在选拔任用时，不要区别新旧南北，要一视同仁，任人唯贤。"

对徐皇后的这一进言，朱棣非常注意采纳。不久就发布诏书说："帝王图治，必注重人才，不管他是来自被灭亡的敌国，还是曾经和我有过仇怨，只要他是人才，我们一律重用，不使遗漏。"皇后听说这一诏书后，非常兴奋地对丈夫说："治理国家，人才任用是根本。自己的生活费用可以节省，但在培养人才方面就不能吝啬。夫妻之间的关系好处理，但君臣关系就复杂多了，希望您能知人善任，做到长治久安。"

朱棣见自己的妻子把治国的道理讲得头头是道，欢喜得不得了，对她更加信任，经常主动向她请教以国家大事。有一次，朝廷破格提拔了一批知府，成祖退朝回宫后，颇有兴致地向妻子讲起了这件事，说："吏部以前选拔地方官员，往往论资排辈，朕今天亲自破格提拔了二十来个人做郡守，你觉得怎样？"

徐皇后听后，非常赞同，说："国家的兴亡和百姓的贫富，关键要看地方官是贤还是不肖。选用地方长官，为什么非要论资排辈？要那样，真正有能力的人岂不要受到压抑？"成祖连连称是，皇后又说："古往今来，在用人方面，对于有才能的人，一定要破格提拔，发挥他们的才能，对于那些能力一般的人，则应该按照资格，依次升迁。只有这两种升迁方法并用，互为补充，才能既不埋没人才，又不使官员升迁的次序发生混乱。”

徐皇后不但在人才的任用上为皇帝出谋划策，而且还建议对官吏要赏罚分明，她读过宋史，发现宋仁宗因为过于仁厚而使得大臣们表现慵懒，不思进取，而宋神宗则又走了另一个极端，过于激进，而使得大臣们的施政很苛刻，她吸取这一历史教训，劝告成祖说：“只有赏罚分明，才能使人信服，赏罚时，既不能过于仁厚，又不能过于刻薄，要保持中庸，不走极端。”成祖对她的话非常佩服。

徐皇后看到丈夫对自己言听计从，得到一个启示：既然贵为一国之尊的皇帝都可以听从妻子的良言，那么大臣们也会这样对待自己的妻子。如果妻子贤惠的话，国家自然可以间接地从中受益。于是，她便决定给大臣们创造一种良好的枕边风。她请求皇帝批准她召见内阁官员解缙和杨荣等人的妻子入宫，成祖很支持她的想法，当即答应她的请求。一天临朝，成祖通知解缙等七位内阁官员说：“皇后要召见你们的妻子。”七位大臣赶忙叩头拜谢。不久在皇宫内的柔仪殿，徐皇后亲切召见了解缙、黄淮、胡广、胡俨、杨荣、杨士奇、金幼孜七人的妻子，劝告她们要体谅丈夫，好好地服侍丈夫，使他们一心一意地为朝廷服务。这次召见之后，内阁官员的工作更加勤奋，减轻了成祖的治国压力，成祖觉得这是皇后帮了他的忙，还特地向她致谢。

徐皇后见这次召见效果明显，便更加坚定地推行她的端正枕边风政策。永乐二年（公元1404年）的一天，徐皇后问成祖：“陛下每天都和谁在一起商议国家大事，哪些官职最重要？”

成祖回答说：“六卿处理政务，翰林草拟文告，朝夕在朕身边用事，这些官最重要。”

徐皇后点了点头说：“上次召见内阁大臣的妻室，使皇上得以宽心。现在您说六卿和翰林最重要，我打算也召见一下他们的家属。”得到皇帝的支持，徐皇后马上传令安排召见。她对她们说：“做妻子的，侍奉丈夫，不能只限于照顾他们的衣、食、住、行，对他们的事业也要有所帮助。自古以来，有不少达官贵人都在事业上得到妻子的帮助，这些妻子的事迹也因此被载入史册，受到后人的尊重。你们也要效仿古人。别人的话，往往有听不进去的，但妻子的话，婉约柔顺，丈夫很容易就能接受。”

随后她现身说法，“我在宫中，从早到晚服侍皇上。我们经常探讨国计民生的大事，如何让老百姓安居乐业，如何使国家长治久安。我的不少建议，皇上都采纳了。你们的丈夫都是国家的栋梁，希望以后你们要多帮衬他们的工作，让他们一心一意为国效劳。”

徐皇后的一席话，令各位大臣的妻子大为感动，她们纷纷表示要效仿皇后，支持丈夫的事业。

徐皇后不但是个贤妻，更是个良母。在对待子女的教育问题上，她因人施教，为后来大明江山的稳固作出了贡献。成祖的长子朱高炽，生于洪武十一年（公元1378年），从小体弱多病，沉静好文。为了让他将来能够担当治国的大任，徐皇后从小就教育他要遇事果断，二儿子朱高煦，凶悍暴戾，徐皇后则教育他要仁义待人。成祖本人性格刚毅，所以更喜欢次子朱高煦。在选择皇储的问题上，成祖一度在这两个儿子中间徘徊不定。徐皇后认为高煦如果即位，必是暴君，因而主张立高炽为皇帝继承人。

洪武二十八年（公元1395年），高炽被封为燕世子。徐皇后苦心为他挑选了一位贤德的王妃，以辅助他成就大业。她不顾门第的高低，竟为儿子选中了出身普通家庭的张氏。张氏虽然出身微贱，但贤惠懂事。张氏入宫后，徐皇后便细心教导她如何处理宫中种种复杂的人际关系，如何支持丈夫的事业。后来，成祖一度有废掉皇太子的打算，正是由于张氏的努力，朱高炽才得以保住皇储地位。徐皇后还教育高炽仁厚爱民，高炽深受教益。

比如，朱元璋健在的时候，曾命他和秦王、晋王、周王四个世子分别检阅皇城的卫戍部队。其他三个世子很快就完成任务向爷爷汇报，朱元璋高兴地夸奖了他们一通，但唯独高炽回来得很晚。朱元璋问："你为什么这么晚才回来？"朱高炽认真地回答："早晨天气严寒，士兵们正在吃饭，我等他们吃完才开始检阅。"朱元璋觉得孙子仁慈的对当代士兵，心中甚是满意。接着问道："古代汤、尧的时候，如果发生水灾，百姓们靠什么生活呢？"朱高炽不假思索地回答说："要靠圣人恤民之政。"朱元璋听罢，不觉对他另眼相看。永乐二年（公元1404年），朱高炽被正式册封为皇太子之后，徐皇后又教育其他儿子要顾全大局，不可同皇太子争权夺位，为其日后顺利接替皇位奠定了基础。

成祖有四个儿子，五个女儿。徐皇后在教育儿子的同时，也没有放弃对女儿们的教育。她广泛阅读历史上有关女子教育的一些书籍，如《女宪》《女诫》等，并结合婆婆马皇后的一些教育言论，写成《内训》二十篇。书中把德放在首篇，然后是修身、谨言、慎行等方面。提出对待子孙的教育要宽严适度这一原则，指出教育要"本之以慈爱，临之以严恪。慈爱不至于姑息，严格不至于伤恩"。这本书最初的动机，是告诉她的女儿们将来为人母后如何教育自己的孩子。但是，书成之后，已经具有更广泛的意义，可以使天下的父母都学到对子女的正确教育之道。后来，徐皇后又类编古人的嘉言善行，作《劝善书》颁行天下以劝德修善，为成祖赢得民心。

徐皇后对外戚问题也相当注意。她时刻约束自己的家族，希望他们能遵守朝廷法纪，为国家排忧解难，一旦听说有谁违法犯纪，扰害百姓，马上传召入宫，进行教育。

徐皇后建议成祖吸纳人才，但严格约束外戚做官。徐增寿是徐皇后的弟弟，在朱棣发动"靖难之役"之前，驻守南京城。建文帝对朱棣曾有怀疑，想扣留朱棣留在南京的三个儿子，徐增寿知道后跑到建文帝那里，劝说："你要扣留朱棣的三个儿子，这不是逼他造反吗？"建文帝认为有道理，就放弃了扣留他们当人质的念头。徐增寿随即把这三个孩子送到了北平，还时常为朱棣通风报信，结果遭到建文帝的杀害。朱棣当上皇帝后，决定赠他为阳武侯，谥号忠愍，并追加功爵。徐皇后知道后反对这一做法，对成祖说："我和增寿为同胞姐弟，感情深厚，给他封官加爵，我当然高兴，但因他是我的弟弟，我不同意给他任何称号。"但成祖自有他的原因，封徐增寿定国公，由徐增寿的儿子景昌世袭。徐皇后知道后，反映平淡："这并不是我的建议，我只希望陛下能将景昌培养成人，让他成为国家的栋梁之才。"徐皇后的这种做法值得尊敬。后人有诗称赞她说：

读书少说女诸生，佳儿佳妇事业成。

亲弟输情偏不取，独持卓识断私情。

在徐皇后的辅佐下，朱棣的统治得到了后人的认可，人们称赞明成祖时期的政治说：“为政之道，宽猛适中；礼乐刑政，施有其序。”这一成就的取得，同徐皇后这一贤内助的努力是分不开的。综其一生，徐皇后是一个武能定国、文能安邦的杰出女性，在中国历史上留下了浓墨重彩的一笔。

“女中尧舜”

——明仁宗皇后张氏

成祖死后，太子朱高炽继承皇位，史称仁宗。仁宗的皇后张氏历经了洪武、建文、永乐、洪熙、宣德和正统六朝，从一个民间女子到燕世子妃、太子妃、皇后、皇太后，再到太皇太后，经历了当时政坛上无数次的风风雨雨。她以出色的政治才能和超凡的个人魅力，为巩固大明江山作出了独特的贡献，被人尊称为“女中尧舜”。

张氏是河南永城人，出生在一个普通家庭。自幼聪颖过人，且贤淑无比，处事谨慎细心，深得人们喜爱，父母更是将她视为掌上明珠。但是让家人伤心的是，他们这位可爱的千金小姐突然患上一种奇怪的皮肤病，头上和脸上落了许多瘢痕，很是碍眼。一天，张小姐在街上和孩子们玩耍，正巧遇到一个江湖郎中。那郎中俯下身来，定睛看了看张小姐，脸上出现惊奇的神情，点了点头，随手塞在她兜里一张纸条，冲她拜了三拜，什么话都没说，转身离去。张小姐很是奇怪，回家将纸条交给父亲，一看，原来是一个秘方，于是就照着方子给小姐服下，没想到，第二天一觉醒来，小姐脸上和头上的瘢痕完全消去，母亲仝氏将爱女抱在怀里，左看右看，发现女儿比生病以前更漂亮了。于是逢人便说自己的女儿将来一定有福气。

不久，又发生了一件更奇怪的事情。一天午饭前，张小姐在街上玩耍归来，稚嫩的小手上沾满了泥土，母亲便带她去洗手。张小姐正要把小手伸进脸盆，突然，盆中跳出了两条通体金黄的小金鱼，母女二人赶忙去捉，但一眨眼的工夫，那两条金鱼又全都不见了。仝氏甚觉纳闷，向家人问及此事，竟然没有一个人声称在盆中放过金鱼。自此以后，张家经常发生一些奇异的现象，人们传扬说张家要出大富大贵之人。

张氏行为端庄，恪守妇道，明成祖和徐皇后看在眼里，对这位儿媳妇甚是喜爱。洪武二十八年（公元 1395 年），朝廷为诸王的世子选妃，有人推荐说，兵马副指挥张麒家有个女儿聪明贤惠，于是张氏便被纳入候选之列。在众多参选少女的行列当中，张氏端庄秀丽，面对皇家成员显得不卑不亢，落落大方，当即就被相中，册封为燕王世子朱高炽的妃子。永乐二年（公元 1404 年），朱高炽成为皇太子，张氏也随之进为太子妃。

有一次公婆二人来到便殿，张妃恭恭敬敬地呈上御膳请他们享用。成祖借机观察完她的一言一行、一举一动之后，非常满意，私下对徐皇后说：“将来太子不能胜任，朱家的事情还要靠她呀。”

说起张氏的丈夫朱高炽，成祖并不喜欢他，经常担心他不能担当皇帝的大任，想把帝位传给另一个儿子朱高煦。

原来，这朱高炽从小体弱多病，性格柔弱内向，不善言谈，因此很难得到成祖的青昧。而反观次子朱高煦，骁勇善战，屡建奇功，成祖行伍出身，觉得次子才真正是他的继承人，所以常常打算废掉太子，让朱高煦继承他的皇位。朱高煦为人凶险狡诈而且自命不凡。洪武时，朱元璋曾召集诸王子到京师就学，唯独朱高煦表现出厌学的情绪，加之言谈举止轻佻无礼，很让朱元璋反感。爷爷朱元璋去世时，成祖派他同高炽回京师奔丧。到京城后，他又表现出得轻狂放肆，得罪了不少大臣。事情传到舅舅徐辉祖的耳朵里，出于对外甥的一片好心，徐辉祖专门把他召到府上，加以教导。朱高煦不但不领情，反而以为舅舅拿大棒压他。出徐府之前，他路过马厩，看到舅舅的一匹好马，索性解下缰绳，跨上马背，一路奔出京城，没等祖父的丧事结束就渡江北去。

不过，在“靖难之役”中，这位鲁莽的王子作战勇敢，屡屡建功。在白沟河战役中，其父成祖险些被朝廷的大军击毙，正是朱高煦率领几千名精锐的骑兵及时赶到，方才拯救了成祖的性命。后来的东昌之役，燕军的大将张玉战死沙场，燕王几乎是只身逃命，幸好朱高煦的援军拼死搏杀，才挽救了危局。建文四年（公元 1402 年），燕王的大军渡江时被徐辉祖击退，燕王无奈之下，动起了议和的念头，又是朱高煦率兵赶到，奋勇厮杀，打败舅舅徐辉祖，瓦解了南军的江北防线。燕王大为赞赏，亲切地把手放在他的背上对他说：“我身体不好了，你哥高炽又多病，你要努力呀。”

朱高煦本就野心勃勃，发觉父亲有将皇位传授给他的意图，对皇位更加觊觎。建文朝廷中也早有大臣打探到这层利害关系，于是献计离间燕王与朱高炽的关系，以便瓦解燕军军心。

如在建文三年（公元 1401 年），朝廷和燕王的军队在河北相持时，德州的运粮道路被燕军封锁，朝廷深感不安。这时，朝中大臣方孝孺的一个门人进入燕王府，探知朱高煦正图谋世子之位。方孝孺认为应乘机离间燕王父子。于是，他献上一计，让建文帝给燕世子修书一封，书信中许诺让他做燕王。朱高炽接到信后，不知朝廷的葫芦里卖的什么药，对如何处置这封信一时拿不定主意，这时身旁的张妃见丈夫六神无主，忙问是何缘故。朱高炽说是有朝廷来信。张妃顿时猜出几分缘由，建议说：“朝廷这是在离间你们父子，这信你万万看不得，当务之急，你应赶快把信送给燕王，免得父子生疑。”朱高炽听罢，连信封都没拆开，火速将书信连同信使送到燕王那里。朝廷大概也估计到朱高炽这一手，因此设下连环计，在送信之前，已故意偷偷放出风来，说朝廷要向朱高炽示好。果然，不等朱高炽将书信交给父亲，事先得到情报的一个宦官便暗中向燕王汇报说：“世子私通朝廷，诋毁于您。朝廷马上要派特使来和他密谈。”燕王听后，将信将疑，便询问朱高煦的意见，高煦见机不可失，竟回答说：“世子本来就和建文帝很要好。”燕王一听，禁不住更加怀疑。幸好，就在这时，朱高炽派人将朝廷的使者和书信一并送到。燕王打开书信，读罢叹道：“几乎误杀了我的儿子。”

朱棣称帝之后，淇国公丘福、驸马王宁公开支持朱高煦，经常在成祖面前赞扬朱高煦劳苦功高，甚至有好几次明言劝告成祖，应当册封朱高煦为皇太子。但是，由于早在洪武二十八年（公元 1395 年）就已册封朱高炽为燕世子，所以，许多大臣主张立高炽为皇太子。如解缙、金忠等人，认为不可废长立幼。两种意见相持不下，成祖一时也游移不定，于是召内阁大臣解缙入宫商议此事，解缙说：“立嫡以长，这是我朝的一项制度，而且皇太子非常仁孝，是众望所归呀。”成祖还是犹豫，解缙心生一计，磕头说：“您的孙子朱瞻基可真是您的好圣孙呀。”原来这朱瞻基是朱高炽的儿子，相貌英俊，有帝王之相，深得祖父喜爱，解缙提起他，意思是说即便朱高炽不行，朱瞻基将来可以继承大业。成祖一听这话，终于拿定主意，立朱高炽为太子。

册封太子的同时，也将其余几个儿子分别封王，其中朱高煦被封为汉王，封国在云南。高煦对这一结果大为不满，抱怨说：“我犯了什么罪，竟然把我发配到万里之外!”坚决不肯去封地就国，滞留南京，继续觊觎太子之位。

永乐年间，朱棣数次率领大军出征蒙古，留下皇太子在南京监国。永乐十年（公元1412年），高煦勾结朱棣左右的官员陷害朱高炽，使东宫很多官员受到牵连，大理寺丞耿通上疏为朱高炽辩解，朱棣反而认为耿通这样做法不仅破坏了朝廷规章制度，还挑拨离间他们父子关系，因此杀死耿通。随后，朱棣询问杨士奇太子监国时的情况，杨士奇很是灵活，婉转的解开了朱棣心中的疑问，认为太子天资聪慧，即使有什么不足之处，知道后会马上改正，心胸开阔，爱民如子，绝不会辜负皇帝的期望。朱棣的怒气才慢慢平息。永乐十二年（公元1414年）闰九月，北巡回来，朱高炽派人迎接稍慢一步，朱棣心中甚是不满，下令逮捕东宫官员黄淮等人，杨士奇到朱棣那里解释，“太子还像以前那样孝敬，这次迎驾不力，那是老臣的疏忽。请不要责备太子。”在大臣的保护下，高煦的多次谗间并未成功。除了大臣的保护，朱高炽的妻子张妃的功劳也不可磨灭。大家都知道，高炽患有肥胖症，体形硕大无比，腰粗得需要几个人张开手臂才能围拢，以致行走不便，经常跌跤，必须由太监搀扶着才能走路。一天，朱棣命令自己的儿子们比赛骑马、射箭，朱高炽由于过胖不能参加，特向朱棣告假，不料，朱棣非常生气，下令削减皇太子的膳食供应，并再次产生更换皇太子的念头。这一切，张妃看在眼里，急在心上。她一方面安慰着朱高炽，另一方面又从中斡旋，设法主动讨好成祖，才保住了丈夫的皇太子之位。

永乐二十二年（公元1424年）七月，成祖驾崩，朱高炽登上皇位，是为仁宗，册封张妃为皇后，主事中宫。

仁宗虽然在“武功”上比不过自己的弟弟朱高煦，但在“文治”方面却远比这位弟弟强得多。朱高炽从小喜欢读书，时常和儒臣们一起谈论经史，并不乏独到见解。立为皇太子之后，成祖对他提出更高的要求，让他读更多的书，以从古书中寻求和体会古代帝王的治国之道。解缙等人悉心辅佐朱高炽，成祖后来北征蒙古、筹划迁都。太子朱高炽长期留守南京监国，积累了治国经验。在他即位后，他的治国才能在他短短十个月的皇帝生涯中得到了一定体现，他即位之后，重用黄淮、杨溥、夏原吉等人，多次颁布诏书，让他们直言上谏，辅助朝政，共图大业。上述这三个人，在成祖在世的时候都是监狱的囚犯，仁宗即位之后毅然起用了他们。这些人后来都为朝廷做了不少有益的工作。

永乐十一年（公元1413年），成祖巡视北京时，命令大臣辅佐太子在南京监国，其中就有黄淮和杨溥。第二年，成祖大军凯旋，太子派去迎接皇帝的使臣因事耽搁，晚到了一步。又加上太子的奏疏中言辞有不当之处，成祖大怒。朱高煦就乘机说太子和诸臣对皇帝不忠。成祖立即下令将太子的辅臣问罪，其中黄淮、杨溥两人在狱中一关就是十几年。太子即位之后才将他们官复原职，不久又予以升迁，委以重任，掌管全国的内政。他在任期间政治上的许多建树，都和这两个人密不可分。

夏原吉本是成祖时的户部尚书，深得皇帝的信任，因为反对成祖连年征战，被下狱多年。朱高炽做了皇帝，知道他既有才能，又体恤民情，很快恢复了他的原职，不久又加官晋爵。夏原吉得到仁宗朱高炽的信任，负责平反冤狱，革除积弊的工作，很好地维护了社会和政治的稳定。

仁宗的知人善任，一定程度上得益于皇后张氏的帮助。张皇后不但通晓中外政事，而且对朝中大臣的才能高下都了如指掌。仁宗进退大臣，经常会征求她的意见，这时候皇后就不紧不慢地帮他分析权衡，某大臣有何长处，有何短处，某事该用哪个大臣，不该用哪个大臣，说得头头是道，仁宗很是佩服，非常认真地参考她的意见。如黄淮等人的起用，里边都有张皇后的作用。

但是，天不假年，仁宗在位不足一年就病故身亡。他的去世，不仅留给了张氏无尽的丧夫之痛，也留给了她一个棘手的政治问题：他们的儿子，新即位的宣宗尚且年轻，没有经过多少从政的历练，还不具备独立治理国家的能力，而宣宗的皇叔们，则正在对他的皇位虎视眈眈。难道当年的“靖难之役”又要重新上演？对此，身为皇太后的张氏不能不为国事操心劳神，以防止建文皇帝的悲剧发生在他们母子身上。大臣们也都意识到这一点，他们早就知道皇太后的治国贤才，在这主少国疑的危难时刻，认为只有她才能稳定形势，带领国人渡过难关。于是纷纷上疏，请求她出来辅助皇帝主持朝政。但是张氏心里清楚，祖宗家法最忌讳后妃干政，如有违犯，极有可能引来大祸，轻则废掉皇太后之位，重则丧命，甚至株连九族。可是，她又想到，太祖马皇后辅佐丈夫马上打天下，马下治天下，最后赢得了一代贤后的美誉，至今还为国人所津津乐道。与其坐视国家危难不闻不问，不如效仿马氏，参政而不乱政，有权而不擅权，也不算违背祖训。于是她决定从朝中群臣之请，辅助皇帝处理政务。因此，在宣宗即位之初，朝中的军国大事，大多是先经过皇太后张氏的裁决后才付诸实施的。

但是，皇太后知道，单凭一己之力来管理一个偌大的国家是无济于事的。所以，她重用内阁贤臣，以内阁作为协助皇帝处理政务的重要机构。当时的内阁成员中，杨士奇刚直敢言，在成祖时就曾受命辅佐太子高炽监国；杨荣足智多谋，颇有军事才能，曾多次随从成祖出征漠北；杨溥是朱高炽当太子时的老师，为人谦恭谨慎，操守很高。这三人同为内阁大学士之职，德高望重，被时人并称为“三杨”。在他们的忠心辅佐下，宣宗先是平定了朱高煦的叛乱，其后又果断地从交趾撤军，结束了这场劳民伤财的战争，使老百姓能够更多地得到休养生息的机会。宣宗是一个非常慈孝的皇帝，对皇太后非常孝顺，无论是入奉起居，还是外出游宴，都会事先奏请母亲的批准，四方供奉的礼品，即使是一个微不足道的小物件，也必先献给皇太后。

宣德三年（公元 1428 年）的一天，皇太后游西苑，见是山路，宣宗怕母亲受颠簸之苦，不顾自己的疲劳，一路上，亲手扶持着皇太后乘坐的轿子，登到万岁山顶。宣宗虽然正值年轻力壮，但到达山顶之后，也已累得气喘吁吁、大汗淋漓。随后，宣宗又为母亲献诗上寿。皇太后大为高兴，亲自为皇帝倒酒，祝皇帝能保护天下黎民百姓的安危。

又有一次，皇太后率领儿孙们祭拜成祖和仁宗的长陵和献陵。宣宗骑马在前为皇太后导路，遇到河桥之处，亲自下马扶辇过去，一路上百姓夹道欢迎，高呼“万岁”，皇太后听到，甚是欣慰，对皇上叮嘱千万要以百姓为重，做一个受百姓拥戴的好皇上，不要忘记百姓的冷暖。路过农家，询问老妇家中老小，农田耕种情况，吃饭穿衣等，并赏赐银两布帛。这户人家感恩不尽，献上自家最好的蔬菜、食物、酒浆等物品，让皇上及皇太后品尝。皇太后一边吃一边赞赏说："这才是真正的田家风味呀。"这家主妇听到皇太后嘉奖自己的厨艺，不禁憨厚地咧开嘴笑了。

随后皇太后在行殿接见随从大臣张辅、杨士奇、杨荣、杨溥等人，对他们辅佐宣宗的功劳进行了奖赏，并说："有你们这些大臣辅佐皇上，我很是放心啊，也希望你们互相帮助，注意团结，共同努力。"回到京城以后，皇帝又对杨士奇说："皇太后祭奠回来后，对朕说你敢于直言，好几次让先帝不高兴，但由于你的话有道理，他最后还是不得不按照你的建议行事，从而避免了做事的失败。"又说皇太后还夸赞大臣们重义气，行事谨慎。大臣们听完宣宗的转述，都很感谢皇太后对他们的赏识。

不幸的是，宣德十年（公元 1435 年），对母亲恭顺孝敬的宣宗英年早逝，皇太后白发人送黑发人，对儿子的死悲痛欲绝，数日之间苍老了许多。悲戚之中，大臣们一边料理宣宗的后事，一边对新君的即位充满关注。起初，张氏以为太子年幼，不能治理国家，打算召长沙的襄王进京即位。为谨慎起见，她把这个想法拿出来同她最信任的几个大臣商议，但大臣们大都认为：立嫡以长，是自古以来的法度。成祖立仁宗为太子，本的就是这个原则，现在怎么能违背呢？张氏也深知，一方面，把国家交给一个没有治国能力的小孩子，毕竟不是什么好事；另一方面，让年长的襄王继承皇位又破坏了祖宗之制，可能导致战乱。在这两难之间，张氏一时无法决断。

这样转瞬间五六天已经过去，人们仍不见太子登基。于是，朝廷内外议论纷纷，以致谣言四起。有人把市井上流行的谣言报告给了张太后，她这才如梦初醒，如果不采取行动，可能又要发生骨肉相残的悲剧。她毅然作出抉择，果断召集大臣来到宫中，指着自己的孙子——年仅九岁的太子朱祁镇，语气坚定地说："这就是当今的新天子。"众位朝臣赶忙叩头，三呼万岁。这样，人心很快得到安定，由于她的影响，英宗的即位也没有造成什么政治动荡。

英宗朱祁镇即位一个月之后，尊奉他的奶奶张氏为太皇太后。鉴于皇帝的幼小，宣宗在临死之前，曾留下遗诏，凡重大的国家事务必须禀报皇太后张氏决断。朝臣们也因张氏的政治威望和个人魅力，联合奏请她以太皇太后的身份垂帘听政。她断然予以拒绝说："我不能坏了祖宗的成法。"她下令将臣民的奏疏一律交给内阁，由内阁大学士"三杨"共议，如三人意见分歧，争执不下，她再作出决策。因为英宗年纪幼小，所以太皇太后倍加关注对他的培养教育问题。为使小皇帝不忘祖辈创业的艰辛，她请出祖训，令英宗每天早晨五更十分就得起床穿衣，跪在床上，听司礼的官员在床前跪诵祖训。听诵完毕再下床梳洗，接着上朝执政。这个规矩实际在宣宗时已经废除，但为了加强对幼帝的教育，使之养成勤于政事的作风，在太皇太后的指示下，又特地恢复执行。

正统元年（公元 1436 年），"三杨"上疏，请求太皇太后早开经筵，使皇帝接受正式的教育，选择老成持重、能识大体的官员供职侍讲。太皇太后欣然同意，令礼部商议具体事宜。除了经筵，还有日讲，要求皇帝反复诵读规定的功课。为了使英宗专心致志地学习帝王的治国之道，太皇太后下令毁去宫中的一切玩好之物，防止小皇帝玩物丧志，荒废朝政。

但是，真可谓人算不如天算，太皇太后为了小皇帝的教育可以说费尽心机，然而百密一疏，在英宗还是太子的时候，有个名叫王振的太监曾在东宫伴读，英宗即位后，被提拔为司礼监太监。王振为人狡黠，善于逢迎，很快就摸透了朱祁镇的心理，因此成为小英宗最信任、最依赖的宠臣。仗着皇帝的宠信，王振飞扬跋扈，成为明朝宦官专政的肇端。

本来，明太祖朱元璋认识到，历代宦官利用和皇帝的亲近关系，经常干预朝政，酿成宫廷祸乱。鉴于这一历史教训，他曾专门立下法规，不许宦官读书识字，不许兼任外臣文武官衔，官阶不可超过四品，并在宫门外挂了一块铁牌，刻道："内臣不得干预政事，犯者斩。"这内臣就是特指宦官。这个制度在洪武和建文时得到严格的执行，到了明成祖朱棣的时候，却遭到破坏。

原来，朱棣在"靖难之役"中，经常从建文帝皇宫中的太监那里得到重要的情报，因此，他认为这些人对他十分忠诚，称帝后以心腹看待，根本不顾什么祖制，经常委任他们各种职务。到了宣宗时，宫中设立了书堂，选太监为小内侍，令大学士陈山专门教他们文化知识。从此，宦官读书反倒成为定制，从而使他们通古今，晓文墨，拥有了往上爬的资本。不过与此同时，对太监的管制依然非常严厉，一旦有作奸犯科者，必将重罚，所以宦官们还不敢过于造次。但是，到了英宗时，由于他年纪幼小，没有辨别忠奸的能力，结果让王振钻了空子。

王振担任的司礼监是宫廷里二十四个宦官衙门中最重要的一个。它不但掌管皇城里的一切礼仪、刑事及管理当差、听事等杂役，还替皇帝管理内外一切奏章，代皇帝批答百官上奏的一切公文，就连皇帝口述的命令，也是司礼监的太监来记录的。司礼监的太监由于经常陪伴于皇帝左右，有机会观察、了解他们的好恶，可以迎合他们的喜好，取得信任。英宗对王振就格外宠信，不直呼其名，而是称他为先生。

但是，开始的几年，王振并不敢放肆，因为当时不但有"三杨"这样的贤臣的辅佐，更有谙熟治道的太皇太后的监督、警告。她把权力委任给内阁，怕太监司礼监弄虚作假，影响行政，每隔几天，就派人到内阁，问查办了些什么事情，如果发现有王振不通过内阁自己决定的，就把王振叫来，痛责一番。她发现王振为人阴险狡诈，决定给他点颜色，于是把王振招来，令他跪在地上，严肃地说："你不老实地伺候皇上，总是要些小花招，让皇上心思不能放在政事上，按理应当赐死。"

太皇太后说完，几个女官按住王振，把刀架在他的脖子上，吓得王振浑身发抖，连声求饶。在一边的英宗和诸位大臣纷纷为王振求情，她的怒气才稍微平息，说："皇上年少，不知道这类人对国家的祸害，我看在你们的面上，先饶了王振，但是，日后不许他再干预朝政。"王振听了，赶紧一个劲地叩头谢恩，头碰地板上砰砰作响，顿时起了一个大包，出了宫许久，还觉得心有余悸，两腿发软。

太皇太后这次严重的警告，不但没有真正遏制住王振擅权的欲望和势头，反倒让他进一步有了揽权的欲望。因为他觉得，他王振之所以遭受今天被人刀架在脖子上的奇耻大辱，还不是人家有权自己没权吗？要是一朝大权在握，别说她太皇太后，就是皇帝本人也得让他三分。到时候，嘿嘿，他王振也将是百官呼应、万民拥戴啊！

不过，这一切并非全是痴心妄想。由于他地位重要，难免受到一些趋炎附势的小人的追捧，更助长了他的虚荣心和权力欲。正统六年（公元1441年），英宗在皇宫大宴群臣，庆祝三个大殿的落成。依照惯例，宦官没有资格参加公宴。但宴会当中，英宗忽然想念王振，派人前去看望。王振见到来人，大怒道："周公辅成王，我却不能到宴会上坐一坐吗?"来人把他的话转告给英宗，英宗很是替王振委屈，下令大开东华门，迎接他来参加宴会。王振刚到门外，百官就望风而拜，可见王振权势之嚣张。一年后，太皇太后与世长辞，再过一年，"三杨"也仅有一个年老多病的杨溥尚在人世，从此，王振更加肆无忌惮，成为明朝第一个弄权的太监。

宦官和外戚问题是宫廷动荡的两大祸源。张氏在处理宦官问题时，漏掉了王振这条大鱼，从而导致了后来的"土木之变"，这或许说是她政治生涯晚期的一个败笔。相比之下，她对外戚问题则处理得干净漂亮，没有留下任何后遗症。

英宗初期，太皇太后对外戚格外警惕。众多的历史教训告诉她，一旦外戚干政，后果就会不堪设想。为了防患于未然，她严格约束自己的兄弟，不许他们参与朝政。她的弟弟惠安伯张昇性格醇厚恭谨，行事大公无私。杨士奇曾在她面前称赞张昇能够主持公道，认为可以大用。但张氏不为杨士奇之言所动，坚决不同意兄弟干预国事。一次，她的侄子因殴打一个平民百姓，反倒将被打的人诉上公堂，被打的那人在公堂上大喊冤枉。审理案子的官员一时手足无措，你看看我，我看看你，在屋子里忖度半天，不知如何是好。消息传到张氏耳朵里，她亲自审讯了这个案子，对侄子说："我是天下的国母，你是国母的爱侄，连朝中的大臣都敬你三分，一个小小老百姓怎么敢欺负你，分明是你欺负了人家，又来倒打一耙。"侄子听后，汗如雨下，满脸通红，赶紧向姑姑磕头认错，请求放他一马。太皇太后张氏不管那一套，问庭审官员这种情况按照法律应如何处置。官员见状，心里便有了底，如实回答说："按律，应处以鞭笞。"太后遂令衙役依律行事，当庭就将侄子抽了一顿鞭子，日后他的行为着实收敛了很多。大臣见太皇太后如此秉公执法，不徇私情，心里对她更加佩服。

英宗即位不久，她又写信告诫她的哥哥们说："咱们家出身寒微，蒙国家恩典，光宗耀祖，三位兄长虽无汗马功劳，也都加官晋爵，大富大贵，和国家的功臣没有什么区别。这些都是历朝的皇帝赐给的。"接着又恳切地说："仁宗皇帝不幸早亡，长子宣宗继之又去世，而今长孙朱祁镇幼年嗣位，一副沉重的担子就落在我的肩上，希望兄长恪守国法，不要做违反法度之事。"最后明确告诫自己的兄长："从即日起，你们每月初一、十五日两次上朝参拜，凡遇到议论政事，不得干预。"正统七年（公元1442年）十月，长期为国操劳，心力交瘁的太皇太后终于卧病不起。弥留之际，她还不忘国家大事，命人把内阁大臣召到榻前，询问朝中还有什么难办的事情。大学士杨士奇跪奏道："臣以为有三件事，尚需太后定夺。"太皇太后无力地点点头，示意他说下去。杨士奇便说："第一件，建文帝虽然败亡，但他做了四年皇帝，应命史官编修建文实录，仍用建文年号。"

张太后用虚弱的声音说："建文年号已经革除，是否可以编入洪武朝中?"

杨士奇回答说："年历行于一时，实录乃是万年信史，岂可将建文年号编入洪武年中，以假乱真！”

太后微微点点头，表示答应。于是杨士奇又说：“第二件是方孝孺已经被诛杀，成祖余怒未消，又下令凡收藏此人片纸只字者一律处死，恳请太皇太后降恩，取消这个禁令。”此时的太皇太后已经没有了说话的力气，只是点头以表应允。还不等杨士奇的第三件事出口，这位明代政治史上颇具传奇色彩的女性便合上了沉重的眼皮，永远地告别了这个喧嚣的人世。

徒争虚名

——明英宗贵妃周氏

孝肃太后周氏，明英宗的皇妃，是宪宗皇帝朱见深的生母，昌平人。一次，英宗带了人去郊外打猎，骑着马追逐一只野兔子，那野兔慌不择路，窜进一个农家小院。这户农家的人见一群人骑着马向自己家冲来，以为发生了什么不测，吓得四散奔逃。只有一个十岁左右的小女孩，站在院子里没有动弹，脸上毫无惧色。英宗觉得这女孩子非同寻常，就把她带进宫里。这个女孩就是周氏。没想到这样一个偶遇，竟成就了她一生的荣华富贵。

不过，周氏同英宗的感情远远比不上英宗同皇后钱氏的感情那样深，后来宪宗继承皇位，她母以子贵，才成了一国的太后。但她儿子的即位之路，是一段极不平坦的曲折历程。这还要从“土木之变”说起。

原来，英宗和自己的元配夫人钱氏情深似海，虽然钱氏一直无子，但英宗并没有像父亲宣宗一样急着立别的庶子做太子，朱见深因是庶子，所以没有机会成为太子。但是，祸从天降，在“土木之变”中，英宗被俘，朝廷得知消息后，不得不册立英宗长子朱见深为皇太子，以随时准备继承皇位，结束朝廷国无君主的尴尬局面。此时的朱见深还只是咿呀学语的两岁幼儿。大家考虑再三，认为国难当头，应选择一个有能力治理朝政、带领国家摆脱危机的人做皇帝。此时，英宗有个弟弟朱祁钰已经长大成人，是最合适的人选，所以就由他承继了皇位，史称景帝。景帝起初并不愿做皇帝，但一旦做了，才发现这个地位的尊贵，所以就做上了瘾，不愿下来。哥哥英宗回来以后，景帝就尊他为太上皇，幽禁在南宫不许出来。

幽禁英宗的事并没有遇到太大的阻力，但景帝还是有一块心病未除，那就是太子问题。人都有私心。既然自己是皇帝了，为什么还要保留别人的儿子做太子？当年宣宗把他们母子在皇宫外放置了那么多年，名不正，言不顺，受尽了委屈。如今自己也当了皇帝，再也不能让自己的孩子将来屈居人下。于是，他一心想着要改立儿子朱见济为太子。但毕竟太子的废立是件国家的大事，无缘无故废立太子肯定会受到大臣们的反对。这时，太监王诚、舒良便为皇帝出谋划策，说：“陛下何不先给大臣们加官晋爵？”意思是这一招可以堵住大臣们的嘴。于是景帝就开始用爵禄笼络了一批大臣。这时候，一个犯了罪的地方官在狱中派人云京城贿赂权臣，同时为了迎合景帝的意思，上疏请求更换太子以永固国本。朱祁钰看了奏章，大声夸赞说：“想不到万里之外，还有这样的忠臣。”立即下令释放此人，并命礼部商议废立太子的事。

当时参加会议的官员共有九十一人，大家心里不认可，嘴上却不敢说。司礼监太监兴安见状，就大声说："这件事不能不办，不同意的人不用签名，还有什么好迟疑的!"大家无奈，见此时有人带头签名，就也都一个接一个把自己的名字签上去，并联名上奏说："父亲拥有的天下，必当传给自己的儿子。"

有了这个联名上奏，更换太子的事似乎就名正言顺了。于是，景帝便册立自己的儿子朱见济为太子，封原太子朱见深为沂王。然而，人算不如天算，新太子刚刚册立一年多就暴病死去，这样朝廷就面临一个再建皇储的问题。可是，景帝自己只有这一个儿子，大臣们就提出重立沂王朱见深为太子。景帝哪里肯依，对奏请立沂王者予以严厉惩罚。御史钟同和礼部郎中章纶奏请册立沂王，朱祁钰看到奏疏时，天色已晚，宫门都已经关闭，景帝让太监从门缝中传递出命令，立即将这二人下锦衣卫狱，严刑逼问他们和太上皇英宗有没有勾结。在这样的高压之下，人们不敢再提建储的事情。

景泰八年（公元1457年），朱祁钰病重，而太子仍没有落实。一日，大臣们在左顺门外问安，探问病情。太监兴安对大家说："你们都是朝廷重臣，不为社稷着想，光知道问安有什么用处?"大臣们明白了这个暗示，重新奏请册立太子。大臣们多数都认为沂王是最好的人选，但个别大臣不同意，说："沂王既然已经被废，不可再立。"又有人说："我们怎么知道他希望立谁？只管请皇上立太子就可以了。"于是奏疏里边就没有写明请立谁为太子。景帝看到奏请，知道这是大臣们以为皇帝病重，在为他安排后事，但还是不准，拖延说："我只是偶感风寒，十七日就去上早朝。"

十六日晚上，大臣王直等联合言明请立沂王，奏疏写成之后天已经晚了，还没来得及上奏，当晚就发生了"夺门之变"。石亨、徐有贞等人趁景帝病重，带领亲兵子弟巧入禁中，夺取东门，到南宫接出英宗皇帝，直达奉天殿，扶英宗朱祁镇升座。徐有贞等在殿下高呼万岁，并命敲响钟鼓，大开诸门。此时已至黎明。群臣正等在朝房中准备上早朝，忽然听到宫中喧嚣之声，正感到惊疑，又听到钟鼓之声，接着诸门大开，徐有贞出来大喊："太上皇复位了。"群臣见事已至此，便都平和地接受了这一事实。

英宗复辟以后，改元天顺，之前，英宗被俘后，皇后钱氏每日呼天抢地，悲伤过度，落下了十分严重的身体残疾，最为不幸的是，还丧失了生育能力。英宗无奈，只得重新册立朱见深为太子。儿子既已立为太子，周氏的地位也得到提高，升为贵妃。儿子登基以后，她又水涨船高，被尊封为皇太后。这无上荣耀似乎来得太快、太容易，一下子冲昏了周氏的头脑，让她飘飘然，仗着自己一国之母的高贵身份，做了一件非常有损形象的事情。这就是同英宗皇后钱氏争夺名位，就尊号和丧葬等问题向钱氏发难，触犯了众怒，遭到群臣的反对。钱氏同英宗可以说是患难夫妻，得到的宠爱远远要比周氏多，得势后的周氏暴露出了宫廷女性本能的嫉妒心理，在英宗已经过世的情况下还要同钱氏争风吃醋，让人不敢恭维。

事情是这样的。宪宗朱见深即位后，第一件大事，就是尊礼皇太后。按照常理，被尊的皇太后首先应该是新帝的嫡母，然后才是生母。正当朝臣们议论如何上徽号这个问题时，节外生枝，宪宗的生母周贵妃摆出皇帝生母的身份，派亲信太监夏时到会议现场宣布懿旨："钱皇后是病废之人，不足称太后，应该独尊贵妃为皇太后。而且，钱皇后无子，哪有做太后的资格？按照宣宗朝胡皇后的先例，早就该被废掉了。"此话一出，群臣顿时大惊失色。顾命大臣李贤得到过英宗亲口嘱托，又深知钱皇后的贤德，坚决反对周贵妃的主张，他挺身而出："先帝遗诏已定，如今他尸骨未寒，怎能违背遗命！"

夏时仗着周氏这个后台，十分专横，指手画脚，唾沫横飞地说："钱皇后和胡皇后同样没有子嗣，何不让她下旨让位？"

大学士彭时听不下去，站出来说："先帝在世时未曾这样做，我们做臣子的怎能逼迫皇后让位呢？"

夏时还不善罢甘休，强词夺理地说："周贵妃贵为当今皇帝生母，你们胆敢对贵妃不尊？"

彭时丝毫也不退让，针锋相对地说："列祖列宗与天地神灵在上，当今皇上既以孝治人，岂有只尊生母不尊嫡母？"

群臣觉得言之有理，也纷纷附和。这让夏时很下不了台，但是众怒难犯，他也只得悻悻而去，灰溜溜地跑到后宫，向周氏汇报情况。周贵妃听了，气得咬牙切齿，以为大臣故意和自己作对，但她心里想：你们一班臣子算得了什么，我儿子是一国的皇帝，只要他发话，看谁敢不从。想罢，就趁着宪宗向自己问安的机会，鼓动他同意此事。

宪宗虽然很听母亲的话，也理解她的心境，但他并不是个见风就倒的糊涂虫，且不说此事关系重大，如果违背先帝遗命，一定会被天下人议论；更重要的是，遗嘱是他父亲在病危时亲口立下的，当时他就在身旁，父亲的眼睛望着他，眼神中充满了期待。父子之间，心灵沟通，全在灵犀一点，宪宗顿时明白父亲眼神中的含义，暗暗发誓一定不违背英宗的遗愿。如今，父亲尸骨未寒，生母周氏却要求他废掉钱氏的太后之位，这于心何忍呢？自己百年之后，又如何面对英宗的质问？思前想后，他劝说母亲接受两宫并尊的事实，并派太监覃包带着自己的口谕到内阁，命令内阁大臣迅速拟定两宫太后并尊的诏书。

对于周贵妃的仗势欺人，辅臣们都十分不满；想到钱皇后在为丈夫去世日夜悲伤、不问世事，周贵妃却居然还分得出精神为自己争权谋势，群臣就更是一肚子的气。于是在给两宫太后上徽号的时候，彭时不失时机地提出："两宫虽并称皇太后，岂能毫无区别，应该给钱皇后格外加上正宫二字，以示尊崇。"覃包赶紧带着这一意见回宫请命。对此意见，宪宗立即表示支持，下令尊钱氏为慈懿皇太后，周氏为皇太后。事后，覃包见到李贤，特地向他耳语道："其实这也是皇帝的意思，只是迫于贵妃娘娘，不敢主动提出罢了。若不是公等刚直不阿，力争两宫并尊，险些误了大事。"

英宗去世两个月后的成化元年（公元 1465 年）三月，尊号正式颁布，钱皇后被尊为"慈懿皇太后"，周贵妃被尊为"皇太后"。周贵妃对此无可奈何，只能干生闷气。但是辅臣们已经预料到，她终有一日还要在丧葬问题上挑起事端，违背英宗与钱皇后合葬的遗诏。于是，在为英宗兴建陵墓的时候，李贤和彭时就预先提出，要在地宫中同时营建三间墓室。对于这个建议的内中玄机，宪宗和朝臣们都非常清楚。周太后听到这个建议，妒火重燃，辗转反侧，一夜未眠，临近天微微亮，她才隐隐睡去。

模模糊糊之中，她走在御花园里，忽听得男女之间嬉笑之声，抬眼看时，但见英宗与钱氏二人正在前边的亭子里打情骂俏，英宗紧紧搂住钱氏的蛮腰，坏笑着去亲吻她娇嫩的脸蛋，钱氏故意躲闪，一举一动之间却包含了无尽的妩媚柔情。周氏顿时觉得浑身的血液都僵住了，人站在那里，双脚像钉了钉子一样，无法迈步。这时候，钱氏看见了她，赶忙咳嗽了一声，英宗回过头来，眼光落在她身上，眼神是那么空漠冷淡，似乎没有看到她的存在，似乎她从来都没有存在过！

“皇上！”周氏喊了一声，她不知道，那喊声究竟是带着愤怒还是哀求，也不知道会引起对方什么样的反应。然而她发现，其实她根本就不能喊出声音，因为喉咙里正堵着一块什么，它像一个大屏障将自己的声音挡在里边，无论怎么用力，都冲不过去。英宗继续和钱氏缠绵，钱氏也忘了她的存在，偎依在他的怀中，忘我地、尽情地享受着那份爱意，就像花儿享受着微风细雨。不知什么时候，这对爱侣的周身泛起了一道道光晕，那光越来越亮，载着他们，慢慢地，慢慢地向上飘。不，是她，是周氏在向下沉。在一个混沌无物、空无依凭的世界里向下沉。等她意识到之后，下沉的速度突然加速……

“啊……”周氏大叫着从床上坐起来，才知道这是一场噩梦。贴身的宫女诚惶诚恐地跪地问安，周氏禁不住大喝一声：“滚出去。”

她竟然把宫女当做了出气筒，情绪稍稍稳定一下，周氏也自觉失态，觉得不必和下人治气。但是，她想，那个“可恶”的钱氏，一定不能放过。她绝对不甘心死了还要当钱太后的陪衬，她要独占英宗，把钱氏从英宗的墓里赶出去。

于是，她不等洗漱完毕，一大早就派夏时到内阁传达意见，极力反对建造三个墓穴的提议。大臣们面面相觑，谁也不说话，于是李贤和彭时两个人的意见最终也没有通过。

成化四年（公元1468年）六月，思夫成疾又抑郁寡欢的钱太后离开了人世，终于从苦闷的生活中解脱出来。按照英宗的遗嘱，钱太后应该是唯一一个能够与他合葬的女人。然而钱太后刚死，周太后就坚决反对合葬之说，要求儿子为钱太后另择墓地。当大臣提出应按照遗嘱将钱氏与先帝合葬时，她的心腹太监夏时倒打一耙，振振有词地诘问群臣说：“在修建先帝陵寝的时候，就曾议论过建三个墓穴，未果，现在修建好了，反倒要拆了重来吗？”彭时听后，气得火冒三丈，说：“当时为什么要议论建三个穴，还不是考虑到有这一天吗？”

其实，宪宗对母亲周太后极为孝顺，每五天向她请安一次，酒宴时必定亲自出席作陪。周太后提出什么要求都尽量满足她，唯恐让她不高兴。在钱太后合葬于裕陵这件事上，宪宗明白周太后的心思，出于一片孝心，不想违背生母的意愿，但也觉得夏时过于强词夺理，便没有立即答应他生母周氏的要求，为钱氏另选墓地。犹豫之中，彭时等人上疏力争，说：“钱太后是先帝的元配夫人，正位中宫，陛下尊为太后，诏示天下。先帝全夫妇之伦，陛下尽母子之爱，都是符合道义的。今天皇后去世了，应当与先帝合葬，这是不能更改的礼节。”当然，为打消皇帝的疑虑，给宪宗的生母将来的后事也作了妥当安排，说：“臣等知道皇上之所以迟疑，是因为今周太后去世后，也当与先帝同尊，但既然钱太后已合葬在先，她会担心二后并配不符合祖宗的制度。但是考之于古，汉文帝尊所生母薄太后，而吕后仍祔长陵。宋仁宗追尊生母李宸妃，而刘后仍祔太庙。今若陵庙之制稍有未合，则有违以前的美制，让后人讥笑。”

宪宗读罢，觉得言之有理，就顺水推舟，把这件事交给礼部去讨论。这个建议得到了以吏部尚书李秉、礼部尚书姚夔为首，共计九十九位与会廷臣的一致响应。得到这个结果以后，宪宗说：“卿等所言极是，可是你们也得为朕多想想，朕多次向母亲请求劝慰，也没能得到母亲的依允。现在朕违背礼制是不孝，违背母亲也是不孝，你们倒是给我想个两全其美的办法？”群臣对宪宗的表现深为不满，更激起义愤之情，誓要为钱太后讨个公道。以礼部尚书姚夔为首，四百七十名大臣联名为钱太后请命，要求让英宗夫妇合葬。

但是，周太后仍一意孤行，不肯答应。于是，给事中魏元偕同僚三十九人，御史康允韶偕同僚四十一人，刚下早朝就集体跪在文华门外放声大哭，直哭得响震云霄，整个皇宫都能听到哭声。周太后听得心烦意乱，命令儿子下令群臣止哭退下。皇帝不敢违命，便下旨，令群臣退下。群臣得到圣旨，拒不从命，叩头说道：“得不到钱太后合葬旨意，绝不敢退下。”

时值农历六月伏天，紫禁城上空骄阳似火，大臣们被蒸烤得汗水湿透朝服，几近虚脱。群臣从巳时开始跪起，一直跪到下午申时，哭昏、晒晕了也不肯罢休。看见群臣如此一致的决心，宪宗再也顶不住了，亲自去向周太后说明情况，恳请生母答应钱太后的合葬。周太后也万万没有想到，钱太后在百官心目之中地位竟是如此尊崇，她害怕局面混乱到不可收拾，极不情愿地点了点头，表示应允。宪宗赶忙再下一封诏书，命太监到文华门外宣读，说：“圣母从矣。”声明已同意合葬。众大臣听了，兴奋不已，都高呼万岁。

不久，宪宗为嫡母钱太后正式上谥号为“孝庄献穆弘惠显仁恭天钦圣睿皇后”，并将灵位放入太庙，与英宗并列在一起。同时宣布钱太后将与英宗合葬裕陵。然而一波未平，一波又起。事已至此，周太后还要再做手脚。由于当初三穴之议未果，英宗的陵墓没有预留皇后合葬的位置，因此必须为合葬的钱太后以及未来合葬的周太后重新营建下葬墓穴，再从地下挖掘隧道，通向英宗的墓室。于是，在建墓穴的时候，周太后向经办此事的太监暗中授意，将钱太后墓穴的那条隧道故意挖偏，不但与英宗墓室方向错开好几丈远，而且在中途就把隧道堵住。留给周太后的石穴则恰好相反，有一道宽敞的隧道直通英宗墓室。此外，在皇宫内供奉历代帝后神位的奉先殿内，周太后也不允许在英宗身边摆放钱太后的牌位画像。周太后虽然对钱太后如此苛刻，但在照料孙子方面却非常尽心，在当年复杂凶险的后宫环境中，孙子孝宗朱祐樘就是靠了她的保护，才长大成人，做了皇帝。孝宗皇帝生于西宫，他的母亲纪氏皇妃死后，周太后便把他放在自己身边进行养育。当时受宠于宪宗的万贵妃为了一人专宠，歇斯底里地残害宪宗的骨肉。周氏知道这一点，把小孙子照看得非常紧。万贵妃请已是太子的朱祐樘去她那里用膳，周太后怕她在食物中下毒，千万叮咛说不许吃万贵妃的东西。小太子见了万贵妃，果然不吃不喝。就这样，在周氏的羽翼之下，朱祐樘才得以逃过劫难，有机会成为明朝的一代明主。

到孝宗皇帝即位后，侍奉周太后极为孝顺。周太后患痈疮，很长时间才得以痊愈，孝宗非常心痛，夜里在宫殿外大声呼吁上天，恳请上天保佑自己的祖母早日康复。周太后对此也深感欣慰，她写告示给大臣们说：“自从英宗皇帝去世后，我以太后的身份住在长乐宫，宪宗皇帝以整个天下为我养老，二十四年如一日。我这次偶然患了痈疮，孝宗皇帝夜间为我的健康向天祈祷。春天祭天时也因此而停止设宴，对我经常慰问探视，终于使我这老年人的病，获得健康安宁。用昔日与今天相比，宪宗与孝宗皇帝父子两代，行孝则相同，我对此十分满意。”

弘治十七年（公元1504年），周太后病死，谥号“孝肃贞顺康懿光烈辅天承圣睿皇后”。孝宗隆重地安排了她的葬礼，让她与英宗合葬于裕陵。如她生前所愿，她的墓穴隧道直通英宗隧道。但是，从一个普普通通的农家女，到地位尊崇的太皇太后，命运已经给了她那么多，她还能指望从英宗这堆枯骨当中得到什么呢？英宗果若地下有知，他真的能够原谅她对钱氏的所作所为吗？

一妃敌两后

——明宪宗贵妃万贞儿

万贵妃，名贞儿，原籍青州诸城。她的父亲万贵本是县衙里的一个小吏，不幸亲属犯法，受到株连，被举家发配到霸州。在那里万家穷得连衣食都没有着落，唯一让万贵欣慰的是，他的小女儿万贞儿自幼聪明伶俐，人见人爱。在女儿四岁那年，万贵的一个老乡见到她机灵活泼，便随口对万贵说："宫里正在选秀女，你女儿伶牙俐齿，你何不将她送到宫里，将来兴许还可以出人头地呢！"万贵听说有这种事，竟真的动了念头。他想，以自己现在的身份，一辈子都会让人看不起，不如碰一下运气，万一女儿成了气候，自己岂不也光宗耀祖？虽也听说宫廷险恶，但与其让女儿跟自己挨饿受冻，索性不如赌上一把。就这样，他设法把女儿送到了北京。而万贞儿也很争气，一眼就被相中，从此开始了她极不平凡的宫廷生涯。

万贞儿进宫后，小小年纪，表现就十分出众，既乖巧听话，又干活勤快。当时还是宣德年间，宣宗的皇后孙氏觉得万贞儿十分可人，就把她安排到自己身边，随时听候使唤。这孩子经过在宫中一段时间的历练，岁数不大，就十分的善于察言观色了，因此很让孙氏满意。宣德十年（公元1435年），宣宗病死，英宗即位，尊孙氏为皇太后，迁居仁寿宫，万贞儿也跟随过来。在仁寿宫，一晃就是多年，不知不觉，万贞儿已经出落成一个颇有几分姿色的大姑娘。曼妙的身材时时散发出成熟女性的气息，而一双动人的眼神，更像两汪明亮的秋水，脉脉含情。如果走在集市上，不知会受到多少双眼睛的注目。但是，在美女如云的后宫，万贞儿的相貌还算不上特别出众，更何况，宫里边只有一个皇帝才算正常的男人，她哪里有机会奉献出自己的芳心！就这样，眼看着情窦初开、春心萌动的季节从身边悄悄滑走，夜深人静之际，万贞儿难免一个人躺在床上，辗转反侧，夜不能寐。这种无以言表的空虚失落感让她渐渐萌生出巨大的忌妒心理：同样是女人，为什么别人可以做皇后，做贵妃，高高在上，而自己却仅仅是一个地位低贱、微不足道的宫女？同样是女人，为什么别人就可以每天得到帝王的宠幸，共作鱼水之欢，而她却从来都无人问津，一棵含苞待放的花儿眼看就要凋谢？这种心理不平衡感，让万贞儿有了一种强烈的向上爬的冲动，而且她还真切地认识到，宫廷险恶，不是你死，就是我活，做事应当心狠手辣，不择手段，否则倒霉的就是你自己。

万贞儿的机会终于来了。正统十四年（公元1449年），也就是万贞儿二十岁的时候，发生了举国震惊的"土木之变"，英宗皇帝亲征蒙古，结果兵败被俘。京师得到消息后，孙太后匆忙册立英宗年仅两岁的儿子朱见深为太子，同时派万贞儿前往东宫侍奉太子。一听到让她去东宫，万贞儿顿时感到精神一振。她任劳任怨，精心侍奉孙氏这么多年，盼的就是将来孙氏能给她一个好差事，现在果然得到回报。只要自己服侍好太子，等他即位之后，自己是少不了好处的。因为从长远计，今日的太子就是日后能够主宰乾坤的皇帝，尽心养护太子，定是件有利可图的事。于是，她欣然赴东宫照顾太子，她以女性特有的细致体贴，像对待自己的亲生孩子一般，全身心地投入了对小太子无微不至的照顾之中。但景泰三年（公元1452年），刚刚五岁的小太子被叔叔废为沂王，迁出东宫，其父英宗也被幽禁在东宫，面对小沂王的是一个灰色的童年。这时候，他跟生母周氏在一起的机会并不多，万贞儿的照顾，让他对她产生了深深的心理依赖感，这种感情伴随了他的终生，一直带进他的坟墓。

景泰八年（公元1457年），英宗复辟，封沂王朱见深为太子，万氏的感情投资终于迎来回报。几年以后，朱见深渐渐成长为一个情窦初开的少年，对异性有了特殊的感觉。此时在他眼里，万贞儿虽已年过三十，浑身却更加充满了成熟女性的魅力。而万贞儿埋藏了多年的少女春情无法释怀，心中时时寂寞难耐。两个人的感情，渐渐地，自然而然地，就从类似于母子之间的亲情变成了男女之间的情爱。一天，两人水到渠成，初试云雨，彼此献出了自己宝贵的初夜。从此以后他们的感情更加浓厚，如胶似漆，形影不离。

天顺八年（公元1464年），英宗驾崩，年方十六岁的朱见深即位，史称宪宗。此时万氏已经三十五岁，眼看就要人老珠黄，但是宪宗对她的依恋丝毫不减。有万氏在他身边，他心里就觉得踏实，如果万氏不在，他就感到六神无主。所以，他每次出游都要万氏相陪。这时万氏总会穿上一身戎装，飒爽英姿，骑马走在前头，为皇帝开道，好不风光。对于两个人的特殊感情，周围的人看在眼里，难免大惑不解。毕竟万氏要大皇帝十九岁，这样悬殊的年龄，怎么就会产生这种儿女之情呢？

但是，宪宗虽然宠爱万氏，却也不能为所欲为，把她想要的一切都给她。他即位不久，两宫太后就命礼部为他遴选了一位皇后吴氏，他不满为什么要娶一个自己陌生的女人为妻子，封她为皇后，享受殊荣，而与自己相亲相爱又患难与共过的万氏却没有这个机会。但母命难违，他虽是皇帝也只得任凭摆布，册吴女为后，只能册命万贞儿为贵妃。

对万贞儿来说，这同样也是一个难以接受的结果，她很懊恼，不单纯是因为没有得到皇后之位而失望，更因为突然多出一些陌生的女人，要把心爱的人从她身边夺走，这又引发了她少女时期已深埋在心中的忌妒心理。她首先把矛头对准了吴皇后，因为她觉得吴皇后占的便宜最大，最让她觉得心里不平衡。

于是，万贞儿自恃宠幸，每次见到吴皇后都给她脸色看，甚至对皇后冷言冷语，最后发展成侮辱谩骂。吴皇后起初还能勉强容忍，后来实在忍耐不住，大声斥责她无理。万氏不但没被吓倒，反而恶语相加，惹得吴后性起，命宫人将她拖倒在地，杖击了几下。这下后果就严重了，万贞儿回到宫中，一边哭泣，一边添油加醋地将吴皇后诽谤诋毁了一顿，宪宗见爱妃受此委屈，十分心疼。就在万氏的指点下，设法废掉了在位刚刚一个月零一天的吴皇后。万贵妃觊觎后位，便在宪宗那里吹枕边风，请求立自己为皇后。宪宗便去生母周氏那里探询意见，周氏本就对自己儿子的行为感到纳闷，后宫年轻佳丽无数，爱谁不行，偏偏去宠幸一个可以做他母亲的人。出于母亲对孩子的关切，她曾问儿子原因，宪宗直截了当地回答说："只要她在身边，我就觉得安心。"可见，在宪宗的内心深处，万氏活脱脱是一个母亲加情人的双重角色。但是，周氏虽渐渐明白这一点，却认为万氏毕竟年长皇帝太多，且出身微贱，传出去丢了大明朝廷的面子，坚决不允。两个月后，经太后降旨，立贤妃王氏为后，宪宗也没有办法，只得再一次领命。

万氏费尽心思，好不容易才设法把吴皇后废掉，没想到半路杀出来个程咬金，让王氏白白捡了个大便宜，恨得咬牙切齿，于是她故技重演，好几次都想找这个新皇后的碴。没想到这个王氏，性情本就十分柔顺，与世无争，更加上吸取了吴氏的教训，处处谦虚忍让，避免挑起事端。为了不与万氏争宠，引发她的醋意，她连皇帝对自己的宠幸都刻意回避，每当宪宗想起来要和她过夜，她都找出种种借口加以推托。据说，身为一个皇后，她终其一生和宪宗过夜的次数居然还不到十次，连宪宗自己都觉得愧疚，对不起自己的皇后。后来宪宗得了重病，王氏非常殷勤地探望病情，宪宗握着她的手，愧疚万分地说："皇后呀，朕对不住你，朕太慢待你了。"王氏听完，多年的委屈禁不住化为泪水，滚滚流淌。但是，下一次她再来时，却被守在殿外的人拦住说："皇上重病，不耐生人，以后不要老过来了。"身为皇后，竟被说成皇帝的生人，实在是一个女人的奇耻大辱，但王氏却仍不以为意，脸上毫无愠色。可见她为人处世是多么低调。

这样的表现，让万贞儿有劲也使不上，两人这才能够相安无事。同时，万氏也渐渐认识到，先前已经废去一个吴氏，皇后不可能有再废之理，而她自己深受宪宗宠爱，呼风唤雨，做自己的贵妃也没有什么不好，将来自己若是生下一个皇子，可以设法立他为太子，这样自己就和周氏一样有机会做太后了。她既然有了这些想法，对王皇后就没有了多少反感，基本认可了她的皇后身份。

成化二年（公元1466年），万贵妃果然喜得贵子，宪宗得知消息，大喜过望，因为这不但是他最心爱的妃子的骨肉，而且也是自己第一个龙子。为了庆祝皇长子的诞生，宪宗命令礼部派遣官员到全国各地的名山大川四处祈祷，乞求上天保佑他的皇子长大成人。宪宗又专门晋封万氏为"皇贵妃"，以示尊贵，并立万氏之子为太子。万氏本人更是十分得意，自古母以子贵，将来孩子当上皇帝，自己也能成为皇太后。本就受到宪宗的特别宠爱，现在又产下皇子，万氏一时顺水顺风，志得意满，不但在后宫里更加说一不二，就是在外朝，也炙手可热，受到朝野上下的纷纷追捧。此时，她的家人，也更是一人得道，鸡犬升天，父亲万贵本是被发配边境的罪人，如今成为地位显赫的皇亲国戚，被封为锦衣卫都指挥使，她的两个哥哥和一个弟弟也都封官。

但是正在这时老天跟万氏开了一个残酷的玩笑，孩子仅仅活了几个月，还来不及取名，就短命夭折。这种丧子的痛苦对任何一个母亲而言都是不言而喻的，万氏更是痛不欲生，儿子不但这样狠心地离她而去，而且还带走了她做太后的梦想。此时她已是年近四十，想再生一胎都不容易，更不用说能不能保证所生的是儿子，而且，即便能生下儿子，皇帝身边这么多女人，谁能保证没有人抢在万氏前头生下一胎皇长子呢？想到这些，万氏几乎濒临绝望，但是，与此同时，一个近乎疯狂的念头从她的脑海里跳跃出来，那就是不让别的妃嫔生子。于是，她开始想方设法阻止宪宗去宠幸其他妃嫔，但宪宗正值青春鼎盛，哪里能挡得住他四处寻欢作乐。明着不行，就暗地里找妃嫔风流快活。

此计不成，又生一计。万氏开始在后宫广设耳目，密切监视宪宗和其他妃嫔之间的来往。一旦宪宗偷偷摸摸地与其他妃嫔交欢，她都会派人继续盯梢，看被临幸的妃嫔有没有妊娠怀孕的迹象，一旦被她暗中察觉，就千方百计逼令喝药打胎。就算侥幸将孩子生下来，还是不能幸免，万氏会残忍地设法把孩子毒害。比如，成化五年（公元1469年），柏贤妃秘密地生下一个儿子，两年后，这个孩子被册立为皇太子，但仅仅三个多月过后，皇太子突然在没有任何征兆的情况下暴死，许多人都怀疑是万氏所为，宫人们觉得太子病得奇怪，偷偷查访下来，果然是万贵妃下的毒手，但都敢怒不敢言，害怕遭到万氏的迫害。这样，只有宪宗还蒙在鼓里，悲痛之余，越来越怀疑自己是不是命中无子。

如此过了几年，宪宗一直没有子嗣。朝野上下都为此忧心忡忡。宪宗自己更是万分焦虑。大学士彭时、尚书姚夔等人实在看不下去，便纷纷进谏，彭时说："后宫有众多佳丽，却不见皇子降生，可能是陛下情有独钟，而被专宠者却过了生育年龄不能生子，希望陛下应普降雨露，施恩于其他妃嫔。"但是早已根深蒂固的依赖感让宪宗根本无法冷落万氏。万氏见状，更加肆无忌惮，进一步勾结了太监钱能、覃勤、汪直、梁芳、万安之流，在宫廷内外胡作非为，使人人自危。

光阴似箭，日月如梭，转眼到了成化十一年（公元1475年），宪宗仍无子嗣又加之思念亡子，常觉得郁郁寡欢。一日，太监张敏替他梳理头发，宪宗对镜自照，见头上忽有数根白发，不禁长叹一声说："朕已老了，却还无子嗣，怕是命中无子呀！"张敏一听，跪在地上奏道："请恕臣的死罪，万岁已有子了。"宪宗听了，很不高兴，呵斥说："朕明明无子，你却说有子，真是无礼！"张敏见皇帝动怒，赶紧连连磕头，说："只要万岁恕罪，罪臣现在就把皇子领来相见。"一边的司礼监太监怀恩，也跪奏道："张敏所言不虚。皇子久育西内安乐堂，现在已六岁了。因惧祸患，所以不敢透露消息。"接着，张敏把事情的来龙去脉一一讲给了宪宗。原来，故事要从成化三年（公元1467年）说起。当时西南少数民族首领作乱，平乱之后，大军将男女俘虏解入京城。其中有一个女子纪氏，本是一名土官的女儿，长相漂亮而有灵气，便被带进宫里。王皇后看她识文字，命她管理内府库藏。一天，宪宗偶然来到内藏，问及内藏现有多少金银钱钞，纪氏应对流畅，口齿伶俐，使龙心大悦。又见她生得妩媚动人，便动了临幸之心，当晚就留在内库让纪氏服侍龙寝。没想到，纪氏竟然怀了孕，肚子渐渐大了起来。万贵妃得知消息，异常忌妒，派了一名宫婢去打探实情。不料那宫婢是个好心人，只禀报说纪氏不过是生了鼓胀病。万贵妃半信半疑，便勒令纪氏退出内藏，移居安乐堂，以不时监督她的动向。

怀胎十月，一朝分娩，纪氏竟然瞒过万氏，生下一个男孩。然而，若是消息传到万氏的耳朵里，不但儿子逃脱不了毒手，只怕自己也性命难保。想到这些，纪氏担心得夜不能寐。最后她狠下心，把孩子包好，命令门监张敏把皇子带出宫去溺死。张敏接过皇子，暗自思忖道：皇上年岁渐老，仍未有子嗣，好不容易得到的龙种，怎么能轻易抛弃？于是他冒着杀头的危险，把皇子偷偷藏入密室，取些蜜糖、粉饵之类的食物喂养。同时，以前的废后吴氏，贬居西内，与安乐堂相近，知道这个消息，经常给一些照顾，在众人的保护之下，初生婴儿的性命得以保全。由于张敏行事小心，竟然躲过万氏的耳目，把小皇子渐渐带大，一直到他六岁，才找到这个机会向宪宗吐露真相。

宪宗听了，真是又惊又喜，怀疑自己在做梦，当即驾幸西内，派张敏去安乐堂迎接皇子。张敏禁不住内心的喜悦，快步来到安乐堂告诉纪氏这一喜讯。可是纪氏听了却放声大哭，她怕此事一旦公开，她们母子还是逃不出万氏的魔掌。但是，皇帝急于父子相认，她哪里阻挡得住。于是，就依依不舍地把孩子交给张敏。让人禁不住心酸落泪的是，这位小皇子由于长期幽禁，连胎发也未剃过，头发长得披散到了地上。他乘上小轿，被抬到皇帝面前。下轿后，他张开小手，跑着扑向他父皇的怀抱。宪宗将孩子抱入怀中。抚视良久，禁不住潸然泪下。这小皇子见到生人，也不畏惧，一会儿动动宪宗的衣服，一会儿捋捋他的胡须，宪宗破涕为笑，端详着他说："长得多像我，正是我儿子！"

随后，宪宗派太监怀恩去内阁报喜。怀恩到了内阁，宣布说："皇上已经有子，现已六岁。"大臣们不明就里，面面相觑，待怀恩说明原委，大家这才明白，无不欢天喜地，第二天早朝齐声向宪宗道贺。宪宗封纪氏为淑妃，移居西内。又命礼部会议，替皇子定名叫祐樘。大学士商辂仍担心这位皇子会重蹈皇太子祐极的覆辙，就奏请说皇子国本攸系，希望让母子二人住在一起，便于照料养育。宪宗准奏，命纪淑妃携皇子居住永寿宫。

万贵妃听到消息，如五雷轰顶，竟然有人敢和她对着干，真是恨得咬牙切齿，发誓决不放过那个该死的纪氏。果然，不久后的一天，纪氏被宪宗召去参加宴饮，一杯酒过后，突然觉得腹中绞痛，原来是万氏给她的酒中下了毒。不过毒量不大，纪氏当时并没有死，万氏就又安排了御医在给她看病时下了第二次毒手，可怜的纪氏，早就料到这一天，躲来躲去，却还是没有躲过去。当年宪宗的一夜柔情，最终造就了这样一出悲剧。太监张敏见纪氏被万贵妃害死，料想自己也难逃毒手，不等万氏下手，便吞金自杀了。

万贵妃更想除去的是朱祐樘这个眼中钉，这个孩子从小在极其险恶的环境中生存，十分早熟，得知母亲去世，他像个成年人一样哀痛万分。局势向着不利于万氏的方向发展，纪氏死后不久，宪宗就把朱祐樘册立为太子，万一他将来做了皇帝，自己的所作所为，一定逃不掉他的惩罚，那时，不要说做太后，能不能留条活命都是问题。自此，万氏更是处心积虑地要对这个小太子下手。不过，得手并不是那么容易，朱祐樘被册立为皇太子之前，周太后为了保护孙儿，就命宪宗将朱祐樘交给她，放在仁寿宫抚养。

一天，万贵妃突然邀请祐樘到她宫里去进膳。周太后非常紧张，去吧，知道她不安好心，不去吧，礼节上又说不过去。于是她对孙儿叮嘱再三，去了之后不要吃任何东西，甚至连水都不能喝一口。到了贵妃宫中，万氏早已准备好了美味佳肴，满脸含笑地请祐樘吃，祐樘却语气坚定地回答说："不吃，来的时候已吃过饭了。"万贵妃又故作热情地让他品尝羹汤。没想到小孩子竟然瞪着眼睛诘问她："不喝，我怎么知道汤里边有没有下毒？"万氏想不到一个小小的毛孩，竟然有胆量这样顶撞她，气得半晌说不出话来。等皇子走后，万氏又气又怕地想："这么小的岁数就如此防备我、记恨我，将来若当了皇帝还不把我当鱼当肉给吃了，那我岂不是死无葬身之地？"

这时候又发生了另一件事。一次，宪宗视察府库，发现库存了多年的七窖银两全部用空，经过追查，发现存在大量贪污腐败问题，因为涉及万氏，所以没有进一步问罪，但还是十分气恼地对管库的太监梁方和韦兴说："太不像话了，就算朕宽恕了你们，将来后人也要治你们的罪。"二人吓得面如土色，赶紧向万氏禀报，并别有用心地说："皇上所说的后人，不就是指东宫太子吗？"暗示万氏赶紧从中运动，换掉太子，万氏怎能听不出来，心病更重。

从这以后，她一有机会，就在宪宗面前唠叨个没完，要求废掉皇太子朱祐樘，诬称太子如何乖戾暴躁，不如废去，另立邵宸妃的儿子兴王朱祐杬。宪宗此时对邵氏的儿子也很宠爱，但他觉得换太子是件严肃的事情，不能说换就换，所以最初不肯答应，于是万氏就施展开浑身解数，一次次软磨硬泡，一会儿柔声细语，一会儿哭哭啼啼。尽管此时万贵妃已年近六十，可宪宗对她又亲又怕，哪里受得了她的如此纠缠，不久便方寸大乱，没了主见。同时，太监梁芳等人勾结万贵妃，大肆侵吞内府钱财，害怕将来太子即位后会惩治他们，也帮着万贵妃一道游说。最后，宪宗终于把持不住，丧失了原则，同意撤换太子。

宪宗的决定遭到了一些大臣们的反对，宪宗找司礼太监怀恩商量，怀恩连连说不可，惹得宪宗很不高兴，又被万氏一怂恿，竟把怀恩贬到凤阳去守皇陵。然而，事有凑巧，正当宪宗想再召集群臣们商议废立之事，忽地方上前来禀报说东岳泰山发生地震，钦天监据天象所测，说此兆应在东宫，宪宗心虚，以为是废太子之事惹怒了上天，特地下旨说："立当今东宫太子乃是天意，不可违背，易储之事，任何人不可再提。"这就算是又把易储的事给否决了。这样，靠着上天的眷顾，朱祐樘保住了太子的地位。

再说万贵妃，她费尽心机最后还是无法撼动太子的地位，不由得挟恨在胸，终日闷闷不乐，以至酿成肝疾。成化二十三年（公元 1487 年）正月的一天，她怒打宫女，因身体肥胖、血压过高，加上怒火太旺，一口气没有接上来，当场猝死。万贵妃一死，宪宗顿时失魂落魄，没了主心骨，涕泪满面地说："贵妃一去，朕亦不久于人世了！"为了表达对万氏的哀思，他宣布辍朝七日，并按照皇后的规格为她举行了葬礼，埋葬在天寿山西南。万贵妃的暴亡，对宪宗朱见深是一个不小的打击，从那以后，他一直郁郁寡欢，仿佛失去了精神支柱，身体也一天天垮下来。到这年的八月，年仅四十一岁的宪宗皇帝就因病身亡，追随他心爱的万贵妃而去。宪宗死后，太子朱祐樘即位，是为孝宗，他很快就惩治了依附在万氏周围的贪赃枉法之徒。许多大臣也纷纷上奏揭发万氏的种种不法行径，但孝宗考虑到涉及面太广，追究起来不利于政局稳定，所以就下了一道圣旨说，如果追究万氏的罪行，恐怕有违先帝的意愿，故此从宽发落，不再深究。

万氏在宫里的确犯下了许多令人发指的罪行，但是，如果放下这点不讲，单单看宪宗对她的深厚感情，实在值得许多人去羡慕。对于宪宗对万贞儿的情因情缘，许多古人、今人都感到不可思议。连宪宗的生母周太后都曾问过自己的儿子："她美在哪里，使你这样的宠爱她？"宪宗答道："我喜欢她，并不只是看中她的容貌，有她陪伴在我身边，我就觉得踏实放心。”看来宪宗二十几年独宠万贵妃，一方面缘于在精神上对万贵妃的依傍，万氏那种有主见、有个性、有经验的特长，恰恰弥补了宪宗因自幼坎坷而造成的懦弱，以至于性情上的吸引远远大于容貌的诱惑。更重要的一方面是，政治上成熟老辣的万贵妃，善于借助依附于她的各种势力将宪宗玩弄于股掌之上。宪宗朱见深确实把万贵妃宠了一辈子，又被她管了一辈子，这种奇特的姻缘，是中国古代封建帝王中绝无仅有的。

晚境悲凉

——明孝宗皇后张氏

明孝宗朱祐樘的皇后张氏是河北兴济人（今河北沧州市北）。张氏出生于明宪宗时期一个普通的读书人家庭，父亲张峦，母亲金氏，还有两个弟弟鹤龄、延龄。其父张峦在宪宗年间以乡贡而入太学学习。张氏自幼受到了比较好的家庭教育，养成了活泼可爱的性格，并且知书达理。

成化二十三年（公元1487年）二月，张氏因姿色出众又知书达理被选送入宫与当时身为皇太子的朱祐樘成婚，并册立为太子妃。同年九月，宪宗去世，朱祐樘登上皇位，是为孝宗，张氏也被封为皇后。

中国历代皇帝基本上都是三宫六院，妃嫔成群，明孝宗却改变了这个纪录，终其一世身边只有张皇后一人，别无内宠。明孝宗和张皇后少年夫妇，伉俪情深，十分恩爱。这是有多方面原因的。

张皇后本人性格开朗，琴棋书画无所不通。每天在孝宗繁忙的政务之余，他总愿和皇后在一起，共同度过甜蜜的时光。张皇后陪他读诗作画，听琴观舞，谈古论今，如同一对民间伉俪一样朝夕共处。首先这是与孝宗自幼饱受艰难、生活坎坷分不开的。孝宗自幼生活在宫中险恶的环境里。后妃集团内部尔虞我诈的政治斗争，使他看透了人间的世态炎凉，过早地成熟起来。孝宗一生下来，就因为担心受到万贵妃的迫害而由太监张敏偷偷地藏在安乐堂内抚养，一直到五六岁，还未起名字，更不知自己的亲生父亲是谁。成化十一年（公元1475年），张敏才把真相告诉了宪宗，宪宗才将他立为皇太子，并起名为朱祐樘。然而，他的生母纪氏随即就被万贵妃害死。此后，虽然他被立为太子，但在万贵妃的淫威下，每天也是提心吊胆，过着朝不保夕的日子。始终在提心吊胆中度日的他感情没有寄托，内心十分孤独。所以孝宗从小就十分厌恶妃嫔之间的争宠吃醋。他知道女人之间的争风吃醋，是后宫争斗的根源，有争斗总会有牺牲，他那死去的母亲就是后宫争斗的牺牲品。他讨厌后宫的争斗，讨厌再有人像自己和自己的母亲一样成为争斗的牺牲品。再者，孝宗天性仁厚，从小被立为太子，接受严格的儒家教育，深受儒家节欲修身思想的熏陶，不贪女色。再加上张皇后活泼可爱、温柔贤惠、知书达理，深合孝宗的口味，在张皇后了解了孝宗的身世后，对孝宗也更加体贴入微。所以两人婚后互敬互爱，感情非常亲密。宫里的人经常看到两人形影相随，谈笑风生，恩爱无比。这在封建社会里，是宫里的皇后、妃嫔们一生所渴求的。有明一代，这位孝宗皇帝是私生活最严正的皇帝，张皇后也尽情地享受了皇帝丈夫的情爱，在封建皇帝中，像孝宗这样对爱情专一的皇帝确不多见。

张皇后不仅负责皇上的起居饮食、关心皇上的生活，而且还尽心尽力地辅佐孝宗，帮助他整顿朝纲，出谋划策，与皇上一起分担国事忧愁。在张皇后的帮助下，孝宗对一系列的政治制度进行了改革，清除积弊，罢免和惩处了贪赃枉法、佞幸无耻之徒；任用贤能，亲近贤臣，远离小人，广开言路；注意民生，减免灾区赋税征收，促进生产，提高了生产力；加强边关建设，边备也有所巩固。大凡一个取得事业成功的人，背后一定有贤内助的支持。孝宗一朝，主上勤政，贬斥权阉，善于纳谏，且励精图治，这是与张皇后的贤惠分不开的。张皇后对明孝宗在政事的治理上有着重要的影响，孝宗之所以能励精图治，和她的帮助与理解是分不开的，《明史·孝宗本纪》赞孝宗道："明传世十六，太祖、成祖外，可称者仁宗、宣宗、孝宗而已。"这句话是对明孝宗的肯定，也是对张皇后的褒奖。

明孝宗悲念生母纪氏一生受苦，死于非命，曾派遣使臣至生母老家贺县访求外家亲属，却一直没有找到，心怀遗憾。他感念自己生母外家单薄，又因深爱张皇后，所以格外优礼后族。皇后父亲张峦由都督同知而受封为寿宁伯，死后又追赠昌国公，子张鹤龄袭封侯爵。皇后另一弟弟张延龄后来也被封为建昌伯。就连张峦的从兄张岐也因张皇后从按察副使一下提拔为都御史，伯坚等好多人因是张皇后的姻亲，孝宗都让他们做了中书舍人以及锦衣百户等官。明孝宗还在兴济为张皇后家建立家庙，修建得宏伟壮丽，历时很长才完工。张氏家族成为有明一代最受宠信的外戚。

张皇后受宠爱于皇上，她的两个弟弟恃权骄纵，他们放纵家人开设店铺商肆，拦截过往商客的货物，垄断市场。张氏的门客豪奴还抢夺百姓的房屋、田产甚至子女，凌辱缙绅。大臣们医为张氏兄弟放纵家人鱼肉乡里的事情曾多次上疏，请求孝宗予以规治。如山东副使杨茂元、御史胡献直、户部主事李梦阳等人都向孝宗上言张氏兄弟的骄纵不法行为，但孝宗都因张皇后的原因，反而惩罚了上言的大臣们。但是孝宗正致力于整肃朝纲，对于外戚的放纵也是有限度的。他派人去查实张氏兄弟的事情，为了不损伤他和皇后的感情，只好找机会当面警告张氏兄弟。后来孝宗与张皇后、岳母金夫人夜游南宫，鹤龄兄弟随侍在后。在宫中宴饮时，酒至半酣，皇后、皇太子及金夫人起身更衣。孝宗趁张皇后与金夫人入宫更衣不在的时候，召张鹤龄到膝前，严加斥责，命他持正守法，约束家奴，不要做扰民之事。张鹤龄免冠谢罪，连连应命。这是孝宗为顾全岳母和皇后的面子而苦心安排的。这次宴会后，张氏兄弟的行径果然收敛了很多。

皇帝的子孙多少，是关系到国家承嗣的大事。孝宗和张皇后结婚几年还没有生下皇子，大臣们多次上奏要求皇帝多纳妃嫔，广播雨露，以多得子嗣，但是，孝宗却一直没有选妃嫔。弘治四年（公元1491年）的冬天，长子朱厚照降生。关于朱厚照的生母是谁史书记载不一。《明史》将其默认为是张皇后的儿子，《明书》中记载是周太皇太后因为看到孝宗无子就为孝宗挑选了郑氏、赵氏两个美人来侍奉皇帝，孝宗不得已临幸了郑氏而生了朱厚照，周太皇太后又让张皇后认作自己的儿子来抚养，并在次年三月册立为皇太子。不管朱厚照是谁所生，历史上他还是被作为张皇后与孝宗的长子继承了皇位成为后来的武宗正德皇帝。张皇后后来还为孝宗生了次子朱厚炜，但是在三岁上却得病夭折了。孝宗对唯一的儿子朱厚照非常疼爱。但孝宗不幸在弘治十八年

（公元1505年）时一病不起，五月病死，终年三十六岁，葬于泰陵。临死前，他深知十四岁的皇太子从小耽于嬉戏游猎，好安逸享受，皇后张氏自己根本管束不了儿子，放心不下的孝宗特于乾清宫东暖阁召见内阁大学士刘健、李东阳、谢迁接受顾命，辅以正道，以教育太子成人。张皇后一生受孝宗的宠爱，孝宗死后，儿子朱厚照登基，册封她为皇太后，正德五年又被尊为慈寿皇太后，可以说是一生荣耀。张太后为武宗朱厚照择选了美丽庄重的夏皇后，起初两人恩恩爱爱，国内也是一片升平的景象，但是，人生变幻，本是无常，又有谁能预料身后的际遇呢？武宗朱厚照与其父孝宗截然相反，在位十六年中，好色好武，是明代数一数二的荒淫之主。他宠信以刘瑾为首的“八虎”宦官集团，在其挑唆下，变得荒淫无度，游乐成性，不理朝政，导致宦官专权，奸佞为非作歹。如武宗为了过大将军的瘾，自封为“总督军务威武大将军总兵官镇国公朱寿”，率领几万御林军，在宣府大同一带搜罗美女，随心所欲地游戏淫乐。刘瑾在西内太液池西南岸西华门附近为武宗建“豹房公廨”，广选天下美女艺伎，供武宗日夜纵乐。荒淫无耻的武宗只活到三十一岁，连个子嗣也没留下就病死了。武宗死后，由于没有子嗣，为了不让祖宗创立的基业就此毁掉，张太后与众大臣商量，杨廷和建议太后秘不发丧，并议立宗室中同武宗最为亲近的朱厚熜为皇位继承者。朱厚熜是孝宗弟弟兴献王的长子，时年十五岁。张太后册立朱厚熜为帝，一是把嗣君纳入了孝宗、武宗一系，保持王朝的稳定、保障皇室的利益；二是张太后以皇族长辈的身份积极拥立寓居于偏僻的藩国、年仅十几岁的朱厚熜，新君易于听命于己，取得政治上的主动权，使自己晚年能尊隆犹在，进而保护巩固张氏家族的利益。可是新的皇帝还远在湖北，一时还赶不到京城，以江彬为首的反对势力，控制着首都的禁卫部队，妄图趁朝中无主的机会策动政变。一时间形成了“武宗存，则挟天子以令诸侯；武宗崩，即矫遗命以擅大宝”之势，京城内外，人心惶惶。张皇后面临着这种情况，心里非常着急，她一生的知己孝宗已经死去，非但心里的话无人可说，而且还要独自支撑政局，她知道如果自己乱了方寸，整个朝廷就会乱作一团。她镇定了自己的情绪后，先说服了宦官张永、魏彬等人，又与内阁首辅大学士杨廷和等大臣紧急磋商，首先草拟出武宗的遗诏，让忠于江彬的一支部队到通州领货，将其调离京师，以减轻宫中的压力，然后又在宫中设置埋伏，并以太后的名义邀请江彬到宫中参加“观兽吻”的仪式，乘机把江彬逮捕处死。又以迅雷不及掩耳之势抓获了江彬的余党，夺回了首都警卫部队的大权，稳定了人心。逮捕了江彬的余党后，张皇后又以太后的身份，发出懿旨，进行改革，大批裁减宦官，清除了一批贪官污吏，使受到刘瑾、江彬一伙迫害的官员得到了平反昭雪，提拔了一批正直、有才干的官员，将皇庄和一部分贵族多占的土地分给无地的农民耕种，免除了受灾地区的赋税。在张太后和杨廷和主政的四十七天中，由于上述措施的推行，朝政出现了明朝中期少有的兴盛局面。

可是张太后扶立的这个世宗嘉靖皇帝朱厚熜个性拘谨、脾气怪癖，年纪很小的人，就有极强的自尊心。按理，他以外藩入继皇位，无疑一步登天，应该万分感激给他皇帝做的张太后才是。但他入京以后一系列的行为说明他并不领张太后的情；相反，为尊崇自己的亲生父母和祖母，处处贬抑、压制张太后，利用各种机会削弱、打击张太后的势力，建立唯我独尊的权威，以致最后使张太后受不了频频打击，抑郁而死，这是张太后迎立朱厚熜时万万不曾想到的。

当朱厚熜一行从湖北安陆州封地赶到北京郊外时，礼部按前朝皇太子登位时的礼仪，请嗣皇从东安门入宫，先住文殿，择吉日登位。朱厚熜一听很不高兴，对长史说：“大行皇帝遗诏明明要我来继承皇位的，我不是来做皇子的，这个仪节不能接受。”礼官只好报杨廷和，杨廷和又告诉张太后。张太后无可奈何，只得下令群臣去郊外恭迎。朱厚熜得以日中时从大明门入朝，驾临奉天殿登上皇位。正位后，他甚至不用辅臣和张太后拟定的“绍治”年号而自己拟定年号为“嘉靖”。当朱厚熜去见张太后时，太后见新皇帝长得很像他祖父宪宗，中等身材，长方脸，细眼大耳，说话声音尖锐。看着自己做主选立的新皇帝，张皇后以长辈的身份训勉朱厚熜，这使不甘于受人摆布、控制而妄自尊大的朱厚熜十分不快。

在后宫一处冷僻的宫院里，朱厚熜见到了亲祖母、宪宗皇帝的邵贵妃。当祖孙见面时，已是年老眼瞎的邵太妃激动得老泪纵横，用一双枯瘦的手在孙儿脸上触摸着。三十多年来母子远隔，现在见到孙儿做了皇帝，怎能不高兴？世宗含着眼泪要她多保重，说他会常来看望祖母的。辞别邵太妃后，世宗马上令人腾出一所新宫院供太妃居住，供养太妃的标准，一切照张太后的标准去办，这使张太后不太高兴。

即位后，世宗派一名专使去安陆州接母亲蒋氏进京。礼臣把蒋氏称为兴国太妃，进宫礼仪只能由皇城的侧门永华门入宫。世宗一听大为震怒，斥道：“子为皇帝，母为太后，为何用兴国太妃的称号？”为了解决根本问题，世宗决心正本清源，他下令要礼部议他父亲兴献王的尊称问题，礼臣们不敢决定，由内阁首辅杨廷和召集群臣会议。大臣们建议世宗称伯父孝宗为“皇考”，称亲生父亲兴献王为“皇叔父”，母蒋氏为“皇叔母”，世宗拒不接受。这时，蒋氏已到达京城，听说不能称为皇太后，哭哭闹闹。又因名位未决，入城仪式也未定，只能停在通州郊外。世宗大发脾气，说宁可不做皇帝了。张太后只能出场，一面抚慰世宗，一面命阁臣们作出妥善决定。最后，由阁臣们让步，称兴献王为“皇考献皇帝”，蒋氏为“圣母章圣皇太后”，称孝宗为“皇伯考”。于是，世宗母子赢得了胜利。这“议礼一案”前后持续三年，害一百三十四人下锦衣卫，十六人被杖死。

蒋太后虽为帝母，但以藩妃入居大内，张太后仍以藩妃之礼对蒋太后，对世宗有时也很不恭，这使世宗积怨在心。世宗处处唯我独尊，为了使自己的祖母、母亲在尊荣方面胜过张太后，他处心积虑。在册立皇后的册文叙述中，写奉祖母寿安邵太后之命而故意不提张太后，这样来否定张太后在宫中的最高地位。杨廷和看到了，力劝皇帝说：“慈寿张太后是先帝太后，陛下是她所立，如今大婚，册后大典的诏书上不写奉慈寿太后之命，恐会引起臣下议论，说陛下不尊重先帝太后。”世宗根本听不进，他也有一套理由：“从来婚姻大事是奉父母之命，媒妁之言。邵太后是我亲祖母，慈寿太后是伯母，亲情上自然她要差一等。”君臣之间为此争执不休，世宗又是大发脾气，把杨廷和斥责一通。不仅如此，在大婚典礼之后，他率新皇后先拜见母亲蒋太后和祖母邵太后，然后才以侄礼拜见张太后，这使张太后又气又恨。在嘉靖三年（公元 1524 年），世宗母亲蒋太后生日，世宗下令大事庆贺，一连热闹了三天。而后来张太后也过生日，礼官们奏请按蒋太后生日的规模，由皇帝率大小群臣，在云和殿摆宴为太后上寿。世宗竟不准，也不许有其他庆贺仪式。这事深深刺激了张太后。

世宗对张太后更沉重的打击是惩治张太后的两个兄弟张鹤龄、张延龄。张太后对这两个弟弟百般庇护，这两人也依仗皇亲国威的身份，横行不法，无恶不作。百姓无不恨之入骨，不少官员也要求予以惩治。孝宗、武宗碍于张太后的情面，并不予开罪。世宗入继大统，张太后为了让其弟继续贵显，特地把张鹤龄塞入迎立的队伍中，张鹤龄由此进为昌国公。在张太后与世宗关系紧张后，二张仍不收敛，依然作恶多端。张延龄家的一个丫鬟只因私拿了金子给过路的和尚，就被张延龄活活打死。宦官谷大用等人被抄没的财产也被张氏兄弟压价收买了。对于张氏兄弟的恶行，起初世宗嘉靖皇帝并未予以惩治。然而，随着他与张太后交恶日深，嘉靖十二年（公元 1533 年）九月，张延龄被人告发，嘉靖皇帝遂将其逮捕入狱。对于罪行昭彰的张延龄，依法予以惩治，是极其应该的。不过，嘉靖皇帝的用意并非是要惩治奸恶，他是想借此打击张太后，彻底击垮其势力。于是嘉靖皇帝竭力要将谋反罪扣到张延龄头上，这样不仅张延龄本人要被处决，而且还要株连张氏整个家族。消息传出后，张太后很是惊慌。她这才意识到，过去对弟弟的姑息迁就是大错特错了，现在大难就要临头，只好亲自为弟弟求情。她知道嘉靖皇帝不会答应和她见面，就身穿短衣破衫，提着一块席头，径自闯入宫中，跪在嘉靖皇帝面前，为弟弟哀求。这个不同寻常的举动，并未使世宗嘉靖皇帝心软下来。张太后实在无计可施，只得再去央求皇后张氏，请她在嘉靖皇帝面前说好话，以解救其弟。但没想到，张皇后刚一开口，嘉靖皇帝立刻将她臭骂一顿。事情不仅没办成，张皇后也因此被打入冷宫。嘉靖皇帝的这种过分举动，也引起一些朝臣的不满，他们觉得张氏兄弟虽然应该惩办，但加以谋反罪，实在缺乏证据，其矛头明显的是冲着张太后来的。只是畏惧嘉靖皇帝，没有人敢站出来公开讲这些话。还是颇受嘉靖皇帝宠信的张璁讲了几句公道话，才使事情没有闹大。张璁上疏说："延龄只不过是搜刮钱财，怎么会谋反呢？若坐谋逆罪，恐怕会伤皇太后的心。"嘉靖皇帝对此很不以为然，批复道："天下是高皇帝的天下。孝宗皇帝守高皇帝法。你考虑怕伤伯母心，怎么不考虑会伤高、孝二帝的心呢？"张璁随又回奏道："假如谋逆之罪成立，当坐族诛。那昭圣太后难道不是张氏的一员？陛下您将怎么自处呢？"一句话将嘉靖皇帝问住了。如果真的以谋反罪处置张延龄，根据封建社会的株连法，岂不要连昭圣皇太后也一起处决。这要使嘉靖皇帝背上多么大的罪名啊！有鉴于此，嘉靖皇帝只好收起原来的念头，根据法司审理的结果，以违制杀人罪，判定张延龄死罪，系狱待决。同时以"同恶相济"，革除张鹤龄的爵位。五年后，又有人告发张氏兄弟"挟左道诅咒"，并牵连张太后。嘉靖皇帝又将张鹤龄逮捕入狱。不久，他就死在狱中。至于张延龄，嘉靖皇帝打算利用秋决的机会，将其处死。张璁上疏劝止，他说："昭圣皇太后春秋已高，突然听到延龄死讯，万一不食，有他故，何以慰敬皇帝在天之灵。"在张璁的坚持下，嘉靖皇帝也只得打消了这个念头。于是张延龄得以长系狱中，直到嘉靖二十五年（公元 1546 年）十月即张太后已病死五年后才被处决。

屡遭打击，张太后不堪忍受，在无依无靠中，于嘉靖二十年（公元 1541 年）八月忧愤而死。张太后的丧葬虽是草草了事，但因名位仍在，还是被尊为"孝康靖肃庄慈哲懿翊天赞圣敬皇后"，合葬孝宗的泰陵。

明孝宗张皇后美丽聪明、知书达理，入宫后又遇到有明一代私生活最严正的孝宗皇帝，两人伉俪情深。张皇后在孝宗生前受到了世上女人最高的尊崇，更享尽了皇宫里难有的夫妻恩爱，这羡煞了多少天下人！但是皇宫这个是非之地，多的是让人难以预料的未来。在张太后的儿子明武宗死后，武宗没有留下子嗣，张氏也再没有自己的孩子来继承皇位，她就以性命推荐了藩王朱厚熜为嗣君，但这个嘉靖皇帝朱厚熜上台之后毫不感谢她的拥立之恩，反而处处为难排挤她，张皇后人到暮年反而晚境悲凉，只能郁郁而终。

共辅幼帝的两个女人

——明穆宗的陈皇后和李贵妃

陈　皇　后

明穆宗隆庆皇帝朱载垕是明世宗嘉靖皇帝第三子。母亲为杜康妃。嘉靖十八年（公元1539年）二月封裕王，与庄敬太子、景恭王同日受册封。嘉靖二十八年（公元1549年），太子朱载壡病死，裕王朱载垕和景王朱载圳进行了十多年的皇位继承权的争夺，直到嘉靖四十五年（公元1566年）朱载垕已三十一岁时才登上皇位，史称穆宗，第二年改元隆庆。明穆宗为藩王时间较长，所以他的皇后是他为藩王时娶的两个王妃。

孝懿皇后李氏是明穆宗的结发之妻，史书记载她是昌平人，也有人说她是宁晋人。其实她生前并没有做皇后，而只是裕王妃，皇后是死后追封的。她为明穆宗朱载垕生下过一个儿子即宪怀太子，但是母子两个人实在命薄，一个没有皇帝命，一个也没有皇后命，两人双双在明穆宗还没有即位的时候就病逝。李氏于嘉靖三十七年四月（公元1558年）病死后葬在金山，朱载垕对她的死感到非常的悲痛。穆宗即位后，追封她为孝懿皇后，封她父亲李铭为德平伯。在明神宗即位后，上谥号，尊称为“孝懿贞惠顺哲恭仁丽天襄圣庄皇后”，并按照明穆宗遗命，让李皇后同明穆宗合葬昭陵，神主在太庙祭祀。

孝安皇后陈氏是通州人，也有人说她是大名人。嘉靖三十七年（公元1558年）九月，她入选裕王朱载垕继妃，其父陈景行被授予锦衣千户之职。陈氏陪着裕王度过了如履薄冰的八年。隆庆元年（公元1567年），裕王终于登上了皇帝的宝座，陈氏被册立为皇后，其父被封固安伯。成人即位，在明代是少有的。经过长时期的苦难与压抑，朱载垕现在突然居于至高无上、可以为所欲为的位子上，他总结了宫廷的斗争生活，为自己定了八个字的执政方针：纵情欢乐，垂拱而治。于是便肆无忌惮地纵身声色之中。陈皇后对此婉言劝阻：“圣上此位得之不易，身负祖宗之托，应谨慎小心才是。况且陛下也要注意保重身体。”穆宗非但不听规劝，反而斥责皇后：“祖宗之法，皇后虽然母仪天下，但不可参与政事。我的事你不要多言了。”并因此将她安排到别的宫殿，加之她又没有为穆宗生育皇子，大有废弃之势。

陈皇后见忠言获罪，羞愤交加，便疾病缠身，卧床不起。大臣们纷纷上疏，请立即让皇后回到中宫。侍御史詹仰庇上疏说：“天子有皇后，就如天有地一样，职责有阴阳之分。臣听说皇后举止端庄，但得罪了陛下您而被驱出坤宁宫，安置到别的宫里，身旁连个照顾她寝食起居的人都没有，以致抑郁成疾，万一有个什么不测，将有损于陛下您的圣德。”穆宗在批复中说：“皇后无子多病，移居别宫，聊以自适，以期痊愈，你怎么知道内廷的事，一派胡言！”后来在批复王之垣的疏请时，也说：“皇后侍奉我时间太长，无子多病，移居别宫，使她心情舒畅一下，你不知内廷的事，胡说什么！”但王之垣是个正直而认死理的人，皇帝的回答，他并不害怕，又上疏说："皇后是先帝为陛下选的，有关雎之德，抑郁成疾，已经不好了，反而说移到别的宫中，使她心情舒畅一下。难道有夫妻分离而心情舒畅的吗？"穆宗无奈这才说："皇后调理得稍有好转，就让她回中宫。"但是明穆宗隆庆皇帝比其父嘉靖皇帝要好得多，其父爱够了某一皇后，即废掉；他是不喜欢就放到一边，尽管自己快活。从来没有动摇过陈氏的皇后地位。感受过没有亲情之苦的穆宗，的确比他的父亲对自己的妻子和儿子注重亲情，宽容一些。

明穆宗即位后，力图革除弊政，对朝廷不合时宜的政令进行修改，召用世宗朝因直言进谏而获罪的大臣，释放兵部主事海瑞出狱，为冤死的人平反昭雪。惩办方士，罢斋祭之礼及各种例外采买，减免赋税，与民休息。任用礼部侍郎张居正为吏部左侍郎兼东阁大学士，参与机密事务，为隆庆至万历初年的改革奠定了基础。在位期间，明王朝军事力量较强，隆庆二年（公元 1568 年）调戚继光北上防边，整顿防务，加强对京师地区的防卫。隆庆五年（公元 1571 年），鞑靼部俺答受封并入贡。同年，与蒙古诸部互市。自此，稳定了边塞地区。明穆宗虽然在政治上有一些政绩，并不算昏庸无道，但是他喜爱游玩挥霍，而且他很贪色，整天淫乐于后宫，常怠于政事。例如，在《云间杂志》中有过这样一段记载："隆庆二年（公元 1568 年），讹传京中将选淑女，一时间男女纷纷娶嫁，不论长幼良贱，有垂髫即出嫁的，有乳臭就作新郎的，寡妇也都再嫁男人。乐工昼夜不息地忙碌，菜肴果品的价钱因之上涨，经过一个多月事情才平息。后来因为婚娶不般配，往往打官司，但已经来不及了。"这说明了当时民间对挑选宫女非常恐惧，这当然有些夸张。贱民和寡妇，无论如何不会选进宫中，垂髫幼女也不会选为宫女，但这却反映了人们对皇帝纵欲荒淫的恐惧。明穆宗想方设法不让皇后回中宫，很重要的原因也是为了自己纵欲方便。明穆宗沉溺于声色之中，一些奸佞之徒，投其所好，从中渔利，这不仅给国家、民族带来了无穷的灾难，而且明穆宗自己也因此成了牡丹花下的风流鬼。他对陈皇后的热心谏言充耳不闻，便把好端端的一个身子骨弄得虚弱不堪，在位仅仅六年就一命呜呼了。

陈皇后是一位心地宽厚、善良的皇后，她不因自己无子而忌恨别的妃嫔。陈氏的德行是跟其父的培养教育分不开的。因为其父陈景行好学、有才识，而且一向恭敬谨慎，遇到遣祀、册封诸典礼，事前一定要斋戒。在家里常常告诫诸子一定要退让。陈皇后对神宗的生母李贵妃平等对待，对神宗也视如己出，两宫关系一直和睦融洽。神宗做皇太子时，每天早晨到她的住所问安，她听到脚步声，总是很高兴，为神宗强行起身。万历元年（公元 1573 年），神宗即位，上尊号为仁圣皇太后。年方十岁的神宗不能决定国家大事，政务全由陈太后和神宗生母李太后主持，两人任命张居正为首辅，进行改革，取得了很大成绩。嘉靖、隆庆时期，明朝的财政年年亏空，经过张居正的改革整顿后，变得略有盈余。在军事上，张居正改革前"虏思日深，边事久废"的局面，这时也大为改观。可以说万历初期张居正的改革成功是与陈太后的支持分不开的。万历六年（公元 1578 年），神宗为陈太后加上尊号贞懿，四年后又加康静。万历二十四年（公元 1596 年）七月，陈太后去世，谥为"孝安贞懿恭纯温惠佐天弘圣皇后"，祭祀神主于奉先殿别室。李贵妃在明穆宗的后妃中除了两名皇后，其中地位显赫，发挥了重要历史作用的是明神宗万历皇帝的生母——李贵妃。

李贵妃

李氏，漷县（今北京通州区）人。父亲李伟，字世奇，家境贫寒，靠卖苦力养家糊口。为避乱，携家迁居京师。他的女儿出落得妩媚动人，又天生非常聪明懂事。为了帮助父母分忧解难，她自愿到裕王府做侍女。父亲在她的一再要求下只好答应。她进入裕王府后，侍候裕王朱载垕。裕王朱载垕是个特别好色的人，在裕王府中穷极无聊，见有这么个貌美的侍女每日侍候，怎能不动心，就临幸了她。刚好裕王继妃陈氏一直没有生育，李氏又是个特别机灵的人，她对陈氏毕恭毕敬，得其欢心，所以裕王对侍女的一举一动陈氏也就睁一只眼闭一只眼，听其自然了。嘉靖四十一年（公元 1562 年），李氏生下一子，名朱翊钧，就是后来的明神宗万历皇帝。巧的是，裕王的前两个儿子都夭折了，所以全府上下，均很高兴。这位三王子健康活泼，聪敏异常。裕王在宫中骑马驰骋，他就和裕王说："父王是天下之主，一个人骑马飞跑，难道说没有马翻的危险吗？万一摔下来怎么办？"裕王见他小小年纪说出这等话来，十分欣喜，就下马夸奖了他几句。嘉靖皇帝死后，裕王即位为帝，是为明穆宗，隆庆元年（公元 1567 年）三月，李氏被封为贵妃。第二年，她的儿子朱翊钧被立为皇太子。隆庆二年（公元 1568 年），李贵妃又生了朱翊镠，穆宗的第四子，在四岁时册封为潞王。

李贵妃有两个儿子，陈皇后体弱多病，没有儿子，分居别宫。这就难免会令人觉得皇后失宠，后妃间的关系会紧张。但陈皇后心地宽容，生性善良，她对李贵妃母子非但毫无妒心，反而很是厚待。每天太子一早要去奉先殿觐见穆宗及生母李贵妃，然后总要去陈皇后住的宫中请安，很得陈皇后欢心。只要听见太子的脚步声，陈皇后就高兴非凡，她还常常挣扎起身，取过经书考问太子，而太子总是朗声回答，且对答如流。李贵妃见皇后如此疼爱自己的儿子，当然也十分欣慰，这样，后妃之间关系并没有紧张而是日趋亲密，从无半句谰言。

明穆宗只做了六年皇帝就于隆庆六年（公元 1572 年）五月驾崩，六月，皇太子朱翊钧即位，是为明神宗万历皇帝。以前的制度是，天子即位后，尊皇后为皇太后，若有生母称太后的，则加徽号以示区别。当时，太监冯保想取媚李贵妃，讨她的欢心，就暗示大学士张居正让廷臣商定并尊两宫，于是尊嫡母陈皇后为仁圣皇太后，生母李贵妃为慈圣皇太后。仁圣皇太后住在慈庆宫，慈圣皇太后住在慈宁宫。这一行动使张居正得到了李太后的信任，为此后她大力支持张居正改革埋下了伏笔。神宗即位时才十岁，张居正请李太后照看小皇帝的日常起居，于是李太后又徙居乾清宫。这就造成了这样一种形势：神宗在其母李太后的控制之下，李太后又完全信任张居正，所以万历初年的大权实际上掌握在张居正手中。

虽然论名分、地位，陈太后是正后，要比李太后高，但陈太后多病，且性情淡泊，唯以养性怡情为重，加上神宗不是她亲生，因而很少管事，而是神宗生母李太后承担了太后的职责。李太后对儿子管教十分严厉。遇到上朝的日子，五更她就到神宗的卧室，叫"皇帝该起床了"，亲自唤醒小皇帝起床，命令左右扶神宗坐起，取水为他漱口洗脸，带着他登上车去金銮殿视朝。早朝完毕，回到后宫，又命神宗读书。如他贪玩不用功读书，太后便要罚他长脆。太后还常常驾临神宗听课的地方，要神宗把听到的课程向她复述一遍，直至满意了才离开。神宗侍奉李太后非常谨慎，这也造成了一种不好的现象：即奉了太后旨意的诸内臣，往往对神宗挟持过分。实质上，外戚专权与此如出一辙。万历六年（公元1578年），神宗十六岁，举行大婚册后典礼。李太后见神宗同皇后王氏伉俪情深，准备迁出乾清宫，重返慈宁宫。在即将结束临朝时，她对张居正说；“皇帝已大婚，我不便再早晚都照看着皇帝了，恐怕他不能像以前那样自学、勤政，辜负了先帝的嘱托，先生你是国家元辅，亲受先帝托付，应该早晚进谏、教诲皇帝，不要辜负先帝托孤的情意。”李太后虽回慈宁宫，并未忘记管教、督促神宗。万历八年（公元1580年）十一月，神宗在西城歌宴，喝酒过多，命内侍唱新歌，内侍推说不会，他便拔剑击打内侍。左右大惊，慌忙劝解，他才开玩笑地割了这内侍的头发说：“即以发代首吧。”第二天，李太后听说了此事，先传话张居正让他上奏疏劝谏神宗皇帝，又命令他为皇帝起草一份自我责备、承认错误的罪己诏。太后又召见神宗，令其长跪，数说他的过错。直说得神宗涕泣知错，事情才算了结。在管教年幼的神宗时李太后常说：“假若张先生知道了，怎么办？”以张居正来吓唬他，从而使神宗很怕张居正。随着年龄的增长，神宗的胆子也渐渐大起来。司礼监冯保同一些狡诈邀宠的太监曾引诱神宗，于半夜偷偷穿上便服，跨马持刀，去西城饮酒游乐。这事被李太后知道了，大为生气，她穿上青布袍，除去全部簪珥，传令神宗进慈宁宫。神宗心惊胆战地跪下磕头，太后怒目相视，训斥道：“你好啊！先帝把社稷托付于你，是让你这样子游荡吗？”“儿，儿，知罪了！望母后宽恕儿这一次！”神宗颤抖着声音说道。“你也知道有罪吗？”李太后不由想起死去的穆宗皇帝，更加伤心，她继续训斥儿子：“先帝弥留之际，内嘱我和陈太后共同教育你，外嘱张先生等悉心辅导你。几年来我们煞费苦心，不料你竟成了不肖子，胆大妄为，如再不肯改过，恐怕将来要玷辱祖先。我为顾社稷要紧，只能不顾私恩了。难道这个龙廷，非得你坐不行吗？”明神宗一听这话，吓得伏在地上不停地叩头求饶。这时，冯保上前说：“张相国（张居正）有奏疏说，皇上英明，只要他自己认错改过就好了，将来必定能弃旧图新。不如让他起草罪己诏书，昭告天下吧！”李太后采纳了张居正的奏疏，命人代神宗起草一道罪己诏。一会儿，草诏拟就，太后命令神宗起来，亲笔誊抄一遍，颁示朝堂。太后至此，又想到先帝临终对儿子的殷切期望，不由伤心地流下眼泪。神宗惶惶然又跪下请罪，这才获准退出。不久，李太后下令整肃宫纪，把引导神宗游乐的宦官孙海等人驱逐出宫。李太后明达事理。万历初年，大胆放手任用张居正，由张居正主持朝政，神宗又年幼，客观上使得张居正有充分的权力，大刀阔斧地开展嘉靖、隆庆以来的改革活动。张居正所进行的改革，像整顿吏治、整饬边防、整顿学校，量入为出、节缩开支、丈量土地、推广一条鞭法等，执行得都比较彻底，因而真正达到了“国富民强”的目的。而所有这一切，正如史书所说：万历初年的政治，委任张居正，综覆名实，几乎达到富强，李太后的功劳居多。

万历十年（公元1582年）的一天，李太后在所居慈宁宫摆下了丰盛的酒宴，邀请陈太后宴饮。陈太后虽然深居简出，但因与李太后情同姐妹，甚是相得，也就欣然出席。李太后又命神宗进宫侍候两位母后。

席间，李太后问起皇后王氏是否有生育，神宗摇摇头不说话。陈太后未免叹息几声，说道：“皇儿大婚已有几年，至今无有皇子，如何是好！”李太后不慌不忙，说出一番话来：“皇儿也太不长进，竟偷偷摸摸召幸我宫中的王宫人，现王氏已有身孕了。”陈太后一听，很是吃惊，半信半疑地看着神宗。神宗立刻面红耳赤，但口中还要抵赖，说：“儿臣并无此事。”李太后生气极了：“做过的事，何必隐瞒。”说着，她命人去把皇帝的起居注取来，交给神宗：“你去看看清楚，是否记错了？”神宗接过起居簿录一看，见写得清清楚楚，无可狡辩，只得站起来向两位母后认错。

原来，几个月之前，有一天神宗闲着无聊，擅入慈宁宫，看见一个宫女。那宫人忙上前向皇帝请安。神宗见她长得美丽动人，举止风度幽雅娴静，不由生出了爱心，便走进内室坐下，那宫女也只得跟了进去。神宗问明太后去的地方，又问宫人姓名出身。问话时仔细打量，见她应对大方，神态自然中又透出妩媚之情，不由更加怜爱。他略略沉吟一下，对宫人说：“你去取水来，朕要洗手！”少顷，水盆端了上来，神宗见她一双纤手十指尖尖，冰肌玉肤，正想去拉她，忽想起有太监侍立在旁，便令太监回避。神宗由宫人侍候洗完手，笑着说：“你为朕出力侍候，朕也要报答你呢！”说着，便把那宫人抱住，将她按倒在床上……谁知这名姓王的宫人就此暗结珠胎，肚子一天天地大了起来。李太后发现之后，马上想到了自己的儿子，料想这事一定与他有关，于是召王宫人密问，果然是儿子干的好事。又命文房太监取出皇帝起居注，所载情景，与王宫人所说无不一样。

见神宗承认了此事，李太后的语气缓了下来，对儿子说：“你既将她召幸，就该向我禀明，我也不难为你。将她选入六宫为妃也是好事。我已查得明白，你还要抵赖，显见得你是太不孝了，下次不要这样了！”神宗唯唯诺诺，连连答应。陈太后也不停劝解李太后，叫她不要生气，饶过皇帝这一回。

李太后又说；“事情还没有完！如今你打算把王宫人如何处置？”神宗不敢自作主张，偷偷看了母亲一眼，答道：“听凭母后做主。”李太后叹了一口气，说道：“我与仁圣太后都已老了，彼此都盼望有个孙儿。现王宫人有了身孕，假如生个男孩，也是宗庙社稷之福。古人说母以子贵，她的儿子理应立为太子，你不要分什么贵贱了！”陈太后听了，连连点头，十分赞成李太后的说法：“慈圣太后说得很对，就这么办吧！”不久，神宗便封王宫人为恭妃，专辟一静室供她调养。十月怀胎期满，王恭妃果然生下一个皇子，取名朱常洛，就是后来的光宗皇帝。神宗临朝受贺，大赦天下。两宫太后喜气洋洋，分别加上徽号，陈太后加“康静”二字，李太后加“明肃”二字。

但是明神宗对由宫人生下的这个儿子以及他的母亲王恭妃都很鄙弃，不愿意立他为皇太子。给事中姜应麟上疏请求册立皇子朱常洛为太子，就遭到神宗的贬谪。李太后听到这件事后很不高兴。有一天，神宗皇帝来到慈宁宫给李太后请安，李太后问起此事的缘故。神宗皇帝说：“他是‘都人’所生的。”李太后听了大怒，说：“你也是‘都人’所生的。”神宗皇帝知道失言，十分惶恐，跪在地上不敢起来。皇宫里把侍女们称为“都人”，李太后初入宫时也只是个侍女，也是由侍女得幸升迁的，所以她才发怒这样说。在李太后的这次发怒指责后，朱常洛又经历了宫闱内的一场场争斗，历经波折最终才被册立为太子，但这也不过刚刚拉开了更残酷的宫廷之争的序幕。

李太后性格严明，不仅严格要求神宗，对朝中和家中也都要求很严。一次群臣请求福王回到自己的封国去，郑贵妃想留儿子多住几天，待明年再让他走，就找了借口说是为祝贺李太后诞辰。李太后说："我的儿子潞王也可以来上寿嘛！"这样郑贵妃听出了李太后不让福王留京的含义，便不敢再留福王了。李太后的父亲李伟被封武清侯，家人曾经犯法，太后命令中使到家中责备父亲，并宣布那个家人的罪状，坚持让父亲的家人伏法。李伟曾经有过错，太后召他进宫，狠狠责备了父亲一顿，她不因为是父亲就枉祖宗之法。但是李太后又是一个很慈善、有同情心的母亲。御史曹学程因为谏言被判死刑，李太后知道他有老母，需他照料，就向神宗讲情道："忠臣出于孝门，他能孝其母，必忠其君，虽言语有错，念其初衷不恶，其母无人照料，就免其一死吧。"于是神宗就把他的死罪赦免了。

李太后还是一位很信奉佛教的人。据朱彝尊《日下旧闻考》卷十六记载："北京城从辽金到元朝，没有一年不建佛寺的。成化年间，京城内外的寺观，已达六百三十九所。王宫保廷相诗说，西山三百七十寺，是正德年中内臣修作的，那么城中所建寺的数量可以推知，到万历时，孝定皇太后营造的更多，而且一经修建，寺额往往更换，如悯忠、静宁两寺相去很近，同改叫崇福，后人实在很难考证。"可见李太后所置的梵刹，比成化、正德时期要多得多，其工程所费也就可想而知了。仅在张居正文集中就有修建承恩寺、重修海会寺、修东岳庙、建慈寿寺、建万寿寺、改建五台山大宝塔寺等碑文。碑文中常说，"出带储千金""出内带银若干""出带储若干绢""出宫中供奉金若干两"等，而且神宗也助施了无法计算的金银。虽然统治者说："力出于民，时出于府，费虽孔殷，民不与苦。"实际上，其财其力，都是出之于民。张居正在世时，为此曾劝说过李太后，"敦节俭要自上以身作则，尊崇梵佛，徒糜钱财"。但李太后没有采纳他的建议。

李太后出身于一个靠苦力养家的家庭，她本人就是为帮助父母减轻负担，才到裕王府做侍女的，所以她特别知道钱财的可贵。艰苦环境所造成的她的性格，间接影响到神宗，从而使之成了明朝最爱钱财的一个皇帝。张居正刚一去世，神宗所宠幸的中官张诚便在他耳边说："张居正的宝藏超过大府。"神宗有点心动。冯保家财籍没，金银珠宝以万计，神宗越发怀疑张居正也有很多积蓄，心中羡慕。只要皇帝对谁家财富起了贪心，那可是没有贪不成的。张居正曾断过辽庶人的狱，庶人的妃子趁机上疏辨冤，并说："庶人金宝万计，都被张居正据为己有。"这更使神宗心痒难熬，于是下令司礼张诚等带领锦衣指挥去籍没张居正的家财。张诚是此案的祸首，哪有不卖力的道理！但全部搜刮完张居正诸子兄弟所藏，也只有黄金万两，白银十余万两。这哪里符合原告所说？只好严刑逼供。张居正的长子礼部主事张敬修忍不住痛苦，诬称寄黄金三十万两在曾省吾、王篆及傅作舟等家，接着便上吊自杀了。逼出了人命，朝臣们也看不下去了，合疏论争，神宗才下诏留空宅一所、田十顷，赡养他的母亲。这件事李太后不会不知道，能制止神宗如此做的也只有她一人，但悲剧还是发生了，难道李太后能没有责任吗？对张居正及其制定的各项措施的否定，是明神宗政治的转折点，此后的神宗一意聚敛财富、骄奢淫逸。万历二十四年（公元 1596 年），仁圣皇太后去世，刚刚安葬，神宗便命中官开始在通州收榷税，以后很快遍及全国，群臣屡谏不听。这一敛财措施在仁圣皇太后去世后才实行，说明神宗母子不愿让她看到此举。万历二十九年（公元1601年），神宗给她母亲加上“贞寿端献”尊号，万历三十四年（公元1606年），又加上“恭熹”二字。这时的李太后大概一心崇佛，不问世事，一切随儿子的便了。也许她是眼看国家破败，无能为力。在她去世的前两年，即万历四十年（1612年），南京各道御史上言：“台省空虚，诸务废堕，上深居宫中二十余年，未尝接见大臣一次，天下将有陆沉的忧虑了！”神宗仍然置之不理，这种置国家、民族利益于不顾的态度，激怒了各部大臣，户部尚书、吏部尚书、兵部尚书、礼部右侍郎纷纷辞官自去。如果李太后还能对神宗起作用，当不至袖手旁观。万历四十二年（公元1614年）二月，李太后去世，神宗上尊谥号曰：“孝定贞纯钦仁端肃弼天祚圣皇太后”，和穆宗合葬昭陵，神主牌在崇先殿接受祭祀。

三个女人一台戏

——万历皇帝的后妃

明神宗万历皇帝朱翊钧做了近半个世纪的皇帝，是明朝统治时间最长的皇帝。他像历史上大多数皇帝一样，酒色财气，“四病”俱全。他贪恋、沉溺于女色，连朝政大事都无心过问。他性喜酒色，后宫多内宠。在他的后妃中留下记载的有皇后王氏、光宗的生母王恭妃及郑贵妃等。

王 皇 后

明神宗王皇后名字叫什么史载不详。原籍今浙江省余姚县，出生于京师。万历六年（公元1578年）被明神宗册立为皇后，史称孝端皇后。王皇后性情端谨，淑颜姣美，却得不到万历皇帝的宠幸。但是王皇后为人正直，性情温柔，知书识礼，从不计较个人得失，素以孝顺著称。王皇后对神宗的生母李太后非常孝顺，关心得无微不至，深得李太后的欢心。

明神宗贪财好色、纵情酒色。16世纪末至17世纪初的中国，在封建经济的汪洋大海中，已零星地出现了资本主义生产关系的萌芽。商品经济有了新的发展，城市更加繁华，市镇迅速兴起，物产日益丰实，贸易往来也急剧增加，这就给明神宗万历皇帝提供了铺张浪费的广阔天地。他和他宠爱的郑贵妃贪婪地极尽挥霍之能事。而王皇后却能淡然处之。

王皇后身患疾病，不能生育，这不仅成了李太后的一块心病，而且由此诱发了宫廷内部关于册立皇太子的诸多矛盾。神宗的长子朱常洛是慈宁宫的侍女王氏所生。遭到万历皇帝的鄙薄，万历皇帝钟爱的是宠妃郑氏的儿子朱常洵。在李太后的关怀主持下，几经朝臣们的进谏朱常洛才得以立为皇太子。王皇后信守立嫡以长的祖训，论感情偏向，她也同情王恭妃母子，觉得郑贵妃恃宠而骄，还想为儿子夺取皇太子的名位，未免过于放纵。在立储问题上，为保社稷太平，为了宫闱和平，她用非常谨慎的语言，引经据典，向神宗说立嫡以长的道理，还援引了前朝这方面的教训。总之，她主张立朱常洛为皇太子，另外设法厚待郑贵妃的儿子朱常洵，使朱常洵所得封爵优于其他皇子。她无意与郑贵妃争宠，只要丈夫尊重她，中宫的地位不受损害，她也就心满意足了。

虽然朱常洛被立为皇太子，结束了长达十五年的立储之争，但却拉开了有明一代著名的“三大奇案”的序幕。因为明神宗宠爱的郑贵妃千方百计阴谋易储，想立自己的儿子为太子，朱常洛数次遭灾遭难。心地善良的王皇后自知敌不过郑贵妃，就一方面有意采取不与之争宠的策略，显示自己作为皇后母仪天下的气度；另一方面则加倍尊长爱幼，以嫡母身份多方调护、关怀太子，使朱常洛多次幸免于难。她与郑贵妃的举动总是每每相反。因此正位中宫长达四十二年，赢得了宫内外的普遍赞誉，大家都交口称誉王皇后慈孝仁厚，不像那个郑贵妃尖酸刻薄，争风吃醋。

神宗的王皇后还算长寿，做了四十二年皇后，至万历四十八年（公元1620年）逝世，谥号“孝端”。明光宗朱常洛即位后，感念她生前对自己的照顾，上尊谥为：“孝端贞恪庄惠仁明媲天毓圣显皇后。”由于明光宗从即位到晏驾一共才只有三十天，是明代在位最短的皇帝之一。因此还没来得及商议王皇后的后事该如何处理。等到明熹宗朱由校登基方才上册宝，决定与明神宗合葬于定陵（今北京昌平太峪山东），神主配祭于太庙。

王恭妃

明光宗朱常洛的生母王恭妃，北直隶新安县人，出身平民，史称孝靖王太后。王氏于万历六年（公元1578年）六月被选入内廷慈宁宫为宫女侍奉皇太后。出身寒微的王氏，在后宫众多的宫女中是一个默默无闻、平常得不能再平常的宫女。对她来说什么嫔啊、妃啊，她不是不想，而是根本不敢想，那对她来说是遥不可及的事情。但生活的逻辑就是这样，有些事你越想便越得不到，你不想它，它反而来找你。

万历九年（公元1581年）是个平常的年份，可是对于王氏来说却是不平常的。那年初冬一天的午后时分，明神宗路过慈宁宫，进得宫来，李太后却外出不在宫中，只有王氏起身来给皇帝请安。神宗让作为宫女的王氏给他端过一盆水来洗手，看着亭亭玉立、美丽动人的王氏，神宗欲念顿起，后来王氏就被皇上临幸了。可是，她怎么也没想到这一次就怀孕了。按惯例，皇帝与宫女发生了关系，必然要给予赏赐，皇宫中负责文书房的太监还要记下日期和赏赐的东西以作将来的证物。当时神宗皇帝对此事有所避忌，所以周围的人也都不敢提起。后来皇上也把这件事忘得干干净净。

王氏的身孕逐渐显了出来，这可喜坏了从没抱过孙子的李太后，一天，神宗皇帝侍奉两宫太后饮宴时，谈话中李太后向神宗询问此事。神宗皇帝矢口否认。李太后无奈，只好命人取来宫内有详细记载的“起居注”给皇帝看，并且好言好语地对他说：“我已经老了，还没有孙子。这次如能生个男孩，也是祖宗、国家的福气。”神宗反应冷淡，不以为然。皇太后进一步劝导说：“你不要在乎她的名分，以为她是个宫女不够体面，其实母以子贵，你可以加封她嘛！”神宗见赖也赖不掉，推也推不脱，就于万历十年（公元1582年）四月，勉强封王氏为恭妃，之后对她不理不问。

虽然这样，王氏的处境还算是好的，因为按照明王朝有关宫廷规矩，如果皇帝不承认宫女的身孕与自己有关，轻者宫女肚中的孩子得打掉，重者宫女就要丧命。如果不是皇太后有心保护，如果神宗又死不承认，那么王氏就很可能不在人世，也就不可能有神宗的长子、后来的光宗朱常洛的出生了。

朱常洛出生了，他是皇长子，按有嫡立嫡、无嫡立长的惯例，以后的太子应该是朱常洛，她们母子二人地位应有所好转，但事情没有那么简单。当时神宗正宠爱着容貌艳丽、在所有妃嫔之上的郑氏。王恭妃母子平稳的生活持续到万历十四年（公元1586年），此时郑氏生出了皇三子朱常洵。郑氏和王氏生孩子相比，情况大不一样，神宗对此表现出超乎寻常的热情，他不仅大办庆宴，而且马上封郑氏为皇贵妃，而恭妃王氏不予晋封。皇三子的出生使朝廷对立皇太子的问题产生了非常激烈的矛盾：有些大臣怕“子以母贵”，神宗会废长立幼，因此上奏请求早立太子，而一批揣摸神宗意思成为郑贵妃朋党的就全力阻挠，于是朝中就开始了长达十五年的马拉松式的立储之争。守正的廷臣言官为了维护礼法，坚持要把朱常洛立为太子。神宗对此非常反感，很多上疏的大臣都因此获罪被贬，当时唯一能左右神宗的皇太后支持“立长”。几天后神宗去请安时，李太后问他为什么不尽快册立朱常洛，他磨磨叽叽了半天方说：“他是都人子。”太后一听，勃然大怒，立刻变色道：“你也是都人子。”吓得神宗从此再不敢公开反对立朱常洛。但是他不反对立，也不立，其借口是皇后还年轻，很有可能生出嫡子。

到了万历二十年（公元1592年）皇后也没生出嫡皇子，朱常洛已十岁了，却还没有接受正规教育，王恭妃为此非常着急。其实，着急的并非王氏一个人，廷臣们见册立短期内无望，也纷纷上疏请对朱常洛能按太子预教的六法配备一套东宫官属，教他读书，并学习为君之道，他们希望造成朱常洛就是未来太子的声势，但神宗很快把预教之请否定了。在众臣的反复请求下神宗才在万历二十一年（公元1593年）不得不举行预教典礼，一切仪注都跟东宫讲学一样。对此王氏母子非常高兴，对这个来之不易的机会，朱常洛很珍惜，他深知父皇对他必定多有刁难，上学后神宗果然无礼而严苛。按惯例皇子的“经筵”“日讲”在一天上午的9点到11点进行，如遇天气过冷或过热，即传免。但朱常洛必须从凌晨4点左右就开始，无论酷暑严寒，也不得停讲。冬天天寒地冻，神宗却常常故意不传赐暖耳、烤火炉等用具，对此作为母亲的王恭妃能不伤心吗？可是朱常洛却默不作声地忍受了。在还没被册立为太子时，他不想因小失大。

尽管神宗对她们母子百般的看不上眼，但事实终究是事实。在万历二十九年（公元1601年）他终于册立皇长子朱常洛为皇太子，并把他另外几个儿子封为王。但令人不解的是，他仍不封王恭妃为贵妃。对此常年受冷落的王恭妃并没有怎么在乎，她在乎的是自己的儿子终究被封为皇太子，儿子被册封为太子后不久就举行了冠皇礼，王恭妃看着长大成人的儿子自然十分欣慰。

到了万历三十三年（公元1605年）十一月，朱常洛的选侍王氏生了皇长孙朱由校，常洛有了儿子，王恭妃有了亲孙子，分外高兴。神宗得知，反应淡漠，这给兴奋得有点失态的朱常洛兜头一瓢冷水。但不管怎么说，此时神宗加封王氏为贵妃，并加“慈圣”徽号。虽然封了皇贵妃，但王氏还是孤苦一人住在别宫，不能与皇帝见上一面，连儿子也不能相聚一起，常年抑郁，终日叹气流泪，渐渐地双目失明。万历三十九年（1611年）秋天，当秋风吹卷着落叶的时候，王贵妃终于病重卧床不起了，闻知母亲病重，常洛心急如焚，经过他再三的恳求，神宗才准许他去探望母亲。来到王贵妃住的宫前，只见满目凄凉，庭院生草，大门上着锁，周围的台阶铺了一层黄黄的落叶。朱常洛万万没有想到，母亲的门庭冷落至此，不禁潸然泪下。他让人打开了锁，推门进宫，只见王贵妃独自惨卧榻上，面目憔悴。太子边走边喊：“母亲，母亲！”此时，双目失明的王贵妃听见儿子的声音万分激动、泪如雨下，忙屈身向前迎去，朱常洛赶忙上前，王贵妃用颤抖的手，上上下下抚摸着儿子，心中有几分凄凉，几分喜悦，几分悲楚，几分自傲。她是失败者，更是胜利者，此时酸甜苦辣一起涌上心来，她紧紧地摇着朱常洛的双肩泣不成声地说："孩子啊，你终于长大成人了，为娘我死而无憾、死而不惧了。"说罢，母子俩抱头痛哭。忽然王贵妃气喘吁吁，顿时间痰卡喉头，气绝身亡，结束了她悲苦的一生。太子朱常洛跪在尸前哭得死去活来，不肯离去。王贵妃死后，大学士叶向高上疏说："皇太子的母亲去世，葬礼以隆重为好。"神宗未表态。众臣又上疏，这才赐谥号："温肃端靖纯懿皇贵妃"，葬于天寿山。

为生母的悲惨一生，皇太子朱常洛一直耿耿于怀，他登上帝位后，就颁布诏书说："我继承皇位，治理天下，追溯源头，我的生母温肃端靖纯懿皇贵妃恩情甚大。我当太子的时候，不能向她问寒问暖，现在当了皇帝，又只能对着旧物伤心；我现在要想抒发无边的悲痛，只能以隆重的礼仪取得一些内心的补偿。我想依照皇祖穆宗尊崇他的生母荣淑康妃的先例来尊崇我的生母，请礼部官员们详细商议后向我汇报。"光宗随即就去世了，熹宗皇帝朱由校即位，为王贵妃上谥号为"孝靖温懿敬让贞慈参天胤圣皇太后"，迁葬于定陵，神主在奉慈殿接受祭祀。她的父亲王瑞也被封为永宁伯。

郑贵妃

明神宗后宫多内宠，郑贵妃在明神宗万历皇帝所有妃嫔中是长得最为妖艳娇美，而又最善迎合万历皇帝的心意、是最得万历皇帝欢心的妃子。

明神宗郑贵妃是大兴（今北京大兴）人，万历初年进宫。她生就一张出水芙蓉般的漂亮面孔，身材超凡，聪明伶俐，待人接物热情大方。她兼有漂亮姑娘的矜持敏感和小女人的庸俗狡黠，在入宫后不久，就赢得了神宗万历皇帝的青睐。随着时间的推移，她在后宫中的地位扶摇直上，为神宗万历皇帝生下第三个儿子后，晋升为地位仅次于皇后的皇贵妃，宠冠后宫。

不过，郑贵妃并不满足于已取得的政治地位，她屡屡在后宫中兴风作浪，挑起祸端，干预朝政，晚明"三大奇案"和"门户之祸"皆由她而起。在一系列翻云覆雨的政治斗争中，郑贵妃前后历经三朝，置身宫廷纷争的旋涡中达五十余年，一次次掀起廷纠党争的轩然大波，却始终能够做到游刃有余，毫发无伤，堪称后妃中"左右逢源"的典范。

这得从郑氏入宫不久即被超晋加封为贵妃、地位跃居已生有皇长子的王恭妃之上说起。王恭妃认为自己的出身卑微，地位低倒也还可隐忍，对此没有什么表示。但朝廷的百官群僚可对此极不为然，他们早已习惯于封建正统礼法，认为社会之所以能够井然有序，靠的就是祖宗之法，皇亲国戚仰居中天，为天下万众所仰视，更应格外遵以祖制，祖宗之法不可变。按礼，母以子为贵，已生有皇长子的王恭妃，地位仅可略次于皇后，除皇后之外，没有一个有资格可以位居其上。群臣都认为，郑贵妃一入宫即受万历皇帝如此宠幸，恐怕非盛世应有之事，实应尽快加以纠正，至少也得把王恭妃晋位加封为贵妃，才合乎礼法。开始还是私下议论，最后由朝中而朝外，由京师至外地，闹得举国上下，沸沸扬扬，奏章像雪片一样往京城铺天盖地袭来，搞得万历皇帝十分气恼，坐立不安，不知如何是好。郑贵妃却从旁让皇帝把这些送来的奏章留在禁中，不批示，不交议。万历皇帝一听转忧为喜，续而心花怒放，不禁脱口说道："知我者爱妃也。"就这样时间一长，果然为此而上奏章的越来越少，渐渐地居然平息了下来，很少有人再提起这桩子事了。

可是一波稍平，一波又起。随着斗转星移，时来运转，郑贵妃已有身孕。十月怀胎，一朝分娩，抱出来一看，竟然也是个小龙子，这就是三皇子朱常洵。这下可把万历皇帝高兴坏了，又是摆喜宴，又是搞庆典，最后一项最为重要，就是把郑贵妃又晋封为皇贵妃。这无异于平静的湖水投下了块巨石，油锅里撒了一把盐，上疏论争的人便又哄然而起。为什么呢？个中原因无非两条：一是郑贵妃又晋封为皇贵妃，其已高出王恭妃两级，仅比皇后低一级了。二是当时风传说万历皇帝与郑贵妃之间曾有一个金盒密约，早已答应了郑贵妃，把那个三皇子立为太子，赐给她的金盒，即是密约的信物。这一传说，说得有根有据，头头是道。故此朝臣们私下议论纷纷，作什么样猜测的都有，议论来议论去，大家都一致认为，特意把郑贵妃晋封为皇贵妃，最有可能是为了废长立幼。因为"母以子贵"，也可以是"子以母贵"。皇后所生的儿子称为"嫡子"，是理所当然该被立为太子的，皇贵妃与皇后相差无几，又加上位分超出王恭妃许多，极有可能会把皇三子立为太子。晋封郑贵妃一事就是一种试探，也是为不久的将来作个铺垫，打个埋伏。因此群臣越议论越觉得郑贵妃其人实在奸诈，包藏祸心，意欲窥窃神器，其狼子野心已昭然若揭，若不予以迎头痛击，其图谋必然得逞无疑。于是大家争相议论立太子的事。

给事中姜应麟第一个上疏切论此事认为：王恭妃生育皇长子不宜屈居郑贵妃之下，要册立皇长子为东宫太子，以定天下之本。他的这份奏疏，在朝野引起了极大的震动，以此为标志，长达十五年的立储之争由此拉开了序幕。这场立储之争，对明朝来说影响极其深远，正如《明史》所言："由是门户之祸大起。"它把明王朝末期的统治阶级分成了三派。其中人数最多、声势最为浩大的，是那些习于礼法，支持皇长子取得合法地位的广大士林集团。另一派有的为郑贵妃家的亲友，有的是一些投机钻营，拍马阿谀之徒，其人数不多，但阴谋诡计，各式花招层出不穷，使得这场斗争愈演愈烈，愈演愈趋纷繁复杂。还有一个特点，这帮人自知理亏，做贼心虚，所以都很少公开出来与第一派较量。第三派的人数为最少，但起的作用很大，他们多是握有实权的内阁重臣。这一类人，为了合乎舆论，表面属于士大夫集团，其实每每在关键时刻摇摆不定，不知所从。

再说万历皇帝看过姜应麟的奏章以后，顿时大怒，在郑贵妃的鼓动下，下圣旨强调道："郑贵妃敬奉勤劳，特加此殊封。"将姜应麟贬往大同境内。很快，这股浪潮形成了汹涌澎湃之势。在朝中竟自形成了一种风气，便是以主张立谁为储君，是否主张立储，作为辨别忠奸正邪的试金石，以致阁臣、九卿等，为了表白自己的心迹，也不免上疏争论此事。吓得支持郑贵妃一类党徒也不敢出面，怕反而因此会被舆论抓住把柄，更不利于皇三子将来地位的上升，只好让万历皇帝一个人去顶着。万历皇帝觉得此次不比上次，若再采取留中的办法恐怕是不行了，经过与郑贵妃的一番密谋，决定还是使用惯常伎俩，拖、拉、看。万历皇帝于是出面对群臣推说，皇长子年纪尚幼，这时候谈立储，实非所宜，并传旨立储一事应到万历二十年才能议行，要诸臣安心等待着，不要再为此惊扰圣上。但一直有大臣上疏争议立储之事。

郑贵妃眼看中外汹汹，而心有不甘，就指使爪牙再想些办法，以利于进一步的斗争。于是左思右想，又想出一个“待嫡”之说，要万历皇帝和大臣们强调，皇后还年轻，可能还会生嫡子，然后立嫡子为皇太子，但是当今万历皇帝亦非嫡子，且皇后多病不能生子，所以这一计策很快流产了。不过这爪牙的长技就是暗中捣鬼，一计不成，又生一计，转眼又想出了一招，要郑贵妃请求万历皇帝，来个“三王并封”。所谓“三王并封”，就是在建储之前，先把皇长子朱常洛、皇三子朱常洵和另一个皇子朱常浩三人都先封王。只要三人同日封王，彼此都别无二致，下一步就好另做手脚了。郑贵妃于是让万历皇帝交与阁臣拟旨，就在拟旨之时，外界又早风闻此事，大家细细一研究，认为这又是郑贵妃为抑制皇长子布下的一个陷阱，这道谕旨阁臣万万不可拟就。经过阁僚们的反对，这招又不灵了。就这样彼此你来我往互相较量了无数个回合，皇长子朱常洛在这场马拉松赛中已长到了二十岁，皇三子朱常洵也已十六岁，但都还没有成婚，举国上下无人不觉得这是亘古未有的奇事。万历皇帝此时自己也被这斗争搞得精疲力竭，终于在万历二十九年（公元1601年）册立皇长子朱常洛为皇太子，并于第二年为他完了婚。郑贵妃在这一重大回合中终于惨败了下来。

皇长子朱常洛虽然已被册立为太子，福王朱常洵被迫迁往洛阳就任。这沉重打击了郑贵妃，但这个女人并没有因此而放松对目标的追求，反而更加猖狂，狼子野心有增无减，致使新的宫廷斗争愈演愈烈。郑贵妃和她的父亲郑承宪、哥哥郑国泰比以前更起劲儿地在暗中搬弄是非，多方联络，挖空心思要把已被册立的太子给废掉。进而引发了明末宫廷“三大奇案”。

皇长子朱常洛被立后的形势是这样的：万历皇帝已被立储之事弄得近乎麻木了，觉得身后之事由它去吧，现在得过且过，及时行乐。而士林集团立储的目的虽已达到，但仍觉太子根基不稳，说不定什么时候又会被废，因此都警觉地注视着事态的发展。郑贵妃等人则心里都清楚一旦太子登基将意味着什么，只有废了太子，他们才会有救。他们利用“妖书”一案，挑起了事端，借以扩大影响。

所谓“妖书”一案，还是在皇长子朱常洛被册立以前发生的一件案子。那时候有个刑部左侍郎叫吕坤，在他任按察使出巡山西时，写了一本名叫《闺范图说》的小书，书中所载是历代一些有贤德淑名女子的图说。恰巧内监陈矩见到了，运进宫中。万历皇帝偶尔见到此书，就把它赐给了郑贵妃。郑贵妃看过这本小书以后，自己又另外加上了十二个人的图说，并且为之作序，又重刻印了一些散发以扩大影响，给事戴士衡因为和吕坤有仇隙，便借这件事上疏弹劾吕坤向郑贵妃进献此书，借以献媚，勾结内宫，包藏奸诈。这时突然有给《闺范图说》作了名为《忧危竑议》的跋，流传于世。跋文中说，吕坤撰《闺范图说》一书，以汉明德马皇后为首，是由于那马皇后乃是从宫女逐渐被晋封为皇后的。他的用意，很明显是在向郑贵妃献殷勤。郑贵妃要以此书为自己的儿子朱常洵能立为太子找个先例，大力加以宣扬。跋文偏偏谈论当时最为世人瞩目的立储一事，这篇跋文明里是冲着吕坤的，但明眼人一看便知，其锋芒是直接指向郑贵妃的。所以郑贵妃及她的家人同伙一致认定，此文必定是出于弹劾过吕坤的戴士衡，或曾弹劾过郑贵妃的全椒县知县樊玉衡二人之手。郑贵妃于是通过万历皇帝之手立即贬处了二人，才算罢手。

过了五年，又出了一篇《续忧危竑议》的文章。当时太子已经册立。大学士朱庚得到此书并上报神宗皇帝。该书托名“郑福成”作问答体。“郑福成”也就是郑贵妃所生的福王必会成功之意。书中内容大体是说，神宗皇帝立太子是不得已的事，将来一定会更换。所以特地用朱庚主持朝政，这正包含了更换的意思。此书中的词句诡诈狂妄，当时人都称之为妖书。神宗万历皇帝知道后大怒，命令锦衣卫尽快缉拿作此书的人。此案一出锦衣卫便假公济私，借以官报私仇，屡兴大狱，使好多人，上至朝臣下至百姓都无辜受害，死于非命，过了很长时间才抓到一个叫皦生光的人，处以极刑。最后此案竟不了了之。

郑贵妃的种种阴谋伎俩均未奏效以后，曾一度绝望过，因为还只剩下一个办法，就是盼望着王皇后早日死掉，如果真的天从人愿，王皇后一死，正宫一席非郑贵妃莫属，到时候“子以母贵”，母正位中宫，其子自然成为嫡子，皇长子朱常洛的东宫太子也就当不成了。万历四十一年（公元 1613 年），百户王曰乾告发奸邪之徒孔学等人施行巫术，将要做对圣母和皇帝不利的事，话语中也涉及郑贵妃。大学士叶向高劝神宗万历皇帝先静观其变，而赶快让福王回他自己的封地去，以便流言平息。事情就这样压下来了。

明末三大案之首案——“梃击案”与郑贵妃也有牵连。万历四十三年（公元 1615 年）五月初四傍晚，有一个名叫张差的汉子，手持枣木棍，悄悄地闯进了皇太子朱常洛居住的慈庆宫，打伤守门太监，直至大殿前才被内侍抓获。第二天正是端午节，皇太子急急忙忙地把夜里发生的一切向万历皇帝启奏。万历皇帝得奏以后，就命将罪犯交由近处法司先行审问。在汇报案情的奏疏中说，张差的供词中牵连到郑贵妃宫内的太监庞保、刘成等人。张差说是庞保和刘成让他去闯宫的，他们告诉他，“打死小爷（宫中太监称太子为小爷），有吃有穿”。朝廷大臣们因此议论纷纷。经审理，案情终于真相大白于天下。郑贵妃听说后，到神宗万历皇帝面前哭泣，皇帝说：“朝廷官员那里不容易解释，你得自己去求太子帮忙。”郑贵妃装出十分可怜的样子，去向太子哭诉此事。一见太子便俯身下拜，太子一见顿时受惊不小，连忙回拜。郑贵妃伤心地哭诉着，说她是如何如何的冤枉，只有太子能救她的命，给她辨明是非。太子出身卑微，一向不得志，加上对宫廷这种你死我活的政治斗争没有经验，年纪还轻，经过郑贵妃的这一番表演，也感到还是尽快了结的好。神宗万历皇帝就在慈宁宫慈圣太后面前召见大臣们，让太子告诉他们不要牵连无辜，“梃击”一案就草草了结，张差被押赴法场，一命呜呼，庞保和刘成两人被秘密处决，而自始至终导演这场闹剧的郑贵妃一家则安然无恙，有惊无险地渡过了一场危机。

“梃击案”了结以后，郑贵妃为将来着想，借着感激皇太子在梃击案中的搭救之恩，极力去接近皇太子，以改变长期的紧张关系。通过一段时间的接近，郑贵妃发现他跟其父没有什么两样，都是一样的贪财好色，嗜酒使气。她抓住了皇太子的弱点，常常给皇太子送些珠宝、赏玩等。她还在自己的宫中选出八名最为漂亮的美女，送给皇太子，让她们一定要尽心尽力服侍未来的皇上，使他心满意足。吃够了苦头的皇太子朱常洛，经梃击一案后，境况大有改观，开始放纵，整日耽于酒色之中，年纪尚不足四十，却早已垮了身子。

等到万历四十八年（公元1620年）七月，明神宗死了，皇太子朱常洛在八月初即位称帝时，已病得很重了，没过几天就病入膏肓，卧床不起了。内医太监崔文升开了一服泻药，光宗服后，腹泻不止，一日要拉三四十次。后来，鸿胪寺丞李可灼献上一颗红丸，自称是仙丹，光宗服后，觉得精神大有好转。过了半日，李可灼又献上一颗，光宗再服之后，睡到次日凌晨，竟然再也没有起来。此即为"红丸案"。进泻药而使光宗病情骤然加重的崔文升和进红丸的李可灼幕后主使都是郑贵妃。最后此案以李可灼充军、崔文升贬放南京而草草收场。郑贵妃又躲了过去。

"红丸案"就这样收场。光宗死后，郑贵妃又唆使光宗的李选侍同住乾清宫，谋求垂帘听政，酿成"移宫案"。在朝中正派官员主持之下，才挫败了郑贵妃的阴谋。

郑贵妃不仅野心勃勃，一心想当皇后，而且随心所欲、腐化无度，尤其对金银财宝等财物贪得无厌，达到了登峰造极的地步。好些宦官以郑贵妃为后台搜刮钱财。在郑贵妃的要求下万历皇帝对其子福王赏赐最厚。郑贵妃搜刮了珍宝钱财都交给福王带走，福王藩库有金钱百万，超过大内仓储。郑贵妃自得宠后，其家族也大沾其光，飞黄腾达者前后三代。郑贵妃的家人则倚仗贵妃横行地方，骄奢淫逸、为非作歹。

郑贵妃阴险、毒辣，把大明江山搅得天昏地暗，而她本人却屡次有惊无险，竟荣华富贵地度过了一生。直到崇祯三年（公元1630年）七月才结束了她的一生。郑贵妃死后，被谥为"恭恪惠荣和靖皇贵妃"，埋葬在银泉山。

以正胜邪

——明熹宗皇后张氏

明熹宗朱由校皇后张氏，祥符（今河南开封）人。她的父亲张国纪，因女儿的尊贵而被封为太康伯。张氏风姿绰约，天生丽质，于天启元年（公元1621年）四月被册封为皇后。张皇后生性好静，通达事理，深明大义，而熹宗皇帝贪玩好动，喜好游乐，两人性格截然不同。因此，这难免造成两人感情上的裂痕。

熹宗宠信魏忠贤和奶妈客氏。魏忠贤臭名昭著，是明朝有名的权阉。客氏是熹宗的乳母。明朝皇家生儿育女，都是由农村挑选一些强壮的村妇为奶妈，代为哺育王子王孙。客氏十八岁进宫哺养皇长孙朱由校，两年后丈夫死去。一般来说，皇子断奶后，奶妈就要被打发出宫。因为客氏对朱由校太好，朱由校离开她便大哭不已，不吃不喝，便破例将她留下。朱由校从小失去母亲，视客氏如亲生母亲，一刻也离不了。朱由校即位后，客氏和皇帝的特殊关系使得她的野心恶性膨胀起来。客氏还有一手烹调绝技，熹宗每一顿御膳，必得客氏亲手调制，方才吃得有滋有味。所以客氏越发获专宠，恩礼有加，被封为奉圣夫人，兄弟子侄俱受官爵。客氏因生得美若桃花，且性情狐媚，先同太监魏朝通奸，后又与熹宗宠幸的太监魏忠贤勾搭。初时，客、魏二人同在东宫，见熹宗性好游戏，便投其所好，整日诱导熹宗嬉戏玩乐。

张皇后出身宦族，知书识礼，且性格严正，不苟言笑。张皇后恨客、魏胡作非为，经常劝谏皇帝，曾数次在熹宗皇帝面前谈论客氏与魏忠贤的过错。有一次，客氏犯法，张皇后亲自派人召客氏进中宫，将她斥责一番，并要绳之以法，经劝解才算罢手。熹宗天启三年（公元1623年）一天，熹宗闲来无事在后宫散步，经过坤宁宫，想起已有多时未见皇后，便信步走了进去。张皇后正坐在书案前专心看书，听说圣驾到来，连忙起身相迎。熹宗入宫，看到书案上一本书还摊开着，问道："爱卿读什么书?"张皇后严肃答道："读《史记》中的《赵高传》!"熹宗搭讪问道："赵高是谁?"张氏气愤地回答："赵高是秦王朝权相，曾把揽朝政，指鹿为马，毒如蛇蝎，坏秦朝锦绣天下的小人。"张皇后的答语是有很深寓意的，是讽谏熹宗不要宠信阉党，否则会成为朱明王朝的千古罪人。可是熹宗听了之后，只是沉默了一会儿，略有所思地走了，时过境迁，很快便把张皇后的话忘到九霄云外了。张皇后本来是想乘熹宗驾临时再劝谏一番的，但熹宗却借故避开了。张皇后知道，由于她不时在熹宗跟前说一些要他严纠客氏和魏忠贤的罪恶的话，熹宗嫌她唠叨，且很不喜欢听这一类的话，所以懒得上坤宁宫来。熹宗把张皇后的话忘得一干二净，可魏忠贤与客氏却牢牢记在心里，因此对张皇后怀恨在心，想方设法陷害张皇后。

客氏得知皇后已怀孕数月，怕皇后生下麟儿，地位更加稳固。她便同魏忠贤合谋，把不听他们使唤的宫人逐个逐出，都安插上了自己的心腹，这些爪牙在侍候张皇后时，粗手粗脚。一天，皇后觉得腰痛，一个宫女替她捶腰。那宫女见机会来了，暗中做了手脚，竟将胎儿捶伤。第二天，皇后果然流产了，已看得出男女，是一个皇子。从此，熹宗不再有子嗣。使皇后堕胎之后，客、魏二人还不满足，又捏造谣言，说皇后不是太康伯张国纪的亲生女儿，而是当年关在牢里的一个名叫孙官儿的大海盗生的。他们还扬言要建一座安乐堂，让皇后搬去居住。安乐堂是从前孝宗生母纪妃被万贵妃所害时谪居的地方。他们说这话，明明是劝熹宗也学宪宗的样，幽废张皇后。熹宗虽然平时昏聩，但这时还算明白，不肯听从他们的诡计。

熹宗因为和皇后性情不投，因此两人感情也甚为疏远。张皇后尽管被熹宗疏远，却无所怨望，且心地坦然，每日里只以文史自娱。好在熹宗本就不喜女色，对后宫妃嫔，都是淡漠得很，也就不显得特别疏淡张皇后，所以张皇后始终安然无恙。客、魏二人却终日不死心。一天，魏党在厚载门外发现张贴有匿名揭帖，上疏魏忠贤罪状，一一详尽罗列，还将阿附魏阉的党羽门生七十余人名单附在后面。魏忠贤见了大怒，忽又计上心来，想以此诬陷皇后之父张国纪，利用此事制造大冤案，一举杀尽东林党人，同时也借张国纪来动摇张皇后的地位，乘此机会再扳倒皇后。他召心腹私党邵辅忠、孙杰两人商议。两人听说要诬陷国丈，有些犹豫。魏忠贤说：“这有什么难的？你两人联名上奏，说皇后父亲私自张贴揭帖，诬陷大臣，又与中宫勾通，扰乱朝纲。皇帝见了奏本必定追究，有此物证在，不怕中宫不废。我侄儿良卿生有一女，年已及笄，正好立为皇后了。”说罢，魏忠贤得意至极，狂笑起来。

邵、孙二人退出后，心中畏祸，仍不敢上奏，忽然想到顺天府丞刘志选，正一心巴结魏忠贤，只愁没有机会呢，便哄他出头。刘志选果真踊跃，便照所说写了一个奏本，极论皇后父亲张国纪罪状，御史梁梦环为讨好魏阉，也照样上了一本。但是久而久之，不见熹宗批答下来。熹宗只是暗中命人去见张国纪，要国纪自新。张国纪知道魏党有心害他，也无心做官，告老还乡去了。魏忠贤见搞不垮皇后，很是着急。此计不成，又生一计。他暗中招募壮士数人，怀藏利刃，埋伏在殿中，自己却预先报告熹宗。至熹宗御殿视朝，先派锦衣卫搜查，果然抓住几个人身藏利刃，当下就捆绑了交给魏忠贤，令魏忠贤发落。魏忠贤想让他们诬告张国纪，说张国纪想弑君，然后立信王朱由检为皇帝。这一阴谋一旦得逞，则张国纪、张皇后、信王朱由检将无一幸免，而魏忠贤也一举除掉了所有对手。当魏忠贤把这件事和他的亲信王体乾商议的时候，王体乾提醒魏忠贤说：“皇帝诸事糊涂，独于兄弟、夫妇之间，倒是和善相待，万一发生意外，我们这些人就没有遗类了。”魏忠贤听后也心中暗惊，沉吟半晌才说道：“这倒是值得考虑。但绑住的那几个人如何处置呢？”王体乾说道：“迅速杀掉，免得泄露。”魏忠贤点头依计而行，遂将那几个人处死，杀人灭口，化解了此事。熹宗哪里知道这些幕后的事情，总之交给魏忠贤处置了，这就算了事了。

熹宗素来好动，二十多岁的人了，童心未泯，不是斗鸡走狗，就是弄猫捕鸟，或荡秋千，或蹋球跑马。他还有两大嗜好，一喜欢雕琢，除木工技巧外，还喜雕刻金石，曾亲自刻制金印赐予客、魏二人，此外所刻玉印石章，随手丢给宦监的，不计其数。二是喜爱看戏扮演，看戏到高兴处，自己也跃上台去演一出。每次召张皇后陪他一起看，张皇后屡屡推辞却不得，勉强陪着熹宗一块儿去。看戏时，熹宗口讲指画，乐不可支；而张皇后总是微笑着不发一言，使熹宗很觉没趣。有一次看戏到尽兴的时候，熹宗竟然拉上两个内侍，亲自登台，扮演宋太祖夜访赵普的故事。熹宗自己扮演太祖，仿雪夜穿戎装的景象，虽然在酷暑天气，穿上皮衣裘服，挥汗如雨依然兴致勃勃。但种种嬉戏，使熹宗酿成许多病症。如此糟蹋，没过几年，便是病入膏肓了。有一次同客氏、魏阉同坐大船游湖畅饮，船至湖心，偏是熹宗素性好动，饮到半酣时，忽然提出要换乘小船。熹宗手携木桨，自己泛舟。不想一阵大风吹来将船翻转，熹宗掉入湖中，灌了一肚子的冷水，幸亏湖中还有其他船，船上还有侍从，七手八脚将熹宗救起。熹宗遭此一吓，病了好几日，幸亏张皇后宣召太医为熹宗悉心医治才痊愈，但病根已经种下，常有头晕、腹泻等疾病。

天启七年（公元 1627 年），眼见熹宗皇帝病情一日比一日严重，离死已经不远了，魏忠贤等人加紧了篡位的准备。张皇后识破他们的阴谋，每日侍候左右，衣不解带，寸步不离。使魏阉没有下手（假传遗命）的机会。熹宗生病之后长时间卧病在床，无法再出去嬉戏玩乐，倒也有时间反思自己一生的所作所为。也许是良知的发现，他对张皇后的态度有了很大转变。到了熹宗快要咽气的时候，张皇后为稳定局势和粉碎阉党图谋起了很大作用。她在熹宗病重期间，反复耐心地劝熹宗不要轻信阉党，揭露了魏忠贤的种种倒行逆施，极力劝谏传位给信王，即后来的崇祯帝朱由检。熹宗没有子嗣，只有一个弟弟信王朱由检，熹宗平素同弟弟颇相亲善，最后他听从了皇后的建议，决定把皇位传给信王。在他自知不久于人世的时候，把信王召至病榻前，说自己的病已经不能好了，命他承继大统，做一个尧舜之君。信王推托再三，含泪受命，熹宗又叮嘱道："皇后有德，性喜幽静，你为皇叔，嗣位之后要好好待她，莫使她受委屈。魏忠贤、王体乾等都是忠谨之人，可重用。"可见熹宗对张皇后尚有恩情，至于重用魏、王二人，枉费了张皇后在他面前揭露魏忠贤的罪恶了，熹宗真是至死不悟。过了两天，熹宗驾崩，年仅二十三岁。熹宗死后，魏忠贤屡屡同心腹密谋，想向信王发难，无奈张皇后早有防备，使信王受到严密保护。不久，由张皇后主持，择吉日让信王登基，便是明代最后一个皇帝——崇祯帝，史称思宗或毅宗。

朱由检登位后，毅然、果敢地肃清了魏党，稳定了朝纲秩序。崇祯帝平时颇为礼敬张皇后，尊她为懿安皇后，奉养尊崇至极，每年元旦，必是衣冠整齐地前去朝谒，张皇后则隔着珠帘答以两拜。崇祯十七年（公元 1644 年）三月，李自成领导的农民起义军攻陷北京，崇祯帝、周皇后自缢而死，崇祯帝又砍死数名妃嫔，猛然想起懿安张皇后还在慈庆宫，就传谕内侍道："你去请张娘娘自裁，不要坏了我皇祖爷的体面。"内侍不久回报，张娘娘已经归天了。张皇后在宫中自缢而死。顺治元年（公元 1644 年），清世祖福临下令把张皇后的遗骸合葬在熹宗陵。

在明代后期混乱的局势中，张皇后始终保持清醒。她正直敢言，又颇具魄力。看到魏忠贤和客氏胡作非为，颠倒黑白、打击善良，而熹宗皇帝大权旁落，她极力劝熹宗除掉客、魏，不见听从，反而惹来客、魏的忌恨和报复。在熹宗皇帝病重时，她又劝说熹宗传位信王，和魏阉进行了坚决的斗争，及至崇祯帝即位，最后彻底除掉了魏、客集团。冰冻三尺，非一日之寒，经过几代昏君的折腾，此时的大明朝已是大厦将倾，处于风雨飘摇之中。张皇后虽然贤明，此时亦无回天之力。李自成攻进北京，明朝从此在历史上消失了。

喋血明宫

——明思宗崇祯皇后周氏

明思宗周皇后，祖籍苏州，后来徙居大兴（今北京大兴）。周氏从小养成了不苟言笑、严肃谨慎的性格。周氏小的时候，有一个读书人暂时居住在周家，见到她的容貌，便对其父周奎说：“您的女儿将来必是天下第一贵人。”又见周氏颇为懂事，便教她读《资治通鉴》和其他书籍，因此，周氏少时便知书达理。天启年间，周氏以贤淑之名入选信王府。周氏成为信王朱由检的妻子还带有一段波折。当时神宗的刘昭妃以皇祖母的身份掌管皇太后的册宝，宫中大事必先禀告于她。熹宗和张皇后只有信王一个弟弟，因此对他十分爱护，为他选妃也就格外谨慎和隆重，按皇帝大婚前的规矩行事。按惯例，皇宫中为皇子选择正妻时，一位候选的皇后由两位候选的贵人陪伴。如果中选，皇太后便用黑纱头帕把她的脸挡起来，把金玉跳脱系在她的手臂上。如果未中选，便把她的生辰八字帖子放进她的袖子里，还要以银币酬谢她，送她回去。当周氏由两位贵人陪伴出现在张皇后眼前时，张后觉得周氏虽然美貌文静，身体却太单薄，恐怕以后难以担当重任，但刘昭妃不以为然，觉得周氏长身玉立，虽觉瘦削了些，将来长成后必然丰满。因而周氏便被册为信王妃。信王即帝位，后称为明思宗，亦称崇祯帝，她遂被立为皇后，同时封田氏、袁氏为皇贵妃。

周皇后天生端庄美丽，且心灵手巧，十分会装扮自己，穿着典雅高贵。夏天时她亲自动手裁制了一套白纱衣装，然后内衬红衣，白里透粉，配以浅妆，恰似雾里桃花，引得崇祯帝十分赞赏，因为崇祯帝最讨厌穿着花哨，浓妆艳抹。由于周皇后的影响，一时间宫中皆流行周皇后的这种穿着。可周皇后打扮从不愿和她们雷同，宫中年节朝贺，宫女、妃嫔都穿缎靴等，独有周皇后着锦鞋，颇有特色。

周皇后兴趣高雅，她从不喜欢珠光宝气，而偏爱花、石、虫、鱼。每年西苑花开，周皇后都让司苑者俱报，然后派宫婢采折，插入宫中花瓶以供观赏。天气晴好时，结伴同游赏花自娱。百花之中，周皇后最喜爱海棠花和茉莉花，海棠花开时便在花苑摆宴，一赏就是数日。周皇后所居的坤宁宫有六十余株茉莉花，花开极繁，每天她都要摘花，插于鬓髻，人面与花相映成趣。

周皇后不仅穿戴打扮具有特色，而人也颇有个性，很是严肃。她虽为皇后，但从不曲意逢迎于皇帝。一年夏季的一天，周皇后穿着薄衣衫，对镜梳洗，崇祯帝悄悄来到她身后，伸出双手与之嬉闹，周皇后回头叉开崇祯帝双手，并差一点儿在崇祯帝脸颊上留下指甲划痕，嬉闹中恰巧被太监碰上，周皇后对崇祯帝此举深为反感。因为周皇后甚是注意维护自己身为六宫之首的仪度。

周皇后平时虽然不苟言笑，但同崇祯帝可谓恩爱夫妻，两人相敬如宾。周皇后持家特别有方，册封为皇后以后，还亲自操持家务，计算开支，非常节俭，她亲手洗浣衣服，节约坤宁宫的生活费用。随着李自成、张献忠等军队步步进逼，崇祯帝忧心如焚，睡不安寝，食不甘味，每天只食些蔬菜，人一天天消瘦下去。周皇后很是心疼夫君，亲手烹制一些精美的菜肴准备进献崇祯帝。此时瀛国夫人的奏章正好送到，上面说："夜里我梦见孝纯太后（崇祯帝的生母）回来了，她说到皇帝憔悴，哭了起来，还说：'请替我告诉皇帝，饭食不要太艰苦。'"崇祯带着瀛国夫人的奏章回宫，周皇后也正送来食物。崇祯帝追念母亲，也被周皇后的情意所感动，便把瀛国夫人的奏章给皇后看。拜谢母亲的关怀之后，崇祯帝举筷，却又与周皇后相对而泣，泪水盈盈，打湿了几案。

周皇后性格与熹宗张后相似，严正而谨慎。崇祯帝因国事多艰、日理万机，常因批阅奏章直至夜半甚至凌晨，常常就宿于乾清宫御书房，很少与后妃们相狎亲近。周皇后则统摄六宫，治以礼法，颇有威望。田贵妃深受崇祯帝宠幸，因此露出骄态，不但看不起和她地位差不多的袁贵妃，就连位居六宫之首的周皇后她都有些不放在眼中。周皇后不容妃嫔如此骄矜，常用礼仪来严束田贵妃。有一年元旦，天气格外寒冷，田妃按规矩去坤宁宫朝见皇后，先在坤宁宫门口庑殿等候。谁知等了半日，不见皇后命人出来宣召，阵阵寒风吹来，侵入肌骨，田贵妃几乎冻僵。正气恼间，皇后命她入见，参拜完毕，也不问一句，便命她退下。田贵妃只好乘兴而来，扫兴而去。过了不久，袁贵妃也来朝见，两人一见欢声笑语，谈笑多时，尽兴而散。后来，田贵妃从宫婢处听说此事，气得她怎么也平静不下来，对周皇后痛恨极了，就跑到崇祯那里连哭带闹告起御状来了，说周皇后如何如何冷遇她。崇祯帝劝解多时，田贵妃之气方才稍解。

过了月余，上林花发，崇祯帝邀后妃赏花。田贵妃见了周皇后，想起前日之事，心中犹自愤愤难平，竟转过身，装作没有看见。周皇后看不过去，就走到崇祯帝前，诉称田妃无理，说了些田妃的不是。俗话说"清官难断家务事"，后妃之间这些争宠吃醋的事原本就是斩不断、理还乱的，因此崇祯帝也懒得理，就装聋作哑，假装没有听到。周皇后见崇祯帝没有什么反应，也不肯就此作罢，仍然唠叨，结果引得崇祯帝怒火上来，挥臂命周皇后退下，周皇后不听，崇祯帝更为恼火，竟用力推搡周皇后。因崇祯帝有些臂力，周皇后又没有思想准备，一下子站不稳重重跌倒在地，宫人们忙上前搀扶，费了好大力气才搀起。见崇祯帝如此粗暴地对待自己，周皇后不由伤心哭泣道："陛下如此狠心待妾，难道不念当年为信王时，魏阉专权，陛下日夜忧虑，无人可商大事，只有陛下与臣妾共度患难之日。今日贵为天子，就忘了糟糠之妻吗？妾死不足惜，只怕陛下也落个寡恩的名声。"说罢，径直返回坤宁宫。

过了三天，崇祯帝召坤宁宫太监问起皇后怎样了，太监答道："皇后三天来不吃不喝，只一味哭泣。"崇祯帝听了，很有些伤心，想想周皇后平日的贤淑，也颇为后悔，就命内监拿着貂皮绣服前去赏赐给皇后，以表示委婉的道歉，又传谕抚慰周皇后，并命田妃自行修省。周皇后这才勉强起身叩谢皇恩，开始进食。

没过多久，田贵妃因为交结朝臣而使崇祯帝大为恼怒，经过申斥之后移居启祥宫反省，长达三个月不召见。有一天，周皇后和崇祯帝在永和门赏花，袁贵妃也到场了，独独缺少田贵妃。看到高兴的时候，周皇后启奏崇祯帝，请求把田贵妃找来一起玩赏。崇祯帝说什么也不答应，周皇后说以前我那样对待田贵妃是为了挫一挫她的骄气，既是为她好，也是为大明江山社稷着想，可没有私怨在里边。但崇祯帝还是不答应请求，最后周皇后索性说道："这事我做主了，赶快派人用车把田贵妃接来一起玩一玩。"周皇后令小太监去传达懿旨，召使田贵妃出见。田贵妃出来后，玉容憔悴，容颜大不如前，周皇后看到后也很心酸，和颜悦色地接待田贵妃，并让她侍宴。帝、后之间，帝、妃之间尽兴宴饮，直至夜阑席散。席散后，周皇后又劝崇祯帝临幸西宫，与田贵妃重修旧好，于是和好如初。由此事可见周皇后为人仁厚，又很大度，凡事以大局为重。她在田贵妃失宠时，非但没有落井下石，反而极力为田贵妃说情，使得田贵妃能够重新获得皇帝的宠爱，皇帝、后、妃和睦相处，使崇祯帝不为后宫之事分心，更专心于国事。

在周皇后、田贵妃和袁贵妃三人中，崇祯帝最宠爱的是田贵妃。田贵妃天生丽质，又从小在扬州生活，学得江南美女的万般风情，且聪敏灵巧，多才多艺，因而最为得宠。对于周皇后，崇祯帝更多的是敬重。但崇祯帝是一个非常遵守礼法和等级制度的人，所以他虽然最宠田贵妃，但也注意维护周皇后的尊严，绝不允许田贵妃逾越周皇后。因而后宫之间虽不免争风吃醋，但也没有闹出大的风浪。周皇后身居国母，但说话做事都非常谨慎，非常尊重皇帝，从来不干预政务。当李自成逼近北京时，周皇后有意劝崇祯帝南迁，但又不肯明说，于是她对崇祯帝说："我在南方还有一个家。"可崇祯帝听了很惊讶，追问此话什么意思，听谁说的，周皇后便不再言语。崇祯帝终未听从劝告。

崇祯十七年（公元1644年）三月十八日，李自成率农民起义军攻陷都城北京，紫禁城内一片混乱。崇祯帝哭着对周皇后说："大势去矣！你为国母，理应殉国尽忠。"周皇后顿首说道："贱妾卑事陛下已十八年了，您没有听进我一句话，所以才有了今日。今陛下命臣妾死，臣妾岂有不从之理？"说着抱着皇太子、两个小王子大声痛哭起来，然后派人护送出宫。周皇后走入内室，关上门。宫女出来报告时，还说"皇后遵从圣旨"。就这样周皇后死在崇祯帝之前。周皇后自缢后，崇祯帝亦命袁贵妃自缢，由于绳子断了竟然没有死，崇祯帝拔出长剑砍了她的肩膀，又砍倒自己的亲生女儿长公主，同时又砍死数个妃嫔。然后，崇祯帝同内监王承恩一起连饮数十杯酒，又咬破手指，蘸了指血书写遗诏，放入衣襟藏好，然后登上煤山，在寿皇亭内自缢而死，时年三十五岁。太监王承恩也在对面一棵树上缢死。但袁贵妃却奇迹般地活了下来。李自成部队进入皇宫后，找到周皇后尸体，只见她周身衣服用线层层密缝，面容如活着时一样。

崇祯帝从皇兄熹宗手中接过了大明朝这个千疮百孔的烂摊子，他虽然励精图治，但大明朝已经是行将倾倒的大厦，非人力可以挽回，崇祯帝也无力回天，最后落了个吊死煤山的结局。李自成进城后，将他的尸体抬到东华门，搜出身上的血书，葬在昌平。清军入关后，将他移葬思陵，谥为怀宗，后改谥庄烈帝。南明政权谥他为思宗烈皇帝，后又改谥为毅宗，史又称崇祯皇帝。清世祖福临定鼎中原以后，谥周皇后为"庄烈愍皇后”，和崇祯帝同葬在田贵妃的寝园，取名叫思陵。同时，命有司拨给袁贵妃居宅，赡养终身。周皇后是明朝的最后一位皇后，她虽然贤德，但也无法逃脱历史的命运。她同崇祯帝和田贵妃，生同寝，死同穴，这也算是大团圆的结局了，三人的缘分也真是不浅。

清

清为政治而生的女人

——清太宗皇太极妃孝庄

在满清王朝的历史上，有一位家喻户晓的重量级女性。她的所作所为，对大清王朝的奠基和鼎盛，起了极其重大的促进和推动作用。她，便是被誉为“清朝兴国太后”的孝庄太后。

她的一生经历太宗、世祖、圣祖三朝，辅佐两代幼主，是一位兼具美貌与智慧的传奇女性。在其长达四十五年的政治生涯中，孝庄太后不停地周旋于权臣之间，历经多次生死关头，然而她凭借自己的聪明才智及睿智的政治眼光，总是在千钧一发之际，化险为夷，力挽狂澜。在风云变幻的政治斗争中，她学会了自保的本领。从一个单纯、天真的蒙古族女子变成了老辣的政治里手。最主要的是，她在与诸多手握重权的人的交往中，学会了不同于常人的政治智慧。

总之，她绝对是个不一般的女人，似乎专门是为了政治、斗争而生。

孝庄与皇太极

历史上的孝庄太后名叫布木布泰，小名“大玉儿”，属于博尔济吉特氏，是蒙古科尔沁贝勒（部落之长）寨桑的二女儿，生于明万历四十一年（公元1613年）二月初八日。由于其父是部落首领，所以她生活在一个无忧无虑的优越环境中。为了培养她，她的父亲特地聘请了许多文人雅士来教导她。她也很用心，很早就显示出超人的天赋和聪明的头脑。

科尔沁是最早归附于后金政权的蒙古部落之一。当时，努尔哈赤与明朝争夺领地的情形相当激烈。为了笼络蒙古各部，增强自己的影响力，努尔哈赤鼓励后金贵族与蒙古贵族联姻。所以在当时，满蒙联姻是一项既定国策。而为了巩固这种政治联盟关系，寨桑也先后将自己的妹妹和女儿嫁给后金的贵族。年轻聪慧的布木布泰，就成为一位合适的人选。后金天命十年（公元1625年）二月，当年只有十三虚岁的孝庄，在她哥哥吴克善的伴送下来到后金，嫁给了努尔哈赤的第八子——三十三岁的皇太极做侧福晋。她嫁的是自己的亲姑父，因为早在十一年前，她的亲姑姑哲哲已嫁给皇太极为正房大福晋。她能嫁给皇太极，也与她的姑姑哲哲有很大关系。因为皇太极和哲哲成婚十余年后，仍然无子。哲哲为了本族在后金统治下的地位和利益，也为使自己的生活不寂寞，在与科尔沁蒙古王公商议之后，向皇太极提出让自己的侄女布木布泰进宫侍奉。因为在当时的满族和蒙古族中对不同辈分之间的通婚并没有太多约束。皇太极早就见过布木布泰，当即一口应允。这一决定，也成就了后来的孝庄文皇后。在她嫁给皇太极九年以后（公元 1634 年），皇太极又娶了她的姐姐海兰珠。所以，仅科尔沁贝勒寨桑一家，有封号的就有三位——皇后博尔济吉特氏（孝庄的姑妈）、宸妃博尔济吉特氏（孝庄之姐）及孝庄文皇后博尔济吉特氏。

皇太极娶布木布泰之后，宠爱有加。又见她谈吐不俗，智慧超群，所以大加器重。皇太极英明强干，而布木布泰早在蒙古便曾读书知史，皇太极竟不时与她谈论国政、让她参与机密。皇太极的言传身教，又增强了她的政治头脑和素养。崇德元年（公元 1636 年），皇太极即位称帝，改国号大清。七月初十日，孝庄被册封为永福宫庄妃，册文上用满、蒙、汉三种文字书写着："奉天承运，宽温仁圣皇帝制曰：自开辟以来，有英运之主，必有广胤之妃，然锡册命而定名分，诚圣帝明王之首重也。兹布本布泰系蒙古廓儿沁国之女，夙缘作合，淑质性成。朕登大宝，爰做古制，册尔为永福宫庄妃。尔其贞懿恭简，纯孝谦让，恪遵皇后之训，勿负朕命。"

这段话的主要意思就是册封当时的孝庄为永福宫庄妃。在皇太极五宫后妃当中，庄妃是年龄最小、地位也是最低的一位。《清史稿》中关于孝庄在皇太极时代的事迹提及非常少，除了封妃，便只"三年正月甲午，世祖生"一句。其实婚后，布木布泰接连为皇太极生下三个女儿。天聪三年（公元 1629 年）生皇四女，后来受封为固伦雍穆长公主；天聪六年（公元 1632 年）生皇五女，后来受封为固伦淑慧长公主；次年，又生下皇七女，后来受封为固伦端献长公主。三位公主，成年后分别嫁与蒙古贵族弼尔塔哈尔、色布腾和铿吉尔格。崇德三年（公元 1638 年），孝庄生下了皇太极的第九个儿子福临。在皇太极的五妃之中，孝端文皇后没有生男，宸妃虽生有一子，但她和儿子都早早病死了。其实皇太极最宠爱的妃子是宸妃而并非庄妃，但庄妃却是皇太极五宫后妃中最幸运的女人，她生的儿子福临是唯一活下来的嫡长子。

在民间的传说中，庄妃是皇太极身边的一位女诸葛。她临事处置沉静果断，在皇太极时期，孝庄文皇后就"赞助内政"，为皇太极出力。据说，明崇祯十五年（公元 1642 年），蓟辽总督洪承畴在解锦州之围时被清军生俘，锦州守将祖大寿被迫投降，使得明朝经营了二十多年的宁锦防线全部崩溃，北京危在旦夕。皇太曾极形象地说："取北京如伐大树，先从两侧砍，则大树自倒。现在，明精兵已尽，我再四周纵掠，北京一定可得。"

洪承畴为明末一代名将，以知兵善战而知名，深得崇祯皇帝的信任。松山之战失利后，满朝都以为他已为国捐躯，崇祯还下令设祭坛为他举行祭奠仪式。皇太极看重洪承畴的才干，想收降他，便派遣说客，千方百计劝他投降清朝。当时皇太极说，如果没有洪承畴的支持，就好比瞎子走路，必须劝降。怎奈群臣费尽心机，洪承畴却拒绝投降，骂退了劝说的使者，穿上血迹斑驳的明朝服装，朝着北京的方向跪倒，向崇祯皇帝告别，还采取了绝食行动，三天水米不进，表白他不事二主的忠心。皇太极许下诺言：有谁能劝降洪承畴者，可得重赏或高官厚禄。正当群臣无计可施之时，庄妃自告奋勇，亲自出场上阵了。这位三十岁的少妇，装扮成汉族侍女，格外俊俏。她手端着一壶人参汤来到洪承畴的囚所。开始洪承畴面壁而坐，对她不理不睬。庄妃不急不恼，亲切而温柔地说："将军即使绝食，难道不能先喝口水再就义吗?"洪承畴扭头看到了庄妃，不禁为她那光彩照人的面孔和婀娜多姿的身材所吸引。庄妃身上散发的青春气息刺激着他，一种求生的愿望油然而生，不由自主地接过人参汤喝了起来。在以后的几天里，庄妃不断劝慰，以柔克刚，天天进奉美味佳肴，洪承畴也渐渐地回心转意，照常吃喝，最后便自然而然地投降了。

洪承畴宣布投降以后，皇太极很快在皇宫大殿里召集群臣，用极其隆重的礼仪接见了他。洪承畴低头来到殿上，向皇太极下跪，表示愿意投降。当他抬头向上观望时，不禁大惊失色。原来坐在皇后位置上的那个人，正是前几天在大牢里陪在自己身边、温柔照顾、劝自己降清的汉家姑娘。洪承畴此时的心里是又激动、又惊怕。他没有想到贵为皇后的庄妃竟然会屈身劝降，更感激皇太极的知遇之恩，并下决心追随新主。在以后的征战中，洪承畴屡立战功，为清朝平定中原立下了汗马功劳。

还有一种记载：庄妃是一个非常心细的女人，当她看望洪承畴时，刚好天棚上的灰掉了下来，洪承畴在掸身上的灰，这一细节让庄妃看在眼里，便知道洪承畴并不想死，一定会被感化过来。于是庄妃便耐心相劝，并用人参汤打动洪承畴，洪承畴终于被庄妃劝服而降清。

庄妃劝降洪承畴一事，可以被视为她第一次参政，而且收到了极好的效果。自此，皇太极平定中原的进程顺风顺水。由于孝庄经常留意参与清廷的政治活动，她的政治素质和才能得到了磨炼，很快脱颖而出。当重大政治事变突然发生的时候，这种才能就显示出来了。

但学者董建中认为，这只是传说而已：孝庄一生满汉分立观念极浓，以妃子身份更不可能接近汉臣。直至皇太极驾崩，立福临为帝后，孝庄才有机会到了政治前台。

孝庄与多尔衮

公元1634年，皇太极娶了孝庄的姐姐海兰珠。当时海兰珠新寡，偶为皇太极看上，一见钟情，封为关雎宫宸妃，宠擅专房。宸妃怀孕，生子夭折，两天后孝庄却生下九阿哥福临。宸妃忌恨。皇太极却对宸妃一往情深，甚至当"宸妃病危"消息传到，皇太极竟丢下前线紧急军务，飞驰回京。宸妃香销玉殒，皇太极心痛如捣，狂吐鲜血，失去理智。

崇德八年（公元1643年）八月九日，皇太极突发脑溢血，暴死于清宁宫。帝王暴卒，向来容易引起政治动乱。由于皇太极对皇位的继承问题没有留下遗嘱，在烦琐的丧仪背后，一场激烈的权力角逐悄悄展开。

据新疆石河子广播电视局的《十大母亲：孝庄文皇后——最睿智的母亲》一文介绍，努尔哈赤生前曾规定，他的继承人必须由满洲贵族公议，从八大议政贝勒中推选，八大贝勒“同心谋国”，其中以努尔哈赤军功昭著的儿子代善、莽古尔泰、皇太极及侄子阿敏轮月执政，朝贺时兄弟四人并排南面坐。皇太极继承汗位后，打破了这个框框，皇帝南面独坐，独操大权。因此，皇帝的称号对于跻身于最高权力圈、很有可能得到它的人们来说，更加具有诱惑力。暗中动作的双方很快明朗化：皇太极的长子肃亲王豪格，三十四岁，跟随父亲南征北战，拥有父亲的两黄旗和伯父代善的镶红旗、堂叔济尔哈朗镶蓝旗的拥护和支持；努尔哈赤的十四子睿亲王多尔衮，三十二岁，雄才大略，曾西征河套察哈尔林丹汗残部，得元朝传国玉玺归献皇太极，迫降朝鲜，用兵把握分寸，颇合用武之道，很得皇太极倚重和信赖，即位的呼声很高，拥护者有英亲王阿济格、豫郡王多铎和正、镶两白旗将领。

正、镶两黄旗将领盟誓，宁可死作一处，坚决要立皇子；而正、镶两白旗大臣誓死不立豪格，他们跪劝多尔衮立即即位：“汝不即立，莫非畏两黄旗大臣乎？”“两黄旗大臣愿立皇子即位者，不过数人尔！我等亲戚咸愿王即大位也！”串联、游说、盟誓、劝进，频繁的活动，导致了双方严重的对立。八月十四日，皇太极死后第五天，崇政殿诸王大会，彼此终于摊牌了！这天大清早，两黄旗大臣盟誓大清门前，命令本旗巴牙喇（天子禁军）张弓戴甲，环立宫殿。会议开始之前，黄旗大臣悉尼就提出：“先帝有皇子在，必立其一。”会议一开始，年高辈尊的代善首先发言：“虎口（豪格），帝之长子，当承大统。”豪格见气氛如此，料大位必囊中物，欲擒故纵，起身逊谢说：“福小德薄，非所堪当。”说完离开会场。豪格一谦让，阿济格、多铎乘机劝多尔衮即位，年老的代善不愿得罪锐气方刚的多尔衮，态度勉强地说：“睿王若允，我国之福，否则当立皇子。”两黄旗大臣沉不住气了，佩剑而前，说：“吾等属食于帝，衣于帝，养育之恩与天同大，若不立帝之子，则宁死从帝于地下而已！”有人提出立代善，老头子不愿陷入旋涡，说：“吾以帝兄，当时朝政，尚不预知，何可参于此议乎！”说完退场，阿济格也跟随而去。两黄旗大臣怒目相向，多铎默无一言，会议眼看陷于僵局。多尔衮发言：“虎口王即让而去，无继统之意，当立帝之第九子。而年岁幼稚……左右辅政，年长之后，当即归政。”

这是一个折中方案，皇子嗣位，两黄旗天子亲兵的地位保持不变。因此两黄旗大臣不再坚持立豪格，转附多尔衮，剑拔弩张的气氛顿时缓和。于是，祭祖祷天、集体盟誓，不满六岁的小娃娃福临于崇德八年八月二十六日（公元 1643 年 10 月 8 日）被扶上了皇帝宝座，改元顺治。

多尔衮提出的建议很快得到了各方认可，从而避免了在明朝灭亡前夕的关键时刻，清王朝内部的分裂与自相残杀。六岁的福临登上了皇位，改年号为顺治。他的母亲庄妃被尊为“圣母皇太后”。

几个月后，多尔衮抓住时机，一举占领了北京。在顺治元年（公元 1644 年）九月，将两宫皇太后与幼帝福临迎到北京，清朝从此入主中原。入关后，多尔衮继续分兵南下，节节胜利。同时，他以摄政王的身份总揽朝纲，借鉴明朝的制度，制定清朝各项制度。此时的多尔衮实质上已经成为清王朝的缔造者和统治者。

多尔衮对皇位早已垂涎，为什么关键时刻主动放弃？缺乏与豪格抗衡的力量？未必。或许是多尔衮从大局出发，为避免内乱而作退让。但促成这一举动的，还有一个不可忽略的因素——孝庄的幕后活动。

相传孝庄与皇太极异母之弟多尔衮青梅竹马，终身暗许。青梅竹马是最有中国传统特色的感情戏，在电视剧和民间野史里，孝庄和多尔衮也有这么一段情窦初开的关系：两人在同一府邸中长大，颇为投缘，又因孝庄出嫁，这段情愫才不得不暂且搁在一边。在孝庄已为人妻、人母之后，多尔衮仍然对孝庄情深依旧。所以，在皇太极身亡之后，多尔衮才挺身而出，将福临扶上皇位。而孝庄为了巩固顺治的皇位，安抚多尔衮的称帝之心，也宁愿委身下嫁于他。

据野史记载，清朝入关之初，摄政王多尔衮总揽朝纲，“出入宫禁，时与嫂侄居处，如家人父子。”而孝庄太后时当盛年，寡居无欢，认为多尔衮功高天下，又将帝位让给了她的儿子，忠心辅政，除非自己以身报答，不足以酬其功，于是委身相事，借以笼络多尔衮。不久，多尔衮的妻子亡故，于是朝中范文程等大臣乘机鼓动皇太后与摄政王合宫，正式结婚，双方自然都很乐意。定下婚期后，就以顺治小皇帝的名义颁诏天下，宣称“太后盛年寡居，春花秋月，悄然不怡。朕贵为天子，以天下养，乃独能养口体，而不能养志，使圣母以丧偶之故，日在愁烦抑郁之中，其何以教天下之孝？皇叔摄政王现方鳏居，其身份容貌，皆为中国第一人，太后颇愿纡尊下嫁。朕仰体慈怀，敬谨遵行。一应典礼，着所司预办。”就这样，皇太后纡尊降贵，公然下嫁给了小叔子，摄政王多尔衮成了幼帝顺治的继父，其名号称为“皇父摄政王”。诏书中说得倒也直白，年轻的皇太后终于难守空闺，自愿下嫁给刚刚丧妻的多尔衮。甚至有些小说中称，早在皇太极在世时，庄妃已与多尔衮两情相悦，暗度陈仓了，此时结婚，终使两人夙愿得偿。据说，礼部为操办这次婚礼，还专门搞了一套特殊的婚礼仪规，洋洋六大册，称为《国母大婚典礼》，极为隆重，中外文武百官都上表称贺，蔚为盛事。就连远在浙东海岛上的南明抗清名将张煌言也风闻此事，特意写了一首诗：

上寿觞为合卺樽，
慈宁宫里烂盈门。
春宫昨进新仪注，
大礼躬逢太后婚。

这就是说，太后的寿酒变成了婚宴的喜酒。

太后下嫁之说，最早引起史家关注的正是这位明遗民张煌言的十首《建夷宫词》之中一首，也就是上文引用到的。张煌言此词写于顺治七年（公元1650年），以当时人记当时事，似有所据，慈宁宫是孝庄皇太后的寝宫，词中说慈宁宫中张灯结彩，喜气洋洋地举行婚礼，就是指孝庄太后下嫁多尔衮之事。主张太后下嫁说的还有其他一些论据：其一，多尔衮尊称为“皇父摄政王”；其二，据蒋良骐《东华录》记载，诏告多尔衮的罪状中，不仅有自称“皇父摄政王”，还有“又亲到皇宫内院”，似乃暗指多尔衮迫使太后与之成婚；其三，孝庄遗嘱康熙不要将其与皇太极合葬，是否因下嫁多尔衮而有难言之隐。

据学者董建中介绍，史学界中，对于孝庄与多尔衮成亲之说主要有三种解释。私通之说：孝庄与多尔衮在入关之前就相识，且二人年纪相若。后孝庄被皇太极娶入宫中，但是五宫贵妃中的最末席，皇太极最宠幸的是她的姐姐海兰珠。于是，孝庄与多尔衮私下就有了暧昧的关系。报恩之说：皇太极死后，皇位的争夺非常激烈，多尔衮当时权倾朝野，但最终他没有夺取皇位，而是选择了当摄政王，辅佐孝庄的儿子福临（顺治帝）为帝，孝庄为了报恩，下嫁多尔衮。保皇之说：多尔衮在清朝入关时立下大功，声威极盛，孝庄的儿子顺治帝幼年即位，根基不稳，多尔衮有夺取皇位之心，为了拉拢多尔衮，保住顺治的皇位，孝庄下嫁多尔衮。

民国初年出版的《清朝野史大观》卷一，也有三条专记太后下嫁一事。民国八年署名“古稀老人”编写的《多尔衮轶事》则更记得如同耳闻目睹，说“当时朝廷情势，危于累卵”“太后时尚年少，美冠后宫，性尤机警……故宁牺牲一身，以成大业”。而多尔衮本来就好色成性，此时更以陈奏机密为由，出入宫禁。至今仍有人认为所谓“太后下嫁”确有其事，并提出种种理由。

第一，庄妃下嫁为保全儿子的皇位。

第二，兄死弟可娶其嫂是满洲习俗。

第三，称多尔衮为“皇父摄政王”。

第四，蒋良骐所辑《东华录》里记载多尔衮“亲到皇宫内院”云云。

第五，孝庄死后埋在清东陵的昭西陵。

第六，有人说见过《太后下嫁诏》。

第七，唯一比较直接的证据是明末张煌言的一首七言绝句《建夷宫词》：“上寿觞为合卺尊，慈宁宫里烂盈门。春宫昨进新仪注，大礼躬逢太后婚。”

理由看似充分，但是还没有一条铁证。所以，已有人对以上理由进行了逐一批驳：1. 顺治即位是多种政治势力复杂斗争和相互妥协的结果。2. 满洲确实有这样的习俗，但有这样的习俗并不能证明多尔衮就一定娶了他的嫂子。3. “皇父摄政王”是尊称，如同光绪称慈禧为“皇阿玛”一样。如果说，称多尔衮“皇父摄政王”就说明太后下嫁的话，那么叫慈禧“皇阿玛”，恐怕要得出慈禧变性的结论来了。4. 反驳者认为极有可能是指孝庄与多尔衮相恋的事实。相恋的事可能有，也可能无，但相恋不同于下嫁。5. 孝庄和康熙都作了解释：太皇太后不愿意惊动太宗的亡灵，而愿意同儿孙在一起。6. 历史不能凭某人一说，这根本没有任何证据。7. 反驳者对这首诗进行了一个分析。它的标题叫《建夷宫词》，“建”是建州，“夷”就是夷狄，明显的带有民族偏见。这个时候，张煌言在江南，南明势力和清朝是对立的，所以出在敌人之口，记在异国之文，不能成为历史的证据。而且诗词也不能直接作为历史的证据，因为诗可以夸张，可以比附。孟森先生早就指出：“远道之传闻，邻敌之口语，未敢据此孤证为论定也！”可以说，至今还没有见到一条相关的史证。特别是当时作为清朝属国朝鲜的《李朝实录》没有“太后下嫁”颁诏告谕的记载，而像这样的大事，如果有，照例是应当诏谕属国的。所以，种种理由都不能铁定。

另外太后下嫁摄政王一事，有的小说家试图从爱情角度解释这桩婚姻。但也有的人认为，这恐怕有点理想主义。多尔衮生活放纵，又擅娶朝鲜国王族女，一女不足其欲又娶一女，这是官书明载的事情。太后下嫁，迫于时势，有什么爱情可言，恐怕是大值推敲的。何况实际上，尽管孝庄退让一而再，再而三，最后屈身下嫁，多尔衮对皇位的觊觎丝毫没消退。有一次他还对人说：“若以我为君，以今上居储位，我何以有此病症！”福临即位后，诸臣多次提出给皇帝延师典学，多尔衮都置之不理，有意让福临荒于教育，做一个傻皇帝，致使福临十四岁亲政时，不识汉字，诸臣奏章，茫然不解。多尔衮对孝庄儿子如此，所谓爱情云云是很难令人信服的。

而且，史学界对“太后下嫁”一事的驳斥也是此起彼伏。

事实上，根据正史记载，孝庄乃蒙古族，在草原上长大，十二岁时由兄长护送到盛京，嫁给皇太极。而多尔衮从十五六岁开始，就为清朝的江山四处征战，立下赫赫战功。虽然清朝立国之初，汉化程度尚浅，但一个为深宫后妃，一个乃帐前骁将，相遇相知的可能性有多大，可想而知。老一辈清史大家孟森先生也早就撰有《太后下嫁考实》，针对太后下嫁说的各种根据，一一予以驳难。孟森认为张煌言是故明之臣，对清朝怀有敌意，所作诗句难免有诽谤之词；再者，顺治称多尔衮为“皇父摄政王”，寓有中国古代国君称老臣为“仲父”“尚父”之意，周武王也称姜太公为尚父，不足为据，至于所谓到“皇宫内院”，疑多尔衮另有乱宫之举，不见得专指孝庄太后；再者，孝庄不愿与皇太极合葬，乃因昭陵已葬有孝端皇后，且皇后不与夫君合葬，这在古代并不乏实例。不过，胡适先生读过孟森的《太后下嫁考实》后，曾致书诘难，认为孟文“未能完成释皇父之称的理由”“终嫌皇父之称似不能视为仲父、尚父一例”。此后，仍不断有学者对“太后下嫁”之说发表各种看法，却也没有摆出更确凿的实证。然而，在我们了解了多尔衮一生的遭遇以后，特别是他身后遭到清算的这件事，对有关“太后下嫁”的疑团或许会有一点儿启发。

多尔衮并不长寿。在顺治七年（公元1650年）十一月，因出塞外打猎而突然发病，于十二月初九日（公元1650年12月31日）病死在喀喇城，也就是今天的河北滦平，年仅三十九岁。当灵柩回京时，顺治亲率诸王大臣出城恭迎并颁布哀悼诏书，命令以皇帝的规格来安葬他。第二年，顺治又追封多尔衮为诚敬义皇帝。庙号成宗，升祔太庙。

但是仅过了不到一个月，就开始有人告发他生前曾想谋篡帝位。多尔衮原手下的亲近重臣苏克萨哈等首先告发多尔衮悖逆等事情。原来在多尔衮死时，将他生前准备的皇袍、大东珠朝珠、黑貂褂都秘密地放在他的棺材里，一同下葬了。而这三样东西是只有皇帝才可以使用的。多尔衮用了，是大逆不道，应予严惩。他们又进一步揭发，说多尔衮生前曾拟议擅自调动两白旗屯兵永平府，有谋反迹象。但因事耽搁，未及出台。话一出口，诸王、大臣就纷纷响应，群起攻击。结果，经多方揭发，其罪状愈显。后经四亲王综合，列出十大罪状，上报福临。于是，刚刚亲政的顺治皇帝宣布多尔衮“谋篡大位”等种种罪状，严厉追治多尔衮的罪行，下令将多尔衮削去爵位，撤出宗庙，开除宗室名分，将多尔衮母子及妻所得封典悉行追夺，没收家产，将多尔衮掘墓鞭尸。卫匡国《鞑靼战纪》载：“他们把尸体挖出来，用棍子打，又用鞭子抽，最后砍掉脑袋，暴尸示众。他的雄伟壮丽的陵墓化为尘土。在他死后，命运给了他应有的惩罚。”多尔衮的党羽也受到清洗。多尔衮一下从巅峰跌入谷底。历史有时是很会开玩笑的。想当皇帝的多尔衮突然死去，历史没有改写，继续沿着原来的轨道前行。孝庄的韬光养晦之策取得了胜利。因此，有人认为：

首先，如果太后确实下嫁给多尔衮的话，在多尔衮死后尸骨未寒的情况下，没有人敢出来陷害他。

另外，如果多尔衮确实娶孝庄为妻的话，那么他就成了顺治皇帝的继父。顺治这么搞倒搞臭多尔衮，那他就承认自己曾经认贼作父了。人们在当时朝鲜的《李朝实录》中，也没有找到“太后下嫁”的任何记载。如果太后再婚是公开的，清朝政府也会给朝鲜颁布诏书。即使这件事是秘密的，每年都会有几批朝鲜使节到北京进贡，他们肯定也会听说这件事。几十年来，不少历史学者对这一问题进行了多方考证和研究，多数人都认为“太后下嫁”只是一个虚构的故事。

关于“太后下嫁”这个传说，还有一个根据就是多尔衮的称号，叫“皇父摄政王”。有人说如果太后没下嫁，怎么会称为“皇父摄政王”呢？其实多尔衮的称号是一步步抬高的。在清朝入关以后，顺治元年（公元 1644 年）十月，他被册封为“叔父摄政王”，到了顺治二年的时候有个御史上奏说：“叔父是皇帝的叔父，不能大家都叫叔父。”所以最后经礼部议定，就给他的封号抬高为“皇叔父摄政王”。到了顺治五年（公元 1648 年），经过部院大臣的集体讨论，进一步把他的称号抬高为“皇父摄政王”。从此以后，在清朝的公文里头，多尔衮称号都称为“皇父摄政王”。

至此，“太后下嫁”之说仍没有一个肯定的答案。但是，当时的真实情况却可以想见。

作为爱新觉罗家族的一员，孝庄无疑是明白内乱会造成什么危害的，要使双方的对立缓和，只有异中求同，以使双方的要求都得到部分满足——既要满足两黄旗大臣立皇子的要求，又要使多尔衮的权力欲望不致落空，解决这个问题的唯一办法是扶立幼主；当时年纪幼小的皇子有四五个，谁来占据天子宝座？孝庄施展手腕，笼络多尔衮，使多尔衮采纳了她的方案，把她儿子福临抱上了御座。

但多尔衮对于皇位，实际上是非常向往的。由于他在诸王大会上首倡立福临，格局一成，便难以出尔反尔，推翻前议了。虽然他高居摄政王之位，掌握大清军政大权，一人之下，万人之上，但毕竟没有畅其所愿，还是一种缺憾。因此，在激烈动荡的戎马生涯之余，他的精神世界便陷入一种自相矛盾、懊悔愁苦、自怨自责的痛苦之中。随着他功业的累进，他的权力欲愈益炽烈，到后来，这种像火一样烤炙着他的心的欲望，竟使他做出可笑的举动：偷用御用器皿、私造皇帝龙袍、对镜自赏等。当年妨碍他获得皇位的豪格，在顺治元年（公元 1644 年）就被罗织罪名，废为庶人，囚禁至死，豪格的福晋被他收入王府，纳为新人。与他同居辅政王之位的济尔哈朗，尽管一开始就很知趣地退避三舍，拱手将权力交出，但终因附依过豪格的前怨夙恨，于顺治四年（公元 1647 年）被罢职，第二年又降为郡王。多尔衮命史官按帝王之制为他撰写起居注，并营建规模超逾帝王的府第。大军调度、罚赏黜陟，一出己意，关内关外，只知有睿王一人。实际上，多尔衮掌握了一切权力。孝庄在多尔衮的步步进逼下，采取了隐忍、退让、委曲求全的态度。她的方法是，不断给多尔衮戴高帽、加封号，不使多尔衮废帝自立。顺治元年（公元 1644 年）十月，加封为叔父摄政王，旋又加封皇叔父摄政王。顺治四年，停止多尔衮御前跪拜。最后，大约在顺治四年年底，福临称多尔衮为皇父，诸臣上疏称皇父摄政王。遇元旦或庆贺大礼，多尔衮与皇帝一起，接受文武百官跪拜。在七年的短时间内，多尔衮一再升迁，当然不是小皇帝福临的主意，而是皇太后的主张。面对势焰熏天、专横跋扈的小叔子，身单力孤的皇太后又有什么办法呢？她一定是非常恐惧的。她陷入了沉思之中。她只能自己拿主意，没有人可以救她。她深知，只能自己救自己。这个美丽聪慧的奇女，并没有坠入慌乱无助的深渊，而是找到了一条挽救自己的小径。那就是韬光养晦，以柔克刚。用这个太极功夫，也许还能够拯救她们孤儿寡母。因此，才有中国历史上从来没有过的对辅政王的这样的加封。从叔父、皇叔父到皇父，离废掉皇帝自己当皇帝，也就是一步之差了。也许，皇太后想，你当了皇父，就不能再当皇帝了。不管怎样，只要福临不被废掉，就有翻身这一天。要争取时间，耐心等待。目前，除皇位外，你要什么，就给什么。一切以后再说。同时，作为美丽的女性，她也极有可能施用特殊的手段，以达到自己的特殊目的。

由于孝庄太后的调停，顺治的皇位保住了，多而衮没有取而代之，清朝大权逐渐转移到顺治手中。

孝庄与顺治

在办完多尔衮的丧事后，顺治八年正月十二日（公元1651年2月1日），福临怀着复杂的心绪在太和殿亲政。孝庄凭借对突变的政治风云的把握，把儿子福临推上皇帝的宝座。又凭借胸中的韬略在随时都可能出现的逼宫危机中度过了最艰难的七年。而当多尔衮去世后，在“倒多”过程中，济尔哈朗取而代之，成为一个新的权力集中点。孝庄敏锐地发现了这一苗头，防微杜渐，让福临发布上谕，宣布一切章奏悉进皇帝亲览，不必启和硕郑亲王（济尔哈朗），消除了可能产生的隐患。

但对孝庄来说，顺治亲政后的日子过得并不轻松。日理万机对于刚刚接手朝政的顺治来说非常难以应付。前面已经提到过，多尔衮为了能长期大权独揽，在摄政时期根本就不曾让顺治受过从政的训练，就连读书识字的机会也不让小皇帝得到。尽管朝廷官员特别是汉族官员为此一再吁请，多尔衮就是置之不理。虽然孝庄意识到问题的严重，但她很清楚多尔衮对此相当敏感，对小皇帝进行系统的文化教育就意味着为幼主日后亲政作准备，而多尔衮则希望把摄政无限期地延长下去。因而目不识丁的顺治在亲政之初，“阅诸臣奏章，茫然不解”，用他自己的话说就是“朕极不幸，五岁时先太宗（皇太极的庙号）早已晏驾，皇太后生朕一身，又极娇养，无人教训，坐此失学”。但年少的皇帝在太后的安排下理政、读书，如饥似渴地吸收汉文化，“由是发愤读书”，早起晚睡，“每辰牌至午理军国大事外，即读至晚……逮五更起读，天宇空明，”便开始背诵，甚至累得“呕血”。

经过几年时间的苦读，顺治不仅掌握了汉语、写得一手漂亮的汉字，而且还系统学习了《左传》《史记》《庄子》《离骚》、两汉古文、唐宋八大家的文集以及元明以来的名著；就连明清之际金圣叹批点的《水浒》《西厢》也在政事之余予以浏览。对于顺治的苦读，孝庄深感欣慰。但与此同时，她又卷入了家庭矛盾的苦恼。

虽然儿子读了大量有裨治国安邦的经史类典籍，也恢复了“经筵”进讲，并在学习《四书》《五经》《资治通鉴》《十三经》《二十一史》的过程中，对“诸书中之关于政事者”予以节录，“贯以大义，联其文词，于忠臣孝子、贤人廉吏，略举事迹；其奸贪不肖悖乱者，亦载其内，使法戒迥然”，编辑了“旨约而易明，文简而易约”的《资政要览》三十篇。但看得出，顺治对老庄、对书画、对诗词曲赋、明清小说以及禅宗的机锋相对的兴趣更浓。上述杂书未尝不可略知一二，但对一个君王来说一旦陷进去，就容易移了性情，甚至丢了江山社稷。南朝的梁武帝因沉溺佛经落得亡国，南唐的李后主因陶醉于填词而沦为阶下囚，乃至亲身品味着“恰似一江春水向东流”的不尽哀愁，至于字画都称得上是第一流的宋徽宗就更惨，不仅国破家亡，还闹到被掠异邦的地步。所以，对于顺治诸多的个人兴趣，孝庄不能听之任之。更何况当时的清王朝离海内一统还差得远着呢——东南有郑成功的几千艘战舰，西南有以云贵为基地的南明永历政权，这些都是摆在面前的严峻挑战，孝庄又焉能放得下。所以，孝庄在欣慰儿子苦读之余，又对他于政事的不下苦心而忧心忡忡。

但要对已经亲政的儿子进行引导的确不是件容易的事。知子莫若母，顺治是个感情多于理智的人，而万乘之尊所形成的自以为是与少年天子在思维上的不成熟又交织在一起。太后与皇帝的关系绝非单纯的母子关系，作为母亲她必须理解儿子是天下之主的现实，她的任何规劝、建议都不能引起儿子的抵触，否则就会适得其反。

而且，伴随着顺治的亲政，皇帝大婚的问题也就产生了。

如前所述，满蒙联姻，是清太祖努尔哈赤在位时定下的既定国策。大清帝国的建立，蒙古八旗也立下汗马功劳，蒙古王公在清廷政治生活中，一直是一股倚为股肱的力量。为了确保这种关系代代相传，也为了保持自己家族的特殊地位，福临即位不久，孝庄就册立自己的侄女、蒙古科尔沁贝勒吴克善的女儿博尔济吉特氏为皇后，这是由多尔衮做主订婚、聘娶的。显而易见，这门婚姻也体现了太后的意愿——通过联姻来巩固同蒙古各部的联盟。

然而，当孝庄皇太后的兄长吴克善在顺治八年正月十七（公元1651年2月8日）送女儿到北京时，尽管宗室亲王满达海等均建议应在二月为皇帝举行大婚典礼，却遭到皇帝本人的拒绝。对于这位“睿王于朕幼冲时因亲订婚，未经选择”的皇后人选，顺治并不想接纳。

顺治皇帝亲政当年，就大礼成婚，正中宫之位。自古帝王婚姻，总是带有明显的政治色彩，人的喜好与感情则是次要的。而福临恰恰缺乏这种胸怀，他更多以自己的好恶来对待这种关系。皇后博尔济吉特氏聪明、漂亮，但喜欢奢侈，而且爱忌妒。本来，作为一个贵族出身的女子，这些并不是什么大毛病，但福临却不能容忍，坚决要求废后另立。这个未成年的皇帝性格十分执拗，尽管大臣们屡次谏阻，他仍然坚持己见，毫不退让。顺治十年（公元1653年）八月，孝庄见儿子实在没有回转余地，只好同意，皇后降为静妃，改居侧宫。为了消除这一举动可能带来的消极政治影响，孝庄又选择蒙古科尔沁多罗贝勒之女博尔济锦氏进宫为妃。但福临对这位蒙古包里出来的漂亮姑娘同样不感兴趣，反而如痴如醉地恋上了同父异母弟博穆博果尔的福晋董鄂氏。董鄂氏隶属满洲正白旗，父亲鄂硕，任内大臣，封三等伯（位同一品）。董鄂氏不但通诗文，而且性格温顺，仪表端庄，举止言语，很有风采。顺治十年应秀女之选（清制：满族女子到应聘之年必须造册上报内务府，三年一选以充实后宫或指配皇弟皇子）许配给皇太极末子博穆博果尔。博穆博果尔经常从军出征，董鄂氏出入宫苑侍候后妃，与福临相识并坠入情网。

孝庄察觉了这一危险苗子，立即采取措施，宣布停止命妇入侍的旧例，以“严上下之体，杜绝嫌疑”，同时赶紧给儿子完婚，博尔济锦氏成为第二任皇后。但这一切并不能阻止福临对董鄂氏的迷恋。

顺治帝对董鄂妃可谓是一见钟情，至死不渝。《清史稿·后妃传》记载顺治帝有两后、十五妃，但顺治真正视为国色天香、红粉知己的是董鄂妃。有人总结了几件事可以说明少年天子对董鄂妃的恩爱逾常。一是晋升之速和典礼之隆。为了获得更多接近董鄂氏的机会，顺治十二年（公元1655年）二月，福临封博穆博果尔为和硕襄亲王，以示恩宠。后来博穆博果尔得悉其中内情，愤怒地训斥董鄂氏。这事被福临知道，他打了弟弟一耳光，博穆博果尔羞愤自杀——此事发生在顺治十三年（公元1656年）七月。宫中发生了这种事情，传扬出去自然是不光彩的，孝庄悄悄地处理了这件事：博穆博果尔按亲王体例发丧，二十七天丧服期满，董鄂氏在顺治十三年（公元1656年）八月二十五日被册为“贤妃”，仅一月有余，即九月二十八日再晋为“皇贵妃”。这样的升迁速度，历史上十分罕见。十二月初六日，顺治帝还为董鄂妃举行了十分隆重的册妃典礼，并颁恩诏大赦天下。在有清一代近三百年的历史上，因为册立皇贵妃而大赦天下的，这是绝无仅有的一次。

二是尽改恶习、专宠一人。据当时的传教士汤若望记述，少年福临“和一切满洲人一个样，而肉感肉欲的性癖尤其特别发达”，结婚之后，“人们仍听得到他在道德方面的过失”。可见，福临确实沾染了满洲贵族子弟那种好色淫纵之习。可是奇迹出现了，自从遇到董贵妃后，少年天子变得专一起来。两人情投意合，心心相印。可谓“长信宫中，三千第一”“昭阳殿里，八百无双”，真是六宫无色、专宠一身。

皇贵妃在后宫的地位仅次于皇后，不过福临对董鄂氏的感情，已到了无以复加的地步。他认为董鄂氏有德有才，正是理想的皇后人选，因此准备二次废后。假如福临再度废后，改立董鄂氏，蒙古女人失去中宫主子之位，势必影响满蒙关系，倾动大清帝国的立国之基。孝庄毫不犹豫地对儿子的举动进行了抑制。结果，母子间出现隔阂，顺治皇帝甚至公然下令抠去太庙匾额上的蒙古文字，而那位生活在感情荒漠中的蒙古皇后，对于安排自己命运的同族婆婆并无丝毫感激，相反把不幸和怨恨统统归集到太后身上，连太后病倒也不去问候一声。对于这一切，孝庄都忍受了。宽容理解是她的原则。这种微妙紧张的母子、婆媳关系维持了五六年，幸而她有多年的政治经验和坚毅的性格，清帝国的基业才不致因后宫的倾动而发生动摇。孝庄这种苦心，福临与皇后恐怕都不理解，倒是通达人情的董鄂氏能够体谅孝庄的苦衷，她主动周旋于皇后与皇帝之间，缓和调节双方矛盾，有时起到孝庄所难以达到的作用。因此，孝庄有什么事总是找董鄂氏商量，有什么话总是找这个儿媳妇说，以至于到后来，婆婆对儿媳几乎到了不能离开的地步。

但不幸的是，“枕上春梦刚三年，贵妃撒手绝人寰。”顺治十四年（公元1657年）十月，董鄂氏产下一子，但四个月后不幸夭折。董鄂妃本来就体弱多病，生了一个男孩儿又百日而殇，丧子的悲伤使她郁郁成疾，一病不起，宫廷矛盾的精神重负使她原本有病的身体更加虚弱。顺治十七年（公元1660年）八月，董鄂氏二十二岁时，告别了深爱着她的少年天子，撒手人寰。顺治痛不欲生，寻死觅活，不顾一切，人们不得不昼夜看守着他，使他不得自杀。顺治帝辍朝五日，追谥其为端敬皇后。并在户部资金极为短缺的情况下，在景山建水陆道场，大办丧事。将宫中太监与宫女三十人赐死，让他们在阴间侍候自己的爱妃。同时令全国服丧，官员一月，百姓三日。顺治帝让学士撰拟祭文，“再呈稿，再不允”。后由张宸具稿，“皇上阅之，亦为堕泪”。以顺治帝名义亲制的董鄂妃《行状》数千言，极尽才情，极致哀悼，历数董鄂氏的嘉言懿行，洁品慧德。可见，董鄂妃之死对他的打击极其巨大。

顺治感情丰富，天资聪颖，性格固执，具有高度的理想性，亟欲实现自己“满汉一体，共享太平”的治国理念。他对于汉文化有着强烈的仰慕和兴趣；不过，他的性情自由奔放，故厌倦宫廷的压抑和斗争。他很情绪化，急躁执著，喜怒皆形于色，故在满洲亲贵利益与广大人民利益之间产生矛盾时，往往无法妥善而圆融地处理，令孝庄伤透脑筋。

而宫中另有一股反派势力，在多尔衮当政时期就已经在虎视眈眈、制造问题。当年与顺治争帝失败的博果尔之母贵太妃，暗中结合对于顺治不满的满蒙亲贵，跟顺治作对甚至密谋废立。顺治与董鄂妃的百死无悔的爱情，造成满蒙亲贵的仇视；博果尔的死亡，也更激化了反派势力的仇恨与行动，但均为孝庄一一化解。这样一对相依为命的母子，按理说应当母慈子孝、关系融洽。但事实似乎并非如此。据阎崇年先生所作《人物风流：顺治——大清朝最为多情哀愁的帝王》一文介绍，关于顺治皇帝和母后的关系，《清史稿·后妃传》仅有四句话的记载：第一句是“世祖即位，尊为皇太后”，这是例行公事；第二句是“赠太后父寨桑和硕忠亲王，母贤妃”，这也是例行公事；第三句记载：“太后万寿，上制诗三十首以献”，这仍是例行公事；第四句记载：“上承太后训，撰《内则衍义》，并为序以进。”仅仅以上四句话、六十个字而已。而同一篇传记，记载康熙同他祖母关系的则有七百一十五个字。从中透露出顺治同母后的关系并不太协调。可能有的冲突是：第一，顺治小时候贪玩，母后管教过严，这是家庭中的常理。第二，顺治的皇后是母后和叔父多尔衮给指定的。小皇后出身蒙古科尔沁贵族，从小娇生惯养，顺治不喜欢。虽然勉强成了亲，但婚后经常发生口角。顺治不顾母后和大臣的反对，强行废掉了皇后。直到顺治病危的时候，被废的小皇后想要见他一面都不行。后来再立一个皇后，顺治还是不喜欢。在皇后问题上母子有矛盾。第三，顺治喜欢董鄂妃，爱得死去活来。太后干涉，母子又发生矛盾。矛盾最激烈的就是第四个，顺治放着皇帝不做，要出宫做和尚。顺治对董鄂妃情比金坚。董鄂妃死之后，顺治更郁郁终日，了无生趣，并萌生出家为僧的念头。母后当然坚决反对。第五，母后同多尔衮有着说不清道不明的关系，也让小皇帝心里不愉快。总之，母子之间的关系并不是太好。

顺治是个既任性又脆弱、既多情又哀愁的人。这样一个以自我感情、好恶为中心的皇帝，与自己的母亲有着深深的感情隔阂，又痛失了最心爱的女子。他遭此打击，精神颓落，恹恹无生趣，未出半年，便染天花病逝，结束了短暂的一生。

孝庄与康熙

顺治死后，玄烨即位。顺治皇帝临终时，原属意于次子福全，孝庄看中了玄烨，通过皇帝信赖的传教士汤若望说项，才改立玄烨，所以说玄烨是孝庄一手扶立的。根据福临死前所留遗嘱，八岁的皇三子玄烨入继皇统，改元康熙。

玄烨八岁即位，十岁时生母佟佳氏亡故，照看他的是祖母孝庄太皇太后，所以祖孙二人感情十分融洽。孝庄不但关心他的起居，而且对他的言语举动都立下规矩，严格要求，稍有逾越，则严厉批评，毫不宽纵。玄烨日后回忆："朕自幼龄学步能言时，奉圣祖母慈训，凡饮食、动履、言语，皆有矩度。虽平居独处，亦教以不敢越轨，少不然即加督过，赖是以克有成。"（《清圣祖御制文二集》）。在她的教导下，玄烨健康成长，一个未来杰出帝王的特质和能力，在少年时代打下了根基。

为了避免摄政王专权的悲剧重演，皇帝有意撇开皇室亲王，安排了四位忠于皇室的满洲老臣索尼、遏必隆、苏克萨哈和鳌拜辅政。当时安徽有位叫周南的秀才千里迢迢赶到北京，请求皇太后垂帘听政，孝庄严词拒绝了，因为清建国之初曾总结历史上外戚干政导致亡国的教训，规定后妃不得临朝干政，孝庄当时虽有足够的声望与资历临朝，但此例一开，将来或许贻害后代。因此她坚持了大臣辅政的体制，把朝政托付给四大臣，自己则倾力调教小孙子，培养他治国安邦的才能，以便他亲政后能担当起统御庞大帝国的重任。没有想到顺治所择非人，口是心非的鳌拜很快暴露出专横暴戾的本性，欺皇帝年幼无知，广植党羽，排斥异己，把揽朝政，俨然是摄政王再出。康熙（公元 1667 年）六年，玄烨十四岁，按例亲政。但鳌拜不但没有收敛，反而变本加厉。苏克萨哈因为受鳌拜压制，乘皇帝亲政之机，上奏辞职。请求去守先帝陵寝，"俾如线余息，得以生全"。实际上是向皇帝抗议鳌拜的专横。鳌拜也清楚苏克萨哈的用意，他和同党一起，捏造苏克萨哈二十四条大罪，将苏拘捕入狱，要处以极刑。苏克萨哈从监狱里送出申诉状，皇帝也坚决不同意处死苏克萨哈，鳌拜竟"攘臂帝前，强奏累日"，最后，将苏克萨哈处以绞刑，九族株连，家产没官。

鳌拜的存在已成为皇帝权威的一个威胁，但鳌拜羽翼已成，处置稍有不当，可能就会激成巨变。如何解决这个问题呢？此时的孝庄对这些问题已有了相当经验。她悄悄关照性急的孙子，要他隐忍一切，同时不露痕迹地布置起来。也不知从哪一天开始，皇宫里出现了一批少年，专门练布库（满语：摔跤），说是皇帝喜欢这种布库游戏。对于一个十四五岁的少年来说，这是完全可以理解的，所以谁也没有多想什么。康熙八年（公元 1669 年）五月的一天，鳌拜进宫晋见，在路两旁要着玩的小孩突然一拥而上，七手八脚把他擒住了，等到鳌拜缓过神来，纵有过人臂力，都已无济于事了。威胁皇权的鳌拜集团，就这样未动一刀一枪，连根拔除了。皇帝夺回了权力。

鳌拜集团铲除后，孝庄放手让玄烨理政，让他在实践中得到锻炼，又一再提醒他要谨慎用人、安勿忘危、勤修武备等。对于祖母的教诲玄烨非常尊重，重大事情无不先征求意见，然后施行。孝庄对朝政虽然十分关心，但从不直接干预朝政。她经常告诫康熙帝：

"祖宗骑射开基，武备不可弛。用人行政，务敬以承天，虚公裁决。"又说："古称为君难，苍生至众，天子以一身临其上，生养抚育，莫不引领，必深思得众得国之道，使四海咸登康阜，绵历数于无疆，惟休。汝尚宽裕慈仁，温良恭敬，慎乃威仪，谨尔出话，夙夜恪勤，以祗承祖考遗绪，俾予亦无疚于厥心。"对这些治国修身之道，康熙帝记于心，用于行。

铲除鳌拜之后，另一个威胁到清廷统治的因素便浮现了出来，那就是耿精忠、尚可喜和吴三桂三藩。三藩拥兵自重，自管财政和当地的官吏任免，俨然小朝廷。清王朝创建初期，为了能得到汉族上层的支持，孝庄皇太后冲破满、汉不得通婚的惯例，顺治十年（公元 1653 年）把孔有德的女儿孔四贞"育之宫中"当做宗室郡主看待；又把皇太极第十四女和硕公主嫁给吴三桂的儿子吴应熊，起到拉拢汉军将领的作用。但当清王朝的一切逐渐稳定的时候，这些不稳定的因素就成了朝廷的眼中钉、肉中刺。康熙帝亲政之后决定撤藩，他对军机大臣们说："天下大权，唯一人操之，不可旁落。"意思就是说全天下的权力，只能集中在皇帝一人手上。撤藩令一下，三藩以吴三桂为首，起兵叛乱，战事由是而起。大家都知道，战争对财富的消耗是不可估量的。这对刚刚稳定不久的清廷是一个考验。这时候，孝庄给了她孙儿极大的支持。

孝庄生活俭朴，不事奢华，她在宫中提倡节俭，器物坏了，能修的修，尽量不换新的，并且以此影响整个宫廷。比如康熙二十九年（公元 1690 年）正月，当时宫中用人、用物及开支情况与明朝作了一个对比：前明宫内每年用金花银 96 万 9 400 余两，今悉已充饷。前明每年宫中用木柴 2 686 万余斤，今只六七百万斤。前明各宫床帐、舆轿、花毯等项每年用银 28 200 余两，今俱不用。唐太宗乃有唐明主，但一次遣发宫女达 3 000 多人，其余则更有数千人可知。今除慈宁宫、寿康宫外，乾清宫妃嫔以下使用老媪、洒扫宫女，合计只 134 人。皇宫内如此节俭，省出的银两哪里去了？原来，孝庄把宫廷节省下的银两都捐出犒赏出征的士兵。每逢荒年歉岁，她也总是把宫中积蓄拿出来赈济，全力配合、支持孙子的事业。黄河水灾，孝庄也自己掏私房钱赈灾。由于内外齐心，清王朝从动乱走向稳定，经济从萧条走向繁荣，为平定三藩、统一台湾和边疆用兵等大规模战争奠定了物质基础。在他们的携手努力下，清王朝在康熙朝形成第一个黄金时代。可以这样说，康熙大帝之所以文治武功大有作为，开创清王朝鼎盛时期，其中也有孝庄文皇后的一份心血。

康熙擒鳌拜、平三藩，孝庄都在财力上给予了极大的支持。平定三藩时，她的表率行为，更使皇帝增加十二分敬意。康熙二十一年（公元 1682 年）春，皇帝出巡盛京，沿途几乎每天派人驰书问候起居，报告自己的行踪，并且把自己在河里捕抓的鲢鱼、鲫鱼，派人送京给老祖母尝鲜；康熙二十二年（公元 1683 年）秋，康熙陪祖母巡幸五台山，一到上坡地方，皇帝每每下轿，亲自为祖母扶辇保护。孝庄与皇帝这种亲密和谐的关系，反映了她的为人。这与二百年后同样经历三朝、对中国政治产生重大影响的慈禧太后，是截然不同的。不过，孝庄太后终于敌不过时间的车轮。康熙二十六年（公元 1687 年）九月开始病情加重，康熙皇帝昼夜看视；康熙二十六年十二月，孝庄太后病危。康熙皇帝号哭不止，昼夜不离左右，亲奉汤药，隔幔看护，水米不进，衣不解带，夜以继日。并亲自率领王公大臣步行到天坛，祈告上苍，请求折损自己生命，增延祖母寿数。康熙在诵读祝文时涕泪交流，说：“忆自弱龄，早失怙恃，承奉祖母膝下，三十余年，鞠养教诲，以至有成。设无祖母太皇太后，断不能致有今日成立，罔极之恩，毕生难报……若大算或穷，愿减臣龄，冀增太皇太后数年之寿。”然而自然规律是无法抗拒的，此月二十五日，孝庄走完了她的人生旅程，以七十五岁的高龄安然离开了人世。皇帝给祖母册封了最尊崇的谥号——孝庄仁宣诚宪恭懿翊天启圣文皇后。其实，孝庄没有当过皇后，而是皇太后、太皇太后。之所以称为孝庄文皇后，是她死后康熙皇帝给其谥号的简称。孝庄去世后，据载，康熙诵读谥文，群臣皆涕零。

令人不解的是，孝庄并未与皇太极合葬于沈阳的昭陵，也没进清皇陵，一直到康熙帝死，也未给祖母孝庄文皇后建陵，其梓宫在暂安奉殿停了三十八年之久，而最终于雍正三年（公元1725年）才由曾孙胤禛安葬于清东陵的风水墙外的地宫内。这究竟是什么原因呢？即使至今也未找到令人信服的解释，仍是一个未解之谜，不过对此民间传说甚多。关于孝庄皇后为什么不葬入昭陵一事，民间有“托梦定陵址”的说法。大意是：孝庄皇后死，清廷遵照祖制，决定将她葬入昭陵，与太宗合葬。但当梓宫途经东陵时，突然沉重异常。一百二十八名杠夫个个被压得龇牙咧嘴，眼冒金星，寸步难行，只得把梓宫就地停放。两个时辰过后想继续前行，梓宫就像长在地上一样，丝毫不动。这下子可急坏了送葬诸王大臣，于是飞报朝廷。康熙皇帝接到奏章，也是一筹莫展。当夜皇帝梦见孝庄皇后，对皇帝说：“我决计不与太宗合葬，如今梓宫停放之地就是上吉佳壤，可即地建陵安葬，切记吾言，休得违误。”皇帝醒后，遵照嘱咐，择吉时开工，即地建陵。这回再移动棺椁也不那么沉重了。很显然，这纯属神话，不能作为依据。还有的说，因为孝庄皇后下嫁给多尔衮，已不是皇太极的皇后了，所以她没有资格入葬昭陵，也无颜与皇太极合葬。清廷官书从来没有孝庄皇后下嫁多尔衮的记载，康熙帝以后各帝始终承认她是太宗皇帝的皇后。所以说这条理由也不充足。

而查阅史料，孝庄皇后不与皇太极合葬的原因有这样一段记载。孝庄皇后生前就为自己葬地之事留下了遗嘱。她谆谆嘱咐康熙皇帝：“我身后之事特嘱你：太宗文皇帝梓宫安奉已久，卑不动尊，此时不便合葬。若别起茔域，未免劳民动众，究非合葬之义。我心恋你们父子，不忍远去，务必于遵化安厝，我心无憾矣。”康熙皇帝一向孝顺祖母，孝庄皇后死后，康熙帝遵照遗嘱，将祖母安葬在了遵化的东陵附近。

那么，为什么孝庄又被葬在了清东陵大红门东侧风水墙外，而不是在皇陵内呢？许多野史称，这是因为孝庄下嫁多尔衮丢了爱新觉罗家族的颜面，所以把她葬在陵区大门外，罚她世世代代为子孙把门。其实，这只不过是好事者的主观附会而已。据有人分析，真正的原因是：第一，顺治的孝陵处于陵区内至高无上的位置，而孝庄则是顺治的生母，将她葬在陵区内任何地方，位置都低于孝陵，这就与她的辈分不相称。第二，孝庄虽葬在遵化清东陵，但与远在沈阳的皇太极的昭陵仍是一个体系。孝庄皇后的陵名叫昭西陵，因此看，与清东陵是两个不同体系，不能混淆，只能葬在东陵区外，以示区分。第三，在清代，无论皇帝、王公谒陵，都先从最高辈分的墓主人的陵寝开始。孝庄皇后在清东陵所有内葬人中辈分最高，所以谒陵时，每次都必先从孝庄皇后的昭西陵开始。大红门是陵区的正门。是谒陵人的必经之处。将昭陵建在大红门旁边，也为谒陵提供了极大的方便，避免了绕道往返之劳。第四，清代，以左方为尊贵之位，皇帝谒陵，出入宫门、殿门、陵寝门皆走左门，臣工走右门。把昭陵建在大红门左侧，处于尊贵之处，也正反映了她的后代儿孙们对她的尊崇敬仰之意。大红门左侧地势高而平坦、土厚质纯，而大红门右侧，低洼多石，又濒临西大河，常有水患，所以从地理环境上看，也应该将昭西陵建在大红门左侧。从以上几点看，将孝庄皇后葬在东陵陵区外，绝不是为了罚她为后代子孙看守陵门，而是综合考虑各方面的原因后作出的最佳选择。也是根据她的遗愿，灵枢没有运往盛京与皇太极合葬，而是暂安在京东清东陵。直至雍正三年（公元 1725 年），才在暂安奉殿原处就地起建陵园，葬入地宫。中国人民大学清史编纂办的董建中副教授显然对孝庄颇有敬意，称她为“那是个不错的政治家”。董建中还介绍，正史记载，顺治六年（公元 1649 年），郑成功引部下反清复明，顺治皇帝非常害怕，甚至想退回关外，是孝庄皇太后制止了顺治，并主持击退了郑成功。康熙十二年（公元 1673 年），吴三桂叛乱，康熙决意起兵平叛，遭到了朝中多数大臣的反对，孝庄坚决支持康熙，多次拿出宫中金帛和自己的份银犒赏出征将士。康熙十四年（公元 1675 年），吴三桂南乱未平，蒙古察哈尔部的布尔尼又起兵叛乱，清廷有倾覆之忧。孝庄向康熙力荐顺治时期曾因刑事问题被免职的大学士图海领兵。当时朝中无兵可用，图海选取数万八旗家奴，在辽西夜袭连营，大破敌军，杀死布尔尼。这些都说明了孝庄的治国才华。孝庄还很节俭，康熙朝力求节约以充裕国库的举动也始于孝庄。孟昭信认为，历史上的孝庄皇太后确有雄才大略，是堪与唐代武则天媲美的，我国历史上少有的杰出女政治家，在治国上，远远超过清朝另一个皇太后慈禧。孝庄参与国政没有采用垂帘听政的形式，而是直接与朝中大臣打交道。顺治去世前两年左右的时间里，基本上是孝庄在主持朝政。顺治去世后，她又设立了四大臣辅政的机制，帮助康熙治理国家，取得了很好的效果。她对朝政的干预，更多的是一种斡旋、制衡和退让。康熙曾说：“全赖圣母皇太后鞠养教诲以至成立。”如康熙有吸大烟的恶习，后来孝庄晓之于理，好言劝告，硬是让当上皇帝的康熙把烟戒掉。“设无祖母太皇太后，断不能敦有今日成立。”孝庄皇太后在中国历史上，其贤德恐只有宋神宗时垂帘听政的宣仁太后可比，此在国史上已是定论。联系到清朝另一个垂帘听政的太后慈禧，两人一头一尾，皆抚育长大两位儿童皇帝，一个开出一个全盛的大清，一个虽也带出所谓的同光中兴，但恐终不能逃脱断送大清朝江山的恶名，把这两人略作比较，似乎也颇有兴味。

孝庄是一位非凡的蒙古族女性，她十三岁进宫，六十二年间辅佐清太宗、清世祖、清圣祖三朝皇帝主政，为清初国家的统一和政权的巩固作出了不可磨灭的贡献。从蒙古小格格到西宫妃，从皇太后到太皇太后，她一步步走向顶峰；大清草创，前途是兴是衰，历史的枢纽因缘际会地掌握在她手里。然而，孝庄终于凭借她的政治头脑、英明决断，搏击世纪风云，历尽人世沧桑，享受了她传奇般的政治人生。

红颜薄命

——清世祖福临妃董鄂氏

董鄂妃可以说是顺治皇帝最钟爱的妃子，用万千宠爱集一身来形容也毫不夸张。她的身世、她的得宠以及顺治在她去世后的出家之念，都给她短暂的生命增添了令人回味的因素，也让我们了解了她与顺治之间那段惊天地、泣鬼神的悲剧性爱情。她的一生，也只能用“红颜薄命”来形容。

民间盛传一种董鄂氏实际是汉女的说法，说此人名董白，字小宛，为秦淮名妓。董小宛原为江南名士冒辟疆之妾。江南名妓知书多艺，倾慕东林，如李香君与侯方域、柳如是与钱谦益、卞玉京与吴伟业、顾眉生与龚鼎孳，都是佳人配才子。持此说的人认为，清军南下时，董小宛被掳到北京，先留在王府，后被太后要了去。顺治看了喜欢，就从孝庄太后那里要到自己身边，用满洲姓董鄂氏。其实，只要用一些史料排比看一看，就知道这个说法站不住脚。根据冒辟疆《影梅庵忆语》记载，冒辟疆初识董小宛在崇德四年（公元 1639 年），那一年董小宛十六岁，顺治帝才两岁。而顺治娶董鄂妃时是十九岁，董鄂妃十八岁。如果董鄂妃就是董小宛，那么此时她应当是 33 岁了，显然年岁不合。同时，《影梅庵忆语》对董、冒二人从相识、完婚、蒙难到董小宛病死，都有比较详尽的记录。大致的情形是：崇德四年（公元 1639 年），董小宛十六岁时，冒辟疆初遇董小宛。崇德六年（公元 1641 年），冒辟疆又邂逅陈圆圆，称其“令人欲仙欲死”，于是疏远了董小宛。崇德七年（公元 1642 年），陈圆圆被周奎带往京师，冒辟疆重逢董小宛。崇德八年（公元 1643 年），董小宛二十岁，入冒辟疆家，为其妾。董小宛“却管弦，洗尽铅华，精学女红”，一心一意做良家妇女。顺治二年（公元 1645 年），董小宛二十二岁。清豫亲王多铎率军渡江，破南京。冒辟疆在逃难中患病，“此百五十日，姬仅卷一破席，横陈榻旁。寒则拥抱，热则披拂，痛则抚摸，或枕其身，或卫其足，或欠身起伏，为之左右翼”。董小宛辛苦侍疾，无微不至。顺治四年（公元 1647 年），董小宛二十四岁。冒辟疆再病，“勺水不入口者二十余日”。“姬当大火烁金时，不挥汗，不驱蚊，昼夜坐药炉旁，密伺余于枕边足畔六十昼夜”。董小宛二度侍疾。顺治六年（公元 1649 年），董小宛二十六岁。冒辟疆患病，董小宛第三度侍疾。顺治八年（公元 1651 年），董小宛二十八岁，病死。这不仅有冒辟疆的笔记，还有当时不少文人学士的悼念诗词，均可证明当时董小宛确实死在冒府。董小宛比顺治大十四岁，同冒辟疆结婚九年未生育，并于顺治八年已病死，所以董小宛即董鄂氏之说实属望风捕影，不能成立。

根据《清史稿 · 后妃传》记载，董鄂妃为“内大臣鄂硕女”，生于崇德四年（公元

1639年)，她的父亲鄂硕隶属满洲正白旗，是正白旗的中级军官，并无显赫战功，因他祖父的军功而袭职。顺治二年（公元1645年）以后，他随军南征，此后的五六年间，都在苏州、杭州、湖州一带驻扎，这使得他的女儿自幼受到江南汉族文化的影响和熏染，对女孩儿的一生起了举足轻重的作用。

《清史稿·后妃传》记载，董鄂妃"年十八入侍"。在盛行早婚的时代，女孩一般十三岁左右基本完婚，比顺治小一岁的董鄂氏何以要迟至十八岁始入宫掖？更何况，十八岁也早就过了入宫待选的年龄。而且，在清代官方的记载中，对董鄂氏入宫前的身世一直讳莫如深。《清史稿·后妃传》里对她的记载也是相当简略，完全不像对待一位深得皇帝宠爱的贵妃。据传，原来这里面涉及一段不愿意被他们提起的隐私。

按照清朝制度，满洲贵胄之家，凡有年龄在十三岁到十七岁之间的女儿，必须报名备选秀女，中选者或入内廷为一宫主位，或为皇子、皇孙拴婚，或给亲王、郡王及亲王、郡王之子指婚。这就是说，普通的旗籍之家，都有可能通过选秀制度与皇家贵族结亲而成为皇亲国戚而鸡犬升天。所以未出嫁的满洲格格在家中的地位最尊贵，父母兄嫂事事容让，并尊称之为姑奶奶。因为说不定他家的格格福大命大造化大，有朝一日做皇后、当太后呢。所以，董鄂氏也在一个合适的年龄参加了选秀。对于选秀的秀女，每人都有一面牌子，上面写明某官某人之女，某旗某族人，年龄若干。每次预选都牌随人进，选中的就留下牌子，不合意的将牌子撂在托盘中，就算落选了。根据《清廷悬案》介绍，经过一遍遍复选，一遍遍地过滤、淘汰，董鄂氏都以她超人的素质顺利通过。决定命运的最后一选就要来临。十五岁的董鄂氏实在有些忐忑不安。因为最后一次面试的主持人是皇后和皇太后。年轻的满洲格格们，谁不企盼着进宫做主位、当妃嫔？像董鄂氏这样才貌双全的姑娘，对年轻有为的少年皇帝总会怀有一番特别的好感，着意去编织绚丽多彩的未来——虽然大多数格格们都会梦想成空。董鄂氏就是带着这样美丽的梦和其他格格们一起站到了皇后和皇太后的眼前。董鄂氏的牌子又被留下了。然而，主持最后一选的皇后，正是与福临意志不协、忌妒刻薄，见年轻美貌者就憎恶，且必欲置之于死地而后快的那一位。年轻美貌的董鄂氏自然在劫难逃，面临着撂牌子的结局。但董鄂氏毕竟太出众了，皇太后还是留下了她。不过，照顾到亲侄女的心情，庄太后指婚，把董鄂氏嫁给了皇十一子博穆博果尔。博穆博果尔是除了皇帝本人之外，最尊贵的皇子。在千百名候选的秀女中，能够中选，在人们眼中，已经是鲤鱼跳龙门，一步登天，又指婚给这样尊贵的当今皇弟，更属凤毛麟角，多少人在羡慕董鄂氏的幸运。但谁又能知道董鄂氏自己的感受呢？她已是情窦初开的少女，而她的丈夫还只是个十一二岁的不大懂事的小男孩儿。大媳妇小女婿，怎么说这日子也不好过。

按说，董鄂氏既已嫁给博穆博果尔为妻，没有与顺治帝接触的机会了，但事情还是发生了。原来，清代宫廷实行一种命妇轮流到后宫侍奉后妃的制度，凡受皇封有品级的命妇，必须轮流进宫侍奉皇太后和皇后，还须进各王府轮番侍奉亲王贝勒的福晋和夫人，以表示奴臣对皇家主子的忠心。已经成为襄亲王妃的董鄂氏自然在命妇之列，到宫内侍奉后妃，也就为顺治同她的不期而遇提供了条件。终于有一天，她与他相遇了。似乎是前世的宿命，也应了那句"众里寻他千百度，蓦然回首，那人却在灯火阑珊处"。他们之间擦出了火花。

原来，此时的顺治正处在情感的荒漠中。福临对配偶的要求，并不仅仅是美貌，也不在于血统的高贵，他期望的是意志相谐，情投意合。用今天的话来说，就是要以爱情作为婚姻的基础。另外，要具有与他这个皇帝相配的才干。这带有个性解放色彩的婚姻观念，实在是超越了他所处的历史时代，也超越了他的皇帝身份给他规定的道德范围。他的第一位皇后，容貌举止都足称佳丽，为人也十分灵巧秀慧。但是她有出身高贵门第的女子所具有的通病——癖好奢侈豪华：服饰用品，非珠玉绮绣不可；吃饭时只要有一件膳具不是金器就怫然不悦。特别是她生性忌妒刻薄，凡见到年轻貌美的宫妃宫女，就生憎恶之心，恨不得置于死地而后快。出于这种心理，她对福临的一举一动无不猜疑，无不防备。说实在话，一个女人，嫉妒和守住自己的丈夫是应该的、合情合理的。错就错在这一女人的常理不能用在母仪天下的皇后的身上，尤其不能用在心高气傲、好恶分明的顺治帝的皇后身上。可以想见，有这样一位皇后守在身边，顺治那享受与众多妃嫔同欢的皇帝特权必然受到限制。如果说不能满足欲望只不过使福临不快的话，那么特权受到侵犯就使自尊心极强的他不能容忍了！因此，顺治坚决要求废后另立。这个未成年的皇帝性格十分执拗，尽管大臣们屡次谏阻，仍然坚持己见，毫不退让。顺治十年八月，皇后降为静妃，改居侧宫。为了消除这一举动可能带来的消极政治影响，皇太后孝庄又选择蒙古科尔沁多罗贝勒之女博尔济锦氏进宫为妃。但福临对这位蒙古包里出来的漂亮姑娘同样不感兴趣。因为对于顺治来说，后宫佳丽虽多，但不是来自蒙古草原就是来自满洲世家，几乎个个目不识丁。顺治帝虽然由于幼年时摄政王多尔衮的控制而启蒙较晚，但亲政以后发奋苦读，曾累到吐血，所以很快就成为一位熟读经史子集的少年天子，在后宫频繁穿梭的白丁中，他又焉能寻觅到知音！

终于，他见到了董鄂氏。董鄂氏不但精通诗文，而且性格温顺，仪表端庄，举止言语均很有风采。平心而论，董鄂氏比起那些汉族才女，还相差甚远，但对于生活在文化荒漠中的顺治，却是难得的红颜知己。董鄂氏无疑长得很美，无疑也有满洲格格的高贵气度。但吸引顺治的却不在这方面。与平常的满洲女子相比，董鄂氏有一种独特的风韵，一种文雅、谦恭的书卷气，温柔而善解人意的女性美，仿佛江南水乡女子，那灵秀、妩媚，那淡淡的忧郁，使她在满洲贵妇中显得鹤立鸡群。与她交谈之际，更能感受到她同福临一样，深受汉文化的熏陶，而且悟性极高。当顺治帝所有以往的情感找寻都成为泡影时，她却突然出现在他眼前，压抑和积蓄多年的真情突然爆发，顺治帝几乎是立刻就燃起了对董鄂氏的熊熊爱火。当他知道了他的爱恋对象竟是他的弟媳妇、他的幼弟博穆博果尔的妻子时，仍不肯罢手，任由他热烈火暴和固执的性情左右自己，不管不顾地采取一切手段，利用一切可能利用的机会去接近她、追求她，一定要得到她！据说孝庄皇太后察觉了这一危险苗子，立即采取措施，宣布停止命妇入侍的旧例，以“严上下之体，杜绝嫌疑”，同时加快册立太后的内侄孙女为皇后，为的就是把一切都消灭在萌芽中，切断顺治同董鄂氏幽会的途径，想让他们把刚刚萌生的恋情冷却、淡化，在无声无息中消失。

从顺治十一年（公元 1654 年）四月到顺治十三年（公元 1656 年）八月十九的两年多中都发生过什么，已经无从考察，但可以想象得出，太后的禁令并未能阻断顺治同董鄂氏的恋情，而且最终一些风声还是传到了襄亲王博穆博果尔的耳中。为此，董鄂氏受到了丈夫的“斥责”，甚至使用了鞭子。而顺治在风闻了这些事情以后，竟打了这个满腹委屈的丈夫一个“耳掴”。博穆博果尔“乃因怨愤”在七月初三去世。也有人说他是自杀的，因为亲王当然要臣服于皇帝，弟弟多半都害怕哥哥，博穆博果尔悲愤交加，既没有力量与福临相抗衡，又不堪忍受这样的屈辱，小小年纪，已经无路可走，所以才在七月初三日自杀了。在西方人撰写的有关著作中对此事也有披露，《汤若望传》一书指出：“顺治皇帝对于一位满籍军人之夫人，起了一种火热爱怜，当这位军人因此斥责他的夫人时，他竟被对于他这斥责有所闻知的‘天子’亲手打了一个极怪异的耳掴。这位军人于是乃因怨愤致死……皇帝遂将这位军人的未亡人收入宫中，封为贵妃。”据陈垣先生考证：这位军人的夫人就是被封为皇贵妃的董鄂氏，而董鄂氏的前夫就是顺治的弟弟襄亲王博穆博果尔。襄亲王一死，再没有什么障碍了，按照满蒙的收继婚习俗，福临可以顺理成章地将董鄂氏收进他的后宫了。不过无论怎样，宫中发生了这种事情，传扬出去自然是不光彩的。终于得逞的顺治帝福临也不能无愧，所以当礼部领命选择册立董鄂氏为妃的吉日，提出七月二十日时，顺治帝以襄亲王新丧，不忍举行为由，令八月以后再择吉日。《顺治朝实录》也留下了一些耐人寻味的文字：襄亲王博穆博果尔在顺治十三年七月初三去世，七月初九“礼部择吉于八月十九日册妃，上以和硕襄亲王薨逝，不忍举行……”因襄亲王之死而不忍心册封董鄂氏，足以反映出顺治、董鄂氏、襄亲王之间存在着不同寻常的关系。

不过，也有人对此事持怀疑态度。有一篇名为《行痴本事爱情篇之董鄂氏及年谱（增改版）》的文章指出：首先，从汤若望的叙述方式来说。“一个满洲军人的妻子”，以他和福临的亲密关系，如果董鄂氏真是博穆博果尔的福晋，他不可能不知道，既然知道为什么不干脆点明，而要如此含糊其辞？有人说是因为汤若望不愿意太多指责福临失德，所以替他隐瞒，这种解释也很勉强，如果汤若望要替福临遮掩，又何必揭他夺人妻的短处呢？既然揭了短，又只把话说一半，似乎不是汤若望的性格。杨珍也指出，汤若望对军功累累的豪格尚不以军人和军职相称，而称其为肃亲王，如果他意中所指是并无军旅事迹的博穆博果尔，似乎更不可能称其为军人，驳得有理。其次，如果福临真是夺了弟妇，为何终清朝二百多年，没有出现有关传说？清初汉文人对满人统治心怀不满，唯恐抓不着嘲笑把柄，太后下嫁沸沸扬扬传了几百年，但关于董鄂氏出身虽然有各种离奇传说，却没有一个说她是福临弟妇。所谓无风不起浪，传说通常多少都会包含一点儿事实，多尔衮与孝庄恐怕多少是有些暧昧关系，而董鄂氏进宫前确实是有夫之妇，既然连民间都知道董鄂氏是被福临夺来的他人之妻，如果她的原夫是福临兄弟，岂有不大肆渲染的道理？所以弟媳说很值得怀疑。而且就连最早提出这种说法的学者之一陈垣先生本人也对此说表示有所保留，表示尚待更多资料证明。说到底，只是因为福临娶董鄂氏的时间恰在博穆博果尔新丧之后，就断定董鄂氏原是博穆博果尔之妻实在有点儿夸大巧合。关于董鄂氏的出身，还有一种说法。有历史学家根据顺治十一年四月太后命停命妇更番入侍的事实，怀疑董鄂氏在入宫前可能是入侍命妇之一，因此而被福临看中。而董鄂氏属正白旗，正是太后旗份，她作为旗下命妇随侍孝庄的可能性确实存在。

不论哪种情况属实，董鄂氏总是进宫了。顺治帝对她的爱并没有因为将她娶到手而减弱，而是愈加热烈。八月二十二日，董鄂氏刚一进宫，即被封为贤妃，仅仅一个月后，九月二十八日，顺治又晋封她为皇贵妃。皇贵妃在后宫的地位仅次于皇后，可谓在皇后一人之下，万千妃嫔之上了。这样的升迁速度，历史上十分罕见。十月初四日，顺治赏皇贵妃董鄂氏的父母金一百六十两，银八千两；金茶筒、银茶筒、银盆各一；缎八百匹，布一千六百匹；马十六匹，鞍十六副、甲胄十六副。十二月初六日，顺治帝还为董鄂妃举行了十分隆重的册妃典礼，并颁恩诏大赦天下。恩诏中规定，全国各种等候处决的人犯，除谋叛、强盗、贪赃之外，一律减等减刑。按照大清会典，只有册立皇后礼成，才颁诏天下，册封妃嫔从无此例。所以，董鄂贵妃获得的是特殊典礼。不仅表示了顺治帝对董鄂氏的情有独钟，也隐藏着将以皇后规格对待董鄂氏的意图。在有清一代近三百年的历史上，因为册立皇贵妃而大赦天下的，这是绝无仅有的一次。第二年正月，福临晋封董鄂氏的父亲一等精奇尼哈番（《实录》作三等，《清史稿》作一等）鄂硕为三等伯。另外，顺治皇帝也因为董鄂氏而尽改恶习、专宠一人。明朝末年的社会风气原本淫靡，清朝入关以后，前明留下来的太监，势必用明宫里骄奢淫逸的故事来迎合年轻的新主子，以达到固宠的目的。如此一来，清廷的少年皇亲贝勒大都过早涉及了男欢女爱并不断沉迷。福临惑于见所未见、闻所未闻的隐秘，时不时沉迷放纵怕是难免。据当时的传教士汤若望记述，少年福临“和一切满洲人一个样，而肉感肉欲的性癖尤其特别发达”，结婚之后，“人们仍听得到他在道德方面的过失”。可见，福临确实沾染了满洲贵族子弟那种好色淫纵之习。可是奇迹出现了，自从遇到董鄂妃后，少年天子变得专一起来。两人情投意合，心心相印。可谓“长信宫中，三千第一”“昭阳殿里，八百无双”，真是六宫无色、专宠一身。每次福临外出，董鄂氏都会在屋前久久伫立，等候他归来，看他脸色不好，就会关心地问他是否太劳累。但是值得注意的是，顺治帝拥有了董鄂妃后，虽然专宠一身，却并没有因此而荒废了朝政。前面已经说过，董鄂妃知书达理，性格温顺。顺治与董鄂妃就像人间无数普通的夫妻一样过着平凡而恩爱的日子。如果福临吃得少，她就会反复劝他多吃。如果福临稍微喝多了酒，她就会嘱咐太监们不要把寝室弄得太热，因为放心不下，半夜里还会起床跑去福临的寝宫照料，待确认福临无恙，才会安心回去睡觉。听说福临去骑马，董鄂氏也会担心他的安全，如果马稍有失蹄，她都会半天耿耿于怀。他们的感情建筑在共同的爱好上。董鄂氏“天资敏慧”，好读书史，“精书法”。她在福临的影响下，也喜欢参禅悟道。在为悼念董鄂氏所写的《孝献皇后行状》中，顺治写道：“后至俭，不用金玉，诵《四书》及《易》，已经卒业，习书未久即精，朕喻以禅学，参究若有所悟。”顺治与董鄂妃共同学习，互有促进，在她的影响下，顺治“偶免朝，则谏毋倦勤”，唯恐落下“君王从此不早朝”的指责；当顺治在“日讲”后，和她探讨“章句大义”时，“辄喜”；而当顺治让她一同阅奏折时，则起身谢道“不敢干政”。可见，董鄂妃深明大义，这也令顺治帝对她的爱越来越深，到了无以复加的地步。他甚至要再次废后而改立董鄂妃。因为他并不以封董鄂氏为皇贵妃而满足，他认为唯有皇后的名位才配得起董鄂氏。董鄂氏于顺治十四年（公元1657年）十月初七生下皇四子，而且此子一出生就被立为皇太子，顺治要为董鄂氏争后位之心已初见端倪。

正在这个时候，皇太后病了，刚刚生产不久的董鄂氏“朝夕侍奉，废饮食”，福临为祈祷太后早日痊愈，也来回奔波于南苑和紫禁城之间。从太后病愈后，福临为此奖赏鳌拜、遏必隆和苏克萨哈等人并大赦天下来看，太后此次病得不轻。那位生活在感情荒漠中的蒙古皇后，对于安排自己命运的同族婆婆并无丝毫感激，相反把不幸和怨恨统统归集到太后身上，连太后病倒也不去问候一声。倒是通达人情的董鄂氏能够体谅孝庄的苦衷，她主动周旋于皇后与皇帝之间，缓和调节双方的矛盾，有时起到孝庄所难以达到的作用。正因如此，孝庄有什么事总是爱找董鄂氏商量，有什么话总是找这个儿媳妇说，以至于到后来，婆婆对儿媳几乎到了不能离开的地步。有的朝臣后来解释说是因为皇后当时尚在冲龄，还不太懂得应该如何行事，所以疏于问候，而皇后当时年已十八，这个解释说不通。实际上对于皇后的怠慢，孝庄似乎也颇为恼火，所以此后多年都不许皇后到慈宁宫问安。福临也抓住了这个机会，于顺治十五年（公元1658年）正月以不孝为借口，试图第二次废后。假如顺治再度废后，改立董鄂氏，蒙古女人失去中宫主子之位，势必影响满蒙关系，倾动大清帝国的立国之基。这种想法，也只有感情大于理智的顺治帝敢想出来。事先，董鄂氏并不知道此事，听说以后，深知其中利害的她抵死不同意，甚至说："陛下若遽废皇后，妾必不敢生，陛下幸垂察皇后心。俾妾仍视息世间，即万无废皇后也"。满蒙联姻笼罩着后宫，就像一条挣不脱的枷锁，禁锢着多情天子与他的心上人。不但董鄂氏坚决反对，皇太后也不会坐视又一位出自自己娘家的皇后被废，尽管她对皇后的所作所为也有不满，仍然亲自出面为她讲情，福临想立董鄂氏为后的打算受到了挫折。

翌年正月二十四日，皇四子夭折。这给了董鄂氏极大的打击。顺治出于对她的爱，依然坚持立董鄂氏的下一个儿子为皇太子。由于董鄂氏生子时难产，产后不久又因护理皇太后的病，没能好好休息，加上生产前后父亲、兄长相继去世，不久爱子又早殇，大大影响了她的健康，已不能与福临同房。对此，福临认为"夫妇之谊，即同老友，何必接夕，乃称好合"，而董鄂氏也同样胸襟开阔，觉得不一定非要自己的孩子当皇帝才好，使福临深为她的明大义所感，引以为知音。然而经受丧子打击之后的董鄂氏，身体已经虚弱到难以再承受生育的重负。也许正是考虑到董鄂氏不可能再生育的身体状况，废后的念头再次在顺治的胸中涌动。本来他同第二个皇后就毫无感情可言，为了日后董鄂氏的处境，他必须让董鄂氏正位中宫。可他并不知道，董鄂氏在后宫的生活并不轻松快乐。在后宫云集的佳丽中，只有她一人受到皇帝独一无二的宠爱，即使她为人再低调，也不可能不受到其余后妃的忌妒和排挤，在情感激烈竞争的后宫，谁也不愿意成为失败者。董鄂氏一方面品尝着挚爱，另一方面又要提防忌妒的陷阱，对自己的一言一行都慎之又慎。她在顺治十四年（公元1657年）十月初七生子之后身体极度虚弱的情况下，连月子都没能坐，就去竭尽全力地侍奉生病的太后，而皇后却可以心安理得地不去尽妇道。当她在丧子之后内心痛苦不堪的情况下，依然要强颜欢笑，出现在太后的身边……

董鄂氏对顺治的爱是理性的，她深恐顺治因对自己的迷恋而荒于朝政，使自己成为历史的罪人，所以努力从正确方向来引导顺治，尽量做好皇帝的贤内助，甚至顺治十四年她的父亲鄂硕去世，她的反应也并非异常悲痛，因为她正担心父亲会倚仗皇贵妃父亲的身份在外面招摇生事，父亲的去世反而令她不必再牵挂，她的理智似乎不近人情。然而，顺治的爱已经成为董鄂氏生命不能承受的重负，她在等级森严的后宫活得非常累。在儿子去世之后，她一方面承受着巨大的心理与身体上的伤痛，一方面又要尽妻子的责任和儿媳的孝道，还要默默忍受着后宫冷嘲热讽的目光。终于，难以承受的压力使她的身体垮了下来，她一病不起了。她所承担的痛苦和伤病，也不是人间的医药能够治愈的。在顺治十七年八月十九日（公元1660年9月23日），董鄂妃不得不告别了她深爱着的并深爱着她的顺治皇帝，奔向了另一个世界。

顺治帝痛不欲生。虽然董鄂氏在临终时说："我死后陛下必定要以江山为重，而且有皇太后在，陛下或者不至于过度悲伤，但也应该注意节哀，只是太后一直对我慈爱有加，必定会非常伤心，想到这里，我死也不安心啊！"董鄂氏可能是希望打动福临的孝心，从而减轻他的悲恸。可是她的一切努力都是枉然。顺治帝寻死觅活，不顾一切，只是由于宫女、太监昼夜看守、防护严密，他才自杀未成。后来顺治又企图出家，并自断长发，却因被太后等人阻拦，出家未遂。顺治帝无法遁世以追随自己的爱人，只有采用别的方式来寄托自己的哀思。福临始终没有放弃封董鄂氏为皇后的念头。在他心目中，董鄂氏"虽未晋后名，实后职也。第以今后在，故不及正位耳"。在她生前，他虽然没能封她做皇后，但在她死后，他终于实现了这个愿望。按照传统，妃嫔只有在所生育的儿子继承了皇位，才能母以子贵被尊为皇后。当时的孝庄太后为了避免失去理智的顺治做出过激的举动，又出于自己与董鄂氏的感情，也不愿违拗，同意追封董鄂氏为皇后。这样，董鄂氏就成为顺治帝在位时所册封的第三位皇后，全称为"孝献庄和至德宣仁温惠端敬"，简称"孝献端敬皇后"，但没有出现皇后谥号中所必须有的两个字——"天""圣"，如"承天辅圣"（顺治祖母孝慈高皇后）"辅天协圣"（顺治嫡母孝端文皇后）。因为董鄂氏既不是从大清门抬进来的，也不是母以子贵熬上来的，虽然顺治贵为天子，但对森严的封建礼教竟也无可奈何。即使如此，虽死者未必有知，但这对福临自己也一定是个安慰。

在后来许多私人记述中还保留了一些官书上没有的资料。如一位行森和尚在《明道正觉森禅师语录》中提及，董鄂氏生前是住在承乾宫，她死后，行森曾多次应召到承乾宫为她上堂或对灵小参。其中有一次，行森念的偈语是："几番拈起几番新，子期去后孰知音，天心有月门门照，大道人人放脚行。"这一偈触动了福临的心事，他想起董鄂氏生前常参的话头，便以此问行森和尚："一口气不来，向何处安身立命?"行森和尚答："谢皇上重重供养。"

在户部资金极为短缺的情况下，顺治帝命令在景山建水陆道场，大办丧事。八月二十七日，由八旗二三品官员轮流抬棺，将董鄂氏的梓宫移至景山观德殿，并在寿椿殿（永思殿）启建大道场。关于景山道场的情形，行森和尚曾有偈谈到。当日是十月初八，福临亲到寿椿殿，请行森和尚为董鄂氏断七上堂。行森和尚拈香问答毕，说道："景山启建大道场，忏坛、金刚坛、梵网坛、华严坛、水陆坛，一百八员僧，日里铙钵喧天，黄昏烧钱施食，厨房库房，香灯净素，大小官员，上下人等，打鼓吹笛，手忙脚乱，念兹在兹，至恭至敬，专申供养董皇后。"董鄂氏的梓棺于九月十日在景山火化，由行森和尚举火。一起烧掉的还有两座装饰得富丽堂皇的宫殿，连同里面的珍贵陈设。福临不顾行森和尚的劝阻，将宫中太监与宫女三十人赐死，让他们在阴间侍候自己的爱妃。同时令全国服丧，官员一月，百姓三日。当时福临曾打算对哭临不哀的内大臣与命妇治罪，又曾命词臣为董鄂氏拟撰祭文，前三稿都不称旨，最后张宸所写祭文中因为有"渺兹五夜之箴，永巷之闻何日？去我十臣之佐，邑姜之后谁人?"的句子，福临读后泪下。可是福临还觉得不够。他担心董鄂氏的好没有人知道，担心要是他不说出来，后世的人不会了解这是多么贤惠的一个好女子，所以他除了命大学士金之俊为其作传，还亲撰了《董后行状》数千言，极尽才情，极致哀悼，历数董鄂氏的嘉言懿行，洁品慧德。可见，董鄂妃之死对他的打击极其巨大。福临为董鄂氏办丧事还有一大逾制之处，就是用蓝笔批答臣工奏事达四月有余，到当年年底，也即福临去世前七天才停止。这在清代仅此一例，包括福临自己在内的清代皇帝和太后之丧，蓝笔批答也要以二十七日为限，即使皇后丧礼也没有蓝笔批答之制。福临这一破格之举，可能是伤心之余，不忍见那一点儿朱砂吧。无论怎么说，顺治帝为董鄂妃所举办的葬礼都逾越了祖制，足见董鄂妃在他心目中的分量之重。当年十一月，福临以董鄂氏的遗愿，下令停止下年秋决。十二月十三日，福临下了道谕旨，“数月以来，办理丧仪……朕念诸王臣民哀思不已，是以驻跸南苑，间幸郊园，聊自宽解，以慰臣民”，虽然是以诸王臣民的名义，实际上却是他自己久久不能从悲伤中自拔。也因如此，在董鄂妃去世半年之内，顺治帝精神颓落，了无继续生活之趣，也患天花而逝。

在董鄂氏短暂的生命里，受到了天下最具权势的男人的全部真爱，可谓万千宠爱集于一身，她也深爱着那个男人。可是，她的爱是无私的，是绝对理性的。她绝不要求那个男人为了自己而做错任何事情，还总是担心因为自己的原因而影响了那个男人的威望与事业。似这样的真爱即使在整个中国历史上也屈指可数。然而天妒红颜，像这样的爱情似乎不应该发生在这个皇帝与爱妃之间，因为这个皇帝太富于感情，也太任性了。如果福临不是皇帝，他们的爱情可能会作为一段佳话被平淡地流传下来。然而假设就是假设，福临终究是皇帝，他们之间的爱情也终究作为一种悲剧而画上了句号。她的身世、她的得宠以及顺治在她去世后的出家之念，都给她短暂的生命增添了令人回味的因素。她在所有清代的宫掖中，都是最具传奇色彩的一位薄命红颜。

养虎为患

——清文宗皇后慈安

慈安太后即东太后，是清代咸丰皇帝之妻。她为人幽娴静淑，举止端庄，木讷不善言辞，在众妃嫔中从不争宠，但很得咸丰皇帝的尊重。有人说，在清朝历代皇后中，慈安皇后是最勤俭、最有道德的。她宽厚仁爱，善良忠厚，是皇帝眼中的“圣人”。提起慈安，人们很自然地会联想到慈禧，长期以来，慈安给人一种过于忠厚老实、缺乏政治才干、事事依赖慈禧的印象。实际上，这样的看法未免有失偏颇。真实的慈安出生于世代官宦之家，从小就受到过良好教育。特别是她成为中宫皇后的十年间，清王朝遭遇了空前的内忧外患，使她在忧患中成熟，在忧患中增长阅历。在美女如云的皇宫，在多情好色的咸丰帝身边，能保持十年荣宠不衰，除了凭借她本人的超凡的容貌和人品之外，还有一个更为重要的因素，就是她有一套十分成功有效的处理和驾驭她与众妃嫔、与夫君皇帝关系的秘诀。这些都足以表明慈安是一位城府很深的大智若愚的女性。即使把她作为一个政治人物来衡量，即使把她与慈禧放在一起作比较，慈安太后也绝不是一无是处。决定朝政大事，慈安优于德，而慈禧优于才。慈安对权力不感兴趣，所以日常朝政多让慈禧处理。而“慈禧慑于嫡庶之分，亦恂恂不敢失礼”。遇到朝政大事，慈禧不敢擅作主张，仍要征询慈安的意见。只是到了最后，由于慈禧的权力欲病态膨胀，慈安才不明不白地去世了。由此可见，慈安太后在控制局面、掌控权力方面也是有一套办法的。在光绪年间任过大清国驻英国大使，回国后先后任过光禄寺卿、太宵寺卿、大理寺卿、左副都御史的薛福成，在他的《庸盦笔记》中记道：诛杀陷城失地、临阵脱逃的两江总督何桂清，将骄奢贪淫的胜保下狱赐死，赏给曾国藩、左宗棠、李鸿章爵位，皆出自慈安之意。

那么历史上的慈安太后究竟是怎样一个人？我们还要从头说起。

东太后慈安，咸丰帝的孝贞显皇后，生于道光十七年（公元1837年），死于光绪七年（公元1881年），姓钮祜禄氏，属满洲镶黄旗人，是广西右江道三等承恩公穆扬阿的女儿。

咸丰在未做皇帝前就与她结成夫妻。在道光帝在位之时，她就在奕訢（咸丰皇帝名）宫中侍奉皇储。但那时她只是侧室，嫡福晋是富泰之女萨克达氏。道光二十九年（公元1849年），萨克达氏病逝。道光三十年（公元1850年）奕訢即位，就是文宗，也称咸丰皇帝。咸丰二年（公元1852年），钮祜禄氏被封为贞嫔，又晋为贞贵妃，不久立为皇后，从此开始“母仪天下”。

有人认为，如果说整个清廷的十二位皇帝中，道光皇帝最节俭的话，那么钮祜禄氏在清代所有皇后中，算得上是最勤俭、最有道德的。以前赶上她过生日，朝廷内外的大臣官员们为了巴结皇帝和皇后，便纷纷前来献礼，可是钮祜禄氏一概拒绝，绝不通融。她在对待人们送礼一事上，曾这样告诫当时尚为兰贵人的叶赫那拉氏说："我们这些人若多接受一份礼物，老百姓们就会多一份饥寒。所以，我们应该戒除这些陋习！"慈安皇后平时穿的都是布衣服，帷帐、罩幕与雨披等也一律不用绣品，尤其不愿用进口的洋纺织物，她说那些东西只是好看而不中用。宫中穿用的花盆底的绣鞋，鞋面上的花，她都督令宫女们绣上去，每年必定要亲手绣一双花鞋面，以此为宫中女子表率，倡导人人都做些力所能及的活。她平时的一举一动，都严格遵守各种封建礼法，绝没有疏漏越轨之举。夏天天气再热，她也不露出身体来，洗澡时也从不用宫女、太监们伺候，不换上礼服就不去见皇帝，坐着时腰板挺直，走动时都是慢步徐行，从不快步疾走。对待下人，她也比较和善，从不疾言厉色。她的所作所为，在咸丰皇帝眼中，简直成了女圣人。一次，咸丰皇帝为了游乐，下令花巨款整饰圆明园等居处。此等劳民伤财之举，慈安极为反对。为了劝阻皇帝一意孤行，一向温顺的钮祜禄氏竟然敢拔下头上的簪子，披头散发地对咸丰皇帝进谏。为此，咸丰皇帝不仅没有责怪，反而对她更为敬重。然而，正直善良的人总会因自己的正直而受到那些心肠恶毒的人的仇视。

按照清朝宫中的规矩，妃嫔以下所有女子穿的服装，都必须是窄袖长袍，不许穿裙子，头上的髻要统一梳成横长式，站时要挺直腰板。等到被册立为妃时，穿着、梳头、行动才能稍微自由一些。叶赫那拉氏初选入宫刚被封为贵人时，由于不熟悉清宫里的规矩，偶尔梳过宫外满洲妇女们常梳的飞云髻，恰巧慈安皇后看了。为此她专门传谕，申斥、警告兰贵人要谨遵宫中法度。大概从这时起，兰贵人就对皇后有了不满，只是她当时地位不及皇后，又很善于伪装，善良的慈安皇后可能根本没看出来。

其实，皇后对待兰贵人是相当不错的。清代宫禁内有这样一种规定：能够与皇帝同房的妃嫔们要由皇后决定，到傍晚的时候，由皇后选出一些写着妃嫔名号的牌子交太监呈给皇帝，皇帝留下哪个人的牌子，就召哪位妃嫔到皇帝寝宫去伺候。如果反过来，皇帝想到哪个妃嫔宫中去住，也必须先由皇后传谕旨给那个妃嫔，饬令（命令，旧时公文中用语）该妃嫔做好接驾准备，然后皇帝才前往彼处。但这种谕旨上必须要盖上皇后的金印（要征得皇后的同意）。由此可见，清朝的皇后对于各个妃嫔的制约可能比以往任何朝代都大。因为如果她不想让你见皇上，就不选你的牌子呈给皇上，而你肯定就见不到。妃嫔如果见不到皇帝的面，在宫中即与坐牢无异，就一辈子就没有出头的机会了。正是在这些方面，皇后钮祜禄氏为叶赫那拉氏提供了很多方便，当然慈安皇后对其他妃嫔也不错。不料，钮祜禄氏对叶赫那拉氏的善良用心最后成了养虎为患，引火烧身。

兰贵人（后来的"慈禧太后"）之所以能够步步高升，与慈安皇后的提携是分不开的。据史料记载，她刚入宫时，先在皇后住处坤宁宫当差，皇后对她很好。直到以后为皇帝生了皇子载淳，她的地位才开始改变。

咸丰六年三月二十三日（公元 1856 年 4 月 27 日），已封为懿嫔的叶赫那拉氏在储秀宫分娩了，头一胎便生下了个胖小子。当时，咸丰皇帝已经二十六岁了，还没有儿子。懿嫔生了儿子，当然使咸丰皇帝高兴万分，他给儿子取名载淳。母以子贵，懿嫔的地位发生了急遽的变化。当天，咸丰皇帝便发下圣旨，将懿嫔晋封为懿妃。九个月之后，在咸丰七年（公元1857年）正月初二那天，咸丰皇帝又颁圣旨，晋封懿妃为懿贵妃。这样，年仅二十三岁的懿贵妃就成了仅次于皇后的人物。咸丰八年（公元1858年）咸丰帝的玫贵人徐佳氏生下第二个皇子，可惜出生后此子即夭折。从此以后一直到咸丰病逝，再也没有一位后妃生儿育女了。因此，慈禧所生的载淳被皇帝视若掌上明珠。慈禧因为是皇帝独子的母亲，不仅妃嫔们不敢与她相较，就连皇后钮祜禄氏也要高看她一眼。其实，按封建宗法制度，嫡庶之分极其严格。历史上正后夺取庶出儿子占为己有，亲生母亲遭废黜甚至虐杀的事，不乏其例。作为正后的钮祜禄氏，虽比叶赫那拉氏年轻两岁，却不争风吃醋，是个心地善良的人。加之叶赫那拉氏处心积虑又功夫到家的曲意逢迎，竟然使她对叶赫那拉氏有了很大的好感，甚至在风流皇帝面前时常说叶赫那拉氏几句好话，同她以姐妹相称。从此，在后宫之中，懿贵妃已是皇后一人之下、万人之上的女主人了。

咸丰六年（公元1856年），英法对中国发动第二次鸦片战争，攻占广州。咸丰十年，英法联军攻陷天津，向北京进逼。咸丰帝整日寻欢作乐、荒于朝政，此时更是无计可施，只得以“木兰秋狩”为名，携带皇后、懿贵妃及儿子载淳等人，匆忙逃往热河承德避暑山庄。风流皇帝在北京时，沉溺于声色之中，由于纵欲过度，致使体弱多病。钮祜禄氏本性虽然正直，但性格太温顺，根本无力劝止。御医诊治后说常饮鹿血，可补肾亏阳虚之症。于是设立鹿苑养了一百多只鹿，天天取鹿血以供其饮用。这一次仓皇逃往热河，鹿自然没有带走。到了热河行宫，情况与京城里自然有极大不同。咸丰帝本已龙体渐弱，再加上路途颠簸的劳累还没恢复过来，精神也相当紧张。据说由于行宫内外的防禁并不太严，协办大学士肃顺还经常带着皇帝偷空子出外游乐，使其更加沉溺于声色之中而无力自拔了。这样导致了他本已虚弱的身体越来越坏。咸丰帝一时难以承受，便一病不起，而且病情一天比一天严重。咸丰十一年（公元1861年）七月，皇帝开始大量咯血，身体急剧恶化。这时，皇后忙于照料左右，无暇顾及政事。倒是慈禧趁机帮皇帝批阅奏折，处理朝政。如此一来，慈禧不但熟悉了朝政，也对朝廷里争权夺利、钩心斗角的形势，了解得一清二楚。

咸丰十一年七月十七日（公元1861年8月22日），咸丰皇帝病死。不过他在临死前作了三大决定：一是立他唯一的儿子、六岁的载淳为皇太子；二是命怡亲王载垣、郑亲王端华和肃顺、景寿、穆荫、匡源、杜翰、焦佑瀛八人为赞襄政务大臣，在自己病逝后赞襄一切政务；三是赐皇后钮祜禄氏“御赏”印，赐皇太子“同道堂”印为以后下达谕旨的符信，“御赏”章为印起，“同道堂”章为印讫，规定凡一切诏谕只有盖有这两个方印时才能生效。因为皇太子才六岁，所以，“同道堂”印由其生母懿贵妃掌握。有人专门分析过，从咸丰帝的临终安排可以看出，他是经过慎重考虑的。幼子载淳即位，由八大臣辅佐赞襄一切政务，而不是一二位大臣，说明他考虑到了肃顺跋扈专权的可能性，他又担心皇弟奕䜣身贵势重，而把奕䜣排除在赞襄政务大臣之外。这个决定的用意就在不使权力偏斜于一二人之手，八位王大臣可以互相牵制，从而防止权臣造成大权独揽、威胁皇权的局面。另一方面，为了牵制八大臣，让他们一心扶持幼主，咸丰又给了皇后和懿贵妃以极大权力。两宫手中握有两方印，不钤印的谕旨不能生效，这就给了皇太后和幼帝载淳以某种程度的否决权。可见，咸丰对后事的安排决定是深思熟虑的结果。两位皇太后和幼帝为一方，八位赞襄政务大臣为一方，不突出任何一方，而缺任何一方又不可。这既不是太后垂帘，又不是权臣辅政，是“垂帘辅政，兼而有之”。这就是咸丰所设计的政治格局，其特点是多方牵制，其指导思想是权力制衡。这样设计的目的是为了避免政局动荡，实现权力的顺利交接与过渡。

咸丰皇帝死后，仅有六岁的皇子载淳即皇帝位。七月十八日（8月23日），他尊钮祜禄氏为母后皇太后，上徽号为“慈安”；由于懿贵妃叶赫那拉氏是小皇帝的生母，所以也一并尊为圣母皇太后，上徽号为“慈禧”。此时的八位辅政大臣已不想受两位皇太后制约，越来越骄纵妄为。出于与八大臣斗争的需要，慈禧主动与慈安结盟。而皇后对肃顺的跋扈，也非常愤恨，这就是二人结盟的基础。经过慈禧的一番努力，慈安相信不联合起来对付肃顺等人就不会有好日子过。从此以后，慈禧、慈安的两宫联盟逐渐形成。

为了摆脱两位皇太后的控制，八个赞襄政务大臣提出，新皇帝年幼，不解政事，老皇帝有遗诏命他们赞襄政务，新皇帝发布圣旨由他们拟文发出即可以了。慈安对此似是模棱两可，慈禧却极力反对，她认为这是很严重的事情，任其这样就会使皇帝被架空，导致大权旁落。八大臣却不依不饶，双方的权力斗争也越来越激烈。有一次，八大臣竟然以罢工相威胁，使慈禧认识到只靠一个手中无权的慈安去实现其垂帘听政的设想，无异于孤军奋战。因此，她又联系以恭亲王奕䜣为首的王公大臣集团，最终发动了“辛酉政变”，一举击溃了以肃顺为首的辅政大臣集团，将权力操控在太后手里。

这场政变实质上就是一场朝廷内部的权力之争。一方是两宫皇太后和以恭亲王奕䜣为首的皇族，另一方则是咸丰帝临终任命的八位赞襄政务王大臣。这场政变的组织者、策划者和领导者是慈禧，其主要倚靠的骨干力量是奕䜣，但也绝对不应忽视慈安在其中的作用。她作为原中宫皇后、当时的母后皇太后，具有举足轻重的作用。因此她是这场政变中决定成败的关键性人物。这一点，机敏而工于心计的慈禧比谁都清楚。如果不将慈安争取过来，夺权、垂帘听政的目的就达不到。可以说，如果慈安旗帜鲜明地坚决拥护咸丰帝的遗命，毫无保留地支持并站在八大臣一边，“辛酉政变”就不会发生，这段清史就得重写。

在政变之后，朝廷中一些日常的事务由慈禧处置，但每遇朝政大事，还是要由慈安太后最后决定。有书记载，慈安“及与孝钦后（慈禧）垂帘听政，首简恭王入军机处。时国人称孝贞优于德，而大诛赏大举措，实主之；孝钦优于才，而判阅奏章，裁决庶务，及召对臣工，咨访利弊，悉中款会”。这段话是什么意思呢？就是说，时人对慈安和慈禧的评价是各有所长，慈安“优于德”，慈禧“优于才”。慈安太后的理政之才主要表现在四件事上。

第一是重用能臣，带来“同治中兴”。慈安与慈禧密切配合，发挥己长，励精图治，在朝内重用奕䜣、文祥、倭仁等重臣，外用一批优秀的汉族将领，如曾国藩、左宗棠、李鸿章等，使得同治年间出现了“中兴之象”。1914年出版的《清朝全史》记载：“同治改元之初，即知曾文正公之贤，授为两江总督。文正感其知遇，尽心谋国。

而东宫（指慈安——笔者）则自军政、吏治、黜陟、赏罚，无不咨询文正而用其言。”于是当时遂有“至军国大计所关，及用人之尤重大者，东宫偶行一事，天下莫不额手称颂”之说。

第二就是节俭自爱。“辛酉政变”之后，慈安、慈禧两宫太后，在养心殿共同垂帘听政。开始的时候，由于慈安太后位居正宫，名位高于慈禧太后，因此慈禧不敢太张狂，大权一度由慈安太后掌握着。一段时间里，节俭自爱的政风很浓。现在，以她为主垂帘听政时，注重节俭自然是顺理成章的事。她常以东南太平天国未灭，国家正处多事之秋为由，驳回一些阿谀奉承的大臣奏请大兴土木重修圆明园的奏折。原圆明园管理大臣殷德以园务不能振兴为一大憾事，他百般恳求两宫皇太后，坚持要重新修复圆明园。这时太平天国农民革命虽已失败，但捻军（清中叶后反政府农民武装）和西北回民的武装斗争却气势正盛。慈安太后素来崇尚节俭，根本就不同意大兴土木的修园之举。所以殷德的愿望无法实现，心中深感不快。正巧，北京城内有一个很有势力且人品极坏的大富豪名叫李三，他勾结广东商人李光照，投殷德所好，与殷德拉上了关系。他们在小皇帝载淳出外游玩时前往参见，哄骗小皇帝答应重修圆明园。李三与李光照暗自高兴，以为可借此次机会大捞一把。为了能取得慈禧太后的赞同，李光照前去用重金贿赂大太监安德海，安德海开口要价二十万两白银，讨价还价一番后，终以十万两银子成交。而慈禧太后此时正韬光养晦，密谋夺权，也就颇为顾忌朝野内外对她所作所为的议论，无心过多地游乐。不想李光照行贿之事被恭亲王奕䜣等大臣侦知了，马上上报给慈安太后。而平素以节俭著称的钮祜禄氏大怒，传下懿旨，命逮捕奸商李光照，并追查行贿修园一案。后来，安德海因慈禧太后关照，才渡过了这一风波。

第三是诛杀安德海，朝野称快。太监安德海是直隶南皮（今属河北）人，人称“小安子”。同治初年，他因受慈禧太后宠信，开始干预国政。穆宗载淳尚未成年，但对安德海飞扬跋扈的一套非常不满，经常为一些事训斥安德海，而每次挨了训，安德海都要向慈禧太后诉委屈，慈禧太后马上便召载淳来指责一番，这样反而更加深了小皇帝对安德海的仇恨。关于杀掉安德海一事，现在主要有两种说法。一是为除掉安德海，载淳曾找慈安太后密商办法，他们认为山东巡抚丁宝桢敢作敢为，因此在丁宝桢入京晋见时，令他俟机诛杀安德海，丁宝桢慨然允诺。同治八年（公元 1869 年）七月，慈禧太后命安德海往南方采办宫中用物，安德海自然得意非常，他公然打着钦差大臣的旗号乘楼船沿运河南下，一路声势浩荡，招摇纳贿。安德海进入山东德州地界时，丁宝桢得知消息。他令总兵王正启率兵追安德海。等追到泰安，王正启抓住了安德海，并马上把他押送到济南府。安德海不识时务，死到临头还叫道：“我奉皇太后的命令外出，谁敢冒犯我，那是他以卵击石自寻死路！”逮住安德海后，丁宝桢便飞马上奏朝廷。慈安太后得到报告，立即召见军机大臣奕䜣及内务府大臣等商议处置办法。诸位大臣都说太监不得出都城之门乃是祖制，大清建立二百多年来还从没有敢违犯的，如有违犯者要坚决处死不可饶恕，安德海应就地正法。一是说慈安等与丁宝桢并未事先沟通。只是按照清朝制度：太监不得出都门，犯者杀无赦。同治八年（公元 1869 年）八月，安德海请求慈禧派他到江南置办龙衣，获得许可。但他不知收敛，一路招摇，途经山东境内时，被山东巡抚丁宝桢拿获。丁宝桢迅速将此事上奏朝廷。慈禧有意袒护，慈安“立命诛之”。结果安德海被就地正法。反正不管怎么说，安德海被杀都是由于慈安的力主其间。当时朝野上下，人心大快。

第四是立阿鲁特氏为皇后。同治十一年（公元1872年），同治帝已经十七岁了，到了立后成婚的年龄。慈安看中了淑静端慧、容德俱佳的崇绮之女阿鲁特氏，她怕载淳亲政以后，年纪太轻，不能胜任繁重的政务，所以得要一位成熟贤淑、识大体，而又能动笔墨的皇后，辅助皇帝。而慈禧则看中了年轻俏丽、姿性敏慧的富察氏。两人各执己见，最后决定由同治帝自己决定。结果同治帝采纳了慈安的意见，同意立阿鲁特氏为皇后。皇帝“大婚”之后，慈安太后对皇后阿鲁特氏更是百般关照，每次皇后来问安、伺膳，她都热情接待，并屡次催促皇后早早回宫，不必过于拘礼。

然而，正是由于她与载淳的关系和对他的照顾远远超过载淳的生母慈禧太后，才引起慈禧太后的猜忌。而且慈安太后为人宽厚仁爱，在宫中、在同治帝心中具有崇高地位和影响力，这更是意欲专权的慈禧太后所不能容忍的。

穆宗死后，载湉被立为帝，即德宗，亦称光绪皇帝。由于德宗皇帝即位时年纪尚幼，两宫皇太后二次垂帘听政。这时虽然是二人同时训政，但慈安太后已无一分权力，实权都掌握在慈禧太后手中。在光绪年间，她诚心信奉佛教，在宫中天天以吃斋念佛为主要功课。这样，慈禧太后更觉无所约束，益加肆意弄权，胆大妄为了。

光绪一朝，慈安太后日益倦怠不闻外事，而慈禧太后则日益振奋统摄全局大权独揽。从生活上说，慈安太后崇尚节俭，不事铺张，而慈禧太后却肆无忌惮地挥霍。慈禧太后经常单独召见大臣，决定大事要事逐渐地也不再告知慈安太后。过去她哪敢这样做，像同治年间补瑞麟为文华殿大学士，这样的大事，她都要找慈安太后商量，取得慈安太后的同意后才可以实施。后来慈安太后竟成了可有可无之人。这使慈安太后内心愤愤不平，两人之间的矛盾也逐渐突出起来。

没过多久，慈安太后突然暴薨了。

光绪七年（公元1881年）三月初十日戌时，慈安逝于钟粹宫，终年四十五岁。慈安之死，事先并没有什么明显的征兆，三月初九日，慈安身体稍感不适，第二天晚上就死了。光绪帝对慈安的猝然而逝，深为不解：

“初九日，慈躬偶尔违和，当进汤药调治，以为即可就安。不意初十日病情陡重，痰涌气塞，遂至大渐，遽于戌时仙驭升遐。”

事出太过突然，令朝野皆惊。

慈安太后为人慈祥和蔼，以仁厚著称于大内，平日很少责罚太监、宫女。有时小太监的衣服刮破了，她还亲自给缝上。她的猝然薨逝，使钟粹宫的太监、宫女们如丧考妣，一时间哭声恸天。那班大臣们听了，个个面面相觑，目瞪口呆。内中唯有恭亲王最是关心，听后便禁不住号啕大哭起来。诸大臣劝住了恭亲王的哭，赶进东太后寝宫去，见慈禧太后坐在矮椅上，宫女们正在替东太后入殓。大臣们看了这个情形，忍不住个个掉下眼泪来。只听得西太后自言自语地说道：“东太后一向是一个好身体，近来也不见害病，怎么忽然丢下我去了呢？”慈禧太后一边诉说着，一边伏在尸身旁呜呜咽咽地痛哭起来。诸位大臣见西太后哭得伤心，便一齐跪下来劝解着，说皇太后请勉抑悲怀，料理后事要紧。照宫廷的旧例，凡是帝后上宾，所有药方医案都要交军机大臣验看；如今东太后死得这样快，所以也不及延医服药，也不曾留得方子。后妃死后，照例又须召椒房戚族进宫去看着入殓。如今西太后的主意，不叫去通报东太后的母家钮钴禄氏的族人，大臣们也没有人敢反对，一任那班宫女在那里替东太后草草成殓。慈禧太后把一班军机大臣召唤到自己书房里去，商量拟遗诏的事体。

那遗诏上说道：

"予以薄德，只承文宗显帝册命，备位宫闱；迨穆宗毅皇帝寅绍丕基，孝思纯笃，承欢奉养，必敬必诚。今皇帝入缵大统，视膳问安，秉性诚孝。且自御极以来，典学维勤，克懋敬德，予心弥深欣慰！虽当时事多艰，宵旰勤政，然幸体气素称强健，或冀克享遐龄，得资颐养。本月初九日，偶染微病，皇帝侍药问安，祈予速痊；不意初十日病势陡重，延至戌时，神思渐散，遂至弥留。年四十有五，母仪尊养，垂二十年；屡逢庆典，迭晋徽称，夫复何憾！第念皇帝遭兹大故，自极哀伤；惟人主一身关系天下，务当勉节哀思，一以国事为重，以仰慰慈禧端佑康颐昭豫庄诚皇太后教育之心。中外文武，恪供厥职，共襄郅治；予灵爽实共与嘉之。其丧服酌遵旧典，皇帝持服二十七日而除；大祀固不可疏，群祀亦不可辍。再予向以俭约朴素，为宫闱先，一切事关典礼，固不容骄纵抑损；至于饰终遗物，有可稍从俭约者，务惜物力，即所以副予之素愿也。故兹昭谕，其名遗行。"

一道遗诏，便轻轻把一桩绝大的疑案掩饰过去了。那孝贞皇太后的家族也不敢问信。光绪七年（公元1881年）九月二十七日，慈安被安葬在普祥峪定东陵，谥号"孝贞慈安裕庆和敬诚靖仪天祚圣显皇后"。

光绪一朝，慈安太后日益倦怠不闻外事，而慈禧太后则日益振奋统摄全局大权独揽。慈安身体一直很好，遗诏上也说"体气素称强健"，认为会"克享遐龄，得资颐养"。一个素称体健之人，怎么得点儿小病，不足两天就死了呢？人们对此议论纷纷，对她的死因作了种种猜测。

第一种说法是清朝官方的"正常病死说"。朱寿朋的《光绪朝东华录》中载有慈安的遗诏，说她在"初九日，偶染微病，皇帝侍药问安，祈予速痊。不意初十日病势陡重，延至戌时，神思渐散，遂至弥留"。但是这种"因病致死"是那样的快速而又突然，连当时的当事者也大为怀疑。据《清稗类钞》载，在慈安初感身体不适时，御医薛速辰为她诊脉，认为"微疾不需服药"，没想到当晚就听说"东后上宾，已传吉祥板（棺木）"，大为诧异，还以为是外间谣传。后来噩耗证实，他大戚曰："天地间竟有此事，吾尚可在此？"是不信慈安是因病致死。另一位当事人左宗棠，当时任军机大臣，突然听说慈安得病身亡，顿足大声说："昨早对时，上边（指慈安）清朗周密，何尝似有病者？即去暴疾，亦何至若是之速耶？"第二种说法是因慈禧与慈安交恶，慈安激愤自杀说。据《清稗类钞》另一种记载，慈安与慈禧共同垂帘听政，慈禧权欲极重，慈安却倦怠少闻外事，并不与之争权，因此倒也相安无事。但到了1881年初，慈禧患血崩剧疾，不能视事，慈安有一段时间独视朝政，致使慈禧大为不悦，"诬以贿卖嘱托，干预朝政，语颇激"，以致慈安气愤异常，又木讷不能与之辩，恼恨之下，"吞鼻烟壶自尽"。第三种说法，也是被大多数后人深信不疑的，是被慈禧下药毒死说。据《慈禧外记》载：当年咸丰临终时，曾秘密留下了一个遗诏给慈安，要她监督慈禧，若慈禧“安分守己则已，否则汝可出此诏，命廷臣传遗命除之。”但老实的慈安将此事告诉了慈禧。阴险毒辣的慈禧听了，表面对慈安感泣不已，实际上已起杀机，遂借向慈安进献饵之机，暗下毒药，加以谋杀。恽毓鼎的《崇陵传信录》也持这种说法。所以，据后人推测，当慈禧行为日益猖獗的时候，慈安打算劝阻慈禧的骄横擅权的独断行为，给她点警告，使她收敛一些，不料激起了慈禧的杀心。在光绪七年（公元1881年）的某一天晚上，慈安太后在自己宫中置办酒宴，说是为慈禧太后祝福。酒至半酣，慈安太后屏退左右侍从人员，先热情详细地追述了在热河行宫，肃顺擅权，两宫太后受挤，随后果断谋划辛酉政变，以及同治十一年间两人同时垂帘听政的事情，动情处抽泣垂泪良久。慈禧太后听了也悲不自胜。慈安见打动慈禧，忽然话题一转道：“咱们姊妹现在都老了，说不定哪天就要离开尘世。相处二十多年，所幸从来都是同心协力，连一句冲撞对方的话都没说过。而我这里存有一件东西，是从先帝文宗那里得来的，现在它已经没有什么用了。”说完，慈安太后从袖子里拿出一个精微的信封递与慈禧太后，让她拆开看一下。慈禧太后接过信封，好奇地启封后细看，吓得脸色顿变，羞惭得不敢抬头看慈安太后。这封函内装的不是别的，正是清文宗交给慈安太后的遗诏。遗诏的大意是：叶赫那拉氏是皇帝的亲生母亲，母以子贵，日后定会尊封为皇太后，我对此人实在是不能深信。此后如果她能安分守己也就罢了，否则，你可以出示这一纸诏书，命廷臣宣布我的遗命，把她除掉。慈禧看后，才知道咸丰皇帝到底还是对自己留了一手，当时惭愧与恼怒的心情交加，心中十分害怕。不过慈安太过仁厚，竟当着慈禧的面把遗诏放到烛火上烧掉了。慈禧当下装出感激泪下的样子。慈安太后又对她百般劝解安慰，至此酒宴方才结束。此后几天，慈禧太后对慈安太后礼节周全非常恭敬，一反过去那种骄狂放纵，连伺候的太监、宫女都感到很奇怪。慈安太后也暗自高兴，认为是前日自己烧密旨的做法收到了预期的效果。殊不知慈禧已动了杀心。光绪七年三月十日，慈安在庭院中看金鱼休闲，慈禧那边来了一位太监，送来一盒点心说：“这种点心，西佛爷觉得好吃，不肯独用，送一点儿给东佛爷尝尝。”慈安高高兴兴地当场尝了一块，顿时就觉得不舒服。当天慈安忽然得病，不料到了第二天晚上，竟撒手归西，享年仅四十五岁。

还有一种说法见于《清宫琐闻》摘自葛帔道人的《云海楼随笔》。光绪当皇帝后，虽说是东西两太后同训朝政，实际上慈安不大管事，在宫中吃斋念经，一切都是慈禧说了算。于是，慈禧得以为所欲为。当时有名伶杨月楼，被召进宫演戏。慈禧看上了他，经常召他进宫，甚至留他在宫中过夜。一天，慈安有事找慈禧，慈禧不在，只见杨月楼睡在慈禧床上。慈安大惊而退。慈禧知道后，大惧。马上让杨月楼吃下一碗杏酪后出宫。杨回家后就死了。慈安并不打算追究此事；但慈禧一直忐忑不安。一次，朝廷讨论表彰某大臣家人节烈的时候，慈安借这个机会好言好语地规劝慈禧。慈禧不安，心里更不是滋味。过了几天，慈禧让宫婢给慈安送去点心，慈安吃过后便暴薨，连太医都来不及叫。作者说，这是当年在宫里一位宫监告诉他的。王无生《述庵秘录》所记与此说相同，但有小异，同慈禧来往的名伶姓金。光绪六年（公元1880年）冬季，慈禧太后得病，请御医诊治无效，朝廷便诏令各行省的总督巡抚推荐各省的良医进京会诊。李鸿章、刘坤一等都推荐了良医进京。不过慈禧太后久病不愈，慈安太后即前往探望，到那里却看到慈禧太后正与她宠爱的伶人金某睡在床上，慈安太后气愤至极，严厉地痛斥慈禧太后的丑行，慈禧太后吓得跪地谢罪，尔后将金某驱逐出宫，不久将他赐死。

另文廷工《闻尘偶记》却认为慈禧是因与人私通怀孕，事为慈安察觉，准备废掉慈禧太后称号，慈禧闻之，先下手为强，设计毒死了慈安。不管怎么说，慈禧毒死慈安之说还是得到了绝大多数人的认同。

推测慈禧为人，心胸狭窄，诡计多端，为争权夺势，是什么事情都干得出来的。只要慈安太后一死，慈禧太后在宫中就可以独断专行了。

慈安皇后以她的宽厚善良成为皇宫内的道德楷模，也因为她的过分仁慈使自己处于权力斗争中的被动地位。更为可惜的是，因为她的一片善念，造就了在清末历史上为所欲为的慈禧，不但使她自己死得不明不白，连整个清朝的根基都被慈禧所动摇。最终，她还是造成了一个养虎为患的结局。

为权力而生的女人

——清文宗妃慈禧

在满清王朝末期的历史上，与“清朝兴国太后”孝庄相对应，也有一个女人，使清朝的命运产生了翻天覆地的变化，不过却是颠覆性的。这个女人，就是慈禧太后。

慈禧，姓叶赫那拉氏，生于道光十五年十月初十日（公元1835年11月29日）。关于叶赫那拉氏的起源，有这样一个故事：在元末明初时，已在叶赫河建立了叶赫城的叶赫那拉氏家族与爱新觉罗氏家族发生了一场战争，当时，爱新觉罗家族的头领为了使叶赫那拉氏臣服，就指着大地说道：“我们是大地上最尊贵的金子（爱新觉罗就是金子的意思）！”而叶赫那拉的首领听了一阵大笑，他指着天上的太阳说道：“金子算什么，我们姓它！”叶赫那拉氏最后打败了爱新觉罗，成为当时东北最大的一支部落。其实，叶赫那拉氏和爱新觉罗氏世世代代都是血统之亲，努尔哈赤就是叶赫那拉氏所生，也是叶赫那拉氏家的姑爷，他的皇帝儿子皇太极也是叶赫那拉氏所生。所以，努尔哈赤是在用了三十六年的时间统一蒙古与东北其他各部之后，最后才向叶赫那拉氏宣战的。当时，努尔哈赤带着他的千军万马，包围了叶赫城，但他没有马上宣战，而是跪在城前三天三夜，请求叶赫那拉氏投降，团结起来，共同对付明朝政权。可是叶赫那拉家族认为，你是我们家的姑爷，你不听我的指挥，我还要听你的，那哪行呀！坚决不同意。没有办法的情况下，努尔哈赤下了一道令，凡是愿意投降的，一律高官厚禄，凡是反抗的不管是谁，我六亲不认，一律尸首分家。就这样，努尔哈赤向叶赫那拉宣战，经过激烈的战斗，努尔哈赤最终杀进城去，杀了几万人，而叶赫那拉氏的那些被包围的首领也纷纷自杀，宁死不降，直到最后，老一代的都死了，剩下年轻的看到大势已去，才向努尔哈赤投降了。据说，当年努尔哈赤消灭叶赫部落之时，叶赫先祖发下毒誓：灭亡满洲。《清光绪帝外传》称：叶赫部长布扬古，临终前愤然留下遗言：吾子孙，虽存一女子，亦必覆满洲！因此，清朝祖制规定：宫闱不选叶赫女子！但不知是命运的安排，还是历史的必然，终于出现了一个慈禧太后。

慈禧太后小名“兰儿”，史载为安徽宁池广太道惠征之女。惠征在咸丰二年（公元1852年）二月出任安徽宁池太广道，当时正是太平军横扫大江南北之时，安徽地界很不太平，经常有战乱袭扰。惠征刚到任内不足一年，就不安于一个小小的道员的官职了。第二年三月，惠征以“携带饷银印信避至镇江”而被上级官员开缺，即开除离职。同年六月初三，闻讯之后的惠征悲愤忧郁，自此便一病不起，最后客死于江苏镇江府，终年仅四十九岁。慈禧的母亲也是显宦人家子女，慈禧的外祖父名叫惠显，在道光朝历任皖省臬司，驻藏大臣，工部左侍郎，并兼任京营右翼总兵，后又出任归化城副都统。慈禧的幼年就生活在京城里面的这样一个比较特殊的满人家庭中，家庭三代均为清朝官员阶级，虽然他们都未能做到显赫的一二品大员，但也算是十分风光。为了能够进一步的升迁，慈禧的家中几代人都作了非常大的努力，收效却甚微。

根据原长治市地方志办公室副主任刘奇的研究认为：叶赫那拉氏乃是汉人，生于山西省长治县（今长治市），并在此度过童年。据刘奇考证，1835 年，慈禧出生在山西长治县西坡村一个贫穷的汉族农民家庭，取名“王小谦”。四岁时，被卖给本县上秦村宋四元为女，改名“宋龄娥”。十二岁时，又被卖给潞安府知府惠征为婢，改名“玉兰”（兰儿），并在衙西花园专设书房中获精心培养。咸丰二年（公元 1852 年），以叶赫那拉惠征之女的身份，应选入宫，平步青云，直至皇太后。这虽非信史定论，但不失为一种观点，谨介绍给广大读者以供了解。在长治一带，长期以来流传着一个有关慈禧太后童年的故事。说是慈禧原本是长治县西坡村一户贫苦农家的黄毛丫头，因家境贫寒，生母早逝，父亲王增昌不得已将她送给了长治县上秦村的宋四元为女，改名龄娥。本家的家境比起她原来的家来要好得多，不仅吃穿有余，养父还给她和哥哥请了一位私塾先生。小龄娥生性聪明，仅两年时间，她不但背会了《百家姓》《千字文》《幼学琼林》，就是对《论语》和《诗经》也有了一些粗浅的理解。如果生活就是这样平稳地继续下去，小龄娥也不会成为日后的慈禧太后。命运往往是在一瞬间而改变的。龄娥长到十一岁的时候，潞安府先旱后涝，田里庄稼颗粒无收，饥饿的野狼成群结队，以人为食。龄娥的哥哥和养母就是在这样的困境中先后被狼吃掉了，宋家一下子由富庶到衰败，渐至难以为继。于是龄娥和养父只好流落到潞州城里，以卖刺绣和捡煤核度日。当时潞安府的知府就是惠征。许是老天的安排，惠征在道光二十六年（公元 1846 年）前后，便接连出了好几桩“巧”事，先是正巧惠征夫人需要一名丫鬟，正巧就发现了龄娥，而龄娥不仅容貌姣好，且通文墨，又伶俐聪明，深得夫人喜爱，于是龄娥进入知府家是既快捷又顺当。传说最富神秘和宿命色彩的是龄娥双脚中心的一对瘊子。龄娥进府后，有一次给夫人洗脚，知府夫人不无炫耀地对她说小心自己脚心那一颗瘊子，说那是只福瘊。龄娥在感叹知府夫人有福的同时，不经意地说出了自己脚心长着有两颗瘊子。不曾想这一句无意间的话竟彻底改变了她一生的命运。经验证属实后，惠征和夫人都感到这是个了不起的发现。试想，脚心一只瘊子就贵为知府夫人，若是两只瘊子不是更贵吗？于是，惠征便将龄娥认为女儿，改名叶赫那拉·玉兰，并特意把潞安府衙后院的西北小花院辟为玉兰的书房，至今遗址犹存。在这里，她把大部分精力用在背诵、研读经史典故上，十六岁时，即有了“五经成诵，通满文，二十四史亦皆浏览”的学养。慈禧在这些书中不仅找到了乐趣，而且看透了官场上的人情世故，领悟了历史上兴衰成败的经验教训。官场中无处不在的权术，更对她起了潜移默化的作用，为日后慈禧在争权夺利中稳操胜券奠定了坚实的基础。她天生丽质，长得美丽超群。据《清朝野史大观》上有这么一段描绘：“闻西后（即慈禧太后）垂髫时，雅好修饰。……西后每一出游，道旁观者皆喃喃作欢喜赞，谓天仙化身，不是过也。”美丽的外表成为她后来能够选秀入宫，角逐群芳，独压六宫的一个自然条件。

选秀女是清朝宫廷的一项重要制度，时间是三年进行一次。咸丰元年（公元 1851

年)，清廷按照惯例颁诏选秀女。这为慈禧步入紫禁城，进入皇家提供了一个千载难逢的机遇。

咸丰二年（公元1852年）二月的一天，太阳落山时，在通往紫禁城的大街上，一行车队正浩浩荡荡地行进着。车辕两旁挂着的红灯笼，映照着装饰得华丽多姿的彩车，也映红了车夫那喜气洋洋的笑脸。老百姓们知道，这是咸丰皇帝又在选秀女了。就在这车队中一辆别致的小车里，十七岁的兰儿显得异常兴奋，完全没有其他秀女们羞涩、紧张、忐忑不安的心情。她在憧憬着美妙的后宫生活，想象着皇帝的英俊、潇洒、富有才华，直到车队停在神武门外，才把她拉回到现实中来，她深深地吸了一口气，心里想着我一定要被选上。城门打开了，秀女们按次序一个个从车上下来，按着年龄的大小排好队在神武门外恭候，然后，每五个秀女为一组，由太监带到皇帝面前。在皇帝挑选秀女时，秀女们可以一反臣民晋见皇帝的惯例，可以不下跪，站着由皇帝相看。秀女一旦被皇帝选中，就会被留下名牌，按规定还要复选一次，经过复选，被皇帝最后选中者，便可以得到封号，成为皇帝的妃嫔了。而其余落选的秀女，则各自回家，听由各家择婿婚配。一脸喜气、一脸自信、一脸灵秀的兰儿一下子就引起了咸丰的注意。她真的被选中了，被封为兰贵人，住在储秀宫。贵人是一种封号，其地位在皇后、皇贵妃、贵妃、妃、嫔之下，仅在“常在”“答应”之上。尽管贵人在后妃中倒数第三，数额也没有限制，但她毕竟进宫了。

慈禧这次虽然顺利地进宫了，但前途仍然未卜。后宫美女如云，众多女子犹如众花吐艳，各呈芬芳。乍看上去，很难说出哪一个更漂亮。因为她们各有风采，各有特色。众多佳丽，所要伺候的只是一个男人，天天、个个都对皇帝望眼欲穿，咸丰如何独能记住她呢？所以兰贵人除了在选秀女时见过皇帝的面，以后连个皇帝的影子也没见到，更不用说同皇帝亲近了。而皇帝不仅可以给她们带来幸福与欢乐，更能给她们以权力与地位。数以百计、千计的女人的命运，只系在他一人之手。所以，得宠者可以事事如意，失宠者则一切愿望化为泡影。一旦打入冷宫，则其凄惨之状非一般人所能想象。正是在这样的制度下，后宫中的女子们，无一不为自己的前途与命运奔波，而这一切又都围绕着“争宠”来进行。逐鹿后宫，取宠皇帝，这谈何容易，但是，兰贵人做到了，并且仅仅用了短短的五年时间，就由第五级的贵人而跃升为第二级的贵妃，不能不说她是一位非凡的女人。

慈禧自幼聪明伶俐，自然也很工于心计。为了吸引皇帝的注意，她首先疏通皇帝身边的太监，因为他们是离皇帝最近的人。为此，她广施人缘，频繁地给他们一些好处，很快结交了皇帝的几个贴身太监，并从他们嘴里了解到皇帝爱听歌曲，爱看舞蹈，还有喜欢独自散步的习惯。而她也根据这些信息，找到了自己接近皇帝的方法。

这一天，天气炎热，咸丰皇帝因为太平天国之事感到烦闷，又到外面散步。跟班的正好是叫慈禧买通的小太监，于是，三绕两绕，就把咸丰皇帝领到了储秀宫外。储秀宫的小太监远远地就发现皇帝朝这边来了，立即报告了兰贵人。兰贵人一听皇帝驾到，不由得喜上眉梢，歌喉婉转，按计划唱起了自己颇为擅长的江南小曲。一路闷闷不乐、信步走来的咸丰皇帝，不由得一愣，停下了脚步，听惯了宫廷乐曲的咸丰皇帝被这从未听过的民间小曲迷住了。好容易醒过神来，咸丰第一句话就问：“这小曲是谁唱的？”

拿了慈禧不少好处的小太监趁机把她提起，皇帝在好奇心的驱使下走进了储秀宫……从此以后，咸丰皇帝经常驾临储秀宫，兰贵人日益受到宠幸。进宫两年后，在咸丰四年（公元1854年）二月二十六日，皇帝下旨，晋封兰贵人为懿嫔，升了一级。她凭借自己的美貌、机智与才华成了咸丰皇帝宠幸的妃嫔之一，在荣华富贵的道路上迈出了关键的一步。

但是，皇宫里的生活绝对不是平静的，即使皇帝对她宠爱有加，懿嫔依然如履薄冰。她努力避开上自皇后下至寻常妃子的嫉妒，谨慎行事，上下和气，广结人缘。她不仅要小心侍奉着皇帝，还要躲开皇后的家法，不容易呀！不过付出总有回报。在咸丰皇帝的宠幸下，咸丰五年（公元1855年），懿嫔有了身孕。

咸丰六年三月二十三日（公元1856年4月27日），懿嫔在储秀宫分娩，头一胎便生下了个胖小子。当时，咸丰皇帝已经二十六岁了，还没有儿子。懿嫔生了儿子，当然使咸丰皇帝高兴万分，他给儿子取名载淳。中国第一历史档案馆藏有咸丰六年（公元1856年）三月《懿妃遇喜大阿哥》档册一份，记载了当时的一些具体细节："二十三日巳时，懿嫔开始坐卧不安，随储秀宫服役的太监韩来玉问接生姥姥口氏，说似有转胎之象。三月二十三日未时，懿嫔顺利分娩出阿哥，收拾完毕后，太监带领两个大夫来到储秀宫，一个是给大人察看身体，一个是给刚出生的孩子检查身体。两位大夫给懿嫔母子号脉，母子均安，皇帝大喜。"母以子贵，懿嫔的地位发生了急遽的变化。当天，咸丰皇帝便发下圣旨，将懿嫔晋封为懿妃；九个月之后，在咸丰七年（公元1857年）正月初二那天，咸丰皇帝又颁圣旨，晋封懿妃为懿贵妃。这样，年仅23岁的懿贵妃就成了后宫中仅次于皇后的人物。咸丰八年（公元1858年）咸丰帝的玫贵人徐佳氏生下第二个皇子，可惜出生后此子即夭折。从此以后一直到咸丰帝去世，紫禁城内再也没有一位后妃生儿育女了。因此，慈禧所生的载淳被皇帝视若掌上明珠。因为她是皇帝独子的母亲，不仅妃嫔们不敢与她相较，就连皇后钮祜禄氏也要高看她一眼，同她以姐妹相称。从此，在后宫之中，懿贵妃已是皇后一人之下、万人之上的女主人了。也许，慈禧最初的奋争只为争宠，随着时间的推移，她的奋争就有了新的内容，她不再满足得宠，她不再安分守己，随着咸丰帝的宠爱有加，她的权力欲越发膨胀起来。

此时，清王朝正处于内忧外患的危难时期。太平天国起义爆发于广西，不久，进军湖南、湖北，咸丰三年（公元1853年）三月攻克南京建都，与清政府分庭抗礼。西方列强以"修约"为名，准备对中国发动新的侵略战争。沙皇俄国在中国东北兴师动兵，强占中国黑龙江以北大片领土。咸丰皇帝本来志比天高，怎奈生不逢时，朝廷内部势力盘根错节，自己的宏图大志完全难以施展。这种情况下，咸丰自暴自弃，沉湎于酒色，不理朝政。咸丰六年（公元1856年），英法对中国发动第二次鸦片战争，攻占广州。咸丰十年（公元1860年），英法联军攻陷天津，向北京进逼。咸丰帝整日寻欢作乐、荒于朝政，此时更是无计可施，只得以"木兰秋狩"为名，携带皇后、懿贵妃及儿子载淳等人，匆忙逃往热河承德避暑山庄。咸丰帝本已龙体渐弱，再加上路途颠簸，精神紧张，到达承德时，暑气也已消散，咸丰帝一时难以承受，便一病不起，而且病情一天比一天严重。慈禧本来很受皇帝信任，这时更趁机帮他批阅奏折，处理朝政。

如此一来，慈禧不但熟悉了朝政，也对朝廷里争权夺利、钩心斗角的形势，了解得一清二楚。

咸丰十一年七月十六日（公元1861年8月21日），阴云笼罩热河行宫。咸丰病危，但头脑还是十分清醒的。他作出了三大决定：一是立他唯一的儿子、六岁的载淳为皇太子；二是命怡亲王载垣、郑亲王端华和肃顺、景寿、穆荫、匡源、杜翰、焦佑瀛八人为赞襄政务大臣，在自己病逝后赞襄一切政务；三是赐皇后钮祜禄氏"御赏"印，赐皇太子"同道堂"印为以后下达谕旨的符信，"御赏"章为印起，"同道堂"章为印讫，规定凡一切诏谕只有盖有这两个方印时才能生效。因为皇太子才六岁，所以，"同道堂"印由其生母懿贵妃掌握。如同前面分析过的，咸丰在临死前设计了多方牵制的政治格局，其指导思想是权力制衡。这样设计的目的是为了避免政局动荡，实现权力的顺利交接与过渡。

咸丰十一年七月十七日（公元1861年8月22日），咸丰皇帝病死。七月十八日（8月23日），皇后钮祜禄氏被尊称为母后皇太后。懿贵妃因是新皇帝的生母，自然而然地被尊称为圣母皇太后。

但是，事情的发展并不像咸丰皇帝设计的那样。因为他留下了一个大隐患。他将朝政大权分成两半，使之互相牵制，必然引起双方的对立。有牵制就会有矛盾，但矛盾双方不可能永远势均力敌地僵持下去。矛盾总会有激化，激化的结果就是双方的彻底决裂以及你死我活的斗争，而且必然以一方的被消灭为结束。他还忽略了一个手握大权的重要因素——他的皇弟奕䜣。所以，在清朝的政坛上，其实存在了三股势力，一是以小皇帝为中心的两宫太后集团，一是以顾命八大臣为核心的大臣集团，另外就是以恭亲王为首的王公大臣集团。三股势力钩心斗角，互相倾轧，构成了当时复杂多变的政局。由于皇帝年纪尚小，慈禧又不便直接出面干预朝政，大部分朝政便由辅政的八大臣掌管。咸丰龙驭上宾以前，慈禧就深知要抗衡肃顺这些权贵，一定要有同盟。她非常谨慎地迈出的第一步就是同皇后结盟。而皇后对肃顺的跋扈也非常愤恨，这就是二人结盟的基础。经过慈禧的一番努力，慈安相信不联合起来对付肃顺等人就不会有好日子过。从此以后，慈禧、慈安的两宫联盟逐渐形成。

为了摆脱两位皇太后的控制，八个赞襄政务大臣提出新皇帝年幼，不解政事，老皇帝有遗诏命他们赞襄政务，新皇帝发布圣旨由他们拟文发出即可以了。开始，慈安对此模棱两可，慈禧却极力反对，她认为这是很严重的事情，任其这样就会使皇帝被架空，导致大权旁落。慈禧指着咸丰皇帝临终前留给小皇帝载淳的"同道堂"印说："先帝给皇太子这颗印，就是签发上谕用的！"接着，她又指着咸丰皇帝留给慈安的"御赏"印说："先帝的用意很清楚，宾天时留给太后这颗印明明也是为了签发上谕用的！""新皇帝发布圣旨时，可以由八个赞襄政务大臣拟稿，但一定要经过太后和皇帝过目认可，方能发出，这也是先帝的遗愿。"一番透彻的分析，听得慈安连连点头称是。慈禧见慈安赞同自己的主张，立刻把八个赞襄政务大臣叫进来，斩钉截铁地说："往后，皇上的旨意，照例由你们草拟发出，但是，必须送呈太后过目，否则不准发出。先帝对此早有安排，赐有'御赏'和'同道堂'两方印信，这你们都是知道的，今后，凡有上谕，拟稿首尾分别盖上'御赏'和'同道堂'印信，然后方可发出。"慈禧这番话说得是有理有据，八位赞襄政务大臣无言可驳。他们虽然不愿两位太后干预政事，但一时又找不到合适的理由进行反对，只得认可了。当下，慈禧便吩咐八个赞襄政务大臣把这个意思拟稿，作为新皇帝的第一道上谕发往全国。就这样，在咸丰皇帝死后，在与八个赞襄政务大臣的第一个权力冲突中，由于慈禧联合慈安，才能迫使八个大臣妥协，使她获得了首次夺权斗争的胜利。第一个回合的交手，慈禧暂时占了上风。

然而，权力的争夺永不会停止。两位太后虽然有节制朝政的印章，但国家的大部分权力还是掌握在八大臣手里。真正到了僵持的时候，双方的势力更不可同日而语，毕竟，没有了两位太后，八大臣完全可以以皇帝为幌子，把持朝政；可如果没有了这八位大臣，恐怕朝政就会陷入瘫痪，有一件事印证了这种可能。御史董元醇于八月初八日（9 月 12 日）上的一道奏章，请求皇太后垂帘听政。董元醇的这个请求，自然是正中慈禧下怀，让慈禧大喜过望。但是，太后要是垂帘听政，无异也就是剥夺八个赞襄政务大臣的政治生命，这是八个大臣绝不能妥协的事情，也是他们一直都在小心防范着的事情。所以，对董元醇请皇太后垂帘听政的奏章，八个赞襄政务大臣反应非常强烈。他们持完全否定的态度并建议皇上降旨痛责董元醇。八个赞襄政务大臣之一的焦佑瀛亲自动笔起草了一道口气十分严厉的上谕，斥责董元醇心怀叵测，太后垂帘听政尤不可行。另外七个赞襄政务大臣依次传阅了焦佑瀛起草的这道上谕，个个拍手叫好，即刻，命人抄清后就给两位太后送去了，请她们用印发布。慈禧看完这道上谕稿，感到事态严重，但她也不愿轻易就让步，所以，她给东太后出了个主意，把董元醇的奏章和这道上谕稿一并压下，暂不签发。这样一来，两位太后与八个大臣的矛盾又激化了。气愤已极的载垣等人就曾当面驳斥两位太后："奉命赞襄幼主，不能听命太后。请太后看折，亦系多余之事。"当慈禧怒斥他们："难道皇帝之命你们也敢不尊吗？"杜翰更是直接顶撞："若听信谗言，臣不能奉命。"肃顺更是怒气冲冲，挥手跺脚，把倒在慈安怀里的小皇帝吓得出了洋相，直气得慈禧手颤不已。争执良久，两位太后拿定主意就是不签发。但从气势上，八个大臣占了上风。第二天，上谕稿仍未签发，八个赞襄政务大臣一商量干脆以搁车（不办公）相威胁。双方僵持到中午，两位太后担心，事情再僵持下去可能有变，于己不利，才不得不做了让步，把叱责董元醇的上谕签发下来了。八个大臣一看两位太后让步了，这才长长地出了一口气，一个个笑逐颜开，照常办起公来。这一次的较量，是真正实力的较量，结果，八个赞襄政务大臣取得了暂时的胜利。

通过这一次的较量，慈禧认识到，靠一个软弱无力的慈安去实现其垂帘听政的设想，无异于孤军奋战，是绝对不行的。根据她对朝廷形势的把握，她把希望寄托在了清廷的第三股力量上，即以恭亲王奕䜣为首的王公大臣集团。

当时的奕䜣借与英法联军及其他列强议和之机，与列强建立了联系，已成了留守京师大臣们的核心。咸丰皇帝一死，奕䜣不在赞襄政务大臣之列，很自然地成了留守京师与在热河的八个赞襄政务大臣相抗衡的政治集团的领袖。慈禧看中的正是这一点，她就是要利用奕䜣与八个赞襄政务大臣的矛盾，依靠以奕䜣为首的这派政治力量，铲除八个赞襄政务大臣，为自己垂帘听政扫平道路。奕䜣是道光皇帝的第六子，深得道光皇帝宠爱，甚至曾想立他为皇太子。奕䜣没能继承皇位，自然心中不服。另外，奕䜣与咸丰皇帝的矛盾也是举朝皆知的事。但是，矛盾归矛盾，他毕竟姓爱新觉罗，作为皇室的一员，他对肃顺等八大臣把持朝政也颇为忌恨，更重要的是，他自从咸丰死后就一直蓄谋重掌朝廷军政大权，他也明白要想重握军政大权，除掉政敌载垣、端华、肃顺等心腹之患，必须借助于两位太后这个“尚方宝剑”不可。所以，他们的联合成了互惠互利的事。双方一拍即合，奕䜣上奏要求前往热河叩谒梓宫。

八大臣也心知肚明，在当时的朝廷里能以权力与他们相抗衡的不是太后，而是奕䜣，因此对他早有防范。咸丰皇帝在位时，肃顺等人就设法说服咸丰，不允许奕䜣到热河来；咸丰皇帝咽气后，奕䜣要求到热河奔丧，更是遭到了载垣等人的拒绝，这也是为了阻断两位太后与他的联系，防止双方互相通气，连成一派。但慈禧此时正要借重于恭亲王，所以她联合慈安，坚持批准了奕䜣要求前往热河叩谒梓宫的奏请。于是，奕䜣于咸丰十一年八月初一日（公元1861年9月5日）终于到达了热河，哭奠过咸丰皇帝之后，便得到两宫太后的宣谕召见。老谋深算的奕䜣为了打消八个赞襄政务大臣的疑虑，故意请端华陪自己一道去拜见两宫太后。端华一时没了主意，两眼瞧着肃顺，肃顺心犹不甘，也只好笑着说：“老六，你与两宫太后是小叔子和嫂子，见面何必用我们陪同呢！”这样，奕䜣得以单独同两宫太后见面。这是两位皇太后对奕䜣的第一次召见，也是他们在没有旁人的情况下进行的第一次政治性磋商。他们说的什么，外边无人知道，只是在这一次召见之后，奕䜣再也不与两宫太后接触了，只有他的弟弟奕𫍽及弟媳（西太后的妹妹）出入内宫。

在八月十三日（9月17日）那天，慈禧突然宣布新皇帝在十月初九（11月11日）正式登基，届时在紫禁城太和殿举行登基大典。对此，八个赞襄政务大臣没有任何思想准备，明知事出有因，又没有合适的理由阻挠。于是，慈禧定于九月二十三日（10月26日）离开热河，返回京师。八大臣殊不知，放慈禧回京，不亚于放虎归山，放龙归海，也拉开了自己一干人等覆亡的序幕。原来，两宫太后与恭亲王的那次会见，不但是“密商诛三奸之策”，而且确定了发难地点应在京师。在这次商谈中，奕䜣不仅同两宫达成了一致的意见，而且也打消了慈禧对列强的疑忌而不敢还京的心理。奕䜣于八月初七日（9月11日）离开热河，兼程返回京城，就是为了落实政变计划。就这样，慈禧在宫内联合了慈安，在宫外联合了恭亲王奕䜣等人，为八个赞襄政务大臣编织了罗网，只等时机一到，便要行动了。

自古以来，对于一个政变者，除了要有发动政变的理论基础，还要有足够的军事实力，否则绝不会顺利。慈禧等人围绕在皇帝周围，理论原因自然不难找，而她们联络奕䜣，则是为了加强己方的军事力量。奕䜣回京后，先后做了手握重兵的胜保、僧格林沁的工作，使他们在朝廷中枢的权力斗争中，鲜明地站在了太后的一边。而慈禧在离开热河前夕，也非常巧妙地剥夺了八个赞襄政务大臣手中仅有的一点儿兵权。她以小皇帝载淳的名义下令给八个赞襄政务大臣加官晋爵。八个赞襄政务大臣不知是计，在谢恩的时候，言不由衷地说：“臣等兼职过多，恳请皇帝、太后减去臣等一些兼差。”太后眼看八个赞襄政务大臣上套了，立刻顺水推舟，在褒扬八个赞襄政务大臣识大局、以国事为重的同时，宣布“俯允所请”，收回给八个赞襄政务大臣加官晋爵的命令，而且还免去载垣、端华、肃顺三人的步军统领、管理火器营、健锐营、扈从护卫等重要兼职。这样一来，八个赞襄政务大臣手中的兵权便被剥夺了。两宫太后削去八个赞襄政务大臣的兼职以后，为了打消他们的疑虑，立即又责成载垣、端华、肃顺等起草皇帝登基时封赏众臣的诏书，为赞襄政务大臣预拟了一系列封号。慈禧这一招的厉害之处就在于，既夺了八个赞襄政务大臣的兵权，又给他们以虚衔，使其受挫于前，获得安慰于后，虽有不满但又不能决裂。至此，肃顺等人成为政变者俎上之肉的命运已经注定。慈禧夺了八个赞襄政务大臣的兵权以后，就暗中命令奕譞起草解除八个赞襄政务大臣职务的圣旨，奕譞很快便将圣旨草拟完毕，给八个赞襄政务大臣定了三大罪状：其一，去年英法联军火烧圆明园是肃顺等人筹划不当造成的结果，使咸丰被迫巡幸热河；其二，英法联军退兵后，载垣等人阻挠皇帝回京，致使皇帝患病，不能及时治疗而去世；其三，皇帝去世之后，八个赞襄政务大臣专权跋扈，阳奉阴违，擅改谕旨，反对垂帘。据此，免去载垣、端华、肃顺一切职务，令景寿、穆荫、匡源、杜翰、焦佑瀛五人退出军机处，分别按律治罪。奕譞把这道圣旨叫自己的福晋偷偷地带进宫中，呈给慈禧看罢，然后交给慈安，缝在了衬衣里面密藏。慈禧感到一切都准备停当了，便在九月二十三日（10 月 26 日）按计划离开热河。小皇帝和两宫太后在载垣、端华的护卫下，坐快轿昼夜兼程向京师进发；咸丰皇帝的灵柩则由肃顺护送，随后慢行。这个安排，是慈禧的主意，颇费了一番心思。因为她深知载垣、端华、肃顺是八个赞襄政务大臣的中心，而这三人又以肃顺为核心。把载垣、端华和肃顺分开，便于各个击破；两宫奉皇帝先行回京，可以赢得时间，便于行动。而八个赞襄政务大臣却没料到慈禧这种安排的用心，尤其是肃顺素以老谋深算著称，关键时刻竟把应该紧紧抓住的一张王牌——皇帝先放走了，忘记了自古以来挟天子以令诸侯的利害关系，他们还沉浸在赞襄政务大臣的美梦中，毫无戒备地上了路。

九月三十日（11 月 2 日），两宫太后及小皇帝载淳回到了北京。慈禧马上召集会见群臣，一边流着眼泪，一边数落八个赞襄政务大臣如何欺君罔上、专权抗命、心存不轨。奕䜣等人异口同声地表示效忠太后和皇帝，声讨八个赞襄政务大臣，要求慈禧“重置其罪”。像胜保等咸丰皇帝在位时不得宠的大臣，也纷纷斥责肃顺等人，说他们“揽君国大权，以臣仆而代纶音，挟至尊以令天下，实无以副寄托之重，而餍四海之心”，紧跟着提出“为今之计，非皇太后亲理万机，召对群臣，无以通下情而正国体”。慈禧见此情形，内心欢悦。但是，她仍明知故问：“他们八个人是赞襄政务大臣，能一下子就治罪吗？”早已成算在心的周祖培连忙接过话茬说道：“皇太后可以下令先解除他们的职务，然后再处置他们！”慈禧装作恍然大悟的样子，连声说好，边说边朝慈安示意。慈安立即从衬衣里拿出奕譞起草的那道圣旨，递给了奕䜣。奕䜣接过圣旨，高声朗诵了一遍。谕旨历数八大臣的罪状，派恭亲王奕䜣会同大学士、六部、九卿、翰詹科道，将他们应得之罪，分别轻重，按律秉公具奏。以周祖培为首的众大臣连连高呼万岁。慈禧等大家平静下来，又对奕䜣说：“六爷再草拟一道将他们革职拿问的上谕。”奕䜣毕恭毕敬地说：“奴才遵旨。”慈禧扫了众人一眼，斩钉截铁地说道：“此举关乎我大清的江山社稷，也关乎我们母子的性命，更关乎诸卿的前程，望诸卿好自为之，凡事请恭亲王便宜行事吧。”奕䜣和众大臣齐刷刷地跪下，齐声说：“请太后放心。”打击肃顺党人的斗争正式开始。

慈禧等返京的第二天，八个赞襄政务大臣除了肃顺因护送咸丰皇帝灵柩未到京城，其余七人都早早来到了军机处，着手处理政务。可时间不长，奕䜣就带着圣旨来抓他们，奕䜣还没念完圣旨，七个大臣中的载垣和端华就高声抗辩：“这诏令不是我们起草的，无效！”边喊边站了起来。奕䜣朝载垣、端华看了一眼，慢声慢语地说：“二位不要急躁，这里还有一道圣旨！”说罢，不紧不慢地从怀里又掏出一道圣旨，高声念道：“前旨仅于解任，实不足以当罪。命恭亲王奕䜣、桂良、周祖培、文祥即行传旨：将载垣、端华、肃顺革职拿问，交宗人府会同大学士、九卿、翰詹科道严行议罪。钦此。”载垣和端华气急败坏地大叫：“我们没有起草，这圣旨是从哪里来的？”奕䜣提高了嗓门，朝屋外喊道：“将此二逆拿下！”话音未落，从门外冲进来十余名早已整装待命的禁卫军。奕䜣厉声说道：“摘去他们的顶戴花翎，押往宗人府。”冲进来的侍卫们雷鸣般地应道：“喳！”不由分说，冲上来把七个赞襄大臣的缨帽摘了下来，这就等于宣布他们已不再是赞襄大臣，也不再是什么亲王了，只不过是一介平民而已。七个赞襄大臣就这样被捆绑着押进了宗人府。所谓“擒贼先擒王”，搞政变也是一样，辅政八大臣已经抓起来了七位，剩下一个核心人物肃顺还没有落网。慈禧等人当然会乘胜出击，就在当天晚上，当肃顺护卫着咸丰皇帝的灵柩走到密云时，被从京城赶来的醇郡王奕𫍽、睿亲王仁寿逮捕了，连夜押回京师。到京后，肃顺也被关进了宗人府，肃顺一见载垣、端华二人先被关了进来，不由得长长叹了一口气说：“你们若是听我的话，何至于有今天！”载垣、端华懊恼地说：“事情到了这个地步，还有什么话说呀！”原来在咸丰帝刚驾崩的时候，老谋深算的肃顺曾暗中对载垣和端华说过，慈禧为人狠毒，一心想独揽大权，如不将她干掉，将来我们不会有好的结果。只是当时，载垣和端华不同意肃顺的想法，没有先发制人，而后来事态的发展果然应验了肃顺的说法。到了这个时候，他们只能悔之已晚、抱恨九泉去了。肃顺集团败就败在他们轻看了两宫，认为她们不过是年轻女子，有何能为？他们也轻看了奕䜣，自认为有咸丰皇帝的遗诏，奕䜣又能有何为呢？

在收拾了八大臣之后，慈禧明白，控制人心、稳定大局乃是当务之急。为此，慈禧组成了以奕䜣等留守京师的人员为主的新政权领导班子，任命奕䜣为议政王兼军机大臣、宗人府宗令，奕𫍽为御前大臣兼正黄旗领侍卫内大臣，同时，对其他有功人员如桂良、沈兆霖、宝鋆、周祖培、文祥等人也都分别给予加官晋爵。这个新班子给从前的八个赞襄政务大臣定了罪。结果，载垣、端华、肃顺以大逆不道的罪名被判处凌迟处死。慈禧以皇帝的名义分外开恩，最后令载垣、端华自尽，将肃顺弃市，将景寿革职，将穆荫革职充军边疆，将匡源、杜翰、焦佑瀛革职。更为绝妙的是，两宫皇太后连下三道上谕，以宣布其不究肃顺党羽之意。其实，慈禧何尝不想铲除这些人，但如果一一究查，势必弄得人人自危，不利于稳定政变后的局势。两宫皇太后就这样利用政变的方式，为垂帘听政扫平了道路。因为这场政变发生在咸丰十一年（公元 1861 年），按干支纪年为辛酉年，所以被称做“辛酉政变”；又因咸丰皇帝死后，新改年号为祺祥，所以又称“祺祥政变”。在这次惊心动魄的政变中，慈禧太后在政治上初试锋芒，显露出超凡的心计与手腕，表现出了她在政治上的成熟性。

在稳定了政权之后，慈禧的权力欲望并没有减弱。十月五日（11 月 7 日），慈禧通过奕䜣下令，取消八个赞襄政务大臣在咸丰皇帝死后为新皇帝拟定的“祺祥”年号，而代之以“同治”年号，以第二年为同治元年。十月九日（11 月 11 日），新皇帝同治在太和殿举行登基大典。同时，给皇太后上尊号。钮祜禄氏被尊称为慈安皇太后，叶赫那拉氏被尊称为慈禧皇太后。新皇帝还发布圣旨，规定各省和各路军营的奏折都必须首先送呈两宫皇太后过目，然后交给议政王和军机大臣详议，提出处理办法，之后报请两宫皇太后批准，由军机处按照两宫皇太后的意见草拟圣旨，最后经两宫皇太后审定颁发。这样一来，两宫皇太后对朝政便有了最后裁决权，而议政王奕䜣则具有行政权。这也就等于宣布了两宫皇太后主政。顺理成章，水到渠成，之后就是要垂帘听政了。十一月初一日（12 月 2 日），两宫举行垂帘听政大典。两宫垂帘之后，第一件事就是重组中央领导核心，授予了奕䜣许多要职。咸丰十一年十月一日（公元 1861 年 11 月 3 日），就是发动政变的第二天，破清代先例，独授奕䜣一人为议政王，在军机处行走。同一天，又发第二道谕旨，奕䜣又被补授为宗人府宗令。宗人府宗令掌管皇族事务，位居内阁六部之上。十月二日（11 月 4 日），又发两道上谕，补授总管内务府大臣，并管理宗人府银库。加之总理各国事务衙门大臣的原职，此时的奕䜣已经集军、政、外交、皇室事务大权于一身了。不过在他之上，有垂帘听政的两宫皇太后，没有她们的同意，奕䜣其实什么事也干不成。

慈禧在给予奕䜣重大行政权力之后又命他组阁军机处。根据奕䜣的建议，两宫太后在咸丰十一年十月一日（公元 1861 年 11 月 3 日）发布上谕，任命大学士桂良、户部尚书沈兆霖、户部右侍郎宝鋆在军机大臣上行走。鸿胪寺少卿曹毓英，在军机大臣上学习行走。原军机处人员，只有户部左侍郎文祥，着仍在军机大臣上行走。清政府对内实行统治的核心机构是军机处，对外则是总理各国事务衙门，这是在英法等国的强烈要求下，奕䜣等在咸丰十一年（公元 1861 年）奏请设立的一个清政府办理外交的机构。这样，中国历史上第一个专门处理外事的外交机构便正式成立了。在这之前，中国没有近代意义的外交机构。而总理衙门的成立，使中国的外交制度开始向近代化迈进。

慈禧还重用汉族地主官僚。慈禧重用信任曾国藩及一批汉臣，对挽救摇摇欲坠的封建地主阶级统治起了关键性的作用。

《清鉴》说：

“听政之初，军事方亟。两宫仍师用肃顺等专任汉人策。内则以文祥、倭仁、沈桂芬等为相，外则以曾国藩、左宗棠、李鸿章等为将。自军政吏治，黜陟赏罚，无不咨询。故卒能削平大乱，开一代中兴之局。”

这个评价是有一定道理的。

另据《慈禧外记》记载：

“曾国藩之名，妇孺皆知而称之，然其所以能成此事业者，实慈禧知人善任，明于赏罚而有拔识之。当无事之时，盈廷济济，而独赏鉴于言行之表，尤非具卓识者不能。曾国藩之才能及其忠诚，太后信任极深，故卒能成其功也。除荣禄外，中外大官，无若曾国藩得圣眷之隆者。”

这段评价也是比较中肯的。在这种情况下，慈禧在垂帘听政的位置上越坐越稳，对清朝权力的掌控也越来越紧。

慈禧采取的这一系列措施，对于挽救清朝的统治确实起到了巨大的作用。不过，当大清朝刚刚渡过统治危机，慈禧与奕䜣等人之间的矛盾便开始凸现出来。为了最高权力，慈禧罢免议政王，逼死同治帝，毒死东太后，控制光绪帝，改组军机处，最终确立了唯我独尊的政治地位。同治四年（1865 年），清廷发生了一场以争权为中心的斗争，这场斗争的双方，就是四年前为打倒赞襄政务八大臣而联盟的盟友，如今则一方为垂帘听政的皇太后——慈禧，另一方为主持军机处的议政王——奕䜣。在奕䜣看来，北京是他的天下，是他苦心经营的势力范围。况且，是他精心策划，并依靠他的强大势力打败了肃顺，如今大功告成，就应该执掌大权。所以一边是慈禧上谕屡下，一边是议政王我行我素，气势熏天，也全然忘记了功高震主的忌讳。他小看了慈禧，在两宫和皇上面前慢慢地就少了一份尊敬。慢慢地，慈禧越来越不能容忍奕䜣的傲慢气焰，她决心甩开奕䜣，结束两人在对等地位上互相监视的历史，要让文武百官包括奕䜣在内，明白她才是这个王朝的最高主宰。她亲自动笔写了一道上谕，不交由奕䜣控制的军机处，而是直接交内阁明发，宣布罢免奕䜣。慈禧与奕䜣在事发之后，各有所虑。慈禧见到许多大臣为奕䜣请命，且洋人也露出干涉之意，知道奕䜣确实是个不好惹的人物，也恐怕这样下去，于己不利。慈禧屡次三番地召见大臣，说明她很想得到大臣们的支持，然而，满朝文武，上至亲王，下至御史台谏却众口一词，要求奕䜣复职，是完全出乎慈禧意料之外的。慈禧感到罢黜奕䜣的时机尚不成熟，有些骑虎难下了。恭亲王奕䜣起初以为慈禧不能把他怎么样，待见上谕明发天下，他这才真正认识了这位太后的铁腕，况且皇帝在她手里，万一事情闹大说不定更糟，于是他决定对慈禧让步。当他通过其他大臣转达了这个意思后，正好给了慈禧一个台阶。于是，四月十四日（5月8日），慈禧传旨召奕䜣晋见，面加训诫。这一次奕䜣已悉弃傲气，进门之后，双膝跪地，痛哭谢罪。慈禧也许动了恻隐之心，也许打击奕䜣的目的已经达到，也许军机处确实还需要奕䜣这样的人选，于是，慈安、慈禧又对奕䜣作重新处理："今恭亲王既能领悟此意，改过自新，朝廷于内外臣工用舍进退，本皆廓然大公，毫无成见，况恭亲王为亲信重臣，才堪佐理朝廷，相待岂肯初终易辙，转令其耽安逸耶！恭亲王著仍在军机大臣上行走，毋庸复议政名目，以示裁抑！"在这场斗争中，慈禧找了一个借口，轻而易举地罢免了奕䜣的议政王的头衔，使其名位和权力较前都大为削弱，从此，奕䜣不能同慈禧再处于"准平等"的地位，亲王辅政与太后听政的制约机制一去不复返了。不过，慈禧此时对权力的争夺已不是为了清朝的统治，而是为了满足自己的权力欲望了。为了完全掌控权力，慈禧对自己的儿子也绝不宽待。在为同治皇帝选择皇后的问题上，慈禧认为应该立凤秀之女，理由是凤秀之女年轻貌美，聪慧超群。慈安则认为崇绮女雍容端雅、习规知礼，应为皇后。结果，同治皇帝竟然拂慈禧之意将崇绮女阿鲁特氏立为皇后，封号嘉顺；凤秀之女立为慧妃。对于不从命的人，慈禧从来都是愤恨和不留情的，即使亲生儿子也是如此。同治皇帝婚后与阿鲁特氏感情很好。慈禧虽然容忍了慈安和同治帝的选择，可肚子里总是窝着一股火，她就把气撒在皇后身上，经常给她难堪。看到同治帝与皇后恩爱有加时，更是忌恨阿鲁特皇后，对同治帝冷落慧妃也是一肚子不高兴。她曾把同治皇帝叫到跟前，板着面孔教训他：你身为一国之君，不思祖宗的基业，成天一味地在后宫厮混，成何体统？再者说，慧妃论模样儿，论人品，哪一点差？你怎么能冷落她呢？皇后年纪轻轻的，不懂礼法，往后皇帝不要动不动地就到皇后宫里去，那样是会妨碍处理朝政的。同治皇帝听了慈禧这番不通情理且自相矛盾的教训，敢怒而不敢言，口里只得连连称是。从此，慈禧经常派太监暗中监视同治皇帝是否不听她的话仍与皇后亲近。在这种情况下，同治皇帝不敢违背慈禧的旨意，就很少再到皇后的宫中去了。他以为慈禧训斥自己，是由于慧妃忌妒皇后，搬弄是非的结果，为此，他记恨慧妃，也不到慧妃的宫中住宿，宁可常年在乾清宫独宿，从而为其“冶游”以至早死埋下了祸根。同治皇帝毕竟年轻，血气方刚，受不了寂寞，就经常夜里化装出宫游荡。因名妓聚集的八大胡同是朝臣们经常出没的地方，担心被朝臣们认出，所以同治皇帝在心腹太监的带领下，只能到城南的下等妓院去，久而久之，染上了性病也不足为奇。同治皇帝得了性病，碍于皇帝的威严，慈禧不能如实说出病情，而御医们虽然诊断出皇帝患了梅毒，可谁敢说真话呢！一旦说了实话，难免不以欺君之罪祸灭九族，所以只能按照慈禧的意思按天花来下药。同治皇帝患了梅毒非但不能及时治疗，反而竟吃错药。这样一来，同治皇帝的结局也就可想而知了。他于同治十二年十一月（公元1873年12月16日）卧病在床，到同治十三年十二月初五日（公元1874年1月12日）夜里驾崩，这期间，慈禧虽然数次亲问病药情况，但是，对同治皇帝的病毫无作用，她眼睁睁看着自己的独生儿子浑身流脓淌血气绝身亡。

同治之死对晚清政局产生了重大的影响，他的死亡造成了慈禧弄权的好机会。早在同治皇帝病危之时，慈禧就开始考虑由谁继承皇位的问题了。同治皇帝没有儿子，按常规，只能从宗室挑选一个人过继给同治皇帝当嗣子继承皇位。但如果这样的话，同治皇帝有了继承人，阿鲁特氏就成了太后，慈禧便成了太皇太后；过继的儿子若是年龄大，能够处理朝政，慈禧就从此失去了最高的权力；若是年龄小，需要太后垂帘听政，那也是阿鲁特氏的事情，慈禧作为太皇太后只能退居深宫颐养天年了。而视权力如生命的慈禧，当然不可能在此皇位交替的重要时刻无所作为。所以，慈禧太后挑选醇亲王奕譞四岁的儿子载湉为帝，实行第二次垂帘听政。慈禧在宣布载湉即位当皇帝后，即连夜派人到醇王府去迎接载湉入宫。当夜，四岁的载湉就继承了皇位，改元为光绪。光绪元年十二月初七日（公元1875年1月14日），即载湉入宫的第三天，两宫向全国臣民下达旨意：垂帘之举，本属一时权宜。哇念嗣皇帝此时尚在童龄，且时事多艰，王大臣等不能无所秉承，不得已姑如所请，一俟嗣皇帝典学有成，即行归政，钦此。慈禧费尽心机，终于实现了第二次垂帘听政，牢牢握住大清国的最高权力不放。

罢免了奕䜣的议政王封号，实现了二次垂帘听政，能与慈禧在权力道路上平分秋色的人就只剩下慈安东太后了。一般人认为，慈安生性懦弱，无权力欲，“才不足以御政”，虽贵为正宫太后，但并未给慈禧揽权造成障碍。事实上恰恰相反，这一名分反倒成了慈禧发号施令的重要阻力。就慈安来说，因为她在咸丰二年（公元1852年）便立为皇后，备立中宫，而慈禧不过是咸丰帝的一位贵妃。咸丰帝死后，其子载淳继承帝位，因母以子贵，才封为皇太后的。慈安、慈禧两人名分上的这种差距，在等级森严的封建社会里，它本身就成为慈安的一个巨大政治资本，一个足以压制慈禧，使其地位永远低于自己的无穷的政治力量。而慈安与慈禧之间的矛盾，最初就是从这里产生的。于是，在慈禧大病一场，刚刚痊愈之后，光绪七年三月初十日（公元1881年4月8日），慈安太后却暴病身亡。慈安太后是怎么死的？传说不一，有说是慈禧害死的，有说是暴病而死的。但不管怎么说，从慈禧与慈安长期的矛盾发展及其争斗的蛛丝马迹来看，慈安之死慈禧不能脱其干系。

由此一事之后，慈禧开始建立完全听命于自己的政府班子。光绪十年三月十三日（公元1884年4月8日），慈禧没有像往常一样召见军机大臣，而只单独召见领班军机章京，按她的意思，御前拟旨，下发全国。谕旨将奕䜣开去一切差使，并撤去恩加双俸，家居养疾。宝鋆著原品休致。协办大学士、吏部尚书李鸿藻、兵部尚书景廉均获开去一切差使，降二级调用。工部尚书翁同龢革职留任，退出军机处，仍在毓庆宫行走。一道懿旨，将军机处全班人马全部罢斥。罪名是“委蛇保荣”“因循日甚”“谬执成见”“昧于知人”等。同一天，慈禧又颁发上谕：礼亲王世铎著在军机大臣上行走，毋庸学习御前大臣，并毋庸带领豹尾枪。户部尚书额勒和布、阎敬铭，刑部尚书张之万均著在军机大臣上行走。工部侍郎孙毓汶在军机大臣上学习行走。这就组成了以礼亲王世铎为首的新的军机处。三月十四日（4月9日），慈禧又发一道懿旨：军机处遇有紧要事件，著合同醇亲王奕譞商办，俟皇帝亲政后再降懿旨。这就是说，醇亲王奕譞成了幕后首席军机大臣。军机处的改组完成后，慈禧又对部院大臣、总理衙门、八旗都统作了重大的变更与调整。礼部尚书徐桐接任李鸿藻的吏部尚书一职，左都御史毕道远接任礼部尚书。理藩院尚书乌拉喜崇阿接任景廉的兵部尚书一职，左都御史延煦接任理藩院尚书，吏部左侍郎昆冈、祁世长接任左都御史。总理各国事务衙门由奕劻管理，内阁学士周德润、军机大臣阎敬铭、许庚身后也在总理衙门行走。慈禧在不到半个月的时间内，大规模改组政府，完成了清廷最高领导层的重大人事变动。因为这次变动发生在甲申年，史称“甲申易枢”，或“甲申朝局之变”。“甲申易枢”后，慈禧有了不受任何制约的至高无上的权力，唯我独尊的政治地位至此完全确立，从此开始了慈禧对中华大地的绝对统治。不过此时的慈禧，放在励精图治上的精力已不如用于享受权力乐趣的多了。尽管她后来主持了清朝的第一次自强运动，改革同文馆为近代中国培养了一大批翻译人才、外交人才和科技人才；派遣首批留美学生学习西方的先进科技文化，打击了当时弥漫全国的顽固守旧的风气，促进了西学在中国的传播，开创了中国近代选派留学生的先河；发展近代交通、电报事业；兴办近代军事工业，建立新式海陆军，拉开了我国国防近代化的序幕，如此种种，似乎都显示了慈禧改革图强的努力，但她软弱的外交却彻底地葬送了中国的颜面和利益。她痛恨列强，同时又惧怕列强。对入侵者，她始终在战与和之间徘徊。在对待列强发动的一系列侵略战争上，作为虚弱的大清国的主人，慈禧持着求和的心态，采取了软弱的外交政策，始终游移在战和之间，以战求和，息事宁人。每一次实力悬殊的较量，她都以失败而告终，一败再败的经历，彻底吞噬了慈禧对列强再战的信心。最终，为了能够维持自己苟延残喘的统治，慈禧只好去“量中华之物力，结与国之欢心”了。

光绪三十四年十月二十二日（公元1908年11月15日）下午，统治中国近代历史几达半个世纪的慈禧，终于在中南海仪鸾殿永远合上了她的双眼。慈禧之死，标志着一个时代的结束。慈禧之死，对清末权力结构产生了重大的影响。她在清朝政治舞台上的消失，表明了维系大清朝的政治权威出现了真空。如果说，慈禧在世时，她尚能以她的巨大政治影响力来平衡满汉矛盾、中央和地方的矛盾，清朝政府还有着巨大的凝聚力的话，那么，以她之死为界限，大清王朝便迅速进入了最后的阶段，即灭亡的阶段。到最后，冥冥中似乎应验了叶赫氏先祖灭亡满洲的毒誓。但从具体情况看来，即使没有慈禧太后，清朝也会进入衰落期，最后难免灭亡。只不过这时出现了她，而且清朝一个朝代的覆亡也给中华民族带来了如此巨大的伤害，所以，她在国人的眼中，成为一个罪魁祸首。与“清朝兴国太后”孝庄相比，她或者可以称为清朝的亡国太后。

参考书目

叶赫那拉·根正，郝晓辉.《我所知道的慈禧太后：慈禧曾孙口述实录》. 金城出版社，2005

赵孟祥等.《中国皇后全传》. 北京：中国社会科学出版社，2004

车吉心主编.《中国皇后全传》. 济南：山东教育出版社，1993

慈禧眼中钉，光绪心头肉

——清光绪帝妃珍妃

珍妃，姓他他拉氏，满洲镶红旗人。生于1876年（光绪二年）2月27日，死于1900年（光绪二十六年）。她的爷爷是陕甘总督裕泰，父亲叫长叙，官职曾做到户部右侍郎，珍妃的伯父长善为广州将军，珍妃幼年曾跟随伯父在广州生活。长叙有三子、五女。长子、次子、长女、次女、三女均为元配妻子所生；三子、四女、五女皆为妾生。四女就是后来的瑾妃，五女就是珍妃。

光绪十四年（公元1888年），他他拉氏与姐姐被同选入宫。光绪十五年正月（公元1889年），光绪帝举行大婚，正式封他他拉氏为珍嫔，她的姐姐被封为瑾嫔。入了宫，二人的命运便不再掌握在自己手中，掌握她们命运的，是慈禧。因为整个的选后活动，只不过是慈禧操控下的一场傀儡戏，为的只是达到她控制光绪的目的。因为以前的朝政都是慈禧一手把握，但随着光绪的长大，到了大婚的年龄，太后是不能让皇帝长期“打光棍”的。但按着封建王朝的惯例，没有亲政的幼帝一结婚，就标志着长大成人了，就要亲理朝政。而慈禧太后是个权力欲极强的女人，经过长时间的垂帘听政之后，再想让她“卷帘归政”是不可能的。她为了既不失去手中的实权，又要造成皇帝亲政的场面，便企图通过皇后、妃子来影响和控制光绪，因此积极为光绪帝选后、妃。不过在她的策划之下，光绪帝的皇后之位，被她内定给了自己的侄女——都统桂祥之女叶赫那拉氏。

经过层层严格、“公正”的筛选，晋级的五名秀女依次排列在布置得庄严富丽的体和殿上。站在第一位的是都统桂祥之女叶赫那拉氏，后边江西巡抚德馨的两个女儿，他他拉氏和她的姐姐站在最后。慈禧故作姿态的把选皇后的证物——一柄玉如意交给他，让光绪帝自己选。在慈禧的淫威下生活惯了的光绪帝面露难色，不敢擅自做主，慈禧却假装坚持要他自己定。光绪事前没经过慈禧授意，还当真要按自己喜欢的选了。他慢慢地走到德馨长女面前，想要把玉如意给她。

慈禧一看皇帝竟然真要自作主张，且与自己的主意背道而驰，竟失态地大叫一声：“皇帝！”光绪帝一下子明白过来，只得走到桂祥的女儿面前，无可奈何地把玉如意授给她。这样，慈禧太后的侄女便当选为皇后，即隆裕皇后。另外，慈禧看到光绪喜欢的是德馨的女儿，如果她被选入宫，既有可能与皇后争宠，又助长了皇帝自己拿主意的习惯，断不可行，便草草结束这次活动，把选妃的证物随意地给了站在最后的、光绪帝没有看上又名不见经传的他他拉氏姐妹，以方便自己进行控制。正因为这样，他他拉氏姐妹才阴差阳错地进了宫。到光绪二十年（公元1894年），逢慈禧太后六十大寿，姐妹二人被晋封为瑾妃、珍妃。

慈禧没有想到，珍妃这么一个名不见经传的小丫头，不仅没能被自己控制，还给自己惹了不小的麻烦。而陷入皇帝与太后的矛盾斗争之中，也造成了珍妃终生的悲剧，以至于最后死得不明不白。

但是，慈禧与珍妃的关系并不是从头到尾都如此恶劣，相反的，在二人建立关系的初期，感情还是不错的。根据叶赫那拉·根正与郝晓辉所著的《我所知道的慈禧太后》一书中介绍，珍妃年幼活泼，非常有才干，又非常的聪明漂亮。在慈禧看来，珍妃就是一个年轻的慈禧，慈禧总能在珍妃身上看到自己初入宫廷时的影子，这些都让慈禧对珍妃有着一种别样的感情。所以慈禧喜欢珍妃是众所周知的事情。珍妃喜好书画，西太后特令内廷供奉缪嘉惠教她，从此书画大进，写出一手好篆书，尤其擅书梅花。一篇由珍妃后辈人写的《我的两位姑母——珍妃、瑾妃》的文章也提到：珍妃聪明伶俐，宫廷礼仪一学就会，因此替皇后主持继嗣典礼。宫里的典礼礼节很多，如要求皇后要穿着花盆底鞋，头上戴着头饰，走丁字步，一步一安，还要磕达儿头；在请安或磕头时，头饰和耳坠不能不摆，也不能乱摆。头叩的不能太偏，又不能不偏，这个尺度隆裕皇后总掌握不好，可是珍妃一学就会，只好由珍妃代替。试想，在慈禧操纵政府的当时，她不点头，珍妃如何能主持这样一个大典？更何况，对手还是慈禧的亲侄女，一个慈禧想用来拴住光绪的人。所以，只可能是，慈禧开始是十分喜欢珍妃的。

但是后来，两人的关系才渐渐疏远，以至于互生厌恶。这一切，在很大程度上是由珍妃的性格造成的。前面说过，她幼时曾长期生活在任广州将军的伯父长善府中。广州是五口通商的最主要口岸城市，开放最早，与西方资本主义世界接触最早最多，受影响也最大，中国古老文化与西方文明在这里汇集，思想比内地便开放许多，这也深深熏陶了年幼的他他拉氏。加之长善本人广交名人雅士，其中多具有先进思想的著名人物，这些都对珍妃的思想和个性形成产生了巨大影响。所以，在入宫之前她先接触、了解了许多新的东西，这些经历使她与所有生活在北方的满洲贵族小姐有所不同。虽然她的姐姐瑾妃也同时在广州，但姐俩性格完全不同，瑾妃性格内敛，珍妃性格外向，热情活泼，聪明伶俐，学什么都比瑾妃快。而且珍妃的伯父非常重视文化知识教育，特地聘请了当时很有才华的文廷式（光绪进士，翰林院侍读学士）来教授两位侄女学习。珍妃在广州时，她的大哥志锐和二哥志钧也随伯父在广州生活，他们与珍妃的老师文廷式常在一起研究时事，探讨学问，颇有文名。这更刺激了珍妃的学习热情。珍妃姐俩学习刻苦用功，经过几年的努力，珍妃不但诗词文章大有进步，而且琴、棋、书、画无不通晓。再者，她的两位长兄志锐、志钧也都是思想比较开明的人物，她的母亲也很开通，整个家庭对她的熏陶是不可忽视的因素。

这也是一开始慈禧喜欢珍妃的原因之一。但是态度决定一切，珍妃对生活的态度决定了她不可能与慈禧成为一路人，也决定自身最后的处境。

珍妃的生活是自由的，热烈奔放的，很迎合光绪皇帝的胃口。前面提过，隆裕皇后是慈禧内定给光绪的，与皇帝并没有感情基础，相反令光绪感到反感。另外，据《正说清朝十二后妃》一书中介绍，光绪皇帝自幼体弱多病，长期患有严重的遗精病，基本上丧失了性功能。所以，光绪帝大婚后，虽然拥有一后二嫔，却很少召幸她们。尤其是对慈禧的侄女叶赫那拉皇后，更是避之唯恐不及。所以在大婚之后，隆裕皇后随即失欢于光绪，而瑾妃性情忠厚，不善言辞，也不会巴结人，所以与光绪相处漠漠，反与皇后走得很近，似乎同病相怜。只有珍妃年幼活泼，讨人喜欢，而且长得白皙无瑕，五官清秀俊美。在经过了多次的礼仪活动之后，光绪发现珍妃不仅容貌秀美，而且聪明伶俐，活泼动人。经过几次单独召见后，更觉得她不仅志趣广泛，谈吐不俗，而且性格开朗，善解人意。

光绪帝四岁时便离开父母，来到宫中，过早失去了母爱的呵护。慈禧之所以选择载湉继承大统，是因为他年纪小，性格温顺柔弱，好控制；再者其辈分与同治相同，避免了慈禧升为太皇太后之后就不能干涉朝政的局面：载湉算是慈禧的外甥，而其父醇亲王奕譞又容易驾驭。慈禧对他又十分严厉，载湉稍有使她不满的地方，她便会大声呵斥他，让他长跪。载湉身边没有亲人，又生活在这样的阴影下，自然会形成一种对慈禧的恐惧和软弱的性格。所以他十几年来一直过着呆板压抑、程式化的生活，从未尝到过人生的乐趣，更没有得到过女性的体贴和疼爱，他的精神世界就像一片寒冷的、干裂的土地。作为一朝天子的光绪在政治上不能独掌政权，受到以慈禧为首的顽固派的压制，生活上也受到慈禧太后的严密控制，心中烦恼非常。当时光绪不过十七八岁，每日凌晨寅时上朝，午时退朝，工作时间长达七八个小时，很是辛苦。珍妃的出现，就像一股甜甜的暖流，滋润着光绪帝寒冷、干裂的心田，使他初步尝到了爱情的甜蜜，感受到了生活的乐趣。珍妃每日侍奉左右，也想着法子顺应光绪的喜好。对于光绪来说，在婚后能够有珍妃这样一位美貌多才、通情达理的人陪伴在身边，心中自然很高兴，同珍妃在一起使他忘却了许多烦恼，他的精神上也得到了极大的安慰和解脱。珍妃小时家里曾聘著名文人文廷式当她的私塾老师，因此珍妃的文化水平在同龄人中是比较高的。更和光绪皇帝有了共同语言，这一点也是皇后所不能及的。加之她工翰墨会下棋，与光绪共食饮共玩共乐，对于男女之事毫不在意，每天任意装束，她喜欢女扮男装，常与光绪帝互换装束，宛如少年美差官。渐渐地，光绪帝对珍妃产生了爱意，召她侍寝的次数越来越多，珍嫔逐渐被光绪帝视为知音和感情上的依托，二人都视对方为知己，并相亲相爱，产生了真挚的爱情，很快达到了炽热的程度。珍妃还能歌善舞，是以博得光绪专宠，常和光绪帝同居养心殿。“德宗尤宠爱之，与皇后不甚亲睦。”（《国闻备乘》第11页）可谓六宫宠幸，集于一身。光绪对珍妃的爱慕达到了难割难舍的程度。根据德龄在《瀛台泣血记》中的记载，光绪帝几乎每天都召幸珍妃，每隔三四天还到珍妃的景仁宫去一次。聪明的珍妃了解光绪帝处境的艰难、内心的苦楚，对他非常理解和同情。珍妃是一位多情善良的少女，千方百计地体贴关爱光绪帝，竭尽一切使自己的夫君感到温馨和快乐。珍妃不仅貌美，而且机灵，又由于出生于文化官宦家庭，受家庭的熏陶，自幼就颇通文史，琴、棋、书、画无所不能。更为可贵的是，她写得一手好字，能双手书写梅花篆字。他们俩在一起，或吟诗作词，或练字绘画，或对弈消遣，情投意合，爱意融融。光绪帝由于深爱着珍妃，在她面前，也就撇掉了皇帝的尊严。珍妃在光绪帝面前也无拘无束，畅所欲言。有时光绪帝放着肩舆不坐，在皇宫大内与珍妃有说有笑地拉着手步行，犹如民间的一对恩爱夫妻。如果哪一天珍妃不侍寝，回自己的景仁宫住，光绪帝就像失去了主心骨似的，神思恍惚，颇感冷清，更担心心爱的珍妃在宫里寂寞无聊。他们俩互为知己，如漆似胶，总有一日不见，如隔三秋之感。

珍妃还很大方，对宫中太监时有赏赐，太监们得些小恩小惠，也都竭力奉承这位“小主儿”。如此时间一长，这位“小主儿”也可能被捧得有点不知所以，渐渐失去自我节制。

珍妃性格开朗，活泼好动，猎奇心强。她对皇宫中的繁文缛节以及呆板的生活方式十分厌恶，尤其对宫中尔虞我诈、钩心斗角的争宠斗争极为反感。她喜欢新生事物，喜欢过无拘无束的潇洒生活。珍妃的性格，有先天因素的影响，也与她的成长环境有关。这种性格在规矩多多、礼法森严的皇宫大内显得格外突出和另类。珍妃的许多行为与宫廷礼法对后妃的要求有点格格不入。

据太监张兰德的回忆，光绪曾用库存的珍珠、翡翠穿制成一件珍珠旗袍，在阳光下一照，光彩夺目。有一天二人在御花园散步，珍妃穿着那件珍珠旗袍翩翩起舞，正玩得高兴时，被老祖宗撞见。事出突然，珍妃已来不及换衣裳了。老祖宗大怒道：“好哇！连我都舍不得用这么多珍珠穿件袍子，你个妃子竟敢这样做？载湉也太宠你了。”虽然光绪和珍妃马上跪在地上叩头请罪，慈禧还是让随身的总管太监给扒下来。回宫后还打了珍妃三十竹竿子。按宫中惯例，妃子不能乘八人抬的轿子，据清宫刘姓宫女讲，光绪帝出于对珍妃的宠爱，特赏给珍妃乘坐，不料又被慈禧见了，大发其火，搬出祖宗家法把珍妃狠狠训斥了一顿，并下令将轿子摔毁。光绪帝得知后十分不高兴。

照相术于清朝晚期传入中国，却被因循守旧的顽固人物视为“西洋淫巧之物”，认为照相能“伤神”，甚至有人认为照相能摄去人的魂魄，照相多了会“损寿”，所以并不甚流行，尤其在宫中，照相是被禁止的。然而年仅十几岁的珍妃却偏偏迷上了照相术。她在光绪二十年（公元 1894 年）前后，暗中托人从宫外买来一架照相机，背着慈禧太后，不仅在自己的寝宫景仁宫，而且在皇帝的养心殿以及她经常去的其他地方，摆出各种姿势，换上各种装束（包括穿上光绪的衣服）拍照，可谓花样翻新。她不仅自己照，还给别人照，同时她还教太监照。据说其中一幅照片是光绪二十一年（公元 1895 年）在中南海拍摄的，后来被慈禧无意中发现，认为她举动轻浮。又大加申饬。但这并没有阻止珍妃对摄影的爱好，她把照相作为自己生活中的一大乐趣，可惜珍妃所拍的照片一张也没能留传下来。据说珍妃还私下拿出积蓄，暗中指使一个姓戴的太监在东华门外（今北京东华门大街附近）开设了一家照相馆。不幸的是，此事被隆裕皇后探知，立刻上报了慈禧。慈禧怒不可遏，立即将那个姓戴的太监召来审问，太监开始不招，但后来在酷刑之下隐瞒不过，招了实情，照相馆被查封，戴姓太监被打死，珍妃也受到责罚，从此以后，宫中再也没有人敢谈照相了。

但珍妃无拘无束的自由性格却没法改变。皇后是皇帝的正妻，主管后宫，各等妃嫔必须无条件地听命于皇后，这是几千年来封建社会皇家处理家务事时奉行不变的原则。然而珍妃却不理这一套，我行我素，绝不去刻意逢迎、巴结皇后。本来皇后就因珍妃与皇帝的恩恩爱爱、几乎夜夜专宠而吃醋，珍妃这样的态度更让皇后忌恨不已。为了泄愤，皇后经常在慈禧面前说珍妃的坏话，告她的状。

在《我的两位姑母——珍妃、瑾妃》一文中，也提到了一些光绪和珍妃与慈禧和皇后之间的矛盾冲突。珍妃因受光绪皇帝的宠爱，而引起了隆裕皇后的忌恨，加之珍妃性格倔犟，不会奉承慈禧，隆裕经常在慈禧耳边吹风，慈禧就千方百计地找她麻烦，为内侄女出气。前面说过，珍妃长得很漂亮，并擅长书画、下棋，双手能写梅花篆字，而且聪明伶俐，常代替皇后参加宫里的一些大典。这些就更引起了隆裕的忌恨。隆裕为了报复，就和李莲英及珍妃宫内的太监勾结起来，把一只男人靴子放在珍妃的宫里，妄图污蔑她有奸情；后来又因珍妃有一件衣服的料子和经常进宫演戏的一个戏子的衣料一样（据说戏子的衣料是光绪送的），隆裕抓着这件事又大做文章，致使珍妃遭受廷杖（扒开衣服，用涂有黄油漆的竹竿打）。珍妃喜欢照相，慈禧命人到珍妃宫中搜出照相机和穿男装的相片，大怒，为此珍妃又受了“掌嘴”之罚。

因隆裕皇后经常在慈禧面前说珍妃的坏话，光绪帝怒斥了她。这件事传到慈禧那里，慈禧以为这是珍妃受宠之故，更是恼恨珍妃。总之，慈禧与光绪和珍妃之间的矛盾越来越深，嫌隙越来越大。

清宫有制，皇后每年例银一千两，递减至妃这一级别，每年仅三百两，嫔为二百两，分月例支。珍妃的祖父与父亲、伯父都是高官，珍妃自幼即生长在伯父府中，享尽钟鸣鼎食之家的奢华。入宫之后每年区区二三百两银子怎够她用度？用度不足，又不会节省，亏空日甚，遂不能不寻找生财之道。怎么办？解决之道就是利用皇帝对她的宠幸，串通奏事处的太监，私卖官缺，而主谋则是其胞兄志锜。整个卖官的流程大致是这样的：奏事处乃是太监与朝廷官员传达沟通之处。先由奏事处太监探知哪里有官缺，然后告知志锜等出面寻找买家，双方敲定之后再通过太监转达珍妃。因为有利可图，当时太监中最有势力的有郭小车子、奏事太监文澜亭、慈禧掌案太监王俊如诸人，均染指其中。因珍妃住景仁宫，所以景仁宫太监也多有涉及。珍妃要做的则是选择一个合适的时候，向皇帝进言。比如皇帝脸上现出苦恼之色，珍妃便上前询问：“皇上今儿个怎么了？”如果碰上皇帝是因用人之事而苦恼，便正中珍妃下怀，她只似无意地说一句“某某人听说人不错，也是有才干的。”皇帝对她已宠幸无比，加之她在广州伯父府中见闻颇广，皇帝便深信不疑了，立时擢用某人，整个卖官鬻爵之过程就大功告成。私卖官职所收的贿款，一部分供给珍妃挥霍用度，其余由各层分肥。珍妃的主要“任务”是向光绪求情，以便最后搞定，自然“功劳”最大，分赃亦最肥。然这种事时日既久，涉及便广，胆子越大，风声便不知不觉地流传开了。有一次他们甚至卖到上海道员，搞出风传一时的鲁伯阳被劾案，惹得外界舆论纷纷。胡思敬《国闻备乘》记载：“鲁伯阳进四万金于珍妃，珍妃言于德宗，遂简放上海道。江督刘坤一知其事，伯阳莅任不一月，即劾罢之。”

这件事被无声无息地压了下去，也没造成什么后果，但别的事情还是有泄露消息的。光绪二十一年（公元 1895 年），有一个叫耿九的人，想谋取粤海关道的职位，便贿赂慈禧身边的小太监王长泰（王有儿）、聂德平（聂十八），王、聂二人在宫中和珍妃关系不错，平日里很受珍妃喜爱，经常和他们在一起，时不时还赐给他们食物，此时王、聂二人受耿九之托，私下里请求珍妃向光绪帝说情，毕竟珍妃比慈禧要好说话得多。同时还有一个叫宝善的人，乃是慈禧侄儿的岳父，驻兵于凤凰城，日本进攻时，兵败失守，想花钱活动，以免除罪责，也托王、聂二人向珍妃请求。他还进呈珍妃背心及大衣衣料两件。可是这两件事都因为保密不严而外泄，被慈禧知道后，大怒，将珍、瑾二妃都打了板子，命令将王、聂两个太监充军于黑龙江，遇赦不赦。当行至营口，却将二人一并杀掉了。可以理解，权欲熏天的慈禧太后，身边竟然出了别人的心腹，她不可能忍得下去。但她并没有对珍妃做出过大的惩罚举动，因为这两件事的影响还不够恶劣，慈禧无法使皇上不为珍妃开脱，只得先放一马。

真正使珍妃落人口实的，源于光绪召见出于珍妃举荐，即将出任四川盐法道的玉铭。按例，这一级别的新官放任，都要由皇帝亲自召见一下。光绪在召见时问玉铭原先在哪一衙门当差？玉铭居然回答说："木厂。"光绪闻之骇然，于是命他写一份自己的履历，那玉铭竟半天写不出一个字来。光绪大惊，原来是一文盲，于是另下一旨："新授四川盐法道玉铭，询以公事，多未谙悉，不胜道员之任。玉铭着开缺，以同知归部铨选。"由对玉铭的处置，可见光绪对珍妃的庇护，因为以玉铭作为文盲而被举荐的情况，便可治珍妃以欺君之罪了，可是光绪未声张，仅仅将他"以同知归部铨选"，对玉铭来说也并非一无所获。可是珍妃卖官鬻爵之事却再也无法就此掩盖过去。此事传播朝廷内外，慈禧闻后立即切责光绪，要求他必须追究责任。说朝廷明令规定：后宫不得干预朝政。何况居然推荐一个文盲去当道员，也实在不像话。此时，就是光绪有意庇护珍妃，也很不好办了。

随后，慈禧令光绪下了一道旨："本朝家法严明。凡在宫闱，从不准干预朝政。瑾妃、珍妃承侍掖庭，向称淑慎，是以优加恩眷，洊陟崇封。乃近来习尚浮华，屡有乞请之事，皇帝深虑渐不可长，据实面陈。若不量予儆戒，恐左右近侍藉为夤缘蒙蔽之阶，患有不可胜防者。瑾妃、珍妃著降为贵人，以示薄惩而肃内政。"据说在降珍、瑾二妃为贵人的前一天，光绪帝在给慈禧请安时，慈禧铁青着脸，不理睬他，光绪帝竟在地上跪了两个多小时。最后慈禧恶狠狠地说："瑾妃、珍妃的事，你不管，我来管。不能让她们破坏家法，干预朝政。下去吧！"根据清宫档案记载，证实珍妃在十月二十八日这天遭到了"褫衣廷杖"，即扒去衣服打的刑罚。皇妃遭此惩处，这在有清一代是极为罕见的。翁同龢曾在慈禧面前为珍、瑾二妃求情，建议缓办，但遭到拒绝。结果，不仅珍妃受到惩处，连瑾妃也受到妹妹的牵连。慈禧不仅将姐妹二人都降为了贵人，还对珍妃手下的人进行了残酷的打击。那帮拉官纤的太监均被处以极刑，珍妃手下的太监高万枝被处死。在这桩事件中，先后受到株连的珍妃手下的太监还有永禄、宣五、王长泰、聂德平等数十人，有的被发配充军，有的被秘密处死，有的被立毙杖下。就连伺候珍妃的白姓宫女也被驱逐出宫。

其实，当时的清廷腐败昏庸，拉官纤、私卖官缺之事，屡见不鲜。清朝晚期，卖官鬻爵不仅是公开的秘密，甚至已经合法化。当时的捐纳制度，实际上就是卖官，以解决朝廷财政的紧张。不过珍妃的所作所为侵犯了另一个利益集团的利益，那就是以李莲英为中心的另一个卖官团伙。李莲英是慈禧的亲信太监，势力很大，许多王公大臣都不敢惹他，有时还要巴结、贿赂他。可是珍妃却不买他的账，多次与他发生冲突。在珍妃"入行"之前，肥缺的鬻卖一直由李莲英一手垄断，可是珍妃的出现抢走了他的一大部分"客源"。毕竟，皇帝越来越大，管的事情越来越多，而皇上又如此宠幸珍妃，每晚常吹的枕头风，使得珍妃的办事效率远大于李莲英团伙，使他和靠他发财之人财路受阻，甚至一度出现两方同争一个客户，买家讨价还价之事：你要不愿意，我找珍妃去。李莲英如不落井下石，则无法保证买家对他的信任，亦无法保持他的权威。所以，趁玉铭事件，李莲英在慈禧面前煽风点火，终于使作为竞争对手的“珍主儿”失去了竞争力。慈禧处置珍妃也有她自己的原因：慈禧为光绪选后、妃，只是想作为自己控制光绪的工具，慈禧将自己的侄女定为皇后就是铁证。可是皇后与皇上十分疏远，毫无感情可言，失去了影响皇帝的能力，偏偏珍妃又非常得光绪宠爱。慈禧或许曾想拉拢珍妃，通过她完成自己侄女完成不了的任务，所以对她表示过好感。可是珍妃又是个无拘无束的人，思想开朗，性格豪爽，敢作敢当，不畏邪恶，不但丝毫不看自己的脸色办事，还让自己的侄女吃尽了醋。珍妃还向光绪帝极力推荐她早年的老师——江南著名学者文廷式。文廷式乃江南才子，在光绪十六年（公元 1890 年）大考中擢居榜眼，以一等第三升侍讲学士，在文化知识界颇有影响。他被提拔重用，为光绪帝的变法扩大了影响。在一定程度上给光绪帝增添了实力。更有甚者，夫妻二人还搭档做起了买卖，珍妃收钱，皇帝封官，如此一来，皇帝的亲信越来越多，难免不威胁到慈禧的统治。光绪二十年（公元 1894 年），中日甲午战争爆发，文廷式和珍妃的堂兄志锐上奏李鸿章对日态度怯懦。与此同时，他们又通过珍妃影响光绪皇帝，采纳主战派意见，对日宣战。珍妃、文廷式、志锐的行动引起了主和派的忌恨，加之文廷式、志锐又奏过李鸿章一本，因此李鸿章授意其心腹——御史杨崇伊，反奏文廷式企图支持珍妃夺嫡，取代隆裕皇后；反对慈禧听政，支持光绪皇帝自主朝纲。这样，慈禧恨透了文廷式、志锐和珍妃。她本来就想废掉珍妃，正无碴儿可找，借此机会正可解心头之恨，在李鸿章的挑拨下，慈禧将三人分别处理：下旨以“交通宫闱，扰乱朝纲”的罪名，将文廷式革职，赶出毓庆宫，永不录用；志锐从礼部侍郎被贬职，出任乌里雅苏台（蒙古境内，距乌兰巴托正西 1800 里）参赞大臣；以卖官干预朝政之事把二妃从贵妃降为贵人。否则以慈禧的所作所为，哪还有脸说出“从不准干预朝政”的话来。虽然一年之后，慈禧就恢复了姐妹二人的妃子头衔，但珍妃与慈禧的关系已经大大的恶化。

有的书中说，在这一年，珍妃就因为此事被慈禧囚禁，直到投井。但有一篇名为《为珍妃平反》的文章考诸档案后，发现具体的史实情况是这样的。

光绪二十年，即 1894 年，因慈禧六旬万寿的大庆典，珍妃姐妹由嫔晋升为妃。懿旨档案如下：正月初三日光绪皇帝奉慈禧懿旨：“本年六旬庆典，妃嫔平日侍奉谨慎允宜，特晋荣封，瑾嫔著封为瑾妃，珍嫔著封为珍妃。”但之后 1894 年的十月二十九日，姐妹二人又双双降为贵人，真正原因前面也说到了。懿旨说“朕钦奉慈禧皇太后懿旨，本朝家法严明，凡在宫闱……皇帝深虑渐不可长。……以示薄惩，而肃内政。”就是前面提到的，不再全文转述。圣旨是不会妄拟的，每句话每个词都是“微言大义”，从这道圣旨的语气绝对不像要把珍妃打入冷宫的样子，因为一来表扬了珍妃以前的表现还是很不错的，“承侍掖廷，向称淑慎”——有淑慎的字样，评价算很可以的了，这是为她们日后复升为妃留的后话。她们只是近来出了点问题，所以要“薄惩”一下——如果说打入冷宫囚禁起来只是薄惩，那什么算是严惩呢？过了两三天下的另一道谕旨就证明了这一点：“光绪二十年十一月初一日，奉皇太后懿旨，瑾贵人、珍贵人着恩准其上殿当差随侍，谨言慎行，改过自新。平素妆饰衣服，俱按宫内规矩穿戴，并一切使用物件，不准违例。皇帝前，遇年节照例准其呈进食物，其余新巧稀奇物件及穿戴等项，不准私自呈进。如有不遵者，重责不贷。特谕。”这道圣旨里面，话说得非常清楚明白，“奉皇太后懿旨，瑾贵人、珍贵人着恩准其上殿当差随侍，谨言慎行，改过自新。”这就已经无可置疑了，虽然被降为贵人，还是可以照常侍奉皇上和太后，相当于是给了个戴罪立功的机会。还能够上殿当差随侍，这就直接证明了珍妃当时并未失去行动自由，囚禁到北三所的冷宫。接下来约一年后，光绪二十一年（公元 1895 年）十月十五日，敬事房传下的慈禧太后的另一道懿旨也能证明：“著加恩瑾贵人，赏还瑾妃。珍贵人，赏还珍妃。”，因为假如 1894 年珍妃即被囚禁入冷宫，那是不可能为囚禁在冷宫的戴罪妃嫔恢复名号的。

珍妃利用光绪卖官鬻爵是事实，但不能否认，光绪帝还是那个她最敬最爱的人。在与光绪帝相处的日子里，珍妃发现光绪帝不是甘当傀儡的人，他也希望能够励精图治，治国安民，只是由于长期受慈禧的压制，手中无权，大志难伸。早在光绪二十年（公元 1894 年），中日甲午战争爆发，中国惨败，与日本签订了丧权辱国的《马关条件》，大小帝国主义国家乘虚而入时，光绪帝面对甲午战争后日益沉重的民族危机，祖宗江山日益沦落的形势，对慈禧的专权就极为不满。他曾愤愤地说：“如果太后不把大权交还给我，我宁愿退位，也不做这亡国之君。”光绪和慈禧中间便开始了争夺权力的斗争。那些愤恨太后干预朝政的朝廷中的正直之士，出于愤懑与不平，便把光绪帝作为自己的寄托，向光绪帝靠拢，希望能做出一番救国救民的大事业。他们在清廷统治集团里逐渐形成一股新的政治势力，即帝党。帝党支持资产阶级维新派，掀起了戊戌变法运动。

珍妃对慈禧揽权干政，使光绪不得一展抱负的不满，也是显然的。所以她坚决支持皇帝变法，是“帝党”的重要成员，为皇帝出谋献策，不仅在精神上给光绪帝以巨大的支持，而且在行动上为变法做了很多实事。据珍妃的侄女唐海炘在回忆中说：“珍妃支持戊戌变法，她常通过我父亲（即志锜、志锐的幼弟）把宫中的一些秘事告知维新党人。”另据太监张兰德回忆说：“甲午年以后，光绪皇上要变法，每次召见完王公大臣，退朝后，总到珍主儿那里商量国事，珍主儿也总帮他拿主意。”

不愿做亡国之君的光绪发动了戊戌维新运动，希望通过变法自强，从慈禧手中夺回政权。可惜的是变法的参与者只有官衔，没有实权，所以遭到了以慈禧为首的顽固势力的竭力反对。在变法后期最困难的时刻，身居九重宫禁的光绪帝，身边只有珍妃一个知己，珍妃成了他精神的支柱。由于袁世凯的告密，慈禧太后操纵朝政，变法很快失败了。同年九月，西太后发动政变，囚禁光绪帝于瀛台，也把珍妃打入了冷宫。

关于囚禁珍妃的冷宫在何处，历来众说纷纭，莫衷一是，至今仍是一大疑案。根据《清史研究》中的一篇文章《囚禁珍妃的冷宫在何处》介绍，《崇陵传信录》《清代轶闻》等书说：“囚景运门外之三所。”或说“在皇宫东南角的一个院子里。”也有人说囚于西三所。《清宫述闻》等书根据刘姓老宫女所说，认为珍妃幽禁于建福宫。还有不少人说珍妃囚于北三所，如金水河在《旅游》杂志发表《冷宫在何处》的文章，说她关在“景祺阁北的北三所，在珍妃井旁西边的山门里。”但经过仔细推敲，以上说法都不成立，具体分析不一一列举。

现在有较多的人认为她囚于景祺阁后的西小院，位于后宫东路宁寿全宫的最北侧，现在珍宝馆的北面，它的西边就是珍妃井。分析者认为这个说法是正确的。第一，这个小院紧靠后宫东北侧宫墙，地方偏僻，人迹罕至，又是一个独立的小院，便于看管，适合做冷宫；第二，这个小院原是宫女住房，并无重要用场，便于改作冷宫；第三，珍妃投井不会舍近求远，其住所必定在被害地点附近。此小院即在珍妃井东邻，近在咫尺；第四，据说是亲身闻见珍妃被害的旧宫监唐冠卿等证实，珍妃是从景祺阁后被慈禧派人叫出，并命崔玉贵将她投入珍妃井的。可见冷宫极有可能就在景祺阁后的西小院。

据说珍妃被打入冷宫之后，不但失去了行动自由，还要经常遭受慈禧所派太监的虐待，生活很凄惨。她住的冷宫是紫禁城内最差的地方，连起码的生活条件都没有，据传当时的她头、脸都很脏，身上长满虱子，形如乞丐。珍妃之所以能在这样的环境中顽强地活下去，可能因为她还对光绪帝抱有希望，她期盼光绪帝有朝一日能重整朝纲，成为一代明主，到那时她就有了出头之日。有人说珍妃一直到死，也未能再见她心爱的夫君光绪帝一面。也有人说，后来在同情光绪皇帝的太监的帮助下，光绪帝曾不止一次地在月夜中偷偷地来到囚禁珍妃的地方，隔着被紧紧封锁的门窗，相对而泣。不过，珍妃再也没能和光绪帝一起生活，接下来等待她的，是死亡。

对于珍妃的死，目前有两种说法，一是珍妃是被慈禧命人推入井中。

光绪二十六年七月二十日（公元1900年8月14日），八国联军兵临城下。城外炮声隐隐，宫中人心惶惶，乱作一团。慈禧在签订了许多不平等条约的情况下，又作出了一个错误的决定，携带光绪等一行人出逃至西安。慈禧太后改变了装束，打扮成村妇模样。在挟持光绪逃走之前，慈禧命令御前首领太监崔玉贵把珍妃从冷宫提出来，想带她一起走，对她说："洋人就要进城，兵荒马乱，在这里万一受到污辱，丢了皇家的体面，对不起祖宗。"珍妃却说："老祖宗可以离京暂避一时，但皇上应该坐镇京城，力挽危局。"慈禧听后训斥她说："你死在眼前，还敢胡说！"慈禧指着院里的那口井说："赐你一死，下去吧！"慈禧大声命令崔玉贵："把她推下去！"崔玉贵连挟带提地把珍妃拉过去。珍妃泪流满面，厉声高喊："我罪不该死！皇上没让我死！你们爱逃跑不逃跑，但皇帝不应该逃跑！"李莲英也大声命令崔玉贵："把她扔下去！"崔玉贵如凶神附体，连挟带提地把珍妃拉过去。在悲惨的号哭声中，"扑通"一声，把珍妃扔到井里，并盖上了井盖。可怜的珍妃遇害时仅仅二十五岁。随后，西太后一伙人仓皇地走出神武门，逃离京城，绕道到西安了。珍妃死后不久，为了掩人耳目，慈禧太后发布谕旨："去年京师之变，仓促之中珍妃扈随不及，即于宫中殉难。"并称赞珍妃节烈可嘉，追赠贵妃称号。次年，即光绪二十七年（公元1901年），慈禧与光绪从西安返回。为了掩盖她残杀珍妃的罪行，对外宣称珍妃是为了免遭洋人污辱而投井自杀，并给珍妃恢复了名誉。又知会内务府备办棺材，命珍妃的家人打捞出尸体，装殓入棺，埋葬在阜成门外恩济庄太监公墓南面的宫女墓地。

据此，有人认为珍妃的死是由于珍妃的才貌出众，受宠于光绪帝，使慈禧的侄女失宠，并引起一些后、妃争斗，慈禧对珍妃倍加忌恨。也有人认为这是戊戌政变的余波。自从戊戌政变后，心狠手辣的慈禧对维新派和光绪帝恨之入骨，屡次想对光绪帝下黑手。但她碍于国内外舆论压力，怕引起封疆大吏的不满，更怕帝国主义国家出面干涉，所以未能如愿。在亡命之前，便把这口怨气一股脑发泄到珍妃身上。更有人说，慈禧之所以下狠心杀珍妃，不是因她原来的“习尚奢华”“屡有乞请”，也不是因她后来“赞襄新政”，而是因为她主张光绪留京。光绪若能留京主持住大局，则慈禧“西狩”便成流放，永无回京之望！为了恐吓光绪帝，断了留镇京师之谈，便杀鸡儆猴了。

慈禧死后，瑾妃为纪念被害的妹妹，在珍妃被害的那口井北面的小房里布置了一个小灵堂，供奉着珍妃的牌位，上面挂着一块匾额“精卫通诚”，颂扬珍妃对光绪的一片真情。珍妃被害的那口井从此被叫做“珍妃井”。

另一个说法是根据慈禧太后的曾孙叶赫那拉·根正先生口述：珍妃是自己跳下去的。出逃那天，大家都换了百姓布衣聚在寿宁宫，领班太监崔玉贵、王德环奉慈禧之命提前将珍妃带到乐寿堂的颐和轩。当时的珍妃非常气盛，不服从慈禧太后的指挥，并当场顶撞慈禧太后。珍妃对慈禧太后说：“我是光绪的妃子，我要跟着去。您有偏见，皇后是您的侄女，所以您带她走。所以我也请求您带我走。”这就让一直高高在上的慈禧太后非常难堪。慈禧太后当时气得脸色发白，直打哆嗦。慈禧太后也是一个非常要脸面的人，所以气得当时抬脚就走，珍妃一直跟着慈禧太后说自己的理由，于是就来到了距离珍妃住所不远处。并继续对慈禧太后说：“我是光绪的妃子，就要跟皇上在一起，不在一起，宁愿死。活着是皇家人，死了是皇家鬼。”慈禧太后一听，就更加生气，本来火烧眉毛的事情，哪还有时间吵架啊，于是就对珍妃说：“你愿意死就死去吧。”当时离说话的地方不远处就有一眼井，于是珍妃紧走两步，说：“那既然这样，我就死给你看。”于是直接就奔井口去了。老太后一看情况不对，这孩子跟我顶撞两句，怎么还真的去死啊。于是对崔玉贵说：“赶紧去拉住她。”但是这个时候已经晚了，当崔玉贵跑过去的时候，珍妃已经跳下去了。老太后一看没办法了，于是没来得及管她，就走了。

据说从珍妃死后，光绪就再也没有接近过其他女人，对皇后和瑾妃依旧是冷冷淡淡，后来他要来了珍妃在景祺阁挂过的一顶旧帐子，常常对这顶帐子出神。以一代帝王之尊，对爱情百折而不变，百年之后，也使人忍不住长叹。

光绪临死前，心中积怨无法消除，又拿慈禧没有办法，只求慈禧太后将残害珍妃的崔玉贵逐出宫，把其家产充公。慈禧面对弥留之际的光绪，不好让他太死不瞑目，便答应了他。光绪帝对珍妃之仇临死不忘，也可见他对珍妃的思念之情。光绪帝死后，葬于清西陵的崇陵。

民国二年（公元1913年），四十五岁的隆裕皇后逝世，与光绪合葬崇陵。珍妃的姐姐瑾妃此时已升为皇贵妃，因上面已经没有皇后管着，就成了后宫最大的长辈，成了宣统必须尊敬的皇太贵妃，对宫中事务有了相当的决定权，于是趁机将妹妹从宫女墓地迁葬光绪陵妃嫔园寝。皇家规定，皇帝皇后的墓地称陵寝，妃嫔的墓地称园寝。瑾妃还让溥仪为珍妃立碑，追封“恪顺皇贵妃”，总算为妹妹争到了她应有的名分。

珍妃的叛逆和另类，引起慈禧太后和皇后等人的切齿痛恨，但在光绪皇帝眼里，珍妃许多出格的举动却别有一番韵味，成为吸引他的独特魅力。作为一个皇帝的女人，珍妃是幸运的，因为她得到了皇帝的真爱，但同样，作为皇帝的女人，她又是不幸的，在内外局势动荡的清朝后期，她爱上了一个柔顺、软弱却又想奋发图强的皇帝。她的情感因卷入了宫廷内部争权夺势的斗争而遭到倾轧。她爱上的是皇帝，而皇帝又被慈禧控制着，最终造成了珍妃一生的悲剧。

也有人说是因为珍妃的个性十分刚烈，所以亲手断送掉了自己的幸福乃至生命。说她应该明白一个道理，那就是，最高掌权者是慈禧而不是光绪，光想借着光绪这棵大树乘凉是行不通的。在人人都奉承慈禧的时代，她却偏在和慈禧对着干，所以最后丢掉了性命。或许，持这种观点的人，只会从利益关系的角度来审时度势，却根本无法明白男女之间的真爱。

参 考 书 目

《二十四史》. 中华书局，1997
《资治通鉴》. 中华书局，1956
《中国帝王后宫私生活全记录》. 大众文艺出版社，2004
徐广源.《正说清朝十二后妃》. 中华书局，2004
徐彻.《慈禧大传》. 辽海出版社，1994
徐广源.《清东陵史话》. 新世界出版社，2001
宝成关.《奕䜣慈禧政争记》. 吉林文史出版社，1980
阎崇年.《正说清朝十二帝》. 中华书局，2004
赵尔巽.《清史稿》中华书局，1976 年标点本
朱寿朋.《光绪朝东华录》. 中华书局，1958
苗长青.《晚清官僚派别派系研究》，辽宁大学出版社，1993
贾熟村.《慈禧太后轶事》. 山西人民出版社，1993
凌力.《清宫悬案》. 北京十月文艺出版社，2005
朱耀廷.《成吉思汗全传》. 北京出版社，2005
蔡东藩.《元史演义》. 上海科技文献出版社，2005
《蒙古学通讯》第 17 期. 黑龙江省蒙古学研究会. 2002 年 6 月 1 日
司马路人.《成吉思汗私密生活全记录》. 中国戏剧出版社，2004
蒙古族通史编写组.《蒙古族通史》. 北京民族出版社，2001
明宋濂.《元史》. 北京中华书局，1976
周良霄，顾菊英.《元史》，《中国断代史系列》. 上海人民出版社，2004
余嘉锡.《世说新语笺疏》. 北京：中华书局，1983
（清）张廷玉等.《明史》. 北京：中华书局，1974
（近人）蔡东藩.《明史演义》. 上海文化出版社，1981
（明）查继佐.《罪惟录》. 杭州：浙江古籍出版社点校本，1986
（清）谷应泰.《明史纪事本末》. 沈阳：辽沈出版社，1994
南炳文.《明史》. 上海人民出版社，1985
朱学勤主编.《中国皇帝皇后百传》. 呼和浩特：远方出版社，2002
李安瑜.《中国历代皇后全书》. 北京：中国友谊出版公司，1990
晁中辰.《明成祖传》. 北京：人民出版社，1993
《太平御览》. 北京：中华书局，1998
《世说新语笺》. 上海：上海古籍出版社，1993
唐海炘.《我的两位姑母——珍妃、瑾妃》. 2001 年 2 月《书摘》